哲学的解释与
解释的哲学

李承贵 著

中国社会科学出版社

图书在版编目（CIP）数据

哲学的解释与解释的哲学 / 李承贵著. ―北京：中国社会科学出版社，2017.3
ISBN 978-7-5161-9973-2

Ⅰ.①哲…　Ⅱ.①李…　Ⅲ.①哲学―中国―文集　Ⅳ.①B2-53

中国版本图书馆 CIP 数据核字（2017）第 043098 号

出版人	赵剑英
责任编辑	凌金良　伊　岚
责任校对	石春梅
责任印制	张雪娇

出　版	中国社会科学出版社
社　址	北京鼓楼西大街甲158号
邮　编	100720
网　址	http://www.csspw.cn
发行部	010-84083685
门市部	010-84029450
经　销	新华书店及其他书店
印　刷	北京君升印刷有限公司
装　订	廊坊市广阳区广增装订厂
版　次	2017年3月第1版
印　次	2017年3月第1次印刷
开　本	710×1000　1/16
印　张	30.5
插　页	2
字　数	500 千字
定　价	128.00 元

凡购买中国社会科学出版社图书，如有质量问题请与本社营销中心联系调换
电话：010-84083683
版权所有　侵权必究

目　录

导　言 …………………………………………………………（ 1 ）
第一章　中国传统哲学的自我呈现 ………………………（ 8 ）
一　中国传统哲学中的"德"、"智"关系论 …………………（ 11 ）
1. "德"之大统内的"德"、"智"关系 ……………………（ 11 ）
2. 走向独立的"智"及其与"德"的关系 …………………（ 14 ）
3. 客观知识之"智"及其对"德"的意义 …………………（ 17 ）
4. 客观知识之"智"对"德"之意义的新论证 ……………（ 21 ）
5. 结语 …………………………………………………（ 23 ）

二　《道德经》、《论语》相似项比较 ………………………（ 25 ）
1. "不争"观念 …………………………………………（ 25 ）
2. "俭朴"精神 …………………………………………（ 26 ）
3. "报怨"方式 …………………………………………（ 28 ）
4. "均平"意识 …………………………………………（ 29 ）
5. 结语 …………………………………………………（ 30 ）

三　《老子》"道"的境界意蕴 ………………………………（ 33 ）
1. 观察"道"境界的四个维度 …………………………（ 33 ）
2. "道"境界之特征 ……………………………………（ 36 ）

四　儒佛道三教关系探微——以两晋南北朝为例 ………（ 40 ）
1. 相融相摄：儒佛道关系的顺向开展 …………………（ 40 ）
2. 相拒相斥：儒佛道关系的逆向开展 …………………（ 47 ）
3. 几点检讨 ……………………………………………（ 49 ）

五　儒佛二教的交集与分歧——以朱熹对"作用见性"的

理解为中心 …………………………………………（52）
　　　1. 佛教"作用见性"说 ……………………………（52）
　　　2. 熊、牟对"作用见性"的理解 …………………（55）
　　　3. 朱熹对"作用见性"的理解 ……………………（62）
　　　4. 几点结论 …………………………………………（67）
　　六　中国哲学特性及其对科学方法的设限 ……………（73）
　　　1. 非物质化设限 ……………………………………（73）
　　　2. 非数量化设限 ……………………………………（75）
　　　3. 非心理化设限 ……………………………………（77）
　　　4. 非定义化设限 ……………………………………（79）
　　　5. 非知识化设限 ……………………………………（80）
　　　6. 几点思考 …………………………………………（82）
　　七　试论中国哲学的特质 ………………………………（86）
　　　1. 由研究对象看，中国哲学重人不重物 …………（86）
　　　2. 由思维方式看，中国哲学偏重直觉体悟 ………（88）
　　　3. 由学术旨趣看，中国哲学崇尚经世践行 ………（90）
　　　4. 由解释理路看，中国哲学遵奉生命生机 ………（92）
　　　5. 由建造境界看，中国哲学追求中和圆融 ………（94）

第二章　中国传统哲学的理解方法 ……………………………（99）
　　一　由科学玄学论战看中国哲学的研究方法 …………（101）
　　　1. 风格各异的人生观解析 …………………………（101）
　　　2. 人生观解析差异的焦点：研究方法 ……………（105）
　　　3. 科玄论战在中国哲学史中的地位 ………………（108）
　　二　人文主义方法的早期输入及其学术影响 …………（112）
　　　1. 人文主义方法的输入及其特点 …………………（112）
　　　2. 人文主义方法的应用及其影响 …………………（116）
　　三　方东美解释中国传统哲学的原则与方法 …………（123）
　　　1. 被认知对象之内容和特点是选择认知方法的前提 …（123）
　　　2. 西方哲学方法不宜机械地用于中国哲学研究之中 …（124）
　　　3. 知识论、逻辑学方法用于理解中国哲学需特别慎重 …（125）
　　　4. 自然科学方法可能导致中国哲学去生命化 ……（126）

5. 自身思想文化系统是解释中国哲学的基础 …………… (128)
6. 形上学方法是与中国哲学相契的方法 ……………… (129)

四 解释中国传统哲学的三原则 ………………………………… (132)
1. 返乡原则：在母胎里澄明——立足自我文化系统 ……… (132)
2. 开放原则：他山之石可以攻玉——立足引入新的坐标 …………………………………………………………… (136)
3. 相契原则：求真只在适宜时——立足主客的相应 ……… (139)

五 胡适认知老子"道"的三种路径 …………………………… (144)
1. 本原之"道" …………………………………………… (144)
2. 无人格之"道" ………………………………………… (145)
3. 过程之"道" …………………………………………… (148)
4. 假设之"道" …………………………………………… (149)
5. 破坏之"道" …………………………………………… (151)
6. 检讨之"道" …………………………………………… (152)

六 忠于中国哲学的格局 ………………………………………… (156)
1. "西学"不能随意穿在"中学"身上 ………………… (156)
2. "以中释中"才能焕发"以西释中"的青春 ………… (158)
3. 类似文化因素是"西学"进驻东土的神奇推手 ……… (160)
4. 中学西学的对唱仍将理性地持续上演 ………………… (162)

七 "以西释中"衡论 …………………………………………… (164)
1. "以西释中"之为学术实践 …………………………… (164)
2. "以西释中"所为学术成就 …………………………… (173)
3. "以西释中"所制造之问题 …………………………… (184)
4. "'以西释中'问题"如何克服？ ……………………… (191)
5. 理解与超越 …………………………………………… (197)

第三章 中国传统哲学的解释实践 ……………………………… (208)
一 认知中国传统哲学的三个维度 ……………………………… (211)
1. 科学主义维度 ………………………………………… (211)
2. 人文主义维度 ………………………………………… (213)
3. 唯物主义维度 ………………………………………… (215)
4. 意外的收获 …………………………………………… (216)

二 王国维诠释"理"的三种路向 ……………………… (220)
1. 知识论之"理" ………………………………………… (220)
2. 形上学之"理" ………………………………………… (221)
3. 伦理学之"理" ………………………………………… (223)
4. 几点检讨 ………………………………………………… (226)

三 中国传统哲学开出科学之尝试 …………………… (229)
1. "理"之知识基因的开掘 ……………………………… (229)
2. "理"知识化诠释之省思 ……………………………… (234)

四 张岱年释"理"之路径及其省察 ………………… (239)
1. "理"之分类 …………………………………………… (239)
2. "理"之关系 …………………………………………… (242)
3. "理"之特性 …………………………………………… (247)
4. 几点思考 ………………………………………………… (252)

五 牟宗三视域中的中国哲学特质——从生命性问题展开 …… (258)
1. "生命"是中国哲学的中心与开端 …………………… (258)
2. "生命"是中国哲学的表现形式 ……………………… (262)
3. 几点思考 ………………………………………………… (265)

六 贺麟对"知行合一"的诠释及其启示 …………… (269)
1. 科学语境下的"知行合一" …………………………… (269)
2. 自然的"知行合一"与价值的"知行合一" ………… (273)
3. 值得肯定的"知行合一"方向 ………………………… (277)

七 无本体哲学及其效应——张东荪对中国传统哲学特质的认知及其启示 …………………………………………… (281)
1. 中国哲学无本体表现及原因 …………………………… (281)
2. 中国哲学无本体所导致的后果 ………………………… (286)
3. "无本体哲学判断"引发的思考 ……………………… (293)

八 冯友兰"新理学"若干问题刍议 ………………… (299)
1. 质疑"新理学"方法的若干论说 ……………………… (299)
2. 冯友兰解释宋明理学举要 ……………………………… (303)
3. 或可厘清的几个紧要问题 ……………………………… (312)

第四章 中国传统哲学的现代身份 …………………… (319)

一 中国哲学研究中的"中国话语"情结 ………………………(321)
 1. "中国话语"的可能旨趣 …………………………………(321)
 2. "中国话语"情状之诊断 …………………………………(323)
 3. 中国哲学研究应如何面对"话语"？ ……………………(325)
二 中国传统哲学自我完善的道路——以建构"善"的
 生活为轴心 ……………………………………………………(330)
 1. 中国传统哲学建构"善"的生活之资源 ………………(330)
 2. 中国传统哲学需要改善的空间 …………………………(332)
三 浅议中国哲学从业者的资质 ………………………………(335)
 1. 包容心理 …………………………………………………(335)
 2. 忠诚品质 …………………………………………………(337)
 3. 怀疑态度 …………………………………………………(339)
 4. 独立人格 …………………………………………………(340)
四 中国传统哲学当代开展的四个向度 ………………………(343)
 1. 问题的向度 ………………………………………………(343)
 2. 诠释的向度 ………………………………………………(345)
 3. 实践的向度 ………………………………………………(346)
 4. 自我的向度 ………………………………………………(348)
五 老子反省人类文明的路径及其启示 ………………………(350)
 1. 对物质文明的反省 ………………………………………(350)
 2. 对知识文明的反省 ………………………………………(352)
 3. 对道德文明的反省 ………………………………………(355)
 4. 当代启示 …………………………………………………(357)
六 中国传统哲学的特质及现代转型 …………………………(361)
 1. 中国传统哲学的特质 ……………………………………(361)
 2. 中国传统哲学的转型 ……………………………………(366)
 3. 转型之意蕴 ………………………………………………(371)
七 论王国维对"中国哲学"的建构 …………………………(376)
 1. 初创"中国哲学"的系统 ………………………………(376)
 2. 厘定"中国哲学"的性质 ………………………………(378)
 3. 开掘"中国哲学"的价值 ………………………………(382)

4. 谋划"中国哲学"的规范 ……………………………………… (384)
5. 几点检讨 ……………………………………………………… (389)

第五章 中国传统哲学的研究现状 …………………………… (393)

一 开启"中国哲学史"写作的新范式——评郭齐勇教授新著《中国哲学史》 ……………………………………… (395)
  1. "哲学问题"与"作者理论"的有机结合 …………………… (395)
  2. "中国意味"与"西方方法"的有机结合 …………………… (396)
  3. "因事设论"与"学术创新"的有机结合 …………………… (398)
  4. "旧经验"与"新成果"的有机结合 ………………………… (399)

二 面向 21 世纪的中国哲学研究——当代中国哲学研究热点问题述要 ……………………………………………… (401)
  1. 关于"郭店楚简"问题 ………………………………………… (401)
  2. 关于"中国哲学合法性"问题 ……………………………… (404)
  3. 关于"重写中国哲学史"问题 ……………………………… (409)
  4. 关于"中国哲学诠释学"问题 ……………………………… (412)
  5. 关于"中国传统哲学的现代价值"问题 …………………… (416)
  6. 关于"儒学的当代开展"与"儒教"问题 ………………… (418)

三 义理研究的推进与时代课题的关切——近年中国哲学研究述评 …………………………………………………… (424)
  1. 易学研究的多向展开 ………………………………………… (424)
  2. 政治哲学的深度开掘 ………………………………………… (429)
  3. 哲学创作的殷切期待 ………………………………………… (433)

四 朱子学研究的新境际 ……………………………………… (439)
  1. 哲学理论之探讨 ……………………………………………… (439)
  2. 哲学分支领域研究 …………………………………………… (444)
  3. 政治与伦理思想研究 ………………………………………… (449)
  4. 经学思想研究 ………………………………………………… (454)
  5. 诠释思想研究 ………………………………………………… (461)
  6. 朱熹思想与佛老关系 ………………………………………… (464)

五 三十年来中国哲学研究的四大成就 …………………… (472)
  1. 方法的自觉 …………………………………………………… (472)

2. 主体性增强 …………………………………………… (474)
3. 论域的开拓 …………………………………………… (476)
4. 内容的创新 …………………………………………… (477)

导　言

　　哲学作为一种思想运动，最大特征之一是解释的韧性与穿透力量，哲学通过解释表达自身的价值，通过解释证明自身的存在，通过解释彰显自身的生命。但哲学解释方式因对象不同而有异，当哲学满怀豪情或心怀忧患地解释宇宙万象时，表现出思辨、批判、关怀等特质，哲学是一情感复杂的主体，是谓"哲学的解释"；当哲学谨慎谦卑或唯我独尊地解释历史中的理论或学说的时候，表现出分析、解构、圆融等特质，哲学是一理智主宰的方法，是谓"解释的哲学"。本书大体呈现为"哲学的解释"与"解释的哲学"两个向度，但由于都属"哲学"，这两个向度无须预约的重叠与拥抱也就无足为怪了，如是便构成了本书的叙述格局。

　　中国传统哲学的生成是非常复杂深幽的，且经由不同时代的丰富和发展，形成了其内在的义理系统。第一章的五节从不同角度进行了考察分析并加以呈现。道德与知识关系是中国传统哲学中的重要议题之一，那么中国传统哲学是怎样解决这个问题的？《中国传统哲学中的"德"、"智"关系论》对此问题展开了较详细的叙述和深入的讨论。《道德经》与《论语》分别作为道家最具代表性的经典与儒家最具代表性的经典，我们发现这两部经典并不像后人认知判断的那样有着天壤之别，而是有许多相似的部分。老子的"道"究是怎样的内涵？《〈老子〉"道"的境界意蕴》认为，"道"的境界可由"道"在事象、名利、知识、自我四方面所表现的态度加以考察，"道"的境界本质上是天地人万物一体之境，"道"境界还表现出既虚且实、直观本真、批判性、功利性四大特征，"道"的境界意蕴成为中国思想史中精神领域的重要资源。《儒佛道三教关系探微——以两晋南北朝为例》认为，既相融相摄又相拒相斥是两晋南北朝时期儒佛道三教关系的基本形式，而内容的广泛性、主体的不确定性、策略的迂回性和义理的互补性，是那时儒佛道三教关系的基本特征，这些特征不仅为儒佛道的进一步融合创造了条件，而且预制了儒佛道三教融合的模式。"作用见性"是洪洲禅的重要命题，这个命题包含了丰富的内涵，朱熹对这个命题进行了怎样的理解与评论？《儒佛二教的交集与分歧——以朱熹对"作用见性"的理解为中心》展开了讨论，认为朱熹对"作用见性"的理解存在诸多困难，并没有充分展示他的才华。而从朱熹的理解中可获得一些非常有价值的信息，如朱熹的佛教知识、修养与立场等。《中国哲学特性及其对科学方法的设限》是从科学方法不能准确解释中国传统哲学特点的角度来观察中国传统哲学本貌，这些角度有非物质化设限、非数量化设限、非心理化设限、非定义化设限、非知识化设限等，并由此对中国传统哲学的人文性有了更深刻更准确的认识。中国传统哲学的特质已有许多讨论，也深化了人们对这个问题的理解。《试论中国哲学的特质》从研究对象、思维方式、学术旨趣、解释理路、建造境界五个方面对中国传统哲学的特质展开了新的分析，这个讨论与过去不同的地方有：一是关于中国传统哲学特质的认知不尽相同，二是论证叙述不同，三是评论不同。因而此文在很大程度上不仅是对中国传统哲学特质的呈现，而且是蕴含着完善内容和希望的呈现。

中国现代学者在解释中国传统哲学实践时，往往表现出一些有规律的方法，形成了一些共同性质的方式，当然，每位解释者的路径与方法又是有差异的。《由科学玄学论战看中国哲学的研究方法》指出，科学玄学论战中出现了三种风格各异的人生观，其原因在于各派所持思想方法的差异，思想方法是科学玄学论战的实质性焦点，置身于现代中国哲学史中的科玄论战，则在哲学思想的承启、现代哲学研究方法的应用和现代哲学话题的播种三个维度上产生了深远的影响。科学论战反映了科学方法与人文方法的对立，并提出了理解传统哲学方法的问题，这些都给后人以思考。《人文主义方法的早期输入及其学术影响》认为，人文主义的输入对中国学术产生了五个方面的影响：发掘了中国传统思想中的人文精神，提供了新的研究视角，推动了中国学术学科化进程，激发和培育了研究者的原创性和独立性，深化了人文社会科学研究。人文主义进入中国学术界，表现出独特的气质，对中国哲学研究产生了深刻影响。认知、理解和评论中国传统哲学应坚持怎样的原则？如何合理使用那些对理解和解释中国传统哲学有价值的方法？《方东美解释中国传统哲学的原则与方法》进行了探讨。在方东美看来，认知、解释中国传统哲学的方法一定要与中国传统哲学的内容和特性相适应，因而无论是西方哲学方法、知识论方法，还是科学方法，都应慎重，而人文主义方法或形上学方法是与中国传统哲学最适应的方法。在过去百余年理解、解释中国传统哲学的实践中，多数哲学家围绕怎样理解、解释中国传统哲学问题提出了自己的主张，《解释中国传统哲学的三原则》将这些主张概括为"返乡原则""开放原则""相契原则"三大原则，这三大原则对于当下及未来的中国传统哲学研究具有独特的启示意义。《胡适认知老子"道"的三种路径》认为，胡适认知、理解老子的"道"应用了三种路径，即科学主义、实用主义、进化主义。因为这三种路径的应用，胡适提出了一些独特而新颖的观点："道"是一种假设、"道"是一种过程、"道"意味着"天人不同类"等；也因为这三种路径的应用，胡适关于老子"道"的理解和解释存在诸多的偏颇："道"含有阻碍科学发展的特性，"道"具有"重虚轻实"的特性，"道"具有"尚古淡今"的特性，"道"及其德性是无法证实的虚名等。因此，胡适关于"道"的认知、理解和解释，完全是科学主义方法的实践，而在科学主义方法应用过程中，"道"的人文内涵被无情地消解。《忠于中国哲学的格局》则对张东荪关于"以西释中"的主张展开了分析，指出张东荪对于以西学解释中学的学术行为做了独特且深有启发的探讨。张氏认为以西学解释中学必须照顾到中学的特殊性，不能随意将西学套在中学身上而进行不负责任的解释；如果想避免以西学解释中学的行为陷于常识性错误，最实用的办法就是对中学有非常完整、准确的了解。张东荪的这些卓见对于今天的中西哲学的比较研究、中西文化的融合实践都具有启示性意义。对于"以西释中"这一流行于20世纪中国的学术实践，《"以西释中"衡论》给予了全面的梳理、客观的分析和深入的检讨，认为"以西释中"不仅推动了中国传统哲学的现代化进程，并使中国传统哲学在形式与内容上都得到了提升，而"以西释中"所导致的消极问题，与西方哲学不存在因果关系，而在未来的日子里，"以西释中"仍然是中国哲学更新、丰富和发展的途径之一。

与提出解释中国传统哲学的理论与方法同时，中国学者也展开了解释中国传统哲学的实践。《认知中国传统哲学的三个维度》提出了认知中国传统哲学三个维度,即科学主义维度、人文主义维度和唯物主义维度。之所以如此,是因为近世以来中国学者一直致力于用自然科学原理、人文主义原则和唯物主义思想认知、发掘、整理中国传统哲学内容。《王国维诠释"理"的三种路向》探讨了王国维诠释"理"的三种路向,即知识论路向、形上学路向和伦理学路向。王国维诠释"理"的根本原则是知识论原则,并因此否定"理"的伦理学意义和形上学意义,由此显露出王国维改造中国传统哲学的神秘意向;但这种意向的实践忽略了"理"在中国传统哲学中的特殊内涵与特殊价值,从而也损害了王国维诠释"理"之实践的完整与意义。《中国传统哲学开出科学之尝试》认为,贺麟通过对"理"的诠释表达了他对"中国传统哲学中开出科学知识"问题的回应。贺麟认为,"理"具有"时空"的基本特性,即言其为"自然知识形成的可能的根据、法则和标准",从而为中国传统哲学开出科学知识展开了尝试性的讨论,在事实上启发了我们对于中国传统哲学如何接通知识论的思考。然而,中国传统哲学根深蒂固的道德特性,究竟在什么程度上能够与科学知识接通,却是贺麟释"理"实践所表现出来的深度理论困惑。《张岱年释"理"之路径及其省察》不仅对"理"进行了分类,对诸种意谓的"理"之关系进行了梳理,而且对"理"的特性进行了审订。这些探讨不仅表现在对"理"内涵的丰富和发展上,更表现在对"理"之认识主体数量的扩充和素质的提升上。但是,由于唯物论原则被绝对化使用,使张岱年对"理"内涵的诠释显得贫乏化,对"理"特性的认定显得单一化,从而使"理"所具有的丰富内涵和意义在很大程度上被忽略。因此,对于中国古代哲学范畴的诠释,我们既要积极地引用新方法、新知识,同时也要考虑所引用方法的适度性。自西方哲学出现在中国之后,"中国哲学的特质是什么"便成了中国学人必须直面和思索的课题,并提出了各式各样的答案。牟宗三是对这个课题进行回应的最有代表性的学者之一。那么,牟宗三眼中的中国传统哲学特质是什么?他的回应给予我们一些什么样的启示?《牟宗三视域中的中国哲学特质——从生命性问题展开》即对这些问题展开初步讨论,并提出几点相关的意见。《贺麟对"知行合一"的诠释及其启示》指出,贺麟对"知行合一"的解释具有鲜明的科学知识化倾向,从而改变了"知行合一"纯道德内涵之情形,并赋予"知行合一"诸多新义,开辟了"知行合一"展开的新路径。但贺麟科学化、知识化解释"知行合一"的路向，消解了"知行合一"本有内涵。这意味着，贺麟并不是严格意义上的心学家，而是善于与时俱进从而对儒学进行调整与更新的现代儒家学者。《无本体哲学及其效应——张东荪对中国传统哲学特质的认知及其启示》认为，张东荪在提出"中国传统哲学无本体"主张的同时，不仅对中国传统哲学无本体的原因进行了分析，而且对无本体的中国传统哲学所导致的诸种后果进行了揭示。张东荪的这一学术实践，不仅暴露了中国传统哲学的诸多问题，凸显了中西哲学的差异，而且引发了人们对于中国传统哲学究竟有无本体、无本体哲学与科学关系、"无本体哲学主张"之思维特征等问题的思考。《冯友兰"新理学"若干问题刍议》认为，冯友兰"新理学"的建构，受到了一些同行的质疑与批评，这些质疑与批评主要表现为两点：一是"新理学"方法与宋明理学不适应，二是"新理学"的本体空虚不实。不过，客观而深入地理解"新理学"之后的判断应该是："新理学"方法并不必然地伤害宋明理学，而"新理学"的本体尤非实际的"空"所能笼罩。事实是，"新理学"的建构不仅显示了冯友兰缜密的思辨力，也显示了其对中国哲学、宋明理学的透彻把握，更显示了其开辟中国哲学新方向的期许与努力。而"新理学"在学术层面的价值尤为值得学界珍视：既是中国哲学在形态上的有益尝试，也有经典诠释方法上的独特示范，更是哲学回应现实课题与表达生命关怀的特殊路径。

中国传统哲学应以怎样的身份或面孔呈现于现代？第四章的7节对此展开了不同角度的追问与思考。"中国有无哲学"从根本上说虽然是个彻头彻尾的假问题，但因为关于此问题的讨论所引起的对中国哲学自身特性、品质及走向等问题的关切却是越来越多，已然成为中国哲学界关注的重大学术问题。《中国哲学研究中的"中国话语"情结》对此进行了一定程度的回应。中国哲学如何走向未来？是思想理论上的完善，还是建构一种新的哲学？抑或在中、西、马的对话中成就"金身"？《中国传统哲学自我完善的道路——以建构"善"的生活为轴心》对这个问题发表了独到看法。《浅议中国哲学从业者的资质》对于中国哲学研究者的素质展开了讨论，提出了几点有价值的看法，认为包容心理、忠诚品质、怀疑态度、独立人格等是基本素质。《中国传统哲学当代开展的四个向度》认为当代中国哲学的开展，应由问题的向度、诠释的向度、实践的向度、自我的向度展开。《老子反省人类文明的路径及其启示》指出，老子以其独特而深邃的头脑对人类创造的文明进行了深刻反省。在老子看来，物质文明、知识文明和道德文明都对人类构成负面影响，人类只有以"道"的方式处理自身与文明的关系，才能减少或避免文明对人类的伤害。老子对文明负面作用的揭示，让人类对文明有了深层的认识，从而建立起健康合理的"文明消费观"；老子对文明与人类矛盾的揭示，让人类认识到这对矛盾本即内在于人性，从而确立起在人性范围内消解这种矛盾的意识。老子对人类文明负面作用的反省与检讨，在思维逻辑与价值取向上都存在可商榷的空间，但其对于正走在现代化道路上的中国而言，当有丰富且深刻的启示意义。《中国传统哲学的特质及现代转型》以中国传统哲学特质为中心进行考察，发现中国传统哲学的现代转型至少表现在四个方面：研究对象从"生命"扩增到"自然"、认知方法从"直觉"扩增到"理智"、"语言述义"从"模糊"转向"清晰"、为学旨趣从"实行日用"转向"理论思辨"。而理解原则的生机性之特质仍然被坚持，并由这种考察和研究获得对中国传统哲学转型模式、转型特点、转型意义的把握。《论王国维对"中国哲学"的建构》认为王国维"建构'中国哲学'"的工作主要表现在四个方面：初创"中国哲学"的系统、厘定"中国哲学"的性质、开掘"中国哲学"的价值、谋划"中国哲学"的规范。王国维建构"中国哲学"的工作及所表现出的诸多主张和观点，不仅在中国现代哲学史上具有特殊的地位，而且对于理解、解决当今学术界争论不休的"中国有无哲学""中国哲学研究与西方哲学的关系""如何促进中国哲学发达"等问题，都富有启示意义。面向现代社会问题给予回应，而对传统哲学提出新的要求，是对现代社会与传统哲学的双重解释。

近30年来，中国传统哲学研究开展得如火如荼，那么，其研究内容是什么？表现出怎样的性质？获得了多大成就？存在哪些问题？第五章的5篇文章对这些问题做了概括性分析与评论。《开启"中国哲学史"写作的新范式——评郭齐勇教授新著〈中国哲学史〉》将郭齐勇教授《中国哲学史》的优长概括为四点：第一，"哲学问题"与"作者理论"的有机结合；第二，"中国意味"与"西方方法"的有机结合；第三，"因事设论"与"学术创新"的有机结合；第四，"旧经验"与"新成果"的有机结合。《面向21世纪的中国哲学研究——当代中国哲学研究热点问题述要》认为当代中国哲学研究热点问题主要有"郭店楚简与中国哲学关系问题""中国哲学合法性问题""重写中国哲学史问题""中国哲学诠释学问题""中国传统哲学的现代价值落实问题""儒学的当代开展与儒教问题"等。学术界关于这些问题的探讨,对于处理好出土文献与现存学术思想的关系、总结中国哲学史写作原则方法、寻找中国哲学本有特色、探索中国传统哲学现代价值落实路径、发掘中国传统诠释学的类型和特征、规划儒学的开展方向等问题具有深远的学术意义。近年的中国哲学研究呈现出纵深多极化的走向。《义理研究的推进与时代课题的关切——近年中国哲学研究述评》选择性地对易学研究、传统政治哲学研究、中国哲学研究方法与创作等问题的讨论进行了梳理、分析和评论,并提出了几个值得中国哲学研究同行进一步思考的问题。21世纪以来的朱熹思想研究呈多元展开态势,《朱子学研究的新境际》就哲学思想、政治思想、伦理思想、经学思想、诠释思想等领域的研究进行综合考察与分析,认为近十余年朱熹思想研究的成果是丰硕的,成就是卓越的,将在朱熹思想研究中扮演承前启后的角色,并对中国哲学思想史的研究产生积极影响。《三十年来中国哲学研究的四大成就》概括为方法的自觉、主体性增强、论域的开拓、内容的创新四个方面,认为这四个方面为中国哲学的当代新开展奠定了基础。

可见,本书既有表现为思辨、批判、关怀等特质的"哲学的解释",也有表现为分析、解构、圆融等特质的"解释的哲学",正是在"哲学的解释"与"解释的哲学"的交相辉映中展示了作者的思想生命的历程,演奏了宇宙生命的乐章。

第一章　中国传统哲学的自我呈现

本章所讨论的内容主要是中国传统哲学的义理和特性，其中有中国传统哲学对道德与知识关系的主张、《道德经》与《论语》的异同、老子"道"的境界意蕴、魏晋南北朝时期的儒佛道三教关系、朱熹对于"作用见性"的理解、中国传统哲学特质等，这些问题的探讨，有限而客观地呈现了中国传统哲学的本貌。

一 中国传统哲学中的"德"、"智"关系论

在中国哲学思想史上,"德"与"智"是一对常为哲学家们所讨论的范畴,它们之间的关系也十分复杂,但目前学术界在这方面的讨论却很薄弱。对这一问题的探讨,不仅有助于我们了解中国哲学家关于知识系统与道德系统关系的认识状况,而且也可为我们建构知识系统和道德系统的合理关系提供一种参考。本节的探讨即以此为目的。

1. "德"之大统内的"德"、"智"关系

智与德的关系是诸多学派共同关心的课题,而有代表性的不外道、儒两派。道家是反智论的代表。道家学派认为,智识与德性是不能协作的,而且智只能给人的德性带来负面影响,所谓"智慧出,有大伪"①(《道德经》十八章。以下凡引该书只注章数),"绝圣弃智,民利百倍"②(十九章)。道家为何如此仇视"智"呢?因为他们认识到,百姓有了知识之后,就有了主见并因此不大听话,所谓"民之难治也,以其智多。故以智治国,国之贼;以不智治国,国之福"③(六十五章)。这样,道家实际上拒绝了智与德关系的严肃讨论,自然也不可能从正面角度去肯定智识对道德的积极意义,但其关于智识会导致人之本性损害的见解,却深刻地影响了中国哲学对于智德关系的理解。

儒家学派比较看重智识与道德的关系,而且强调智识对道德的积极意

---

① 《道德经》,安徽人民出版社1990年版。
② 同上。
③ 同上。

义，但对于智德关系的看法比较复杂。孔子是伦理思想家，也是教育思想家，他十分强调学问思辨的作用。他将智看成与仁、勇并列的三德："智者不惑，仁者不忧，勇者不惧。"①（《论语·子罕》。以下凡引该书只注篇名）而且明确指出智是获得成功的方法，而不是守成的手段："知及之，仁不能守之；虽得之，必失之。"②（《卫灵公》）智是指一种明辨是非、善恶的道德理性，而不是一种客观的知识。就智德关系论，智是"成仁"的方法或途径，所谓"仁者安仁，知者利仁"③（《里仁》），孔子显然从功能上区分了智与仁，而且比较明确地提出了"智"作为道德实施途径的意义。

在孟子那里，智仍然是与仁、义、礼并列的一种德性，是一种先天辨别是非的德性知觉，这种智也叫"良知""良能"，所谓"人之所不学而能者，其良能也；所不虑而知者，其良知也"④（《孟子·尽心上》。以下凡引该书只注篇名）。这种不虑而知、不学而能的良知、良能，具有把握仁义并协调二者关系的能力："仁之实，事亲是也；义之实，从兄是也；智之实，知斯二者弗去是也。"⑤（《离娄上》）很明显，这个"智"与科学知识之"知"不是一个东西，而是一种靠天生直觉明辨是非的能力。孟子阐述了智之对于仁、义等德性的意义，"仁智双修"的儒家德智模式开始形成。自然，孟子将智规定为一种人先天固有的"是非之心"，直接影响到儒家学派关于德智关系讨论的内容与水平。《中庸》将仁、智按功能分别开来："成己，仁也；成物，智也。"智可以认为是"外王"的一种工具，而不是成德的途径，只是作为理想人格一个方面的要求。总之，在早期儒家经典中，智德关系问题虽然提了出来，也提出了一些有价值的观念，但并不系统。智德关系问题显然没有被提到较重要的位置上。

董仲舒的《春秋繁露》有"必仁且智"章，足见董子对德智关系的重视。什么是智？董仲舒的解释与孟子不尽相同。董仲舒说："何谓之

---

① 杨伯峻：《论语译注》，中华书局1980年版。
② 同上。
③ 同上。
④ 杨伯峻：《孟子译注》，中华书局1980年版。
⑤ 同上。

智？先言而后当，凡人欲舍行为，皆以其知先规而后为之。……见祸福远，其知利害早，物动而知其化，事兴而知其归，见始而知其终。"①（《春秋繁露·必仁且智》）智是对事物发展趋势的一种预见，能预知祸福、利害，预见事物的过程与结果。可见，董仲舒的"智"多了一点客观知识的成分，但却显得有些神秘。董仲舒认为，这种智对人之道德行为而言，是十分重要的。他说："莫近于仁，莫急于智，不仁而有勇力材能，则狂而操利兵也；不智而辨慧獧给，则迷而乘良马也。故不仁不智而有材能，将以其材能以辅其邪狂之心，而赞其僻违之行，适足以大其非而甚其恶耳。其强足以履过，其御足以犯作，其慧足以惑愚……此非无材能也，其施之不当而处之不义也。有否心者，不可籍便执，其质愚者不与利器，论之所谓不知人者，恐不知别此等也。仁而不智，则爱而不别也。智而不仁，则知而不为也。故仁者所以爱人类也，智者所以除其害也。"②董仲舒认为，仁与智是做人或治国的两翼，仁使人不邪不狂，智使人不迷不惑。一介人即使有了勇力才能，如果失仁缺智，那么也只能错用其勇误用其能。"仁而不智"，则导致"爱而不别"；"智而不仁"，则导致"知而不为"。就是说，仁促使智者去"爱"，而智帮助仁者如何"爱"。不难看出，董仲舒十分注重智对于德的意义，将智视为对德行的一种规定，这显然是对孔、孟以来"智利仁"思想的继承与发展。但董仲舒并没有认识到作为一种独立知识体系之"智"对道德的价值，他依然是在比较狭隘、视"智"为一种德性的前提下讨论智对道德的作用。

关于智识与道德关系的讨论，三国时期刘劭的意见值得我们关注。刘劭依然将智视为一条德目，但对于仁、义、礼、信、智的地位有了新的规定。他说："夫仁者，德之基也；义者，德之节也；礼者，德之文也；信者，德之固也；智者，德之帅也。"③（《人物志·八观》）如上所言，在孔、孟那里，智不过是对仁、义的区分与坚持；在董仲舒那里，智的地位有所提高，即所谓"仁而不智，则爱而不别也"，但强调的仍是智对仁的规范引导作用。也许正因为如此，刘劭才进一步提出"智为德之帅"的

---

① 董仲舒：《春秋繁露》，上海古籍出版社1990年版。
② 同上。
③ 刘劭：《人物志》，四部丛刊本。

观点。而智何以成为"德之帅"呢？刘劭的解释是，因为"智"出于"明"，"智"之"明"犹如昼之白日、夜之烛火，看得清而望得远。刘劭指出，只有以"明""智"去行仁义、守忠信，才能不走邪、不失败。所谓"故以明将仁，则无不怀；以明将义，则无不胜。"（《人物志·八观》）刘劭在智识与道德关系方面的贡献，主要在于将智的地位凸显出来，冠以"帅"之头衔。这是传统哲学思想史上关于智德关系观念的一个重大突破，也为后代思想家讨论智识与道德的关系提供了新的思路。

2. 走向独立的"智"及其与"德"的关系

宋明思想家对智识与道德的关系进行了创造性讨论，试图妥善地解决道德与智识的关系问题。邵雍较早提出了关于两种知识类型的问题。他说："资性得之天也，学问得之人也。资性由内出者也，学问由外入者也。自诚明，性也；自明诚，学也。"①（《皇极经世·观物外篇》）两种类型的知识来源不同，但目的是一样的，即明性达命。这种将知识分为两种类型的见解推动了宋明思想家关于道德与知识关系的讨论的深化。

张载进一步探讨了知识分类问题，他提出"见闻之知"与"德性之知"的概念。所谓"德性之知"是指一种先验的道德觉悟；而"见闻之知"则是指人接于物而产生的感性知识。张载说："见闻之知，乃物交而知，非德性所知；德性所知，不萌于见闻。"②（《正蒙·大心篇》）张载认为"德性所知"与"见闻之知"没有任何联系，而且，"见闻之知"是"小知"，不能尽物之知，因此真正的知识只能是"德性所知"，因为"德性所知"能推类穷理，能尽天下之物，能调整"见闻之知"。张载提出"见闻之知"，表明他认识到外在客观知识的存在，并接纳了客观知识，这已与孔孟的智德观念有所差别。但他没有将"见闻之知"作更全面的解剖，更没有从正面讨论"见闻之知"与道德的关系问题，反而认为见闻之知是"桔其心"、"累其心"之源。由此我们不难发现传统儒学

---

① 邵雍：《观物外篇汇》，北京大学哲学系《中国哲学史教学资料选辑》（下），中华书局1982年版。

② 张载：《大心篇》，北京大学哲学系《中国哲学史教学资料选辑》（下），中华书局1982年版。

轻视知识之陋习的延续。张载所强调和关注的仍然是道德理性（德性所知）。

二程不仅承继了张载的观点，肯定"闻见之知，非德性之知"，"德性之知，不假闻见"①（《二程遗书》卷二五。以下凡引该书只注卷数），而且在鄙薄"闻见之知"方面更大大超过了张载。二程认为，"见闻之知"是玩物丧志的小技，只能损害德性，因此应将其驱逐到圣人之学之外。所谓"学也者，使人求于内也，不求于内而求于外，非圣人之学也"②（卷二五）。但肯定"德性之知"又使二程与老庄彻底的反智主义区别开来。程颐说："智出于人之性。人之为智，或人于巧伪，而老庄之徒，遂欲弃智，是岂性之罪也哉！"③（卷二一）这表明，在"德性之知"的意义上，二程对"智"是肯定的，而一旦超出了这个意义，即对外在客观的"见闻之知"，毫无疑问，他是坚决反对的。正因为如此，二程极力反对经验知识和逻辑知识，提倡一种超逻辑超语言的内心直觉和体验。"大凡学问，闻之知之，皆不为得。得者，须默识心通。学者欲有所得，须是笃，诚意烛理。"④（卷一六）二程对于智与道德关系的见解显然也没有突破传统哲学思维的樊篱。朱熹认为，人之感性知识是一切知识的基础，只有对事物的各个方面有了具体感性的认识，才会对事物有贯通性认识。他说："如今人理会学，须是有见闻，岂能舍此？先是于见闻上做工夫到，然后脱然贯通。"⑤（《朱子语类》卷九八。以下凡引该书只注卷数）而且认为，见闻越广博，人之智识也会越高明。"勉强学问可以致其知也，闻见博而智益明，则其效著矣。"⑥（卷一八）不难看出，朱熹的所谓见闻之知含有较多客观知识的成分，且这种客观知识既不是"巧伪"，也不是"累其心"者，而是经过积累可以提升人之生命价值的知识系统。朱熹认为，尽管"德性之知"与"见闻之知"存有内在、外在之差别，但德性以见闻为条件，才可真正表现出性命之学的光彩，才可真正增宏个

---

① 《二程遗书》，《二程集》，中华书局1951年版。
② 同上。
③ 同上。
④ 同上。
⑤ 《朱子语类》，中华书局1999年版。
⑥ 同上。

体之德性修养:"大学所谓格物致知,乃是即事物上穷得本来自然当然之理,而本心知觉之体,光明洞达无所不照耳。"①(卷五)因此,朱熹十分重视"道问学"的价值,要求人们注重经验知识的积累,关心客观知识的获得,并与"尊德性"相互发明,使人之德性日臻完善。朱熹是宋明理学家中较多地承认客观知识,并肯定客观知识对道德的进步、提高有益的学者。但朱熹显然仍在传统思维中绕圈子。其"道问学"实际上仍是道德知识。他一方面承认"德性之知"是"至善"之知,另一方面又肯定"见闻之知"对"德性之知"的意义,这种协调必然导致二者的矛盾。因为"德性之知"是"善",而"见闻之知"的理性特征必然导致对先天具有善性的"德性之知"的怀疑与否定,势必影响"德性之知"之"善性"发挥。也许为了解决这一矛盾,朱熹提出了"心统性情"的观点,认为"心"是一个具有知觉能力的"善"性本体,这个"心"监视、把握人之活动状况,引导人之活动走向。所谓有知觉能力的"心"之提出,较突出地反映出朱熹融知识、德性于一体的愿望,但由于朱熹的"心"是先验的直觉能力而不是客观知识,因而他在理论上并没有真正做到知识与德性的统一。

与朱熹不同,陆九渊主张"尊德性",认为德性之知是"本心",是内在,诸般德性也由此"心"自然流露而显发出来,因而他根本否认"见闻之知"的存在。王阳明注意到了朱、陆的差别与局限,提出了一个折中"德性之知"与"见闻之知"的概念:良知。良知不是通过见闻而来的,但良知却不能离开"见闻之知";"见闻之知"是良知的"用"。王阳明说:"若主意头脑专以致良知为事,则凡多闻多见,莫非致良知之功。盖日用之间,见闻酬酢,虽千头万绪,莫非良知之发用流行。除去见闻酬酢,亦无良知可致矣。故只是一身耳。"② 可见,"良知"是本,"见闻之知"是末。"见闻之知"虽不可或缺,但只有助于良知之用和实现,而无助于良知的发现和澄明。这与朱熹视"见闻之知"为穷理之本截然不同。王阳明的良知论本质上是轻视感性经验知识、排斥客观知识的理论。因此,王阳明在知识与道德方面的见解,虽然形式上解决了朱熹在

---

① 《朱子语类》,中华书局1999年版。
② 《传习录》中,《王阳明全集》(上),上海古籍出版社1995年版。

道德与知识关系上的矛盾，但实际上却遏制了朱熹倡导的知识对道德具有积极作用的正确观点，从而加固了陆九渊轻视客观知识的错误意见。

宋明理学关于知识与道德关系的讨论，从主流上看，仍然继承了传统哲学思想中轻视客观知识的倾向，承袭了将知识归结为道德的观念，当然也继承了"知以利仁"的思想。不过宋明理学家在解决知识与道德关系方面也表现出了较高的热情与智慧。划分"德性之知"与"见闻之知"，尽管有维护"德性之知"尊严而轻视"见闻之知"的意图，但至少"见闻之知"已进入他们的视野，而且认识到了"见闻之知"对德性的影响；张载、朱熹较多地注意到了客观知识对于道德的影响，并在一定程度上肯定了知识对于启发道德、引导道德的积极作用，使我们看到刘劭"智者，德之帅"观念在新背景下的延承。"德性之知"与"见闻之知"统一体"良知"的提出，我们一方面感受到王阳明对知识于道德意义的高度重视，另一方面又注意到王阳明坚守"重德轻知"之传统观念的虔诚。所有这些都是宋明理学家积极探索之成就。但宋明理学家显然缺乏接纳客观知识的诚意与能力，从而也就使得我们所接受到的宋明思想家关于知识与道德关系方面的智慧，仍然是处于道德大统内的智慧。客观知识的独立之肯定才意味着知识与道德关系问题的真正展开。我们非常幸运地从阳明末学中发现了肯定客观知识独立存在的学理性探求。

3. 客观知识之"智"及其对"德"的意义

王阳明的弟子王龙溪率先肯定客观知识的独立性，认为"见闻"是"识"，是关于事物对象的认识；"良知"是"知"，是关于人之价值的自我认识。它们的性质不同，所谓"知无起灭，识有能所；知无方体，识有区别"[①]。王龙溪虽然没有否认良知的意义，甚至追求"德性之知"仍然是其学问的本旨，但他承认心性之外的知识，这是对传统哲学将"智"归结为"德"之思维习惯的突破，具有重大理论意义。不过王龙溪认为客观知识对"良知"是有害的，最终走向了道家的反智论。真正肯定客观知识存在而又否认先天"良知"的是王廷相。王廷相认为，世界上没

---

① 《金波晤言》，《王龙溪先生全集》卷六，清道光刻本。

有不经过见闻而存在的"良知",一切知识皆由感官而起:

> 自圣人以下,必待此而后知,故神者在内之灵,见闻者在外之资。物理不见不闻,虽圣哲亦不能索而知之,使要儿孩提之时,即闭之幽室,不接物焉;长而出之,则日用之物不能辨矣,而况大地之高远,鬼神之幽冥,天下古今事变,杳无端倪,可得而知之乎?夫神性虽灵,必藉见闻思虑而知,积知之久,以类贯通,而上天下地,入于至细至精,而无不达矣![①]

王廷相认为,一切知识都是人与物会合的结果。一个只是坐而论道而不亲睹亲闻外界事物的人,是不能认识事物之道的;一个被关在幽室的婴儿,长大之后是不能辨别日用之物的。这说明人不可能对某物存有先验知识。所以王廷相认定,脱离闻见的"德性之知"也是根本不存在的。王廷相与王钱不同处在于:王廷相强调客观知识独立存在的同时而不将客观知识视为"害",并且否定了先验良知的存在。明清之际思想家们讨论智识与道德的关系,正是在肯定客观知识独立存在的基础上展开的。

高攀龙指出,圣人之所以有大善大德,就在于入于闻见而又出于闻见:"圣人不任闻见,不废闻见,不任不废之间,天下至妙存焉。舜闻一善言,见一善行,若决江河,沛然莫之能御也。非闻见乎?"[②] 高攀龙认为,日用庸常中自有道在,而闻见是人之与日用庸常会合之通道,岂可去得?高攀龙通过"闻见"在人类认识过程中的手段意义,肯定一般知识的价值,并通过"圣道自在庸常中"肯定了"闻见"对道德的意义。刘宗周则明确指出,闻见出于心,并非耳目聪明所专有,而德性也不能离"闻见","睿知之体,不能不窍于聪明而闻见启焉"[③]。因此,不存在舍外求内、弃闻见而求德性的纯"德性之知"。刘宗周从知识获得的过程言德性、闻见是"一知",而不是"两知",从而在知识论领域否认了"德性之知"的先天存在。

---

① 《雅述上》,侯外庐编:《王廷相哲学选集》,科学出版社1959年版。
② 《阳明说辨四》,《高子遗书》卷三。
③ 《刘子全书》卷二九,清道光刻本。

王夫之提出了较系统的知识论体系，在知识与道德关系方面也表现出了较高水平的见解。王夫之认为，多闻多见才能真正启迪人之灵明而达到对知识的统一。"多闻多择，多见多识，乃以启发其心思而会归于一，又非徒恃存神而置格物穷理之学也。"①（《张子正蒙注·大心篇》）因此，王夫之认为闻见之知不会成为"心之累"，而能成为"心之助"："耳目闻见皆其所发之一曲，而函其全于心以为四应之真知，知此，则见闻不足以累其心，而适为获心之助，广大不测之神化，无不达矣。"②（同上）王夫之进一步指出，人对于未闻未见者不能产生相应的"心"："内心合外物以启觉，心乃生焉，而于未有者知其有也；故人于所未见未闻者不能生其心。"③（《张子正蒙注·乾称篇下》）这是很有意义的提法。人之灵明"心"与外物接触才产生"觉心"，才可探寻到原来未知之物，而对未闻未见之物就产生不出相应的"觉心"，也就谈不上有"德性之知"。故道德之"心"必定产生于知识基础之上。

唐甄是中国哲学思想史上第一位较系统地讨论知识与道德关系的学者。唐甄认为，传统哲学的错误就在于将"智"作为一种德目，而不是将"智"看成"和"诸德的智慧："其误者，见智自为一德，不以和诸德。其德既成，仅能充身华色，不见发用。"④ 若不以智和诸德，则其所成之"德"，也只是"束身寡过"之德，不能广为发用，施之于其他。因此，必须重新审视德与智的关系："智之真体，流满充盈，受之方则成方，受之圆则成圆，仁得之而贯通，义得之而变化，礼得之而和同。"⑤ 这是从一般意义上肯定知识对道德的积极作用。但智之作用尚有更大者在。唐甄说：

> 德虽至纯，不及远大，皆智不能道之故。无智以道之，虽法尧舜之仁，不可以广爱；虽行汤武之义，不可以服暴；虽学周公之礼，不可以率世。有智以道之，虽不折枝之仁，其仁不可胜用；虽不杀枭之

---

① 《张子正蒙注》，《船山全书》（二），岳麓书社1992年版。
② 同上。
③ 同上。
④ 唐甄：《性才》，《潜书》，四川人民出版社1984年版。
⑤ 同上。

义，其义不可胜用；虽不先长之礼，其礼不可胜用。①

智的作用如此重要，无怪乎唐甄要说："三德之修，皆从智入，三德之功，皆从智出。"② 在唐甄这里，我们真正体验到智识对道德的价值，体验到提高人之智识对于道德建设的基础意义。它告诉我们，知识的进步必然有助于道德的进步，而不是如道家所言"智慧出有大伪"；它告诉我们，道德价值的大小在很大程度上取决于智识的引导与规范。

戴震在认识上主张"去蔽""去私"，而"去蔽"的前提是"知识"或学习，因而他视"先重知"为圣学——"圣贤之言，无非使人求其至当以见其行。求其至当，即务先于知也。凡去私不蔽，重行不重知，非圣学也。"③（《孟子字义疏证·权》）如果不能去蔽，也就难以去私。戴震注意到了知识与道德的关系问题，并从两个角度较详细地讨论了知识学问对于道德的影响。其一是道德的盛大，必借助知识学问。他说："试以人之形体与人之德性比较论之，形体始乎幼小，终乎长大；德性始乎蒙昧，终乎圣智。其形体之长大也，资于饱食之养，乃长日加益，非复其初；德性资于学问，进而圣智，非复其初明矣。"④（《孟子字义疏证·理》）其二是认为智识可以量美丑辨是非，而且可将人欲调到最佳状态而造福于人。他说："惟人之知，小之能尽美丑之极致，大之能尽是非之极致。然后遂己之欲者，广之能遂人之欲；达己之情者，广之能达人之情。"（《孟子字义疏证·理》）戴震非常清楚智识在人之道德修养、道德行为中所能起到的作用，而与仁、义、礼诸德比较，智识对个人道德水平的高低、道德品质的优劣有着十分重要的作用。戴震还注意到知识在道德事实与道德理想关系中的作用，认为人有知识，能知"性"之自然，故能以平常心而生活，能知"性"之必然，故能以理想心而追求。他说："性之欲，其自然之符也；性之德，其归于必然也。归于必然，适全其自然，此之谓自然之极致。……知其自然，斯通乎天地之化；知其必然，斯通乎天地之

---

① 唐甄：《性才》，《潜书》，四川人民出版社1984年版。
② 同上。
③ 《戴震全集》第一册，清华大学出版社1991年版。
④ 同上。

德。"①（《原善》卷上）既然知识能使人成天地之德，那还有什么德性不能由智而达到的呢？"尽是非之极致，存乎智者，圣贤之德由斯而备。"（同上）

明末至清中期，关于知识与道德关系的讨论有了较明显的变化，主要表现在：其一，"智"逐渐从一种德性转换成客观的知识；其二，知识对于道德的重要性受到了普遍关注，从道德修养之成功到道德理想之实现，从对人道德行为之引导到对道德现实与道德理想关系之协调，以及从知识对道德意义之扩大等角度，都提出了一些颇具启发意义的观点；其三，突出了"智"对于道德的统帅、决定作用，这对于纠正将智视为德之辅而可有可无的传统习惯很有积极意义。最后值得注意的是，如果说王龙溪、王廷相完成了"智"从"德"中独立出来的任务，那么晚明至清中期思想家则完成了"德"从"智"中独立出来的任务，因为它们不再在"德性之知"范围内谈智德关系问题。这显然也是一个重大进步。

4. 客观知识之"智"对"德"之意义的新论证

晚清民初，西方自然科学知识渐入中土，人们亲睹西方自然科学给西方社会带来的福利、进步，智识可以转为善的观念非常自然地在人们心中确立起来。看重知识对道德作用的自然首先是那些与西方文化接触较多的知识分子。王韬说：

> 世以仁、义、礼、智、信为五德，吾以为德唯一而已，智是也。有智则仁非伪，义非激，礼非作，信非愚，盖刚毅木讷近仁，仁之偏也；煦妪姑息近仁，亦仁之偏也；慷慨奋发近义，复仇蹈死近义，皆未得义之中也；礼拘于繁文缛节，周旋揖让则浅矣。信囿于硁硁自守，至死不变则小矣。而赖智焉，有以补其偏而救其失。智也者，洞彻无垠，物来毕照，虚灵不昧，运用如神。其识足以测宇宙之广，其见足以烛古今之变。故四者皆赖知相辅而行，苟无以济之，犹洪炉之

---

① 《戴震全集》第一册，清华大学出版社1991年版。

无薪火，舟之无舟楫也，安能行之哉！①

王韬认为，仁、义、礼、智、信五德中，智为其核心，有了智，仁才不伪，义才不激，礼才不诈，信才不愚。智与仁、义、礼、信的关系，好比薪火之于烘炉，使之旺然不息；好比舟楫之于巨舟，使之稳驶不偏。总之，智是仁、义、礼、信的头脑，没有智的引导与规范，仁、义、礼、信都会走至偏失。从思想承续上看，王韬"有智而仁非伪"之观念是明清之际以来相近思想的发展，同时也是受西方"以智力胜"之事实的启发。这种观念肯定智识对道德的积极作用，为西方自然科学知识在中国的传播做了思想上的准备。这种观念将智放在德之上，有助于改变轻视智识的传统观念。

康有为也十分关注德智关系，他不仅继承了"以智帅德"的进步观念，而且对此观念进行了新的论证。首先，他认为社会的进步、社会的文明、社会的伦常秩序之所以能获得与建立，就在于人拥有了智识："人惟有智，能造作饮食、宫室、衣服，饰之以礼乐、政事、文章，条之以伦常，精之以义理。"②既然社会的物质文明与精神文明的建设都离不开智识这一基础，那么作为精神文明重要内容的道德之建设自然要以智识为前提。其次，就德智关系而言，诸种德性之所以能呈现于人之实践，就在于人有了接纳诸种德性的智识基础："夫约以人而言，有智而后仁、义、礼、信有所呈，而义、礼、信、智之所为，亦以成其仁，故仁与智所以成终成始者也。"③最后，智识还能扩充人所具备的德性，而且智识的多寡与仁心的大小成正比："其知觉少者其爱力亦小，其知觉大者其仁心也大。"④因此，如果要增宏人的德性，那么普及教育、扩增人之知识、提高人之智力水平是十分必要的。

严复提出"鼓民力、开民智、新民德"的口号，在智德关系方面，他认为智是德的基础，无智而德是愚德，必然造成损失。严复指出，在把握具体道德的问题上，智也显得十分重要。比如对义利关系的处理，智与

---

① 王韬：《智说》，《弢园文录外编》，中州古籍出版社1998年版。
② 《内外篇》，《康有为全集》第一卷，上海古籍出版社1987年版。
③ 王韬：《智说》，《弢园文录外编》，中州古籍出版社1998年版。
④ 康有为：《礼运注》，中华书局1957年版。

不智差别就很大。一般来说，社会上是不仁者少，不智者多，而民之所以趋功利者多而成仁义者少，是因为其缺乏智。因此，提高民德必须以开民智为急务。"民智既开之后则知非明道，则无以计功；非正谊，则无以谋利。"① 严复还认为，古代中国人之所以有愚忠愚孝者，就在于缺乏知识修养。因此，他积极倡导办教育，提高普通民众的科学知识水平，并借此提高民众的道德素质。康有为、严复在具体论证智对道德的意义时，将知识引入伦理领域，并给予重要的地位，这与传统智德关系思想已经区别开来。

晚清民初之思想界对于知识与道德关系的讨论，有如下几个方面值得注意：一是强调知识性质的客观性、科学性，较彻底地清除了将智识作为一种德性的传统观念；二是智作为辅助道德实现的工具，其独立价值受到重视；三是德性的发挥必须依靠知识的帮助。这说明思想家们比较全面地认识到"知识"对于道德的价值。

5. 结语

综上可见，智与德的关系是中国哲学思想史上一贯受重视的课题，不同时代的思想家根据各自的文化知识背景，提出了他们处理德智关系的识见。这些识见的时序性显示，为我们把握传统哲学中德智关系的历史演变及走向提供了史的根据；而这些识见所蕴含的智慧，则成为我们今天建构科学的德智关系观的重要参考。概而言之有：

第一，中国传统哲学中德智关系演变的基本趋势表明，人类未来的德性应是理智的、自觉的德性。早期哲学思想中，智不过是一种德性知识，尽管它是作为一种知觉而存在的，但它不是独立的，是受德制约的，智的价值完全服从于德的价值。智独立为客观知识后，意味着智自身的价值得到肯定，并通过自身的价值影响、推动道德的进步。早期哲学思想中，智对德是"利"是"帅"；智的独立性确立后，便不仅是"利""帅"，而是对"德性"有所纠正、有所扩增、有所调整了，智对于道德的积极价值更为充分地体现出来。总之，通过智识与道德关系的历史考察，我们不

---

① 严复：《〈天演论〉案语》，《严复集》（五），中华书局1986年版。

难发现，传统社会的道德中心观念逐渐减弱，道德理智化要求逐渐增强，知识理性、科学理性对道德的影响也越来越大，从"德智不分"到"智德分立"、从"以德统智"到"以智帅德"、从"以智利德"到"以智和德"的转变过程，不仅说明了知识价值走向独立的历史必然，说明了知识确立其独立价值对于道德的重大意义，而且说明了道德蒙昧时代已一去不返，人类德性未来的走势应是理智的、自觉的。

第二，中国传统哲学对德智关系的讨论为现代社会正确处理德智关系提供了双向智慧。一方面，中国传统哲学较系统地探讨了智之成就德性的意义，充分肯定智作为成就德性的条件或途径的作用，认为智可以监督、规范德性的实施，以保证德性过渡为德行的质量，这就启发我们不能因为知识理性、科技进步对道德进步有负面影响而否定知识理性和科学技术进步的必要性。但另一方面，中国传统哲学对智的消极影响也给予了持久不懈的关注。这提醒我们，智对于德性的作用并非进步一维，还有落后一维，因而对现代社会而言，认真研究智德关系，尤其要认真检讨知识理性、科学技术之进步对成就德性的负面影响，从而建构一个较全面、较合理地处理智德关系之模式。迄今，这仍然是一项尚未完成的重要课题。

（载《齐鲁学刊》2001年第2期）

二　《道德经》、《论语》相似项比较

《道德经》、《论语》的差异，已有很多著述论及。诸如一出世，一入世；一讲哲学，一谈伦理；一反知识，一尚知识；一鄙德性，一尊德性……这里不再重复人们耳熟能详的差异，而是列举一些向来少为人们注意的相似点并作初步讨论，同时希望通过这种讨论引出几点相关意见以扭转人们差异性处理《道德经》、《论语》的习惯。

1. "不争"观念

《道德经》主张"不争"已为人熟知。《道德经》认为，宇宙化生万物是一种自然的、没有任何功利的行为。阳光普照，风雨博施，万物沐浴其中而茁壮成长，但却不以此为功，不以此为有。水之"居下利物"正典型地体现出宇宙好生万物而不以此为功的优秀品格。所谓"上善若水。水善利万物而不争，处众人之所恶，故几于道"（《道德经·八章》）。既然宇宙化生万物是一种非功利的行为，那么，"有"、"恃"、"居"等具有明显"争夺"性的行为或者意识，都是《道德经》所反对的——

> 圣人处无为之事，行不言之教；万物始作焉而不辞，生而弗有，为而不恃，功成而弗居。夫唯弗居，是以不去。（《道德经·二章》）

《论语》也主张"不争"。《论语》认为，君子主要品格之一就是"不争"，如果好争，则有失君子身份。所谓"君子无所争。必也射乎！揖让而升，下而饮，其争也君子"（《论语·八佾》）。射箭比赛是古代君子间最富"竞争"性的行为，而这种行为充满谦让儒雅，否则为非"君子"之争。这就是《论语》理想中的"争"。而且从社会动乱的原因分析,"争夺"、"互攻"、"相篡"正是一个健康、稳定的社会所需克服的因素。所谓"八佾舞于庭,是可忍也,孰不可忍也?"(《论语·八佾》)因此,《论语》要求君子不结党、不相争,所谓"君子矜而不争,群而不党"(《论语·卫灵公》)。

不难看出,具有"守位"、"奉献"、"和谐"精神的"不争"观念并非为《道德经》所独有,积极参与社会改革的《论语》也特别倾心于"不争"。

2."俭朴"精神

《道德经》认为,天道自然即是一种美,一种崇高,一种最适合人的生活形式,粉饰、点缀倒是一种累赘。

> 道常无名。朴虽小,天下莫能臣也。(《道德经·三十二章》)
> 知其荣,守其辱,为天下谷。为天下谷,常德乃足,复归于朴。(《道德经·二十八章》)

在《道德经》看来,"朴"是一种没有任何人工痕迹、淳朴本真的婴儿状态,也是人生最理想的境界,故而要求人将这种淳朴本真状态转换成一种精神,以规范自我行为。但由于人类知识水平的提高,物质文明的增长,人的存在方式只能是人工的、社会的,那种纯自然、无任何人工烙印的"生存方式"一去不复返了。这样,让人完全回归到"朴"的状态是不可能的,但又不能眼睁睁地看着人的自然本性为日新的文明所冲刷。有鉴于此,《道德经》本着"朴"的精神相应地提出了两种帮助人保养自然本性的方式。

其一是"俭"。"俭"是一种体现于人的社会行为中的克制手段,即要求人在社会中将自我的行为控制在接近"自然"的范围之内,将需求简单化,将欲望淡泊化。如此之"俭"被《道德经》视为其智慧的"三宝"之一:

> 我有三宝，持而保之：一曰慈，二曰俭，三曰不敢为天下先。……俭故能广。（《道德经·六十七章》）

其二是"啬"。"啬"是一种体现于个体行为中的自我修养的方法，他要求人任何时候都应修自善，自近于自然，含涵天性，厚藏根基，爱惜生命。

> 治人事天，莫若啬。夫唯啬，是谓早服。早服谓之重积德；重积德则无不克；无不克则莫知其极，莫知其极，可以有国。有国之母，可以长久。（《道德经·五十九章》）

"啬"与"俭"一样，是《道德经》面对日益增长的人类文明对人们提出的保持自然品格的一种要求。

《论语》也崇尚"俭朴"。《论语》认为，对一个社会而言，"奢"的行为比"俭"的行为更不可取，因为"奢"意味着人欲望的任意扩大，从而导致人行为的无序；而"俭"则要求人克制自我欲望，将自我行为控制在适当范围之内。所以，倾心于社会稳定的《论语》自然提倡"俭朴"。所谓"奢则不孙，俭则固。与其不孙也，宁固也"（《论语·述而》）。基于"俭"足以使人的行为合乎规则、使社会保持稳定的功能性考虑，《论语》将"俭"倡导为任何群体行为或个人活动都应遵行的原则。比如，"礼"是《论语》所崇尚者，任何时候都反对违"礼"的行为；但在履行"礼"的具体仪式时，《论语》却表现得异常开明：如果尽"礼"可以在"奢"与"俭"两者中选择的话，那么理所当然地选择后者。

> 礼，与其奢也，宁俭。（《论语·八佾》）
> 麻冕，礼也；今也纯，俭，吾从众。（《论语·子罕》）

可见，《论语》在倡扬"俭朴"精神方面，与《道德经》是完全一致的。

3. "报怨"方式

在存有错综复杂的利害关系的社会中，种下怨恨是难以避免的，而处理怨恨的态度与方法却能体现出一个民族的文明程度。由许许多多的武侠小说、历史题材电视剧及朝代更替我们了解到，怨怨相报似乎是中国人对待怨恨的主要态度。不过读罢《道德经》、《论语》，我们却诧异地发现，作为中国思想经典的《道德经》、《论语》并不提倡怨怨相报，也不主张以德报怨，而是崇尚以直报怨。

《道德经》认为，报怨以德是不能使人从善的，反而会纵虎归山，而报怨以怨则只能使怨怨相传、殃及后代，两者都不可取。那么什么是最理想的报怨方式呢？《道德经》如是说：

> 和大怨，必有余怨。报怨以德，安可以为善？是以圣人执左契，而不责于人。有德司契，无德司彻。（《道德经·七十九章》）

"契"是一种借债契券。古时借债，刻木为契，从中剖为左右两半，左边一半称"左契"，由借债人订立，交由债权人收执；右边一半称"右契"，由债权人订立，交由借债人收存。债权人执"左契"，以索还债务。可见，"左契"是一种公正合理的契约，执"左契"可引申为主持公正、秉公办事。《道德经》显然提倡一种"执左契以索债"的报怨方式，因而是一种公正合理或叫作"直"的报怨方式。

《论语》也提倡"以直报怨"：

> 或曰：以德报怨，何如？子曰：何以报德？以直报怨，以德报德。（《论语·宪问》）

在《论语》看来，对于有德于我者，应以"德"相报；而对于有怨于我者，却不能以"怨"相报。因为"以怨报怨"虽然可以暂时平息受怨者的私愤，但却由此会增加构怨者的私愤，如此必然导致怨怨相报而无休无止。因此，如果既不让受怨者感到冤枉与委屈，又要使构怨者受到应有惩罚,"以直报怨"无疑是最理想的"报怨"方式。

这种"以直报怨"方式之所以受到《道德经》、《论语》的共同推崇,原因可能要归于"以直报怨"的如下内涵:

> 以直报怨,固无私愤,而亦有义愤。由此义愤之心,则人亦自然更坚其好善,而保存扩大其善行。人真能扩善行,即见善之日增而见恶之日减,义愤乃可不趋于偏激。……儒家之忠恕之道,以直报怨,则可以使人人皆在世间有一立脚点,以阻碍自己与他人之过失与罪恶之流行。义愤及与人为善之心,亦皆可以直接使善之在世间,得其自然生长之道路。[①]

4. "均平"意识

社会财富的分配是《道德经》、《论语》共同关心的问题,而且都持"均平"观点。《道德经》认为,宇宙不仅好生万物,而且没有丝毫偏爱之心。

> 天地相合,以降甘露,民莫之令而自均。(《道德经·三十二章》)
> 天道无亲,常与善人。(《道德经·七十九章》)

《道德经》指出,这种好生万物而无偏私的宇宙情怀自然是崇高的美德,但令人遗憾的是它只是在"天道"世界中有,"人道"世界却不是这样的。在"人道"世界,肥己损人、厚亲薄疏的反自然行为极为普遍,因此,"人之道"应向"天之道"学习:

> 天之道,损有余而补不足。人之道则不然。损不足以奉有余。孰能有余以奉天下?唯有道者。(《道德经·七十七章》)

[①] 唐君毅:《中国文化之精神价值》,广西师范大学出版社2005年版,第164—165页。

既然"损有余而补不足"为财富分配的理想方式,那么"损不足以奉有余"之聚敛财富的行为自然是背离"道"而应遭到抨击的:

> 大道甚夷,而民好径。朝甚除,田甚芜,仓甚虚,服文采,带利剑,厌饮食,财货有余,是谓盗夸。非道也哉!(《道德经·五十三章》)

《论语》认为,贫穷是可以忍受的,"不均"是不能忍受的,因为"不均"会引起人们不满,导致社会动荡。因此,求得社会财富之均平比促进社会财富之增长更为重要;而且"均平"意味着大家都有饭吃,从而意味着没有争夺,意味着社会的安定。所以,《论语》致力于"均平"意识的宣传:

> 不患寡而患不均,不患贫而患不安。盖均无贫,和无寡,安无倾。(《论语·季氏》)

既然社会贫穷的消灭建立在社会财富的平均分配上,而社会财富的平均分配又能带来社会局势的稳定,那么对于违背"均平"原则而一味人为制造的财富不均行为,应予以强烈谴责:

> 季氏富于周公,而求也为聚敛而附益之。子曰,非吾徒也,小子鸣鼓而攻之可也。(《论语·先进》)

不难看出,在社会财富的分配方式上,《道德经》《论语》又不谋而合地走到了一起。

5. 结语

如上讨论表明,《道德经》、《论语》的确拥有一些相同的观念或思想,而且透过这些相同观念,背后我们还可看到其思维方式与价值取向的一致性。比如,《道德经》提倡"不争",是因为在《道德经》看来,由于"争"过分背离"自然"而成为一种破坏性力量,它可以分裂人性、支离社会、破坏自然;《论语》则认为,"争"是导致社会动荡的根本原因,只有抑制"争夺",社会的稳定才有所保障。可见,《道德经》、《论语》对于"不争"意义的理解是完全一致的。又如,《道德经》提倡"俭朴",因为在《道德经》看来,"俭朴"不仅符合自然本性,特别是通过对"近于自然"的提倡可以在积贮能量、滋补生命、涵养人性方面产生积极影响;《论语》则认为,"俭朴"不仅可以节俭物质资料,培养一种勤俭朴素的生活习惯,尤其可以规范人的消费行为,不致使人为欲望所驱使,从而保全人性。可见,《道德经》、《论语》在"俭朴"的功能意义上的认识也是完全一致的。由此看来,《道德经》、《论语》的相似,绝非偶然的、表面的,而是有其深刻的文化、社会背景的,值得我们认真研究。

既然《道德经》《论语》的相同点不仅表现在一些观念上,更体现在这些观念所蕴含的共同的思维方式与价值取向上。那么这种相同究竟给了我们一些什么启发呢？第一,文首笔者提到,以往人们讨论《道德经》《论语》,习惯用差异的眼光。文首笔者还提到,本文正欲反其道而行之,用寻找相似的眼光去处理《道德经》、《论语》,并希望这种讨论能为《道德经》、《论语》的研究拓宽视野。由我们列举的"不争"观念、"俭朴"精神、"报怨"方式、"均平"意识等这些《道德经》《论语》所共同拥有的思想内容及通过这些内容所反映的思维方式、价值观的相同性看,这种目标基本达到。

第二,关于中国文化（精神文化）基本特征的限定问题。过去学界出现过关于中国文化基本特征的多种界定,但常常出现这样一种倾向:将某个学派思想的基本特征扩大为中国文化的基本特征。这种做法显然违背了共性来源于个性归纳的逻辑法则。通过对《道德经》《论语》的比较研究,我们深深体验到,只有对中国思想史上的主要流派进行具体的比较研究,去粗取精,去伪存真,方能揭示出它们的共性。这种共性才有资格被认为是中国文化的基本特征。《道德经》《论语》为中国思想上两个主要流派,分别是道家道教、儒学的思想智慧来源,也就是说,将它们共同拥有的思想作为中国思想文化的基本特征可以被接受。根据这样一种观点,"不争"观念、"俭朴"精神、"以直报怨"方式、"均平"意识等基本上都可被认为是中国传统思想的基本特征。

第三，关于儒家、道家对中国思想影响孰弱孰强的问题。在以往的传统思想文化研究中，也常常出现这样一种现象，即把造成中国思想优点或缺点的缘由仅仅归于某家某派。比如，认为"均平"意识来源于儒家，而"均平"意识与现代"大锅饭"意识、平均主义行为有着密切联系，并由此导致人们生产、工作积极性的削弱，导致生产的落后，照过去的观念看，这要归于儒家的"患均不患贫"思想了。然而我们的研究表明，那"超凡脱俗"的道家对"均平"也是热烈的追求者，难道道家可以对此推卸责任？又如一向被视为道家才拥有的"不争"观念，我们的研究表明，积极入世的儒家对此也十分钟情。因此，如果说"不争"观念对于培养人的敬业守责意识、反对战争维护和平具有积极作用的话，那么《论语》与《道德经》一样都有贡献；如果说"不争"观念对造成国人的懦弱性格、封闭性思维模式产生了重大影响的话，那么《论语》与《道德经》一样，难辞其咎。

事实上，通过《道德经》、《论语》相似项比较我们认识到，道家与儒家实在是中国文化大家庭中的兄弟，它们表面看有着这样或那样的差别，但遗传基因基本上是共同的。

（载《学术论丛》1997年第4期）

三 《老子》"道"的境界意蕴

对于《老子》之"道",过去我们较多地给予了本体论向度的关注,而缺乏境界论的考量;而在言为境界的叙说中,对"道"之境界特征的把握又欠准确。本文拟由境界的向度对《老子》之"道"作一番发掘和探究,希望为人们理解、体悟《老子》之"道"添一方式。

1. 观察"道"境界的四个维度

研读过《老子》的人们都会有一种体验,一旦进入《老子》文本,即会陷入《老子》编织的混沌的"道"的境界中,因为从第一章到第八十一章,"道"字触目即是,"道"之表述形式多样,"道"之指涉意义丰富多彩,如何从混沌的"道"的境界中苏醒,理出一个头绪,发掘其基本意蕴和特征,我们不得不求助于概念与逻辑。

由对事象所持态度看"道"之境界。《老子》虽然不像《论语》那样正面地、积极地、执着地关注人事,但"治人事天"之事象并没有被《老子》所遗忘,相反,《老子》对事象的关注极为深切,而且对事象所持态度与《论语》大异其趣。一般来说,平庸之辈,于事象之态度,大都取《论语》之模式,逢事必管,遇事必为,且有"起死复生、化愚为哲、转无为有"之豪情与执着。《老子》则认为,天道自然,大地的蓬勃生机与万物的欣欣向荣,正是没有任何人为干涉之成果。所谓"天地不仁,以万物为刍狗"(《老子》第5章。如下凡引自《老子》者只注章次),因而对事象的态度上,人应仿效天道,对百姓的劳作,任其所愿,对众人的言行,畅其所言。所谓"圣人不仁,以百姓为刍狗"(第5章),所谓"是以圣人处无为之事,行不言之教"(第2章)。只有无为、无言于事象，才真正有利于事象之生成、发展。在《老子》中，"道"于事象之态度不仅表现为自然、无为，还表现为谦卑、居下与容异，这就是"水"的境界。所谓"上善若水，水善利万物而不争，处人之所恶，故几于道"（第8章）。虽有功于事象，却甘为人下而不争，虽声名显赫，却驻身于卑贱而不张扬，这才接近于"道"的境界。总之，由对事象所持态度看"道"的境界，是一种遇事随缘、谦下容异的境界。

由对名利所持态度看"道"之境界。如果说对事象表现一种自然随缘、谦下容异之境界没有什么心理障碍的话，那么，在功名利欲面前要表现出一种无为超脱的境界则需要很大勇气。一般来说，凡俗之辈，面对功名，穷追不舍而性不能正；面对利欲，如狼逐羊而心不能静；面对声色，魂离魄散而情不能定。他们甚且认为，追逐功名利欲声色，乃人之天性。《老子》则与这种观点唱了反调，它把声色利欲功名当成侵害人性的头号敌人。在《老子》看来，人之感官纯正性遭到破坏，人之本性的纯洁性遭受玷污，人之行为健康性遭遇侵害，其罪魁祸首是功名利欲声色。《老子》说："五色令人目盲，五音令人耳聋，五味令人口爽，驰骋畋猎，令人心发狂；难得之货，令人行妨。"（第12章）又说："名与身孰亲？身与货孰多？得与亡孰病？甚爱必大费，多藏必厚亡。"（第44章）那么，如何才能消匿功名利欲声色对人的影响呢？《老子》认为，大自然的行为中正好有相关的智慧。大自然阳光普照，风雨博施，生长万物却不据为己有，兴作万物却不自恃己能，长养万物却不为主宰。所谓"生而不有，为而不恃，长而不宰，是谓玄德"（第51章），此"玄德"正是无为无欲之德，正是身在红尘心自净之境界。在《老子》看来，人只要体认到了这样一种胸襟：自可不以利欲为尚，从而息盗止乱，所谓"不贵难得之货，使民不为盗；不见可欲，使民心不乱"（第3章）；自可以不执着功名，所谓"功遂身退，天之道也"（第9章）；自可以在功名利欲声色面前能知足、知止，从而长久不殃，所谓"故知足不辱，知止不殆，可以长久"（第44章）。因而在功名利欲声色面前，见货不贵，遇欲不尚，有功即退，知止知足，即是"道"所显示的境界。

由对知识所持态度看"道"之境界。《老子》对知识的态度与《论语》不同，《论语》肯定感官把握事物的能力，提倡学习，所谓"学而时习之"，也肯定经验在认识事物中的作用，所谓"三人行，必有我师"，因此,《论语》在知识论上的主张,的确可以划到唯物主义认识论阵营中去。一般而言,愚钝之辈,不仅以获得丰富知识为乐事,而且以能遵循"物到感觉到理性"的认识路线为骄傲,这都无可厚非。但《老子》为我们指示了另一条路。《老子》认为,"道"是万物之源,是"玄牝",但这个"道"既不可言说,也不可见、不可闻、不可触,它超越了人之感性与理性,它所表现的是一种神秘性的超验世界。这是不是说我们只有望"道"兴叹了?当然不是,"道"虽无形无象无声无色,但人类却可运用它所蕴含的智慧。而人类之所以能运用"道"的智慧,在于人类对"道"的体认。从知识论角度讲,即把内在于心中的尘埃污垢打扫干净,使之澄明,以觉知万物,如此便可与"道"同一,此所谓"涤除玄鉴"。也就是说,"道"之本体状态规定着人之认知状态。由此推开,既然知识智慧无助于"道"的把握,反而有害于"道"之本性的保护——"为学日益、为道日损"(第48章),因而要"绝圣去智"。既然知识不会因为看得多走得远而丰富,反而会因此使知识变得贫乏,使理解变得愚钝,并最终妨碍对"道"的体认,那么在知识上的正确态度应是不出家门、端然安坐、直观冥默,所谓"不出户,知天下;不窥牖,见天道。其出弥远,其知弥少,是以圣人不出而知,不见而明,不为而成"(第47章),因为这样才能自知、自明,才能与"道"同一。既然人之感觉的应用无助于对"道"的体认,那么只有封堵人之感官,消解人们感知事物的强烈欲望,从而解除尘世的纷扰,以和合"道"的光辉,与大自然浑然一体,并最终达到对"道"的真正体认,所谓"塞其兑,闭其门,挫其锐,解其纷,和其光,同其尘,是谓玄同"(第56章)。概而言之,"道"之在知识上所显示的是本然端坐、虚静直观,从而与万物直接同一之境界,此亦乃上上知。

由对自我所持之态度看"道"的境界。人应如何看待自我,向来是哲学所要解答的一个重要难题,不同哲学流派当有不同回答。极端个人主义者汲汲于自我,把自我看得高于一切,拔一毛利天下而不为,这种极端个人主义者当然是少数,但绝大多数人也是十分在乎"自我"的。当"自我"肉体陷于危局时,谁能置之不顾呢?当"自我"功名遭到侵害时,谁能无动于衷呢?当"自我"的财富受到损失时,谁又能欣喜若狂呢?如果说有这种人,那唯有"道者"。《老子》认为,人之所以患得患失，在于"有身"、"有我"，所谓"吾之所以有大患者，为吾有身"（第25章）。"有身"就是执着于"小我"的世俗存在，便难以舍弃功名利欲，自然就为功名利欲所累，自然会招致大患，因而应"无身"、"无我"，把自己忘掉，也就从根本上去掉祸患——"及吾无身，吾有何患？"（第13章）如何做到彻底干净地"无我"、"无身"呢？《老子》认为要法天地、法自然、法"道"。向天地学习，不以"自生"为生，所谓"天长地久，天地所以能长且久者，以其不自生，故能长生"（第7章）。以"道"为榜样，去掉自见、自我、自矜之"有身"妄执——"是以圣人抱一为天下式，不自见，故明；不自是，故彰；不自伐，故有功；不自矜，故长。"（第22章）即便自己道德高尚，也应以大自然无为无欲之德为尚，去却有德意识，所谓"上德不德，是以有德；下德不失德，是以无德"（第38章）。这样，由法天地、法"道"、法自然而引申出的"无身"、"无我"之观念落实在所有的事情上，所有的行为中，所有的言论里，直至彻底把"我"忘掉，便可进入"遇虎不惊，遭兕无惧，即便兵刃扎身，亦无反应"之境界。所谓"善摄生者，陆行不遇兕虎，入军不被甲兵，兕无所投其角，虎无所措其爪，兵无所容其刃。夫何故，以其无死地"（第50章）。并非兕虎不咬人，并非兵器不伤人，而是被咬被伤者已成就无我无身之境界，咬亦非咬，伤亦非伤。

2. "道"境界之特征

由"道"之在事象、功名、知识、自我四个方面所表现的态度看，"道"是一种境界已无问题，而且是一种特殊境界。现在我们以上述讨论为基础，借助境界论的一般原理，参考儒佛境界思想，试着说说"道"境界之主要特征。

既虚且实。尽管儒家偶尔也有关注个人心灵自由的时候，如所谓"孔颜乐处"或"曾点言志"，但这毕竟不是儒家境界论的主流。儒家所谓"仁"，所谓"诚"，皆有超越性，皆是境界，但都是以具体的践履行为达到的。比如说，一个人没有任何实施仁爱的行为，是不能说他达到了"仁"的境界的，即所谓"杀身成仁"。儒家号召人们去立功、立德、立名，追求世俗生活的圆满，因而儒家境界具有实体性。佛教认为世界一切皆为假、为空，人之所以为物所累，脱离不了苦海，就是因为对假象的执着。因而，佛教教导人回到本真，本真状态就是"如如之境"，也可以说是"无"，如此，生死烦恼即可熄灭，进入涅槃境界。儒家境界以具体行为见功，以实际目标为图，可视为"实体"境界；佛教境界以破除一切幻象见功，以进入涅槃为图，可视为"空体"境界。"道"之境界崇尚自然无为、去欲无我，与儒家实体境界有异，显出"空"之特色；"道"之境界崇尚少私寡欲，但不主张去欲，崇尚物我一体，但并不彻底取消物我的差异，"道"之境界既有事功之维，故与佛教空体境界有异，显出"实"的特色。因而，"道"之境界是一种既虚且实之境界。如果像陈来先生指出的那样，"有无之境"可以看成把握中国哲学中关于精神境界的基本范畴，[①] 那么，《老子》"道"之境界也许可以认为是"有"与"无"的统一。而且在我看来，宋明理学"仁者与天地万物一体"之境界，光依靠先秦儒家智慧是不可能得到的，在很大程度上应是对"道法自然"境界的吸收与消化。

直观本真。由形式上看"道"之境界，是一种以直观本真为特征的境界。"道"是一种大智慧，但《老子》反对以感性、理性为工具去认识它、研究它，而是要求你去直观它、体悟它，而且只有直观体悟，才真正与"道"同一，从而获得"道"的智慧。"道"之境界在对待事象的态度上，并不要求人积极地、努力去做它、管它，而是要求人们静待之任其自然，事象如何任其如何，人无须人为地去干涉它。"道"之境界在对待功名的态度上，视功名利欲声色为人生之祸害，主张不恃、不居、身退，任其功名利欲张扬，吾心寂然不动。"道"之境界在对待知识态度上，反对那种主动地去感觉、去思考、去实践的行为，无知就是知，"知"是对"道"的损害，因而直观冥寂是上上知。"道"之境界在对待"自我"的态度上，认为"我"也是自然，因而"有我"、"有身"都是没有从本体上把握"我"，从而使"我"遭受分离之苦，使"我"负物欲之累，使"我"异化为非我。因而要去身、去我，与自然同一，与"道"一体。事实上，"道"之境界除了上述四个方面表现出"直观本真"之外，那些几于"道"的词汇，表征的大多是本真自然之境界。如赤子、如婴儿、如

---

① 陈来：《有无之境——王阳明哲学的精神》，人民出版社1997年版，第235页。

朴等，都较贴切地向人们传达了"道"之境界"本真自然"之特征。这种境界不仅在《庄子》中得到了延承，如摈去感觉、集虚以体道的"心斋"——"气也者，虚而待物者也。唯道集虚，虚者心斋也"（《庄子·人间世》）；又如彻底忘掉一切，在内不觉自身之存在、在外无觉天地之存在的"坐忘"——"堕肢体，黜聪明，离形去知，同于大通，此谓坐忘"（《庄子·大宗师》）。而且在绝大多数中国思想家身上都可找到它的印迹，如郭象"游外以冥内，无心以顺有"之意境，僧肇"默耀韬光，虚心玄鉴，闭智塞听"之知境，苏轼"间一二日辄往焚香默坐，深自省察，则物我相忘，身心皆空"之行境，王阳明"仁者与天地万物为一体"之心境，等等。因此，中国思想史中的人格独立、精神自由之因素，不能说与"道"之境界毫无关系。

批判性。"道"之境界虽然在形式上要求回到自然本真状态，似乎对世界没有任何眷恋，的确是把心放下，自由洒脱、与大自然共舞。但这种万事放下的背后是对世界现状的深刻反思，自由洒脱的背后是对世界现状的深沉忧虑，与大自然共舞的同时是对世界现状的深切关怀。也就是说，"道"之境界的确立，本质上是对世界现状的一种批判、一种否定。所谓绝巧弃利，所谓去私寡欲，所谓绝学无忧，这种强烈的咄咄逼人的对物质文明、对伦理道德、对科学文化的否定与批判，正是《老子》在一切问题上主张回归自然的前提，正是"道"之境界确立的前提。所以，当我们羡慕陶渊明悠然于南山的时候，绝不要以为他的确是无私无欲了，的确是把心放下了，那种飘然洒脱的景象实际上是对世界现状的否定。因此，"道"之境界蕴含着一种深刻的批判精神。

功利性。"道"之境界视功名利欲声色为戕害人本性之大敌，因而教诫人应轻功名薄利欲远声色。不过，"道"之境界并没有舍弃对功利的追求，甚至可以说，任何个别境界的达到同时是功利的获得。秉持"功遂身退"之境界，便有"功名恒久"之效——"功成而弗居，夫唯弗居，是以不去"（第2章）；练就"无为自然"之境界，则有"无事不成"之效——"使夫智者不敢为也。为无为，则无不治"（第3章）；怀有"不重自生"之境界，则有"长生"之效——"以其不自生，故能长生"（第7章）；尽显"不自见、不自是、不自伐、不自矜"之境界，乃有"明、彰、功、长"之效——"不自见，故明；不自是，故彰；不自伐，故有功；不自矜，故长"（第22章）；崇尚"不自大"之境界，乃有"成最大"之效——"以其终不自为大，故能成其大"（第34章）；修成"不以德为德"之境界，乃有"成大德"之效——"上德不德，是以有德"（第38章）；践行"谦下容异"之境界，乃有"成百谷王"之效——"江海之所以为百谷王，以其善下之，故能为百谷王"（第66章）；修养至"不争"之境界，乃有"天下无敌手"之效——"以其不争，故天下莫能与之争"（第66章），等等。可见，"道"之境界确有功利层面的诉求，但此功利绝非世俗生活中的功名利欲声色之类。因为，第一，这种功利是经由批判、否定而确认的，这种批判是以"道"之境界为坐标的，因而是一种"净化"了的功利。第二，这种功利是修养成"道"之境界之自然结果，所谓水到渠成，所以"道"之境界之成就，也就是相应功利之获得，在这个意义上，功利与"道"之境界是直接同一的。第三，由于"道"之境界是对功名、利欲、小我的否弃，是对一切不以苍生为目的的行为的否弃，因而此功利是"大功利"，是超越私欲、小我、功名的境界。这样，"道"之境界实际上贯注了对人类生命的深切关怀，只是借助了不同于儒家的方式而已，所谓"无之以为用"。

（载《求实》2002年第7期）

四 儒佛道三教关系探微
——以两晋南北朝为例

既相融相摄又相拒相斥，基本上是当今学界对两晋南北朝时期儒佛道三教关系的共同指认。然而，这种指认并不意味着如下问题有了较满意的回答：儒佛道三教的相融相摄涉及哪些领域？这种相融相摄有些什么特征？儒佛道三教的相拒相斥又涉及哪些领域？这种相拒相斥又有些什么特征？两晋南北朝时期儒佛道三教所呈现的既相融相摄又相拒相斥关系，在中国哲学思想史上具有什么样的意义指向？本文对上述问题展开讨论，希望有助于儒佛道三教关系研究的深化。

1. 相融相摄：儒佛道关系的顺向开展

相融相摄，一般被认为是两晋南北朝时期儒佛道三教关系的主要形式，但这种相融相摄涉及哪些领域，又有些什么特征，仍然是值得我们仔细琢磨的题目。以下分别以儒佛道三教为中心看它们是如何相融相摄的。

(1) 儒学对佛教思想的吸摄

在中国哲学思想史上，儒学是最具入世精神的学说，儒学的所有学术主张的指归是"修齐治平"，并因此构筑起为"修齐治平"服务的庞大的伦理道德观念体系。但儒学在推动其精神世俗化的过程中，在与非儒学思潮互动的过程中，如下不足便逐渐暴露出来：精深的伦理道德思想缺乏哲学本体论根据；丰富的伦理道德概念和范畴及其关系缺乏思辨性论证；对境界的追求极为执着但不具有宗教超越性。这些不足，通过对佛、道相关思想的吸摄，得到较大程度的改善。考察儒学发生史便知，儒学思想不是没有本体，"天"即是儒学思想的本体，所谓"王道之三纲，可求于天"

(《春秋繁露·基义》)。但"天"的自然性、直观性特征使其容易遭到经验的否定。东汉王充认为"天"即气,"天"乃玉石之类,这样,"天"作为儒家思想的根据便发生动摇,从而提出了寻找新的本体的任务。魏晋南北朝时期,由于儒学式微,佛教兴盛,使得为儒学建构本体的思想家往往不是儒学大师,而是当时的中国高僧。比如,支道林把佛教确定为儒家仁义之本体——"夫立人之道,必仁与义。然则仁义有本,道德之谓也。"(《释迦文佛像赞》,《广弘明集》卷十五,《大正藏》第52册)此处"道德"即佛教。在支道林看来,佛教可以成为儒家伦理道德所以然的支撑。慧远认为,儒家君君臣臣父父子子之伦理,如果不以因果报应说为前提,将失去效用,而因果报应论是以"法性—神"为其本体的。所谓"神也者,圆应无生,妙尽无名,感物而动,假数而行。感物而非物,故物化而不灭;假数而非数,故数尽而不穷"(《沙门不敬王者论·形尽神不灭五》,《弘明集》卷五,《大正藏》第52册)。在这里,"神"一方面是"非物"、"非数",从而与具体之物区别开来;另一方面又能"感物"、"假数",从而又与具体之物联系起来。在"非有"和"非无"之间,"神"显然具有了本体的意义。这种建构本体的努力在僧肇那里有了更充分的表现。所谓"是以圣心不有,不可谓之无;圣心不无,不可谓之有。不有,故心想都灭;不无,故理无不契。理无不契,故万德斯弘;心想都灭,故功成非我。所以应化无名,未尝有为;寂然不动,未尝不为"(《肇论·涅槃无名论》,《大正藏》第45册)。亦就是说,"圣心"是成佛之本体,或者是佛教道德现实化之根据,但作为佛教道德根据之圣心,必须同时具有"不有"、"不灭"之特征,因为"不有","圣心"本体才区别于具体事物,以为万物之根;因为"不无","圣心"本体才不致空洞无物,以为万化之根。唯此,"圣心"才可成为心想都灭的佛教伦理境界和万理斯弘的佛教伦理实践的本体。由支道林至慧远,再到僧肇,一种寻找、建构本体论的努力清晰地展现在我们面前。由于他们都推崇儒家道德,而且在思维方法上具有一致性,因此,尽管这种本体论建构主要是在佛教语境中展开的,但客观上已成为儒家伦理思想的根据。而且,这一本体论表述直接影响了宋明时期儒家伦理本体表述的形式,如周敦颐之"无极而太极"、朱熹之"理一分殊",其思维上、思想上的相承性是十分明晰的。

同样，儒学也不是没有境界，所谓"仁"，所谓"诚"，都是儒学追求的境界，但儒学的境界以立功、立德、立言为指归，换言之，儒学是以世俗生活圆满为境界的，我称之为"实体"境界。这种境界从根本上说不是超越的，即不是宗教境界，因而古典儒学面对人之生死困顿是缺乏形而上学层面考量的。佛教以涅槃为境界，以成佛为境界，以超越世俗所有生象为境界，我称之为"空体"境界。这种境界正好可以弥补儒学实体境界之不足。所以至两晋南北朝，一些名士高僧，都倾向于对佛教境界的宣传与吸收。谢灵运认为，儒家学说以济世俗为职志，如要在心灵境界上获得提升，佛教才可提供真正意义上的帮助。所谓"六经典文，本在济俗为治耳，必求性灵真奥，岂不得以佛教为指南耶？"（《何令尚之答宋文皇帝赞扬佛教事》，《弘明集》卷十一，《大正藏》第52册）颜之推也表达了同样的意思，认为佛教对世俗情状的分析解读，并由此达到的境界，远非儒学所及。他说："原夫四尘五荫，剖析形有；六舟三驾，运载群生，万行归空，千门入善，辩才智惠，岂徒《七经》、百氏之博哉？明非尧、舜、周孔所及也。"（《颜氏家训·归心》）

在讲经、注经方式上，儒学也受到佛教影响。根据牟润孙先生研究的成果，儒士讲经在东晋时发生了很大变化。两汉时期，经师讲学，问难的人是诸生，答辩的人是经师，但到东晋时，所有人都可参加辩论。所谓"经师讲学，人咸可入坐与之辩，非如两汉时太学，问难者为诸生，辩者为经师"[①]。其详情则是：周末隋初，元善讲《春秋》，"初发题，诸儒毕集。善私谓妥曰：'名望已定，幸无相苦。'妥然。及就讲肆，妥遂引古今滞义以难，善多不能对"（《儒林·元善传》，《隋史》卷七五）。这种讲经先发题再就讲肆的形式，并非儒士传统讲经之形式，而是佛教高僧讲经的形式。儒士注经形式在南北朝时期也发生了重大变化。牟润孙先生认为："讲经而著为义疏，以释氏为先。"[②] 儒家经典而撰为义疏，正是由佛教注经形式而来，义疏之形式由此在南北朝时期成为一种时尚。如果说讲经形式的佛教化，有助于儒学学术空气的活跃，那么，注经解经的义疏形式的形成，则对儒学义理的衍化与丰富发展产

[①] 牟润孙：《注史斋丛稿》，中华书局1987年版，第328页。
[②] 同上书，第248页。

生了深远影响。

(2) 佛教对儒道思想的吸摄

佛教是外来思潮,在它传入中国的早期,就采取了一些较聪明的策略,与儒、道思想进行比附,以便较顺畅地进入中国思想领域。到两晋南北朝时期,道教作为中国本土宗教已成规模,而儒学仍然是占统治地位的思想。儒学的统治地位必然影响佛教的传播,佛教必须靠近儒学,并吸取它的价值观念;道教是本土宗教,尽管佛教徒瞧不起道教,但也不敢直面顶撞,甚至要讨好道教。而且道教思想有较精密的思辨性,在表述运动、本体方面,有自己的特长。所以,佛教进入中国,向儒、道学习,不仅是一种外来文化入境取得"护照"的必然态度,也因为儒、道思想中有佛教所需要的因素。首先,我们看佛教对道家、道教思想的吸摄。佛教对道家、道教思想的吸摄主要表现为借用道家的命题、范畴和运思方法。比如即色宗代表人物支道林,在谈到理想人格时指出:"夫至人也,览通群妙,凝神玄冥,灵虚响应,感通无方。……故千变万化,莫非理外,神何动哉?以之不动,故应变无穷。"(《大小品对比要抄序》,《出三藏记集》序卷,《大正藏》第55册)无疑,"至人"范畴出于《庄子》,而其对"至人"的描述也显然地深受《庄子》运思方式的影响,尽管支道林所追求的是佛教境界。再如僧肇,他在《肇论》中大面积地借用了《道德经》、《庄子》中的思想资源。在《涅槃无名论》中,僧肇描述涅槃就是借用《道德经》中描述"道"的语言手法进行的——"夫涅槃之为道也,寂寥虚旷,不可以形名得;微妙无相,不可以有心知。超群有以幽升,量太虚而永久。随之弗得其踪,迎之罔眺其首,六趣不能摄其生,力负无以化其体。潢漭惚恍,若存若往。"(《肇论·涅槃无名论》,《大正藏》第45册)而在《道德经》中则有"道之为物,惟恍惟惚。惚兮恍兮,其中有象;恍兮惚兮,其中有物"(《道德经·二十一章》)。在《般若无知论》中,僧肇对"一切知"的叙述是这样的:"圣心无知,故无所不知。不知之知,乃曰一切知。"(《肇论·涅槃无名论》,《大正藏》第45册)这一思想的摹本显然也出自《道德经》,所谓"不出户,知天下,不窥牖,见天道。其出弥远,其知弥少"(《道德经·四十七章》)。可见,中国佛教在阐发其思想过程中,确实大量吸摄了道家的概念、命题和运思方法等思想资源的。

再看佛教对儒家思想的吸摄。佛教对儒家思想的吸摄主要表现在两个方面，一是儒家的入世精神，二是儒家的伦理思想。从"入世"精神方面看来，佛教高僧大多把儒家齐家治国平天下的"外王"思想纳入佛教教义中。比如支道林认为，佛教彤纯反朴、绝欲归宗，为的是辅助王道，显外王之功。他说："盖沙门之义法出佛圣，彤纯反朴，绝欲归宗。游虚玄之肆，守内圣之则，佩五戒之贞，毗外王之化。"（《高僧传·支道林传》，《大正藏》第50册）慧远则把帮助君王治理国家视为佛教本有之义。所谓"是故悦释迦之风者，辄先奉亲而敬君，变俗投簪者，必待命而顺动。若君亲有疑，则退而求其志，以俟同悟。斯乃佛教之所以重资生，助王化于治道者也"（《沙门不敬王者论·在家一》，《弘明集》卷五，《大正藏》第52册）。就连主张万物为假为空的僧肇，其根本精神并不主张脱离社会、远离俗世，他说："圣人乘真心而理顺，则无滞而不通；审一气以观化，故所遇而顺适。"（《肇论·不真空论》，《大正藏》第45册）可见，儒家入世精神确实被融入佛教思想中。从伦理观念思想上看，儒家伦理的价值指向是现世的、济世的、忧世的、振世的，也就是说，佛教对儒家伦理观念的吸摄，在一定程度上是对儒家"入世"精神的吸摄的具体表现。慧远认为，佛教教义就有入世、出世之说，入世佛教徒正可实践儒家伦理，而出世佛教徒也有助于社会风俗的净化。他说："佛经所明，凡有二科：一者处俗弘教；二者出家修道。处俗则奉上之礼，尊亲之敬、忠孝之义，表于经文，在三之训，彰于圣典，斯与王制同命，有若符契。……凡在出家，皆隐居以求其志，变俗以达其道。变俗则服章不得与世典同礼，隐居则宜高尚其迹。夫然，故能拯溺俗于沉流，拔幽根于重劫，远通三乘之津，广开人天之路。是故内乖天属之重，而不违其孝；外阙奉主之恭，而不失其敬。"（《答恒太尉书》，《弘明集》卷十二，《大正藏》第52册）慧远借用佛经的规定，而且把佛教出世规定为对风俗净化有意义的行为，从而把儒家伦理道德轻松地纳入了佛教思想中。《提谓经》是北朝时期在家信徒遵奉的一部佛教经典，这部经典也把儒家伦理道德置放其中："人不持五戒者为无五行，煞（杀）者为无仁，饮酒为无礼，淫者为无义，盗者为无知（智），两舌（妄语）者为无信，罪属三千。先能行忠孝乃能持五戒，不能行忠孝者终不能持戒，不忠不义不孝不智，非佛弟子。"① 在这里，儒家道德伦理被当作"是佛非佛"的标准。可见，佛教对儒家思想的吸摄，是通过中国佛教僧人阐释佛教典籍过程中，自觉且广泛地贯注了儒家伦理道德思想完成的，这实际上也是佛教中国化的一个表现和基础。

（3）道教对儒佛思想的吸摄

道教虽为本土所生，且以道家思想为根，但道教思想之理论性和丰富性是欠缺的。在思想内容上，道教贫乏得不足以与佛教抗衡，因而它必须吸摄儒家伦理思想以充实自身；在修养方式上，也较为简单，因而它又不得不向佛教讨教。

其一，道教对儒家入世精神与伦理思想的吸摄。我们知道，道家、道教是具有"在世"倾向的，但同时必须指出，道家、道教的"在世"与儒家那种强烈的"入世"精神是有差别的，即儒家是直接参与社会，以济世救民为己任，道教则主要是一种肉体的关怀，且以个体为重。但至葛洪时代，道教的"在世"明显表现出向儒家"入世"靠拢的倾向。葛洪说："内宝养生之道，外则和光于世。治身而身长修，治国而国太平。以六经训俗世，以方术授知音。欲少留则止而佐时，欲升腾则凌霄而轻举。"（《抱朴子·释滞》）不难看出，在葛洪思想中，参与社会、济助人间是十分重要的内容。道教对儒家伦理思想的吸摄则是不遗余力。比如《正一法文天师教戒科经》中云："事师不可不敬，事亲不可不孝，事君不可不忠，……仁义不可不行，施惠不可不作。"又云："其能壮事守善，能如要言，臣忠、子孝、夫信、妇贞、兄敬、弟顺，内无二心，便可为善得种民矣。"（《正一法文天师教戒科经》，《道藏》第18册）可见，儒家的敬、孝、忠、仁、义、信、贞等德目被吸收为道教基本内容，并规定，履行持守儒家伦理道德，才可成为真正的道教徒。在道家经典中，像这样关于儒家伦理道德的引述，极为普遍。又如葛洪指出，道家不唯养生一事，应兼济社会，儒家也不唯济世一事，应关注人生。所谓"所以贵儒者，以其移风易俗，不唯揖让与盘旋也。所以尊道者，以其不言而化行，匪独养生之一事也"（《抱朴子·塞难》）。儒家伦理道德就在葛洪的这种宽容中大摇大摆地坐进了道堂。此外，道教还把儒家的礼转化为道教

---

① 任继愈：《中国佛教史》（卷3），中国社会科学出版社1997年版，第559页。

戒律。如《灵宝智慧罪根上品大戒经》中云："与人君言则惠于国，与人父言则慈于子，与人师言则爱于众，与人兄言则悌于行，与人臣言则忠于君，与人子言则孝于亲，与人友言则信于交，与人妇言则贞于夫，与人夫言则和于室，与人弟言则恭于礼，与野人言则劝于农，与道士言则正于道，与异国人言则各守其域，与奴婢言则慎于事。"（《太上洞玄灵宝智慧罪根上品大戒经》卷上，《道藏》第6册）在这里，儒家的礼被融于道教之中，成为道教戒律的基本纲架。

其二，道教对佛教伦理戒律思想的吸摄。道教有斋醮科仪，斋醮科仪中又有坛场转经、设法师、都讲等职，这些都是仿照佛教相关仪式而来。如陆修静提出"斋有九等"，即金斋、黄斋、明真斋、三元斋、八节斋、自然斋、洞神三皇斋、太一斋、指教斋并强调斋戒为立德之本。而且，陆修静还认为，履行神三里之斋、太一斋、指教之斋等，节斋、自然斋、洞神三里之斋、太一斋、指教之斋等，斋戒不是外在的，而要在心灵上做到"心行精至""洗心净行"。所谓"身为杀盗淫动，故役之以礼拜，口有恶言，绮妄两舌，故课之以诵经，心有贪欲，嗔恚之念，故传以思神"（《洞玄灵宝斋说光烛戒罚灯祝愿仪》，《道藏》第9册）。而所谓"杀盗淫动，恶言绮两舌，贪欲嗔恚"，正来自佛教"十恶"之戒。难怪释道宣说他是"广制斋仪"以改造五斗米道。另外，道教还把佛教的诵经、持戒修养方法吸收进来。这在《太上洞渊神咒经》中有详细记载："若不受此经，不名道士不得救治万病，但受此经，家中供养一切，鬼伏生死蒙恩，道不妄言。汝等信之，坐中大小各各求之，太上哀念一切，悉受之戒之，汝当受此经，不得轻师，不得慢经，终身奉行，思神念道，后得升仙。"（《太上洞渊神咒经》卷五，《道藏》第6册）这段话大致是说，只要道教徒能诵经、持戒，什么疾病、官事、邪恶统统可以避免，并可由此"成仙"。此见道教受佛教影响之重之深。著名道士陶弘景更是在融摄佛教教理上身体力行——"在茅山中立佛道二堂，隔日朝礼。佛堂有像，道堂无像。"[1] 总之，道教在吸摄儒、佛思想方面是积极而自觉的，也因此使较为贫乏的道教思想逐渐丰满起来。

---

[1] 孙述圻：《六朝思想史》，南京出版社1992年版，第256页。

2. 相拒相斥：儒佛道关系的逆向开展

就对立统一关系讲，相摄必有相斥；由儒佛道三教各有不同特征的情形看，相斥也属正常。由于佛教是外来思想，而儒道为本土所生，故两晋南北朝时期相斥主要表现在儒佛相斥、道佛相斥。这里我们对之略为讨论，以使对这个时期三教关系的认识与把握更为完整。

（1）伦理价值取向之冲突

虽然儒佛道三教在伦理道德思想上有互摄互融的一面，但并不意味着它们在伦理价值上不存在冲突。事实上，在伦理价值取向上，佛教与儒学之间存在着深刻的矛盾。这里我们仅以"孝"道为例。儒家在住行、伦理辈分等方面，要求尽晚辈对长辈之义务。佛教提倡出家，但站在儒家的立场上看，出家意味着儒家孝道的瓦解。因此当时有人批评道："周孔之教，以孝为首，孝德之至，百行之本，本立道生，通于神明。故子之事亲，生则致其养，没则奉其祀。三千之责，莫大无后。体之父母，不敢夷毁，是以乐正伤足，终身含愧也。而沙门之道，委离所生，弃亲即疏，剔终身含愧也。而沙门之道，委离所生，弃亲即疏，剔须发，残其天貌，生废色养，终绝血食，骨肉之亲，等之行路，背理伤情，莫此之甚。而云弘道敦仁，广济众生，斯何异斩刈根本而修枝干，而言不殒硕茂，未之闻见。皮之不存，毛将安附。此大乖于世教，子将何以袪之？"（《喻道论》，《弘明集》卷三，《大正藏》第52册）然而，这种批评，在佛教徒看来是对佛教的误会。孙绰认为，"孝"不能仅停留在肉身之赡养上，还要体现在儿女能否立行修道上，因为，如果儿女可以立身修道，可永远荣光耀祖，这自然也是尽"孝"。所谓"父隆则子贵，子贵则父尊，故孝之为贵，贵能立身行道，永光厥亲"（《喻道论》，《弘明集》卷三，《大正藏》第52册）。慧远更是认为出家与守"孝"道毫不矛盾。他说："凡在出家，皆遁世以求其志，变俗以达其道。变俗则服章不得与世典同礼，遁世则宜高尚其迹。夫然者，故能拯溺俗于沉流，拔幽根于重劫。远通三乘之津，广开天人之路。如令一夫全德，则道洽六亲，泽流天下，虽不处王侯之位，亦已协契皇极，在宥生民矣！是故内乖天属之重，而不违其孝；外阙奉主之恭，而不失其敬。"（《沙门不敬王者论·出家二》，《弘明集》

卷五，《大正藏》第52册）在慧远看来，佛教虽然没有行孝的具体仪式，甚至与儒家天道观有冲突，但佛教徒都以静修其身为尚，佛教徒的宗教实践有助于社会风俗的净化，有助于人心的提升，因此，佛教徒所为都是有裨于国家民生的，这不仅不背离孝，反而是更高境界的孝。慧远的这种解释并没有真正解决佛教伦理与儒家伦理价值之冲突，但他这种解释较巧妙地使佛教的宗教实践与儒家伦理成为一种互补关系，从而起到了缓和冲突的作用。

（2）社会功能之冲突

儒家主张入世、济世，个人价值或思想价值都应该体现在对现实社会的实际功效上，因而儒家的整套思想都富有强烈的济世倾向。但佛教不同，佛教主张出家、弃世，不仅不能履行儒家制定的基本伦理义务，反而是对儒家基本伦理义务的背叛。其实际行为不仅不能给社会国家带来实际的好处，反而给社会国家带来负担，因为当时寺院、僧侣集团都需要大量的物资供养。所以，这种于社会功能上的差异，非常容易导致两者的冲突。当时就有士人批评道："何其栖托高远，而业尚鄙近，近至于营求汲汲，无暂宁息；或垦殖田圃，与农夫齐流；或商旅博易，与众人竞利；或矜恃医道，轻作寒暑；或机巧异端，以济生业；或占相孤虚，妄论吉凶；或诡道假权，要射时意；或聚畜委积，颐养有余；或指掌空淡，坐食百姓。……此皆无益于时政，有损于治道，是执法者之所深疾，有国者之所大患。"（《释驳论》，《弘明集》卷六，《大正藏》第52册）对于这种批评，佛教徒也给予了回击。佛教徒认为，佛教并不是无助于社会国家的，反而可以弥补其他思想之不足，有自己的特殊功用。慧远说："出家立人，凡有四科，其弘教通物，则功侔帝王，化兼治道至于感俗悟时，亦无时不有。"（《沙门不敬王者论·出家二》，《弘明集》卷五，《大正藏》第52册）因此佛教徒虽不居王侯之位，也是有利于生民的。而孙绰说："周孔即佛，佛即周孔。盖外内之名耳。故在皇为皇，在王为王。佛者，梵语，晋训觉也。觉之为义，悟物之谓，犹孟轲以圣人为先觉，其旨一也。应世轨物，盖亦随时。周孔救极弊，佛教明其本耳。"（《喻道论》，《弘明集》卷三，《大正藏》第52册）在佛教徒看来，佛教虽然不能为社会国家做直接的物质贡献，但对人的精神、心灵的培养却有积极作用。

（3）文化地位之冲突

魏晋之际，玄学居主，东晋之时，佛教渐盛。佛教发展的强劲势头不仅引起了儒生、道士对社会前途的担忧，对道德伦理前途的担忧，而且引起对自我前途的担忧，因为儒生、道士的切身利益受到损害。这样，以争取文化上的主导地位的争论便不可避免地发生了。具有悠久历史的夷夏之辩这一带有歧视的文化差异观，恰好成为一些反佛人士的武器。南齐道士顾欢就是利用夷夏论贬佛排佛的代表。顾欢在《夷夏论》中表述了贬佛的如下几个观点：老子在释迦之前，道教涵盖佛教，佛教归属于道教；佛教属蛮夷之法，道教是"东华之道"，道教优于佛教，因而不能让佛教兴于夏。由第一点，佛教被列入中国正统之外，是一种异端；由第二点，佛教是中国之外野蛮民族的教理，是一种落后文化，没有资格在中国传播。顾欢的排佛论，遭到了佛教徒的猛烈批评。先后有明僧绍的《正二教论》、谢镇之的《折夷夏论》、朱昭之的《难顾道士夷夏论》、惠通的《驳顾道士夷夏论》、僧敏的《戎夏论折顾道士夷夏论》，等等文章。上述驳论文章主要在如下几个方面对排佛观点进行了反驳：老子先于释迦说，没有事实根据；佛教有其特殊的思想理论，而且是高于道教的，所谓"老子是一方之哲，佛陀是万神之宗"；在地理上不存在中国中心之说，反而印度（戎）应是世界中心；佛教、道教的优劣不在其地理位置而在其是否真的有好的"道"。所以，佛教作为一种思想在文化上的地位应有其特殊之处，在很大范围上，它应是与道教可以平起平坐甚至超越道教的。

以上我们由伦理价值、社会功能和文化地位三个方面简要地考察了儒佛、道佛之间的相拒相斥关系。与相摄相融关系比较，相拒相斥关系虽然看起来十分紧张，但对儒佛道三教的良性互动、优化融合是极为有价值的。通过这种论战，儒佛道三教不仅更为明确地了解到彼此的不足，也更为明确地了解到彼此的长处，从而培育出一种谦逊的文化态度。

3. 几点检讨

可见，既相融相摄又相拒相斥的确是两晋南北朝时期儒佛道三教关系的基本形式。然而，对此既相融相摄又相拒相斥的关系似应有进一步的思想史意义解读。

(1) 儒佛道三教相融相拒中的内容广泛性

所谓内容广泛性，是指在儒佛道三教相融相拒过程中，涉及领域极为广泛。概而言之，两晋南北朝时期儒佛道相摄相斥所及领域，既有形上本体的建构，也有"入世"精神的援引；既有伦理道德范畴互摄，亦有修身养性方式的借鉴；既有戒律的互用，亦有讲经、解经方法的模仿；既有社会功能上的不同指认，又有文化地位上的激烈争吵；等等。因此可以说，儒佛道的相融相拒是全方位的。在这样一种全方位的相摄相斥关系中，儒佛道三教都接受了一次以彼此为坐标的检阅，从而暴露了儒佛道思想中各自需要充实、补充的空当，使得儒佛道三教在这种相对自由的氛围中，实现了较充分的接触，从而为它们在中国文化思想史上的进一步互动与融合铺垫了一条平坦之路。

(2) 儒佛道三教相融相拒中的主体无界性

所谓主体无界性，是指在儒佛道三教互融互拒过程中，使儒学本体化的并不一定是儒学大家，可能是佛教高僧；使佛教入世化的也不一定是佛教高僧，也可能是儒学大师。指责儒学之不足的既有佛教高僧，也有儒学名士；检讨佛教之局限的既有著名道士，也有佛教高僧。这一重要现象为过去研究儒佛道三教关系的学者所忽略，但又是必须值得重视的现象。这种现象说明，儒佛道三教思想已成为两晋南北朝时期道士、高僧和儒学名士共有的资源。有了这样一个知识背景，当他们认为需要对自身思想的某些局限进行改造的时候，儒佛道三教思想在他们头脑中的明确界线就不复存在，他们会自觉地汲取任何一种他们认为有积极意义的思想。这种现象还说明，儒学思想的完善、佛教教义的丰富、道教观念的提升，很难说是对应主体的贡献。这意味着儒佛道三教的进一步交叉融合，有了主体性基础。

(3) 儒佛道三教相融相拒中的策略迂回性

所谓策略迂回性是指儒佛道处理彼此关系时，在策略上都表现得较为迂回，较为温和。从相融相摄角度看，佛教高僧大都愿意从佛教教义或儒学义理的诠释上，寻找儒、佛共处的条件。比如慧远对在世、出世目标的共同性解释，很自然地把儒学与佛教粘合起来。又如葛洪那种毫无戒心地融儒佛道于一体的做法，也极大地消除了佛教与道教的紧张。从相拒相斥角度看，其策略的迂回性特征更为显见。佛教主张出家，直接冲击了儒家的"孝"道观念。但在佛教高僧看来，出世非但不会构成对"孝"道的冲击，反而有助于"孝"道的光大。在社会功能上，佛教被儒学名士和道教徒视为不利于社会经济发展的思潮，但孙绰认为，儒学是济救世弊的学问，佛教是拯救心灵的学问，二者皆为治理社会国家所需。这种解释也许不全符合儒、佛之真情，但它显然创造了一种宽松的氛围，使儒佛二教的关系获得了相契。因此，我们有理由认为，儒佛道三教的相融相拒具有迂回性特征，而这一特征为儒佛道三教的互动和融合营造了一个难得的空间。

（4）儒佛道三教相融相拒中的义理互补性

所谓义理互补性是指儒佛道三教在教义或思想主张上具有互补性。无论是相融相摄还是相拒相斥，儒佛道三教各自的义理都得以较充分的显露，从而为彼此义理之间的互补性提供了参照。就相融相摄方面看，儒学的长处因为佛教的吸摄而愈加显露出来，而佛教的长处因为儒家的吸摄而显露出来；就相拒相斥方面看，儒学的不足因为佛教的批评攻击而显露出来，而佛教的不足，也因为儒学和道教的批评而显露出来。也就是说，在整个相融相摄、相拒相斥的互动过程中，儒佛道三教义理的长处与不足都被充分地展示出来，从而为彼此的吸摄创造了条件。如儒学吸取了佛、道之本体及本体论思维，佛教吸取了儒学"入世"精神，道教则吸取了儒佛二教之伦理道德观念和修养方法。这种互摄，对儒佛道三教自身而言，是丰富发展；对中国思想文化史而言，则显示了儒佛道三教一体化走向，显示了中国思想文化的提升。

因此，我们可以说，影响和规定隋唐以降儒佛道三教关系形式和内容的，不仅是两晋南北朝时期的相融相斥关系，而且是贯注于相融相斥关系中的内容上的广泛性、主体的无界性、策略上的迂回性和义理上的互补性四大特征。这四大特征不仅为儒佛道三教的进一步融合提供了充分的条件，而且在很大程度上规定了儒佛道三教融合的基本形式。

（本节刊于《南昌大学学报》2001 年第 4 期；后被人大复印资料《中国哲学》2002 年第 1 期转引）

五　儒佛二教的交集与分歧
——以朱熹对"作用见性"的理解为中心

洪洲禅有所谓"作用见性"说，其影响范围不仅及佛教，对儒学也产生了重大而深远的影响，这不得不引起儒家学者的关注。朱熹即众多儒者中杰出代表。那么，朱熹是怎样理解这个命题的呢？朱熹的理解蕴含了哪些有启示的信息呢？

1. 佛教"作用见性"说

"作用见性"究竟是怎样的含义？我们有必要先回到叙述此命题的原始记载：

> 王怒而问曰："何者是佛？"答曰："见性是佛。"王曰："性在何处？"答曰："性在作用。"王曰："是何作用，我今不见？"答曰："今见作用，王自不见。"王曰："于我有否？"答曰："王若作用，无有不是；王若不用，体亦难见。"王曰："若当用时，几处出现？"答曰："若出现时，当有其八。"王曰："其八出现，当为我说。"波罗提即说偈曰："在胎为身，处世名人，在眼曰见，在耳曰闻，在鼻辨香，在口谈论，在手执捉，在足运奔。遍现俱该沙界，收摄在一微尘；识者知是佛性，不识唤作精魂。"①

对佛教而言，成佛是根本的追求。此段话先有"佛在何处"之问，

---

① 《景德传灯录》卷3，《大正藏》第51卷，河北佛教协会编印，第218页。

答案是"见性是佛";接着是"性在何处"之问,便有了"性在作用"之答。这就是说,"作用见性"命题是由"佛在何处"这个问题引申而来。既然"见性是佛",而"性在作用",这就意味着"在作用处可成佛";而"作用"的具体表现是"在胎为身,处世名人,在眼曰见,在耳曰闻,在鼻辨香,在口谈论,在手执捉,在足运奔"八种相状。基于这样的叙述及其所内含的逻辑,拟可做这样的引申:第一,就体用关系而言,是"即用见体"。在佛教义理系统,佛性即是"本体",眼见、耳闻、鼻香、口谈论、手执捉、足运奔等都属"末用",因而所谓"作用见性",即主张佛性诉诸于作用,由用显体。此体现了洪洲禅之于本体与末用关系的主张,即"本体"(性)的生命与意义由"末用"(作用)来落实,"本体"不能离开"末用"。诚如道一所说:"着衣吃饭,言谈祇对,六根运用,一切施为,尽是法性。"[①] 第二,就成佛功夫而言,是"任运不拘"。在佛教义理系统中,"性"是形而上,"作用"是形而下,通常情况下,"成佛"需要长期的修炼。而"性在作用"等形上、形下为一,便填平了二者的鸿沟,佛性即在生活中,成佛就在当下,这就使成佛功夫变得直接、简易,甚至随心所欲。诚如黄檗说:"任运不拘,方名解脱。"[②] 亦如义玄说:"但能随缘消旧业,任运着衣裳,要行即行,要坐即坐,无一念心希求佛果。"[③] 因此,"性在作用"意味着成佛功夫从烦琐变得简易、从严肃变得活泼,成佛不再需要皓首穷经,不再需要面壁十年。这样,"作用见性"的实际效果就是增强了佛教的诱惑力,吸引更多民众皈依佛法。但此命题的另一种蕴意是:既然要在"作用处"见"性",那么信众任何"作用"都应该表现出"佛性"品质,这就意味着凡欲在"作用"中体现佛性的信众必须实践相应的功夫。第三,就佛教开展方向而言,是"日用庸常"。既然信众可以在"作用"处见佛性,而"作用"不过是眼见、耳闻、鼻香、口谈论、手执捉、足运奔等感官行为,且人人皆具,这就意味着见性的主体是所有信众,不分贫富贱贵穷达;意味着日用庸常可见佛性,道无方所;意味着成佛方式简易方便,无须苦心智劳筋骨饿体

[①] (宋)赜藏主编:《古尊宿语录》(上),中华书局1994年版,第4、54、58页。
[②] 同上。
[③] 同上。

肤。因此，"作用见性"一方面为广大信众大开方便之门，另一方面也反映了对烦琐修行方法的不满。

洪洲禅的这个命题问世之后，立刻引起了佛教界的广泛关注，高僧大德纷纷表达自己的意见。其中宗密的意见最为值得参考。宗密说：

> 洪州意者，起心动念，弹指动目，所作所为，皆是佛性全体之用，更无别用。全体贪嗔痴，造善造恶，受乐受苦，此皆是性。如面做种种饮食，一一皆面。意以推求此身，四大骨肉，喉舌牙齿，眼耳手足，并不能自语言见闻动作。如一念命终，全身都未变坏，即便口不能语，眼不能见，耳不能闻，脚不能行，手不能作，故知语言作者，必是佛性。且四大骨肉，一一细推，都不解贪、嗔、烦恼，故知贪、嗔、烦恼并是佛性。佛性非一切差别种种，而能作一切差别种种。体非种种者，唯此佛性非圣非凡，非因非果，非善非恶，无色无相，无根无住，乃至无佛无众生也。……彼意准《楞伽经》云："如来藏是善不善因，能遍兴造一切趣生，受苦乐，与因俱。"又〈佛语心〉，《经》云："或有佛刹，扬眉动睛，笑欠磬咳，或动摇等，皆是佛事。"既悟解之理，一切天真自然。故所修行，理宜顺此，而乃不起心断恶，亦不起心修道。道即是心，不可将心还修于心。恶亦是心，不可以心还断于心。不断不造，任运自在，名为解脱人。无法可拘，无佛可作，犹如虚空，不增不减，何假添补。何以故？心性之外，更无一法可得。故但任心，即为修也。评曰："此与前宗（北宗）敌体相反。前则朝暮分别动作，一切皆妄；此则朝暮分别动作，一切皆真。"①

不难看出，宗密对于"作用见性"的基本态度是批评的。结合宗密关于洪洲禅"作用见性"的其他评论，宗密的批评大致可集中为三点：其一是"一切皆真，不分差别"。宗密认为，"体"可造种种事物，但绝非同于种种事物，而"作用见性"等体用、一理事，谓"一切皆真"，从而混淆真伪、指黑为珠。宗密说："复有一类人指示云：'即此黑暗便是

---

① 宗密：《禅门师资承袭图》，台湾佛光出版社1996年版，第63—64页。

明珠，明珠之体，永不可见。欲得识者，即黑便是明珠，乃至即青黄种种皆是。'"① 二是"触类是道，任运为修"。所谓"道即是心"，即谓此"心"是真如心，因而不存在修心的问题；所谓"恶即是心"，即谓此"心"是平常心，因而不存在断恶的问题。既然"修心"功夫与"断恶"功夫都被取消，那么"无法可拘、无佛可作"的任运自在就是解脱了，此即以任心为修行功夫。而对宗密而言，此法只有顿悟没有渐悟，而且顿悟也有瑕疵："洪州常云，贪、嗔、慈、善皆是佛性，有何别者？如人但观湿性始终无异，不知济舟覆舟，功过悬殊。故彼宗于顿悟门虽近而未的，于渐修门有误而全乖。"② 这是指"作用见性"只重视成佛功夫的便捷与简单，却忽略了渐修在成佛中的价值。三是"有随缘用，无自性用"。宗密认为，佛性的作用有两种：一谓"自性用"，即心体常寂，寂而常知，如铜镜之明；二谓"随缘用"，即寂知之心能语言造作，缘起万法。他说："真心本体有二种用，一者自性本用，二者随缘应用。犹如铜镜，铜之质是自性体，铜之明是自性用，明所现影，是随缘用。影即对缘方现，现有千差；明即自性常明，明唯一味；以喻心常寂是自性体，心常知是自性用，此能语言、能分别动作等，是随缘应用。今洪州指示能语言等，但是随缘用，阙自性用也。"③ 在宗密看来，"作用见性"所强调的语言、动作等属"随缘用"，因而其价值取向为形而下，注重以语言、动作等验证心体或佛性，即"知有佛性是比量显"，但忽略了佛性或真心自身的辨别正邪、驱迷显真的能力，从而造成佛性或真心作用的遮蔽。

2. 熊、牟对"作用见性"的理解

为了更深入、准确、有成效地讨论朱熹关于"作用见性"的理解，考察其他儒门学者的理解应该能提供特殊的帮助。在儒门中，熊十力、牟宗三的理解是比较有代表性的。

熊十力对佛教深有研究，其于"作用见性"命题也给予了特别的关

---

① 宗密：《禅门师资承袭图》，佛光山出版社1996年版，第80页。
② 同上书，第103页。
③ 同上书，第93页。

注。熊十力说:"今世谈禅学者,皆熟闻作用见性一语。然何谓作用,何谓性,云何于作用见性?则谈者鲜不茫然。夫性者,吾人与天地万物所同具之本体。但以其为吾人所以生之理而言,则谓之性。以其主乎吾身而言,亦谓之心。作用者,即凡见闻觉知等等,通名作用。曰见,曰闻,曰觉,曰知,皆作用之名,复言等等者,作用相状复杂,列举不尽故。故举见闻见知,即摄一切作用在内。云何而言作用见性?则非于作用加以解析不可。若于作用加以解析,则非先说明所谓根或根身者不可。印度佛家,自小乘以来,说有五根。曰眼根,耳根、鼻根、舌根、身根。此五根者,亦总名根身。世或误解根义,以为即肉眼等名根,及以肉眼等互相联系的全体即物质的七尺之躯,计为根身。此实大谬。佛家说根为清净色,此中色言,是相用义,非质碍义。虽不同于物之有质碍,而有相用可言,非空与故,亦名之为色。清净者,显其相用微妙,故云清净。云何微妙?微者精微,非目所见故。妙者神妙,其力用不可测故。……此本非心,亦复非物,却是介乎心和物之间的一种东西。"① 这段话有如下意思:第一,"性"是指人与天地万物同具的本体,且有两种形式:一是作为人与物所以生的根据,一是作为人身的主宰。第二,所谓"作用",是指包括见闻觉知等感性活动在内的一切"作用"。第三,把握"根"的含义方能正确理解"作用",依佛教,所有感官都有"根",所谓眼根、耳根、鼻根、舌根、身根,这个"根"是眼所以视、耳所以听、鼻所以闻、舌所以味、身所以触的机关,因而有"根"才有"作用"。第四,"根"的相用即眼视、耳听、鼻闻、舌味、身触等,此"相用"清净微妙不可测。第五,"根"不是"心",也不是物,而是介于"心"和"物"之间的东西。那么,这个介乎"心"和"物"之间的"根"究竟有何特点呢?熊十力说:"如果把他(根)作宽泛的解释,就说为生活机能,自无不可。但不如说他是生命力之健进所构成的一种机括。……凡有机物之所以异于无机物者,就因为具有根的缘故。根力(具云根的力用)潜运眼处,能发视识,说为眼根。……故根者,不即是肉眼等。而所谓根身者,亦非仅目物质的七尺之躯,肉眼等相互联系的全体,叫做七尺之躯。这个东西,只是

---

① 熊十力:《熊十力全集》第三卷,湖北教育出版社2001年版,第385—386页。

物质的，是无机世界的一部分。此乃诸根之所附着处，而不即是诸根。"①
这就是说，"根"是生命力之健进所构成的一种机括，是"作用"的根据，从而区别于眼、鼻、耳、身等感觉器官。因此，"作用"虽是"根"（机括）的相用，但"作用"不等于"根"，因为"根"是使眼、耳、鼻、身发挥其作用以表现其生命力的根源："原夫宇宙大生命，斡运乎万物，将破除锢蔽。其势用盛大，健进不已，渐以转化物质，而使其组织日趋精密，此乃神经系或诸官能即所谓根者之所由形成。心之发现必以根为所依。……前文所举见闻觉知等等作用，正是普通所名为心。其实，此等作用不即是本心。只是根门假借心之力用而成为根之浮名，以趣境云尔。夫根为心之发现而作机括。易言之，即心用根为工具也。凡用工具者，往往反为工具所利用。心之于根，何独无此患？夫心惟浑一，本来明净，而其依根以发，则易流于虚妄分别。所以者何？根已形成独立之生机体，心作用之发现于根门，而根即得假借之以为己用，便非明净本心之用也。……复次染污习气原于根，而复与根叶合为一。云何原于根？夫根假借心作用为己用，即一切见闻觉知等等皆非明净本心之流行，正是佛氏所谓乱识。"② 这就是说，此"根"是宇宙大生命经过长期的演变而形成的神经系统，"心"发出信息与能量必须经由"根"，因而"根"是"心"的机关并控制着"心"所发的性状，见闻知觉虽然亦可谓"心"，但不是本心，见闻知觉只是"根门"假借"心"之力用而成为"根"的虚名。虽然"根"是"心"之工具，但"根"亦可反过来利用"心"，从而使本来明净的"心"可能流于虚妄分别。即是说，染污习气原于"根"。如果"根"借"心"为己用，那么一切见闻觉知都不是明净本心流行，而是佛教所谓"乱识"；如果是"根"为"本心"所用，那么一切见闻觉知都是明净本心之流行。这样，熊十力观念中的"性"与"作用"的关系就是："一、作用者，即剋就见闻觉知等等而名之也。二、此见闻觉知等等，实即心之力用发现于根门者。故此作用，不即是心体。但心体亦非离见闻觉知而独在。三、见闻觉知等等通名作用，固如上说。但精以分析之，则根不从心，且与染习叶合，其发为见闻觉知等，固不得名

---

① 熊十力：《熊十力全集》第三卷，湖北教育出版社 2001 年版，第 386—387 页。
② 熊十力：《熊十力全集》第六卷，湖北教育出版社 2001 年版，第 199—201 页。

为作用也。若乃心帅乎根，亦无染习为障，则其发为见闻知觉，方是真实作用。恶紫乱朱，不可不严辨。四、作用义既经刊定如上，则作用见性义亦不待深谈而可知。夫作用者，即本体之流行而言之也。"① 就是说，"作用"是心力发于根门而有，因而"作用"不是心体，但心体并不能离"作用"而存在；"根"也不是"作用"，若本心主宰根门，则见闻知觉为真实作用，反之，则为虚妄作用。因此，所谓"作用"就是本体之发用流行，而"根"是"作用"能否使本本发用流行表现为积极面相的关键，因而不能等"作用"于"性体"。熊十力说："性体浑然全真，寂然无相。不可说见闻觉知等等作用即是性体。故但曰作用见性，非谓作用即是性。然不可离作用别觅性体，故必于作用见性。犹之不可离众沤别觅大海水，故必于众沤而识大海水。明代阳明派下多有只在发用处说良知者，是直以作用为性体。及聂双江、罗念菴救之以归寂，而于作用见性意思，似亦不无稍阂。夫寂然真体毕竟不离发用。如或屏用而求寂，其不为沦空之学者鲜矣，尚得谓之见性乎？"② "性体"虽然不能等同于"作用"，但又不能离开"作用"，因为只有"作用"才能落实"性体"的价值，这就意味着"屏用求寂"与"本心发用流行"之理念相悖。综上所述，熊十力关于"作用见性"的理解可归纳为：第一，"性"不仅是万物的根据，也是人身的主宰，而内容是"本心"或"理"，这就使熊十力的"作用见性"与洪洲禅的"作用见性"在形式和内容上都完全不同。第二，由于"根"是一种机关，它介于"心"与"物"之间，"根"既可使"作用"成染污习气，也可改变"本心"的发用性质而使其陷于染污习气，但"本心"可以控制、引导"根"朝明净的方向走。这就可以推论：既然"根"可使"作用见性"（本体发用流行）朝不同（积极或消极）的方向走，这就意味着"作用见性"不必然主张一切皆真；既然"作用见性"之"作用"是否"真作用"，要看"根"的表现，而"根"又为"本心"所管制、引导，这就意味着"作用见性"不必然主张任运修为。第三，熊十力虽然强调"由用显体"，但更强调"体"不等于"用"，突出二者的差别，这实际上是在凸显"性"或"体"的至善性、绝对性；

---

① 熊十力：《熊十力全集》第六卷，湖北教育出版社 2001 年版，第 202—203 页。
② 同上书，第 203—204 页。

但又认为"体"由"用"显，离了"用"就无从显"体"，即在"作用处见性"，因而不能"屏用求寂"，这也就实践了佛性的"随缘用"。另外，绝对、明净的"性"或本心不能无所作为，其在"作用化"中，应该体现自己的意义与辨邪归正的功能，即性体或本心必须主导"根"而显于作用，即"作用见性"也意味着"性"对于"作用"的监督、引导意义，这就实践了佛性的"自性用"。第四，既然"作用见性"之"性"是本心或理，既然"性"不能定为"寂"，既然"作用见性"的落实需要"根"这个中介，既然"性在作用"而"性"又不等同于"作用"，既然"作用见性"就是"本体发用流行"，那完全可以说，"作用见性"在熊十力语境中成了一个不折不扣的儒学命题。

牟宗三讨论"作用见性"往往将"缘起性空"合在一起说，因而可以由其对"缘起性空"的理解开始考察。牟宗三认为，对佛教而言，于"缘起处见到性空"才是"真见"。他说："在涉及佛教方面，以流行之体之至变笼统其缘起性空与作用见性，此总为不谛。就缘起性空说，此为诸行无常、诸法无我、十二缘生诸观念之总持说与究竟说。言'缘起'即所以性空（无自性、无自体、以空为性），明性空即所以证寂灭。此是佛家之通义。就其言缘起，而谓其'以至变为体'，此已不谛，谓其'不过欲求见此流行之体'，尤其不谛。彼非以缘起至变为体者也，亦非只以见此缘起至变为'真见'者也。能于缘起见性空，方是'真见'。能真明性空，方真明缘起。"① 这是针对黄宗羲以"流行之体之至变"笼统"缘起性空"和"作用见性"的批评。黄宗羲所谓"至变"，即"不生不灭"，谓佛教以"至变"为体，即以"不生不灭"为体；认为儒家可从"至变"中见到"不变"，而佛教仅仅以"至变"为体，不能见得"至变"中的"不变"，所以不得不"随波鼓荡"。牟宗三不能认同黄宗羲的观点。他认为佛教缘起论并不以"缘起至变"为体，也不以"见此缘起至变"为"真见"，而是以"于缘起处见性空"为"真见"，或者说以追求证寂、不起执念、根除无明等为"真见"。而"作用见性"即谓当体即空性、佛性、菩提性，因而也不能将"作用见性"等同于"以知觉为性"。因此，"以流行之体之至变笼统缘起性空与作用见性"是不合适的。"作

---

① 牟宗三：《心体与性体》（中），上海古籍出版社1999年版，第111页。

用见性"既然不能被"流行之体之至变"所笼统,那么它的具体内涵是怎样的呢?牟宗三说:"在中国,后来禅宗兴起,即顺此真常心而言'心即是佛,无心为道'。'心佛与众生,是三无差别'(《华严经》),故言'即心是佛',心乃真常心也。此是分解反显以立佛体。而'无心为道'则是般若学也。不但无常无我当体即空为般若,无一法可得,即空亦不可得,心亦不可得,般若亦不可得,方是真般若,呵佛骂祖亦是般若,此即'无心为道之妙用也'。'作用见性'即在此妙用下成立。'作用见性'者当体即是空性、佛性、菩提性也。'作用'是事,耳听目见、知觉运动亦皆是事,缘起事也。凡缘起事皆当体即空,故作用见性,或作用是性,意即作用之事当体即见空性、佛性、菩提性也,当体即是空性、佛性、菩提性也。故佛性、真心不是辽远地隔绝在那里,即在眼前也。此亦佛性真心之圆融地呈现,故是具体而真实之佛性真心,不是抽象地分解地说的佛性真心也。故'作用是性或见性'是圆顿教之诡辞,不是实然之陈述语,不是指谓之断定语。"① 在牟宗三看来,"作用见性"的提出是以"心即是佛,无心为道"等佛教义理为基础的,"作用见性"即"无心为道"之"妙用"的结果。而依"缘起论","作用"皆为"缘起事",因而"作用"即是空性、佛性。这也就意味着,"作用见性"即是佛性当下的、真实的、圆融的呈现,因而"作用见性"只是一个"诡辞",所以不能理解为实际的陈述,即不能理解为"'作用'就是'性'",而是强调佛性的无时不在、无处不在,且简易方便。

为什么"缘起性空"与"作用见性"都是"诡辞"呢?牟宗三说:"缘生无性,无性缘生。无性即是无自体无自性,而此'即是空'。若反而正面说,缘生之法以空为性,以空为体,仍须通过遮词来了解:以无自性之空为其性,以无自性之空为其体。此性字体字皆是虚的抒意词,故其为性并非儒家之作为实体之'性理'之性,其为体亦非儒家作为性理之诚体、心体、神体、性体之体,总之,非道德创生的实体之体。吾人不能说空是缘生之体,缘生是空之用。体用之陈述在此用不上。虽然说以空为体,以空为性,然此抒意之空性空体并不能存在地生起缘生

---

① 牟宗三:《心体与性体》(中),上海古籍出版社1999年版,第111页。

之用也。此即表示空与缘生之关系并非体用之关系。"① 按照牟宗三的分析，"性空"即"无性"，"无性"即无自体无自性，因而就"缘生无性"或"缘起性空"言，"性空"是对"缘生"或"缘起"的描述，即"缘生"是无自体无自性的。既然"空"是抒意词，因而不能说"空"是"缘生"的体，"缘生"是"空"之用。反之亦然。因此，"缘生"与"性空"不是"体用"关系。牟宗三说："法无自性，以空为性。亦可类比说，法无自体，以空为体。故亦可类比说空体，言空即是体也。如此所说之空是抒意字，故就无常无我缘生而抒其意，非指实字，言并非正面有一物曰空也。故空初只是遮诠，并非表诠。"② 虽然"作用见性"没有"体用义"，但其中的"体"与"用"却是相互规定、相得益彰的。牟宗三说："抬头举目是事，启口容声是事，捧茶童子之捧茶亦是事。事之所在，体即与之而俱在以曲成之。乃至视听言动俱是如此。故曰当下即是或眼前即是也。'即是'者即是体之呈现也。事因体而曲成，则事有理而为实事，事非幻妄。体在事上著见，则体具体而真实，体非空挂。此所谓浑沦顺适，一体而化也。如此悟流行之体，则流行之体决非指气机之鼓荡言，亦非只落于气化之事上就气化之变言。"③ 就是说，"事"之所以为"事"，乃是因为"体"与之俱在，这就叫着"事因体而曲成"，因而"事"不幻；而"体"之所以为"体"，乃是因为"事"完全呈现，所以"体"不空；这样，"体"因"事"著，"事"因"体"实，所以是相互规定的。而且，在内容上不幻妄，在形式上当下即是。虽然"体"（性）、"事"（作用）相互规定，但"体"（性）无变化流行。牟宗三说："流行者，随事、随时、随处著见之谓也。事有变化流行，气有变化流行，而体无变化流行，言流行者托事以现耳，与事俱往而曲成之，也是遍在之意也。"④ 就是说，"流行"即意味着随事、随时、随处著见，但"流行"只在"事"上或"气"上，而不在"体"上。比如，"仁体"由"事"呈现，"事"在变化流行中显示"仁体"，但"仁体"

---

① 牟宗三：《心体与性体》（上），上海古籍出版社1999年版，第492页。
② 同上书，第491页。
③ 牟宗三：《心体与性体》（中），上海古籍出版社1999年版，第109页。
④ 同上书，第108页。

无所谓变化流行。以"作用见性"言之,"性"可通过"作用"随时、随处地显示,但"性"本身并不变化流行,"性"是自在的、绝对的本体。

基于上述,牟宗三关于"作用见性"的理解可归纳为:第一,"作用见性"是佛禅义理发展逻辑演变之结果,而其义理意涵可由"缘起性空"获得解释。第二,"作用"是"事",耳听目见、知觉运动都是"事",而"事"皆缘起者,因而依"缘起性空",凡缘起事皆当体即空,因此"作用见性"就是作用之事当体即见空性、佛性、菩提性的意思。第三,由于"空"是抒意词,即言"性"无自性无自体,因而"作用见性"无哲学意义上的"体用义"。第四,虽然"作用见性"无哲学意义上的"体用义",但"作用"与"性"是相互规定并相得益彰的,"性"因"作用"之流行而得以充分彰显,但"性"无发用流行之事。第五,由于"作用见性"并非事实的陈述,属于"抒意词",属于"遮诠","作用见性"强调当体即佛性、空性、菩提性,因而不能理解为"生之谓性"或"以心为性"。第六,"作用见性"之"性"非儒家性理之诚体、心体、性体之体,因而不能视为"道体之发用流行"。可见,牟宗三的理解注重从佛教义理入手,坚持以儒学为坐标,从而在形式与内容上实现了对"作用见性"的改造,使之从佛教命题转化为儒学命题。

3. 朱熹对"作用见性"的理解

那么,与宗密的理解相比,与熊十力、牟宗三的理解相比,朱熹对"作用见性"的理解是怎样一种情形呢?我们先了解一下朱熹关于"性"的界定:"今直以性为本体,而心为之用,则情为无所用者,而心亦偏于动矣。且性之为体,正以仁义礼智之未发者而言,不但为视听作用之本而已也。明乎此,则吾之所谓性者,彼佛氏固未尝得,窥其仿佛而何足以乱吾之真哉?"[①] 就是说,佛教所言"性"与儒学所言"性"完全异趣,在儒学作为本体的"性",是仁义礼智之未发,也是视听作用之本,而佛教

---

① 《孟子纲领》,《晦庵先生朱文公文集》卷七十四,《朱子全书》(贰拾肆册),上海古籍出版社、安徽教育出版社 2002 年版,第 3584 页。

所言"性"无此内容,因此,不能以佛教的"性"混淆儒学之"性"。基于这样的区分,朱熹展开了他对"作用见性"的理解。

(1)"作用见性"即"以生为性"

这是朱熹对"作用见性"下的第一个断语。关于这个断语可透过以下文献观其内涵:

> 告子说"生之谓性",二程都说他说得是,只下面接得不是。若如此说,却如释氏言"作用是性",乃是说气质之性,非性善之性。①
>
> 他合下便错了。他只是说生处,精神魂魄,凡动用处是也。正如禅家说:"如何是佛?"曰:"见性成佛。""如何是性?"曰:"作用是性。"盖谓目之视、耳之听、手之捉执、足之运奔,皆性也。说来说去,只说得个形而下者。②

此两段话基本观点可归纳为:佛教"作用见性"即告子"生之谓性",所谓"生之谓性"就是以生来的属性为性,即声、色、味、触等,而这些都属于"气质"范畴,因而"作用见性"即"以气质为性"。但是,"性"是"太极"或者"理",是宇宙万物的根据,而"作用"是感官活动,诸如口言、目视、耳听、身动等,因此,如以"作用"为"性",即是以"理"为"性"。这个等号在朱熹这里是行不通的。朱熹说:"'道无方体,性有神灵',此语略有意思,但'神灵'二字非所以言性耳,告子所谓'生之谓性',近世佛者所谓作用是性,其失正堕于此,不可不深究也。……方君所云天地万物以性而有,'性'字盖指天地万物之理而言,是乃所谓太极者。"③ 就是说,无论"生之谓性",还是"作用见性",都属以"神灵"言"性","神灵"只是"性"的属性,而"性"是太极,是天地万物之"理",有"性"才有万物,因而不能将"神灵"等同于"性"。不难看出,朱熹判"作用见性"为"生之谓性",乃是因为其所言"性"是儒家语境中的"性",此"性"是太极,是理,

---

① 《孟子九》,《朱子语类》卷五十九,《朱子全书》(拾陆),第 1877 页。
② 同上书,第 1875—1876 页。
③ 《答汪长孺》,《晦庵先生朱文公文集》卷五十二,《朱子全书》(贰拾贰册),第 2462—2463 页。

是万物的本体，而"作用见性"的"性"无此义，所以是"气质"，从而下落为"形而下"。

(2)"作用见性"即"以心为性"

这是朱熹对"作用见性"下的第二个断语。朱熹说："性只是理，有是物斯有是理。子融错处是认心为性，正与佛氏相似。……故上蔡云：'佛氏所谓性，正圣人所谓心；佛氏所谓心，正圣人所谓意。'心只是该得这理。佛氏元不曾识得这理一节，便认知觉运动做性。如视、听、言、貌，圣人则视有视之理，听有听之理，言有言之理，动有动之理，思有思之理，如箕子所谓'明、聪、从、恭、睿'是也。佛氏则只认那能视、能听、能言、能思、能动底，便是性。视明也得，不明也得；听聪也得，不聪也得；言从也得，不从也得；思睿也得，不睿也得；它都不管，横来竖来，它都认做性。"① 朱熹认为，"作用见性"是以知觉运动为"性"，而知觉运动就是"心"，因而"作用见性"的"性"相当于儒家的"心"。而在儒家系统中，"性"即是"理"，"性"在"心"中即"理"在"心"中，因而不能说"知觉运动是性"，因而"作用见性"完全无视"理"的存在。而凡事物皆有"理"，知觉运动也有"理"，所谓"能视的、能听的、能言的、能思的、能动的"都是"理"，也是"性"。朱熹说："知觉之理，是性所以当如此者，释氏不知。他但知知觉，没这理，故孝也得，不孝也得。所以动而阳，静而阴者，盖是合动不得不动，合静不得不静。"② 所谓"知觉之理"正是"性"，是"知觉"的本体根据，但佛家等"性"为"知觉"，所以孝与不孝都无所谓，从而丧失了道心（性）。所以朱熹说："释氏弃了道心，却取人心之危者而作用之；遗其精者，取其粗者以为道。如以仁义礼智为非性，而以眼前作用为性是也。此只是源头处错了。"③ 不难看出，朱熹将"作用见性"理解为"以心为性"，就是强调"心"与"性"的差别，"心"有人心、道心，"性"是"理"，只能是"道心"，人心与知觉无二，所以"作用是性"即等"道心"、"人心"为一，即理欲、公私、善恶不分了。另外，"性"是

---

① 《释氏》，《朱子语类》卷一百二十六，《朱子全书》（拾捌），第3939页。
② 同上书，第3941页。
③ 同上。

"理",是"作用"所以然者,即它们有本体末用之异,若言"作用是性",则"性"必丧失其本体意义。

(3)"作用见性"即"人兽相混"

这是朱熹对"作用见性"下的第三个断语。在朱熹看来,"作用见性"即谓"眼见、耳闻、鼻香、口论、手捉、足奔"等知觉运动都是"性"。不过,这些知觉运动禽兽也有,但儒家系统中的仁、义、礼、智等德性禽兽是不会有的,因而"作用见性"不仅意味着儒家的义理之性被丧失,而且意味着兽性人性无差别。朱熹说:"存是存其所以异于禽兽之道理,今自谓能存,只是存其与禽兽同者耳。饥食渴饮之类,皆其与禽兽同者也。释氏云:'作用是性。'或问:'如何是作用?'云:'在眼曰见,在耳曰闻,在鼻辨香,在口谈论,在手执捉,在足运奔,遍现俱该沙界,收摄在一微尘。'此是说其与禽兽同者耳。人之异于禽兽,是'父子有亲,君臣有义,夫妇有别,长幼有序,朋友有信。'释氏元不曾存得。"[①] 君子存什么才能叫着"神"?朱熹认为只有存异于禽兽之"理",即存"父子有亲,君臣有义,夫妇有别,长幼有序,朋友有信"之理,而"作用见性"却颠覆了这个"理"。因为"作用"即视、听、言、动等知觉运动也为动物所有,因而依"作用是性",佛家所存之"性"正与禽兽相同,而非儒家伦理。由于"作用是性"以知觉运动为"性",即意味着"知觉运动"因其"性"的身份而得到肯定,因而无论是人还是动物属于知觉运动者都被"合法合理"化。朱熹说:"'作用是性;在目曰见,在耳曰闻,在鼻嗅香,在口谈论,在手执捉,在足运奔',即告子'生之谓性'之说也。且如手执捉,若执刀胡乱杀人,亦可为性乎!龟山举庞居士云'神通妙用,运水搬柴',以此'徐行后长',亦坐此病。不知'徐行后长'乃谓之弟,'疾行先长'则为不弟。如曰运水搬柴即是妙用,则徐行、疾行皆可谓之弟耶?"[②] 既然以知觉运动为"性",那么不仅"目见、耳闻、鼻嗅、口谈、手捉、足奔"等被肯定,而且"出口伤人,执刀杀人"也被肯定,至于"徐行后长"与"疾行先长"谁是弟谁是不弟也就无据可依了。因而朱熹认为,"作用见性"完全颠覆了"性"的德

---

① 《孟子七》,《朱子语类》卷五十七,《朱子全书》(拾伍),第1839页。
② 《释氏》,《朱子语类》卷一百二十六,《朱子全书》(拾捌),第3941页。

性标尺之内涵，从而导致人兽不分。

（4）"作用见性"即"是非不分"

这是朱熹对"作用是性"下的第四个断语。为什么判"作用见性"是非不分呢？所谓"神通妙用，运水搬柴，须是运得水，搬得柴是，方是神通妙用。若运得不是，搬得不是，如何是神通妙用！佛家所谓'作用是性'，便是如此。他都不理会是和非，只认得那衣食作息，视听举履，便是道。说我这个会说话底，会作用底，叫着便应底，便是神通妙用，更不问道理如何。儒家则须是就这上寻讨个道理方是道。禅者云：'赤肉团上有一无位真人，在汝等诸人面门上出入'云云。他便是只认得这个，把来作弄。"①"运水搬柴"怎样才能算是"神通妙用"？朱熹认为要能运得水搬得柴，如不能运水也不能搬柴，那么"运搬"即是空疏无理，自然谈不上是"神道妙用"。而"作用见性"正是只以"衣食作息，视听举履"为道，只认口言、目视、耳听、运动等为"神通妙用"，而不问为什么口言、目视、耳听、运动，即不问"作用"的根据，儒家却要问"作用"的根据。这就是说，"作用见性"只认"作用"，至于"作用"的"理"，洪洲禅是不在意的。既然对"因何作用"不予追问，那么"作用"便丧失了监督而无所顾忌了，也就无所谓"是"与"非"了。朱熹说："儒者则全体中自有许多道理，各自有分别，有是非，降衷秉彝，无不各具此理。他只见得个浑沦底物事，无分别，无是非，横底也是，竖底也是，直底也是，曲底也是，非理而视也是此性，以理而视也是此性。少间用处都差，所以七颠八倒，无有是处。吾儒则只是一个真底道理，他也说我这个是真实底道理，如云：'惟此一事实，馀二则非真。'只是他说得一边，只认得那人心，无所谓道心，无所谓仁义礼智、恻隐羞恶、辞逊是非，所争处只在此。"② 如此看来，"作用见性"已将知觉运动之理完全清除干净，从而也就没有了标准、没有了是非。所以朱熹判"作用见性"为不分真妄，他说："盖释氏以作用者为性，而儒者以主宰为心，所以相似也；释氏以缘景而生者为心，儒者以感物而动者为情，所以相似也。大要释氏不识理，故其言递低一级，故虽欲归于清净寂灭而卒

---

① 《中庸一》，《朱子语类》卷六十二，《朱子全书》（拾陆），第 2024—2025 页。
② 《释氏》，《朱子语类》卷一百二十六，《朱子全书》（拾捌），第 3942 页。

不能离乎形而下者也,然虽递低一级而仅相似,即其仅相似者实大不同,何也?其于作用则不分真妄,而皆以真;其于感物则不分真妄,而皆以为妄;儒者则于其中分真妄云耳。此其大不同也。"① 佛家以"作用"为"性","性"为真如,故"作用"处不分真妄,而皆以为真;佛家以缘景而生者为"心","心"为幻妄,故感物处不分真妄,而皆以为妄。儒家以主宰为"心",而"心"有真妄;以感物而动者为"情",而情亦有真妄。因此,佛家与儒学言性言心言情,"形"虽相似,"神"则天渊。

4. 几点结论

基于对宗密、朱熹、熊十力、牟宗三等关于"作用见性"理解的介绍与分析,一方面可就朱熹与佛教相关的问题作延伸性推论,另一方面可考察儒佛二教的交集与分歧。

(1) 朱熹理解"作用见性"的方法

考之朱熹理解"作用见性"的实践,其方法特点表现为:第一,自设叙述框架。在朱熹理解"作用见性"的实践中,确立具有本我性质的理解框架是一大特色。比如,朱熹将"性"定义为"仁义礼智之未发者",从而限制在儒家的语境中论说"作用见性"。再如,判"作用见性"为"生之谓性"或"以心为性",即谓"作用见性"之"性"不是"理",而在思维方式上将"性"等同于"作用",故有"作用见性"颠覆伦理和混淆是非的判断。这表明,朱熹对"作用见性"的理解完全是在儒学义理系统中进行的,即他自设了一个叙述框架。第二,更换概念内涵。在理解"作用见性"实践中,朱熹自觉地、机智地更换概念或命题的内涵是另一特点。比如,朱熹将"性"界定为"理",这就将"作用见性"中的"佛性"内涵置换出去。再如,"作用见性"之"作用"即指见、闻、辨香、谈论、执捉、运奔等,并无善恶是非等性质的规定,而朱熹明显地将"作用"理解为"骂人、打人"等具体的恶行。可见,朱熹理解"作用见性"的过程,也是对相关概念内涵更换的过程。第三,择取实用视角。即言朱熹偏好从实用角度理解"作用见性"。比如,朱熹将

---

① 《答赵致道》,《晦庵先生朱文公文集》卷五十九,《朱子全书》(贰拾叁),第 2865 页。

"作用见性"理解为"'作用'是'性'",但依佛教,"作用见性"即谓当体即空性、菩提性,即当下成佛,属"抒意词",不是事实性陈述,朱熹则视为事实性判断。再如,朱熹判"作用见性"为"生之谓性"或"以心为性",即是将"作用见性"理解为"以气质为性"。可是,佛教"作用见性"所要表达的是"性"在"作用",佛性即在当下,不在辽远,成佛就在每个人的生活中,因而是"由用显体"。朱熹的理解未能进入此境域,因为他的眼界只限于"作用见性"之"实用"层面。

(2) 朱熹理解"作用见性"的得失

朱熹关于"作用见性"的理解,其"失"在何处?"得"又在哪里?就"失"方面言:其一,朱熹将"作用见性"理解为"'作用'就是'性'",而不能理解其是抒意词,即当体即空性、佛性、菩提性。牟宗三说:"朱子不了解禅家'作用是性'之义,将此诡辞之指点语视作实然之陈述,以告子'生之谓性'之义说之,此说皆非。"[①] 其二,朱熹以"气化之变"理解为"作用见性",不能认识到"作用见性"即"佛性真心之圆顿"。牟宗三说:"自朱子已不解此义,故视之为实然之陈述,指谓之断定,故以告子之'生之谓性'视之也。……误解佛性真心之圆顿表示为知觉运动之至变之流行之体本身即为性,亦犹误解心体、知体、仁体之圆顿表示为气化之变,误以气化之变为流行之体也。此是绝大的误解,故以流行之体笼统佛家之缘起性空与作用是性,实仍未判断的下也。"[②] 朱熹误将"流行之体"等同于"气化之变",而佛教"作用见性"即"佛性发用流行"义,也即熊十力所谓"作用者,即本体之流行而言之",因而以"知觉运动之至变之流行之体"笼统"作用见性",表明朱熹既未能正确理解儒家的"天命流行之体",也未能正确理解佛教的"作用见性"。其三,由于朱熹将"作用见性"视为事实的判断,等"性"与"作用"为一,并将"性"置换为"理",将"作用"理解为胡作非为、谩骂打杀,所以"作用见性"就有了以"性"使"作用"合法化之问题,即有了"作用见性"人兽不分、是非不辨等结论。但正如上述,朱熹关于"作用见性"即"'作用'是'性'"的理解,关于"性"与

[①] 牟宗三:《心体与性体》(中),上海古籍出版社1999年版,第150页。
[②] 同上书,第112页。

"作用"概念内涵的置换，都是与这个命题本义不符的。其四，由于朱熹将"作用见性"理解为"以气质为性"，并将"作用"与"性"等同，所以不能认识到此命题的功夫价值，但"作用见性"正是强调"成佛在我"的功夫，佛性可当下体现在每个人的生活中。当然，朱熹的理解并非一无是处，如下几点仍然是值得肯定的：其一，朱熹认为"作用见性"必导致"一切作用皆是佛性"的结论，而"一切作用"也含"负面作用"，若"负面作用"被定为佛性，自然是混珠黑为一了。这与宗密主张一致。其二，朱熹认为"作用见性"在功夫上便是无拘无束、任运妄为，如此必颠覆佛教传统修行方法。这也是宗密所担忧的，宗密曾批评"作用见性"有顿无渐。其三，朱熹批评"作用见性"是随"作用"而显，而"作用"不分善恶、是非，因而"作用见性"所表现的"随缘用"是消极的。这点也与与宗密一致，宗密曾批评"作用见性"有"随缘用"无"自性用"。概言之，朱熹敏锐地察觉到了"作用见性"命题所隐含的危害并公之于众，这于佛教是功德无量的。

（3）朱熹与佛教的关系

朱熹与佛教关系可分三方面论之：其一，朱熹的佛教态度。考之朱熹对"作用见性"的理解，可判定其对佛教的基本态度是轻慢的、鄙视的和敌视的。将"作用见性"理解为"生之谓性"、"以心为性"，而"生之谓性"就是"以气为性"，就是"以形下为性"，这是轻慢；视"作用见性"为对伦理秩序的颠覆和对是非的混淆，而无视"性在作用"对于保护与升华伦理秩序的积极意义，这是鄙视；判佛教心性论比儒家心性说低一层级，这是敌视。而与熊十力、牟宗三比照，朱熹之于佛教傲慢姿态尤为了然。我们不能不遗憾地说，朱熹的佛教态度与其作为理学集大成者之身份是不相称的。其二，朱熹的佛教识度。朱熹关于"作用见性"的理解无意中泄露了其佛教修养状况。朱熹没有引入"根"概念，以对"作用见性"中的"性"与"作用"关系做更全面的理解。熊十力不仅引进了"根"的概念，而且对"根"与"心"、"根"与"作用"的关系做了深入细致的解释，并将"作用"分为"真作用"与"假作用"。朱熹未能认识到"作用见性"乃佛教内在逻辑演变之结果，更未认识到这种演变结果之积极意义。但熊十力将其理解为"本体之发用流行"，牟宗三理解为"当体即佛性、空性、菩提性"。朱熹不能以"缘起论"解释

"作用见性"。牟宗三则熟练地应用"缘起论"对"作用见性"的义理进行了深入的解释，使"作用见性"的内涵变得清晰易解。朱熹将"作用见性"理解为对伦理的颠覆、对是非的混淆，而不能理解其"体用相资义"。熊十力认为"作用见性"表示"体由用显、用因体实"，但"体"不等于"作用"。透过这些比较，朱熹的"佛教识度"可用熊十力的话来评判："宋明诸师，于大乘学都不研究，若惧其洗我然，即晚周诸子亦无弗摈斥，其思想已狭隘矣。虽稍参禅理，而亦未能虚怀以究其旨。诸师皆谓禅家以作用为性，不知作用见性一见字，甚不可忽。前文已辩正，若如诸师所诋，则禅家为无本之学矣。诸师所得之禅，正是其意见耳，实非禅也。以是而言融通，恶乎可。虽然诸师学在反己，其精神上继孔门，于大本大源处，确有体认，不可薄也。"① 其三，朱熹思想与佛教关系。由朱熹对"作用见性"的理解，可尝试地评估其思想与佛教的关系。在态度上，朱熹排斥佛教、鄙视佛教，因而不能期望其客观地、理性地对待佛教；在识度上，朱熹对佛教文献、义理、发展趋势等都缺乏深入、准确的把握。他既然不能理解"作用见性"的表述技巧、思辨方法、义理脉络，也就不存在将"作用见性"引入其思想体系的问题，而其确立的理解框架、对概念内涵的更换、偏好的实用理解旨趣等，都限制了佛教元素进入朱熹思想世界的可能性。既然朱熹的用心不在研习佛教，只在排斥佛教，怎么可能发生佛教深刻影响朱熹思想的现象呢？诚如牟宗三所说："人皆谓宋明儒受佛老之影响，是阳儒阴释，儒释混杂。实则宋明儒对于佛老了解实粗略，受其影响盖甚小。彼等自有儒家义理智慧之规范。……故儒自是儒，道自是道，佛自是佛，虽有其共通之形态，而宗义之殊异不可泯。故动辄谓宋明儒受佛老影响者甚无谓也。"② 既然朱熹在义理的深处没有受到佛教的影响，那么剩下的影响只能是"受其刺激而觉醒"："宋明儒能相应而契悟之，通而一之，是宋明儒之生命能与此两诗（《大雅·丞民》、《颂·维天之命》）以及《论》、《孟》、《中庸》、《易传》之智慧方向相呼应，故能通而一之也。此种生命之相呼应，智慧之相承续，亦可谓'本有者若是'矣！此与佛、老有何关哉？只因秦、汉后无人理解此经

---

① 熊十力：《熊十力全集》第三卷，湖北教育出版社 2001 年版，第 408 页。
② 牟宗三：《心体与性体》（上），上海古籍出版社 1999 年版，第 498 页。

典，遂淡忘之矣。至宋儒起，开始能相应而契悟之，人久昏重蔽，遂以为来自佛老矣。若谓因受佛教之刺激而豁醒可，若谓其内容乃阳儒阴释，或儒释混杂，非先秦家经典所固有，则大诬枉。"① 这样的评论，应该是适合朱熹思想与佛教关系之基本情形的。

(4) 儒佛的交集与分歧

综合宗密、朱熹、熊十力、牟宗三等关于"作用见性"的论说，兴许能发现佛教与儒学的交集和分歧。第一，关于"作用见性"的"体用义"。宗密所谓"佛性非一切差别种种，而能作一切差别种种"正是对"作用见性"之"体用义"的陈述。熊十力认为"作用见性"就是"由用见性体"。朱熹判"作用见性"为"生之谓性"，即"气质为性"，"性"为"形而下者"，自然消解了"作用见性"的"体用义"。牟宗三以缘起性空言"作用见性"，谓当体即佛性、空性、菩提性，且认为"作用见性"无"理"，因而亦无"体用义"，所谓"儒佛所同悟者，在同悟一真心，同悟一圆顿之表示，而於穆不已之天命流行之体是儒者所悟之体之专义，不可用来形容'如来藏自性清净心'。此差别唯在一是'道德创造的'，一是'非道德创造的'，其差别甚微细亦甚显著，因而亦影响体用义之不同"②。可见，朱熹、牟宗三虽然都否定"作用见性"的"体用义"，但在根据上有差异。第二，关于"作用见性"之"性"的内涵。对佛家而言，"作用见性"之"性"就是佛性，朱熹、熊十力、牟宗三都认为"作用见性"缺失了"理"。牟宗三说："儒佛之差唯在此实体不同。在佛家是'如来藏自信清净心'，在儒家则是道德创造的本心、仁心、天命於穆不已之真体，而流行之体专就此真体说，不就气化之变说，何得谓为儒佛之所同悟？"③ 因为缺了"理"，朱熹批评"作用见性"颠覆伦理、混淆是非，熊十力强调儒家发用流行与佛教的根本差别，牟宗三则判定"作用见性"无"体用义"。虽然朱熹与熊十力、牟宗三一样批评"作用见性"没有"理"，但朱熹连佛教的"理"也否定了，熊、牟则认为佛教有它的"理"，因而熊、牟不像朱熹那样简单地否定佛教，而是肯定佛教独特的存在价值。

---

① 牟宗三：《心体与性体》（上），上海古籍出版社1999年版，第32页。
② 牟宗三：《心体与性体》（中），上海古籍出版社1999年版，第112页。
③ 同上。

第三，关于"作用见性"功夫论面向。宗密、朱熹、熊十力、牟宗三都不否认"作用见性"功夫义。但宗密、朱熹批评"作用见性"有顿无渐，而熊十力肯定其为"由作用见性体"，牟宗三则认为其是当体即佛性，是一种自悟佛性、当下即是的功夫。可见，熊、牟并不担心任运为修的偏至，这应该与他们所处的时代不同有关。这样，宗密、朱熹、熊十力、牟宗三关于"作用见性"的理解将儒佛的交集与分歧清晰地呈现出来。在"作用见性"有无体用义、有无顿渐等方面交集较多，但在"作用见性"之"性"的内涵上却丝毫不能妥协，如熊十力说："禅家作用见性，儒者即工夫即本体，于此可见二家旨意相通处。然儒者于人伦日用、万物酬酢致力。……佛家遗伦物，独处清闲，壹意收摄精神，趣入本真，反求自性。……佛家于本体生生不已之德，即要逆遏住。是乃人类思想最奇异者，要非常道。"① 因此，综观朱熹关于"作用见性"的理解，虽然在佛教知识层面存在遗憾，但由于其抓住了同样为熊十力、牟宗三所重视的"理"，因而在儒学义理的建造与扩充上，仍然创造了不朽的成就。

（本节刊于《学术研究》2017 年第 3 期）

---

① 熊十力：《熊十力全集》第三卷，湖北教育出版社 2001 年版，第 405 页。

六 中国哲学特性及其对科学方法的设限

胡适曾经这样描述当年科学被人们顶礼膜拜的情形:"这三十年来,有一个名词在国内几乎做到了无上尊严的地位;无论懂与不懂的人,无论守旧和维新的人,都不敢公然对他表示轻视或戏侮的态度。那个名词就是'科学'。这样几乎全国一致的崇信,究竟有无价值,那是另一问题。我们至少可以说,自从中国讲变法维新以来,没有一个自命为新人物的人敢公然毁谤'科学'的。"① 如此看来,科学似乎无所不能、所向披靡。然而,仅就中国传统哲学领域而言,科学方法并不是可以随心所欲的,而是有其先天限制的。那么,究竟有哪些限制呢?

1. 非物质化设限

所谓"非物质化设限",是指中国传统哲学不具物质性,即不能将其当作一种物质进行分析和研究,而自然科学方法强调研究对象的物质性,所以中国传统哲学的"非物质化"特点对自然科学方法而言便构成一种限制。面对自然科学方法的无孔不入,方东美曾提出过警告,他认为对人文学科而言,将其物质化然后再施展自己的魔法是相当危险的。他说:"凡是代表各种社会科学的,像政治学,像经济学,像法律学,像历史学,都是在把它们的思想落到标准的古典科学思想体系里面去;不但是采取它的方法,而且是接受它的原则。然后再把这一类的生物现象、心理现象都化成物质现象来看待。这样子一来,原来只是支配着物质世界的物质

---

① 胡适:《科学与人生观序》,张君劢等:《科学与人生观》,山东人民出版社1997年版,第9页。

科学的定律，也支配著生命，也支配著人类的心灵，形成'科学唯物论'。在这么一个情形之下，所谓的社会科学、人文科学、历史科学，都只是什么东西呢？只是社会物理学、社会机械论。像卡纳普这一类的人，就说所谓一切科学的语言是什么呢？就是数学语言、物理学的语言，然后一切后起之科学家在他研究训练的时候，第一个就是要会科学语言，而这个科学语言又是什么东西呢？在20世纪的今天，像在数学上面、在逻辑上面很研究的人如卡纳普，在世界各种组织里都提倡 unity of knowledge，想把知识从复杂纠纷的状态化成统一。怎么样统一呢？就是先从科学的语言统一起。"① 在方东美看来，如果将生物现象、心理现象转化为物质现象，进而用自然科学方法进行分析和研究，那么生命和心灵也将被自然科学所支配，而人类社会亦将被物理化、机械化。

对中国哲学而言，它那些充溢人文精神、情怀和智慧的思想、概念和命题，一旦被物质化后再用自然科学方法进行解释，就会变得面目全非而不再是它自己。比如，熊十力指出用柏格森、杜里舒的生命哲学解释《周易》中的"性"，必导致严重的误读。他说："此中潜能，即谓生化势能，乃生物所禀之以为性者，切勿误会为本能。盖生化势能，即是宇宙大生命，万物莫不禀此而生。本能则是生物由适应环境之努力而习成者。习惯之势力，储蓄既久，成为种族经验。如鼠生而畏猫是也。故本能亦与生俱有，然若谓本能即是此中所云潜能，则大误矣。达尔文虽知生物之战胜环境，由其自身之努力，然实不了生命。柏格森、杜里舒诸氏，于生命颇有体验，但所体验者，生类从无始来，一切习气之潜跃者而已。此意略见新论中卷功能章。彼等终不识乾元性海也。其所云生之冲动，非天德之健也。是习，而非性也。"② 按照进化论，本能是由生物通过适应环境的努力而养成的，但这种本能与《周易》中的"性"完全异趣，因为《周易》中的"性"是"潜能"，是天地健行不已之性之象。因此，若依达尔文进化论与柏格森生命哲学解释，《易》所谓"性"就是生物所秉之"性"，便成为可以物质化研究的对象。概言之，熊十力不仅指出了进化

---

① 方东美：《方东美先生演讲集》，台湾黎民文化事业有限公司2006年版，第305—306页。

② 熊十力：《熊十力全集》第三卷，湖北教育出版社2001年版，第956—957页。

论对《易》中"性"理解的错误,也否认了柏格森、杜里舒生命哲学解释的准确性,原因在于这两种解释都是立足于生物、心理即物质的角度试图诠解"性",结果离"性"的真正内涵越来越远。再如牟宗三说:"《坤·文言》里面讲'直其正也,方其义也。君子敬以直内,义以方外,敬义立而德不孤。直方大。不习,无不利。'有人就把'直方大'的直说成是几何学上的直线,方是 square,大是无限的空间(infinite space),他就是不从道德方面讲。但是在'直方大'上面明明说的是'敬以直内,义以方外',这明明是道德,你怎么可以把它讲成几何学呢?"① 牟先生认为,若是将"直""方""大"三个概念分别理解为"直线""square""无限的空间(infinite space)",即作物质性理解,那么"直""方""大"道德内涵就被莫名其妙地化解了,即其"内圣外王"的深刻人文内涵就丧失了。可见,中国传统哲学具有"非物质化"特性,而这种特性使自然科学方法在中国传统哲学的研究中受到限制。

2. 非数量化设限

所谓"非数量化设限",是指中国传统哲学不具有数字性,即不能被量化来分析和研究,而自然科学方法强调研究对象的量化,所以中国哲学的"非数量化"特点对自然科学方法而言是一种限制。随着自然科学在学术研究中应用的风生水起,数学、数理逻辑受到很多人的青睐。不过,对于自然科学方法在人文学科研究中的作用,许多学者不仅持谨慎的态度,而且揭示了其中的问题。方东美就对数学方法在人文学科研究中的作用持怀疑态度,他说:"比如近代的科学唯物论就是现成的例子。假使由西方各种哲学与宗教看来,显然在宇宙中仍有许多不同的精神领域,如道德、艺术、宗教的领域,而构成这些领域的主要因素也都是精神现象;然而由近代的物质科学看来,其方法不是数学抽象法,就是物理实验法,由之而来的结果是:构成宇宙之基本条件都是数量现象,甚至把性质数量化之后,再化为单纯系统,已有的 given data(现成材料)不够,则设法产生新的 data,透过冷板的实验在原有速效上,追求新事实,在构成的新事

---

① 牟宗三:《中国哲学十九讲》,第 79 页。

实中追求新条件，这新条件又必须是科学仪器、科学心灵所能把握的物质事实，于是形成近代科学家的偏见，好像他们所把握的自然理性就是超然的主宰理性，拿这自然理性就可以把握一切事件的真相，凡不能由此把握的便视之为幻相：一切性质不能化为数量的，就视为幻相，一切价值不能根据近代科学方法处理的也视为幻相，于是乎近代的物质科学思想一转变到抽象精确的阶段时，马上产生思想上的严重错误，他们还要美其名为'价值中立'。于是像宗教不能化成数量条件，他们就要否定；艺术上的美亦不能化成数量条件（近代的抽象画并不代表一切艺术），他们就要回过头到自己主观的心理状态或主观的变态心理里面去追求，结果把真正存在于自然界的美或超自然界的美抹煞掉了；也有许多谈伦理学的，把伦理学中善的动机根本去掉，化成一堆现象，而这堆现象可以透过分析的文字、中立的文字来加以描绘，可惜那已经不是善了，而是中性的事实。在这种情形下，近代科学之长足进步，应用到哲学上采取的是部分分析而非澈底分析，抽象的分析而非具体的了解，再加上透过错误的态度，就是对一切神圣的价值、真善美的价值都采取中立主义。结果一切价值几乎都不能谈。如此，除了走向极端的科学唯物主义这条路去，在思想上是完全不能展开新的局面的。"[1] 在这段文字中，方东美详细地讨论了科学方法用于道德、艺术、宗教、哲学等人文学科研究的危害，他认为自然科学理性本身就与宗教、艺术、伦理等人文学科存在性质上的差别，因而不能随意将科学方法应用于人文学科的研究，即便科学理性是那么的美丽耀眼。

而熊十力结合中国传统哲学研究，对数字化中国哲学的行为提出了批评。他说："宗三圣诞文，末后谈名数为儒学今日所必要，此固彼常言者。吾在民国十年左右，痛中国学术之衰，亦早云：今欲崛起，不可效老辈经师或理学家，必于西洋科学、哲学有基础者，方可进而研儒佛，以系统之理论发挥，否则人不视为学。吾此言与宗三实不同：吾意必去旧人之迂阔顽固、迷谬种种病，乃可研究体会与发挥此学耳；非谓讲儒学者，必于其著作中戴上名数帽子，编入名数材料之谓。去年在浙大，闻无锡有一西洋留学者，以数学谈《大易》，著一书自命空前。吾不待看而敢断其谬。如罗素以数理来演六十四卦，当然可成一说，吾敢断言仍是空洞形

---

[1] 方东美：《原始儒家道家哲学》，台湾黎民文化事业有限公司2006年版，第58—60页。

式，即解析事物相互间之关系而已，必于易道不究其源，于人生更无关，于宇宙万化不得其真。此非武断也。形式与数理逻辑之于《易》又不必论。今之儒学要究明真际，穷神知化，尽性至命，使人有以实现天德、立人极、富有日新，而完成天地万物一体之发展，彼名数形式可语是乎！"① 由这段话看出，熊十力并不否认形式逻辑、数理逻辑在研究中国传统哲学中的作用，但认为以逻辑解释《易》必将使《易》思想空壳化，用逻辑搭起来的《易》是不能表达儒学穷神知化、尽性至命等思想的。因此，数学、数理逻辑是不适合用于研究中国哲学的。可见，中国传统哲学具有"非数量化"特性，而这种特性使自然科学方法在中国传统哲学的研究中受到限制。

3. 非心理化设限

所谓"非心理化设限"，是指中国传统哲学不具有心理特性，即不能当作心理现象来分析和研究，而自然科学方法强调研究对象的心理特性，所以中国哲学的"非心理化"特点对自然科学方法而言是一种限制。可是，心理化人文对象后再用自然科学方法进行分析研究的现象是存在的。但对于这种做法，学者们还是谨慎地提出了一些对策和批评。张东荪以人格为例，强调心理学方法应用的困难，认为心理学方法对人格无法进行完整、准确的理解，他说："这样的自然科学方法与态度（普通心理学）用于研究人格，是不合适的。因为人格总是一个'复合体'（complex）。其中至少有一个核心是特别的。纵使把核心亦抽象起来，然而此核心与其周围各成分的结合亦必是独特的，所以独特性（uniqueness）一词是表现人格所不可少的。"② 在张东荪看来，由于"人格"是一种"复合体"，用心理学方法去分析研究虽然不能完全排斥，但不能揭示、把握"人格"的本质。而在唐君毅看来，由于心理学方法将人当作动物来处理，而不能认识到人与动物的差别，因为它触及人的本性等深层次问题。唐君毅（1909—1978）说："本书反对一切以看一般生物眼光看人之思想。如弗

---

① 熊十力：《熊十力全集》第八卷，第602页。
② 张东荪：《理性与民主》，岳麓书社2010年版，第71页。

洛特之只从性欲之眼光看人，与尼采、亚德勒之偏从人之求权力之眼光看人，巴洛夫与一些行为主义心理学者之只从交替反应之眼光看人，虽然都可对人性有所发现，然而在根本上，都是不能认识人性之本，而未把人真当作人的。"① 就是说，由于人与一般动物之间存在的本质性差别，无论是弗洛伊德精神分析学，还是尼采权力意志论，抑或巴甫洛夫条件反射学说，都不能从根本上认识人。而人文学科的体验、个体等特征，对于科学方法具有排斥性。唐君毅说："关于宗教艺术道德生活之真理，并不是那种生活之自身。科学所得的关于那些生活之真理，只是那些生活之共相，只是那些生活与其他东西或其他生活之因果关系等。但对一种生活之共相，与因果关系，加以抽象了解，同时即使我们多少不免看轻对那种生活本身之具体的体验。所以科学家研究'生活'之所得，常并非他所研究的'生活'，而只是他个人之科学研究的生活。"② 就是说，科学虽然可以解释人文现象，但所得到的是共相，是超越个体、个性的共相，在科学那里，你看不到具体的、有血有肉的人，看不到具体的生活，当然更看不到丰富多彩的人生和文化。所以，科学对人文现象的解释，是一种追求普遍性的解释，它会不自觉地忽略个性与特殊，从而抹杀多元性存在。因此，唐君毅对具有个体性、复合性、主观性、直觉性、单一性等特点的中国传统哲学接受科学方法解释表示严重关切，他说："所谓科学态度、科学方法之应用，与科学知识技术之传入，使中国之学术文化发生之解体作用。科学的态度是怀疑，是要问'为什么'。然'为的什么'复有他的'为什么'，可一直问到使人自认为对于他所知的东西不知道为止。……譬如中国人自来是相信'人之初性本善'的。科学的态度问，'初'是什么时候？生前吗？什么是性？是心理学上的什么东西？本能吗？冲动吗？理性吗？什么是'善'？善之定义如何？是快乐吗？是社会福利吗？是必然不可定义的吗？这一问，我们都可以说，除了少数有真知灼见，他自己早已经过这些问题的思想家，一般中国的读书人，亦就茫然了。于是亦只好自认不知道所原以企以为知道的道理。"③ 这就是说，如果用科学解释中国

---

① 唐君毅：《人文精神之重建》（二），广西师范大学出版社 2005 年版，第 482 页。
② 唐君毅：《人文精神之重建》（一），广西师范大学出版社 2005 年版，第 26 页。
③ 唐君毅：《中国人文精神之发展》，广西师范大学出版社 2005 年版，第 93—94 页。

传统哲学而不注意它的"非心理化"特点,那么中国传统哲学和文化中无数优良的人文元素诸如风俗习惯、思想观念都将遭到损害和抛弃。可见,中国传统哲学具有"非心理化"特性,而这种特性使自然科学方法在中国传统哲学的研究中受到限制。

4. 非定义化设限

所谓"非定义化设限",是指中国传统哲学不具有定义特性,即不能被当作界定分明的思想、概念来分析和研究,而自然科学方法强调研究对象的定义清晰、含义清楚,所以中国哲学的"非定义化"特点对自然科学方法而言是一种限制。张东荪认为,不对名字、概念等进行定义正是中国哲学的一大特点,因而若用讲究定义明确、概念清晰的自然科学方法进行研究,必然会碰壁。他说:"如果我们认为中国人在他的特有的思想历程上以为无下定义的必要,则可说在中国思想上没有定义便不算一件奇怪的事。并且亦不能因此便谓中国思想幼稚不如西方进步。因为定义本是西方逻辑上的事,与其全部逻辑原理以及思想格局相关,而不可单独提了出来。关于此点我曾在他处详细论过,现在不必重述。倘使承认此说,则孔子对于仁不下定义与不解释仁之本质乃正是表示孔子代表中国思想的地方。"[①] 就是说,中国传统思想虽然疏于对概念的定义,但这不能成为用西方思想解释甚至改变中国思想的理由,因为不对概念下定义正是中国思想的特点和优点。张东荪这里所强调的是,即便是先进的思想学说,若要将其作为解释另一种思想学说的参照,并不存在优先性与合法性,而且必须尊重被认知和解释的思想文化的特殊性。因此,对孔子"仁"概念的理解,用定义的方式并不是最佳选项,因为这不符合中国思想的基型,中国思想的基型就是没有定义。这种主张的意义显然不仅在于对解释行为设计了规则,而且在于体现了对思想或学说生命的尊重。因而张东荪说:"我们要了解孔子,要了解他说的仁,亦决不当以定义之方式去求之。如不明此理而强去替孔子下一个'仁'字的定义,这便是把中国思想的格局打破了。打破中国思想的基型在今天的中国本不是不应该的,因为西方

---

① 张东荪:《思想与社会》,岳麓书社2010年版,第141页。

文化已大量移入进来了。但其中却有问题。就是我们今天超越了中国思想格局用以了解中国固有文化则可；若谓中国古代思想本来就是那样大大不可。换言之，以我们今天的思想格式来对于古代思想而求有所了解，这乃是解释工作。倘若以古代思想硬嵌入在我们的格式中，这便是削足适履。二者分别甚大。可惜现代学者很少能彻底明白这个道理。"[1] 就是说，认识与理解孔子的"仁"的思想，不能以定义的方式去进行，因为孔子没有给"仁"定义，所以必须按照孔子说"仁"的方式去理解。有趣的是，牟宗三先生也认为若按逻辑的法则理解孔子"仁"概念，不仅不能触摸到它的意涵，甚至会误读它的意思，他说："西方从苏格拉底以来一向是以这种态度来了解德性，也就是从概念思考的态度来给它一个定义。这种了解虽然好像和我们了解生物学、了解物理学不很相同，但是从概念思考这个地方讲，是相同的。这还是知识的态度。这个态度是中国文化里面所不取的，以这种态度来了解道德是不恰当的。假如你拿什么是公道这个问题来问孔子，他不会用苏格拉底这种态度来答复你。比如说问仁，孔子并不把仁当作一个概念来下定义，也不是从文字上来训诂，他是从你的生活来指点，当下从心之安不安来指点仁。这就不是用知识的态度来讲仁。所以孔子的话大家很容易了解，他的话具体、亲切、真切。"[2] 可见，中国传统哲学具有"非定义化"特性，而这种特性使自然科学方法在中国传统哲学的研究中受到限制。

5. 非知识化设限

所谓"非知识化设限"，是指中国传统哲学不具有知识特性，即不能当着知识来分析和研究，而自然科学方法强调研究对象的知识性，所以中国哲学的"非知识化"特点对自然科学方法而言是一种限制。必须说明，中国传统哲学肯定也是一套知识，是一套关于中国古代哲学思想的知识，但这并不意味着必然要从知识角度去理解它。而且，若是从知识角度理解它，虽然符合自然科学的"意愿"，却将中国哲学降格为普通知识，更为

---

[1] 张东荪：《思想与社会》，岳麓书社2010年版，第141页。
[2] 牟宗三：《中国哲学十九讲》，第46页。

重要的是，中国传统哲学蕴藏着丰富的人文精神、人文思想内涵，如是知识化理解，其丰厚的人文精神、人文思想将被消解。因此，知识化理解中国传统哲学现象不能不引起哲学家们的关注。方东美指出，中国传统哲学当然属于人文科学范畴，因而科学方法之于中国传统哲学的理解和分析，必须谨慎再谨慎。方东美说："在中国哲学上面，很少从知识论上面把世界的客体，化成观念的系统；然后从观念的系统所形成的知识去笼罩一个世界。这个叫做 idealism（观念论）。这个 idealism 叫做 epistemological idealism（知识论的观念论）。在中国很缺乏这一类的东西！——所谓 Epistemological idealism 很少很少，而大部分都是要把人的生命展开来去契合宇宙——表现'天人合德'，'天人合一'，'天人不二'。这一种说法都是要把哲学体系展开来去证明人与世界可以化为同体。这个用哲学上面的专门名词来说，叫做 cosmic identification。所以，中国把这个世界不是当作一个数量的世界，可以拿科学的方法、知识、技术去了解、控制、操纵这么一个现实的领域——自然界。它总是把人的理智要求、情绪的要求、意欲的要求，融通洽化，使之成为一个理想，而这个理想总要把它展开来在广大的宇宙的里面做一个适当的和谐安排，并且还要把人的生命也投到那个广大和谐的客体系统里面去。从这一点上面看起来，中国的哲学总是要把这个世界点化了，使现实成为一个理想的境界，要同那一个理想化的世界取得适当的联系、配合、和谐，要适应它。"① 就是说，中国传统哲学中没有西方哲学中的那种知识观念论系统，不是数量化的世界，而是一种"天人合一"、"天人合德"的生命系统，是一整全的、圆融的世界。中国哲学就是使自然成为理想，使理想成为自然，其所成就的是一种精神生命与物质生命融为一体的境界。因此，理解中国传统哲学是不能走知识论途径的，尽管这个途径可用于了解战国时代的刑名家或墨家。他说："近代西洋哲学中，哲学的发展是依循逻辑科学方法所指点的路径，再去认识主观世界或客观世界，重点在知识论上面。但是由这种途径想了解中国哲学，只能了解战国时代的刑名家（惠施、公孙龙）或墨家（别墨一派）而已，但是这些思想在以后就已经不行了。所以我在此不采取逻辑与知识论的途径。还有一点：在中国人的生活中，自远古以来皆以'正德、利

---

① 方东美：《方东美先生演讲集》，台湾黎民文化事业有限公司 2006 年版，第 153 页。

用、厚生'为政治理想的一条路。但是也有些思想家只知道'利用、厚生',而忘记了出发点的'正德',成了'缺德'。比如战国末年法家刻薄寡恩的思想便是这种。这种法家的途径中国人不能赞成。所以后来王安石的变法不能成功,我也不取用这种方法来探讨中国哲学。"① 由于中国传统哲学具有与西方哲学完全不同的特点,特别是中国传统哲学的伦理道德化倾向,属于生命的学问,核心观念是宇宙万物浑然一体,生生相续,充满生机!因而它不能知识化,不能从知识论的角度来理解中国传统哲学。

牟宗三认为,在中国哲学中,了解德性的态度不是知识的态度,而是生活的态度或生活的方式,比如问孔子什么是仁,他不是给你下个定义,而是举生活中的例子。他说:"可见仁不是个知识的概念,不是科学上的观念。这不是很深刻吗?这样一指点,你要了解仁这个观念,照孔子的方法,就要培养如何使我们的心不麻木,不要没有感觉。这和现代人不同,现在的学问多是使人对自己的生命没有感觉。从上面所讲的,我们可以知道虽然苏格拉底也和孔子一样重视德性,可是在不同的文化背景的开端下,即使是像苏格拉底这样的大哲学家,他拿知识的态度来讲仁,结果是不中肯。所以西方讲道德,就在这个地方差。希腊的贡献不在这方面,而是在哲学、在科学。"② 就是说,由于"仁"不具有知识方面的信息与内容,而是一种道德的精神和品质,所以不能将其当作知识概念去理解,而勉强做这样的理解,就不能接触到"仁"概念的精髓。正如劳思光曾经指出的:"用常识解释哲学,无论如何是不会接触到真问题。"③ 可见,中国传统哲学具有"非知识化"特性,而这种特性使自然科学方法在中国传统哲学的研究中受到限制。

6. 几点思考

如上讨论表明,中国传统哲学由于具有非物质化、非数量化、非心理化、非定义化、非知识化等人文特性,从而对科学方法的使用构成了设

---

① 方东美:《原始儒家道家哲学》,台湾黎民文化事业有限公司2006年版,第48—49页。
② 牟宗三:《中国哲学十九讲》,第26页。
③ 劳思光:《新编中国哲学史》,广西师范大学出版社2005年版,第2页。

限。那么，这种设限对我们有些怎样的启发呢？

(1) 以科学方法理解中国传统哲学必须注意边界

虽然自然科学用于中国传统哲学研究有其"学说内容"的合法性，即从纳入哲学学科范畴言，中国传统哲学中当然含有"科学哲学思想内容"与"反科学哲学思想内容"，这就意味着用自然科学方法理解中国传统哲学有其合法性。但正如上述所展示的，中国传统哲学存在非物质化、非数量化、非心理化、非定义化、非知识化等特点，使科学方法用于中国传统哲学在范围和程度上都受到限制。相反，如果任性地超越这种限制，就可能造成对中国哲学的伤害。正如方东美说："科学追求真理虽然也是令人向往，但若一旦逾位越界，连哲学都被科学化，便深具排他性，只能处理一些干枯与抽象的事体，反把人生种种活泼机趣都剥落殆尽，这也是同样的危险，因此，哲学一旦成为神学的婢女，作为护教之用，或者成为科学的附庸，不谈价值问题，则其昏念虚妄必会戕害理性的伟大作用，而无法形成雄健的思想体系。"[①] 哲学如果被科学化理解，将丧失它的特性和价值，自然也形成不了雄健的思想体系。因为科学方法用于理解和分析中国传统哲学时承受着很大的风险，因此，在将自然科学方法用于中国传统哲学研究时，应该自觉到这种限制。正如牟宗三所批评的："从这个地方看，现在好多人都是外行，都是瞎说。他们一定要把中国的学问讲成是科学，好像把它讲成是科学就可以得到保险一样，这是不对的。而且这正好把中国的这些道理都搞坏了，因为它根本就不属于科学这个范围，你为什么要乱比附呢？比如有人说《易经》里面有相对论，其实《易经》里面哪里有相对论呢？这就是瞎比附。你说《易经》里面有相对论，这就表示你既不懂相对论也不懂《易经》。"[②]

(2) 中国传统哲学对科学方法的设限是相对的

我们具体梳理、分析中国传统哲学的特性及其对自然科学方法的设限，并不意味着自然科学方法之于中国传统哲学一无是处，恰恰相反，我们希望这种意识的确定，有助于自然科学方法更准确地、更有效地应用于中国传统哲学的研究。无疑，中国传统哲学中非物质化、非数量化、非心

---

① 方东美：《中国人生哲学》，台湾黎民文化事业有限公司 2006 年版，第 140 页。
② 牟宗三：《中国哲学十九讲》，第 26 页。

理化、非定义化、非知识化等特点的存在，使中国传统哲学对科学方法存有一种本能的抗拒，但并不意味着自然科学方法对于中国哲学毫无用处。因为，中国传统哲学除了人文性之外，也有科学性、社会性等特点，因而不能因为其人文性对科学方法形成的设限，就否定科学方法的无能。这只是告诉我们，对于中国传统哲学的认识与理解，必须根据具体的对象而使用适合的方法，而不能勉强地使用不相应的方法。自然科学方法在科学精神、科学手段、科学分析等方面，都还是有助于中国传统哲学研究的。具体而言：首先，有助于中国传统哲学研究更加完善、更加准确化。比如，对孔子"仁"范畴的意涵及性质的分析，我们可以借助对孔子使用"仁"的概念的次数、使用的场合等因素的统计对其内涵与性质进行评估。其次，可以发掘中国传统哲学中的科学原理、科学定律、科学方法、科学精神等内容。像《周易》中的数学，《墨子》中的光学、物理学、几何学，以及中国古代典籍的所蕴藏的自然科学知识、原理、方法等内容，都可以借助科学方法的应用而得以显现。最后，亦可以对中国传统哲学中反科学的思想、观念进行揭示。比如熊十力认为，中国哲学不仅不属于知识学类型，而且还存有反理智、反科学的哲学观念。他说："中西学者皆有反理智一派。中土如老庄即是也；老云'绝圣弃智'，此所谓圣智，即指理智与知识。"[①] 中国哲学中的反科学、反理智之特点，妨碍科学之进步，但从道德根核培浚方面而言，科学知识是不具有决定性作用的。因此说，中国传统哲学的设限是相对的。

(3) 科学方法对于中国传统哲学价值影响之评估

基于中国传统哲学"非物质化""非数量化""非心理化""非定义化""非知识化"等特点的存在，虽然不能排除科学方法用于中国传统哲学研究，但必须划定边界。现在我们似乎需要进一步，在科学方法应用于中国传统哲学研究实践中，其对中国传统哲学的价值会有怎样的影响？我们觉得可从三个方面考虑：其一，对中国传统哲学价值的伤害。如前所述，科学方法应用于中国哲学研究，如果不相契就会伤害到中国传统哲学。正如熊十力所批评的，若用数学研究《周易》哲学，那就必然导致不仅不能认识、把握《周易》道德性命思想，而且会使其哲学空洞化。其二，对中国传统哲

---

① 熊十力：《熊十力全集》第四卷，第440页。

学价值的增宏。我们知道，自然科学方法包括科学精神、科学原理、科学定律等内容，而当科学方法被应用于相契的对象时，就会产生积极的化学反应，在这种情形下，科学方法的应用就会增宏中国传统哲学的价值，变成一件喜事。比如，胡适认为，朱熹提出的"今日格一物，明日格一物"的"格物致知"，不仅含有直接接触、观察事物的科学精神，而且内含着从多到少、从繁到简的归纳推理方法。无疑，通过这种解释，胡适将科学精神与方法融入了"格物致知"这一命题中。其三，对中国传统哲学价值没有损益。前面两点一言有价值伤害，一言有价值得增宏，那么，有无对价值没有影响的状况呢？回答私似乎是肯定的。就中国传统哲学而言，它有"非物质化"、"非数量化"、"非心理化"、"非定义化"、"非知识化"等拒斥科学方法特点的存在；就科学方法而言，它最根本特征之一就是实验，它不相信任何没有经过实验、实证的结论或成果。就是说，这两个东西放在一起必然相斥，即中国传统哲学无法被实验，而科学方法无法对中国传统哲学作出分析与判断，在这种情形下，科学方法对中国传统哲学的价值无损无益。正如张东荪所说："自然科学上的却总得诉诸'证实'。凡可证实的决不容再有疑问——除非其证实是不完全的。因此我们应得明白现在一班国学家自命采取科学方法乃是一种笼统之言。真正的狭义的科学方法是无由用于国学上的。我们正不必因为所用的并非科学方法而短气。老实说，凡一种学其对象不同，则其方法当然有若干差别。治国学并不因为用科学方法而增高其确实，自然亦可不因为不用科学方法而减却价值。"[①] 就是说，以实证、实验为基本特征的科学方法，由于中国传统哲学不能进行实验，因而无法用于中国传统哲学研究，因而对其价值也就无从主张、无从增减。

（本节刊于《福建论坛》2015年第9期）

---

① 张东荪：《知识与文化》，岳麓书社2011年版，第183—184页。

七 试论中国哲学的特质

对于中国哲学特点或特质，学界已有太多的论说，比如，冯友兰先生《中国哲学简史》中的"第一章"、金岳霖先生的《中国哲学》、牟宗三先生的《中国哲学的特质》、任继愈先生主编的《中国哲学史》中的"绪论"、劳思光先生的《论中国哲学之方法》、谢幼伟先生的《现代哲学名著述评》之"导论一"等，都对中国哲学特点或特质有深入的讨论和精彩的分判。没有疑问，先贤探索的经验与精辟的见解都具有适度的合理性和启发性，也是笔者研判中国哲学特质的知识与方法基础。但特质应该是本质的、独有的、区别于其他的，从这个意义上说，中国古代哲学的基本特征或许可从如下五个方面去思考：

1. 由研究对象看，中国哲学重人不重物

所谓中国哲学"重人不重物"，是指中国哲学关心人、思考人、研究人，中国哲学的中心就是"人"。那么，这种判断对不对呢？我们可从两个方面做简要说明。第一个方面，从与西方哲学比较看。西方哲学自古希腊到德国古典哲学，所关注、思考、研究的中心问题主要是人之外的物事，是自然世界。比如古希腊哲学家赫拉克利特，他所提出的"一切皆流，无物常住"的观念是对自然万物变化沉思的结果，再如笛卡尔提出的"世界广延是无限的"命题是对自然界空间沉思的结果，而康德提出的"先天综合判断"自然是对自然界内在联系及其性质沉思之结果。可见，西方哲学的重点或中心在自然世界。与此不同，中国哲学的重点或中心是人自身，中国古代所有哲学学派都以人为中心。儒家的核心观念是"仁"，而"仁者爱人"，"仁"是儒家表达对人生命的关爱、对人主体性

的高扬、对人价值的尊重。墨家也是以人为中心，所谓"兼以易别"，"兼爱"即要求爱人如爱己，爱人之家如爱己之家，爱人之身如爱己之身，用爱心处理人与人之间的关系。那么，道家哲学是不是以人为中心呢？回答是肯定的。道家担忧人在色、声、名、利的诱惑下丧失他的本性，从而提出"五色令人目盲，五音令人耳聋，五味令人口爽"的警言，让人们在令人眼花缭乱、诱惑丛生的世界守住自己的童真。中国佛教以解脱为终极目标，根本宗旨就是把人从"人生苦海"中解脱出来。佛教认为，"无明为惑网之渊，贪爱为众累之府"[1]。而"无明"是由于"心起"，就会生起种种烦恼，造下种种惑业，而"心起"由于贪欲，因而"断贪欲，则心解脱"[2]，可见，中国佛教哲学思考、研究、关心的对象也是人。因此说，以儒家、道教、墨家、佛教为代表的中国古代哲学，其关注、思考、研究的中心问题，都是人的问题。第二个方面，从中国哲学所关注、思考的内容看，则涉及人的所有方面。一般而言，人生可分为肉体生命与精神（灵魂）生命两个部分，而对于肉体生命与精神生命的创造、养育、保护、成就、尊重和圆融，中国哲学都有关注和思考。比如，《周易》讲"自强不息"，就是鼓励人应该有不断进取、奋发图强的精神，开创自己的生活，使自己的生命更加辉煌。曾子说："士不可以不弘毅，任重而道远。"（《论语·泰伯》）这是鼓励人们积极向上，开辟生命的未来。《尚书》讲"利用，厚生"，就是要方便老百姓的日用，丰厚老百姓的生活。孟子说："五亩之宅，树之以桑，五十者可以衣帛矣。鸡豚狗彘之畜，无失其时，七十者可以食肉矣。百亩之田，勿夺其时，数口之家可以无饥矣。"（《孟子·梁惠王上》）主张解决老百姓的衣、食、住、行问题，以提升老百姓生活水准。《老子》讲："甚爱必大费，多藏必厚亡。"（《道德经》四十四章）又说："以其不争，故天下莫能与之争。"（《道德经》六十六章）教导人们不要过分追求物质财富，不要争先恐后，这是教给人们的养生处世之道。庄子说："人之生，气之聚也。聚则为生，散则为死。若死生为徒，我有何患！故万物一也。"（《庄子·知北游》）人

---

[1] 慧远：《明报应论》，石峻等主编：《中国佛教思想资料选编》第一卷，中华书局1981年版，第90页。
[2] 《杂阿含经》卷九，《大正藏》第2册，第60页。

的生命就是"气"之聚散，因而人们面对生死应该持自然而然的态度，不要执着生死。孔子说："君子成人之美，不成人之恶，小人反是。"（《论语·颜渊》）这是关于成就人生的思考。孟子讲说："无罪而杀士，则大夫可以去；无罪而戮民，则士可以徙。"（《孟子·离娄下》）荀子说："行一不义，杀一无辜，而得天下，仁者不为也。"（《荀子·王霸》）这是对人生命价值的关心和思考，也是对生命的尊重。孔子说："生，事之以礼；死，葬之以礼，祭之以礼。"（《论语·为政》）孟子说："养生者不足以当大事，惟送死可以当大事。"（《孟子·离娄下》）这是对生命结束（死亡）的沉思和关怀。可见，中国哲学不仅是关注、思考、研究人生的学问，而且对人生问题有着非常全面、深入和独特的思考，以致成为人生智慧。因此，如要由研究对象判断中国哲学特点，那结论只能是"中国哲学重人不重物"，或曰中国哲学是"人学"。

2. 由思维方式看，中国哲学偏重直觉体悟

哲学基本元素之一，就是它的思维方法，不同的哲学思维方法也不同，甚至思维方法决定某种哲学的特性。那么，中国哲学在思维方法上有什么样的特点呢？根据笔者的阅读与理解，觉得中国哲学的思维方式是直觉体悟。什么是直觉体悟呢？所谓直觉，是指不受某种固定的逻辑规则约束而直接领悟事物本质的一种思维形式，具有迅捷性、直接性、本能意识等特征；而体悟是通过体验，在体验的过程中有所领悟。因而直觉体悟是一种非逻辑思维形式，对其所得出的结论，没有明确的思考步骤，主体对其思维过程没有清晰的意识。那么中国哲学的思维方式是否具有这样的特点呢？《周易》说："古者包牺氏之王天下也，仰则观象于天，俯则观法于地，观鸟兽之文，与地之宜，近取诸身，远取诸物，于是始作八卦，以通神明之德，以类万物之情。"（《周易·系辞下》）即言《易》中的卦爻所含义理，都是取法于天地万物。比如，"天行健，君子以自强不息，地势坤，君子以厚德载物。"（《周易·象传上》）"自强不息"直接来自大自然的健行不已之象，"厚德载物"直接来自大地广袤博大之象。所以《周易》说："圣人设卦观象，系辞焉而明吉凶，刚柔相推而生变化。是故吉凶者，失得之象也；悔吝者，忧虞之象也；变化者，进退之象也；刚

柔者，昼夜之象也。"(《周易·系辞上》)可见，《周易》基本的思维方法就是直觉体悟式。儒家的"诚"也是一种直觉体悟。孟子说："尽其心者，知其性也，知其性，则知天矣。……万物皆备于我，反身而诚，乐莫大焉。"(《孟子·尽心上》)所谓"反身而诚"，就是要求主体不为不思："诚者，不勉而中，不思而得，从容中道，圣人也。"(《中庸》第 20 章)这样才能洞察天下物性——"唯天下之至诚，为能尽其性。能尽其性，则能尽人之性；能尽人之性，则能尽物之性。"(《中庸》第 22 章)"诚"把握世界的方式正是直觉体悟方式。荀子的"虚壹而静"在思维方式上也是直觉体悟式：所谓"虚"，就是空而不实；所谓"壹"，就是专心不二；所谓"静"，就是安而不噪。以此去观察、认识世界，显然是直觉思维的表现。就连宋儒朱熹与陆九渊的思维方式，也都是直觉体悟方式。贺麟说："无论朱陆两派，其思想方法均系我们所了解的直觉法。换言之，陆王所谓致知或致良知，程朱所谓格物穷理，皆不是科学方法，而乃是探求他们所谓心学或理学亦即我们所谓哲学或形而上学的直觉法。"[1] 老子的"道"是感官难于把捉的，所谓"道之为物，惟恍惟惚"(《道德经》二十一章)。自然现象变动不居，也是无法认识的，所谓"飘风不终朝，骤雨不终日"。(《道德经》二十三章)但是人们可以居室而知："不出户，知天下；不窥牖，见天道。"(《道德经》四十七章)因为可借助身边的物事去想象类推："以身观身，以家观家，以乡观乡，以邦观邦，以天下观天下。"(《道德经》五十四章)通过此身认识彼身，通过此家认识彼家，通过此乡认识彼乡，通过此邦认识彼邦，通过此天下认识彼天下，此正是直觉思维方式。在这方面，庄子似乎表现得更为透彻："黄帝游乎赤水之北，登乎昆仑之丘而南望，还归，遗其玄珠。使知索之而不得，使离朱索之而不得，使吃诟索之而不得也。乃使象罔，象罔得之。"(《庄子·天地》)知同智，即知识。离朱、吃诟、象罔都是古传说中神怪之名。离朱明目，百步之外能辨别秋豪之末，吃诟多力，象罔传为水怪，无心，视之若有形若无形，所以名"象罔"，意即"没有形象"。黄帝遗玄珠，玄珠实即"道"。在寻找"道"的过程中，离朱、吃诟和知作为与直觉相对立的分析的、形式逻辑的方法，都被否定了。象罔无心，不藏心机，不存

---

[1] 《宋儒的思想方法》，《贺麟选集》，吉林人民出版社 2005 年版，第 60 页。

先见，有形无形，有意无意，正是直觉判断的形象写照。即是说，最终是由象罔找回了遗落的玄珠，是通过直觉方法实现的。可见，道家的思维方式是典型的直觉式。中国佛教的直觉思维也非常鲜明。僧肇说："道远乎哉？触事而真。圣远乎哉？体之即神。"（《肇论·不真空论》）就是说，对最高本体的把握只能靠直觉体悟。惠能说："汝若不得自悟，当起般若观照，刹那间，妄念俱灭，即是真正善知识，一悟即知佛也。"① 也就是说，人的本性是清净的，其清净犹如清天；智慧是常明的，其明净如同日月；但由于本性被种种妄念所覆盖而不能自悟。如能起般若观照，刹那间就会妄念俱灭，顿见真如本性，当即自成佛道。因此，禅宗提倡"无念为宗，无相为体，无住为本"，不立文字，直心而行，触类是道，即事而真。这种顿悟成佛、排除语言文字与逻辑思维工具以把握佛性的方式正是直觉体悟。概言之，易、儒、道、佛所呈现的思维方式都具有直觉体悟特点，此即言中国哲学在思维方式上为直觉体悟之理据也。

3. 由学术旨趣看，中国哲学崇尚经世践行

哲学作为一种学说，有自己的旨趣，而不同哲学学说的旨趣是不同的，有以思辨为旨趣，有以实用为旨趣，有以考据为旨趣。那么，中国哲学的旨趣是怎样的呢？从基本局势看是经世践行。先看最古老的哲学著作《周易》。《周易》这本神秘著作的旨趣究竟什么呢？《周易》每个卦都有具体的目标，比如，乾卦卦辞是元亨利贞，所含的意义是万物从发生到灭亡的过程。为什么要讲这个呢？就是告诉人们事物是变化的，而变化过程又是曲折跌宕的，因而要时刻关注事物的动向，积极做好工作，努力争取最好的结果。从初九"潜龙勿用"，到上九"亢龙有悔"，讲得就是这个道理。所以孔子说："夫《易》开物成务，冒天下之道，如斯而已者也。"（《周易·系辞上》）具体言之，是"定天下之业"，"断天下之疑"，这当然是强调经世与实行。儒学亦被称为实学，其经世、实行的品质尤为突出。孔子哲学的核心是仁学，而"仁"的内容就是实行的，因为"仁"就是爱人，就是自己好了也要帮助别人好，就是广泛地布施救济民众。

---

① 郭朋：《坛经校释》，中华书局1997年版，第60页。

"仁"的方式也是实行的,"仁"是主体自我行动,你想做就可以做得到,不是他人或外在环境的强迫。孔子注重知识的学习,但更注重学以致用,强调将学习到的知识运用于社会实践中。孔子认为要了解一个人,不能只听他说什么,还要看他怎么做。孔子主张通过对事物的接触获得知识,他的政治理想就是齐家、治国、平天下,等等。可见,孔子的哲学具有鲜明的实行品质。孟子对孔子的仁学进行了充实和发展,而这种充实与发展仍然保持了经世践行的品质。孟子思想核心是仁政,而仁政的内涵就是让老百姓安居乐业,帮助老百姓解决衣、食、住、行、教等问题。孟子认为,称王的前提就是推行仁政,其他空话、大话、假话都不顶用。可见,孟子哲学也具有鲜明的经世实行品质。对某些人而言,说道家具有经世实行品质是相当困难的。而事实上,道家哲学的经世实行品质也是显而易见的。老子讲"道",这个"道"表现为"无为"、"不争"、"不生"、"柔弱"等含义,但"无为而无不为"、"不争故天下莫能与之争"、"不自生故能长生"、"柔弱胜刚强"。老子认为车子之所以能够向前推行,是因为车轮中心的圆孔;器皿之所以有盛物之用,是因为器皿内有空间;房子之所以能住人,是因为有可以通风的窗户;这就是所谓"有之以为利,无之以为用",也就是所谓"反者道之动,弱者道之用"。因此,老子哲学是以消极的面相表达积极的人生,自是不能与"践行"分离。而道家道教所主张的修行功夫,则更能体现道家道教的实用、践行品质。比如,心斋、坐忘、缘督、导引、吐纳、听气、踵息、守静、存想、守一、辟谷、服食、行气、胎息,等等,都是具有实用价值的践行功夫。墨家哲学经世实行品质也非常明显。墨家有所谓"有本之者,有原之者,有利之者"三表法,强调对知识的印证;他的政治主张是"兼爱",反对差等,反对浪费,提倡节用,因而墨子的哲学也具有鲜明的经世实用性质。佛教中国化之后,融进了经世践行品质。佛教儒学化、心性化、禅宗化、人间化、生活化的过程,也是经世、实用、践行品质的强化过程。佛教的修行、佛教的行善、佛教的念经无不是传统意义上的践行。儒学化之后,佛教关注世事,佛教高僧、佛教信徒投身社会各种事务,并做出积极贡献。佛教信众则求佛祖或观音菩萨保佑他们子孙满堂、身体健康、财源滚滚、荣华富贵。应该说,中国佛教中的宗教性逐渐减弱,而经世实行成为中国佛教的基本方向。因此,王国维基于与西方哲学比较而做的关于中国哲学旨趣的判断是令人信服的:"西洋人之特质,思辨的也、科学的也,长于抽象而精于分类,对世界一切有形无形之事物,无往而不用综括(generalization)及分析(specification)之二法,故言语之多,自然之理也。吾国人之所长,宁在于实践之方面,而于理论之方面则以具体的知识为满足,至分类之事,则除迫于实际之需要外,殆不欲穷究之也。"①

4. 由解释理路看,中国哲学遵奉生命生机

哲学同时也是解释活动,是对宇宙世界包括自然、社会、历史、人生等事象的解释,而不同哲学学说解释宇宙世界的理路不尽相同,中国哲学解释宇宙世界的理路是生命的、生机的,即将宇宙万物视为有生命的整体。《周易》说:"有天地,然后有万物,有万物然后有男女,有男女,然后有夫妇,有夫妇,然后有父子,有父子,然后有君臣,有君臣,然后有上下,有上下,然后礼仪有所错。"(《周易·序卦》)就是说,从天地、万物、男女、夫妇、父子、君臣、上下直至礼仪教化,是有机的统一体。周文王对自然万物的理解也是依生命的理路,他说:"山林非时不升斤斧,以成草木之长;川泽非时不入网罟,以成鱼鳖之长;不麑不卵,以成鸟兽之长。是以鱼鳖归其渊,鸟兽归其林,孤寡辛苦,咸赖其生。"(《逸周书·文传解》)孔子主张"钓而不纲,弋不射宿"(《论语·述而》)。《孝经》要求人们爱护自然:"伐一木,杀一兽,不以其时,非孝也。"(《孝经·祭义》)孟子继承了孔子生态地利用自然资源的观念,他说:"不违农时,谷不可胜食也;数罟不入洿池,鱼鳖不可胜食也;斧斤以时入山林,材木不可胜用也。谷与鱼鳖不可胜食,材木不可胜用,是使民养生丧死无憾也。"(《孟子·梁惠王上》)荀子对可持续利用自然资源的强调正是建基于他的生命生机的理解路径上,他说:"圣王之制也:草木荣华滋硕之时,则斧斤不入山林,不夭其生,不绝其长也;鼋鼍鱼鳖鳅鳝孕别之时,网罟毒药不入泽,不夭其生,不绝其长也;春耕、夏耘秋收冬

---

① 《论新学语之输入》,《王国维学术经典集》(上),江西人民出版社1997年版,第101页

藏,四者不失时,故五谷不绝,而百姓有余食也;汙池渊沼川泽,谨其时禁,故鱼鳖优多,而百姓有余用也;斩伐养长不失其时,故山林不童,而百姓有余材也。"(《荀子·王制》)王阳明完全以生命一体观理解宇宙万物了,他说:"大人之能以天地万物为一体也,非意之也,其心之仁本若是,其与天地万物而为一也。岂惟大人,虽小人之心亦莫不然,彼顾自小之耳。是故见孺子之入井而必有怵惕恻隐之心焉,是其仁之与孺子而为一体也,孺子犹同类者也;见鸟兽之哀鸣觳觫而必有不忍之心焉,是其仁之与鸟兽而为一体也,鸟兽犹有知觉者也;见草木之摧折而必有悯恤之心焉,是其仁之与草木而为一体也,草木犹有生意者也;见瓦石之毁坏而必有顾惜之心焉,是其仁之与瓦石而为一体也。"①可见,儒家完全是把宇宙世界视为一个生命的有机体。这种解释宇宙世界的理路也为现代哲学家所继承:"在我的思想中的根本观念是'生命'、'自然',看宇宙是活的,一切以自然为宗。"②道家眼中的宇宙世界也是生命的、生机的。老子认为宇宙中有道、天、地、人"四大",这"四大"是个整体,但人排在最后,人需要效法天地、效法道,才能使这个有机整体发挥最高效率。老子说:"域中有四大,而人居其一焉。人法地,地法天,天法道,道法自然。"(《道德经》二十五章)相反,如果人不能清醒地认识到自身只是大自然家庭中的一员,不尊重自然,热爱自然和保护自然,那么将会遭到惩罚:"不知常,妄作,凶。"(《道德经》十六章)庄子认为,自然万物都有它们的本性,人应该根据它们的本性改造之、利用之,庄子说:"天下有常然。常然者,曲者不以钩,直者不以绳,圆者不以规,方者不以矩,附离不以胶漆,约束不以纆索。故天下诱然皆生,而不知其所以生;同焉皆得,而不知其所得也。"(《庄子·骈拇》)否则不仅破坏自然,而且伤害自身。因此,庄子反对随意摧残自然,他说:"圣人处物不伤物,不伤物者,物亦不能伤也。唯无所伤者,为能与人相将迎。"(《庄子·知北游》)道教的戒律不仅强调"不杀生",而且反对虐待动物,甚至呼吁积极救助动物。例如,《六度生戒》第三条说"含血之类,有急投入,能为开度,济其死厄,见世康强,不遭横恶";第四条说"施惠鸟兽有生之

---

① 《大学问》,吴光等编:《王阳明全集》(下),上海人民出版社1995年版,第968页。
② 梁漱溟:《梁漱溟全集》第2卷,山东人民出版社1990年版,第125页。

类，割口饲之，无所爱惜，世世饱满，常在福地"；第五条说"度诸蠢动一切众生，咸使成就，无有夭伤，见世兴盛，不履众横"；第六条说"常行慈心，愍济一切，救生度死，其功甚重，令人风世居危得安，居疾得康，居贫得富，举向从心"。① 这些都表明道教视域中的宇宙万物是生命的有机整体。墨家同样是将宇宙万物视为生命体，墨子说："凡五谷者，民之所仰也，君之所以为养也。故民无仰，则君无养；民无食，则不可事。故食不可不务也，地不可不力也，用不可不节也。"（《墨子·七患》）佛教提出了正确处理生命体与环境关系的万物一体论，即依正不二的方法和准则，所谓"正由业力，感报此身，故名正报；既有能依正身，即有所依之土，故国土亦名报也"（《三藏法数》卷二七）。"依正"就是指依报、正报："所谓正报，是指有情众生的自体；所谓依报，是指众生所依止的国土世界。"② 简单地说，依报指生存环境，正报指生命主体。依正不二，即是生命主体与生存环境作为同一整体，是相辅相成，密不可分的。因此，"依正不二"实际上就是把生命主体同生命环境看作一个不可分割的有机整体。而湛然强调无情者也有性："我及众生皆有此性故名佛性，其性遍造、遍变、遍摄。世人不了大教之体，唯云无情不云有性，是故须云无情有性。"③ 总之，中国哲学解释宇宙中的事象物象，所采用的理路都是生命的、生机的理路。

5. 由建造境界看，中国哲学追求中和圆融

哲学是对现实的反思，是对现状的超越，是对意义世界的建构，是对美好生活的描绘，因而哲学必然内含着对理想秩序的构建和对精神境界的追求。那么，中国哲学所追求的是一种怎样的境界呢？简要地说就是"中和圆融"。

从天人关系上看，中国哲学所追求的境界是中和圆融。《中庸》说：

---

① 《道藏》第6卷，文物出版社、上海书店出版社、天津古籍出版社1998年版，第948页。

② 方立天：《佛教哲学》，中国人民大学出版社1986年版，第166页。

③ 湛然：《金刚錍》，《中国佛教思想资料选编》第二卷第一册，中华书局1983年版，第240页。

"唯天下之至诚，为能尽其性；能尽其性，则能尽人之性；能尽人之性，则能尽物之性；能尽物之性，则可以赞天地之化育；可以赞天地之化育，则可以与天地参矣。"(《中庸》第22章）如果每个人都能将自己本性彻底地显发出来，无有任何隐瞒遮掩，那么便可欣赏、赞颂并引导万物化生繁育，从而达到与天地万物融为一体之气象。这就是"至诚"，这就是天人和合之境界。老子所追求的天人关系是："人法地，地法天，天法道，道法自然。"(《道德经》二十五章）就是说，人只有效法自然（天、地、道）才能回到"自然"，才能重新与天、地、道融为一体。老子认识到人与自然的分离，因而强调通过"法"使人回到本身而与自然融为一体。这也就是庄子所言"天地与我并生，而万物与我为一"(《庄子·齐物论》)。佛教有三法印之说，即诸行无常、诸法无我、涅槃寂静。所谓诸行无常，就是说生命无常，万物无常；所谓诸法无我，就是说诸法没有一个自己主宰自己；所谓涅槃寂静，就是说涅槃即寂静，寂静就是当看清这个事物的现象是了解的，是无我的，所以你对现象就没有执着心，所以心态就平静了。因而佛教追求的境界是万物合一的境界。从人人关系上看，中国哲学所追求的境界是中和圆融。儒家的境界是"和"："乐在宗庙之中，君臣上下同听之，则莫不和敬；在族长乡里之中，长幼同听之，则莫不和顺；在闺门之内，父子兄弟同听之，则莫不和亲。"(《礼记·乐记》)"和敬""和顺""和亲"是儒家所追求的境界。道家主张人人之间无须往来，互不搭理，和睦相处。老子说："甘其食，美其服，安其居，乐其俗。邻国相望，鸡犬之声相闻，民至老死，不相往来。"(《道德经》八十章）墨子的"和"通过"兼爱"实现："诸侯相爱，则不野战；家主相爱，则不相篡；人与人相爱，则不相贼，君臣相爱则惠忠，父子相爱则慈孝，兄弟相爱则和调，天下之人皆相爱，强不执弱，众不劫寡，富不侮贫，贵不敖贱。"(《墨子·兼爱中》)

从心灵需求上看，中国哲学所追求的境界还是中和圆融。儒家的"礼""乐"都是以心灵的和谐为目标："致乐以治心者，则易、直、子、谅之心油然而生矣。……致礼以治躬则庄敬，庄敬则严威。心中斯须不和不乐，而鄙诈之心入之矣；外貌斯须不庄不敬，则易慢之心入之矣。故乐也者，动于内者也；礼也者，动于外者也。乐极和，礼极顺，内和而外顺，则民瞻其颜色而弗与争也，望其容貌而民不生易慢焉。"(《礼记·乐记》）道家同样以"中和圆融"为境界。老子主张"返朴归真",认为人的生命存在要与自然沟通,节制和超越物质欲望,不让尘世的喜怒哀乐扰乱自己恬淡自由纯洁的心境,自始至终保持自己的自然天性。在庄子看来,人生的第一要义就是自由,现实社会中的仁义道德、世俗价值、名位利禄、政教礼法等都是束缚人、奴役人的藩篱,通过"坐忘"、"守道"、"心斋"等修行方法,进入"无己"、"无功"、"无名"之圣域,使人真正成为自由意志的人,从而达到"与天地精神往来"的超越境界。佛教所追求的心灵境界也是中"和圆融"。比如《金刚经》云:"诸菩萨摩诃萨,应如是生清净心,不应住色生心,不应住声、香、味、触、法生心,应无所住而生其心。"① 所谓"无住",就是不执着,放下一切颠倒妄想;所谓"离相",就是不为宇宙万象万法所惑,能保持清净本性,超脱于其上而不执着。人之所以产生烦恼,是因为六根缘六尘境界时,执我又执法,由我执、法执而起贪、嗔、痴的烦恼。"应无所住而生其心"是以般若圣智通达我法空,不住我相、人相、众生相、寿者相,不住色、声、香、味、触相,以使心灵进入"和谐"境界。

一般而论,一种哲学学说会有对美的主张,而"美"是一种境界,中国哲学所追求的美就是"中和圆融"。孔子讲"礼之用,和为贵,先王之道斯为美"（《论语·学而》),就是要求行使一切礼仪时都要以和谐为贵为美,而在衣着仪表上,孔子要求君子"文质彬彬"（《论语·雍也》),也是以中和得体为美。道家主张宇宙万物为一,也是以"和"为美。如《庄子》所言:"彼正正者,不失其性命之情,故合者不为骈,而枝者不为跂,长者不为有余,短者不为不足。是故凫胫虽短,续之则忧;鹤胫虽长,断之则悲。故性长非所断,性短非所续,无所去忧也。"（《庄子·骈拇》）不长不短,不大不小,这才是不失性命之正,不失性命之正才是美。佛教信奉"中道",崇尚"圆融",并以之为美。《大宝积经》说:"常是一边,无常是一边,常无常是中,无色无形,无明无知,是名中道诸法实观;我是一边,无我是一边,我无我是中,无色无形,无明无知,是名中道诸法实观。"（《大宝积经》卷一百一十二）吉藏说:"二是

---

① 黄夏年主编:《精选佛经注译》,四川人民出版社1998年版,第119页。

假名，不二为中道，中道即是实相。"① 此即是以"中道"为最高境界。佛教也以"圆融"为美，天台宗既以相圆为美，所谓"面轮修广，圆满清净"，也以理圆为美："此普萨闻圆法、起圆信、立圆行、住圆位，以圆功德而自庄严，以圆力用而建立众生。"② 华严宗希望尼姑的美是"其身圆满，相好庄严"，又有理事圆融无碍说，法藏说："十总圆融者，谓尘相既尽，或识又亡。以事无体故。事随理而圆融。体有事故。理随事而通会。是则终日有而常空。空不绝有。终日空而常有。有不碍空。然不碍有之空。能融万像。不绝空之有。能成一切。是故万像宛然。"③ 万物彼此贯通、圆融无碍，即是华严宗所追求的美。可见，佛教所追求的美也是"中和圆融"。质言之，在构造境界上，中国哲学所追求的是"中和圆融"。

  作为一门学说，哲学必有其要素，笔者将哲学要素归为研究对象（内容）、思维方式、学术旨趣、解释理路、构造境界五个方面。以此五大要素为主线，深入中国传统哲学的文本中，通过对相关文献考察、分析、归纳，使这五大要素的特点呈现出来。其一需说明的是，本文所指出的特点，主要基于两方面考虑：一是中国哲学专注的、全面性探讨的问题；二是中国哲学对相关问题的理解有特别的贡献。满足了这两个条件，才够资格为中国哲学特点或特质。比如笔者将"关注、思考人，以人为中心"判定为中国哲学研究对象上的特点，就是因为中国哲学对人及其生命的长期与全面的关注和思考，并对人及其生命提出了许多独特的理解。其二需要说明的是，中国哲学这五大特质具有内在的关联性。由于以人及人的问题为思考、研究对象，因而在思维方式上比较难产生理性与逻辑，而偏爱直觉体悟；在学术旨趣上对抽象的、思辨性理论兴趣不大，而更多的是关注人间世事并强调身体力行；在解释理路上不欣赏机械的、物质的路向，而习惯于以生命、生机为基本原则；在建造境界上不以割裂、分离为诉求，而追求中正和合、圆融无碍。关于这点还可由以一个命题来

---

  ① 吉藏：《大乘玄论》卷四，《大正藏》卷四十五，第60页。
  ② 智顗：《摩诃止观》，石峻等编：《中国佛教思想资料选编》第二卷第一册，中华书局1983年版，第4页。
  ③ 法藏：《华严经义海百门》，《中国佛教思想资料选编》第二卷第二册，中华书局1983年版，第117页。

证明，比如"天人合一"。这个命题虽是讨论天人关系，但显然它的重心在人，这个命题讲"合一"，无论是诚、仁，还是道，都属直觉体悟式思维，这个命题的目标是由天道到人道，经世致用而实现外王，这个命题视天人为一体，展示了其生命、生机地把握世界的原则，自然，"天人合一"在境界上的追求无疑是天与人的和谐相处，所以是"中和圆融"。概言之，中国哲学在研究对象、思维方式、学术旨趣、解释理路、建造境界等方面的特质是有内在关联性的，从而成为一种自洽的哲学形态。其三需要说明的是，本文所揭示的中国哲学特点，是带有普遍意义的，即它是对差异的有意疏漏，因而它并不排斥或否认中国哲学内部仍有不同的特点；而且，即便是不同哲学学派共有的特点，但表现形式也是有差别的，这叫"同中有异，异中有同"。比如，"人"同是儒家、道家、佛教研究的对象或内容，但在三大学派研究的路径与提出的智慧是有差异的，儒家更多是从伦理关系定位人、判断人，道家更多的是从自然状态定位人、判断人，佛教更多是从空幻境界定位人、判断人。其四要说明的是，本文研判中国哲学特质，并不意味着西方哲学与这些特质毫无瓜葛。事实是，中国哲学所具有的这些特质，在西方哲学中的某个学派、某位哲学家的哲学思想中，都可能存在，甚至还很鲜明，比如直觉体悟思维方式，在叔本华、胡塞尔、柏格森、海德格尔等哲学家思想中就占据着重要地位。其五需要说明的是，这里所呈现在读者面前的中国哲学的特质或特点，仅仅是作者个人学习、体悟之结论，因而它会因为个人知识、阅历、悟性、概括能力等方面的欠缺而表现出相对与局限，因而它不奢望成为"宇宙真理"，而是想成为思考的起点，因而如果它能引发读者某种思考与共鸣，并能激发读者阅读的欲望，那就是作者最大的满足了。

（本节刊于《学术研究》2015年第3期，《高等学校文科学术文摘》2015年第3期转摘）

第二章　中国传统哲学的理解方法

本章主要讨论了中国传统哲学的理解方法问题，其中包括科学与玄学论战中的研究方法、人文主义方法的输入及其学术影响、方东美理解中国传统哲学的原则与方法、解释中国传统哲学的原则、胡适理解中国传统哲学的路径、张东荪对于"以西释中"的回应、全面深入分析"以西释中"理解方式等内容，这些论文概括地总结、描述了20世纪中国学者理解中国传统哲学的智慧。

一 由科学玄学论战看中国哲学的研究方法

20世纪20年代，一批中国知识精英，围绕"科学能否解决人生观"的主题，展开了波澜壮阔的思想论战。关于这场论战的讨论与评价，已发表了好多文字，亦不乏真知灼见，但在研究视角上仍然是可以拓宽的。本文提供的视角是——研究方法，并准备由此视角简单评估一下科学玄学论战在现代中国哲学史中的地位。

1. 风格各异的人生观解析

人生观问题跟人最为亲近，但却是至为难解的一个谜。古今中外的哲学家为此耗去了许多宝贵时光，但效果一点都不能让人乐观。因而我们没有理由奢望在20世纪20年代的一场争论中将这个问题解决得透彻干净，但这并不是说科玄论战没有给我们留下经验和智慧。恰恰相反，在科学玄学论战中所凸显的问题和智慧是丰富且诱人的，而所有智慧都是围绕"科学能否解决人生观"的争论而产生的。而所谓科学能否解决人生观问题的差异，又缘于对人生观不同立场的解析。

（1）人生观是主观的还是客观的

我们知道，科学的根本特征是客观性。凭这一点，张君劢就不可能赞成人生观是客观的。而人生观被解释为主观的，其神秘性、不可测性、科学难以解释性便有了逻辑的基础，这是张君劢坚持人生观是主观的必然前提。所以当他认定科学是欧洲文明破坏之罪魁祸首时，他必然要坚持人生观是主观的。张君劢说，之所以有孔子之行健、老子之无为、孟子之性善、荀子之性恶、杨朱之为我、墨子之兼爱的人生主张之差别，原因正在于孔、老、孟、荀、杨、墨等人的看法是随意性的、偶然性的，因而是无法统一、没有客观效力的，因而是科学无法解决的。与张君劢相反，丁文江必须说明人生观是客观的，因为作为科学研究对象的基本前提是具有客观性。丁文江主张人生观是客观的根据有三：其一是按照张君劢列"人生观九条"①论，认为张君劢所谓"我"与"非我"中的"非我"内容还没有包括所有"非我"内容，如"天象之观念""天演论""自由贸易"等应属于张君劢所谓的"非我"，而这些"非我"作为人生观的内容无不具有客观性；其二是就张君劢"人生观九条"范围内的"非我"言，如大家族主义、悲观主义、乐观主义、私有财产制、公有财产制等，并不是纯主观的，都有客观的成分；其三是就张君劢提出的人生观定义——"我对我以外之物与人，常有所观察也，主张也，希望也，要求也"而言，由于任何科学都是我对于物同人的一种观察、一种主张、一种希望、一种要求，因而所有科学材料都可包括在人生观里面，这样人生观便应是客观的了，也就是科学可以解决的。陈独秀支持科学派关于人生观是客观的意见，但对人生观的客观性做了马克思主义的解释。陈独秀指出，张君劢提出的"人生观九条"，无一不是客观的，并且这种客观是社会的客观、经济的客观。比如，由大家族主义到小家族主义，纯粹是农业经济宗法社会进化到工业经济军国社会的自然现象，而男尊女卑正是因为农业宗法社会把女子当作一种财产的结果。总之，张君劢列举的"人生观九条"而言没有一项是可以游离于社会历史之外的虚幻的意志自由，而是实实在在地产生于相应社会经济条件和社会历史环境的客观现象。

（2）人生观是单一的还是重复的

我们知道，科学实验是可重复的，这意味着科学研究对象应具有可重复性。张君劢主张科学解决不了人生观问题，他就必须认定人生观是单一的、一维的。张君劢说，科学的统计与测验方法可用于对一般民众行为的研究，但不能用于特别人物。比如歌德何以创作《浮士德》，但丁为何写《神曲》，以及莎士比亚的剧本、瓦格纳的音乐，都是个人化行为，从而是科学方法不能解释的，这说明人生观是特殊的、个性的、独一无二的。此外，人生观属于精神科学，精神科学研究对象是流动的、变化的，人生观是精神科学中最神秘的部分，因而人生观是单一的、差异的，因而是不

---

① 张君劢等著：《科学与人生观》，山东人民出版社1997年版，第34页。

可重复、不可统一的。对于张君劢的主张，科学派给予了反驳。丁文江指出，科学并非不注重个性直觉，但科学所承认的个性直觉是根据经验的暗示，从活经验里涌出来的，因此尽管人格有个性特征，但也是有成因的。王星拱进一步指出，虽然各人有各人的人生观，但甲之所以有甲的人生观，乙之所以乙的人生观，在于甲乙有彼此不同的遗传和教育，而遗传和教育都是有定的、可重复的，因而人生观问题是科学可以解决的。陈独秀则认为，人生观的重复性、有定性并不仅是遗传和教育决定的，而是由社会经济关系决定的，因为任何人对其之外的事或人的看法都要受到社会经济、历史环境的影响，因而神秘的、变幻莫测的人生观是不存在的，因此人生观一概是生活状况不同的各时代各民族之社会暗示而成的。瞿秋白更为具体地讨论了人生观可重复的原因。他认为人生观是有规律的，也就是说，任何一种人生观都是由相应的社会环境、物质因素在背后支配着的，这实际上意味着可以找到不同人生观的共性。因此，玄学派视人生观为单一的固然荒谬，而科学派把人生观的重复性仅归因于遗传与教育亦有悖于事实。

（3）人生观是因果律的还是自由意志的

我们知道，因果关系是科学研究的基本前提之一，如主张科学可以解决人生观问题，那么应当主张人生观是有因果律的，如主张科学不能解决人生观问题，那么应当主张人生观是没有因果律的。张君劢认为科学是不能解决人生观的，因而必然主张人生观是不受因果律支配的。张君劢指出，人的行为都是自由意志的、无迹可寻的，如孔子席不暇暖地布道，墨子摩顶放踵地兼爱，释迦苦身残形地修行，都是其主观意志使然，而非外在原因作祟，因而是不可能找到因果联系的。科学派认为，人生观必然受到因果律支配，没有无因而至的人生观，亦没有不生效果的人生观。王星拱指出，因果原理必然存在于人生观现象中，因为从生命观念看，生物从矿物演变而来，因而高等动物之智慧活动和低等动物之本能活动没有根本的区别，生物活动与无机界活动也无根本的区别，所以凡用以研究无机物质的物理化学，也可用以研究人生问题；从生命态度看，所谓意志自由、感情神秘、人生观不统一，都是有原因的，有因果关系的。胡适比丁文江、王星拱更具哲学头脑，他不仅认为人生观是因果律的，也承认人生观有意志自由的一面，虽然意志自由仍然是受因果律支配的，但因果律并不约束人的意志自由。胡适对因果关系的处理应是科学派中最为合理的，但胡适所谈"意志自由与因果律关系"是科学主义立场的，因为胡适认为只有根据科学知识，才能确立科学的人生观，即他并不认为因果律是社会经济的。马克思主义派自然赞成科学派关于人生观受因果律支配的主张，但对因果律的解释与科学派有较大差别。陈独秀仍然以张君劢所举"人生观九条"为例，认为张君劢"人生观九条"无一不受因果律支配，但这种因果律却是社会的、历史的因果律。比如，之所以有悲观主义和乐观主义的差异，正由于个人所遭环境及所受历史的社会暗示之结果，而宗教思想的变迁，也明显地受到当代及社会势力的支配，从多神教到一神教，再到无神非宗教说的兴起，都与特殊的社会经济类型有关，即是说都是有客观的社会历史原因的。瞿秋白对人生观受因果律支配的分析尤其为全面。他认为，人当然是有自由意志的，社会中的人都是秉其愿望或见解而行的，但人类社会并不因为"人的愿望"而没有规律；相反，所有"个人愿望"都为隐藏在社会内部的因果关系所支配，这种因果关系具体表现为社会的生产力和生产关系的矛盾运动，以及科学技术的变革。瞿秋白说："每种社会理想无不根据于当代的社会心理（时代的人生观）。然而社会随着经济动向而变，于是在这流变之中可以先发现一二伟大的个性，代表新的社会心理的开始（个性的人生观），每一期人与自然界斗争，由于自然的适应而生技术上的变革；于此斗争的过程里，得综合技术的成绩而成系统的智识（科学）。然而技术的变革，必定影响经济关系；经济关系又渐渐确定新的政治制度，变更人与人之间的斗争阵势。于是政治制度较稳定的时期，大家引用当时所已得及已承认的智识，便有大致相同的对于人生及宇宙的概念——养成当代的社会心理。如此转辗流变，至有新技术，新科学，新斗争之时，便能生新人生观。这是人生观所以有时代不同之原因。再则，当新的社会心理创始之期——政治制度受剧变之时，平素隐匿未见的阶级矛盾显然地爆发，伟大的个性能见此新人生观，立于新阶级的观点而与旧阶级开始思想上之斗争。这是人生观所以有个性的（阶级的）不同之原因。"[①] 瞿秋白不仅肯定了人生观既有意志自由又有因果律，并大致地回答了这两者的关系；不仅肯定了社会经济因素对人生观的

---

① 瞿秋白：《自由世界与必然世界》，《新青年》1923年第2期。

影响，也承认科学技术的变革对人生观的作用，从而对人生观差异性原因做了较全面的回答。瞿秋白的根本立场是马克思主义的，最终决定和最终解决人生观问题的是唯物史观。

2. 人生观解析差异的焦点：研究方法

在科学玄学论战中，对人生观的解析，何来如此大的差异？我们可以就上述各派的观点，并把上述各派观点放在当时学术文化背景中加以讨论。

（1）各派对人生观解析所显露的是方法的差异

我们由人生观是主观的还是客观的、人生观是单一的还是重复的、人生观是自由意志的还是因果律的三个向度，考察了各派对这三个问题的不同回答。玄学派认为人生观是主观的、单一、自由意志的，其所提出的依据是每个人对生活有不同的主张，如叔本华的悲观主义、黑格尔的乐观主义、孔子的修身齐家和释迦的出世等，不难看出，在玄学派的视域内，人生观是主体的、随意的、相对的，换言之，玄学派之所以把人生观解析为主观的、单一的和自由意志的，就在于它把人生观看成纯精神性活动，又由这种纯精神性活动的外在表现——人各迥异的人生观说明人生观的不可测性，所以，玄学派解析人生观的根据是把人生观确定为生命本能和主体精神现象。科学派认为人生观是客观的、重复的和受因果律支配的。这种主张基于这样的根据，人生观虽表现不同，但任何人生观都受到教育、遗传和科学知识的影响。可见，科学派之所以把人生观解析为客观的、重复的和受因果律支配的，在于科学派把人生观理解为客体自然现象。马克思主义派赞同科学派对人生观客观化的解析，但更进了一步。马克思主义派认为，人生观之所以是客观的、可重复和受因果律支配的，在于人生观的社会性，即任何一种人生观都是社会生产方式互动、变化之结果，是社会经济关系变化之结果，是社会生产方式、经济关系规定了人生观的客观性，创造了人生观的可重复性和决定着人生观的产生，因此，人生观既不是纯粹的主体精神现象，也不是纯粹的客体自然现象，而是一种社会历史现象。可见，对人生观的解析之所以出现那么大的差异，原来缘于各派的视角不一。那么，这些不一的视角是什么呢？

（2）西方的思想方法资源

只要我们稍加留心20世纪20年代前后的中国学术思想界，便很容易发现，人生观争论中的不同立场的出现，原来各有自己的"思想摹本"。自20世纪初开始，西方各种文化思潮都先后被介绍到中国学术界，其中最为重要的是人文主义思潮、科学主义思潮和马克思主义思潮。这三大思潮与科玄论战中的各派立场有什么关系呢？先看人文主义思潮。被介绍到中国的人文主义思潮主要包括叔本华、尼采的唯意志论，柏格森的生命哲学和杜里舒的生机论等。人文主义思潮研究问题的方法是：整体的而非支离的、人本的而非自然的、生机的而非机械的、直觉的而非理智的。玄学派梁启超、张君劢，不仅对人文主义方法推崇备至，并且身体力行。如梁启超认为研究国学的德性学问，只有靠柏格森的生命哲学，即只有用内省直觉方法才会学有所获。张君劢则在自己的文章中，频繁引用柏格森直觉主义和杜里舒生机论作为自己观点的依据。因此我们可以肯定地说，玄学家对人生观的解析是以人文主义方法为版本的。正如科学派所指出的："今之君子，欲速成以名于世，语之以科学，则不愿学；语之以柏格森杜里舒之玄学，则欣然矣。"①

再看科学主义思潮。被介绍到中国学术界的科学主义思潮主要包括杜威的实验主义、罗素的实在论和斯宾塞的实证主义等。科学主义思潮研究问题的基本方法是：分析的而非综合的、机械的而非生机的、自然的而非人本的、理智的而非直觉的。科学主义者如胡适、丁文江、王星拱等，都是科学方法的虔诚信仰者。胡适认为把科学用于人生问题，便可形成科学的人生观，而科学知识的改变，亦会推动人生观的改变。丁文江则在自己的辩论文章中，大量引用杜威的实验主义、罗素的实在论作为自己辩说的根据。王星拱对人生观客观性、因果性的解析，完全是以生物学、生理学、物理学等科学知识为根据的。因此，张君劢说胡适抄袭杜威、丁文江抄袭皮耳生（今译"皮尔逊"），陈独秀希望胡适在人生观解析上再进一步，虽然都有些刺耳，但这已明确告诉我们，科学派的人生观解析是以科学主义方法为版本的。

最后看马克思主义思潮。被介绍到中国学术界的马克思主义思潮主要

---

① 张君劢等著：《科学与人生观》，山东人民出版社1997年版，第59页。

内容是唯物史观、阶级观和矛盾观等。马克思主义思潮分析研究问题的基本特征是：社会的、经济的、阶级的、辩证的等。陈独秀、瞿秋白都是马克思主义的忠实信徒。陈独秀认为，人生观有主观性、意志自由性，但决定支配人生观的只能是社会的、经济的、阶级的因素，没有空洞的、抽象的人生观，因而只能从社会经济关系中去分析人生观的发生、形成、变化。瞿秋白对人生观的解析，不仅较好地解释了意志自由与因果支配的关系，而且在坚持社会生产方式是人生观最终决定者的前提下，肯定了科学知识对人生观形成、改变的作用。亦正是基于这样的解释，马克思主义者不仅批评了玄学派在人生观主张上的唯心论性质，亦批评了科学派在人生观主张上的实验主义性质。这样，陈独秀、瞿秋白等在人生观解析上的马克思主义方法立场便十分清楚了。

概而言之，科玄论战中之所以出现对人生观互不相同的解析，即是缘于不同的方法，是当时输入中国的人文主义方法、科学主义方法和马克思主义方法在中国学术界发生作用的反映。正如张君劢所说："今国中号为学问家者，何一人能真正有所发明，大家皆抄袭外人之言耳。各人读书，各取其性之所近者，从而主张之。"①

（3）方法论上的困惑

虽然我们指出了科学玄学论战的思想根据是方法的差异，但它留给我们的却是一团方法论的困惑。困惑之一是研究方法与研究对象的关系。玄学派坚持只有人文主义方法才可解决人生观问题，科学派坚持只有科学方法才能解决人生观问题，马克思主义派坚持只有马克思主义方法才能解决人生观问题。对象都是人生观，而且每派对人生观内容特征的解析都有合理性，人生观不是主观的？人生观没有客观性？人生观不受社会经济关系影响？似乎都不可否认。这种现象提示我们，研究方法的应用，首先必须对被研究对象的内容特征有个较准确、较全面的把握，而不能偏于一隅。困惑之二是观念在先还是事实在先。科学玄学论战中有一个很值得注意的现象，就是各派在阐述自己的主张时，并不是对人生观现象做了详细研究之后，再来说科学能否解决人生观问题或玄学能否解决人生观问题，而往往是事先有一个"科学解决不了人生观问题"或"玄学解决不了人生观

---

① 张君劢等著：《科学与人生观》，山东人民出版社1997年版，第86页。

问题"的观念,然后再根据科学的特性或玄学的特性来确定人生观特性,这里走的显然是一条由观念到事实的认识路线,作为研究方法是不可取的。亦正因为这样,人生观问题的特征首先被各派限定死,并各执一端,最终怎能找到合理的解决人生观问题的办法?困惑之三是三大研究方法的关系。我们问玄学家,为什么科学不能用于解决人生观问题?我们问科学家,为什么玄学不能用于解决人生观问题?我们问马克思主义者,难道唯物史观真能完全彻底地解决人生观问题吗?我想,在那个时代,他们谁都不能给出合理的答案。现在我们可以说,人文主义方法、科学主义方法、马克思主义方法,由于它们的视角各异、侧重不同,因而在人生观问题的解决上都会有所助益。所以,片面执着于一种方法是不健康的。事实上,当时就有学者对三大方法的功能分别给予肯定。如贺麟说:"以上各种观点(机械物质观——科学方法,生机观——人文方法;经济史观——马克思主义方法)皆得有其依据的科学背景,皆各予吾人对宇宙以一种一贯的根本看法,因此亦各有其范围与效准。机械观不失为研究自然科学有用的假定,经济史观亦不失为解释社会现象和历史变迁之一种适用的假定,生机观在哲学上尚不失为一种不彻底的精神主义。"[①] 虽然贺麟并不是就人生观问题肯定人文主义方法、科学主义方法和马克思主义方法的价值,但他告诉我们,三大方法各有其存在根据与价值,因此,盲目地执着于一种方法不仅排斥了其他方法,否定了其他方法的价值,亦无助于学术问题完全解决。

3. 科玄论战在中国哲学史中的地位

科玄论战是 20 世纪中国哲学史上的一次重要思想论战,讲它重要,不仅是形式上的,亦是内容上的。这里以上述讨论为基础,简要提示一下科玄论战对现代中国哲学史的影响。

(1) 对哲学思想史的承启作用

中国哲学讨论的话题很多,如果我们挑拣一下便不难发现,"人"是

[①] 贺麟:《近代唯心论解释》,《百年中国哲学经典》(三四十年代卷),海天出版社 1998 年版,第 291—292 页。

中国哲学研究的核心对象，围绕"人"便涉及个体德性与知识理性的关系、人类德性与科技文明的关系以及人生价值的落实等问题。《老子》用简洁的语言表达的命题"智慧出，有大伪"、"为学日益，为道日损"等，孔孟提出的"为仁在我"、"智以利仁"的思想，都表现出古代哲学对人生问题的关注和对德性与知识关系的兴趣。在宋明哲学中，有所谓尊德性道问学之争，其争论的核心就是知识理性与德性价值的关系，朱熹较看重知识对德性的发蒙和引导作用，陆王则较深刻地揭示了知识理性给人类德性带来的负面影响。足见宋明哲学关注的也是人生问题，并特别关注知识理性对人生的影响。而当今哲学主要关心的课题有科学技术与人文精神关系、知识与人的价值、生态失衡、人性分裂和人类精神安顿等。如众人所知，科学玄学论战的核心内容是科学能否解决人生观问题，仅就科学玄学两派观点看，它们是传统哲学问题的典型延承，科学派主张科学知识可以解决人生观问题，玄学派认为科学解决不了人生观问题。而科学玄学论战中出现的马克思主义派的人生观立场，主张人生观是经济的、阶级的，这种解释问题的方法是传统哲学所没有的，从而丰富了对人生观问题思考的视角。可见，科学玄学论战，不仅承续了传统哲学的主要话题，从而承续着中国哲学思想史，而且将传统哲学的话题以现代形式较充分地表现出来，从而开启着现代中国哲学的思路。所以，科学玄学论战在中国哲学史上具有明显的承上启下作用。

（2）开启了使用现代哲学研究方法的先河

中国传统哲学的研究，虽有所谓汉学方法、宋学方法，并且亦起过积极作用，但总体上是不发达的。由于研究方法的不发达，致使哲学问题的解释不全面，哲学思想的总结不系统，哲学概念的运用不规范，从而滞碍了中国古代哲学的发展。现在我们清楚地知道，所谓哲学的发达，是哲学研究方法的多元化；所谓哲学的新途，那是因为有研究方法的指引。科学玄学论战的最大成绩之一即是开始了现代哲学研究方法应用的实践，并由此开启了中国哲学应用现代研究方法的道路。我们知道，科学玄学论战中，玄学派使用的人文主义方法、科学派使用的科学主义方法、马克思主义派使用的马克思主义方法，都是具有现代意义的研究方法。就各派引以为各自主张的根据看，都有真理的成分，即是说，人文主义方法、科学主义方法和马克思主义方法对人生观的解释和解决都有自己的特长。就三大方法的内容看，人文主义方法主张要关注对象的主观性，要有整体的、生机的、人本的观念；科学主义方法主张要关注对象的客观性，要有分析的、机械的、自然的观念；马克思主义方法主张要关注对象的社会性，要有综合的、辩证的、社会的、经济的观念。正如贺麟先生所言，这些方法是任何哲学家不可轻弃的。所谓"殊不知直觉方法一方面是先理智的，一方面又是后理智的。先用直觉方法洞见其全，深入其微，然后以理智分析此全体，以阐明此隐微，此先理智之直觉也。先从事于局部的研究，琐屑的剖析，积久而渐能凭直觉的助力，以窥其全体，洞见其内蕴的意义，此是后理智的直觉。直觉与理智各有其用而不相背。无一用直觉方法的哲学家而不兼采形式逻辑及矛盾思辨的，同时亦无一理智的哲学家而不兼用直觉方法及矛盾思辨的。……由此足见，彼持形式逻辑一尊论者与彼持分析推论一尊论者，未免由于狭隘的偏见所蔽，而不知反省其认识作用有资于直觉法及矛盾思辨之处了。换言之，形式的分析与推论、矛盾思辨法、直觉法三者实为任何哲学家所不可缺一，但各人之偏重略有不同罢了。"[①]就今天的哲学研究言，人文主义方法、科学主义方法、马克思主义方法已成为常用的方法。比如欧阳康在其宏著《哲学研究方法论》（武汉大学出版社1998年版）中，此三大方法即成为主体内容。

（3）种下了现代哲学话题

科学玄学论战对现代中国哲学的意义，还在于这个论战种下了现代哲学讨论的诸多话题。科学玄学论战中，科学与人生观的关系问题是争论的焦点，科学能否解决人生问题，解决的程度多大？玄学能否解决人生观问题？解决的程度又有多大？以及由此涉及的人生价值与知识关系问题、科技发展与社会发展关系问题、科技发展与人生存质量关系问题。现在我们知道，过去在科学玄学论战中所争论及所涉及的问题，如今大多都演变为一个哲学学科，如试图回答人生观问题的人生哲学，试图回答科技发展与社会发展关系的社会发展学说，试图回答科技发展与人生存空间关系问题的生态伦理学，等等。可见，科学玄学论战中确实孕育了许多现代哲学讨论的话题种子。科学玄学论战给现代哲学留下的话题之二是哲学研究方法。在科学玄学论战中，玄学派持人文主义方法，科学派持科学主义方

[①] 贺麟：《宋儒的思想方法》，《哲学与哲学史论文集》，商务印书馆1990年版，第181页。

法，马克思主义派持马克思主义方法，但由于各派采取的态度都较为片面，从而使研究方法没有得到较合理应用，更遑论对研究方法本身的探讨。如各种方法特征及应用范围，各种研究方法之间的关系，各种研究方法的应用与主体因素、社会因素的关系等，它们在科学玄学论战中都被暴露出来，但并没有展开讨论，而现代哲学如要获得深入发展，这些研究方法问题，是不能不有妥善解决的。科学玄学论战为现代哲学留下的课题之三是直接开启了稍后的社会史观论战和哲学论战。在科学玄学论战中，科学派主要停留在形式逻辑层面论证自己的观点，而马克思主义派则能较辩证地把握自由与必然、社会经济基础决定作用与意识能动作用的关系，从而隐含了形式逻辑与辩证法之争。另外，马克思主义派将人生观放在社会历史中讨论，科学派则将人生观放在科学知识、文化教育背景中讨论。由前者，既然人生观由社会经济关系和阶级关系决定，那就必须追问：当时中国社会经济关系是什么性质？社会历史状况和阶级状况如何？由后者，既然科学知识有助于人生观问题的解决，而科学知识本身的可靠性需要加以论证，由此便引申出对形式逻辑价值的辩论。可见，科玄论战之后，紧随而至的社会史观论战、哲学论战，应是哲学思想史发展的内在逻辑的必然。

（本文原题为"科学玄学论战的中国哲学的研究方法问题——兼论科学玄学论战在中国现代哲学史中的地位"）

（本节刊于《南昌大学学报》2000年第4期，转载于人大复印资料《中国哲学》2001年第2期。）

二 人文主义方法的早期输入及其学术影响

在 20 世纪上半叶中国人文社会科学研究中，科学主义方法、马克思主义方法是人所共知的两大方法。但与其同时，人文主义方法亦得到了相当程度的传播与发展；而且与其他方法比较，人文主义方法所取得的学术成果似更有持久性价值。不过令人感到诧异的是：人文主义方法是如何输入的，有些什么特征，对当时的学术研究产生了什么影响……这些问题至今没有引起学术界的应有关注，以致人文主义方法仍是当代学术研究中的盲区。本文愿对上述问题做一尝试性探讨，一为引起学界对此问题的关注，二为改善人们对人文主义方法的认识。

1. 人文主义方法的输入及其特点

(1) 人文主义方法的输入

第一，叔本华、尼采的唯意志论的输入。王国维最早介绍了唯意志论，他在 20 世纪初就写了《论叔本华之哲学及其教育学说》《叔本华之遗传说》等文。至 1933 年，进入中国学界的叔本华著作主要有：陈介白、刘共之翻译的《文学的艺术》，张本权翻译的《意志自由论》，肖赣重翻译的《悲观论集》等。其中《意志自由论》对意志自由论的介绍较为完整。1940 年陈铨发表的《叔本华的贡献》一文，对叔本华的唯意志论做了更为系统的介绍。从王国维到陈铨，所介绍的叔本华唯意志论的基本内容有：首先，"意志"概念在叔本华哲学中的地位。认为"意志"是叔本华哲学的最基本观念。这里"意志"不仅指外在的意志，也指潜伏的意志；不仅指人类的意志，连禽兽植物、整个自然界一切的活动，都包括在里面。意志的特征是盲目的，没有目标的，没有理性的；意志的力量是万能的，它支配一切。其次，意志与理智的关系。认为就叔本华唯意志论而言，理智在人生中不占主要位置，因为理智不过是普遍意志盲目进行时所制造的一种工具；而意志在人生中占有极为重要的地位，因为意志即生物本身，是基本的原质。不难看出，叔本华的唯意志论表现出对科学、对理性否定的倾向，从而显示出人文主义方法与科学主义方法的对立；主张从"意志"角度理解人研究人，反对从"彼岸"观察人，从而显露出人文主义方法精神。

在对尼采的唯意志论的介绍、宣传中，得力者有王国维、李石岑、陈铨等。王国维在1905年发表的介绍尼采思想的文章中认为，在主张意志自由、意志为人性之根本、意志为宇宙之本体等方面，尼采与叔本华是一致的。至1920年，对尼采思想的介绍多了起来。李石岑著有《尼采思想之批判》一文，对尼采的唯意志论做了较为详细的介绍，他还将尼采进化论与达尔文进化论进行比较，说明达尔文进化论是机械的、被动的，尼采进化论是生命的、主动的。至40年代，陈铨发表《尼采的思想》和《尼采的政治思想》等文章，分别对尼采的哲学思想形成过程和政治观念做了详细介绍。

第二，柏格森生命哲学的输入。柏格森的生命哲学在中国的介绍与宣传，集中在20世纪20年代，主要的介绍宣传者有李石岑、瞿世英、冯友兰、张东荪等。李石岑在《柏格森哲学解释与批判》中介绍说，柏格森自由意志论主张因果法则对人的意识现象无法做出解释，因为人心之状态为绵延的、非间断的，质的、非量的，时间的、非空间的，因而意志自由论是否定必然、因果、逻辑的。他还分别介绍了"时间"、"意识"、"本能"三大概念。如认为柏格森的"时间"是柏格森哲学全体之出发点，柏格森正是用此"时间"说明"连续之流"，又以"连续之流"说明意识之真相，建立其生命哲学、直觉之哲学。瞿世英在《柏格森与现代哲学趋势》一文中，不仅简明扼要地介绍了柏格森哲学思想的主要内容，如"生命冲动"、"直觉主义"、"生命冲动与进化的关系"等，而且将柏格森生命哲学与自然主义、唯心论、实验主义、实在论等当时流行的哲学思潮进行比较，明其异同。冯友兰写了一篇《柏格森的哲学方法》的文章，认为柏格森的直觉是欧洲极端智识主义的反动，教人从真实到概念、从事物自身研究事物。蔡元培在《节译柏格森玄学导言》一文中，对柏格森的生命哲学亦做了较为客观、准确的介绍。他认为直觉方法与柏格森的以"我"为中心形成的"绝对"本体观有关;继而指出实证科学方法与玄学方法的差别:实证科学用分析法、用符号法,玄学则用体认法、直观法,超乎各种符号之外。他还认为,用经验论定理论、哲学研究"人学"是很主观的,只有直观方法才能把握"人"。如果说叔本华、尼采的唯意志论在表现"人文方法"方面尚不明显,那么该方法在柏格森的生命哲学中就较为明显了。正如严既澄所言:"柏格森之哲学,扼其要以言之,实方法也。柏氏之宏愿,在深求所以直觉自我之意识生命之根基,而自构造其研求之方法。"①

第三,对杜里舒生机论的介绍。杜里舒是德国生物学家,他令中国学者感兴趣的不是其生物学理论,而是具有人文主义色彩的生机论。如在科学与玄学论战中,主张玄学的一派就希望有"外援"的支持。张君劢说:"吾深望以实验科学而兼哲学之杜里舒氏为我国学术界开一天地。"② 当时介绍、宣传杜里舒生机论哲学的代表人物主要有张君劢、菊农、费鸿年等。他们介绍杜里舒的主要思想有:一是,杜里舒从分析的实验发生学、遗传及发生、行为生理三个方面论证了生物是一个"全体",不是分离的、零碎的、死的、静止的,而是整体的、综合的、活的、运动的。因而,生物或生命之研究,不能用机械的方法。二是,生活是自主的,生活之行历与秩序是内在的,是自我"做主的",这与达尔文机械进化论不同,因而不能求助于理论知识,只有借助于返观内省。概而言之,杜里舒生机论哲学的核心内容是:反对机械主义,以理智为不够而主张直观,承认形而上学的价值。

不难看出,在20世纪上半叶的中国人文社会科学界,的确兴起了一股介绍、宣传人文主义方法的潮流,以叔本华、柏格森、杜里舒为代表的西方人文主义思潮被较完整地输入到中国学术思想中。

(2) 人文主义方法输入之特点

由上述人文主义在中国的介绍、宣传过程看,其输入特点主要有:

第一,人文主义方法的输入有一个从不自觉到自觉的过程。从王国维对叔本华、尼采唯意志论的介绍,到李石岑、冯友兰、蔡元培等对柏

---

① 严既澄:《时间与自由意志》,《民铎》1921年第3(1)期。
② 张君劢:《德国哲学家杜里舒东来之报告及其哲学大略》,《改造》1921年第4(6)期。

格森生命哲学的介绍，再到张君劢、菊农等对杜里舒生机论哲学的介绍，可以明显看出，在对人文主义方法的内容、精神、作用等的把握上都呈现出从不完全自觉到自觉的过程。尤其是冯友兰、张君劢、瞿世英、李石岑等人，不仅较偏重人文主义方法的发掘，而且注意给人文主义方法以合理位置。

第二，注意用比较方法进行介绍。如王国维的《叔本华与尼采》、陈铨的《从叔本华到尼采》、张东荪的《柏格森哲学与罗素的批评》、张君劢的《关于杜里舒与罗素两家心理学之思想》、菊农的《杜里舒与现代精神》等文章，都采用了比较方法对人文主义方法进行介绍，使人们更容易、更清楚地认识到人文主义方法的特征或缺点，更容易把握人文主义方法的精神。

第三，对人文主义方法的介绍、评述较为公正、客观。如在人文主义与科学主义关系上，这些崇尚人文主义方法的学者，并没有把科学主义方法贬得一无是处。

第四，人文主义方法的输入主要局限于哲学、文学界。科学在西方似乎没有解决好"人"的问题，反而带来了新的困境。中国知识界在内忧外患的情境中，受西方现代人文思潮的影响，由人文角度去思考人，一方面"发泄"他们的人性，另一方面希望从思想上精神上对人的问题有所解决。具体表现为梁漱溟、张君劢、熊十力等在哲学研究上的人文倾向，以及30年代以施蛰存、戴望舒为代表的现代主义小说的产生。

第五，了解人文主义方法与理智主义（科学主义方法）的差别。如李石岑说："近世哲学之反主知的倾向，无间于直觉说、主意说、本能说，莫不从心理的或生理的见解，以证明知与实在之缘远。主意说较直觉说为稍进，本能说又较主意说为益力。"[①] 这种认识对于人文主义方法在学术研究中的合理应用，无疑是有帮助的。

（3）人文主义方法的主要特征

由人文主义方法派介绍、应用人文主义方法的情况看，人文主义方法主要有以下特征：

第一，"整体式"研究。人文主义方法派认为，人与宇宙为一体，宇

---

① 李石岑：《尼采思想之批判》，《民铎》第2（1）期。

宙是大我，人是小宇宙，宇宙万象息息相通，因而反对用分析的方法去研究人，反对用分析的方法研究哲学、艺术、文学、宗教、美学等人文学科，因为分析的方法违背人与宇宙相一体的原则，会导致研究对象的肢解、破裂，不能真正把握研究对象的本质和意义。只有用"整体式"观点，将研究对象作为完整的体系去感悟，美术、哲学、宗教、艺术等学科的研究才可真正达到目的。

第二，"生机式"研究。人文主义方法反对将事物看成机械的，认为人文学科中的内容都不是机械的、静止的、空间的，而是活泼的、流动的、时间的，科学主义方法，如化学和物理学的实验、归纳和分析方法，可以将研究对象分解为各种零件，但却不能真正去体验人文学科的意义。用生机、生态的观点去研究人文学科，才能看出人文学科的真正意义所在。

第三，"人本式"研究。人文主义方法的出发点和归宿都是人，认为研究学问要以人为本，应处处考虑到人的生命、情感、自我意识和价值。如果按科学主义方法的研究方式，以"物"或"自然"为中心，强调理性和社会性，那必然会导致人性的丧失、生命的沉沦。所以，只有坚持以人为本的研究方式，才可真正见到人情、发扬人性。

人文主义方法是对近代科学主义方法的一种反动，其"整体"、"生机"和"人本"之特征都是针对科学主义方法"分离"、"机械"、"物本"之特征而言，因而人文主义方法对于深化对人的认识、认清人文学科的价值与目标，是很有助益的。

2. 人文主义方法的应用及其影响

人文主义方法在被输入中国的同时，亦被应用于哲学、道德、文学、艺术、美学、宗教等学科研究中，并产生了深刻影响。

(1) 人文主义方法在哲学研究中的应用

王国维是较早应用人文主义方法研究中国古代哲学的学者，他主要运用了叔本华、尼采的唯意志论。根据叔本华、尼采的唯意志论哲学，王国维研究了中国哲学特征、中国哲学范畴以及中国古代道德问题等。关于中国哲学特征，他认为古代儒家哲学不算哲学——"古之儒家，初无所谓哲学也。孔子教人，言道德，言政治，而无一语及于哲学。"① 儒家哲学从哪里开始呢？王国维认为，发端于《易传》，而成于宋代，因为周敦颐之"太极"，张载之"太虚"，二程朱熹之"理"，都为宇宙人生之根本。在讨论"性"畴方面，王国维认为，"性"是超乎理性知识之外的东西，根据这样的标准，他认为先秦至宋代之前诸家言"性"，不是从形而上学意义言性，只有董仲舒是从形上意义上言性，至宋代才有了真正的形上意义之"性"的讨论。关于道德伦理方面，他认为中国古代的性论大都为"性二元论"，"性二元论"产生的原因是从经验上论"性"；又如在道德教育方面，他赞同叔本华的"重直观知识"，因而对中国古代道德中经验的、抽象的教化方法进行批评。② 王国维的如上论点并不完全正确，但站在人文主义方法立场对中国古代哲学、道德的研究却有开山之功。西方近代人文思潮与中国古典人文思想由此开始接通。

贺麟在《近代唯心论简述》一文中介绍、肯定了直觉方法的价值，而在《宋儒的思想方法》一文中，则用直觉主义方法评估了朱陆的哲学。他认为，直觉方法有两方面，一是注重用理智的同情以观察外物，如自然、历史、书籍等；二是注重向内反省体察，即柏格森所谓同情理解自我。这种观点直接来自柏格森的"附于感觉的直觉"和"超乎理智的直觉"之说。他认为，朱子与象山都用直觉方法，而朱子是向外的直觉，象山是向内的直觉。陆象山的直觉方法倾向较为明显，象山直觉方法的消极面是"不读书"，而积极面是"回复本心"。回复自己的本心，在于体验、省察、反思、反求，均为直觉方法。至于朱子的直觉方法，当时有学者认为较难说清楚，因为朱子主张读书、格物，与科学方法相近，贺麟认为并不然。他认为朱子格物为"修养"方法，因为朱子"格物"的目的是明"吾心之大体"，因而朱子"格物"并非探求自然知识的科学方法，乃是寻求哲学或性理知识的直觉方法。

---

① 王国维：《书辜氏汤生英译〈中庸〉后》，周锡山编：《王国维文学美学论著集》，北岳文艺出版社1987年版，第154页。

② 如上观点，请参阅王国维《论性》《释理》《叔本华之教育及其哲学学说》《书辜氏汤生英译〈中庸〉后》等论文，周锡山编：《王国维文学美学论著集》，北岳文艺出版社1987年版，第115、127、75、154页。

在 20 世纪上半叶的哲学家中,受唯意志论、生命哲学影响较深的还有梁漱溟。梁漱溟把柏格森的直觉方法与唯识宗进行了比较研究,并对当时学界把直觉方法与唯识宗简单等同的观点进行了分析。他认为,唯识宗的直觉既非唯识宗中的"现量",也非"比量",而是"非量";唯识宗的方法是理智的、科学的方法,而直觉主义方法是要把人作整个地看,不要拆散分碎来看,所以,直觉主义方法与唯识宗有很大的差别。但梁漱溟并没有排斥叔本华的唯意志论和柏格森的生命哲学,而是用唯意志论、生命哲学的方法去架构中国古代哲学和自己的哲学。他认为生命是宇宙的本体,世界万物乃是"生命"不尽的绵延;直觉是认识此"生命"的唯一途径;他认为"仁"、"天理"、"良知"也都是直觉,或者应从直觉意义上、生命冲动意义上去理解把握;他认为文化的根本源泉是"意欲","意欲"的活动才有文化的创造。这些观点都是柏格森生命哲学的应用或体现。梁漱溟对人文主义方法应用讨论的结果并不完全正确,但他的研究无论对理解佛教还是理解中国古代哲学,都是富有启发性意义的。

这段时期应用人文主义方法在哲学领域取得了很多成果,主要有王国维的《论性》、《释理》,冯友兰的《中国哲学中的神秘主义》、《儒家哲学之精神》、《新原人》,贺麟的《知行合一论》、《中国哲学和西洋哲学》、《宋儒的思想方法》,梁漱溟的《东西文化及其哲学》,李石岑的《人生哲学》,等等。

(2) 人文主义方法在文学艺术研究中的应用

人文主义方法在文学艺术研究领域的方法论意义似乎更为明显,确实推动了当时文艺、美学研究的深化。王国维在《静庵文集自序》中提到,他作《红楼梦评论》,其立论根据都是叔本华的唯意志论。比如他对美的界定,他认为美是不与人的利害相关系的,而人观美时,亦不知有一己之利害在。不难看出,王国维对美的界定,明显接受了叔本华、尼采关于美是形式的、超功利的观念,并由此否定儒家美学思想和古代诗文"文以载道"的传统。美为超功利的形式的东西,那艺术的价值又体现在什么地方?王国维认为艺术的价值在于探求宇宙人生之根本问题,"美术之价值，存于使人离生活之欲，而入于纯粹知识"①。所以艺术美高于自然美，因为自然美会诱发观赏者的功利欲求，而艺术美则远离了客观事物的功利性。王国维肯定老庄的审美方式，即"心斋"式的静观，而这种肯定亦来自叔本华的观念；王国维有"壮美"、"优美"、"古雅美"、"媚美"之说，而这种划分也来自叔本华。王国维直承叔本华"美是人生悲剧解脱之道"的说法，认为美术、艺术的任务在于解脱人生之痛苦，并认为《红楼梦》就属于叔本华所说的第三种悲剧——"由于悲剧的主角所处的位置、关系而不得不自然地构成悲剧结局"出处的悲剧。王国维还对中国小说进行考察，认为中国小说、戏剧的特点是"始于悲者，终于欢；始于离者，终于合；始于困者，终于享"。他列举了《牡丹亭》的"还魂"、《长生殿》的"重圆"，由此对中国文化提出了一个重要观点：中国人精神乃乐天之精神也。这也就是80年代李泽厚提出"乐感文化说"的渊源。王国维在文艺美学上的成就是巨大的，美的本质、美的分类、中国文艺美学的特征、《红楼梦》的美学研究，都具启发性。对中国文艺美学而言，其结论尽管有些幼稚甚至错误的地方，但的确为中国现代美学的产生开了先河。而他的这种贡献，来自他对西方人文主义理论方法的应用。正如后人对他的评价："虽然他受叔本华悲观主义哲学的影响甚深，其具体结论又未必十分正确，但重要的不是此文（《红楼梦评论》）的具体结论，重要的是他将文学作品与人生联系起来，与美学、伦理学联系起来，其研究的视角是全新的，其观念完全是近代性的。……所以王国维是中国古典文学研究迈向近代化的第一人。"②

继王国维之后，用唯意志论研究美学卓有成就的要数朱光潜。朱光潜认为，美生于感觉经验，感觉经验即是意象，而意象是意志的外射，因而美是相对的、有差等的。他又认为诗或艺术的境界需要两个条件：一是形象直觉，二是要求意象与情趣的契合，强调主体、主观在创造美中的作用，反对模仿、典型化理论。这显出其美学思想对古典美学的突破，富有近代人文主义色彩。他全盘继承了叔本华"艺术是拯救悲剧的唯一途径"

---

① 王国维：《红楼梦评论》，周锡山编：《王国维文学美学论著集》，北岳文艺出版社1987年版，第16页。

② 徐公持：《四个时期的划分及其特征》，《文学遗产》编辑部编：《百年学科沉思录》，人民文学出版社1998年版，第4页。

的观点，认为摆脱现实痛苦，必须从形式中解放，从艺术中获得解放。朱光潜的文艺美学探讨透射出炽烈的人文主义光芒，在现代中国美学史上影响深远。

此外，人文主义方法对当时的文学创作也产生了极大影响。如周作人的《人的文学》所表述的文学创作观点，主张文学中去掉兽性、神性，高扬人性。20年代初在北京成立的文学研究会，提倡"文学为人生"，其成员的作品都有关注人、爱护人等人文主义色彩，如叶圣陶的《隔膜》、《火灾》，谢冰心的《超人》等。而30年代风行的现代主义小说，与传入中国的人文主义思潮有着精神上的直接联系。在文学艺术美学研究中，用人文主义方法研究所取得的主要成果有王国维的《红楼梦评论》、《宋元戏曲史》，朱光潜的《文艺心理学》、《悲剧心理学》、《乐的精神与礼的精神》、陈铨的《叔本华与红楼梦》，等等。至此，我们不能不说，人文主义方法的输入改变了中国文学作品的风格和旨趣。

(3) 对中国学术思想、学术研究的影响

第一，人文主义方法的应用，发掘、接续了中国传统思想中的人文精神。在中国传统思想中有着浓厚的人文主义思想，而儒家思想的人文色彩尤为典型。不过，西方现代人文主义思潮输入中国之前，中国传统思想中人文精神并没有被认识；而且经由明清以来商业浪潮的洗刷和19世纪中期以来自西方经济主义价值观的冲击，传统思想中的人文精神被瓦解得支离破碎。在这样的背景下，较系统地输入西方现代人文主义思潮，使中国传统思想中的人文精神有了显现的可能。如梁启超用柏格森的生命哲学诠释儒家的直觉内省，使儒家内省方法的人文性质显露出来；贺麟用人文主义方法诠释宋儒思想，认为朱熹和陆九渊都是用明"吾心之大体"的直觉方法，即朱陆为代表的宋儒学术具有浓厚的人文主义精神。事实上，当今学界把儒学称为人学，也是受到西方人文主义思潮的影响。可见，人文主义方法的输入，使中国传统思想中的人文精神得以发掘出来，并使人能较准确地对其理解和把握。

第二，提供了新的研究视角，丰富了研究方法，提高了学术研究的解释能力。中国传统思想中虽有人文思想和人文精神，但从来没有把它们转换成一种人文主义方法。而西方人文主义方法的引进，恰好为中国学术研究提供了新的视角。人文主义方法要求把研究对象视为整体的、生机的、人本的，反对支离地、机械地和自然地研究人或事物，似乎更适合中国学术思想的特征，从而使有关中国传统思想文化的学术研究更具准确性亦更富成效。如王国维对中国古代美学思想和文艺作品的研究，梁漱溟对佛教的研究，其成就的取得都是借助了人文主义方法。

第三，推动了中国学术的学科化历程。中国古代学术没有明确的学科分类，现代不同学科的学术内容在古代被包容在一部经书或一部史书中，"经、史、子、集"不是现代意义上的学科分类。由于人文主义方法对研究对象有着特殊的要求，即那些具有绵延、持续、唯一等特性的事物才可成为人文主义方法的研究对象。因此，人文主义方法的输入，意味着那些具有人文意义的研究对象可从其他研究对象中分离出来，成为独立的学科。如王国维认为美术等学科的存在，并不在于抽象的知识、科学概念的解释与分析，而在于直观的体验，所谓"美术上之所表现者，则非概念，又非个象，而以个象代表其物之一种之主体，即（上）所谓实念者是也，故在在得直观之"[①]。在人文主义方法输入过程中，具有人文主义色彩的学科，如美学、哲学、伦理学、文艺学、宗教学以及中国哲学史、中国伦理思想史、中国文学史等学科纷纷诞生。可见，人文主义方法的引入，对促进中国学术的学科分类，特别是推动现代人文学科的建设，产生了十分积极的影响。

第四，倡扬、激发和培育学术研究者的主体性、原创性和独立性。人文主义方法具有关心人、肯定人的价值之精神，学术研究者接受人文主义方法，对培养、增强其在学术研究中的主体意识是极有帮助的。人文主义方法的核心观念是把宇宙世界理解为生命本能的创造，一切都是生命冲动的结果，直觉体验是把握世界的根本方法，因而受到人文主义方法熏陶的研究者，有可能被激发出创作的欲望，在学术研究中表现出原创性。人文主义方法具有维护人之地位和权利、支持人之独立的精神，这种精神有助于学术研究者的独立人格的塑造。20世纪上半叶的学术大师王国维、梁漱溟、熊十力等，不仅学问上具有独创性，其人格亦是刚直不阿、巍然屹立，这与他们所接受的人文主义思想不无关系。正如梁启超对笛卡尔唯心

[①] 王国维：《叔本华之哲学及其教育学说》，干春松、孟彦宏等编：《王国维学术经典集》（上），江西人民出版社1997年版，第46—47页。

论的评价:"不特可以为求得真理之具而已,又使我智慧能独立不依,而保其自由者也。"①

第五,深化了人文社会科学研究。人文主义方法引入后,中国学者以之为新式武器,在中国传统学术研究上获得了全新的认识。如王国维在接受、理解了叔本华、尼采的唯意志论之后,认为古代儒家思想不算是哲学,而主要是关于道德政治的学问;王国维还根据叔本华、尼采的美学观对中国古代小说戏剧进行研究,得出一个结论——中国文化是"乐天之精神";又如王国维、朱光潜根据叔本华、尼采关于艺术、美学应超越功利的观点,认为儒家美学思想和古代诗文有着"文以载道"的传统,因而不具纯美学的本色。这些都是能引人去思考、开辟新领域的创见。由此我们亦可体会到一种新方法对学术研究之重要。

(本节刊于《社会科学辑刊》2000年第6期;《新华文摘》2001年第3期摘要)

---

① 梁启超:《近世文明初祖二大家之学说》,《新民丛报》1902年第(1—2)期。

三　方东美解释中国传统哲学的原则与方法

如何认知、理解和解释中国传统哲学，自西方哲学进入中土之后便成一课题，这一课题至今仍然困惑着我们。方东美在认知、理解和解释中国传统哲学实践中，提出了一系列相关原则和方法。这些原则和方法不仅是对当时学界的一个回应，对于今天的中国传统哲学研究也具有特殊的借鉴意义。因而我们拟对这些原则和方法进行扼要的整理与评述，以供读者欣赏、参鉴和批评。

1. 被认知对象之内容和特点是选择认知方法的前提

在方东美看来，选择、确定怎样的认知、理解、解释中国传统哲学的方法，应该以中国传统哲学的自身内容和特点为根据。方东美以他研读《易经》为例表达他这种主张。他说："《易经》卦列之逻辑系统，无非象征表达形式上之可能性概然率耳。欲得其确义，势须予以妥当之解释。就《易经》而论，对其卦象符号，便有种种不同方式不同层次之解释可言。第一种谓之事实陈述性，亦即常识性之解释。在常识界，吾人对外物——无论其为自然物或工艺品——所以感受与兴趣者，不外视作利生之器用工具。外物乃构成所谓之工具世界或器用世界。清初赵继序曾作统计，列举《周易》卦爻诸辞所载日用器物，竟高达六十种、饮食营养之物十九种、植物三十种、动物九十七种之多。第二种为自然科学性之解释，初及于时序变化、天文星象等；次及于自然地形地理状貌等；三及于风土人情气象等。一、二两项之解释讨论，涉及原始萌芽科学与初期发展之物理自然科学。向之研《易》者，多视《易经》乃专谈哲理之书，谬矣！第三种解释乃克就人生而为言，属理性心理学及文化史范围。故可迳谓之人文主义之解释。"① 就是说，如果要安全、正确地理解《易经》，可采取常识性之解释、自然科学之解释、人文主义之解释三种方式。为什么可以采取这三种方式呢？因为第一，《易经》中存在许多属于常识的信息，常识世界一般包括自然物产或工艺物，都是有利于人生存、生活的器用世界；第二，《易经》中也存在许多属于自然科学的信息，如时序变化、天文星象、自然地形、地理状貌、风土人情等；第三，《易经》中还存在许多属于心理学、文化史等具有人文含义的文化信息。所以应该以常识、自然科学、人文主义三种方式对《易经》进行解释。显然，方东美这一主张的意义在于：诠释方法本于被诠释对象的内容和性质，解释必须放在特定的思想文化系统中进行，不能漠视被解释对象的文化语境。根据这样的主张，方东美认为，那些与中国传统哲学内容和特点不相契的思想方法是不能随意用来解释中国传统哲学的。

2. 西方哲学方法不宜机械地用于中国哲学研究之中

方东美是西方哲学科班出身，因而他非常肯定西方哲学在认知、解释中国传统哲学中的作用，但是反对教条化使用西方哲学，认为不科学地、不恰当地使用西方哲学，可能使中国传统哲学变得面目全非，可能导致中国传统哲学的独特精神被化解。他说："《论语》是很容易读懂的一部书，其微言大义，从生活的精神上面是很容易作深切体验的。但是近代有号称国学家的人，却纯从文法、语法、语意上面把一句话化成几十句，结果反而不懂了！变作支离琐碎！这就是近代把中国的学问不从中国的精神看，而是把它化成西方学术的附庸来看，拿西方的套子套中国的思想，结果把中国哲学家的这种内在精神，全部湮没掉了！这样的学说只是说话而已，只说空话！所以儒家、道家、佛家的精神也是在这样的情况下丧失了！"②在方东美看来，《论语》是一部很通俗的书，它的寓意和精神也是比较容易把握的，可是，经某些受过西学影响的国学家解释一通后，《论语》不

---

① 《中国哲学精神及其发展》（上册），黎明文化事业股份有限公司2006年版，第212—213页。

② 《方东美先生演讲集》，黎明文化事业股份有限公司2006年版，第124页。

仅成了读不懂的天书，其内在精神也被湮没掉了。原因就在于某些国学家是根据西方哲学的框架、模式，从文法、语法、语意等方面去认知、解释《论语》。方东美还以冯友兰用实在论解释宋明理学为例，进一步阐发他的主张。他说："像冯友兰的'新原道'由英国人翻译成 Spirit of Chinese Philosophy，其中的中国哲学完全是由宋明理学出发到新理学的观念，只占中国哲学四分之一的分量，再加上他了解宋明理学乃是透过西方新实在论的解释，因此剩下的中国哲学精神便小之又小。"[①] 就是说，新实在论与宋明理学根本就不相适应，怎么可能准确地解释宋明理学的本有内容和精神呢？如果一定要解释，那就只会将宋明理学的内容和精神一步一步地消解掉。

3. 知识论、逻辑学方法用于理解中国哲学需特别慎重

一般而言，知识论、逻辑学不失为一种认知、解释中国传统哲学的方法。但方东美认为，由于中国传统哲学具有与西方哲学完全不同的特点，中国传统哲学主要是生命的学问，在中国传统哲学中，宇宙万物浑然一体，生生相续，充满生机，因而它是不能被数量化的，不能从逻辑学、知识论的角度来理解中国传统哲学。他说："在中国哲学上面，很少从知识论上面把世界的客体，化成观念的系统；然后从观念的系统所形成的知识去笼罩一个世界。这个叫做 idealism（观念论）。这个 idealism 叫做 epistemological idealism（知识论的观念论）。在中国很缺乏这一类的东西！——所谓 epistemological idealism 很少很少，而大部分都是要把人的生命展开来去契合宇宙——表现'天人合德'，'天人合一'，'天人不二'。这一种说法都是要把哲学体系展开来去证明人与世界可以化为同体。这个用哲学上面的专门名词来说，叫做 cosmic identification。所以，中国把这个世界不是当作一个数量的世界，可以拿科学的方法、知识、技术去了解、控制、操纵这么一个现实的领域——自然界。它总是把人的理智要求、情绪的要求、意欲的要求，融通冶化，使之成为一个理想，而这个理想总要把它展开来在广大的宇宙里面做一个适当的和谐安排，并且还要把人的生

[①] 《原始儒家道家哲学》，黎明文化事业股份有限公司2006年版，第38页。

命也投到那个广大和谐的客体系统里面去。从这一点上面看起来，中国的哲学总是要把这个世界点化了，使现实成为一个理想的境界，要同那一个理想化的世界取得适当的联系、配合、和谐，要适应它。"① 就是说，中国传统哲学中没有西方哲学中的那种观念论系统，而是一种"天人合一"、"天人合德"的生命系统，中国哲学就是使自然成为理想，使理想成为自然，其所成就的是一种精神生命与物质生命融为一体的境界。因此，理解中国传统哲学是不能走逻辑学、知识论路径的，尽管这个路径可用于了解战国时代的刑名家（惠施、公孙龙）或墨家（别墨一派）。他说："近代西洋哲学中，哲学的发展是依循逻辑科学方法所指点的路径，再去认识主观世界或客观世界，重点在知识论上面。但是由这种途径想了解中国哲学，只能了解战国时代的刑名家（惠施、公孙龙）或墨家（别墨一派）而已，但是这些思想在以后就已经不行了。所以我在此不采取逻辑与知识论的途径。还有一点：在中国人的生活中，自远古以来皆以'正德、利用、厚生'为政治理想的一条路。但是也有些思想家只知道'利用、厚生'，而忘记了出发点的'正德'，成了'缺德'。比如战国末年法家刻薄寡恩的思想便是这种。这种法家的途径中国人不能赞成。所以后来王安石的变法不能成功，我也不取用这种方法来探讨中国哲学。"②概言之，逻辑学、知识论的路径之所以不能用于认知、理解中国传统哲学，就在于它与中国传统哲学不相契：中国传统哲学是生命的系统，不是观念论的系统，而逻辑学、知识论正是解开观念论系统的钥匙。

4. 自然科学方法可能导致中国哲学去生命化

中国传统哲学中肯定蕴藏着丰富的自然科学知识和理论，也就是说，自然科学方法应该是可用于认知、解释中国传统哲学的。但方东美认为，由于道德、艺术、宗教、哲学等领域与自然科学存在很大差别，并不能随意地用自然科学的方法去认知、去解释的。他说："比如近代的科学唯物论就是现成的例子。假使由西方各种哲学与宗教看来，显然在宇宙中仍有

---

① 《方东美先生演讲集》，第153页。
② 《原始儒家道家哲学》，第48—49页。

许多不同的精神领域，如道德、艺术、宗教的领域，而构成这些领域的主要因素也都是精神现象；然而由近代的物质科学看来，其方法不是数学抽象法，就是物理实验法，由之而来的结果是：构成宇宙之基本条件都是数量现象，甚至把性质数量化之后，再化为单纯系统，已有的 given data（现成材料）不够，则设法产生新的 data，透过冷板的实验在原有速效上，追求新事实，在构成的新事实中追求新条件，这新条件又必须是科学仪器、科学心灵所能把握的物质事实，于是形成近代科学家的偏见，好像他们所把握的自然理性就是超然的主宰理性，拿这自然理性就可以把握一切事件的真相，凡不能由此把握的便视之为幻相：一切性质不能化为数量的，就视为幻相，一切价值不能根据近代科学方法处理的也视为幻相，于是乎近代的物质科学思想一转变到抽象精确的阶段时，马上产生思想上的严重错误，他们还要美其名为'价值中立'。于是像宗教不能化成数量条件，他们就要否定；艺术上的美亦不能化成数量条件（近代的抽象画并不代表一切艺术），他们就要回过头到自己主观的心理状态或主观的变态心理里面去追求，结果把真正存在于自然界的美或超自然界的美抹煞掉了；也有许多谈伦理学的，把伦理学中善的动机根本去掉，化成一堆现象，而这堆现象可以透过分析的文字、中立的文字来加以描绘，可惜那已经不是善了，而是中性的事实。在这种情形下，近代科学之长足进步，应用到哲学上采取的是部分分析而非澈底分析，抽象的分析而非具体的了解，再加上透过错误的态度，就是对一切神圣的价值、真善美的价值都采取中立主义。结果一切价值几乎都不能谈。如此，除了走向极端的科学唯物主义这条路去，在思想上是完全不能展开新的局面的。"[1] 自然科学理性本身就与宗教、艺术、伦理等存在非常大的差别，又过分强调、信赖自然科学方法的功用，否定自然科学法之外的其他方法，当然会成问题。中国传统哲学在艺术、宗教、道德等方面具有浓厚的人文倾向，因而并不能用自然科学理性理解中国传统哲学。所以，并不能因为科学理性的美好，就滥用自然科学方法。方东美说："科学追求真理虽然也是令人向往，但若一旦逾位越界，连哲学都被科学化，便深具排他性，只能处理一些干枯与抽象的事体，反把人生种种活泼机趣都剥落殆尽，这也是同样的危险，

---

[1] 《原始儒家道家哲学》，第 58—60 页。

因此，哲学一旦成为神学的婢女，作为护教之用，或者成为科学的附庸，不谈价值问题，则其昏念虚妄必会戕害理性的伟大作用，而无法形成雄健的思想体系。"① 哲学如果被科学化理解，将丧失它的特性和价值，自然也形成不了雄健的思想体系。而对中国哲学而言，如果将中国哲学数量化、实验化，那不仅显示不了中国传统哲学的特性，甚至连其作为哲学存在的前提都可能遭到否定。

根据方东美的主张，在认知、理解和解释中国传统哲学的实践中，西方哲学方法要慎用，逻辑学、知识论方法不可靠，自然科学方法更成问题，那么，有什么方法比较适合认知、解释中国传统哲学呢？方东美也提供了他的思考和答案。

5. 自身思想文化系统是解释中国哲学的基础

方东美认为，任何一种哲学都是由特定的思想文化系统孕育出来的，中国传统哲学自然是由中国特定的思想文化系统孕育出来的，因而要认知、理解和解释中国传统哲学，自然是先回到中国特定的思想文化系统中去。他说："就我的观点看，《易》是儒家极重要的文献，《尚书》也是极重要的文献！《论语》在传记、行谊这一方面是一部很好的书，但是就思想这一方面的价值来看，它是要靠读通各经之后，才能真正了解《论语》中'言''行'后面那个根本道理与力量之所在。"② 为什么？方东美举"仁"为例。他说："如果'仁'是'爱'的话，我们不仅仅只读《论语》，最好要贯通《礼记》'大学'篇所谓'絜矩之道'，这是消极地对于'仁'的纠正。因为人类最大的问题就是把自己的幸福建立在别人的痛苦上面，这是古往今来人类最大的毛病。但是'絜矩之道'如何纠正呢？'所恶于上，毋以使下；所恶于下，毋以事上；所恶于前，毋以先后；所恶于后，毋以从前；所恶于右，毋以交于左；所恶于左，毋以交于右'，这才可以说是真正的同情，不会害人！这是爱人的消极措施。从积极方面要了解《论语》中的'仁'，在《论语》里面没有透彻解释

---

① 《中国人生哲学》，黎明文化事业股份有限公司2006年版，第140页。
② 《方东美先生演讲集》，第230页。

'仁'，幸好在《礼记》'中庸'篇说：'天地之道，可一言而尽也，其为物不贰，则其生物不测。'生物不测，就是天地仁心的表现，正是解释《易经》'系辞大传'所谓：'夫乾，其静也专，其动也直，是以大生焉。夫坤，其静也翕，其动也辟，是以广生焉。'大生之德与广生之德，正是代表天地生物不测。后来朱子接受王弼易注，他不从乾坤这一方面讲，而从'复'卦这一方面讲'复其见天地之心乎'。这也就是生物不测之仁。如此一了解了之后，在《中庸》第二十二章，说得更清楚：'惟天下至诚为能尽其性，能尽其性，则能尽人之性，能尽人之性，则能尽物之性，能尽物之性，则可以赞天地之化育，可以赞天地之化育，则可以与天地参矣。'如此，因为自己宝贵生命、重视生命，对于别人的生命也尊重，推及一切人，再对于万物的生命也尊重，惟有这样才能够圆满完足地发展他的生命。这样子讲'仁'讲'爱'，为《论语》中的解释所没有，而在《中庸》篇中一度两度解释得清清楚楚！"[①] 在这里，方东美对如何在自身的思想文化系统中解释中国传统哲学做了个生动的示范，他认为要完整、准确地理解"仁"的含义，就必须透过《诗》、《书》、《礼》、《易》以及《大学》、《中庸》等的思想内容加以比照分析，才能达到目的。

6. 形上学方法是与中国哲学相契的方法

自然，理解和解释中国传统哲学不能不考虑它自身的思想文化系统。但如果要将中国传统哲学独特的思想内容及其性质解释清楚，无疑还需要与中国传统哲学相适应的方法。方东美认为，只有形上学方法或人文主义方法与中国传统哲学相契。

他说："如果我们采用形上学的途径，也就是哲学的途径，那么刑名家、法家、墨家也许不同意，真正的宗教家也不完全同意；但是若就中国哲学的发展看来，却最适合历史的真情实况，所以我将采取形上学的途径，至少可以由这个途径来了解原始儒家、原始道家、大乘佛学以及新儒学的精神。"[②]

[①] 《方东美先生演讲集》，第230—231页。
[②] 《原始儒家道家哲学》，第50页。

在中国哲学史上，除了名家、法家、墨家等，都可用以也都应该用形上学的方法理解。如果用科学唯物论去认知、理解，就相当困难。他说："反观中国却一向没有现实世界与理想世界的鸿沟，所以很难接受超自然形上学的思想系统。流行在儒、道、佛、新儒家之中的都是'超越形上学'，承认这个世界可以有价值，而这个价值是由理想世界上流行贯注下来的，连成一系，所以中国思想不可能像近代西洋后期的科学发展那样，产生价值中立主义，以漂白法把价值都漂白了，一旦科学唯物论成立后，再安排宗教生活、艺术生活就相当困难了。"① 相反，如果用形上学去理解，就可准确地理解中国传统哲学。他说："假使我们中国形上学要采取机体形上学的立场，首先对于宇宙应当了解为一整体，然后在宇宙里谈本体论、谈宇宙的真相，就要谈整体的实有界，如果我们认为宇宙真相还可以透过艺术、宗教、哲学、科学，看出它的艺术理想、道德理想、真理理想，然后就可以把真善美的最高标准同宇宙真相贯串起来，使得宇宙不但不贫乏，反而可以成为更丰富的真相系统、更丰富的价值系统。如果以这种哲学作背景来建立人生的哲学，那么人生决非贫乏的活动，而是可以把一切价值贯通起来，达到儒家在《大学》里面所说的要求——止于至善，把一切价值完全实现之后，才能完成最高理想的统一标准。由此看来，如果我们拿这种形上学思想体系来描绘宇宙，而其中又贯穿了极丰富的价值，进而以此思想为背景所形成的生命活动更是一种价值构造，在其中处处可以把握美、善、真，更可以体验到宗教中很高的精神价值。所以，中国的思想不会变成抽象体系，更不会因了抽象而贫乏。"②

由于中国哲学的生命特质，人文主义可以成为最佳的解释方法。方东美说："实在说来，人文主义便形成哲学思想中唯一可以积健为雄的途径，至少对中国思想家来说，它至今仍是不折不扣的'哲学'，诚如美国哲学家罗易士（Royce）所说，'哲学乃是一种向往，促使日渐严重的人生问题走向合理价值，当你对现世切实反省时，便已在从事哲学思考，当然，你的工作，第一步是求生存，然而生命另外还包括了激情、信仰、怀疑与勇气等等，极其复

---

① 《原始儒家道家哲学》，第52页。
② 同上书，第60页。

杂诡谲。所谓哲学，就是对所有这些事体的意义与应用，从事批判性的探讨。'"①

没有疑问，中国传统哲学必然要走向未来、走向世界，而在走向未来、走向世界的道路上，必须通过研究主体的理解和解释，而如何理解、解释中国传统哲学，将影响到中国传统哲学走向未来、走向世界的道路，影响到中国传统哲学的现代表现，影响到中国传统哲学的品质。方东美根据自己研究中国传统哲学的经验和体悟，提出了上述原则和方法，其是其非，都可成为我们认知、理解和解释中国传统哲学的重要参考。

（本文原题为"解释中国传统哲学的原则与方法——方东美的探索与回应"）

（本节刊于《福建论坛》2009年第11期）

---

① 《中国人生哲学》，第140—141页。

四 解释中国传统哲学的三原则

中国传统哲学作为一种独特的思想资源,理解和解释是其自我开展的基本方式之一,中国传统哲学的含义及价值也就在这种理解和解释中得到明晰、完善和释放。然而,如何理解、解释才能使中国传统哲学的含义、价值得到明晰、完善和释放,则是讲究方式方法的。考之百余年来理解和解释中国传统哲学的实践,我们发现,这个时代的哲学家们对于如何理解、解释中国传统哲学提出了诸多闪烁着智慧的方法原则,这些方法原则对于今天仍然迷惘的我们,或许是有启发意义的。

1. 返乡原则:在母胎里澄明——立足自我文化系统

所谓"返乡原则",就是指理解、解释某种哲学观念、范畴、命题时,回到养育中国文化的系统中,在它成长的文化系统中进行理解和解释。事实上,近现代史上多数哲学家都有这方面的认识和主张。辜鸿铭曾经翻译、注释过《中庸》,王国维读到此书后,并没有给予鼓励,而是进行了批评。他说:"吾人更有所不慊者,则辜氏之译此书,并不述此书之位置如何,及其与《论语》诸书相异之处,如余于此文首页之所论。其是否如何,尚待大雅之是正,然此等问题,为译述及注释此书者所不可不研究明矣。其尤可异者,则通此书无一语及于著书者之姓名,而但冠之曰孔氏书。以此处《大学》则可矣,若《中庸》之为子思所作,明见于《史记》,又从子思再传弟子孟子书中,犹得见《中庸》中之思想文字,则虽欲没其姓名,岂可得也!又译者苟不信《中庸》为子思所作,亦当明言之,乃全书中无一语及此,何耶?要之,辜氏之译此书,谓之全无历史上之见地可也。"① 在王国维看来，辜鸿铭译注《中庸》至少存在这么几个问题：一是没有交代清楚《中庸》在儒家经书中的位置；二是没有说明《中庸》与儒家其他经书如《论语》等的异同；三是误认孔子是《中庸》的作者；四是即便《中庸》是孔子而非子思的著作，辜鸿铭应该提出证据。王国维将这些概括为"历史上之见地"。而辜鸿铭译注《中庸》时，全无"历史上之见地"，其后果当然是严重的："唯无历史上之见地，遂误视子思与孔子之思想全不相异；唯无历史上之见地，故在在期古人之说之统一；唯无历史上之见地，故译子思之语以西洋哲学上不相干涉之语。"② 由于缺乏"历史上之见地"，所以视古代不同学者的学说为一，所以随意用与被译注文本毫不相干的名词、概念或术语去译述、去解释。因此，缺乏"历史上之见地"去翻译、注释、理解中国传统哲学著作，不仅达不到目的，反而会闹出笑话来。而所谓"历史上之见地"主要包括：厘清被注释经书与同类经书的关系、辨明被注释经书与其他经书的异同、明确被注释经书的作者等，也就是说，如果要对中国传统哲学的观念、范畴、命题等进行全面、准确地译注、理解和解释，就要回到它自身的历史文化传统中。

中国传统哲学观念、范畴、命题不可能离开语言文字，而语言文字在不同时代、不同场合被赋予不同含义，如果研究中国传统哲学忽视语言文字含义的变化，那么对中国传统哲学的理解就不可能准确到位，就可能产生误解。冯友兰就对此有深切的认识。他说："语言文字，有其继承的一方面，也有其变化的一方面。就其变化的一方面说，某些名词，在某一时代，有其特殊的意义；就某一个学派说，某一个学派所用的某些名词，特别是某些专门术语，也各有其特殊意义。我们要想了解某一时代的某一学派的哲学思想，必须首先正确地了解某一时期的某一学派所常用的术语的准确的意义。这当然需要作一种研究。这种研究，可能是复杂的、艰苦的，但是没有这一种的研究，而希望对于某一时代的、某一学派的思想，有正确的了解，那是不可能的。那就往往会把某些名词在另一时代或另一

---

① 《书辜氏汤生英译〈中庸〉后》，《王国维学术经典集》（上），江西人民出版社1997年版，第134页。
② 同上。

学派中的意义，作为这个学派在这一时代中的意义。用旧日的话说，这就叫做'望文生义'。所生的义，可能比原来的义还要好一些，但是只要不是原来的义，这样的了解就是错误的。"① 在中国传统哲学中，语言文字有"常态"也有"变态"，而"变态"就是指语言文字在不同时期、不同场合、不同学派有特殊含义，因此，如要准确理解、解释中国传统哲学中的观念、范畴、命题的含义，就必须对中国传统哲学的载体——语言文字，要有全面、深入的了解和研究。

中国传统哲学中的观念、范畴、命题分属不同学派和不同义理系统，因而要理解、解释中国传统哲学范畴、观念及命题，回到所属学派的文献及其义理系统中也是基本要求。这是方东美提出的主张。他说："如果'仁'是'爱'的话，我们不仅仅只读《论语》，最好要贯通《礼记》'大学'篇所谓'絜矩之道'，这是消极地对于'仁'的纠正。因为人类最大的问题就是把自己的幸福建立在别人的痛苦上面，这是古往今来人类最大的毛病。但是'絜矩之道'如何纠正呢？'所恶于上，毋以使下；所恶于下，毋以事上；所恶于前，毋以先后；所恶于后，毋以从前；所恶于右，毋以交于左；所恶于左，毋以交于右'，这才可以说是真正的同情，不会害人！这是爱人的消极措施。从积极方面要了解《论语》中的'仁'，在《论语》里面没有透彻解释'仁'，幸好在《礼记》'中庸'篇说：'天地之道，可一言而尽也，其为物不贰，则其生物不测。'生物不测，就是天地仁心的表现，正是解释《易经·系辞大传》所谓：'夫乾，其静也专，其动也直，是以大生焉。夫坤，其静也翕，其动也辟，是以广生焉。'大生之德与广生之德，正是代表天地生物不测。后来朱子接受王弼易注，他不从乾坤这一方面讲，而从'复'卦这一方面讲'复其见天地之心乎'。这也就是生物不测之仁。如此一了解了之后，在《中庸》第二十二章，说得更清楚：'惟天下至诚为能尽其性，能尽其性，则能尽人之性，能尽人之性，则能尽物之性，能尽物之性，则可以赞天地之化育，可以赞天地之化育，则可以与天地参矣。'如此，因为自己宝贵生命、重视生命，对于别人的生命也尊重，推及一切人，再对于万物的生命也尊重，惟有这样才能够圆满完足地发展他的生命。这样子讲'仁'讲

---

① 冯友兰：《三松堂全集》第十二卷，河南人民出版社2001年版，第354页。

'爱'，为《论语》中的解释所没有，而在《中庸》篇中一度两度解释得清清楚楚！"① 在这里，方东美以"仁"为例，认为要全面、准确理解、解释"仁"的含义，单独看《论语》是不够的，还应去阅读《尚书》、《大学》、《中庸》、《易传》等儒家经典，只有通过对这些相关文献及其义理的串读、串解，才可能完整、准确地了解、把握"仁"的本有含义，也才可能对"仁"进行有效的解释。

而在牟宗三看来，只有对被理解的哲学文本的文献、语言及贯注其中的基本精神进行认识和把握，才可能较全面、准确地理解文本的哲学含义，也才能给予较准确、较全面的解释。他说："我们在现在讲中国学问是很困难的，因为中国从前的文献并不像西方哲学那样有系统，并没有那么清清楚楚的给你摆出来。中国的文献常常是这里一句那里一句，这就必须靠你文献熟，你孤立地看是不行的，孤立地看一句话，可以有种种不同的讲法。洋人讲中国的东西困难也就在这个地方。因为他了解的文字是死的，他孤立地看这一句，他不知道每一句话在我们行文的时候有上下文的文气，你不看上下文而光看一句话是不行的。再进一步说，这句话也不只是套在上下文气中来讲，有时候它没有上下文气，那么要拿什么作它的文气呢？这个时候就以全部儒家的义理作它的文气。假定你不了解儒家的义理，那你这句话就会讲错，因为它这句话是根据全部儒家经典而说的。"② 的确，由于中国传统哲学文本大多不具备西方哲学那样的逻辑系统，在形式上无法判断它的意思，这就需要理解解释者在进行解释时，绝不能望文生义，不能看到一句话就随意发挥，看到一个范畴而随意联想，而应把握文本的上下、左右联系，从语气、用词、表达方式、主题关联等方面来展开理解和解释。无疑，牟宗三提出的这个主张是非常切中要害并行之有效的。

从王国维的"历史上之见地"，到冯友兰的"语言文字的变迁"，从方东美的"串读串解诸经"，到牟宗三的"文本中的文气"，这些要素对于中国传统哲学而言是"自身文化系统"，是中国传统哲学生于斯、长于

---

① 方东美：《方东美先生演讲集》，台湾黎明文化事业股份有限公司2006年版，第230—231页。

② 牟宗三：《中国哲学十九讲》，第81页。

斯的"故乡",我们把这种回到"自身文化系统"中理解自己、解释自己的学术行为,称为"返乡原则"。这一原则的作用是使理解、解释贴近中国传统哲学的本色和特质,而不陷于荒诞。

2. 开放原则:他山之石可以攻玉——立足引入新的坐标

所谓"开放原则",就是指理解、解释中国传统哲学观念、范畴、命题时,引进中国传统哲学之外哲学思想、学说作为坐标或方法以理解、解释中国传统哲学。这也是近现代多数哲学家的共识。

首先,西方哲学有助于中国传统哲学建构自己的系统。中国传统哲学缺乏逻辑系统,需要以西方哲学为参照而改善之。王国维认为,中国传统哲学思想隐藏在古代经书中,而古代经书庞杂、散乱、残缺、无系统,其哲学真理幽而不显。他说:"余非谓西洋哲学之必胜于中国,然吾国古书大率繁散而无纪,残缺而不完,虽有真理,不易寻绎,以视西洋哲学之系统灿然,步伐严整者,其形式上之孰优孰劣,固自不可掩也。"① 就是说,负载着中国传统哲学微言大义的文献散乱而无条理、残缺而不完整、艰涩而不易明晓,换言之,如果要使中国传统哲学的微言大义让世人所知晓,就必须对负载中国传统哲学微言大义的文献进行开掘、整理和注译,而要完成这个重大任务,就必须借助西方哲学。进而言之,如果要使中国传统哲学获得一个"逻辑的系统",除了与西方哲学交友、向西方哲学学习之外,没有别的途径。冯友兰也有类似主张,他认为只有熟悉、研究了西方哲学,才可能整理出中国传统哲学的系统。他说:"中国哲学,没有形式上的系统,若不研究西洋哲学,则我们整理中国哲学,便无所取法;中国过去没有成文的哲学史,若不研究西洋哲学史(写的西洋哲学史),则我们著述中国哲学史,便无所矜式。据此,可见西洋哲学史之形式上的系统,实是整理中国哲学之模范。打算把中国哲学整理出一个形式上的系统,就得首先钻研一些西洋哲学。"② 为了将中国传统哲学整理出一个系

---

① 《哲学辨惑》,《王国维哲学美学论文辑佚》,华东师范大学出版社1993年版,第5—6页。

② 《三松堂全集》第十一卷,第403—404页。

统，欢迎并学习西方哲学不仅是应该的，而且是必需的。牟宗三也持相同观点。他说："了解系统，西方哲学最好，中国人，东方人这方面差，中国人不会造系统，佛教还可以有系统，中国本土的思想多是零零碎碎的，这里一句话，那里一句话，所以要了解系统，先读逻辑，然后读数学，然后读科学，然后读哲学系统。读哲学系统的时候，像康德的系统最圆满，最好，四平八稳，面面都照顾到；再从此前进读黑格尔，黑格尔的大系统天罗地网，看起来好像是圆教，其实一样不是圆教。"① 换言之，如果中国传统哲学要成为有系统的哲学，就必须敞开门户向西方哲学开放。

其次，西方哲学有助于对中国传统哲学的理解和解释。在王国维看来，如果能通晓西方哲学，并以之研究中国哲学，其功远不在使中国传统哲学义理明白易解，更在于可以发明、发扬中国传统哲学。他说："欲通中国哲学，又非通西洋之哲学不易明也。近世中国哲学之不振，其原因虽繁，然古书之难解，未始非其一端也。苟通西洋之哲学以治吾中国之哲学，则其所得当不止此。异日昌大吾国固有之哲学者，必在深通西洋哲学之人，无疑也。"② 冯友兰则认为，西方哲学对中国传统哲学的帮助，也表现在"术语"和"语言"的引用上。他说："无论如何，事实是，在以前的中国哲学中，'术语'是比较少的，论证往往是不很详尽的，形式上的体系往往不具备。另外还有很明显的一点，那就是以前的哲学家所用的语言，是古代的语言。必须用现代的中国语言把他翻译过来，才能为现代的人所理解。"③ 在冯友兰看来，中国传统哲学是非常缺乏"哲学术语"和"哲学语言"的，这是阻碍中国传统哲学进步的主要原因之一，因而他提倡大力引入西方"哲学术语"和"哲学语言"，这样既可以丰富中国传统哲学的内容，也可以深化对中国传统哲学的理解和解释，并由此推动中国传统哲学的现代化进程。不过，要使"哲学术语"和"哲学语言"引用效果完全成为积极的，在具体应用过程中还是需要谨慎其事的。冯友兰说："现在研究中国古代哲学史比较容易多了。有许多西方哲学中的'术语'可以用以分析、解释、翻译、评论中国古代哲学。但是翻译必须

---

① 牟宗三：《中国哲学的特质》，上海古籍出版社2007年版，第119页。
② 《哲学辨惑》，《王国维哲学美学论文辑佚》，华东师范大学出版社1993年版，第6页。
③ 《三松堂全集》第八卷，第40页。

确切,解释必须适当。"① 牟宗三甚至认为,一个人了解中国传统哲学的程度与他了解西方哲学的程度成正比。他说:"对于西方哲学的全部,知道得愈多,愈通透,则对于中国哲学的层面、特性、意义与价值,也益容易照察得出,而了解其分际。"② 这就是说,西方哲学对于理解中国哲学不仅是有帮助的,而且是很深透的。因此,中国如果关起门来理解、研究、发展自己的哲学既是不明智的,也是不可能的,更是不应该的,正如王国维所说:"若夫西洋哲学之于中国哲学,其关系亦与诸子哲学之于儒教哲学等。今即不论西洋哲学自己之价值,而欲完全知此土之哲学,势不可不研究彼土之哲学。异日发明光大我国之学术者,必有兼通世界学术之人,而不在一孔之陋儒,固可决也。"③

最后,西方哲学有助于中国传统哲学的丰富和发展。之所以要向西方哲学开放,是因为西方哲学可以丰富、发展中国传统哲学。王国维对此深信不疑。他说:"乏抽象之力者,概则用其实而不知其名,其实亦遂漠然无所依,而不能为吾人研究之对象。何则?在自然之世界中,名生于实,而在吾人概念之世界中,实反依名而存故也。事物之无名者,实不便于吾人之思索,故我国学术而欲进步乎,则虽在闭关独立之时代犹不得不造新名,况西洋之学术骎骎而入中国,则言语之不足用固自然之势也。"④ 就是说,由于中国传统哲学缺乏抽象思辨能力,概括事物特性一概以"实"称之而不是以"名"称之,这样一来,"实"之概念上的根据就不存在,也就不能成为研究对象。因为在概念世界,"实"是依靠"名"才能存在的,这样才能被思索。因此,中国哲学欲获得进步,解决词汇、概念、范畴上的不足是当务之急,而西方哲学正可在这方面给中国传统哲学以帮助。贺麟认为,哲学只有一个,中国哲学、西方哲学、印度哲学都是哲学的一个方面。并且,不管是中国哲学还是西方哲学,都有它的特点,所以它们应该是相互学习、相互吸收的,特别对中国哲学而言,如要求得新的发展,就应该吸收西方哲学中的有益因素,就应积极做中西哲学的会通工作。他说:"今后中国哲学的新发展,有赖于对于西洋哲学的吸收与融

---

① 《三松堂全集》第八卷,第40页。
② 牟宗三:《中国哲学的特质》,上海古籍出版社2007年版,第7—8页。
③ 《奏定经学科大学文学科大学章程书后》,《王国维学术经典集》(上),第157页。
④ 《论新学语之输入》,《王国维学术经典集》(上),第102页。

会，同时中国哲学家也有复兴中国文化、发扬中国哲学，以贡献于全世界人类的责任自不待言，并且我们要认识哲学只有一个，无论中国哲学西洋哲学都同是人性的最高表现，人类理性发挥其光辉以理解宇宙人生，提高人类精神生活的努力，无论中国哲学，甚或印度哲学，都是整个哲学的一支，代表整个哲学的一方面。我们都应该把它们视为人类的公共精神产业，我们都应该以同样虚心客观的态度去承受，去理会，去撷英咀华，去融会贯通，去发扬光大。"[①] 根据贺麟的观点，应将世界所有哲学看成人类的公共精神产业，就中国哲学而言，自然应该从其哲学家族的其他成员中吸取营养，应该以其他哲学作为坐标来反省自身。从这个意义上讲，理所当然要向西方哲学开放。

概言之，无论是西方哲学的系统和条理，还是西方哲学的术语和语言，抑或西方哲学的词汇、范畴和思维方式，都是中国传统哲学之外的"他山之石"，中国哲学需要参照它们以建造自己的系统、以理解自身的含义、以解释自身的价值、以丰富和发展自身的思想内容，这种为了理解、完善自身而借助西方哲学的学术行为，我们称为"开放原则"。这一原则的作用在于帮助我们认清中国传统哲学的特点、缺点、优点，从而完善和发展之。

3. 相契原则：求真只在适宜时——立足主客的相应

所谓"相契原则"，就是指被用于理解、解释中国传统哲学观念、范畴、命题的方法或学说，一定要与中国传统哲学的特性存在相契性。这种原则也是绝大多数哲学家的共识。

首先，科学方法与中国传统哲学偏重伦理实行的特质不相应。王国维认为，中国传统哲学偏伦理、重实际修为，所以，用自然科学方法和理论研究极具伦理实行特征的中国传统哲学，虽然不能说完全行不通，但的确存在很大困难。他说："泰西之伦理，皆出自科学，惟骛理论，不问实行之如何。泰东之伦理，则重修德之实行，不问理论之如何。此为实行的，

---

① 贺麟：《中国哲学与西洋哲学》，《哲学与哲学史论文集》，商务印书馆1990年版，第127页。

彼为思辨的也。是由于东西地理及人种关系之异，又其道德思想之根本与道德的生活之状态亦异，故有此差别也。夫中国一切学问中，实以伦理学为最重，而其伦理学又倾于实践，故理论之一面不免索莫。然吾人欲就东洋伦理根本之儒教，完全第一流之道德家孔子之说，于知识上研究之，亦非全不可能也。然儒家之伦理说以行为主，即最实践者，故欲以科学之方法研究之，自极困难。"① 由于中国传统哲学强调实行，不好理论，不喜思辨，因而它自身缺乏理论厚度，而科学方法的特点是进行理论分析、思辨拷问，所以，研究中国传统哲学，由知识论角度去研究，并不是不可能，但以自然科学理论和方法去研究它，就极为困难，因为它们不相契。

其次，数理逻辑与中国传统哲学穷索性命的特质不相应。数理逻辑引入中国学界之后，为许多学人所追逐，这种方法对中国传统哲学研究有无积极意义呢？熊十力给予了否定回答。他认为，以数理研究《周易》，必然是空洞的形式，因为这种方法无法探明易道之源，无法探得宇宙万化之真，而且与人生毫无关联。他说："去年在浙大，闻无锡有一西洋留学者，以数学谈《大易》，著一书自命空前。吾不待看而敢断其谬。如罗素以数理来演六十四卦，当然可成一说，吾敢断言仍是空洞形式，即解析事物相互间之关系而已，必于易道不究其源，于人生更无关，于宇宙万化不得其真。此非武断也。形式与数理逻辑之于《易》又不必论。今之儒学要究明真际，穷神知化，尽性至命，使人有以实现天德、立人极、富有日新，而完成天地万物一体之发展，彼名数形式可语是乎！"② 就是说，中国哲学的任务是穷神知化、尽性至命，使人有以实现天德、立人极，并且富有日新，以完成天地万物一体之发展，这是名数形式无法做到的。既然数理逻辑不能用以理解、研究中国哲学，自然更不能排斥、贬抑中国哲学，因为中国哲学内含西方哲学所欠缺的内容。熊十力说："西洋哲学，大概与科学同其态度，即努力于向外追求，及持论能以逻辑精严制胜而已。其于吾经学穷理尽性至命之旨，则相去甚远。夫哲学若止于理智或知识之域，不能超理智而尽性至命。则谓离理论科学，而尚有哲学存在之余地，亦非吾侪所许可。余以为经学要归穷理，尽性，至命，方是哲学之极

---

① 《孔子之学说》，《王国维哲学美学论文辑佚》，第 24 页。
② 《熊十力全集》第八卷，湖北教育出版社 2001 年版，第 602 页。

诣。可以代替宗教，而使人生得真实归宿。盖本之正知正解，而不杂迷情。明乎自本自根，而非从外索。是学术，不可说为宗教。是哲学，而迥超西学。非宗教，而可代替宗教。经学之特质如是，焉可持科学万能之见，以屏斥经学，谓其绝而不可续哉？"① 中国哲学具有超越性，穷理、尽性、至命等是知识、理智所不能达到的，这种学术可以代替宗教，但又不杂于迷情，可以是哲学的，可又不同于西方哲学，它是特殊的宗教和特殊的哲学，因此，它与以科学理论、知识论为特质的西方哲学是完全异趣的。

最后，心理学、数学与中国传统哲学偏重精神、道德的特质不相应。为什么心理学不能用于理解、解释中国传统哲学呢？熊十力指出，"心"的发现，虽然要依靠神经系统，但并不能因此说"心"的作用是脑的副产物，头脑只是物质，而"心"力何等灵妙！深广的思想，精严的论理，幽邃的情感，这些形容不到的神秘，只有"心"才能发出来。再说，老百姓都知道每个人仅有数十年的光景，为什么还总是有充盈的"生意"、作无穷无尽的计划？知识精英、科学家们都相信天地终归毁坏，人类一切伟大庄严的创造将与天地同毁，为什么并不因此而灰心，却仍然创造不已而充满无穷的希望？这都不是物质所能发出的。因此，如果像心理学家那样用治物理的方法来甄验、分析，结果就会把"心"的作用讲成物质作用。② 老师认为心理学方法与中国传统哲学不相契，学生则认为数学方法不能与中国传统哲学相契。牟宗三说："《坤·文言》里面讲'直其正也，方其义也。君子敬以直内，义以方外，敬义立而德不孤。直方大。不习，无不利。'有人就把'直方大'的直说成是几何学上的直线，方是square，大是无限的空间（infinite space），他就是不从道德方面讲。但是在'直方大'上面明明说的是'敬以直内，义以方外'，这明明是道德，你怎么可以把它讲成几何学呢？"③ 在牟宗三看来，将"直方大"理解为数学上的直线、正方形、无限空间，简直是天大的笑话，因为"直方大"所表达的仅仅是道德意义而已，而用数学方法去理解，相距何止十万八

---

① 《熊十力全集》第三卷，第730—731页。
② 《熊十力全集》第一卷，第610页。
③ 牟宗三：《中国哲学十九讲》，第79页。

千里!

　　既然"相契"是一种学说或方法可以用于理解中国传统哲学的前提,那么在"不相契"的前提下所进行的理解和解释,当然会导致严重的学术恶果。方东美说:"《论语》是很容易读的和懂的一部书,其微言大义,从生活的精神上面是很容易作深切体验的。但是近代有号称国学家的人,却纯从文法、语法、语意上面把一句话化成几十句,结果反而不懂了!变作支离琐碎!这就是近代把中国的学问不从中国的精神看,而是把它化成西方学术的附庸来看,拿西方的套子套中国的思想,结果把中国哲学家的这种内在精神,全部湮没掉了!这样的学说只是说话而已,只说空话!所以儒家、道家、佛家的精神也是在这样的情况下丧失了!"① 这是以《论语》为例,指出某些"国学家"根据西方哲学的框架、模式,从文法、语法、语意等方面去理解中国传统哲学,结果将中国哲学的内在精神湮没掉了。而冯友兰以新实在论理解、解释中国传统哲学,则被视为与中国传统哲学不相契的典型,常被同行所诟病。如方东美批评说:"像冯友兰的'新原道'由英国人翻译成 Spirit of Chinese Philosophy,其中的中国哲学完全是由宋明理学出发到新理学的观念,只占中国哲学四分之一的分量,再加上他之了解宋明理学乃是透过西方新实在论的解释,因此剩下的中国哲学精神便小之又小。"② 又如牟宗三批评说:"冯氏以新实在论的思想解析朱子,当然是错的。以此成见为准,于述及别的思想,如陆、王,字里行间当然完全不相干,而且时露贬辞。这即表示其对于宋明儒者的问题根本不能入,对于佛学尤其外行,此皆为金氏所不及知。"③ 这些批评正反映了学者们对用以解释中国传统哲学的方法或学说与中国传统哲学相契的关注和重视。

　　概言之,无论是说科学理论和方法与中国传统哲学不相应,还是说数理逻辑与中国传统哲学不相应,无论是说数学、心理学与中国传统哲学不相应,还是指出因为使用了不相应的方法或学说而导致的后果,都欲说明,要引用某种学说或方法以全面、准确理解和解释中国传统哲学,都必

---

① 方东美:《方东美先生演讲集》,台湾黎明文化事业股份有限公司 2006 年版,第 124 页。
② 同上书,第 38 页。
③ 牟宗三:《中国哲学的特质》,上海古籍出版社 2007 年版,第 3 页。

须是保证该方法与中国传统哲学特质相应的。这种在理解和解释实践中注重所引用方法或学说必须与中国传统哲学相契的学术行为，我们称为"相契原则"。它的作用是使理解和解释中国传统哲学的结论真实而可靠。

当今的中国传统哲学研究仍然在如火如荼地展开着，而理解、解释无疑是中国传统哲学研究的基本展开路径，然而，当面对如何坚持中国哲学研究中的主体性、怎样对待西方哲学这一神奇的助力、作为研究手段的方法或学说与中国传统哲学的关系等困惑时，近现代哲学家们提出并实践过的"返乡原则""开放原则""相契原则"，或许还是可以散发出无穷魅力与价值的。

（本节刊于《社会科学战线》2010年第10期；转载于人大复印资料《中国哲学》2011年第1期）

五　胡适认知老子"道"的三种路径

"道"是老子道家哲学思想中的核心范畴，老子道家哲学思想即是围绕"道"展开的。然而，千百年来，"道"的内涵可谓"惚兮恍兮，恍兮惚兮"。它像魔鬼，让人深受折磨；又像精灵，使人狂热着迷，历代解释者在这种苦恼与幸福的交织之中提出了多姿多彩且矛盾对立的观点。胡适无疑是"道"的众多"粉丝"之一。他非常关注老子道家的哲学思想，不仅对"道"进行了深入的研读，并给予了独具特色的理解和判断。本文即以展示胡适诠释老子道家"道"的风采为任务，并给予一定评论。

1. 本原之"道"

胡适指出，老子在哲学上最重要的贡献，就是提出了"道"这一超越性范畴，而且这一范畴所具有的内涵是自然无为、自长自动、自己如此。他说："老子的最大功劳，在于超出天地之外，别假设一个'道'。这个道的性质，是无声、无形；有单独不变的存在，又周行天地万物之中；生于天地万物之先，又却是天地万物的本源。这个道的作用是：大道泛兮，其可左右。万物恃之而生不辞，功成不名有，衣养万物而不为主。道的作用，并不是有意志的作用，只是一个'自然'。自是自己，然是如此，'自然'只是自己如此。老子说：'道常无为而无不为'。道的作用，只是万物自己的作用，故说'道常无为'。但万物所以能成万物，又只是一个道，故说'而无不为'。"① 在胡适看来，老子以前，表达万物本原的范畴都有"具象"特征，而老子的"道"不是任何具体的物，它是一种

---

① 胡适：《胡适学术文集》，《中国哲学史（上）》，中华书局1998年版，第44页。

抽象；并且，这个"道"是无声、无臭、无形的，是单独不变的存在；它的作用是生万物、养万物、成功名，却没有任何回报的要求；而"道"的作用特性是"自己如此"，不是他物的推动。因此，"道"的提出具有历史性价值，因为它超越了以往的神秘主义的天道观，从而摆脱了迷信鬼神的纠缠。胡适说："他们（老子道家）的大贡献在于超出天地万物之外，别假设一个'独立而不改，周行而不殆'的道，使中国思想从此可以脱离鬼神主宰的迷信思想。"① 换言之，老子的"道"就是本原之"道"，这个本原之"道"具有超越性，不是水、火之类的具体物，因而它表现了哲学思维水平的提高；另外，这个本原之"道"是自己如此，自生自长，自成自灭，因而它具有否定天帝造物的观念，从而摆脱鬼神论。

胡适指出，作为本体的"道"也是一种"名"，即是"万理"的共相，因而它是包含"万理"的。他说："然而他们忘了这'道'的观念不过是一个假设，他们把自己的假设认作了有真实的存在，遂以为已得了宇宙万物的最后原理，'万物各异理，而道总稽万物之理'的原理，有了这总稽万物之理的原理，便可以不必寻求那各个的理了。故道的观念在哲学史上有破除迷信的功用，而其结果也可以阻碍科学的发达。人人自谓知'道'，而不用求知物物之'理'，这是最大的害处。"② 就是说，"道"虽有破除迷信的积极作用，但由于"道"涵盖了所有的"理"，便意味着不必认识别的"理"，因而有阻碍科学发展的消极作用。不过，胡适的这种理解或许是不合适的。因为"道"包含"万理"，仅仅是说这个"道"是千万个"理"的统一，它们抽象与具体的关系，是一与多的关系，并不是说有了这个"道"，所有的"理"就没有存在的必要了，就没有认识的必要了。而应该是相反，即这个"道"在很大程度上是认识的方法、原则，应该是有助于科学认识的。所以，胡适的这种批评是值得商榷的。

2. 无人格之"道"

胡适认为，老子以前的天道观，都把"天"看成有意志的、有知觉

---

① 胡适：《胡适学术文集》，《中国哲学史（上）》，中华书局1998年版，第365页。
② 同上。

的、有喜怒的，即老子以前的天道都具有人格性。他说："老子哲学的根本观念是他的天道观念。老子以前的天道观念，都把天看作一个有意志，有知识，能喜能怒，能作威作福的主宰。试看《诗经》中说'有命自天，命此文王'（《大明》）……是天有知识。……'敬天之怒，无敢戏豫；敬天之渝，无敢驰驱'（《板》），是天能喜怒。……'天降丧乱，降此蟊贼'（《桑桑》），'天降丧乱，饥馑荐臻'（《云汉》），是天能作威作福。老子生在那种纷争大乱的时代，眼见杀人、破家灭国等惨祸，以为若有一个有意志知觉的天帝，决不致有这种惨祸，万物相争相杀，人类相争相杀，便是天道无知的证据。"① 胡适列举记载有老子以前天道思想的文献如《诗经》等，以说明老子以前的天道是有知觉的、有意志的、有喜怒的。而与此比较，老子道家之天道则是无知觉的、无意识的，因为胡适推测老子"认为"天若有意志、有情感，就不至于出现万物相争、人人相残之反人性、反文明现象。可见，胡适将老子"无意志、无知觉、无情感"的"道"之天道观的产生，归为其对先前有意志、有知觉、有情感之天道观的反动，而其现实原因则是人类社会中的相互争夺、相互残杀之现象。既然作为万物本体的"道"是无知觉、无意志的，又是自生自动的，其直接作用自然是对"神为万物主宰"观念的否定。胡适说："他（老子）把天道看作'无为而无不为'，以为天地万物，都有一个独立而不变，周行而不殆的道理，用不着有什么神道作主宰，更用不着人力去造作安排。老子的'天道'，就是西洋哲学的自然法。日月星的运行，动植物的生老病死，都有自然法的支配适合。"② 就是说，"道"之"无为而无不为"、自生自动的特性，类似于西方哲学中的"自然法"，主张万物的生老病死皆由自己支配。

胡适认为，"道"之无意志、无意识的具体表现之一就是"天人不同类"。胡适通过对"天地不仁"的解释表达这种看法："天地不仁，以万物为刍狗。……仁即是'人'的意思。《中庸》说：'仁者，人也。'《孟子》说：'仁也者，人也。'……不仁便是说不是人，不和人同类。古代把天看作有意志，有知识，能喜怒的主宰，是把天看作人同类，这叫做天

---

① 胡适：《胡适学术文集》，《中国文学史（上）》，中华书局1998年版，第43页。
② 同上书，第50页。

人同类说。老子的'天地不仁'说，似乎也含有天地不与人同性的意思。人性之中，以慈爱为最普遍，故说天地不与人同类，即是说天地无有恩意。老子这一个观念，打破古代天人同类的谬说，立下后来自然哲学的基础。"[1] 在胡适看来，老子以前的天道观都属于"天人同类"说，但老子道家"道"之天道观有很大变化，即老子讲的"天地不仁"意味着"天人不同类"。而这种观念的意义在于将天人之间的张力加以凸显。因此，老子道家"道"之天道观不仅具有破除"天人同类"谬说的作用，而且为自然哲学立下了基础。

对于胡适的这种解释，可以做这样的理解：首先，天地或圣人"不仁"是讲天地或圣人不施仁爱，就会发生"万物任其自生自灭或百姓任其自生自灭"之结果，也就是说，"不仁"就是"不仁爱"，而非"不是人"，所以不能说"天地不仁"就是"天人不同类"。换言之，"不仁"并不是将天人分为"不类"之根据，而仅是强调天地不具有"仁"这种德性之意。其次，这个"不仁爱"也仅是一种假设，因为在老子思想中，天地或圣人都具有深厚的仁德，比如，"天之道，损有余而补不足，人之道则不然，损不足以补有余"[2]。意思是说，"天道"所遵循的是"共同富裕"原则，而"人道"所追求的是"以贫济富"原则，因此"人道"应该学习"天道"，将多余的财富用于救济穷人，"以富济贫"，这不是大仁大德么？这不是讲"天道"有人性、有仁爱么？因而"不仁"不能解释成"事实上的不爱人"，也就不能解释成"不是人"，自然亦无"天人不同类"之意。最后，"天地不仁"也可解释为"天地即道"，因为老子有"大道废，有仁义"之说，所以，"天地不仁"即是顺物之自然，"圣人不仁"即是顺万民之自然，如此，"天地不仁"怎么也推导不出"天人不同类"的意思。至于说"天地不仁"观念打破了古代"天人同类"说，更是荒谬，因为在老子之后的董仲舒，建构了中国古代最完整的"天人同类"说。既然"天地不仁"并非"天人相分"，凭什么为后来自然哲学立下基础？总之，无论从哪个角度分析，"天地不仁"都很难解释成"天人不同类"。

---

[1] 胡适：《胡适学术文集》，《中国文学史（上）》，中华书局1998年版，第43—44页。
[2] 《老子》77章。

3. 过程之"道"

"道"是一种过程，这是胡适关于"道"的一个很特别的观点，但又认为这个"过程"是存在问题的。他说："然而这里面也用不着一个先天地生而可以为天下母的'道'。道即是路，古人用这'道'字本取其'周行'之义。严格说来，这个自然演变的历程才是道。道是这演变的历程的总名，而不是一个什么东西。老子以来，这一系的思想多误认'道'是一个什么东西，是《淮南》说的那'覆天载地，高不可际，深不可测，弱而能强，柔而能刚'的东西。道既是一个什么，在一般人的心里便和'皇天''上帝'没有多大分别了。道家哲人往往说'造化者'，其实严格的自然主义只能认一个'化'，而不能认有什么'造化者'。"[①] 就是说，老子之"道"是一个过程，这个过程是"化"，所以"道"不是"化者"，由此批评老子以后的道家学者将"道"理解为"造化者"的错误。那么，这"化"的过程是怎样的呢？胡适进一步解释说："这个自然演变的历程是个什么样子？天地万物是怎样自然演变出来的？这些问题都不容易解答。二千年来的科学家的努力还不曾给我们一个完全的答案。然而二千多年前的道家已断定这历程是'无中生有'的历程，'道始于虚廓，虚廓生宇宙'，'古未有天地之时，惟像无形'。这都是大胆的假设。其实他们所谓'虚廓'、'无形'，在今日看来，不过是两种：一是那浩瀚的空间，一是那'甚淖而湎，甚纤而微'当时人的肉眼所不能见的物质。即使有形之物真是出于那些无形之物，这也不过是一个先后的次序，其中并没有什么优劣高下的分别。然而道家却把先后认作优劣高下的标准：有生于无，故无贵于有；有形生于无形，故无形贵于有形。"[②] 胡适幽默地说，两千多年来科学家的努力都没能解决的问题，却被两千年前的道家解决了，而道家的解决答案就是"无中生有"，但这个过程有优劣高下的区分，即"无"高于"有"、贵于"有"。

"道"虽然是一种过程，而且是"无中生有"的过程，但胡适认为以

---

① 胡适：《胡适学术文集》，《中国文学史（上）》，中华书局1998年版，第368—369页。
② 同上书，第369页。

"无"释"道"却是消极的。为什么呢？他说："道与无同是万物的母，可见道即是无，无即是道。大概哲学观念初起的时代，名词不完备，故说理不能周密。试看老子说'吾无以名之'，'强名之'，可见他用名词的困难。他提出了一个'道'的观念，当此名词不完备的时代，形容不出这个'道'究竟是怎样一个物事，故用那空空洞洞的虚空，来说那无为而无不为的道。却不知道'无'是对于有的名词，所指的是那无形体的空间。如何可以代表那无为而无不为的'道'？只因为老子把'道'与'无'看作一物，故他的哲学都受这个观念的影响。"[1] 就是说，"道"既然是"无为而无不为"的，怎么可能等同于"无"呢？而主张"无"高于"有"、贵于"有"更是错误的。胡适说："无形为太祖，其子为光，其孙为水。光在有无之间，能有而无，不能无而无，已不是'至妙'了。水已有形可循，故又低一代。以下'自无蹑有'，一代不如一代，'而以衰贱矣'。这种主观的推论遂造成崇虚无而轻实有的人生观，流毒无穷，其实全没有根据，又不合逻辑。即使无形是太祖而光与水真是子与孙，难道子必不如父吗？孙必不如祖吗？有什么客观的证据可以证明无形贵于有形呢？"[2] 在胡适看来，老子道家关于"孙不如父祖，有形贱于无形"的观念是没有任何证据的，如果将这种观念应用到人生中，就是一种崇尚虚无而轻视实有的人生观，是非常有害的。

4. 假设之"道"

胡适认为，老子道家的"道"虽然拥有丰富的内涵，却是一种无从证实的假设。韩非子《解老篇》说："凡理者，方圆短长粗靡坚脆之分也。故理定而后可得道也。故定理有存亡，有死生，有盛衰。夫物之一存一亡，乍死乍生，初盛而后衰者，不可谓常。唯夫与天地之剖判也俱生，至天地之消散也不死不衰者，谓常。而常者无攸易，无定理。无定理，非在于常所，是以不可道也。圣人观其玄虚，用其周行，强字之曰'道'。然而（后）可论。"胡适对此评论说："这是明白承认'道'的观念不过

---

[1] 胡适：《胡适学术文集》，《中国文学史（上）》，中华书局1998年版，第45页。
[2] 同上书，第370页。

是一个假设的解释。……哲学家见物物各有理，因而悬想一个'与天地俱生，至天地之消散也不死不衰'的道，这便是很大胆的假设，没有法子可以证实的了。至多只可以说，'执其见功，以虚见其形'；或者说，'观其玄虚，用其周行，强字之曰道，然后可论。'悬想一切理必有一个不死不衰而无定理的原理，勉强叫他做'道'，以便讨论而已。故道的观念只是一个极大胆的悬想，只是一个无从证实的假设。"① 在胡适看来，"道"只不过是老子道家用来讨论问题而假设的一个范畴而已，因而从科学角度讲，"道"是没有价值的，甚至是有害的，因为它空而不实、虚而无证，只会助长玄谈。不过，虽然我们不能否认胡适的这种理解、判断的合理性，但也不能因此否定"道"之人文意义。我们知道，"道"是老子道家用来解释宇宙世界千变万化现象的范畴，就《老子》表述"道"的文献看，的确不好说"道"是个什么东西。然而，老子的"道"及其理论、思想、智慧等，是让人有实实在在的感受的，就是说，我们可以从老子道家的"道"那里获得思辨的快乐、处世的智慧、人生的态度等。因此，必须承认，"道"虽然在科学上不能证实，但并不是虚假的，而是客观存在的，并且是拥有丰富而深厚的人文内涵的。

既然"道"是一种无法验证、缺乏根据的假设，那么赋予"道"的德性自然也是不可靠的。胡适说："况且他们又悬想出这个'道'有某种的特别德性，如'清静'、'柔弱'、'无为'、'虚无'等等。这些德性还等不到证实，就被应用到人生观和政治观上去了！这些观念的本身意义还不曾弄清楚，却早已被一种似是而非的逻辑建立为人生哲学和政治思想的基本原则了。这也是早期的道家思想的最大害处。"② 就是说，老子赋予（悬想）"道"的那些德性不仅是无法证实的，而且是有害的。应该说，胡适所提出的问题是富有挑战性的。的确，老子"道"呈现为诸多德性，这些德性可以看成是老子"赋予"的。那么，这些被赋予的德性是否需要科学证明呢？或者没有被科学证明就不会发生任何积极的意义吗？换言之，胡适所寻求的是，这些德性来路是否"合法"的问题。实事求是地说，"道"所具有的那些德性的确无法验证。然而，是否因为无法证实就

---

① 胡适：《胡适学术文集》，《中国文学史（上）》，中华书局1998年版，第363—364页。
② 同上书，第366页。

没有价值了呢？哲学上的许多命题、概念、范畴所具有的含义可能都没有办法去证实，那哲学是否就没有存在的必要呢？显然不是如此。哲学上的范畴所具有的意义基本上都是人所赋予的，而不是在实验室被"证明"出来的。就老子所赋予"道"的那些德性而言，千百年来都作为人们用来处理人生问题和政治问题的智慧，并没有发生胡适所讲的那种祸害。因此，如果按照胡适的意思，不被科学证实即毫无价值，那么老子"道"所赋予的诸多含义将统统被化解，这是不可想象的。

5. 破坏之"道"

在胡适的观念中，"道"还内含两种非常消极且可怕的思想意识，即破坏主义和放任主义因素。他说："老子的无为主义，依我看来，也是因为当时的政府不配有为，偏要有为；不配干涉，偏要干涉，所以弄得'天下多忌讳而民弥贫；民多利器，国家滋昏；法令滋彰，盗贼多有'。……老子对于那种时势，发生激烈的反响，创造出一种革命的政治哲学。他说：'大道废，有仁义；智慧出，有大伪；六亲不和，有孝慈；国家昏乱，有忠臣。'所以他主张'绝圣弃智，民利百倍；绝仁弃义，民复孝慈；绝巧弃利，盗贼无有！'这是极端的破坏主义。"[①] 从中看出，胡适所谓老子破坏主义就是"绝圣弃智、绝仁弃义、绝巧弃利"，而老子之所以提出这种主张就在于政府的无谓干涉。至于放任主义，胡适说："'太上，下不知有之'是说政府一切放任（人民一切自由，竟不知上面还有个政府在）。这种极端的放任主义，都由于误把'天道'和'人事'拼作一样的东西，都由于从'天地不仁以万物为刍狗'，一变便成'圣人不仁以百姓为刍狗'，正与斯宾塞（HerbertSpencer）的政治哲学一模一样，两个人的受病根由都在于此。"[②] 胡适甚至将这种放任主义与斯宾塞的政治学说等同起来。他说："凡深信自然法绝对有效的人，往往容易走到极端的放任主义。……如斯宾塞的政治学说，以为既有了'无为而无不为的天道，何必要政府来干涉人民的举动？老子也是如此。他说：'天

---

① 胡适：《胡适学术文集》，《中国文学史（上）》，中华书局1998年版，第41页。
② 同上书，第578页。

之道，不争而善胜，不言而善应，不召而自来，繟然而善谋。天网恢恢，疏而不失'。这是说'自然法'的森严。又说：'常有司杀者杀。夫代司杀者杀，是谓代大匠斫。夫代大匠斫者，希有不伤其手者矣'。这个'司杀者'便是天，便是天道。违背了天道，扰乱了自然的秩序，自有'自然法'来处置他，不用社会和政府的干涉。若用人力去赏善罚恶便是替天行道，便是'代司杀者杀'。"① 如此看来，胡适所讲老子道家"道"之放任主义，主要是指"太上，下不知有之"，而其原因是将"天道"和"人事"混为一谈，是深信"自然法"的绝对有效，是将本应由人发挥主体性的事交给了自然。

然而我们认为，胡适的解释仍然是可以商榷的。这是因为，"绝圣弃智，绝仁弃义，绝巧弃利"，主要是应对社会问题的智慧。正如胡适所言，因为老子面对的政府"胡乱作为"，导致社会乱象的产生，才有所谓"绝圣弃智，绝仁弃义，绝巧弃利"的提出。所以，"绝圣弃智，绝仁弃义，绝巧弃利"是对"胡乱作为"的反动，是对那种乱象的纠偏，从而也应该是具有深刻人文关怀的精神与观念，因而不应该简单地视之为一种极端的破坏主义。至于所谓"放任主义"的看法，尤其没能接触到老子思想的灵魂。老子"道"之基本观念是"无为而无不为"，就是说，老子强调顺应自然，凡事由其自己，但同时强调，"无为"只是"有为"的前提，是"有为"的手段，所谓"当其无，有车之用"。所以，"圣人不仁以百姓为刍狗"并不是主张圣人应毫无作为，并不是主张让天下人放任自流、无视其死活，而是肯定人自我管理、自我约束、自担责任、自我主张的权力和能力。因此，胡适将"道"理解为极端破坏主义和极端放任主义，都存在"过度诠释"的嫌疑。

6. 检讨之"道"

对胡适关于老子道家之"道"的认知进行检讨，是谓"检讨之'道'"。首先，胡适认知"道"的实践有值得肯定的方面。此可由三方面说：其一是他引进了科学主义等新的方法作为认知、理解、解释"道"

---

① 胡适：《胡适学术文集》，《中国文学史（上）》，中华书局1998年版，第50页。

的武器，为老子道家"道"的研究开辟了新的视角。其二是他在应用新方法的基础上提出了一系列崭新的观点。比如，认为"天地不仁"所表达的是"天人不同类"的观念；认为"道"是一个过程，而不是一个实体；认为"道"具有破坏主义和放任主义的意识倾向；等等。这些观点都是闻所未闻、振聋发聩的。其三是使内具于"道"的积极性内涵得以呈现。比如，认为"道"具有否定有意志的天道观、否定鬼神论、否定迷信等意义；认为"道"是一种"周行不殆、循环往复"的过程，从而凸显出"道"的生命活力内涵；等等。因此可以说，胡适的理解和判断对于开拓理解"道"的思路，对于丰富发展"道"的思想内涵，都是有积极意义的。

其次，胡适认知"道"之实践存在问题。根据上述讨论，我们认为胡适关于"道"之认知至少存在这样一些问题：其一是不能正确理解"抽象之道"与"具体之理"的关系。胡适将"道包含万理"观念等同于"取消万理"和"不去认识万理"，从而认为该观念会阻碍科学发展。这种解释显然是没有正确理解"抽象之理"与"具体之理"的关系所致。其二是不能正确理解老子哲学中的天人关系。胡适将"天地不仁"解释成"天人不同类"，这虽然是很"新"的观点，但却是与老子"道"的核心精神相悖的，老子"道"观念中的天人关系是"道法自然"，就是顺其自然而为，所以"天地不仁"是讲"天地不强物就我，不无谓干涉，任其自我发展"，而不是一个判别天人差异的命题。其三是不能理解老子哲学中"道"范畴的核心性质，认为老子道家的宇宙化生秩序含有"孙不如父祖，有形贱于无形"的价值取向。在老子哲学中，"道"就是无，就是朴，就是水，就是柔弱，老子认为处理事情应采取"道"的方式才能获得成功。就是说，在方法上"道"是老子道家最崇尚的，而不是说在价值上"无形胜于有形，今天不如往昔"。其四是不能理解天地大道的人文意义，否定人类从自然中体悟大道大德的可能性，否定"道"的人文价值。胡适认为"道"是一种假设，赋予"道"的德性也是假设，所以是不可信的，也是有害的。然而，老子的"道"属于哲学范畴，也就是说，"道"是老子理想所在，老子通过"道"表达他的世界观、人生态度、处世智慧，而且，老子的这些观念和思想也影响了后来人，这些都是客观存在的，可以称为"人文的客观性"。因而不能简单地说"道"是一种假设,更不能因为"道"是一种假设而否定它深厚的人文价值。其五是胡适的认知表现出较大的混乱。比如,一方面讲"道"作为"万理"的总称会阻碍自然科学的进步;另一方面认为"道"内含"天人不同类"的思想,从而开辟了自然哲学基础,还说"道"具有否定鬼神迷信的作用。我们知道,最能否定鬼神迷信的力量是科学,而在胡适的观念中,"道"既能阻碍科学进步,又能否定鬼神迷信,"道"便成了魔术师。这表明胡适对老子"道"的认知是比较混乱的。

最后,探讨胡适认知"道"的实践出现问题的原因。胡适对"道"的认知为什么出现如此多的问题呢?我们认为根本原因是胡适思想坚定地信奉以科学主义为代表的近代观念和价值所致。具体包括三个方面:其一是科学主义。在胡适认知"道"的实践中,认为"道"是一种假设,是无法证明的;认为"道"包含天下万理,从而放弃对天下万理的探寻,因而阻碍着自然科学的发展;认为老子赋予"道"之"清静""柔弱"等德性也是一种假设,是无法证明的,而将这种没有经过验证的"德性"用在人生哲学和政治思想中做原则,是极有害的;认为"天地不仁"为自然哲学开辟了基础;认为"道"是对鬼神迷信的否定;等等。这些都是在应用科学主义方法的前提下所获得的结论。比如,为什么胡适认为赋予"道"的德性诸如"清静""柔弱"是一种假设,并进一步否定它的价值呢?因为这些德性在胡适看来不符合近代科学文明、物质文明日新月异的价值取向,所以胡适的主张完全是科学主义立场所致。其二是实用主义。实用主义与科学主义是胡适思想中两大根本观念。在胡适认知"道"的实践中,认为以"无"释"道"是消极的,"无"没有资格解释"道"的内涵;认为"道"是假设,是虚名,其所有的德性也是虚幻的;认为"道"之过程——"有形贱于无形"是消极的;等等。这些都是应用实用主义为方法和立场所得出的结论。比如,为什么胡适批评老子道家以"无"释"道"呢?因为在胡适看来,"无"就是虚空,就是不作为,就是不经世致用,所以胡适的主张完全是实用主义价值立场所致。其三是进化主义。在胡适认知"道"的实践中,认为"无"高于"有"、贵于"有"的观点是错误的;认为以"无"释"道"是消极的;认为"道"具有破坏主义和放任主义的;等等:都是根据进化主义观念和立场分析而来。比如,胡适为什么指责"道"化生万物的模式是"孙辈不如父辈,父辈不如祖辈"呢？因为在胡适看来，宇宙万物的演变是不断进步、永远上升的，怎么会出现"有形贱于无形、后辈不如前辈"的情形呢？无疑，胡适的这种结论完全是根据进化主义方法和立场分析而来。所以我们认为，胡适对老子道家"道"的认知实践，贯穿其中的是科学主义、实用主义、进化主义三种路径。正是这三种路径、方法和价值的应用构成了胡适认知老子道家"道"的巨幅画面，其得其失、其美其丑亦因此三种路径应用妥当与否而显示出来。

概言之，胡适对于"道"的解释，反映了科学主义与人文主义的差异和对立。当我们的人文学科研究应用科学主义方法的时候，如何充分发挥它的作用而又不损害人文精神与价值，或许是胡适认知"道"的实践所留给我们的宝贵思考。

（本节刊于《杭州师范大学学报》2009年第3期，《高等学校文科学术文摘》2009年第5期转摘）

六　忠于中国哲学的格局

张东荪（1886—1973，浙江杭州人）时代的国人正沉醉于"以西释中"的喜悦中，那时并没出现带有敌意和贬义色彩的"以西释中"这个词，但张东荪的独特之处，就是他作为一名西学的崇尚者，能够冷静地思考当时用西方学说解释中国传统思想的浪潮，并能提出至今仍闪耀着智慧光芒且具积极意义的主张。本文即对其提出的对于"以西释中"具有回应意义的认知、理解中国传统思想的原则与方法展开讨论，希望这种讨论对当今纠结于"以西释中"与"以中释西"之间的学界有所觉悟。

1. "西学"不能随意穿在"中学"身上

从张东荪的学术倾向与思想旨趣看，他或可归为西学主义者和科学主义者，但这并不意味着他主张简单地将西方哲学或思想移到中国哲学或思想身上，然后进行盲目的比较与评论。在张东荪看来，理解中国传统思想自然可用一切可用的学说、理论或方法作为坐标或参照，但任何学说、理论与方法都必须与中国传统思想具有相契性。比如，中国语言文字当然可以与西方语言文字进行比较，但这种比较是有条件和限度的。张东荪说："中国人研究中国文法自《马氏文通》以来不可算不多。然而他们总是以外国文法来比拟附会。他们惟恐外国文法的格式为中国所无。总想用外国文法的结构来解释中国文法。使中国文法亦穿了一套西服。我以为这种工作在中小学教授上是有用的。因为可使学生得一些泛的文法概念。但在研究中国言语文字的特征上却是有害的。因为用了一个外国文法通例而硬把中国言语文字亦嵌入其中，必致埋没中国言语文字的特征。"① 就是说，西方文法当然有其价值与合理性，但若是因为崇拜西方文法而强行以其解释中国文法，就会泯灭中国文法的特征，并伤害到中国文法，因而张东荪反对将西方文法简单地用于研究中国语言文字。也就是说，用西方文法理解、研究中国言语文字的特征存在不相应性。

由于西方思想相对中国思想而言，不仅有其特点，而且似乎代表着先进方向，所以有些人自然而然地认为西方思想作为解释中国思想的参照系的优越性是不言而喻的。但张东荪指出，即便西方思想这套服装很潮、很美，质料也很好，但要是穿在身材不相称的人身上，不仅不会产生美感，甚至可能"丑态百出"，因此，西方思想虽然很有特点，甚至很进步，但这也不能成为其随意解释中国传统思想的优势。他说："如果我们认为中国人在他的特有的思想历程上以为无下定义的必要，则可说在中国思想上没有定义便不算一件奇怪的事。并且亦不能因此便谓中国思想幼稚不如西方进步。因为定义本是西方逻辑上的事，与其全部逻辑原理以及思想格局相关，而不可单独提了出来。关于此点我曾在他处详细论过，现在不必重述。倘使承认此说，则孔子对于仁不下定义与不解释仁之本质乃正是表示孔子代表中国思想的地方。"② 就是说，虽然中国传统思想疏于对概念的定义，但这不能成为用西方思想解释甚至改变中国思想的理由，因为不对概念下定义正是中国思想的特点和优点。这里张东荪所强调的是，即便是先进的思想学说，若要将其作为解释另一种思想学说的参照，并不存在优先性与合法性，而且必须尊重被认知和解释的思想文化的特殊性。因此，对孔子"仁"概念的理解，用定义的方式并不是最佳选项，因为这不符合中国思想的基型，中国思想的基型就是没有定义。而这种主张也是张岱年先生所赞同的，他说："中国古代哲学有自己的特殊性，忽视中国哲学的特殊性，硬把西方哲学的模式套在中国哲人的头上，是不对的。但是过分夸大了中国哲学的特殊性，以至抹煞中国哲学与西方哲学的一般性，也是不对的。"③ 这种主张的意义显然不仅在于对解释行为设计了规则，而

---

① 张东荪：《知识与文化》，岳麓书社 2011 年版，第 184 页。
② 张东荪：《思想与社会》，岳麓书社 2010 年版，第 141 页。
③ 《张岱年全集》第五卷，河北人民出版社 1996 年版，第 68 页。

且在于体现了对思想或学说生命的尊重。

2. "以中释中"才能焕发"以西释中"的青春

　　如上所言，理解中国传统思想不能随意应用西方学说，就是因为西方学说的单方面解释不仅不能穷尽中国传统哲学之意蕴，而且可能误读中国传统思想。那么，有没有补救的方法？张东荪的答案是肯定的。这个办法就是回到中国传统思想的格局中去，将"以西释中"和"以中释中"结合起来。张东荪说："我们要了解孔子，要了解他说的仁，亦决不当以定义之方式去求之。如不明此理而强去替孔子下一个'仁'字的定义，这便是把中国思想的格局打破了。打破中国思想的基型在今天的中国本不是不应该的，因为西方文化已大量移入进来了。但其中却有问题。就是我们今天超越了中国思想格局用以了解中国固有文化则可；若谓中国古代思想本来就是那样大大不可。换言之，以我们今天的思想格式来对于古代思想而求有所了解，这乃是解释工作。倘若以古代思想硬嵌入在我们的格式中，这便是削足适履。二者分别甚大。可惜现代学者很少能彻底明白这个道理。"① 就是说，认识与理解孔子的"仁"的思想，不能以定义的方式去进行，因为孔子没有给"仁"下定义，所以必须按照孔子说"仁"的方式去理解。但张东荪也认识到西方思想或学说潮水般涌进之后，中国思想的基型必然是会被打破的，因此，张东荪对以西方思想或学说解释中国传统思想的方式进行了分解：超越中国思想格局理解中国古代思想不是不可以，但不能认为中国古代思想就是如此，因为这完全是西方思想的模式了。而如果将古代思想强行嵌入新的理解格式中，这便是削足适履，就是对中国传统思想产生错误的判断。可见，张东荪并不是一味反对西方思想成为认知、理解中国传统哲学的坐标，而是提示人们以西方思想认知、理解中国传统思想可能遭遇的两种需要注意的情形。

　　既然西方思想不能简单地成为认知、理解中国思想的参照，就算西方思想先进也必须考虑和尊重被理解的中国传统思想。那么，怎样理解中国传统思想呢？张东荪认为应该回到中国思想自己的方式。回到中国传统思

---

　　① 张东荪：《思想与社会》，岳麓书社 2010 年版，第 141 页。

想格局也意味着"以西释中"的同时配以"以中释中",即通过"以中释中"弥补"以西释中"的不足。比如,对孟子性善论的理解,就必须先对其提出的背景进行分析,这种背景包括相近学说与文化基础。张东荪说:"孟子以前,大概已早有了性善论的根基。陈沣主张孔子所谓'性相近'就是暗含性善,其言未尝无据。中庸上'继之者善也',亦何尝不是在性上提出善来。可见儒家初期的性善论,显然是与当时文化上有一个注重人格的转机相呼应,即二者有相表里的关系。"① 根据这样的原则,如要理解孔子"仁"概念的含义,同样必须回到涉及孔子言论及思想的经典中去寻找。张东荪说:"所以倘使承认这个不同,则我们便在孔子对于仁不下定义一点上,更能了解孔子,更能了解他的仁是什么。本来古书如严格考证起来,问题是太多。《论语》一书差不多以'仁'字为中心思想,但在他处(如《易经》及《礼记》等)则又不尽然。如果以为孔子的思想限于《论语》,这是很不妥的。所以我们必须把孔子在《论语》上所表示的思想与在其他处所表现的,以及在孔子以前的思想系统作一个通盘计算,以明其中的异同方可。所谓异同是从大同中见其小异,亦是由小异以窥大同。倘使专从其破绽处着眼,则必只见有割裂。汉儒因专事训诂而把大义割裂了;近人因专事考证,亦同样把义理的条贯抹煞了。"② 这里张东荪细述了回到孔子提出"仁"的历史文化背景中的内容与问题。就是说,回到传统自身仍然有许多文献、语言、思想上的问题要解决,而正因为这样,才不至于应用西学的解释而使"仁"丧失其本有之义。张东荪说:"总而言之,中国思想是把宇宙、社会、道德等各方面会合在一起来讲,而形成一个各部分互相紧密衔接的统系(closed system)。决不能单独抽出其一点来讲。倘不明此理,而以其中某某点拿来与西方思想比较其相同处,则必定有误解。因为抽出来的便会失了其原义。"③ 因而"以西释中",却找到了学术上的好伙伴,可以帮助自己避免常识性错误,而使积极意义得以充分发挥。近年来,"以西释中"学术实践遭到了广泛批评,甚至被某些学者当成中国传统哲学、中国传统思想文化遭受伤害的

---

① 张东荪:《理性与民主》,岳麓书社 2010 年版,第 106 页。
② 张东荪:《思想与社会》,第 141—142 页。
③ 张东荪:《知识与文化》,第 118 页。

罪魁祸首，虽然这种问责与事实并不完全相符，但"以西释中"的负面效果却是客观存在的，从这个意义上讲，强调"以中释中"对于"以西释中"的意义兴许是及时的。

3. 类似文化因素是"西学"进驻东土的神奇推手

张东荪认为，若要在比较研究中引进西方思想观念或学说，当然是可以的，但必须在中国传统思想中寻找相似的基础。具体而言，就是在中国传统思想中寻找类似的哲学或文化因素，而要做到这点，首要前提是必须对中国思想文化与西方思想文化都有所了解，对中国哲学和西方哲学都要有研究。张东荪说："因此，我对于以往吸收西方文化的态度很引为有些遗憾。就是不从配合方面着眼，而专从冲突方面着眼。因为把两种文化视为绝对相冲突的东西。所以，遂对于固有文化认为是进步的障碍，应得加以屏弃。于是一时时髦的学者，都以能咒骂固有文化为得意鸣高。其实这是一个大错误。我在十余年前有一天和熊十力先生谈及中西哲学之多同，我说凡能彻底了解西洋哲学的，同时亦能了解中国哲学。现在一班学哲学的人不能了解中国哲学，并不是由于他们学习了西洋哲学，乃是因为虽学习了西洋哲学，而仍未澈底了解。中国现代一班读书人对于西方文化，亦是如此。例如高唱打倒孔家店的吴某，对于外来文化即一无所知。胡适先生当时为之附和，到了今天似亦应有所懊悔了。今天的纷乱，这一班作文化沟通与接触的工作的人们，实在不能不负责任。"[①] 就是说，根据已有的吸收西方思想文化的经验，之所以出现将中国固有的哲学和文化视为障碍的状况，就是因为对中国思想文化不了解，就是因为对西方思想文化也不了解，从而用对立的态度处理它们的关系。因此，张东荪主张在吸收西方哲学和文化时中国思想文化应加以"配合"，而所谓"配合"，就是对中国思想文化与西方思想文化都必须了解，否则就无法找到"配合"关节点。不能找到"配合"关节，非但不能引进西方思想文化，中国传统思想文化也将被糟蹋。那么，如果要吸收西方思想文化，中国思想文化应该怎样"配合"呢？

---

① 张东荪：《理性与民主》，第184—185页。

张东荪以"人格"观念为例进行了说明。他说:"我在上文曾提文化之沟通与混合,必须先其本来就有相接近点方可开始导入,这个道理亦可用于此处。即中国如果要把西方的人格观念迎接进来,要想建立民主主义的生活(民主主义是一个整个的文化,不仅是一个政治制度而已,请详后章),则必须先把儒家的人格思想昌明起来,认真实现。因为这一点是和西方的人格观念有比较上相接近之处。两个文化的接轨,必由于其中相类似处,乃是因为人们习惯称为第二天性。新的样子太违反旧日习惯,遂不能接受,于是必先由与向来习惯不太相反的地方进来。尤其是在观念与思想方面,更是必须如此。"[①] 就是说,对于西方人格观念,儒家人格思想与之相近,所以若要吸收西方人格观念,若要建立民主主义生活,就应该将儒家人格思想发扬光大。为什么必须寻找相似观念或文化作为基础呢?张东荪认为,人的习惯是一种天性,这种天性是人接受新事物的心理基础,如果被接纳的新事物或新学说与人习惯了的事物或学说相冲突,那么这种新事物或新学说很难被接受而不被拒绝。相反,如果被接纳的新事物或新学说与人习惯了的事物或学说之间存在相应性,那么这种新事物或新学说就容易被接受。因此,引进西方思想观念或学说应努力在中国思想中寻找相应的观念或学说。根据这样的原则,如果是中国传统思想文化中欠缺的,就需要补课,以构建中国思想文化与西方思想文化贯通的基础。张东荪说:"虽关于个人内心的修养方面特别发达,对于公共制度方面则付之缺如。所以,今后我们的问题决不是什么全盘西化,亦决不是什么中学为体,西学为用。须知关于公共制度方面的,例如宪法与选举法等,这显然是中国本来所没有的。对于中国向来所无的而设法补充上去,这件事并不甚难,似乎无须要'全盘西化'的极端办法,亦不必须'中学为体'来做解释。不过我亦承认虽只是补充空隙,然而却亦必须配合得上,使形成一个整体,不起内部的冲突。"[②] 就是说,接纳新学说、新思想、新文化,必须在自身的思想文化系统中建立起基础,有了与被吸收思想文化相似的内部基础,才谈得上"配合",有了思想文化上的"配合",才能消除接受者的心理障碍,才能消除彼此的冲突与动荡,使中西思想文化顺利

[①] 张东荪:《理性与民主》,第94页。
[②] 同上书,第184页。

结合。事实上，张东荪这个主张同样得到了同时代学者的呼应："我说这些话，当然不是要排斥西方科学，因为这无可争辩的事实，同时证明中国文化亦无力排斥西方科学。无力排斥，即表示其自身有某一种缺点，而有所需求于科学，既然排斥不了，便只好痛自反省一番，坦然接受。现在的问题，是在我们甘愿中国文化被破坏分解后，再来被动的接受。或我们还能从中国文化精神中，引发出自动自主的精神来接受。如果能够，则中国文化精神均可继续下去，已被破坏分解的东西，仍可恢复。如果不能，照我的看法，不仅中国文化精神要被毁灭，而且中国人对西方科学之接受，亦永不能成功。"①

4. 中学西学的对唱仍将理性地持续上演

总之，张东荪虽然偏爱西学，但对于"以西释中"理解中国传统思想的方式或实践所提出的主张，无疑是有前瞻性的。他提倡、支持并实践中西思想文化的会通与交流，他认为西方思想和哲学先进于中国传统思想和哲学，他主张通过"以西释中"推动中国传统思想和哲学的现代转型。但是，他认为中国传统思想和哲学具有西方思想和哲学所不具备的特点和优点。因此，他主张必须考虑到中西思想和哲学的差异，必须注意"以西释中"对中国传统思想和哲学可能造成的伤害，这样才能使"以西释中"的积极价值得以实现，才能有助于中国传统思想和哲学的进步。

笔者以为，张东荪关于以西学认知、理解中国传统思想和哲学所提出的主张，仍可做如下积极性引申：其一，思想学说的先进性不能成为思想文化殖民的借口，必须考虑每种思想学说的多元性与权利。张东荪承认西学的先进，但西学无论如何先进，若是作为一种认知、理解另一种思想学说的方法或坐标，那么，它也必须考虑被理解思想学说的特殊性，必须以尊重被理解思想学说的权利为前提。就是说，解释不能成为强盗行为，而应遵守解释学的人文规则。即便是先进的思想学说，也不能对被理解的思想学说为所欲为，肆意曲解乃至破坏被解释思想学说的传统，以达到思想文化上的殖民目的，这是张东荪所反对的，也是今天的中西文化比较研究

---

① 唐君毅：《中国人文精神之发展》，广西师范大学出版社2005年版，第95页。

中所要警惕的。其二，吸收先进的思想学说，应该在自身传统中寻找相应的思想文化基础。张东荪强调，中国如要顺利地、有成效地吸收西方思想和哲学，就必须在自身的思想传统中寻找相应的观念或文化因素，这样就可以"里应外合"，使西方思想和哲学顺利地进入。张东荪这个主张具有丰富且深刻的蕴意。既然要寻找与西学相配的思想文化因素，那么这就意味着寻找者必须对中西思想和哲学有相当程度的了解，从而避免发生常识性错误。寻找类似的思想文化因素是为了让人们接受新思想、新学说时具备一种"先天"心理，从而消除吸收西方思想和哲学可能发生的心理障碍，这就对不同思想文化的交流与融合提出了心理上的课题。既然是通过在传统自身中寻找相应的思想文化因素，那么，一旦传统中缺乏相应的思想文化因素怎么办？按照张东荪的理念，就必须创造相应的思想文化因素，以作为迎接新哲学、新思想的基础，这就意味着对思想文化传统肩负有改造或创造的任务。其三，认知、理解实践是一种文化性创造，是内外结合的思想创造活动。张东荪极力主张，用西方思想和哲学认知、理解中国传统思想和哲学如要获得真正的成功，就必须先有对被解释对象的自我解释。就是说，以西学解释中国传统思想和哲学必须建立在中国学问的自我解释基础上。比如，解释孔子的"仁"，先要有在中国传统系统内、在儒家思想系统内、在孔子思想系统内的解释，再开始西学的解释，这样，西学的解释就不至于犯常识性错误而谬以千里，而"仁"在自身文化系统中的含义与在西学解释下的含义也就可以"水陆两清"。就好比打仗，对我军了如指掌是不够的，还要对敌军了如指掌，只有做到知彼知己，才能"百战不殆"，才能获得对被解释对象更准确、更客观、更有创造性的理解。

(本节刊于《中共宁波市委党校学报》2015年第5期)

七 "以西释中"衡论

所谓"以西释中",就是用西方哲学学说、思想、概念和命题等来认知、理解中国传统哲学的学术实践。刘笑敢称之为"反向格义":"近代自觉以西方哲学的概念和术语来研究、诠释中国哲学的方法为'反向格义'。"① 尽管百余年来中国学者者一方面一直陶醉于"以西释中"的愉悦之中,尽管"以西释中"仍然是某些学者在公共学术场合显示自己优越感的方式,但另一方面,"以西释中"似乎成了过街老鼠,人见人嫌,人人喊打,检讨、批判的文章如雪花似的漫天飞舞。然而,"以西释中"真的那么可恶吗?中国哲学真的可以告别它吗?愚以为,学术性问题不应该淹没在意气的唾液之中,而应该回归理性加以全面的检讨。

1. "以西释中"之为学术实践

近年来,"以西释中"方式虽然遭到了强烈质疑与批评,但必须承认一个客观事实,那就是"以西释中"是中国现代学术史上的基本实践模式,甚至在目前遭到批评的情境下,仍然如此。为了让这种事实不致遭到非理性的、无辜的否定,为了我们对"以西释中"的分析、研究与评论有客观的基础,这里我们由四个方面陈述这个事实。

(1) 学术共同体的共识

所谓"学术共同体的共识",就是指"以西释中"在过去百余年中已成为中国哲学研究者共同承认、接受和提倡的学术实践"模式"。这里罗列部分著名学者的"表态",以观其"共识"性。严复是第一位对中西思

---

① 刘笑敢:《诠释与定向》,商务印书馆2009年版,第101页。

想文化进行比较研究的思想大师，他说："即吾圣人之精意微言，亦必既通西学之后，以归求反观，而后有以窥其精微，而服其为不可易也。"①在严复看来，西学不仅是发现中国传统思想微言大义的显微镜，也是判断其是否有价值的测量器。梁启超对将西学用于研究中国古代思想的特殊意义也有着清晰的认识，他说："我们家里头的这些史料，真算得世界第一个丰富矿穴。从前仅用土法开采，采不出什么来，现在我们懂得西法了，从外国运来许多开矿机器了。这种机器是什么，是科学方法。"②就是说，中国有丰富的思想矿穴，但需要用西学方法开挖。王国维对西学在研究中国传统哲学实践中的方法与标尺意义有着深切的感悟，他说："余非谓西洋哲学之必胜于中国，然吾国古书大率繁散而无纪，残缺而不完，虽有真理，不易寻绎，以视西洋哲学之系统灿然，步伐严整者，其形式上之孰优孰劣，固自不可掩也。……且欲通中国哲学，又非通西洋之哲学不易明也。近世中国哲学之不振，其原因虽繁，然古书之难解，未始非其一端也。苟通西洋之哲学以治吾中国之哲学，则其所得当不止此。异日昌大吾国固有之哲学者，必在深通西洋哲学之人，无疑也。"③就是说，只有西方哲学才能使中国哲学变得明白，才能使研究中国哲学取得收获，才能昌盛中国哲学。熊十力认为，借由中西哲学的比较，察其异同，判其优劣，成其会通，新哲学才可能产生，他说："夫新哲学产生，与中国本位文化建设，则必于固有思想，于西洋思想，方方面面，均有沉潜深刻的研究，然后不期而彼此互相观摩，长短相形，将必有新的物事出焉。否则终古浅尝，终古混乱，一切话都不须说也。"④作为教育家的蔡元培，也认为要明了中国古代思想的真相需借助西学，他说："研究也者，非徒输入欧化，而必于欧化之中为更进之发明；非徒保存国粹，而必以科学方法，揭国粹之真相。"⑤冯友兰指出，一个研究中国哲学的人，若不研究西方哲

---

① 严复：《救亡决论》，王栻主编：《严复集》第一册，中华书局1986年版，第49页。
② 梁启超：《治国学的两条大路》，《梁启超哲学思文选》，北京大学出版社1984年版，第421页。
③ 王国维：《哲学辨惑》，佛雏校辑：《王国维哲学美学论文辑佚》，华东师范大学出版社1993年版，第5—6页。
④ 熊十力：《熊十力全集》第二卷，湖北教育出版社2001年版，第300页。
⑤ 蔡元培：《〈北京大学月刊〉发刊词》，陈崧编：《五四前后东西文化问题论文选》，中国社会科学出版社1985年版，第119页。

学,便不可能再有恰当的方法整理中国哲学史,他说:"中国哲学,没有形式上的系统,若不研究西洋哲学,则我们整理中国哲学,便无所取法;中国过去没有成文的哲学史,若不研究西洋哲学史(写的西洋哲学史),则我们著述中国哲学史,便无所矜式。"① 在冯友兰看来,哲学之为完整系统,只有西方哲学做到了,如要将中国哲学整理成一个系统,只取法西方哲学。贺麟认为,若要反省和解释中国的旧文化旧思想,就必须知道和学会使用西学方法,他说:"我们打开了文化的大门,让西洋的文化思想的各方面汹涌进来。对于我们自己旧的文化,即使不根本加以怀疑破坏的话,至少也得用新方法新观点去加以批评的反省和解释,因而会觉得有无限丰富的宝藏,有待于我们去发掘。"② 郭齐勇肯定了西方哲学有助于发现中国哲学的奥秘:"中西哲学的交流互渗已是不争的事实,且也有助于逐步发现'中国哲学'的奥秘。'中国哲学'学科的生存与发展,必须保持世界性与本土化之间的必要的张力。包括中国哲学史的研究方法,也需要借鉴欧美日本,当然不是照搬,而是避免自说自话。"③ 刘笑敢则以胡适和冯友兰在中国哲学研究上的成就阐明西方哲学对于认知和理解中国传统哲学的意义,他说:"自觉地运用西方哲学的眼光、角度、概念、方法研究中国古代的哲思传统,为现代意义的中国哲学这一学科奠基的两个功臣,是从哥伦比亚大学哲学系获得博士学位的胡适和冯友兰。胡适将实用主义引入中国,并开风气之先,以'截断众流'的勇气完成了第一部以西方哲学眼光写成的《中国哲学史大纲》(卷上,1919),冯友兰则将新实在论引入中国哲学史研究,完成了在中国和西方均有重要影响的第一部完整的中国哲学史(上册,1931,下册,1934)。张岱年尝试用中国哲学的术语解说中国古代哲学,写成《中国哲学大纲》(1937完成,1943印为讲义),其背后则有逻辑实证论和辩证法的思维框架。"④ 概言之,对于上述著名哲学学者而言,如要挖掘中国哲学宝藏、整理中国哲学系统、找寻中国哲学精义、辨别中国哲学优劣、准确而深刻把握中国哲学特征,西方哲学是最有效的坐标与方法。可见,"以西释中"是一种心照不宣的

---

① 冯友兰:《三松堂全集》第十一卷,河南人民出版社2011年版,第403页。
② 贺麟:《中国哲学的调整与发扬》,《贺麟集》,吉林人民出版社2005年版,第329页。
③ 郭齐勇:《中华人文精神的重建》,北京师范大学出版社2011年版,第192—193页。
④ 刘笑敢:《诠释与定向》,第102—103页。

共识。

(2) 学术研究的方法

当然,作为顺应时代学术潮流的"以西释中"模式,并没有停留在哲学家们的言论上,而是落实在具体的学术实践中,成为学术研究的基本方式。正如刘笑敢所说:"反向格义的方法如果自胡适的《中国哲学史大纲》(卷上)开始算起,已将近有八九十年的历史。现在,这种方法似乎成为一种无可否认的中国哲学研究的主流方法。"① 就是说,"以西释中"不仅是过去时,也是现在时,而且已成为不可否认的主流方法。那么,"以西释中"具体实践情形如何呢?以人文主义理解"道",则"道"具有丰富的人文内涵,陈鼓应说:"道虽然有其作为万物生成的本源与本根之超越性,然而更重要的是其作为价值根源的意涵。正是作为价值的根源这一点,体现出道的本根性所具有的人文意义。……归结而言,老庄之道的本根性,在两个方面体现出人文意涵:一方面是作为人间制度、人事的价值根源;另一方面,理想的制度规范与和谐人事,正是道的体现。"②以唯意志论理解"性",则"性"具有"意志自由"内涵,牟宗三说:"西方人所言的意志自由(freedom of will)或者自由意志(free will),正相当于中国人所言的创造性。不过中国人简单地只说'性'一字,字面上不能看清其涵义。其实这'性'的意义一旦落实,其特征或具体涵义首先是可由西人所言的自由意志去了解的。因此,自由意志也可说成生化的原理,或者创造的真几。人能撤销自己的生命,足以表示人确有自由意志(自由意志为一道德观念)。中国儒家从天命天道说性,即首先看到宇宙背后是一'天命流行'之体,是一创造之大生命,故即以此创造之真几为性,而谓'天命之谓性'也。"③ 就是说,儒家所讲的"性"与"自由意志"是一个东西,儒家所讲的"性"是从天道角度说,它以"创造的真几"为性,所以既可挺立自己的生命,亦可撤销自己的生命,所以说"性"表示了人的自由意志。以科学知识论理解和判断"理",那么,"理"既不应该有形而上学意义,也不应该有伦理意义。王国维说:

---

① 刘笑敢:《诠释与定向》,第107页。
② 陈鼓应:《道家的人文精神》,中华书局2012年版,第106—107页。
③ 牟宗三:《中国哲学的特质》,上海古籍出版社2007年版,第52—53页。

"'理'之意义，以理由而言，为吾人知识之普遍之形式；以理性而言，则为吾人构造概念及定概念间之关系之作用，而知力之一种也。故'理'之为物，但有主观的意义，而无客观的意义。易言以明之，即但有心理学上之意义，而无形而上学上之意义也。"① 又说："吾国语中之'理'字，自宋以后，久有伦理学上之意义，故骤闻叔本华之说，固有未易首肯者。然'理'之为义除理由、理性以外，更无他解。若以理由言，则伦理学之理由，所谓动机是也。……理性者，推理之能力也。为善由理性，为恶亦由理性，则理性之但为行为之形式，而不足为行为之标准，昭昭然矣。……不知理性者，不过吾人知力之作用，以造概念，以定概念之关系，除为行为之手段外，毫无关于伦理上之价值。"② 就是说，无论是作为"充足理由原则中的因果律"言，还是作为"人智力之一种之理性"言，"理"既不具有形上学意义，也不具伦理意义。不难看出，在过去百余年中，西方哲学学说、思想、概念等被普遍用于"以西释中"的学术实践中，以对中国传统哲学进行解释，凸其异同，明其特点，揭其价值。这就是刘笑敢所说的："很多西方哲学的流派都有可能成为研究中国哲学的理论方法和思维框架。比如，历史唯物主义和辩证唯物主义曾经是研究中国哲学的天经地义的指导思想，分析哲学提供了另一种研究中国哲学的主要方法，现象学和诠释学传统也开始进入中国哲学研究的领域，此外，语言哲学、结构主义、宗教哲学都对中国哲学的研究产生过或大或小、或长或短的影响。"③

（3）学术课题的论域

作为哲学研究方法的"以西释中"，几乎贯穿于过去百余年所有的学术争鸣中。这里罗列其中的数次争论，足以展现"以西释中"的"轴心"地位。其一是东西文化论战。这次论战发生于1910年代。参战的有激进派、保守派与调和派。保守派认为中国的国粹必须保存下来，中国的道德、文学、宗教、家族制度都不应改变，中国哲学是意欲调和持中的，可以挽救西方文明的命运。激进派则认为，中国文化文明必须进行全面、彻

---

① 王国维：《释理》，干春松编：《王国维学术经典集》（上），第28—29页。
② 同上书，第32页。
③ 刘笑敢：《诠释与定向》，第103页。

底的改革，中国的旧道德、旧文化等都必须废除，要用新道德、新文化取代，提倡民主与科学，反对专制与愚昧。在保守派、激进派之间，是调和派。调和派的主张是，既要保存固有的国粹，要将之发扬光大，又要吸收西方的物质文明和科学技术。具体到某个代表人物，比如梁漱溟认为，文化可分为物质的和精神的，西方文化是物质的，中国文化是精神的，而且以儒学为主体的中国传统文化是最好的文化，它可以医治西方文化的弊病，因而中国不需要西方文化、西方哲学。而胡适认为，西方文化是当时进步文化的代表，中国传统文化的改造与转型，都需要借助西方文化、西方哲学。因此，东西文化论战的实质，就是中西文化、中西哲学谁主谁次、谁优谁劣的问题。用陈崧的话则是："论战的内容非常丰富，涉及的问题非常广泛，但比较集中于东方文化与西方文化的关系问题。其中又具体涉及如何解决文化的继承与革新，……如何处理本民族传统文化与外来文化的关系。"[1] 这个评论表明，此次学术争鸣的缘起及核心内容，正是"以西释中"模式的呈现。

其二是科学人生观论战。这次论战发生于1920年代。所谓科学人生观论战，争论的中心问题是科学能否解决人生观问题。玄学派认为，人生观是直觉的、主观的、意志自由的、综合的、单一性的，因而科学不能解决人生观的问题；科学派则认为，科学可以解决人生观问题，所有的人生观问题科学都可以解决。中国哲学中的儒学、道家思想、佛学等属玄学，因而玄学派主张保护传统文化，伸扬中国传统哲学的价值。而科学被认为是西方文化的代表，因而科学派提倡西方哲学、西方思想，高扬西学的价值。玄学派代表张君劢的评论告诉我们，所谓科学人生观论战，本质上仍然是中学与西学的孰优孰劣之争，他说："吾有吾之文化，西洋有西洋之文化。西洋之文化有益者如何采之，有害者如何革除之；凡此皆取舍不同，皆决之于观点。观点定，而后精神上之思潮，物质上之制度，乃可按图而索。此则人生观之关系于文化者所以若是其大也。"[2] 可见，这次论战仍然围绕中学、西学关系展开，"以西释中"是这次论战中的核心

---

[1] 陈崧：《前言》，《五四前后东西文化问题论战文选》，中国社会科学出版社1989年版，第2页。
[2] 张君劢：《人生观》，《科学与人生观》，山东人民出版社1997年版，第40页。

问题。

其三是文化问题的大讨论。这次讨论发生在 1980 年代，争鸣的核心问题是中国文化发展的方向。有学者主张复兴中国传统文化，认为中国传统文化属于精神文化，高于西方物质文化，西方物质文化只是中国文化的补充；有学者认为西方文化是人类文明进步的风标，整体上已逐渐同化中国文化，在思想观念、物质实施、社会制度等方面都占据主导地位，认为只有学习西方文化，才能更好地推动中国的进步；还有学者主张"中体西用"，认为以中国文化为体、西方文化为用，是复兴中国文化、推动中国社会进步的重要步骤。不难看出，所谓文化大讨论，其核心问题仍然是中学、西学关系问题，三种主张转换成"以西释中"的表述，就是赞同"以西释中"、反对"以西释中"、调和"以西释中"。汤一介先生曾以印度文化被引入中国的经验警示 80 年代文化热的问题："对于外来文化采取'开放'的态度，是民族文化有生命力的表现；一种文化能够充分吸收和融合外来文化，是这种文化较快发展的重要条件。……今天，我们又面临着西方文化的冲击。在这种新的情况下，如何反省中国传统文化的价值，改造它，发展它，使之为建设社会主义精神文明作出贡献？我们通过总结印度佛教传入中国的经验，或许会得到一些有益的启示。"[①] 汤先生的评述说明，此次文化问题大讨论，仍然是以中西文化、中西哲学关系为主轴。

其四是中国有无哲学及哲学合法性问题大讨论。这次论战发生于20—21 世纪之交。尽管这个问题在 20 世纪上半叶就已开始讨论，但深度的、建设性的并基本上有定论的讨论，就属此次讨论了。所谓中国哲学合法不合法，就是对中国哲学的质疑。有学者认为中国没有哲学，只有思想；更多学者认为，中国不仅有思想，也有哲学，而且中国哲学有其自身的特点。稍加留心便可发现，认为中国没有哲学的观点，无疑是以西方哲学为标尺得出的结论，而认为中国有哲学的观点，同样是以西方哲学为标尺得出的结论。因此，关于中国有无哲学或中国哲学合法性的讨论，完全是"以西释中"模式的具体表现。正如魏长宝所说："中国哲学合法性问

[①] 汤一介：《从印度佛教的传入看中国文化的发展》，李小兵编：《八十年代中西文化讨论集》，中共中央党校科研办公室 1987 年发行，第 360 页。

题，反映了当代中国哲学界希望破除西方哲学话语霸权的钳制，改变以往简单地以西方哲学的概念范式来剪裁中国哲学文献资料的那种依附局面，摆脱因一味套用西方叙事模式来写中国哲学的历史所导致的自我特性丧失的困境的愿望，是当代中国哲学研究自我反思进一步走向自觉和深入的理论表征。"① 通过这四次学术论战或争鸣的简要考察，我们所获得的结论是：在过去百余年出现过的多数哲学论战或争鸣，都与"以西释中"存有密切的关联。

（4）学术术语的应用

"以西释中"模式作为过去百余年中国哲学研究中的客观存在，也表现在学术话语的应用上，即过去百余年中国哲学研究所使用的学术术语基本上是西方的。请容陈述：属于宇宙论、本体论的术语有本体、本原、本质、存有、有限、存在、实在、生成、实体、表象、绵延、非我、一元论、二元论、多元论、唯心主义、唯物主义、主观唯心主义、客观唯心主义、唯意志论等；属于发展观的术语有时间、空间、个别、一般、抽象、具体、普遍、特殊、个性、共性、运动、静止、量变、质变、联系、规律、矛盾论、必然论、目的论、斗争性、可能性、同一性、因果性、形而上学、辩证法等；属于知识论、解释学的术语有主观、客观、主体、客体、先验、知觉、实践、抽象、范畴、命题、直观、直觉、经验、真理、悟性、推理、类比、检验、假说、假象、理性、理念、超验、感性、感知、感觉、意识、范式、语境、文本、前理解、认识论、反映论、可知论、不可知论、先验论、经验论、理性认识、感性认识、绝对真理、相对真理等；属于社会历史哲学的术语有义务、权利、异化、阶级、国家、民主、自由、价值、本质、社会存在、社会意识、生产力、生产方式、必然王国、自由王国、决定论、唯物史观、唯心史观等；属于哲学学说、学派的术语有存在主义、人文主义、后现代主义、实用主义、生存主义、生命哲学、自由意志、实证主义、人道主义、命定论、生机论、进化论、系统论、泛神论、实证论、怀疑论、诡辩论、物活论、唯名论、唯实论、实在论、唯理论、自然客体、社会客体、精神客体、公民社会、交往行为、语义分析、自然神论、神秘主义、自然主义、直觉主义、烦琐哲学等。需要

---

① 魏长宝：《中国哲学的"合法性"叙事及其超越》，《哲学动态》2004 年第 6 期。

强调的是，这些术语仍然活跃在当今中国哲学研究中，经过长时间的积淀，它们都已是约定俗成、有了固定的含义，在我们的哲学论文中，在我们的哲学著作中，在我们的哲学学术交流中，这些术语都已成为基本话语形式，都已成为表达我们哲学思想的基本工具和方式。在我们的哲学思考、教学、研究等方面，有谁离得开这些"西学"？正如张法所说："理解中国现代哲学的新词，特别是定型化的新新词体系，成了欲进中国现代哲学殿堂绕不开、避不掉的必经之路。"① 而郭齐勇更是强调西方哲学术语对于推动中国哲学发展的意义，他说："运用西方哲学范畴、术语，在借取中有发展。我们不能不借取，又不能不增加，渗入本土义与新义。牟宗三先生借用佛语说'依义不依语'，'依法不依人'，即自主地创造性的运用西方范畴、术语，有很大的诠释空间。"② 不能不说，20世纪中国哲学的成长主要是在西方哲学的观照、养育下实现的，我们有必要因为这些术语的"西学"身份而恩将仇报吗？如果我们现在抛弃这些术语，从而放弃已经应用的话语体系，谁能提供新的话语体系呢？

没有疑问，哲学家们的共识，学术研究的方法，问题论战的中心，学术术语的应用，构成了劳思光先生所说的中国人发挥主观能动性的"客观化世界"。劳思光指出，欧洲文明已经造成了一个"现代世界"——"这个世界有其光明面，亦有其阴暗面；但不论它'好'或'坏'到什么程度，它即是我们所在的世界。这个世界对我们这些当前存在的人讲，它是一种客观性的'所与'（given）。如果我们不想涉及某种形上学或语言上的纠结，我们可以避免称它为'Objective World'（客观世界）；但至少应该承认它是'Objectivated World'（客观化的世界）。这样一个已被建立成客观存在的世界，成为我们一切主观的自觉努力的限定条件。这是我们谈及任何实践性问题时决不可遗漏的认识。"③ 在劳思光先生看来，由于西方文明已经创造了一种客观化世界，这种客观化世界成为人们发挥主观能动性的条件，因此，想离开西方哲学自言自语不仅是可笑的、不明智的，也是不可能的。西方哲学或许是

---

① 张法：《走向全球化时代的中国哲学》，北京大学出版社2011年版，第50页。
② 郭齐勇：《中华人文精神的重建》，第208页。
③ 劳思光：《关于中国哲学研究的几点意见》，刘笑敢主编：《中国哲学与文化》（第一辑），广西师范大学出版社2007年版，第6页。

一只怀有野心的"狼",但为了获取这只"狼"身上的营养,我们不得不机智地"与狼共舞"。

2. "以西释中"所为学术成就

尽管我们能够充分地告诉读者,"以西释中"是中国现代哲学史上的主要学术实践,但不能说"存在的就认定是合理的",不能因为它是客观的,就认定是合理的,就是可以肯定的。因而我们必须继续辛苦下去,努力说明这个"以西释中"不仅是客观事实,而且主要是好的客观事实,是有价值的客观事实。

(1) 发掘、整理中国传统哲学资源

如上所述,"以西释中"方式开始时的主要工作是对中国传统哲学资源的发掘和整理。这个发掘和整理,从哲学内容言,就是将关于宇宙万物的根据和起源的思想,即所谓本体论、宇宙论方面的内容发掘出来,就是将关于万物变化、发展及其原因的思想发掘出来,就是将关于认识形式、规律及正确与否方面的思想发掘出来,就是将关于人的生命价值和意义的思想发掘出来,就是将关于社会历史发展变化规律的思想发掘出来。王国维是采用"以西释中"模式开掘中国传统哲学资源较早的一位思想家,他写的《孔子之学说》,就对孔子的"哲学思想"进行了具体的发掘和整理。《孔子之学说》分三篇,其一为"形而上学",讨论孔子的"天道及天命";其二为"伦理学",讨论孔子的伦理道德思想、道德修养方法、道德教育、道德与政治之关系方面的主张;其三为"结论",对孔子哲学思想进行概括总结。这样就将孔子的天道、天命等形上学方面的思想资源和道德伦理、道德教化、道德修养等方面的思想资源进行了发掘和整理。① 冯友兰的《中国哲学史》对于中国传统哲学资源的发掘和整理,其基本参照是西方哲学。比如他写朱熹哲学思想,首先将"理"、"气"作为形而上学部分讨论,一为形而上,一为形而下。冯友兰说:"形而上之理世界中只有理。至于此形而下之具体的世界之构成,则赖于气。理即希

---

① 王国维:《哲学辨惑》,《王国维哲学美学论文辑佚》,第28—70页。

腊哲学中所说之形式，气即希腊哲学所说之材质也。"① 其次，谓人性乃客观的"理"之总和，因而其中有道德的原理，即仁义礼智等，以此作为朱子道德哲学之内容。② 最后，谓任何事物皆有其"理"，国家社会之组织必有其"理"，本此"理"治国，如是便有了朱熹政治哲学。③ 这样，冯友兰就将朱熹哲学思想资源（形上学、道德哲学、政治哲学）发掘整理出来，而其所用的方法就是以新实在论为主的西方哲学方法。劳思光批评了某些中国哲学史写作者随意套用西方哲学学说、概念的情形，但他并不反对"以西释中"，而是强调准确地"以西释中"。比如，他对王夫之哲学思想的开掘和整理，分为"道与器（理与气）"、"阴阳浑合，乾坤并建"、"道，善，性及善恶问题"、"船山之政治思想"、"船山之史观及史论"。这些标题都是很中国的，因为劳氏反对用西学给中国哲学贴标签。不过，从劳氏的具体论述看，仍然是以西方哲学为底本对王夫之哲学的发掘与整理。他给王夫之哲学的定性是实在论，他在"道与器（理与气）"部分将船山的形上学方面的内容整理出来，他在"阴阳浑合，乾坤并建"部分将船山发展观方面的思想整理出来，他在"道，善，性及善恶问题"部分将船山的人性理论整理出来，并引有"自由意志"相与论说，他在"船山之政治思想"将船山政治哲学思想整理出来，其中也引有西方政治哲学之民主、平等之学说相互发明，他在"船山之史观及史论"部分将船山历史哲学思想整理出来，但劳氏认为船山关于历史方面的思想与观念，并无"历史规律"、"历史知识"、"历史意义"等内容，因而不能以"历史哲学"称之。④ 这已清晰地说明，劳氏在发掘、陈述、分析船山"史观"与"史论"时，仍然是以西方历史哲学为参照的。概言之，劳思光对船山哲学思想的整理，虽然没有标上西方哲学学说、范畴和命题的名称，但在其具体的论述中，我们都能找到西方哲学的影子。因此，就哲学内容的发掘与整理而言，"以西释中"是基本途径。在中国传统哲学资源的发掘与整理方面，张岱年先生无疑是贡献巨大的，不过，张

---

① 冯友兰：《中国哲学史》（下册），华东师范大学出版社2000年版，第259页。
② 冯友兰：《中国哲学史》（下册），第267页。
③ 同上书，第269页。
④ 劳思光：《新编中国哲学史》（三卷下），广西师范大学出版社2005年版，第514—581页。

岱年先生对中国传统哲学资源的整理也受益于西方哲学。张岱年认为，王充的唯物主义思想可从这样几个方面理解：一是主张万物皆气的自然观，批评唯心主义目的论思想和鬼神观念，所谓"天自然无谓者何？气也"（《论衡·自然篇》）。所谓"如天故生万物，当令其相爱，不当令其相贼害也"（《论衡·物势篇》），从而形成唯物主义自然观与无神论。二是认识论上王充批评生而知之的观点，肯定知识来源于经验，正确处理了感性认识与理性认识的关系，所谓"故是非者，不徒耳目，必开心意"（《论衡·薄葬篇》），提出了"效验"的真理观等，这都是认识论上唯物主义的表现。三是唯物的、进化的历史观，王充曾说："礼义之行在谷足也。"（《论衡·治期篇》）就是说，物质生活的状况决定人们的道德品质的情况，这一观点是含有唯物主义成分的。① 这样，张岱年就将王充的哲学思想分析、整理出一个包括宇宙观、认识论、历史观在内的唯物论系统。可见，如果说在过去百余年我们发掘、整理从而把握了中国传统哲学资源，那么，"以西释中"功不可没。冯友兰曾这样表达他用上西学方法的激动心情："这对于当时中国哲学史的研究，有扫除障碍，开辟道路的作用。当时我们正陷入毫无边际的经典注疏的大海之中，爬了半年才能望见周公。见了这个手段，觉得面目一新，精神为之一爽。"②

(2) 哲学学科体系的建设

考之过去百余年的中国传统哲学研究，中国哲学学科体系建设是一重大学术成就，而这份学术成就的取得，主要功臣就是"以西释中"。张岱年认为，中国哲学应该建造自己的学科体系，他说："中国哲学既本无形式上的条理系统，我们是不是应该以条理系统的形式来表述之呢？有许多人反对给中国哲学加上系统的形式，认为有伤于中国哲学之本来面目，或者以为至多应以天、道、理、气、性、命、仁、义等题目顺次论述，而不必组为系统。其实，在现在来讲中国哲学，最要紧的工作却正在表出其系统。给中国哲学穿上系统的外衣，实际并无伤于其内容，至多不过如太史公作《史记》'分散数家之事'，然也无碍于其为信史。我们对于中国哲学加以分析，实乃是'因其固然'，依其原来隐含的分理，而加以解析，

---

① 参见张岱年：《张岱年全集》第四卷，河北人民出版社1996年版，第41—46页。
② 冯友兰：《三松堂自序》，三联书店1984年版，第215页。

并非强加割裂。中国哲学实本有其内在的条理，不过不细心探求便不能发见之而已。"① 在张岱年看来，中国传统哲学思想缺乏体系，因而借助西方哲学"体系化"中国哲学并不是坏事，而且并不伤害中国哲学的内在理路。那么，在过去百余年，中国哲学学科体系是怎样建立起来的呢？就学科分类言，中国哲学学科体系的建设完全得益于西方哲学的传入，可以说，没有西方哲学的坐标，就不会有中国哲学学科体系。中国哲学史、中国哲学方法论、中国本体论思想史、中国历史哲学、中国认识论史、中国辩证法史、中国伦理思想史、中国逻辑思想史、中国美学思想史、中国人生哲学、中国文化哲学等，这些学科的建立，无不在"以西释中"的帮助下完成。先就中国哲学史看，谢无量的《中国哲学史》，胡适的《中国哲学史大纲》，范寿康的《中国哲学史》，蒋维乔的《中国哲学史纲要》，冯友兰的《中国哲学史》和《中国哲学新编》，劳思光的《新编中国哲学史》，任继愈的《中国哲学史》，萧箑父、李锦全的《中国哲学史》，等等，虽然它们受西方哲学影响的程度深浅不同，但没有不是以西方哲学为为标尺"制造"出来的。而每个学科又建构自己的体系。比如，"中国哲学史"学科，它必须具备本体论（宇宙论）、发展论、知识论、历史观、人生哲学、方法论等要素，由这些要素构成一门哲学史学科的内容。再如，"中国伦理思想史"，它必须讨论道德起源问题、道德原则与道德规范问题、道德功能问题、道德修养问题、道德评价问题、道德与社会关系问题、道德主体性问题、道德自由与道德权利关系、道德评价问题等，如此方可构成一门中国伦理思想史学科的内容。进而言之，每个学科体系中有核心范畴、基本元素和理论架构。比如，中国哲学史学科体系中有本体论或宇宙论，本体论就是探讨世界上存在的一切是不是背后都有一个抽象的、不依赖于现实世界的基础，而本体论包括存在、物质物体、物体的基本属性、精神的特点、物质与精神的关系等理论。中国哲学史学科体系中有社会历史观，社会历史观包括社会历史的基础、社会历史变化发展的动力、社会存在与社会意识关系、阶层的多样性及其作用等方面的理论。中国哲学史学科体系中有人生哲学，人生哲学包括生命的本质、生命的意义、天命论、宿命论、意志自由论、命定论等学说。正是这些学说或理论

---

① 张岱年：《张岱年全集》第二卷，河北人民出版社1996年版，第4页。

作为哲学学科体系的要素，支撑起中国哲学学科体系的大厦。而这些支撑中国哲学史学科体系的哲学学说或理论，几无不是西学身份的。可见，就中国哲学史学科体系建设言，"以西释中"居功至伟。当年冯友兰就对此表示了充分的肯定："中国哲学，没有形式上的系统，若不研究西洋哲学，则我们整理中国哲学，便无所取法；中国过去没有成文的哲学史，若不研究西洋哲学史（写的西洋哲学史），则我们著述中国哲学史，便无所矜式。据此，可见西洋哲学史之形式上的系统，实是整理中国哲学之模范。打算把中国哲学整理出一个形式上的系统，就得首先钻研一些西洋哲学。"① 在冯友兰看来，哲学之为完整系统，只有西方哲学做到了，如果将中国哲学整理成一个系统，只有取法西方哲学。西方哲学何以能成为中国哲学学科体系构建的助力呢？冯友兰曾经有精辟的说明："这并不是说东西哲学在近代以前就互相影响，那是不可能的。这只是说，由此可见关于'一般'在认识论上的地位问题，是一个真正的哲学问题，所以哲学家们在不同的地域，不同的时代，对它都有过认真的讨论。"② 西方哲学在成为中国哲学研究方法的同时，也成了写作中国哲学史的范式，冯友兰正是这样定位西方哲学之于中国哲学史的写作价值的。他说："中国哲学史工作者的一个任务，就是从过去的哲学家们的没有形式上的系统的资料中，找出其实质的系统，找出他的思想体系，用所能看出的一鳞半爪，恢复一条龙出来。在写的哲学史中恢复的这条龙，必须尽可能地接近于本来的哲学史中的那条龙的本来面目，不可多也不可少。"③ 如此说来，"以西释中"之在中国哲学学科体系建设中的基础作用是毋庸置疑的。

（3）中国哲学特点和价值的揭示

"以西释中"对于中国哲学的意义，当然不仅在于发掘整理哲学资源，不仅在于创建中国哲学学科体系，尤其在于对中国传统哲学特点和价值的揭示。我们知道，"以西释中"中的"西"是丰富多样的，因而"以西释中"的应用，必然是中国传统哲学特点的多样性呈现。

借助"以西释中"，熊十力所发现的中国传统哲学特点是"反身向

---

① 冯友兰：《三松堂全集》第十一卷，河南人民出版社2011年版，第403页。
② 冯友兰：《三松堂全集》第十卷，河南人民出版社2000年版，第191页。
③ 冯友兰：《三松堂全集》第八卷，河南人民出版社2001年版，第41页。

内""尽性至命",他说:"吾国先哲,重在向里用功,虽不废格物,而毕竟以反己为本。如孟子所谓'君子深造之以道,欲其自得之也',又言'万物皆备于我';程子言'学要鞭辟近里切着己',此皆承孔子'古之学者为己'之精神而来。老庄虚静之旨,其为用力于内不待言,此皆与西人异趣者。西人远在希腊时代即猛力向外追求,虽于穷神知化有所未及,而科学上种种发明,非此无以得之也。"① 此判断正是与西方哲学"向外之学"对比下形成的。

借助"以西释中",方东美发现中国哲学特点是"机体主义"。他说:"余尝以'机体主义'一辞,解说中国哲学之主流及其精神特色,视为一切思想形态之核心。此思想形态,就其发挥为种种旁通统贯之整体、或表现为种种完整立体式之结构统一而言,恒深蕴乎中国各派第一流哲人之胸中,可谓千圣一脉,久远传承。其说摒弃截然二分法为方法,更否认硬性二元论为真理,同时,更进而否认:一、可将人物相互对峙,视为绝对孤立之系统;二、可将刚健活跃之人性与宇宙全体化作停滞不前而又意蕴贫乏之封闭系统。机体主义,积极言之,旨在融贯万有,囊括一切,使举凡有关实有、存在、生命、与价值等之丰富性与充实性皆相与浃而俱化,悉统摄于一在本质上彼是相因、交融互摄,价值交流之广大和谐系统,而一以贯之。"② 而这个判断正是与西方哲学"二元论""二分法"特点比较而形成的。

借助"以西释中",牟宗三发现中国哲学是"生命的学问",其心灵运用是向内的。他说:"中国哲学,从它那个通孔所发展出来的主要课题是生命,就是我们所说的生命的学问。它是以生命为它的对象,主要的用心在于如何来调节我们的生命,来运转我们的生命、安顿我们的生命。这就不同于希腊那些自然哲学家,他们的对象是自然,是以自然界作为主要课题。"③ 而这个结论正是与西方哲学"以自然为对象心灵向外"的特点相比较而获得的,牟宗三说:"中国首先把握生命,西方文化生命的源泉之一的希腊,则首先把握'自然'。他们之运用其心灵,表现其心灵之

---

① 熊十力:《熊十力全集》第四卷,湖北教育出版社2001年版,第439页。
② 方东美:《中国哲学精神及其发展》(下册),台湾黎民文化事业有限公司2006年版,第135页。
③ 牟宗三:《中国哲学十九讲》,上海古籍出版社2007年版,第14页。

光，是在观解'自然'上。自然是外在的客体，其为'对象'义甚显，而生命则是内在的，其为对象义甚细微，并不如自然之显明。所以中国人之运用其心灵是内向的，由内而向上翻；而西方则是外向的，由外而向上翻。"①

必须指出，"以西释中"模式的应用，不仅凸显了中国哲学的特点，而且揭示了中国哲学的价值。正是借助"以西释中"，熊十力发现儒家的"仁"是最富有"自由"价值的。他说："自由者，非猖狂纵欲，以非理非法破坏一切纪纲可谓自由也；非颓然放肆，不自奋、不自制可谓自由也。西人有言，人得自由，而必以他人之自由为界，此当然之理也。然最精之义，则莫如吾夫子所谓'我欲仁，斯仁至矣'。言自由者，至此而极矣。夫人而不仁，即非人也；欲仁而仁斯至，自由孰大于是，而人愿不争此自由何耶？"② 正是借助"以西释中"，冯友兰发现中国哲学的价值在内圣之道、修养方法。他说："中国哲学家，又以特别注重人事之故，对于宇宙论之研究，亦甚简略。故上列哲学中之各部分，西洋哲学于每部皆有极发达之学说；而中国哲学，则未能每部皆然也。不过因中国哲学家注重'内圣'之道，故所讲修养之方法，即所谓'为学之方'，极为详尽。此虽或未可以哲学名之，然在此方面中国实甚有贡献也。"③ 中国哲学注重"内圣"之道，从而注重并创造了丰富的修养理论、修养方法，不仅在西方哲学史上没有，其他文明中也少见。

正是借助"以西释中"，唐君毅发现儒家的"礼人尊人之道"有其特殊价值，他说："西方之理想主义哲人，恒只知对于人与我之人格尊严，同加肯定之谓道德，并恒以为有法律保障个人之权利，即可使人人有从事文化活动，实现文化价值之自由。但是他们恒不知，先尊人而卑己之礼让之德，乃与人类原始向上心情最相应之德。唯有礼让之精神，可升举他人之人格之价值。人互尊礼让，以互升举其人格之价值，而后人文社会，乃日进于高明。此孔子礼教之精义。"④ 唐君毅认为，中国的仁教具有正确引领科学的价值，他说："我们之主张发展中国之科学，便完全是从中国

---

① 牟宗三：《中国哲学的特质》，第152—153页。
② 熊十力：《熊十力全集》第四卷，第367页。
③ 冯友兰：《三松堂全集》第二卷，河南人民出版社2000年版，第251页。
④ 唐君毅：《人文精神之重建》（二），广西师范大学出版社2005年版，第307—311页。

文化中之仁教自身立根，决非出自流俗之向外欣羡之情，或追赶世界潮流之意。"①

正是借助"以西释中"，张岱年发掘、肯定中国哲学中的"终极关怀"思想，他说："老子提出道的学说，以道为天地万物的本原，而认为人生的准则就是'从道'，'孔德之容，惟道是从。'（《老子》二十一章）'故从事于道者同于道。'（二十三章）老子将道置于上帝之上，从而否定了宗教信仰的权威，宣称：'道冲而用之或不盈，渊兮似万物之宗，湛兮似或存，吾不知其谁之子，象帝之先。'意谓如有上帝，上帝也是从属于道的。老子以抽象的道代替具有形象的上帝，作为人类精神生活的最高寄托。"② 就是说，与西方的"归依上帝的终极关怀"相比，中国道家是"返归本原的终极关怀"。

可见，无论是对中国哲学特点的揭示与判断，还是对中国哲学价值的彰显与肯定，都是在"以西释中"模式下完成的。正如牟宗三所说："对于西方哲学的全部，知道得愈多，愈通透，则对于中国哲学的层面、特性、意义与价值，也益容易照察得出，而了解其分际。这不是附会。"③

（4）中国传统哲学品质的提升

"以西释中"的应用，不仅揭示了中国传统哲学的特点与价值，而且对于中国传统哲学品质的提升也扮演了积极角色。一般而论，哲学学说的品质大体可从两方面考察，一是哲学学说内容，二是哲学学说形式。而"以西释中"的应用，在这两方面都对中国传统哲学产生了积极影响。

先看"以西释中"在形式上对中国传统哲学的影响。一是哲学术语的移植。中国传统哲学当然有它的范畴、概念、命题等，而且非常丰富，诸如天、气、理、诚、仁等。但必须肯定，通过"以西释中"而移植到中国哲学中的西方哲学范畴，不能不说是对中国传统哲学在形式上的丰富。比如，在本体论领域，有本原、实在、存有、意识、精神、物质等范畴，用于理解中国传统哲学中的本体论、宇宙论方面的思想。在知识论领域，有主体、客体、主观、客观、感性、理性等，用于理解中国传统哲学

---

① 唐君毅：《中国人文精神之发展》，广西师范大学出版社2005年版，第131页。
② 张岱年：《张岱年全集》第七卷，河北人民出版社1996年版，第267—268页。
③ 牟宗三：《中国哲学的特质》，第7—8页。

中的认识论方面的思想。在人生哲学领域，有价值、意义、人格、境界、意志自由、偶然论、宿命论等，用于理解中国传统哲学中的生死观方面的思想。在社会历史哲学领域，有异化、社会存在、社会意识、生产方式、阶级等，用于理解中国传统哲学中的历史观方面的思想。在解释学领域，有语境、前理解、过度诠释、文本等，用于理解中国传统哲学中解释学方面的思想。因此说，这些哲学术语的移植，当然是对中国传统哲学品质的提升。二是哲学表达方式的改变。一个时代有一个时代的哲学，不同时代的哲学表达方式是有差异的。西方哲学表达方式移植到中国后，便成为中国哲学研究、叙述、对话的基本方式。比如，关于老子的"道"，就有唯物主义的本体、唯心主义的本体、宇宙万物的本源等的表述方式；关于孔子的"仁"，就有主观唯心主义、唯意志论、主观能动性等的表述方式；关于朱熹"理本气末"，就有客观唯心论、绝对理念论、新实在论等的表述方式；关于王阳明"知行合一"，就有实践与认识的统一、动机论、生理心理活动的两面等的表述方式。可见，对于中国传统哲学中的范畴、概念和命题，用西方哲学表达方式表述之已很普遍，并且通过这种表达方式的改变，中国哲学成为"公共哲学"。按照冯友兰的理解，西方哲学术语的应用，不仅在理解中国哲学上给人以方便，他说："无论如何，事实是，在以前的中国哲学中，'术语'是比较少的，论证往往是不很详尽的，形式上的体系往往不具备。另外还有很明显的一点，那就是以前的哲学家所用的语言，是古代的语言。必须用现代的中国语言把他翻译过来，才能为现代的人所理解。"[1] 而且在研究中国哲学上给人以方便，他说："现在研究中国古代哲学史比较容易多了。有许多西方哲学中的'术语'可以用以分析、解释、翻译、评论中国古代哲学。但是翻译必须确切，解释必须适当。"[2] 的确，20世纪中国哲学的成长主要是在西方哲学的观照下实现的。三是哲学思维方式的引入。在哲学思维方面，西方哲学也做出了很大贡献。我们不能说中国哲学没有思维方式，但的确缺乏严密的逻辑思维方式，在概念上模糊不清，在定义上模棱两可，在思维上偏好直观。西方哲学思维方式具有理性、抽象、实证等特点，正如王国维说："乏抽

---

[1] 冯友兰《三松堂全集》第八卷，第40页。
[2] 同上。

象之力者，概则用其实而不知其名，其实亦遂漠然无所依，而不能为吾人研究之对象。何则？在自然之世界中，名生于实，而在吾人概念之世界中，实反依名而存故也。事物之无名者，实不便于吾人之思索，故我国学术而欲进步乎，则虽在闭关独立之时代犹不得不造新名，况西洋之学术骎骎而入中国，则言语之不足用固自然之势也。"① 而深受西方哲学思维方式影响的哲学家如冯友兰、金岳霖、牟宗三、张岱年、劳思光等，是哲学形式品质的代表。因而冯友兰认为西方哲学对中国哲学的永久性贡献，就在其逻辑分析方法，他说："就我所能看出的而论，西方哲学对中国哲学的永久性贡献，是逻辑分析方法。……佛家和道家都用负的方法。逻辑方法正和这种负的方法相反，所以可以叫做正的方法。负的方法，试图消除区别，告诉我们它的对象不是什么；正的方法，则试图作出区别，告诉我们它的对象是什么。对于中国人来说，传入佛家的负的方法，并无关紧要，因为道家早已有负的方法，当然佛家的确加强了它。可是，正的方法的传入，就真正是极其重要的大事了。它给予中国人一个新的思想方法，使其整个思想为之一变。"②

次看在思想内容方面对中国传统哲学的影响。西方哲学对于丰富中国传统哲学的贡献尤其广大，"以西释中"为中国哲学内容的丰富，引进了丰富多彩的学说思想。在政治哲学领域，有民主学说、自由学说、平等学说、人格学说等。在道德哲学领域，有道德责任、道德义务、道德权利、道德自由、道德动机、自律、他律、道德主体等。此外，西方各哲学流派诸如存在主义、现象学、结构主义、新实在论、实证主义、分析哲学、马克思主义等的纷纷涌入，在中国哲学学者的翻译、应用中，这些学说程度不同地被吸收消化而成为20世纪中国哲学的组成部分或元素。概言之，西方人文主义思想、唯物史观、科学精神与原理，都在"以西释中"实践中被吸收、消化为中国哲学内容，使中国哲学在内容上补充了新的血液。而从细微处看，中国传统哲学在"以西释中"实践中精致化程度得到提升，这在冯友兰、贺麟、方东美、牟宗

---

① 王国维：《论新学语之输入》，《王国维学术经典集》（上），江西人民出版社1997年版，第102页。

② 冯友兰：《三松堂全集》，第六卷，河南人民出版社2001年版，第277页。

三、张岱年等先生的哲学著作中，都有表现。比如，冯友兰关于哲学命题抽象与具体的分判，这是既具哲学智慧又具人文关怀的思考，现在看来或许可划为"二元对立"思维，但这的确是通过哲学思考、以哲学的形式表达了冯友兰对中国传统哲学的肯定与保护之愿望。牟宗三对"仁"所谓"普遍但不抽象"的分判、具体的普遍性的定义，无疑是对"仁"思想理解的深刻拓展。牟宗三说："仁是个普遍的原则，但是你不能说仁是个抽象的概念。仁是不能和科学、数学、逻辑里面所谓的概念相提并论的。照孔子所说的，仁是可以在我们眼前真实的生命里头具体呈现的。所以孟子说仁就是恻隐之心，这就是具体的。但是虽然它是具体的，它并不是事件。它有普遍性。在这情形下所说的普遍性，黑格尔就叫做具体的普遍（concrete universal）。"① 贺麟认为，儒家的理学必须以西洋的哲学发挥才能得到发挥，他说："儒家的理学为中国的正宗哲学，亦应以西洋的正宗哲学发挥中国的正宗哲学。因东圣西圣，心同理同。苏格拉底、柏拉图、亚里士多德、康德、黑格尔的哲学与中国孔孟、老庄、程朱、陆王的哲学会合融贯，而能产生发扬民族精神的新哲学，解除民族文化的新危机，是即新儒家思想发展所必循的途径。使儒家的哲学内容更为丰富，体系更为严谨，条理更为清楚，不仅可作道德可能的理论基础，且可奠定科学可能的理论基础。"② 贺麟认为借助西方哲学才能使儒家的哲学内容更为丰富，体系更为严谨，条理更为清楚，不仅可作道德可能的理论基础，而且可奠定科学可能的理论基础。这就是说，西方哲学对于改造中国哲学有着非常积极的意义。

概言之，无论是中国传统哲学资源的发掘，还是中国哲学学科体系的建构；无论是中国传统哲学特点与价值的揭示，还是中国传统哲学品质的提升，"以西释中"都发挥了关键而积极的作用。而且，如果我们认同熊十力、冯友兰、金岳霖、贺麟、徐复观、唐君毅、牟宗三、张东荪、张岱年、劳思光等的哲学思想是中国哲学的一个发展阶段，并肯定他们的成就，那么，我们就毫无理由否定"以西释中"之于中国哲学的价值。

---

① 牟宗三：《中国哲学十九讲》，第33—34页。
② 贺麟：《贺麟集》，第133页。

3. "以西释中"所制造之问题

"以西释中"虽然是过去百余年中国哲学研究的客观实践,虽然在实践中对中国传统哲学的意义基本上是积极的,但作为学术研究方法的"以西释中",的确存在因为它的应用而发生的对中国哲学的误读、伤害之问题,估称之"'以西释中'问题",而所谓"'以西释中'问题"主要表现在以下四个方面。

（1）垄断了中国哲学话语体系

就是说,"以西释中"的应用,垄断了中国哲学话语体系,致使中国哲学丧失其主体性而成为西方哲学的附庸。比如张立文认为,由于中国学者以西方哲学为坐标,以西方哲学为真理,不仅形成了对中国学术话语的控制,而且造成了中国传统哲学文化的断裂。他说:"中国自近代以来,西学像潮水般涌进,先进的中国人都去学习西方,以西方的哲学为哲学,以西方的真理为真理。在西方强势哲学文化的冲击下,中国传统哲学文化被扭曲,被误解、误读、误导。一方面造成中国哲学文化的严重断裂,在现代性学术规范的观照下,即在西方现代学术方式的统摄下,中华民族绵延两千多年的中华文明的学术方式、表述方式、言说方式统统丧失了其合法性。中华民族的文化学术、思想哲学,以致思维和书写方式逐渐被纳入西方学术规范、思维模式之中。在西方中心主义话语体系中,中华民族传统话语言说方式被西方话语言说方式所替代,其独特的学术、哲学致思方式亦被西式的致思方式所代替。中华民族的学术、思想、哲学自己也不知道自己是谁!"[①] 在张立文先生看来,由于西方哲学在学术方式、表达方式、言说方式等方面的强势,哲学话语被西方哲学垄断。蒋庆则以具体的案例控诉西方哲学在话语上的侵占,他说:"在近现代以来,中国人不断用各种西方流行的哲学理解并解释儒学,可以说有一个什么样的西方哲学流派,就可能有一个什么样的中国儒学流派,儒学逐渐丧失了自我理解与自我解释的能力,一部近现代儒学史可以说就是一部被西方哲学不断解释

[①] 张立文:《自序》,《自己讲、讲自己——中国哲学的重建与传统现代的度越》,北京师范大学出版社2007年版,第2页。

并且不断丧失自身义理结构与解释系统的历史。举其大端，如康有为用自由主义哲学的普遍人类公理解释儒学（解释其实就是理解），梁漱溟用伯格森生命哲学解释儒学，胡适用杜威实用主义哲学解释儒学，冯友兰用新实在论哲学解释儒学，中国的马列主义者如侯外庐等用唯物主义哲学与启蒙哲学解释儒学，牟宗三用黑格尔哲学与康德哲学解释儒学，李泽厚用哲学人类学与唯物主义哲学解释儒学，罗光则用托马斯·阿奎那经院哲学解释儒学，现在又有学者用存在哲学与后现代哲学解释儒学，西方哲学对儒学的解释可谓林林总总，不一而足。在这种情形下，中国不能形成一个建立在儒学自身义理结构与解释系统上的独立的儒学流派，就算比较纯粹的熊十力与马一浮，也要用'援佛入儒'的方式与比附时学（西学）的方式来解释儒学。然而，中国人解释儒学实际上是在解释西方哲学，是在证明西方哲学义理结构与解释系统的正确性与有效性，儒学在所谓主流的中国哲学界已经被西方哲学解构殖民了。"[1] 在蒋庆看来，只要运用西方哲学学说理解中国传统哲学，都是一种伤害，都是一种殖民，中国哲学都将丧失其独立性而成为西方哲学的附庸。蒋庆说："中国人百年来都是按照西方学术的义理结构与解释系统解释中国与世界，中国人在心灵深处已经被西方学术殖民了。一个中国学人，尽管未留过洋，不懂外语，但其思考事物的逻辑、理解世界的规则、评判历史的标准、指导人生的价值以及研究学术的规范、评价学问的体系，都是建立在西方学术上。"[2] 可以对这种观点补述的是，当今的中国哲学研究中，不仅随处可见唯意志论、生命哲学、实用主义、实用主义、现象学、存在主义、新实在论、结构主义等西方哲学学说奔波忙碌，而且随处可见本体、存在、实有、主观、客观、主体、客体、先验、直观、直觉、范式、语境、文本、可知论、不可知论、异化、自由、自我、社会存在、社会意识、决定论、命定论、生机论、有神论、无神论、进化论、系统论、实证论、怀疑论、唯名论、实在论等范畴、理论行走于中国哲学研究实践中，我们不能说不是西方哲学话语的笼罩。

---

[1] 蒋庆：《以中国解释中国》，黄河选编：《儒家二十讲》，华夏出版社2008年版，第400页。

[2] 同上书，第408页。

（2）扭曲了中国哲学的形象

就是说，"以西释中"的应用，势必扭曲中国哲学形象，使中国哲学的本貌难以显现。在"以西释中"的学术实践中，中国学者大都将西方哲学视为完美的哲学、真理的化身，这样人们看到的是西方哲学的"替身"而看不到中国哲学自己，因而中国传统哲学的形象往往被扭曲。这正是蒋庆的观点："在这种西方学术霸权与殖民的时代，中国传统的学术同样也遭受到西方学术的排挤压迫，中国学术的基本义理被颠覆解构，中国学术的解释系统被驱逐取代，中国传统的学术丧失了话语权力进而丧失了话语权利，中国的学人已经不能按照中国文化自身的义理系统来思考问题与言说问题，中国的学术领域已经成了西方学术的殖民地。"① 的确，当我们所了解、所认识的中国哲学，都是被西方哲学过滤过的，或者按西方哲学"选配"出来的，从而使中国哲学完全被西方哲学所覆盖，中国哲学本有面貌或被歪曲。关于这点，李翔海也曾有一扼要的分析："第一，由于这种诠释方式是以西方现代文化在对中国文化传统予以取舍、褒贬，因而往往不仅会丢弃中国思想文化的许多基本特质，而且在相当程度上还会扭曲中国思想文化的存在形态；第二，由于是从西方文化出发来论衡中国文化的，这就很容易出现以西方文化之长论中国文化之短的情况，事实上是先在地把中国文化传统置于低于西方文化的序列中，因而很容易得出中国思想文化是'初级'的或'朴素'的结论。这显然不利于揭示中国文化的'本来面目'，也不利于将中国思想文化中所蕴含的智慧精神贡献于当代的人类社会。因此，我们有理有认为，'以西释中'的理论范式已经不适切于中国文化的内在要求。"② 就是说，在"以西释中"的模式中，中国哲学所呈现的不是它自己，而是类似西方哲学的内容。对这种批评，我们照样可以做些补述。比如，中国哲学认为天地万物都是大宇宙生命的一份子，其肯定、提升生命的价值基于"万物一体"的大宇宙视角，若以西方哲学"个体生命价值在于与群体生命的分离和独立"的主张去解释，则必然导致中国传统哲学的扭曲。再如，天人贯通、物我贯通、群己贯通、心物贯通等，是中国哲学的基本主张，因而中国哲学中的"气"和

---

① 同上书，第393页。
② 李翔海：《20世纪中国哲学研究》，天津人民出版社2012年版，第183页。

"仁"都被确定为贯通的基础,但如果用西方哲学的分析方法,将"仁"或"气"等同于自然科学上的"力"或"原子",也必然掩盖"气"或"仁"的本有内涵。还有,中国哲学在思维方法上主张"近取诸身,远取诸物",物物之间皆可类比类推,崇尚直观思维,但如果引入西方哲学的理性思维方法、分析主义方式,必然导致中国哲学自己形象的模糊。因此或许可以认为,在"以西释中"理解方式中,由于西方哲学是摹本,中国哲学往往被遮蔽、被误读,从而影响中国传统哲学本真面貌的呈露。

(3) 虚化了中国哲学的义理

就是说,"以西释中"的应用,会造成中国哲学本有系统的混乱,并使中国哲学的义理虚无化。由于以西方哲学为标尺,以西方哲学是非为是非,西方哲学义理成为理解中国传统哲学的标准,因而造成对中国传统哲学本有系统理解的混乱,正如牟宗三所说:"五四前后,讲中国思想的,看中了墨子,想在墨子里翻筋斗,其他皆不能讲。既无兴趣,也无了解。原来中国学术思想中,合乎西方哲学系统的微乎其微,当时人心目中认为只有墨子较为接近美国的实验主义。实则墨学的真精神,彼等亦不能了了,彼等又大讲《墨辩》,盖因此篇实含有一点粗浅的物理学的知识,又含有一点名学与知识论。虽然这些理论都极为粗浅,而又语焉不详,不甚可解,但在先秦诸子思想中,单单这些已经足够吸引那些浅尝西方科学哲学的中国学者。因此,研究墨子,其实是《墨辩》,一时蔚为风气。钻研于单词碎义之中,校正训诂,转相比附。实则从这里并发现不出真正科学的精神与逻辑的规模。而那些钻研的人对于逻辑与西方哲学,也并无所知,连入门都不可得,更不用说登堂入室了。舍本逐末,以求附会其所浅尝的那点西方哲学,而于中国学术之主流,则反茫然不解。"[①] 在这里,牟宗三批评了以西方科学哲学解释墨子哲学的肤浅行为,认为其不但没有理解到墨子哲学思想的精髓,反而使墨子哲学思想变得混乱。牟宗三还以冯友兰为例,指出西方哲学没有用到恰当处必然对中国哲学义理造成伤害,他说:"冯氏以新实在论的思想解析朱子,当然是错的。以此成见为准,于述及别的思想,如陆、王,字里行间当然完全不相干,而且时露贬辞。这即表示其对于宋明儒者的问题根本不能入,对于佛学尤

---

① 牟宗三:《中国哲学的特质》,第 2 页。

其外行，此皆为金氏所不及知。"① 在牟宗三看来，用新实在论解析朱子哲学是不中肯的，因为名学不是中国哲学的重点，所以不能以名学来了解朱子哲学，因而冯友兰以新实在论解释朱子理学只能是对朱子理学义理的误读与伤害。蒋庆认为"六艺之学"是中国思想的系统，而"以西释中"正是对这个系统的扰乱和瓦解。他说："按照马一浮先生的说法是'四部源于六艺，诸子源于六艺、中国以及人类的一切学术均源于六艺'，'六艺之学'既包含了各种学术又相互统摄，现在各种学术则从相互统摄的关系中分解出去了，即一部分分解为哲学，一部分分解为政治学，一部分分解为法律学、一部分分解为伦理学、一部分分解为历史学，等等，统一的中国'六艺之学'遂不复存在，这就是所谓传统的'四部六艺之学'被肢解。此外，在分解出来的每一学科的具体内容上中国学术也被西方学术解构殖民，具体表现为用各种西方学术的义理结构与解释系统理解并解释从中国学术中分解出来的某一部分内容，如用西方哲学的义理结构与解释系统理解并解释所谓的中国哲学，用西方政治学（自由民主理论与社会主义理论）的义理结构与解释系统理解并解释儒家的政治思想，用西方伦理学的义理结构与解释系统理解并解释儒家的道德学说……。这样，西方学术的义理结构与解释系统就上升成了所谓'语法'，中国学术就下降成了所谓'词汇'；西方学术就变成了理解与解释中国学术的标准与理据，中国学术就成为被西方学术任意理解与解释的对象与材料。在这种情况下，中国人不能按照中国学术自身的义理结构与解释系统来理解与解释中国学术，更谈不上按照中国学术自身的义理结构与解释系统来理解与解释西方与世界了。中国学术先丧失了理解与解释自身的能利，最后被剥夺了理解与解释自身与世界的资格；也就是说，中国学术先丧失了理解与解释自身的权利，最后被剥夺了理解与解释自身与世界的权利。"② 引蒋氏这一大段话，是为了让读者对蒋氏关于"以西释中"的消极性判断加深印象。在蒋庆看来，由于西方哲学被当为叙述形式、体系结构、价值旨趣的标准，因而中国传统哲学的体系必然被破坏，而中国传统哲学的义理也因此被虚化、被

---

① 牟宗三：《中国哲学的特质》，第3页。
② 蒋庆：《以中国解释中国》，黄河选编：《儒家二十讲》，第399页。

消解。

(4) 消解了中国哲学的精神与价值

就是说,"以西释中"的应用,导致了中国传统哲学精神的消解和中国传统哲学价值的泯灭。比如,徐复观认为,中国哲学的构造有其特殊形式,其立体生命通过不成系统的形式表现,因而若不能根据这个特点,对中国传统哲学的内在关联加以复述,而是以西方哲学的方式为标准进行裁剪和评判,那么,中国哲学完整的生命体即被肢解。他说:"中国的先哲们,则常把他们体认所到的,当作一种现成事实,用很简单的语句,说了出来,并不曾用心去组成一个理论系统。尤其是许多语句,是应机、随缘,说了出来的,于是立体的完整生命体的内在关连,常被散在各处,以独立姿态出现的语句形式所遮掩。假定我们不把这些散在的语句集合在一起,用比较、分析、'追体验'的方法,以发现其内在关连,并顺此内在关连加以构造;而仅执其中的只鳞片爪来下判断,并以西方的推理格套来作准衡;这便是在立体的完整生命体中,任意截取其中一个横断面,而断定此生命体只是如此,决不是如彼;其为鲁莽、灭裂,更何待论。冯友兰的《中国哲学史》,以正统派自居,但其中除了对名家(辩者)稍有贡献外,对孔、老、孟、庄的了解,尤其是对孔与孟的了解,连皮毛都没有沾上;这倒不是来自他的不诚实,而是因为他不曾透过这一关。"[①] 徐复观特别拿冯友兰的《中国哲学史》为例,批评简单用西方哲学解释中国哲学所导致的危害。方东美对西方哲学在理解中国传统哲学中作用的态度基本上是积极的,但反对教条化使用西方哲学,指出如果不能恰当地使用西方哲学,可能会糟蹋中国传统哲学,使之面目全非,中国传统哲学精神也被消解。方东美说:"《论语》是很容易读的和懂的一部书,其微言大义,从生活的精神上面是很容易作深切体验的。但是近代有号称国学家的人,却纯从文法、语法、语意上面把一句话化成几十句,结果反而不懂了!变作支离琐碎!这就是近代把中国的学问不从中国的精神看,而是把它化成西方学术的附庸来看,拿西方的套子套中国的思想,结果把中国哲学家的这种

[①] 徐复观:《再版序》,李维武编:《徐复观文集》(第三卷),湖北人民出版社2002年版,第12—13页。

内在精神，全部湮没掉了！这样的学说只是说话而已，只说空话！所以儒家、道家、佛家的精神也是在这样的情况下丧失了！"① 这是以《论语》为例，指出接受西学影响的某些"国学家"根据西方哲学的框架、模式，从文法、语法、语意等方面去理解中国传统哲学，结果将中国哲学的内在精神湮没掉了。比如，他认为冯友兰用实在论解释宋代理学就是一个教训，因为这种解释将宋明理学的内容和精神消解殆尽。方东美说："像冯友兰的'新原道'由英国人翻译成 Spirit of Chinese Philosophy，其中的中国哲学完全是由宋明理学出发到新理学的观念，只占中国哲学四分之一的分量，再加上他之了解宋明理学乃是透过西方新实在论的解释，因此剩下的中国哲学精神便小之又小。"② 那应该怎样理解中国传统哲学呢？方东美认为要善于透视中国哲学的精神人格。他说："了解中国哲学一定要透视那一个哲学系统后面所隐藏的精神人格，把它呼之欲出！就一个人格的精神来看学说的内容，这是中国哲学思想上面的一个特点。这在希腊的古代也是如此，大哲学家总是要表达他的人格精神。但是从希腊以后，哲学往往变成舞文弄墨的专门技巧，或者是玩物丧志的语言魔术，没有人性上活的精神显现出来。"③ 虽然西方哲学是有特殊价值的参照，但首先还是要认清中国哲学中的人格精神，把握中国哲学的特点，而不能将哲学理解成语言魔术。按照徐复观、方东美的分析和批评，"以西释中"对于中国传统哲学的基本精神与价值确有相当的负面影响。关于这方面，我们同样可以做些补充。其一是对中国传统哲学义理的误读现象。比如陆九渊"宇宙即是吾心，吾心即是宇宙"命题，用马克思主义哲学解释，则为"主观唯心主义"。可是，陆九渊显然不是说宇宙世界是因为我心而有、而存在，他要表达的是立足于儒家"仁心在我、由己及人"之济世救民的道德责任，是创造美好人间世界的人文情怀。所以，陆九渊"宇宙即是吾心，吾心即是宇宙"命题纯粹是一种人文世界的思考，与自然世界基本没有关联，而定其为主观唯心主义，即意味着此命题的本意将完全丧失。其二是对中国传统

---

① 方东美：《方东美先生演讲集》，台湾黎民文化事业有限公司2006年版，第124页。
② 方东美：《原始儒家道家哲学》，台湾黎民文化事业有限公司2006年版，第38页。
③ 方东美：《方东美先生演讲集》，第124页。

哲学价值和精神的消解现象。比如老子的"返朴归真"命题，其所检讨的是已经极为紧张的人类与自然的关系，其所谴责的是人类对自然肆意破坏的行为，其所声讨的是人类为了"物"的享受而放逐人性的罪恶。也就是说，"返朴归真"隐含着老子对人类文明的深切检讨，而且至今仍不乏启示性。如果用进化史观进行解读，"返朴归真"便成了倒退的历史观，如此，"道"之"返朴归真"的人文内涵便被无情地化解。

可见，"以西释中"解释方式的确对中国哲学的话语系统、义理系统、价值系统产生了需要关切的影响，这就是刘笑敢指出的："反向格义却很容易导致对中国哲学思想、术语、概念的误解，引发机械地、错误地套用西方哲学概念的可能性。"① 但不能因为存在问题就将之一棍子打死，就全面否定，这也是不明智的。对此，笔者在下文将做具体解释。

4. "'以西释中'问题"如何克服

如上即是中国学者关切的"'以西释中'问题"。让我们欣慰的是，中国学者并没有将这种关切停留在口头上，而是延伸为具体的主张与对策。这些主张或对策主要有：

（1）"以我为主"："以西释中"的根本精神

如上所言，对于西方哲学强势进入而逐渐形成的话语霸权，是中国学者所忧心的，他们担忧长此以往，中国哲学丧失其主体性、本位性，中国哲学话语权从此消失。不过，忧患意识极强的中国学者不可能不对这个问题提出对策。唐君毅认为，虽然应该学习西方哲学，但不能将中国哲学降为奴仆地位，而应该凸显中国哲学的主体性。他说："吾之此书，视中国哲学为一自行升进之一独立传统，自非谓其与西方、印度、犹太思想之传，全无相通之义。然此唯由人心人性自有其同处，而其思想自然冥合。今吾人论中国哲学，亦非必须借他方思想之同者，以自重。故吾在论此中国哲学之传统时，即柏拉图、亚里士多德、奥古斯丁、多玛斯、康德、黑格尔之思想，亦不先放在眼中，更何况马克思、恩格斯与今之存在主义之

---

① 刘笑敢：《诠释与定向》，第105页。

流?此固非谓必不可比较而观其会通。然要须先识别得此独立之传统之存在，然后可再有此比较之事。大率中国之哲学传统，有成物之道，而无西方之唯物之论；有立心之学，而不必同西方唯心之论；有契神明之道，而无西方唯神之论；有通内外主宾之道，而无西方之主观主义与客观主义之对峙。则此比较亦非易事。至善如近人之唯以西方之思想为标准，幸中国前哲所言者与之偶合，而论中国前哲之思想，则吾神明华胄，降为奴役之今世学风也。吾书宗趣，亦在雪前耻。"① 就是说，进行中西哲学比较与会通是必要的，但不仅要注意它们的差异，更要关切中国哲学的特殊性，要对自己的传统有清楚的认识与理解，而不能随意地以西方哲学为准绳切割、分解中国哲学，不能让中国哲学成为西方哲学的附庸，而应彰显中国哲学的主体性。张立文提出中国哲学需要自己讲、讲自己，这样才能摆脱西方哲学、苏联哲学的影响，从而展示自己的风貌。他说："中国'哲学自己讲'、'讲自己'，便是度越西方文化中心论的视域，超越西方哲学之为哲学的观念，冲决欧风美雨的罗网，突破苏云斯雪的桎梏，挺起中国哲学自己的脊梁，自己讲自己的中国哲学，重新发现中国哲学的'自我'。"② 郭齐勇则强调要在与西方哲学的对话中挺立中国哲学的主体性，他说："'中国哲学'的主体性与学科范式，需要在与西方哲学相比照、相对话的过程中建构。"③ 而要建构中国哲学的主体性，就必须开发中国哲学的特性与价值，才能其改变依附西方哲学的状况。他说："我们应力图发掘中国哲学之不同于西方哲学的特性与价值，力图改变依傍、移植、临摹西方哲学的状况。"④ 可见，唐君毅、张立文、郭齐勇都没有否定西方哲学术语的价值，但对如何摆脱被西方哲学术语笼罩之现状，都提出了积极性建议，这就是立足中国传统哲学本位，自己讲自己，并发掘、豁显中国传统哲学的优秀元素，将"以我为主"作为"以西释中"的根本精神，以改变学术话语被笼罩的情形。

(2)"同情理解"："以西释中"的基本原则

稍加留意便不难发现，"以西释中"的应用之所以出现混乱中国哲学

---

① 唐君毅：《中国哲学原论·原道篇》，中国社会科学出版社2005年版，第6页。
② 张立文：《自序》，《自己讲、讲自己——中国哲学的重建与传统现代的度越》，第2页。
③ 郭齐勇：《中华人文精神的重建》，第193页。
④ 同上书，第192页。

本有体系、从而难见中国哲学庐山真面目的情形，原因之一就是以西方哲学理解中国哲学随意化，随心所欲地将西方哲学学说、理论或概念拿来比较。但这种做法其实一直受到关注和批评。冯友兰认为，认知、研究一位哲学家的哲学思想体系，一定要有生命的观念、有机的观念，不能将哲学思想体系随意地分割成几块，机械地组装，这是写出比较合格的中国哲学史的基本前提。他说："具体地说清楚一个哲学家的哲学体系。哲学中的主要问题是共同的，但每个哲学家，对于这些问题的理解和解决，是不完全相同的。哲学家们各有各自的思路，各有各自的建立体系的过程。所以他们的体系各有自己的特点。一个唯物主义哲学家不尽同于另一个唯物主义哲学家。一个唯心主义哲学家也不尽同于另一个唯心主义哲学家。好像同是一个人而每个人也各有各自的精神面貌。同是一个字，而书法家写出来，各有各自的风格。所以说，要具体地说明一个哲学家的体系，使之成为一个有血有肉的、活生生的体系。不可把哲学家们的活生生的体系分割开来，填入那几个部门之中。这样，就好像把一个活人分割为几块，然后再缝合起来。缝合可以成功，甚至是天衣无缝，但是那个人已经死了，没有生命了。"[1] 在冯友兰看来，虽然可以用"唯物主义"和"唯心主义"去解释中国哲学学说，但由于每位哲学家的哲学思想体系都很复杂，他们的思维路径、建造体系的方式、追求的核心思想，各有其特殊性，特别是每位哲学家的哲学都是生命的有机的系统，因而简单地从哲学家哲学思想中割裂某个部分，然后贴上唯心、唯物的标签，势必导致认识其哲学思想的混乱。牟宗三则将中国哲学作为材料以论证、迎合西方哲学的做法斥之为愚蠢。他说："以西方哲学为标准，来在中国哲学里选择合乎西方哲学的题材与问题，那将是很失望的，亦是莫大的愚蠢与最大的不敬。"[2] 因此，使用西方哲学学说理解中国哲学必须结合中国哲学的特性，正如郭齐勇所指出的："现象学、解释学给我们提供了新的视域与方法，有关概念、范畴的解读、整理的方法则需进一步结合中国哲学文本的特性，避免牵强附会和削足适履。"[3] 可见，冯友兰、牟宗三、郭齐勇都认为西方哲

---

[1] 冯友兰：《三松堂全集》第八卷，第 41—42 页。
[2] 牟宗三：《中国哲的特质》，第 6 页。
[3] 郭齐勇：《中华人文精神的重建》，第 192 页。

学对于理解中国传统哲学有其积极意义，但同时强调不能随意以西方哲学学说、理论和范畴为标尺去剪裁中国传统哲学，应以"同情理解"作为"以西释中"的基本原则，避免扭曲中国哲学的形象。

（3）"彼此相契"："以西释中"的必要前提

我们发现，"以西释中"所用的西方哲学学说、理论和概念如果是与被理解的中国哲学内容存在差异，那么就有可能混乱中国传统哲学本有系统，并使人错误地理解中国哲学义理而使之虚化。熊十力很早就注意到这个问题，因而反对用数理逻辑研究中国哲学。他说："宗三圣诞文，末后谈名数为儒学今日所必要，此固彼常言者。吾在民国十年左右，痛中国学术之衰，亦早云：今欲崛起，不可效老辈经师或理学家，必于西洋科学、哲学有基础者，方可进而研儒佛，以系统之理论发挥，否则人不视为学。吾此言与宗三实不同：吾意必去旧人之迂阔顽固、迷谬种种病，乃可研究体会与发挥此学耳；非谓讲儒学者，必于其著作中戴上名数帽子，编入名数材料之谓。去年在浙大，闻无锡有一西洋留学者，以数学谈《大易》，著一书自命空前。吾不待看而敢断其谬。如罗素以数理来演六十四卦，当然可成一说，吾敢断言仍是空洞形式，即解析事物相互间之关系而已，必于易道不究其源，于人生更无关，于宇宙万化不得其真。此非武断也。形式与数理逻辑之于《易》又不必论。今之儒学要究明真际，穷神知化，尽性至命，使人有以实现天德、立人极、富有日新，而完成天地万物一体之发展，彼名数形式可语是乎！"[①] 熊十力并不否认形式逻辑、数理逻辑在研究中国传统哲学中的作用，但认为以逻辑解释《易》，必将使《易》思想空壳化，用逻辑搭起来的《易》是不能表达儒学穷神知化、尽性至命的功夫与境界的。牟宗三以"仁"、"性"为例，指出西方哲学的"性"与中国哲学的"性"完全异趣，因而不能以西方哲学的"性"理解中国哲学的"性"。他说："儒家那个仁也是如此。你说你没有接触到孔子这个仁，你也没有接触到从孔孟下来儒家讨论人性问题的这个'性'字，因此你照现在西方哲学的观点来看，你不能了解孟子所讲的那个性的意义。这是因为你把孟子讲的性当成普通意义的 human nature 来看，这种普通意义下的性并不一定是善的。可是孟子讲性，儒家讲仁性这个性，它

---

① 熊十力：《熊十力全集》第八卷，湖北教育出版社 2001 年版，第 602 页。

是个很特殊的问题，西方人没有这个问题，它并不是西方人或我们平常所谓的 human nature。西方人所说的 human nature 就是人的自然，一说自然就是相对着超自然（supernature）讲的。"① 就是说，如果将孔孟所讲的"性"理解为西方哲学所讲的"性"，就完全远离了孔孟所讲"性"的含义。刘笑敢指出，以"自律道德"理解儒家"仁"就存在不相契的问题，因为孔孟的"仁"是本能，而康德的"自律道德"是理性自觉的结果，所以若是将孔孟的"仁"理解为"自律道德"，显然不切合。他说："用'自律道德'来解释儒家伦理似乎是不少人都认可的，但是否算成功呢？一般说来，儒家讲为仁由己，与道德自主是相似的。但严格地说，西方的'自律道德'是理性自觉的结果，而孟子的恻隐之心是生来就有的本能，要将康德与孟子的思想作深入比较，二者之不同会更明显，要作狭义的格义，说孟子哲学就是'自律道德'，那必定会牵涉背后的不合之处。如果要准确，必须多加解释和说明。那就又超出了狭义的反向格义的做法。显然，成功与不成功也有一个标准宽严的问题。"② 因此，用现成的西方哲学概念来直接定义和解释中国思想中的术语，必须努力做到恰当。郭齐勇则明确提出了"相应原则"，他说："我所谓'相应的'诠释，是针对'不相应'的诠释而言的。所谓'不相应'的诠释，是指对于古代文献、古代哲学思想资料的抽象的、超历史的、粗暴的、非客观平情的、望文生义的解读。"③ 就是说，在用西方哲学解释中国传统哲学的实践中，只有做到中西哲学间的"相应"，才能避免混乱中国哲学本有系统，才能对中国哲学义理进行准确的解释，才能避免伤害中国哲学。不难看出，熊十力、牟宗三、刘笑敢、郭齐勇等都关注到"以西释中"可能导致误读与伤害中国哲学义理的情形，并因此提出以"彼此相契"作为"以西释中"的必要前提。

（4）"以中释中"："以西释中"的实行基础

所谓"以中释中"，就是在展开"以西释中"之前，将被解释的"中"先置于自己的文化系统中展开解释并把握其本义。如上所言，"以

---

① 牟宗三：《中国哲学十九讲》，第39页。
② 刘笑敢：《诠释与定向》，第427—428页。
③ 郭齐勇：《中华人文精神的重建》，第205页。

西释中"使用不慎，确会导致对中国传统哲学精神与价值的伤害。而如何防止这种消极后果出现，学者们也提出了诸多对策，而最有创意的对策，可能还是"以中释中"。那么，怎样做到"以中释中"呢？冯友兰认为，不同时代的哲学名词、哲学术语之含义是不同的，所以对于不同时代的文字、术语、学说必须进行具体的分析研究。他说："语言文字，有其继承的一方面，也有其变化的一方面。就其变化一方面说，某些名词，在某一时代，有其特殊的意义；就某一个学派说，某一个学派所用的某些名词，特别是某些专门术语，也各有其特殊意义。我们要想了解某一时代的某一学派的哲学思想，必须首先正确地了解某一时期的某一学派所常用的术语的准确的意义。这当然需要作一种研究。这种研究，可能是复杂的、艰苦的，但是没有这一种的研究，而希望对于某一时代的、某一学派的思想，有正确的了解，那是不可能的。那就往往会把某些名词在另一时代或另一学派中的意义，作为这个学派在这一时代中的意义。用旧日的话说，这就叫做'望文生义'。所生的义，可能比原来的义还要好一些，但是只要不是原来的义，这样的了解就是错误的。"① 就是说，如果不能对中国哲学中的文字、术语、学说进行历史的理解，其他方法（"以西释中"）的理解就可能不准确，甚至是错误的。张东荪以理解孔子的"仁"为例，阐明了"以中释中"的必要与重要。他说："我们要了解孔子，要了解他说的仁，亦决不当以定义之方式去求之。如不明此理而强去替孔子下一个'仁'字的定义，这便是把中国思想的格局打破了。打破中国思想的基型在今天的中国本不是不应该的，因为西方文化已大量移入进来了。但其中却有问题。就是我们今天超越了中国思想格局用以了解中国固有文化则可；若谓中国古代思想本来就是那样大大不可。换言之，以我们今天的思想格式来对于古代思想而求有所了解，这乃是解释工作。倘若以古代思想硬嵌入在我们的格式中，这便是削足适履。二者分别甚大。可惜现代学者很少能彻底明白这个道理。"② 由于孔子没有给"仁"下定义，尽管"定义的方式"是先进的方式，但也不能以定义的方式去理解。因此，如要理解孔子"仁"的含义，就必须回到涉及孔子言论及思想的经典中去寻

---

① 冯友兰：《三松堂全集》第十二卷，河北人民出版社 2001 年版，第 354 页。
② 张东荪：《思想与社会》，岳麓书社 2010 年版，第 141 页。

找。张东荪说:"所以倘使承认这个不同,则我们便在孔子对于仁不下定义一点上,更能了解孔子,更能了解他的仁是什么。本来古书如严格考证起来,问题是太多。《论语》一书差不多以'仁'字为中心思想,但在他处(如《易经》及《礼记》等)则又不尽然。如果以为孔子的思想限于《论语》,这是很不妥的。所以我们必须把孔子在《论语》上所表示的思想与在其他处所表现的,以及在孔子以前的思想系统作一个通盘计算,以明其中的异同方可。"① 可见,张东荪所谓"中国思想的格局",包括文献、语言、思想等历史文化背景,也只有先将"仁"做这样的自我系统的理解,才可能避免西方哲学的解释对"仁"的误读与伤害,可能避免"仁"本有内涵的丧失。可见,冯友兰、张东荪都注意到"以中释中"对于"以西释中"的前提意义。这也正是刘笑敢所考虑的问题:"套用西方哲学分类概念的确为中国哲学的研究带来一些困难和问题,但是,作为'顺理成章'的历史发展过程,这种做法并非一无是处,这种做法下产生的作品并非全无价值。问题在于现在和今后如何做。我们是否有可能或应该放弃这种本体论、认识论、伦理学的分类框架?如果不放弃是否有可能纠正对这些概念的误解之后再使用这些概念?"② 从以上学者们提出的对策看,放弃"以西释中"不是他们的主张,而纠正"失误"则是他们的希望。

如上即是中国学者面对"'以西释中'问题"而提出的对策。没有疑问,这些对策都是极富建设性且具有实际效用的,它表明中国学者在使用"以西释中"模式的过程中,便逐步建立起避免"以西释中"被滥用的自觉意识。

5. 理解与超越

虽然中国学者基于"'以西释中'问题"提出了一些建设性的解决对策,但至今仍然不绝于耳的谩骂、批评和排斥,说明学界并没有建立起学术性的、客观的、正确的理解意识。因此,我们仍需对"以西释中"方

---

① 张东荪:《思想与社会》,岳麓书社 2010 年版,第 141—142 页。
② 刘笑敢:《诠释与定向》,第 420 页。

式进行分析与评估，以助建立起关于"以西释中"模式的正确认识。

(1) 对若干批评观点的思考

本节第三部分列述了关于"以西释中"的若干"错误"。但遗憾的是，学界对这些错误所表现出的态度更多是情绪化指责和批评，而较少理性的分辨与思考，但这种现象不应当发生在学术领域。那么，该做怎样的分辨与思考呢？

其一，关于学术话语的垄断。如上所述，"以西释中"被诟病的原因之一是造成了西方哲学话语的垄断。对此我们做这样的思考：第一，"以西释中"没有制造话语垄断的功能与企图。因为"以西释中"只是以西方哲学作为理解中国传统哲学的方式、坐标或显微镜，正如劳思光所说："中国人不曾建立逻辑解析，因此自己未'发明思想上的显微镜'，但不能说，'思想上的显微镜'不能用于中国思想的考察。正如显微镜虽非中国的发明，我们也不能据此说，西方发明的显微镜看不见中国的细菌。"① 既然只是一种理解中国传统哲学的方法、坐标或显微镜，那么它本身并不具有垄断话语的功能与野心。因此，所谓"以西释中"对话语的垄断，可能是我们将其功能放大而形成的一种恐惧心理，即所谓"真理向前迈一小步便成为谬误"。第二，话语只是形式，哲学的核心不在形式而在内容。的确，百余年来中国哲学研究的术语都来自西方，从而形成了所谓西方话语的霸权。然而，中国哲学话语形式虽然是西方的，但哲学的灵魂并不在这种形式，而在其内容。就是说，西方哲学话语虽然在形式上遍布中国哲学研究领域，但哲学叙述者、思考者、创造者是中国哲学家，熊十力、冯友兰、金岳霖、贺麟、方东美、唐君毅、牟宗三、徐复观、张岱年等，无一不实践过"以西释中"方式，但他们在"以西释中"实践中，所表达、所主张的哲学思想，并不一定是西方的，而是他们对时代问题的综合思考而形成的。因此，"以西释中"在内容上并不表现为西方哲学话语垄断。第三，哲学话语、术语的变迁是学术发展的自然现象。就中国哲学史而言，学术话语形式便随着时代的变迁而变化，最为显著的是宋明时期，佛教的话语大批涌入中国思想界，造成了极大恐慌，至今我们还能从文献中感受到北宋士人的焦虑，然而，佛教话语的侵袭并没有改变中国哲

---

① 劳思光：《新编中国哲学史》（一卷），广西师范大学出版社 2005 年版，第 13 页。

学本质性内容，而其形式也大多为中国哲学所收编所应用。因此，所谓西方哲学话语的垄断，从学术发展变迁的历史看，并不是我们应该担忧甚至仇视的问题，更何况，西方哲学话语经过百余年与中国哲学的交流互动，已完全成为中国哲学的一部分，成为当代中国哲学叙述的基本方式，而且没有人感觉不适。所以，对于"以西释中"造成的所谓话语垄断，我们一要理性地、客观地认识这种现象，二要智慧地改造、吸收这些学术话语、术语，为我所用。

其二，关于歪曲中国哲学本貌。"以西释中"被诟病的原因之二是歪曲了中国哲学本貌。对此我们做这样的分析：首先，西方哲学只是参照系，而不是障蔽墙。诚如上述，作为解释模式的"以西释中"，无疑存在西方哲学优先的思维和做法，但这并不意味着中国传统哲学被遮蔽，相反，中国传统哲学会因为这面镜子的存在而"裸露"真身，让我们看得真切。此外，有人因为此镜而视其丑，有人因此镜而视其美，有人则因此镜而不能睹其真容，主要取决于人（主体）自身。因此，绝不可因为"以西释中"解释模式中西方哲学的主导地位，就将其简单地等同于遮蔽物。其次，"以西释中"有助于发现中国传统哲学的真内容。作为照察中国传统哲学的显微镜，"以西释中"帮助我们了解到中国哲学的资源与系统。没有西方哲学的参照，我们连"哲学"学科意识都没有，怎么可能有对中国哲学资源的了解？怎么可能有对中国哲学系统的了解？作为照察中国传统哲学的显微镜，"以西释中"帮助我们认识中国哲学的特点、缺点和优长。试想，没有"以西释中"，冯友兰怎么可能得出"中国哲学缺乏正的方法"的结论？方东美怎可能会有"中国哲学是机体主义"的判断？牟宗三怎么可能有"仁不是科学的概念"这样的经典性论断？所以说，正是通过"以西释中"的实践，中国传统哲学特点、缺点、优长才得以被认识。进而言之，若没有冯友兰的《中国哲学史》，没有劳思光的《新编中国哲学史》，没有任继愈的《中国哲学发展史》，恐怕到现在我们对"中国哲学"还是一头雾水，而上述"中国哲学史"哪一本离得开"以西释中"？因此，"以西释中"不仅不是中国传统哲学的障蔽墙，而恰恰是中国传统哲学的照明灯，它让人们把中国传统哲学看得更真切。最后，"以西释中"的"歪曲"是解释实践中必然出现的现象。作为解释方法的"以西释中"，对于中国传统哲学的"歪曲"，属于解释实践中的正常现象。一般而言，理解文本大概有两种方向，一种是顺着文本本有涵义的解释，主要是将文本的本有内涵加以呈现与引申；另一种是将文本作为一种发挥解释主体思想的媒介，主要是表达解释主体的思想。前一种解释是比较容易被接受的，后一种解释则常常遭到误解。当然，其中也有一种恶意的解释，即在解释中对文本的故意歪曲。因此，对于"以西释中"歪曲中国传统哲学的现象，需要认真辨别，有些歪曲是"合理的"歪曲，有的歪曲是"悖理的"的歪曲，有些歪曲则是"恶意的"歪曲，因而不能因为存在歪曲性理解，就将"以西释中"一棍子打死。再者，即便"以西释中"中因为对西方哲学的依赖而造成对中国哲学的歪曲，解释主体可以从容地指出它的歪曲处，并加以修正。概言之，我们如要真正消除这种歪曲，就必须从这种歪曲中解脱出来，看到更为本质的问题。

其三，关于消解中国传统哲学的义理。无疑，中国传统哲学自有其义理系统，"以西释中"的应用，也的确会改变或者破坏中国传统哲学的义理系统。但对这种破坏可能要做具体分析。一是所谓义理系统，都是从无到有的，没有一种永恒不变的义理系统。比如儒家人性论义理系统，在先秦虽然有了关于"人性"的义理系统雏形，但相对完备的义理系统在宋明才得以建立。这就是说，义理系统会根据人类实践变化而调整，而且必须接受调整，理解与解释正是这种调整的基本手段。因此，从义理系统的生成角度上讲，我们没有理由排斥"以西释中"。二是，义理系统文本的可复制性，可以包容不同的理解。"以西释中"作为理解中国传统哲学的一种方式，自然会将中国传统哲学解释成其自己的面相，但对文本的理解既是历史的，也是多元的。比如《道德经》，先后出现过韩非的解释、王弼的解释、王安石的解释、王夫之的解释、任继愈的解释、陈鼓应的解释等，假设王夫之的解释对《道德经》义理系统进造成了伤害，却显然不能因为"王夫之的伤害"而断言《道德经》义理系统被彻底摧毁，因为他身后任继愈、陈鼓应等人的解释仍可在原始《道德经》文本上进行。这就说明，任何一种理解与解释对原有文本内容的增加或减少，并不改变原始文本本身，因为新的理解只是作为一种新的文本存在于解释或理解者的思想世界，而它的现实影响需要诸多助力。三是，"以西释中"可以丰富和提升中国哲学的义理系统。由于"以西释中"一方面以西方哲学作为坐标，可以帮助我们认识中国传统哲学义理系统存在的问题；另一方面在"以西释中"的实践中，可以引进西方哲学的义理以丰富、提升中国传统哲学的义理。比如，中国传统哲学在内圣系统方面很发达，但在"外王"系统方面却相对短缺，而现代新儒家的工作之一，就是通过"以西释中"改造、完善中国哲学的外王系统。① 因此，我们并不能简单地判定"以西释中"肢解、虚化了中国哲学的义理系统。

其四，关于伤害中国传统哲学的价值与精神。的确，"以西释中"的应用对于中国传统哲学精神与价值的伤害是存在的，比如用物理学的"场"解释"道"，用细胞学说理解"良知"，用唯心主义定义"理"或"心"，用数学原理理解"直方大"，等等，都可能导致对相应哲学概念或命题的价值与精神的损害。然而，这种伤害并不能简单地归罪于"以西释中"，而应该具体分析。首先，伤害中国传统哲学精神与价值，只是"以西释中"应用结果的一个方面，而且不是主要方面。之所以作这样的判断，乃是因为"以西释中"的应用，也可让我们发现中国传统哲学中的科学精神、人文精神等积极性元素。比如，孔子"仁"所内含的人文精神，老子"道"所内含的批判精神，"阴阳二气"所内含的辩证精神，"格物致知"所内含的实证精神，等等，都是在"以西释中"中得以显现并被确认的。所以说，中国传统哲学的许多优点、价值与精神，都因为"以西释中"而得到呈现与肯定，因而不能简单地指责"以西释中"只给中国传统哲学带来了伤害。第二，中国传统哲学的精神与价值，不会完全丧失在某种具体的理解和解释实践中。中国传统哲学精神与价值都体现在具体的概念、范畴或命题中，因而所谓伤害精神与价值，就是将相应概念、范畴或命题做了错误的理解和解释。但我们必须注意，任何一种解释都是具体的，具体的理解和解释活动对于被理解和解释的概念、范畴和命题所造成的伤害，也只有相对性。因为，在某种伤害中国传统哲学精神和价值的解释之前与同时，仍然存在其他对中国传统哲学精神与价值不同的理解和解释。因此，"以西释中"的应用即便对于中国传统哲学精神与价值产生了伤害，也并不意味着中国传统哲学的精神和价值不复存在。第三，"以西释中"对于中国传统哲学的精神与价值具有丰富、增宏的作

---

① 李承贵：《儒学的传承与开新——以熊十力释"理"为例》，《中山大学学报》2011年第2期。

用。需要注意的是,"以西释中"对中国传统哲学的伤害不仅不能做绝对的理解,还需承认"以西释中"对中国传统哲学精神与价值丰富的意义。可以说,"以西释中"对于中国传统哲学的人文精神、科学精神、理性精神等的丰富都产生了积极影响。在人文精神上,不仅凸显了中国传统哲学的人文精神,而且吸收了西方的人文精神;在科学精神上,不仅凸显了中国传统哲学的科学精神,而且吸收了西方的科学精神;在理性精神上,不仅凸显了中国传统哲学中的逻辑精神,而且吸收了西方的逻辑精神。所以,对于中国传统哲学的精神与价值而言,"以西释中"无疑是功远远大于过的。因此,我们也不能因为"以西释中"应用过程中造成了对中国传统哲学价值与精神的伤害而否定它的积极作用,并拒绝它的出场。

最后需要强调的是,我们必须明确主体在"以西释中"中的责任。由于"以西释中"的实践者是中国哲学学者,引进西方哲学、引进哪种西方哲学学说,应用西方哲学、应用哪种西方哲学学说,怎样应用、应用范围与程度,等等,都是由研究主体决定的。换言之,在"以西释中"解释模式中,相对于应用主体言,"西方哲学"始终是被动的。因此,我们不应将"以西释中"实践对中国传统哲学带来的伤害全部推到西方哲学身上,而某些具体实践了"以西释中"的中国哲学学者,不仅不检讨自己的行为,反而谩骂攻击,这既是不公平的,也是非理性的。这或正是当今中国哲学界所欠缺的精神。

(2)"以西释中":中西哲学互动的基本形式

如上讨论表明,一方面,"以西释中"理解模式的确存在对中国传统哲学伤害之情形,但这种伤害似乎可以通过技术处理而避免之;另一方面,"以西释中"对中国哲学的贡献是不容抹杀的,但仍然存在改善的空间。因此,无论是继续"以西释中"对中国哲学的贡献,还是完善"以西释中"理解方式,"以西释中"的生命不仅需要得到延续,而且需要竭力弘扬。

其一,作为一面照察自己镜子的需要。一个人想看清自己的面目,需要一面镜子。同理,中国传统哲学要认识自己,也需要一面镜子,这面镜子就是西方哲学。正如熊十力当年所说:"今日文化上最大问题,即在中西之辨。能观异以会其通,庶几内外交养而人道亨、治道具矣。吾人于西学,当虚怀容纳,以详其得失,于先哲之典,尤须布之遐陬,使得息其臆测，睹其本然，融会之业，此为首基。"① 在熊十力看来，西方哲学的存在，可消除人们对中国哲学的主观臆测，以看清其本有之貌。胡适也认为西方哲学这面镜子对中国传统哲学"正其衣冠"有着特殊的价值。他说："我做这部哲学史的最大奢望，在于把各家的哲学融会贯通，要使他们各成有头绪条理的学说。我所用的比较参证的材料，便是西洋的哲学。但是我虽用西洋哲学作参考资料，并不以为中国古代也有某种学说，便可以自夸自喜。做历史的人，千万不可存一毫主观的成见。须知东西的学术思想的互相印证，互相发明，至多不过可以见得人类的官能心理大概相同，故遇着大同小异的境地时势，便会产生大同小异的思想学派。东家所有，西家所无，只因为时势境地不同。西家未必不如东家，东家也不配夸炫于西家。何况东西所同有，谁也不配夸张自豪。故本书的主张，但以为我们若想贯通整理中国哲学史的史料，不可不借用别系的哲学，作一种解释学术的工具。"② 胡适告诉我们，他所做的中国传统哲学整理、贯通的工作，参考的坐标就是西方哲学，而且，如果要对中国哲学史的史料进行整理，就必须用西方哲学作为解释的工具。不过他也提醒人们，借助西方哲学发现中国古代也有某种学说，并不值得夸耀，因为东西学术思想的互证，仅仅是说明了人类的官能心理大概相同而已。张立文强调，克服"以西释中"的弊病，不等于排斥西方哲学，更不等于自我封闭、自我设限而与西方哲学老死不相往来，他说："拂去西学对中国哲学的遮蔽，重新恢复中华民族哲学的真容，显露其理论思维的本真，明确中国哲学身份的自我，并不是说要拒斥与西方哲学文化的交流、对话、互动、参照和吸收。其多元的哲学文化的交流、对话、互动是当代哲学文化发展繁荣的必由之路、必然趋势。中国哲学若自我封闭、自我设限，只能使中国哲学的生命智慧枯萎，既不能发展自我，也不能在世界哲学之林中获得话语权。中国哲学只有在与中华民族哲学、西方哲学、马列哲学的交流、对话、互动中，才能融汇而和合为中华民族新的理论思维形态。"③ 因此，西方哲学作为

---

① 熊十力：《熊十力全集》第四卷，第439页。
② 胡适：《中国哲学史大纲》，姜义华主编：《胡适学术文集 中国哲学史》（上），《胡适学术文集》，中华书局1998年版，第28页。
③ 张立文：《自序》，《自己讲、讲自己——中国哲学的重建与传统现代的度越》，第3页。

照察中国传统哲学的一面镜子,可以起到"净面容,正衣冠"作用。可见,西方哲学之为照察中国哲学的一面特殊的镜子,在这里得到了熊十力、胡适、张立文的肯定。有了西方哲学这面镜子,中国哲学的主体性与学科范式的建构,才有明确的方向。

其二,顺应世界学术汇合大势的需要。当今学术大大势是中西汇合,中西间的墙壁逐渐被推倒,中西的色彩逐渐淡去,王国维很早就说:"然由上文之说,而遂疑思想上之事,中国自中国,西洋自西洋者,此又不然。何则?知力人人之所同有,宇宙人生之问题,人人之所不得解也。具有能解释此问题之一部分者,无论其出于本国或出于外国,其偿我知识上之要求而慰我怀疑之苦痛者,则一也。同此宇宙,同此人生,而其观宇宙人生也,则各不同。以其不同之故,而遂生彼此之见,此大不然者也。"[①]在王国维看来,中国与西方虽有地理上的差别,但所面对的宇宙问题、人生问题,都是一样的,因而中西方都要面对并提出解决办法;而且,只要能对宇宙问题、人生问题提出一点解决智慧的人,不管他生活在哪个国家,其在满足人知识上的要求、抚慰人怀疑上的苦痛时有一样的功效。所以,因为宇宙观、人生观上的差异就分离彼此、隔绝中西,是很幼稚的。而从哲学的特性看,则应该超越"以外观中"和"以中观外"的限制,劳思光说:"所谓'以中观外'或'以外观中',是根本忽略了理论的客观性及其普遍性的看法。在今日的世界中我们不仅在道理上不能支持这种看法,而且在新形势下,也无法接受这种看法了。因为,世界正迅速地成为一整体,'世界哲学'之出现已只是时间问题。我们谈哲学,谈文化,虽然应该对特殊传统有深入了解,但也不能忘记,这一切研究的目的,只是在于推动世界性的哲学与文化之形成。我想,每一个有识度的学人,都不能再勉强将自己封闭起来了。"[②] 就是说,当代哲学的大趋势是超越中西南北空间限制的世界哲学的形成,因而无论是"以中释西",还是"以西释中",都是推动世界哲学形成的手段与途径,因而不能各自设限,也不应遭受否定。因此,基于中西哲学共有的问题意识和不同的解决方法,

---

① 王国维:《论近年之学术界》,干春松、孟彦宏编:《王国维学术经典集》(上),江西人民出版社 1997 年版,第 99—100 页。

② 劳思光:《新编中国哲学史》(一卷),广西师范大学出版社 2005 年版,第 312 页。

当中国与西方不再有时空障碍的时候，中西哲学的交流与会通，便成为不可阻挡的学术大势。王国维说："中西二学，盛则俱盛，衰则俱衰，风气既开，互相推助。且居今日之世，讲今日之学，未有西学不兴，而中学能兴者；亦未有中学不兴，而西学能兴者。……必如西人之推算日食，证梁虞剧、唐一行之说，以明《竹书纪年》之非伪；由《大唐西域记》，以发见释迦之支墓，斯为得矣。故一学既兴，他学自从之，此由学问之事，本无中西。"① 在这种"一荣俱荣，一损俱损"的背景下，若想在中国哲学研究上取得成就，就不能不以西方哲学为参照。亦正如孙中原所说："20世纪以来，中国和世界，已经变成一个不可分割的整体；中外科学文化的交流，已经形成不可阻挡的趋势中外逻辑既有同，又有异；既非完全相同，也非完全相异。这是任何诡辩和烦琐哲学，都无法改变的基本事实。无论过去的世纪，或将来的世纪，中国逻辑史比较研究和'据西释中'，都势在必行。即使全盘否定论者本人，也难以完全避免。……这里唯一的分别，是正确或错误地进行比较研究和据西释中，而不在于比较研究和据西释中的有无。在现代或今后，完全否定比较研究和据西释中，就像拔着自己的头发想升天一样，是完全办不到的。"② 而这也许就是中国传统哲学实现代转型的重要方式之一，刘笑敢说："这样做有利于中国文化与世界文化的对话、交流，又是改造中国传统哲学、促进传统哲学走向现代化、国际化的渠道之一。"③ 概言之，"以西释中"是中西方学术交流日益频繁、关系日益密切大势下的必然且必要的模式。

其三，更新改造自身内容的需要。中国传统哲学从来就不故步自封，其在中国历史上就是日新又日新的，而每一次的变化，同时是自身内容的充实和发展。比如，宋明时期的程朱理学、阳明心学都对儒家思想做出了很大贡献，而其中就有"三教相吸"的功劳。在现代中国哲学中，正是通过"以西释中"引进西方哲学学说、思想等，中国传统哲学才得以丰富和发展。熊十力说："西洋哲学，其发源即富于科学精神。故能基实测以游玄，庶无空幻之患。由解析而会通，方免粗疏之失。西学之长不可

---

① 王国维：《国学丛刊序》，胡道静主编：《国学大师论国学》（上），东方出版中心1998年版，第43页。

② 孙中原：《论中国逻辑史研究中的肯定与否定》，《广西师院学报》2000年第4期。

③ 刘笑敢：《诠释与定向》，第105页。

掩，吾人尽量吸收，犹恐不及，孰谓可一切拒之以自安固陋哉！"① 就是说，西方哲学有实测之术、分析之方，都是认知中国传统哲学所需要的，研究者必须对西学有所知。进而言之，西方哲学对于中国哲学言有其独特价值，中国哲学欲罢不能。牟宗三说："中国哲学既无康德式的知识论，也无罗素式的知识论，但我们不能说中国无知识这个观念。对经验知识中国一般称之为闻见之知，儒家就分闻见之知与德性之知，但究竟是无西方式的知识论。不管如何说法，闻见之知是在'经验实在论'的范围，但中国哲学始终未能把它详细地解析展示出来。故西方哲学所讲的知识这一方面，即属于 phenomena 方面的，中国的哲学显然是不够的。……在知识方面，中国哲学传统虽言闻见之知，但究竟没有开出科学，也没有正式的知识论，故中国对此方面是消极的。消极的就要看西方能给我们多少贡献，使我们在这方面更充实，而积极地开出科学知识与对这方面的发展。这样中西哲学的会通，才能使两方更充实，更向前发展。"② 就是说，西方哲学在知识论方面有特殊贡献，而这正是中国哲学所需充实的部分，而要充实自己就必须学习西方哲学。郭齐勇指出，仅就胡适、冯友兰、牟宗三、唐君毅等先生在中国哲学学科建设方面的成就看，也基本上是依靠学习与消化西方哲学而取得的。他说："'中国哲学'学科建构的历史，就是用不同的西方哲学范式来'格义'的历史，其间经历了不少坎坷，但所有经验都值得重视。先辈们以不同的他山之石来攻错，运用实验主义、新实在论、康德、黑格尔、马克思主义，等等，尽管不可能是原汁原味的西方思想或方法，但都有发现并取得不同成果。近百年来，数代学人，特别是胡适、冯友兰、牟宗三、唐君毅等先生，有大小不同的贡献，在吸收西方哲学、实现中国哲学创造性转化方面，做了非常可贵的探索，留下了丰厚的哲学遗产。一方面，使中国哲学学科从无到有；另一方面，使西方哲学界逐渐关注中国哲学，逐渐改变西方所谓中国无哲学的偏见。各位哲学家们有大小不同的贡献，各种尝试都有价值与意义。'中国哲学'学科形成的过程，正是中国哲学、西方哲学、马克思主义哲学交融互渗的过

---

① 熊十力：《熊十力全集》第三卷，湖北教育出版社 2001 年版，第 725 页。
② 牟宗三：《中西哲学之会通十四讲》，上海古籍出版社 2007 年版，第 66—67 页。

程。"① 在郭齐勇看来，西方哲学学说的丰富性、多样性、独特性，对于丰富和发展中国传统哲学具有重要意义，因而中国哲学学科的完善与发展仍然离不开中西哲学的多方面的更加广泛深入的交流、对话与沟通。总之，中国传统哲学若要在内容上不断充实、不断进步，"以西释中"解释模式恐怕是最有效的途径。

（本节刊于《天津社会科学》2016年第6期；《高等学校文科学术文摘》2017年第1期转摘；人大复印资料《中国哲学》2017年第4期转摘）

---

① 郭齐勇：《中华人文精神的重建》，第192页。

第三章　中国传统哲学的解释实践

本章收集了关于理解中国传统哲学实践方面的论文，其中包括理解中国传统哲学的三个维度、王国维理解中国传统哲学的路径、贺麟通过解释中国传统哲学开出科学的企图、张岱年对"理"的唯物主义的诠释、牟宗三以生命角度理解中国传统哲学的特点、贺麟对"知行合一"的新颖解释、张东荪关于中国传统哲学"无本体"的论证、冯友兰"新理学"建构的方式及意义等，较集中地将现代中国学者解释中国传统哲学的实践做了一番美学性演示。

一 认知中国传统哲学的三个维度

尽管"中国哲学的合法性"问题至今仍为某些学者津津乐道，但这并没有妨碍中国学者写"中国哲学史"，没有妨碍中国学者从多个角度诠释并发掘中国传统哲学的价值。在我看来，正是这种诠释、发掘活动，不仅使中国传统哲学的丰富内容及价值显露出来，而且实实在在地使"中国哲学"实现了由"无"到"有"的转变。本文拟对这种诠释、发掘过程做一简要考察，明其得失，显其意义。

1. 科学主义维度

科学主义认知维度是指以自然科学的精神、定理或成果作为坐标，对传统哲学资源进行分析、判断，传统哲学中符合自然科学精神、定律、原理或成果的思想因素即是有科学哲学价值的。严复认为，《周易》中的"自强不息"、"阴阳消息"等命题，可由物理科学中的"能量守恒定律"和"运动循环规律"看出其价值，而《周易》关于"变化中寓于矛盾"说之所以富有真理性，也是因为它符合物理学上"热力平均"之原理——"全力不增减之说，则有自强不息为之；凡动必复之说，则有消息之义居其始。而'易不可见，乾坤或几乎息'之旨，尤与'热力平均，天地乃毁'之言相发明也"（《天演论·自序》，《严复集》第五册）。钱穆把重视事实与验证、确认"天"为不可知之境界，看成是中国思想上的两项主要态度。前者如《中庸》中的"言顾行，行顾言"，《论语》中的"人能弘道，非道弘人"等，都是一种重视事实、实践和验证的精神；后者如"天人合一"观，主张由人见"天"或由物见"天"，但"天"是不可知之境界，正如《孟子》说："莫之为而为者谓之天。"

而之所以有这种认识,是因为这两项态度都与西方现代科学精神接近。西方现代自然科学,重视实事求是,重视验证和证据。这表明中国思想中的第一项态度有价值。在科学研究中,科学知识由纯理智推演,形成一个体系,此体系又逐步推扩改进,但不管如何推进,科学知识总有一个最高限度,此限度之外即是不可知之境界。这表明中国思想中的第二项态度也是有价值的。[1]

董光璧将《老子》"有生于无"的思想置于现代物理学视域中讨论。他说:"量子场基态是一切激发态的自然背景。'有'与'无'的关系在量子场论中,就是粒子和真空的关系,激发态和基态的关系。一方面粒子是由基态(真空)激发产生的,另一方面被产生的粒子同基态中的虚粒子云和凝集态发生相互作用。"[2] 在这一认知中,"道"类似于量子场基态,而"有生于无"恰似"粒子产生于真空"。也就是说,"道"、"有生于无"等范畴或命题,都是富有科学哲学思想的命题,而"道论"就是一种古代的自然哲学思想。有论者指出,《墨子》所谓"景二,说在重",是说一个物体产生了两个阴影,这两个阴影可能重叠,也可能不重叠,也可能部分重叠,这种对重影的描述是符合光学原理的(正确的)。而《墨子》所谓"景,二光夹一光,一光者景也",则是关于重影产生原因的探讨,即是说产生重影要有两个光源,并且两个光源发出的光线有一部分重合照到物体上,如此才会产生重影。这种分析与现代光学相关理论也是一致的。[3] 这样,从对重影现象的描述到对其产生的原因分析,《墨子》完成了对"重影面"这一比较复杂的几何光学问题的研究,显示了其在科学哲学方面的智慧。用自然科学的精神、原理、成果去认知中国传统哲学及其价值的行为,早在20世纪初期就为胡适所关注,他对这种认知方式在当时的运用状况作了这样的描述:"到了近几十年之中,有些人懂得几何算学了,方才知道那几篇(指《经上下》、《经说上下》、《大取》、《小取》)里有几何算学的道理。后来有些人懂得光学力学了,方才知道那几篇里又有光学、力学的道理。"[4] 这种描述亦是完全符合百余年来用自然

---

[1] 胡道静主编:《国学大师论国学》(上册),东方出版中心1998年版,第123页。
[2] 董光璧:《当代新道家》,华夏出版社1992年版,第87页。
[3] 邢兆良:《墨子评传》,南京大学出版社1995年版,第181页。
[4] 胡适:《中国哲学史大纲·导言》,上海古籍出版社1998年版,第227页。

科学精神、原理和成果去认知中国传统哲学价值的状况的。可以这么说，西方近代自然科学精神、原理和成果的引进，确实为认知中国传统哲学及其价值提供了一个新的视角，正是在这种认知方式下，中国传统思想中的自然哲学内容才被发掘出来，才为世人所知晓。

2. 人文主义维度

人文主义认知维度就是以人文主义的基本主张、基本内容为坐标，对传统哲学思想资源进行分析、判断，以发掘符合人文主义基本主张、基本内容的哲学思想、哲学命题、哲学范畴。那么，人文主义的基本主张、基本内容是什么呢？阿伦·布洛克说："一般说来，西方思想分三种不同模式看待人和宇宙……第三种模式是人文主义的模式，其焦点在于人，以人的经验作为人对自己、对上帝、对自然了解的出发点。"① 唐君毅则认为："人文的思想，即指对于人性、人伦、人道、人格、人之文化及其历史之存在与其价值，愿意全幅加以肯定尊重，不有意加以忽略，更决不加以抹煞曲解，以免人同于人以外、人以下之自然物等的思想。"② 张岱年也认为："人文主义包括肯定现世人生的意义，要求享受人世的欢乐；提倡个性解放，要求个性自由；相信人力的伟大，称颂人性的完美和崇高；推重人的感性经验和理性思维，主张运用人的知识来造福人生。"③ 根据这些表述，人文主义基本主张和基本内容大体可以归纳为：以"人"为中心或出发点，肯定人生的意义与价值，追求个性自由与解放，鼓励对现世幸福的追求，推崇人的创造力和科学知识，反对专制、等级、奴役和神秘主义。

中国学者正是以这种人文主义为坐标对中国传统哲学进行认知的。用人文主义这把标尺来权衡中国传统人文思想，唐君毅将其划分为四大类型，即孔孟人文思想、墨子次人文思想、庄子超人文思想和法家反人文思想等，而且认为周代之"礼乐精神"、孔子之"重人德"、孟子之"重人

---

① ［英］阿伦·布洛克：《西方人文主义传统》，董乐山译，生活·读书·新知三联书店1998年版，第12页。
② 唐君毅：《唐君毅集》，群言出版社1993年版，第401页。
③ 张岱年等：《中国文化与文化论争》，中国人民大学出版社1990年版，第238页。

性"等均属于人文精神。① 刘述先十分看重孔子的人文思想的反神秘主义特征。他说:"孔子并未武断地否认鬼神之存在。但义利之分既明,人与鬼神之交道也必出之以义,出之以礼,此外不可复问。此所以孔子坚持'未知生,焉知死','未能事人,焉能事鬼',而拒绝讨论怪力乱神。'人能弘道,非道弘人',孔子确彰显一彻底人文主义之精神。"② 李锦全认为,儒家人文思想至少有三方面表现:重视人的价值与尊严,如"天地之性人为贵";在道德的培养和人格的尊严方面,提出了平等和自由方面的要求,如"人皆可为尧舜";具有非神权色彩,如"子不语怪、力、乱、神"。③ 庞朴明确肯定中国传统思想具有人文主义价值,是一种关心人、肯定人的学问:第一,表现在对人的理解上,中国传统思想习惯把人看成具有群体生存需要、有伦理道德自觉的互动个体,每个人都是他所属关系的派生物,他的命运同集体息息相关;第二,在天人关系上,是天中有人,人中有天,主客互融;第三,在知识态度上,把道德与开发自然、改善民生连在一起,所谓正德、利用、厚生;第四,在义利关系上,致力于人格的自我实现,贬低物质享受的价值,重义轻利,以道制欲。但必须注意的是,中国传统哲学中的人文思想与西方近代人文思想是有很大差别的。④ 方东美先生极为推崇中国传统思想的人文性,他认为,中国哲学是典型的人文哲学:"中国的形上学可以称之为机体形上学,注重机体的统一、思想的博大精深的各方面,而中间还求其会通、求其综合。"⑤ 可见,人文主义基本主张、基本内容也是中国学者认知中国传统哲学及其价值的坐标之一。正是借助人文主义的基本主张和基本内容,中国传统哲学中具有人文主义价值的思想、观念、命题被发掘出来,并由此确定了中国传统思想中的人文哲学内容。

---

① 唐君毅:《唐君毅集》,群言出版社 1993 年版,第 405—416 页。
② 刘述先:《儒家宗教哲学的现代意义》,中国广播电视出版社 1993 年版,第 55 页。
③ 参见《孔子诞辰 2540 周年纪念与学术讨论会文集》(上),上海三联书店 1992 年版,第 187 页。
④ 参见汤一介、杜维明主编《百年中国哲学经典》(八十年代以来卷),海天出版社 1998 年版,第 78—79 页。
⑤ 方东美:《生命理想与文化类型》,中国广播电视出版社 1993 年版,第 250 页。

3. 唯物主义维度

唯物主义认知维度就是以唯物主义基本观念、基本主张和基本命题为坐标，对中国传统思想中的哲学资源进行分析、判断，传统思想中符合唯物主义基本主张、基本观念或基本命题的因素即是有价值的。唯物主义是马克思主义方法论的基础，包括唯物史观、唯物辩证法、阶级分析等方法。关于用唯物主义方法认知中国传统哲学及其价值，艾思奇有一个经典的说法："凡是历史上的哲学家，不论它是唯心主义者还是唯物主义者，只要他的思想中有些唯物主义与辩证法的因素，那就和辩证唯物主义具有继承关系，而其中的唯心主义和形而上学方面，就是我们要通过批判加以抛弃的。"① 那么，中国学者又是如何用唯物主义方法认知中国传统哲学及其价值的呢？20世纪50年代张岱年将中国传统哲学中的唯物主义因素进行了较系统的整理，肯定了许多哲学思想、命题和范畴的"唯物论"价值。对于《管子》中"天不变其常"、"地不易其则"之类的命题，张岱年指出，其中的"天"指自然之天，"常"、"则"有规律之义，而且"则"是以天地之"气"为本的，是众多物类所共具的，是永恒不变的，因而这段话肯定了自然界有普遍规律，是一个重要的唯物主义观点。② 郭沫若认为，《易传》讲的是连环、进化——"夫妇之道不可以不久也，故受之以《恒》，恒者久也。物不可以久居其所，故受之以《遁》，遁者退也……物不可以终遁，故受之以《大壮》。物不可以终壮，故受之以《晋》，晋者进也。进必有所伤，故受之以《明夷》，夷者伤也。……伤于外者必反其家，故受之以《家人》。"——而这种连环、进化之无限展开，乃是因为《易传》拥有了"于事物中看出矛盾，于矛盾中看出变化，于变化中看出整个世界"的唯物辩证观念。③《国语》中有一段用"阴阳"二气解释地震的话："周将亡矣！夫天地之气，不失其序，若过其序，民乱之也。阳伏而不能出，阴迫而不

---

① 艾思奇：《对"中国哲学遗产的继承问题"的一些意见》，《中国哲学问题讨论专辑》，科学出版社1957年版，第439页。
② 张岱年：《中国唯物主义思想简史》，中国青年出版社1981年版，第24页。
③ 参见刘梦溪主编《中国现代学术经典·郭沫若卷》，河北教育出版社1996年版，第63—69页。

能蒸,于是有地震。"(《国语·周语上》)任继愈解释说:把"阴阳"二气的对立斗争看作地震发生的原因,表明认识到自然界存在着两种相互对抗的力量,具有朴素的辩证法思想。①

《墨子》所谓"三表法"云:"何谓三表?子墨子言曰:有本之者,有原之者,有用之者。于何本之?上本之于古者圣王之事;于何原之?下原察百姓耳目之实;于何用之?废以为刑政,观其中国家百姓人民之利。"(《墨子·非命上》)肖萐父等学者解释说:"事"指历史经验,"实"指群众耳目所见所闻,"利"指国家、人民的利益,所以"三表法"是以间接经验、直接经验和实行效果为准绳,排除了个人的主观成见,因而是一种朴素的、唯物主义经验论的真理观。②可见,唯物主义方法确实是现代中国学者用以发掘中国传统思想中唯物主义思想内容的一种方法、一个坐标,正是唯物主义方法的应用,中国传统思想资源中属于唯物论、辩证法、唯物主义认识论、唯物主义历史观的思想内容被发掘并组合起来,从而建构起以马克思主义哲学为统领的中国哲学史。

4. 意外的收获

虽然用西学认知、判断中国哲学内容和价值,是一种自觉的行为,正如蔡元培所说:"研究也者,非徒输入欧化,而必于欧化之中为更进之发明;非徒保存国粹,而必以科学方法,揭国粹之真相。"③但这种认知、判断所带来的影响之大之深却是先辈们始料未及的。那么,实践了百余年的科学主义认知方式、人文主义认知方式和唯物主义认知方式,在哪些方面显示了其积极价值呢?

其一,中国传统哲学价值的多元性被人们所认知。应当承认的是,西学进入之前,中国传统思想中有无哲学意义的思想及这种哲学思想的价值怎样,是一个悬而未决的问题。正是近代自然科学的输入,自然科学的精神、原理及成果才被用于认知中国传统哲学,从而使中国传统思想中具有

---

① 任继愈主编:《中国哲学史》(先秦篇),人民出版社1983年版,第132页。
② 肖萐父、李锦全主编:《中国哲学史》(上卷),人民出版社1997年版,第93页。
③ 转引自陈松编《五四前后东西文化问题论文选》,中国社会科学出版社1985年版,第109页。

科学哲学的思想因素得以彰显出来；正是西方人文主义思潮的输入，人文主义的精神、原则才被用于认知中国传统哲学，从而使中国传统思想中具有人文哲学的思想因素得以彰显出来；正是马克思主义思潮的输入，唯物主义基本原理、基本方法才被用于认知中国传统哲学，才使中国传统思想中具有唯物论哲学的思想因素得以彰显出来。诚如严复所说："即吾圣人之精意微言，亦必既通西学之后，以归求反观，而后有以窥其精微，而服其为不可易也。"（《救亡决论》，《严复集》第一册）西学的标尺固然不能成为中学"不易"的保证，但中国传统思想中具有哲学意义的思想及其内容、价值的多样性，显然是得益于西学的认知方式的。

其二，中国传统哲学价值在认知中得到了丰富和发展。对传统哲学价值的认知，体现了认知主体领受、把握传统哲学价值的强烈愿望，而认知主体在经验上具有"前理解性"、在流程上具有"综合性"、在价值上具有"创造性"，因而对传统哲学及其价值接受认知的过程必然也是一个吐故纳新、丰富发展的过程。这种丰富发展表现为：在平面上使传统哲学价值的丰富性、多样性展示出来。中国传统哲学及其价值在以往从来就没有被如此清晰地整理出来，更没有被如此多向度地表现出来，因而不同认知方式的应用，便意味着中国传统哲学的丰富和发展，在立体上赋予了传统哲学新的内容与新的生命。比如钱穆以自然科学精神、原理为参照，提出《中庸》中"言顾行，行顾言"的命题具有重视实事、实证的精神，这种认知过程实际上使这一命题的含义得到了充实、丰富。再如刘述先将"未能事人，焉能事鬼"解读为一种具有彻底的人文主义的思想，显然是对这一命题思想内容及思想境界的丰富和提升。特别需要指出的是，现代学者在使用这些方法认知中国传统哲学时，在心灵精神领域实现了与先哲的对话和交流，从而使传统哲学的精神得到了传承。

其三，"中国哲学"在认知过程中逐步得到确认。如果我们并不否认所谓理论、所谓学科都是以相应的经验实践为基础的，而作为体系的学科的哲学也并不在经验世界之外，那么，我们就可以说，"中国哲学"的存在是没有任何疑问的。因为，正是有了百年来对中国传统哲学认知的实践，中国哲学的内容和特征才逐步显露出来，学科体系才得以建立起来：中国科学思想史（自然哲学史）、中国传统人文哲学（人学）、中国哲学史（中国唯物主义思想史、中国辩证法思想史、中国认识论思想史）等分支学科相继进入学术领域；中国哲学的"哲学身份"才在学术生态中普遍建立起来：学术研究中"中国哲学"术语的普遍使用，学术研讨会上对"中国哲学"问题的普遍关注等。如果按照某些学者的意见，哲学是纯粹的"形上学"，那么百年来对中国哲学认知的实践告诉我们，"中国哲学"并不缺乏这一特征。如方东美认为，中国哲学就是一种"有机的形上学"。所以，对"中国哲学合法性"的"质疑"才是值得质疑的。在笔者看来，当今学者急需做的工作并不是去质疑"中国哲学的合法性"，而是继承先辈的工作，进一步开掘中国传统思想中具有哲学意义的思想，寻找那些与人类生活实践具有恒常结合意义的哲学思想、哲学命题、哲学概念，并使之参与当代人类实践，进行"视界交融"，以使"中国哲学"实现内在性与外在性的统一、中国性与世界性的统一。

其四，提示了认知中国传统哲学应注意的问题。我们注意到，中国学者在利用自然科学原理、人文主义原则和唯物主义思想作为认知中国传统哲学坐标的同时，并不是简单地、平面地"复制"出中国的自然科学哲学、中国的人文哲学和中国的唯物论哲学，而是有一定创造性的。这种创造性对我们有如下启示：第一，认知中国传统哲学的视角不是绝对的、唯一的，而是多样性的。自然科学的精神、原理和成果可用于认知中国传统哲学，并获得相应的结论；人文主义原则、思想也可用于认知中国传统哲学，并由此发掘出中国传统哲学中的人文思想；唯物主义方法用于认知中国传统哲学，则发掘出了中国传统思想中的唯物论、辩证法等内容。所以，如果只满足于一种认知方法，不仅会使这种认知方式被绝对化，也可能使中国哲学内容、价值的丰富性彰显不出来。第二，认知方式本身的内涵不直接等同于被认知对象的内容。上述三种认知维度的实践向我们显示：有认知方式内容与被认知对象内容完全相应的情况，如刘述先对孔子人文主义思想的认知；有认知方式内容与被认知对象内容不一致的情况，如黎明指出，中国传统思想资源中根本就不存在西方式人文精神和思想，因为中国传统哲学中究竟有无人文主义精神、内容，或者有多少，有无反人文主义思想的因素等，根本的依据是其具体的内涵，而不是范畴、概念等符号[①]；也有认知方式内容与被认知对象内容互有出入的情

[①] 参见《八十年代中西文化讨论文集》，中央党校出版社1987年版，第171—172页。

况，如唐君毅虽然认为中国哲学中有人文思想，但又明确指出中国的人文思想不仅与西方的人文思想是有差别的，而且中国的人文思想表现出多样性，所谓孔孟的人文思想、墨家的次人文思想、道家的超人文思想和法家的反人文思想。第三，认知方式必须做到"适度"认知，要尊重被认知对象的特性，不能"过度"认知。比如，对于用自然科学精神、原理和唯物主义原则分析、解读中国传统哲学，方东美提出了自己的看法。他说："把一套'超越形上学'转变为内在于人类精神、人类生活的'内在形上学'，我所谓的形上学的途径就是采取此种观点。采取此种观点，在思想上要避免两个陷阱：第一是二分法……第二是分析法。"[①] 因而用自然科学方法或唯物主义方法解读中国传统哲学，都可能使中国哲学的价值遭受损伤。他说："在这种情况下，近代科学之长足进步，应用到哲学上采取的是部分分析而非彻底分析，抽象的分析而非具体的了解，再加上透过错误的态度，就是对一切神圣的价值、真善美的价值都采取了中立主义，结果一切价值几乎都不能谈。"如果采用人文的立场去认知的话，则结果完全相反："假使我们中国形上学要采取机体形上学的立场，首先对宇宙应当了解为一整体，然后在宇宙里谈本体论，谈宇宙的真相，就要谈整体的实有界，如果我认为宇宙真相还可以透过艺术、宗教、哲学、科学，看出它的艺术理想、道德理想、真理理想，然后就可以把真善美的最高标准同宇宙真相贯串起来，使得宇宙不但不贫乏，反而可以成为更丰富的真相系统，更丰富的价值系统。"[②] 据此，或许我们不能将西学方法在认知中国传统哲学中的作用夸得过大，但毫无疑问，正是有了西学的坐标，才激活了中国思想者的灵感，才可能对中国哲学的特点、性质有所把握，才可能形成对中国传统哲学特征的较深层面的认识，并由此不断改进认知中国传统哲学的方法与态度。

（载《天津社会科学》2004年第5期；《新华文摘》2005年第4期全文转摘）

[①] 方东美：《生命理想与文化类型》，中国广播电视出版社1993年版，第245页。
[②] 同上书，第251—252页。

二 王国维诠释"理"的三种路向

"理"是中国传统哲学中的重要范畴，特别是到了宋明时期，"理"已然成为宋明理学中的核心范畴之一。王国维熟知"理"在中国哲学中的特殊地位，他写有专文《释理》，对"理"的内涵、特点进行了诠释。本文即以探讨王国维诠释的"理"之倾向为目的，并在此基础上对王国维诠释"理"的实践进行反思和检讨。

1. 知识论之"理"

王国维十分信奉叔本华的"充足理由律"，他根据"充足理由律"对中国传统哲学中的"理"做了知识论、逻辑学的解读，认为中国传统哲学中的"理"所具有的两个含义是"理由"和"理性"。

王国维指出，在西方哲学史上，只有叔本华对"充足理由律"做了最完整、最精深的研究，他在前人区分知识理由与事实理由的基础上，再分为四种形式：名学（概念表象）的形式，这是知识的充足理由律，有前提必有认识；物理学（直观的、完整的、经验的表象）的形式，这是变化的充足理由律，有原因必有结果；数学（时间和空间的直觉）的形式，这是存在的充足理由律，一切关系，由几何学上定理确定的，其计算成绩不能有误；实践（意志主体为对象）的形式，这是意志动机的充足理由律，动机既现，人及动物必有出自与固有气质相应的动作。王国维认为，前三种分别为理性、悟性、感性之形式，它们具有公共性质，就一切事物而证明其所以然，及其不得不然，即：就结局看，必有所以如此之理由；就理由看，必有不得不然之结局。与此对照，中国哲学中也有"就一切事物而证明其所以然，及其不得不然"之"理"——"陈北溪

（淳）曰：'理有确然不易的意。'临川吴氏（澄）曰：'凡物必有所以然之故，亦必有所当然之则。所以然者理也，所当然者义也。'徵之吾人日日之用语，所谓'万万无此理'，'理不应尔'者，皆指理由而言也。"①所以，此"理"即为"理由"。

王国维认为，人的知识分为两种，一是直观知识，由人之感性及悟性获得；二是概念知识，即理性的作用。叔本华在康德区分"纯粹理性"与"实践理性"基础上，对悟性与理性进行了区分，并证明直观中已有悟性的作用。人有悟性之作用，便有了直观的世界，人有理性之作用，便有概念的世界；所以，理性不过是制造概念及分合概念的活动而已。根据这种"知识"，王国维认为，《孟子》中"心之所同然者，何也？谓理也，义也"，以及二程的"性即理也"等表述，"就其视理为心之作用时观之，固指理性而言者也"。②即认为孟子、二程所言"理"为"理性"。王国维还指出，在中国哲学史上，王阳明所论"理"既是最深刻的，也是最明晰的。他说："'物理不外于吾心，外吾心而求物理，无物理矣。遗物理而求吾心，吾心何物？'我国人之说'理'者，未有深切著明如此者也。"③王国维为什么如此赞赏王阳明对"理"的论说？就在于阳明所论"理"符合叔本华"充足理由律"中"事实上理由、知识上理由全属于人主观作用"之原则。

2. 形上学之"理"

由上可见，无论是"理由"之理，还是"理性"之理，都是知力之形式，因而是主观的，也就是说，"理"不应该成为绝对实在物，不应该成为形上学之理。不过，在中国哲学史上，"理"却偏偏有了形上学意义。

王国维指出，在中国哲学史上，"理"之客观的意义是从宋代开始的。他说："返而观吾中国之哲学，则理之有客观的意义，实自宋人始。

---

① 王国维：《释理》，干春松、孟彦弘编：《王国维学术经典集》（上），江西人民出版社1997年版，第22页。

② 同上书，第24页。

③ 同上书，第26页。

《易·说卦》传曰:'将以顺性命之理。'固以'理'为性中之物。《孟子》亦既明言'理'为心之所同然矣。而程子则曰:'在物为理。'又曰:'万物各具一理,而万理同出一原。'此'原'之为心为物,程子不言,至朱子直言之曰:'盖人心之灵,莫不有知,而天下之物,莫不有理。惟于理有未穷,故其知有不尽。'至万物之有理,存于人心之有知,此种思想,固朱子所未尝梦见也。于是理之渊源,不得求诸外物,于是谓'天地之间,有理有气。理也者,形而上之道也,生物之本也;气也者,形而下之器也,生物之具也。是以人物之生,必禀此理,然后有性;必禀此气,然后有形。'又曰:'天以阴阳五行化生万物,气以成形,而理亦附焉。'于是对周子之'太极'而与以内容曰:'太极'不过一个'理'字。万物之理,皆自此客观的大理出,故曰:'物物各具此理,而物物各异其用,然莫非理之流行也。'……故朱子之所谓'理',与希腊斯多噶派之所谓'理',皆预想一客观的理,存于生天、生地、生人之前,而吾心之理,不过其一部分而已。于是理之概念,自物理学上之意义出,至宋以后,而遂得形而上学之意义。"[①] 就是说,由于朱子缺乏"万物之有理,存于人心之有知"的观念,因而只好到外物中去寻找"理"的渊源,而这一寻找,便有了"'理'为客观绝对"、"'理'为生物之本"的形上学观念。

不过,王国维对"理"之形上学意义是否定的。在他看来,"理"之形上学意义的获得,完全是人类抽象力过度使用的结果。比如,从各个个别的牛、马,到一般意义上的牛、马,从一般意义上的牛、马、犬、羊,再到动物,从动物、人,再到物,从动物、人、观念,再到"有",这样,"有"就成了万事万物的总称。王国维认为,"理"就是类似"有"的概念。"理"在中国哲学史中,开始不过是"物之可分析而有系统者",但经过无数次的"抽象",便成了朱子的形上学之"理"。但这个"理"已经离具体事物很远了,只存在于观念中,而不存在于直观世界。因此,"理"之为形上学之意义,只不过是一种幻影而已。他说:"夫以充足理由原则中之因果律,即事实上之理由,独全属吾人主观之作用,况知识上

[①] 王国维:《释理》,干春松、孟彦弘编:《王国维学术经典集》(上),江西人民出版社1997年版,第25—26页。

之理由，及吾人知力之一种之理性乎。要之，以理为有形而上学之意义者，与《周易》及毕达哥拉斯派以数为有形而上学之意义同，自今日视之，不过一幻影而已矣。"① 就是说，无论是作为"充足理由原则中的因果律"（理由）言，还是作为"人智力之一种之理性"言，"理"都不具有形上学意义，这就好比《周易》与古希腊毕达哥拉斯派以"数"为形上学范畴一样，不过是一种幻影。因此，"'理'之意义，以理由而言，为吾人知识之普遍之形式；以理性而言，则为吾人构造概念及定概念间之关系之作用，而知力之一种也。故'理'之为物，但有主观的意义，而无客观的意义。易言以明之，即但有心理学上之意义，而无形而上学上之意义也"。②

3. 伦理学之"理"

王国维认为，由于"理性"是人智力作用最高者，又为人所独有，因而人类自然将"真"和"善"归于理性，而将"善"归于理性，便意味着"理"有了伦理学意义。

那么，"理"之伦理意义在中国哲学中有什么样的表现呢？在王国维看来，"理"之伦理意义是从《礼记》开始的。他说："'理'之有伦理学上之意义，自《乐记》始。《乐记》曰：'人生而静，天之性也。感于物而动，性之欲也。物至知知，然后好恶形焉。好恶无节于内，知诱于外，不能反躬，天理灭矣。夫物之感人无穷，而人之好恶无节，则是物至而人化物也。人化物也者，灭天理而穷人欲者也。'此天理对人欲而言，确有伦理上之意义。"③ 不过，《乐记》中的这个"理"与孟子讲的"大体"具有同样的意思："然则所谓'天理'果何物欤？案《乐记》之意，与《孟子》小体大体之说极相似。今援《孟子》之说以解之曰：'耳目之官不思，而蔽于物，物交物则引之而已矣。心之官则思，思则得之，不思则不得也。此天之所以与我者，先立乎其大者，则其小者不能夺也。'由此观之，人所以引于物

---

① 王国维：《释理》，干春松、孟彦弘编：《王国维学术经典集》（上），江西人民出版社1997年版，第27页。
② 同上书，第28—29页。
③ 同上。

者，乃由不思之故。而思（定概念之关系）者，正理性之作用也。然则《乐记》之所谓'天理'，固指理性言之，然理性者，知力之一种。故理性之作用，但关于真伪，而不关于善恶。然在古代，真与善之二概念之不相区别，故无足怪也。"① 所以《乐记》中"理"主要还是"理性思考"的意思，但由于古代思想中的"真"与"善"是混为一体的，因而也具有伦理之意义。而"理"之伦理意义表现得最为完整、最为透彻，还是始于宋代。二程说："人心莫不有知，蔽于人欲，则亡天理矣。"谢良佐说："天理与人欲相对，有一分人欲，即灭却一分天理，存一分天理，即胜得一分人欲。"王国维的评论是："于是'理'之一字，于形而上学之价值（实在）外，兼有伦理学上之价值（善）。"② 而从朱熹、戴震的相关论述中，尤可体会到"理"之伦理学意义。比如，朱熹说："有个天理，便有个人欲。盖缘这个天理，须有个安顿处，才安顿得不恰好，便有人欲出来。"③ 又如，戴震说："天理云者，言乎自然之分理也。自然之分理，以我之情絜人之情而无不得其平是也。"④ 王国维则评论说："朱子所谓'安顿得好'，与戴氏所谓'絜人之情而无不得其平'者，则其视理也，殆以'义'字、'正'字、'恕'字解之。于是'理'之一语，又有伦理学上之价值。其所异者，惟朱子以理为人所本有，而安顿之不恰好者，则谓之欲；戴氏以欲为人所本有，而安顿之使无爽失者理也。"⑤ 如此，自宋以降，"理"、"欲"二字，便成为伦理学上对立的两个概念，而"理"的伦理意义就表现在对"欲"的调节与控制。其实，"理"之伦理意义，不仅表现在中国哲学中，也表现在西方哲学中。王国维说："其在西洋之伦理学中亦然。柏拉图分人性为三品：一曰嗜欲，二曰血气，三曰理性。而以节制嗜欲与血气，而成克己与勇毅二德为理性之任。谓理性者，知识与道德所税驾（归宿）之地也。厥后斯多噶派亦以人性有理性及感性之二

---

① 王国维：《释理》，干春松、孟彦弘编：《王国维学术经典集》（上），江西人民出版社1997年版，第29页。

② 同上。

③ 朱熹：《朱子语类·力行》卷第十三，岳麓书社1997年版，第199页。

④ 戴震：《孟子字义疏证·理》卷上，上海古籍出版社1980年版，第266页。

⑤ 王国维：《释理》，干春松、孟彦弘编：《王国维学术经典集》（上），江西人民出版社1997年版，第29—30页。

原质，而德之为物，只在依理而克欲。故理性之语，亦大染伦理学之色彩。至近世汗德而遂有实践理性之说……彼以理性为人类动作之伦理的价值之所由生，谓一切人之德性，及高尚神圣之行，皆由此出，而无待于其他。故由彼之意，则合理之动作，与高尚神圣之动作为一，而私利惨酷卑陋之动作，但不合理之动作而已。"① 就柏拉图而言，他把人性分为嗜欲、血气、理性三品，而理性是用来节制嗜欲与血气的；就斯多噶派而言，认为人性中有理性和感性二原质，而成就德性却要依理克欲；就康德而言，更是将理性视为人类伦理行为的前提：合理的行为即高尚的行为，背理的行为即卑陋的行为。可见，"理"之伦理意义之表现，是无中西之别的。

不过，王国维对"理"之伦理意义同样给予了否定。他说："吾国语中之'理'字，自宋以后，久有伦理学上之意义，故骤闻叔本华之说，固有未易首肯者。然'理'之为义除理由、理性以外，更无他解。若以理由言，则伦理学之理由，所谓动机是也。一切行为，无不有一物焉为之机括，此机括或为具体的直观，或为抽象的概念，而其为此行为之理由，则一也。由动机之正否，而行为有善恶，故动机虚位也，非定名也，善亦一动机，恶亦一动机。理性亦然。理性者，推理之能力也。为善由理性，为恶亦由理性，则理性之但为行为之形式，而不足为行为之标准，昭昭然矣。惟理性之能力，为动物之所无，而人类之所独有，故世人遂以形而上学之所谓真，与伦理学之所谓善，尽归诸理之属性。不知理性者，不过吾人知力之作用，以造概念，以定概念之关系，除为行为之手段外，毫无关于伦理上之价值。其所以有此误解者，由'理'之一字，乃一普遍之概念故。"② 就是说，"理"如果是作"理由"解，为伦理学之理由，则属"动机"，但动机可善可恶，只是虚位，没有定名；如果作"理性"解，为逻辑学之推演，则属"知力"，但知力可为善亦可为恶，而不能为行为之标准。换言之，中国哲学中的"理"只是一个知识论概念，是人们制造概念和指导人行为的智力而已，与伦理上的价值也无关联。

---

① 王国维：《释理》，干春松、孟彦弘编：《王国维学术经典集》（上），江西人民出版社1997年版，第30页。

② 同上书，第32页。

4. 几点检讨

可见，王国维对"理"的诠释表现为三个路向：知识论路向、形上学路向和伦理学路向；而在此三个路向中，王国维偏爱知识论路向。此即是王国维对"理"的理解及其特点基本格局，我们的检讨便以此格局为前提。

对"理"的诠释具有划时代的意义。为什么下这一断语？人所共知，"理"在中国哲学史上是一基本范畴，特别是到了宋明时期，"理"的地位发生了根本性变化，成为宋明理学中的根本性范畴，可谓"集万千宠爱于一身"。然而，这个"理"究竟属于什么性质的范畴呢？即它究竟是知识概念？还是本体概念？抑或价值概念？在王国维之前，并无任何明确的解释。而到了王国维这里，他引用叔本华的知识论、逻辑学理论，对"理"的知识论性质进行了深入解释和明确规定。就是说，在中国哲学中，"理"的基本含义应该是"理由"和"理性"。"理由"属于充足理由律，作为充足理由律之一形式的因果律是先验的，客观世界之所以呈现因果关系，乃是人先天因果关系的外在表现。因此，无论是作为"理由"还是作为"理性"，"理"都是知识论的、逻辑学的。这样，王国维将"理"的固有内涵加以点化，以回到其原始义，从而重新开启"理"的知识论方向。这对将"理"从"异化"含义的禁锢中解放出来，从而活化"理"的知识论意义自然是具有重大价值；而且，王国维的这种诠释方向对于20世纪诠释中国传统哲学的实践而言，具有普遍示范作用，这就是王国维诠释"理"的实践具有划时代意义之所在。

否定"理"的哲学、伦理含义是值得商榷的。王国维对"理"的诠释虽然具有划时代的意义，但这并不意味着他对"理"的主张都是可以接受的。王国维告诉我们，中国哲学中的"理"除了"理性"、"理由"之外，还有形上学之理、伦理学之理。应该说，这种认识和揭示是非常准确和深刻的。不过，王国维并没有根据这种揭示进一步讨论和肯定"理"之作为形上学含义、伦理学含义的意义，而是直接地给予了否定。王国维之所以这样做，在于形上学之"理"、伦理学之"理"，不符合叔本华的"充足理由律"。就形上学之"理"言，它完全是人们抽象力的结果，经过无限的抽象，"理"成为客观的、绝对的本体，并且先于天、地、人而独立存在，但这是违背充足理由律的，因为根据充足理由律，"理"之作为事实之"理由"，完全是人主观作用之结果。就伦理学之"理"言，无论是作为"理由"，还是作为"理性"，都不会有伦理意义的发生。因为从"理性"角度看，"理性"可以为善亦可以为恶，故不能成为善恶的标准；从"理由"角度看，"理由"就是动机，可是，有善的动机，亦有恶的动机，这样"理"就不能成为有实际内容的概念。因此，"理"的伦理含义是空洞的、不可靠的。可见，王国维否定"理"的形上学意义和伦理学意义，是以"理"的知识论性质为前提的。换言之，"理"之伦理含义、形上学含义完全是在知识论义理系统中被消解的。然而，这种否定是值得商榷的。这是因为：第一，在中国哲学中，"理"的伦理学含义、形上学含义是客观存在的，这也是王国维所认同的；第二，"理"之在中国哲学中的形上学含义、伦理学含义，对于中国传统哲学具有重要意义，如果否定了"理"的这两种含义，"理"在中国传统哲学中就变得毫无价值，就变得枯燥乏味，而中国传统哲学亦因此遭受损伤；第三，"理"的形上学含义、伦理学含义，代表了宋明儒家的意义世界，宋明儒家正是通过对"理"的论证、诠释、规定以赋予他们的希望、蓝图和理想。因此，王国维知识化诠释"理"，进而通过否定"理"的伦理学含义、形上学含义，无意中构成了对"理"人文价值的否定。

诠释实践中的人文主义与科学主义纠缠。王国维诠释"理"的实践，表现出鲜明的科学主义倾向，对叔本华的"充足理由律"简直到了顶礼膜拜的地步。他从知识论、逻辑学的角度对"理"进行解释和规定，从而认为"理"最根本的含义就是"理由"与"理性"，并以此为标准，对"理"的其他含义进行裁决和否定，比如伦理学之"理"和形上学之"理"，都被王国维指为"幻影"。可是，中国哲学中的形上学之"理"、伦理学之"理"，不仅是诸般伦理道德的总称，也是中国哲学家的意义世界，即具有丰富而深刻的人文内涵。所以，王国维对"理"的诠释，虽然注重了科学意义，但忽略了人文意义。也就是说，王国维在用知识论、逻辑学对"理"的合法性进行分析和解构时，完全没有考虑到"理"的人文根据及其内涵，宋明理学中的"理"是根据人的心灵需要建构起来，其所负载的内涵与价值是宋明哲学家基于社会现状的超越和追求。因此，王国维对"理"的诠释既反映了人文价值与科学价值的差异，也反映了王国维在处理人文价值与科学价值时所表现出来的困惑。他的名言"可爱者不可信，可信者不可爱"在很大程度上正是这种困惑的表征。然而，如果能够在知识地、逻辑地诠释并规定"理"的同时，认识并能尊重"理"之作为哲学范畴、伦理范畴的人文根据及其意蕴，或许是可以避免人文主义与科学主义纠缠的。

诠释主体的价值与被诠释对象固有价值之关系。我们看到，王国维诠释"理"的过程中，非常清晰而强烈地显示了自己的价值取向，即知识论取向。王国维认为，"理"就是一知识论概念，并由此否定那些违背知识论原则的"理"，如形上学之"理"、伦理学之"理"，但王国维的否定却是欠妥的。这是因为，王国维实际上只注意到诠释主体释放价值的热情，而忘记了照顾被诠释对象固有价值的温情。一方面，诠释主体当然需要在诠释过程中诉说、释放"自我价值"，从而使诠释活动具有鲜明的个体性、现时性和创造性；但是，另一方面，诠释主体必须照顾和保护被诠释对象的固有含义与价值，即便诠释主体价值的释放意味着对被诠释对象含义与价值的颠覆，也应如此。因为只有这样，诠释实践才可能是积极、健康、宽容、民主而富有成效的。王国维以知识论原则排斥伦理学之"理"、形上之"理"，在一定程度上就是没有正确处理好诠释主体价值的释放与被诠释对象固有价值的保护之间的关系，在对"自我价值"的释放充满自信的同时，彻底遗忘了"理"之人文价值，因而至少在这一点上，王国维表现出来的只是一种"知识论"的傲慢。因此，只有当诠释实践被当作生命性活动时，被诠释对象的意义才不致遭到无辜伤害。

（载《厦门大学学报》（哲学社会科学版）2010年第5期，《北京大学学报》2010年第6期转摘，《高等学校文科学术文摘》2010年第6期转摘）

三　中国传统哲学开出科学之尝试

贺麟没有写专文讨论"理",但在《时空与超时空》等文中,部分地涉及对"理"解释,正是透过这种解释,可以找到贺麟对于宋明理学中"理"的基本想法和主张。本文即以揭示贺麟释"理"内蕴为目的。

1. "理"之知识基因的开掘

宋明理学中的"理"是本体,是万事万物的根据,但这个"理"主要还是道德意义上的,即便涉及天道自然,也还是以求证道德为中心。贺麟可谓独具慧眼,他把这个"理"与他想极力宣讲的"时空"联系起来,从而在一定程度上变成了对的"理"一种诠释。

(1)"理"是"心"的本质与灵明。这是贺麟对"理"特性的基本规定。可是,"理"在什么意义上是"心"的本质和灵明呢?根据贺麟的理解,应该是在"时空"意义上。他说:"理既是规定经验中事物的必然秩序或法则,即是经验中事物所必遵循的准则,既是衡量经验中事物的尺度,则必是出于经验的主体,即规定者衡量者所先天固有的法则、标准尺度,而不是从经验以外突然而来自天降下的奇迹。理是心的一部分,理代表心之灵明部分。理是心的本质。"[1] 所谓"规定经验中事物的必然秩序或法则",所谓"衡量经验中事物的尺度",都是贺麟所讲"时空"所具有的特性,也就是说,"理"之所以是"心"的本质,是"心"的灵明,乃是因为其与"时空"具有同样的特性。而在贺麟看来,宋明理学中的"理"正是具有"时空"特性的"理"。他说:"理是心之性,而非心之

---

[1] 贺麟:《时空与超时空》,《贺麟选集》,吉林人民出版社2005年版,第39页。

情,而心是统性情的全体。理是思想结晶,是思想所建立的法则,是思想所提出来自己加给自己的职责,不是外界给予的材料。理是此心整理感官材料所用的工具,是此心用先天工具在感官材料中所提炼出来的超感官的本性或精蕴,而不是感官材料的本身。"① "心统性情"是宋明理学核心命题之一,其中的"心"是善体,具有主宰能力,而之所以如此,是因为其中有"理",如朱熹说:"心固是主宰底意,然所谓主宰者,即是理也。不是心外别有个理,理外别有个心。"② 所以,"理"等同于"性"。就是说,对于"心"而言,"理"不是偶然性,而是必然性,这种必然性表现为:理是"心"活动的法则,是"心"整理材料的根据和准则。因此,"心"中无"理"是不可想象的。贺麟说:"理既是心的本质,假如心而无理,即失其所以为心。譬如禽兽就是无有理性的动物,因此我们不说禽兽有心,只说禽兽有感觉。故理必在心中,而心之为心,即因其'聚众理而应万事'。因理聚心中,因心聚众理,故心是'一而不二,为主而不为客,命物而不命于物'的真纯之主动者(所引皆自朱子语)。"③ 概言之,朱子的"心"之所以能"应万事",之所以是"绝对唯一而不是分裂为二、主体而不是客体、命令万物而不是被万物所命令"的,就是因为拥有了"规定经验中事物的必然秩序或法则、衡量经验中事物的尺度"的"理"。可见,贺麟所谓"理"是"心"的本质、"心"的灵明,是从"时空"意义上讲的,即只在具有"时空"特性意义上,"理"才是"心"的本质、"心"的灵明。我们知道,"理"是宋明理学的本体,具有绝对性、唯一性、超越性、至善性等特点,因而能决定"心"的性质,"心"为"心体",贺麟的诠释虽然沿承了这些特性,却是作为"使知识成为可能的根据和标准"而接受的,因此,如果从朱子本有但幽暗的知识论路线讲,贺麟的这种诠释是一种顺延,而从道德论路线讲,则是重大颠覆与转向。

(2)"理"是"心"整理材料的工具。贺麟认为,自然知识与科学知识是不同的,科学知识属于自然知识,但自然知识不属于科学知识,因

---

① 贺麟:《时空与超时空》,《贺麟选集》,吉林人民出版社 2005 年版,第 39 页。
② 《理气上》,《朱子语类卷一》(壹),《朱子全书》(拾肆),上海古籍出版社、安徽教育出版社 2002 年版,第 117 页。
③ 贺麟:《时空与超时空》,《贺麟选集》,吉林人民出版社 2005 年版,第 39 页。

为由自然知识升华到科学知识，仍然需要理性的整理，而"时空"正是具有这种功能的"理性"。他说："就时空为心中之理言，可称之'心之德'。德，能也，性也，谓时空为心之功能或德性也。就时空为使基于感官的自然知识可能之理言，可称之为'感之理'。即是吾人行使感觉机能时所具有之两个内发的原理或标准，据此原理或标准，吾人可以整理排列感觉中的材料，因而使得感觉也不是纯然混沌而被动，乃亦有其主动的成分，而自然知识因以形成。科学知识即是自然知识，但自然知识不即是科学知识。自然知识尚须经过一番理性的整理后，方为科学的自然知识。朱子说：'仁是心之德、爱之理'，我们则说：'时空是心之德、感之理'，我们完全采取朱子界说仁的方法和态度来界说时空。朱子认为仁是使爱的行为或道德行为可能的心中之德性或原理，我们则认为时空是使自然知识可能的心中之德性或原理。"① 正如贺麟所言，"时空"与宋明理学的"理"是等同的，所谓"理即是心的本性，一如利是刃的本性，聪是耳的本性，明是目的本性。此乃是据心的界说而自身明白的道理。这个例子和这例子中所含的道理，皆采自朱子的说法。故凡彼认理在心外的说法，大都只见得心的偶性，只见得形而下的生理心理意义的心，而未见到心的本性，未见到形而上的'心即理也'的心"。② 在贺麟看来，朱熹所谓形而上的"心"，正是因为它的本性是"理"，而"时空即是心中之理"，因此，"理"自然是使感觉机能行使的两个内发的原理或标准（功能和感之理），从而使自然知识转换为科学知识成为可能。这样，贺麟就在中国传统哲学中寻找到转向自然知识的途径和基础。这也就是贺麟用西方哲学改造中国理学的目的所在："必须以西洋的哲学发挥儒家的理学。儒家的理学为中国的正宗哲学，亦应以西洋的正宗哲学发挥中国的正宗哲学。因东圣西圣，心同理同。苏格拉底、柏拉图、亚里士多德、康德、黑格尔的哲学与中国孔孟、老庄、程朱、陆王的哲学会合融贯，而能产生发扬民族精神的新哲学，解除民族文化的新危机，是即新儒家思想发展所必循的途径。使儒家的哲学内容更为丰富，体系更为严谨，条理更为清楚，不仅可

---

① 贺麟：《时空与超时空》，《贺麟选集》，吉林人民出版社2005年版，第40页。
② 同上书，第39页。

作道德可能的理论基础，且可奠定科学可能的理论基础。"①"奠定科学可能的理论基础"正是贺麟释"理"的目的。然而，"理"是宋明理学中的本体，它是意义、价值的象征，而贺麟将"理"解释为"心整理材料的工具"，使"理"从"意义"下落为"工具"，也是一种重大的转变。

(3) "理"是"心"的产业。贺麟指出，"哲学的历史即是理性发展的历史，亦可说是理性化一切的历史。哲学愈发达，则理或理性的势力范围愈推广。哲学史的起源可以说是在于首先承认物之有理。理是物之本质，理外无物"。② 而中国哲学史的发展正证明了这个论断。他认为，《诗经》上"天生烝民，有物有则，民之秉彝，好是懿德"四句话，就是中国哲学史开宗明义的第一句纯哲学思想的话，因为头两句说明"凡物莫不有理"，后两句说明"凡人莫不性善"。"物有理"，所以必须从知的方面以研究之；"性本善"，所以必须从行的方面以扩充之；因此这里已隐约包含有"物者理也"、"性者理也"的思想。另外，《书经》中"人心惟危，道心惟微"中"道心"二字为后来所谓"义理之心"、"本心"、"良知"的本源并已隐约包含宋儒所谓"心者理也"的意思。还有，《易经》中的"天"是指"理"、"道"或宇宙法则，即"天道"，后来程朱以"天者理也"一语点破，"天"遂成为哲学观认的对象。根据这一考察，贺麟指出，"物者理也"、"性者理也"、"心者理也"、"天者理也"就是哲学领域的扩充，将物、性、心、天皆纳于哲学思考之内，使哲学正式成为理学。而到了宋代，这些伟大哲学识度重新提出来，显明地、系统地、精详地加以发挥，使哲学从根本上改变方向。比如，陆象山"心即理"命题的提出，因为"心"既是"理"，"理"即是在内，而非在外，则无论认识物理也好、性理也好、天理也好，都必须从认识本心之"理"着手。贺麟说："心既是理，则心外无理，心外无物。而宇宙万物，时空中的一切也成了此心之产业，而非心外之怳来物了。故象山有'宇宙即是吾心，吾心即是宇宙'之伟大见解，而为从认识吾心之本则以认识宇宙之本则的批导方法，奠一坚定基础，且代表世界哲学史上最显明坚决的主观的或理想的时空观。所谓'吾心即是宇宙'，乃孟子万物皆备于我之

---

① 贺麟：《儒家思想的新开展》，《贺麟选集》，吉林人民出版社 2005 年版，第 133 页。
② 贺麟：《时空与超时空》，《贺麟选集》，吉林人民出版社 2005 年版，第 41 页。

另一种说法。意谓吾心中具有宇宙（时空中事、物）之大经大法，吾心掌握着时空中事事物物的权衡：以理解自己的本心，作为理解时空事事物物的关键的先决问题。所以由物者理也、天者理也、性者理也的意思，进而发展到'心者理也'的意思，是先秦儒以及宋明儒的大趋势。"① 就是说，在中国哲学史上先后出现的"物者理也、天者理也、性者理也、心者理也"等命题，正可证明哲学的"时空"在不断变化、不断扩大；而到陆象山"心即理"和"宇宙即是吾心，吾心即是宇宙"，却在方向上发生了根本性转变，即"理"由认识万物的理性成为"心"的大经大法，从而为"从认识心之本则进而认识宇宙之本则的方法"奠定了基础。不难看出，贺麟对于中国哲学史上"理"的描述是："物者理也"，"性者理也"，"天者理也"，是理性势力范围扩大的历史，在这个过程中，"理"是理性，但并不内在于"心"；随着理性势力范围的不断膨胀、扩大，达到"心者理也"的程度，"理"便成为了"心"中的原则、标准；而"理"势力范围的扩大便是时空的扩大，因而"心即理"即是"心即宇宙"或"心即时空"，这样，"心"、"理"、"时空"便统一起来，"心"根据"理"的原则把握时空、决定时空。这就是贺麟所憧憬的"时空是心之理"所落实的目标："由达到心者理也的思想，进而发挥为时空者心中之理也的思想，哲学的研究因而建筑在一个新的知识论的基础上，对于宇宙万物的理解，因而另辟一新的由内以知外的途径。"② 可见，贺麟所理解的"心即理"，就是一种"主观时空观"，这种时空观为哲学研究建构了一个新的知识论基础，即"由内知外"的理解宇宙万物的方式。在宋明理学中，"心即理"所表述的是儒家道德原则与规范的内在化，是孟子"性本善"论的具象表述，即道德原则先天内在于人心，实践与否完全取决主体的责任意识之情形，而"宇宙乃吾心、吾心乃宇宙"所表述的是儒家的担当情怀，是儒家道德信念的体现，因而贺麟将它们解释为"由内知外的认识论"和"知识形成的内在准则和标准"，即从道德的根据转换为知识的根据，这是又一重大转换。

---

① 贺麟：《时空与超时空》，《贺麟选集》，吉林人民出版社 2005 年版，第 42 页。
② 同上书，第 44 页。

2. "理"知识化诠释之省思

可以看出，贺麟释"理"并非有意为之，纯是讨论"时空"问题牵出的副产品。然而，正是透过此无意为之副产品，让我们寻找到贺麟于"理"之有意想法和主张。更为重要也更为有趣的是，沿着贺麟关于"理即时空"的想法和主张，可进一步寻找到这种诠释的特点、问题和意义。

（1）"理"之多种新规定。宋明理学的"理"虽然在特性上与"时空"相近，但与"时空"仍然存在差别，不过这种差别到贺麟手中便不成为问题，他根据建构主观时空观的需要，对"理"进行了符合他要求的解释和规定。第一，对"理"内涵的改造。在宋明理学中，"理"是绝对的、客观的原则，是万事万物之所以是它自身的根据，但这个本体落实到具体事件上，还是诸般道德的根据，也就是说，宋明理学的"理"所规定和包含的，在内容上基本上是道德原理、道德规范。但在贺麟这里，"理"是先天的时空形式，是经验中事物的必然秩序或法则，是知识之所以可能的根据，是自然知识升华为科学知识的工具和标准。"理"虽然还是"无形不空"的精神实体，但内涵却转换为知识的、科学的。正如贺麟所说："要想得着纯科学的自然知识，要想把握感官材料本来的真正的时空次序，尚须用理性的时空标准，另行加以排列，方可达到。"[①] 第二，对"理"功能的改变。在宋明理学中，"理"的功能是根据、原则和标准，就是说，万事万物的存在都是因为有"理"这个根据，由于这个根据、原则和标准主要是就道德而言的，因而它主要下落为现实生活中人行为的规范。但在贺麟这里，"理"的功能虽然还是以根据、原则和标准表现出来，但却是自然知识（科学知识）形成的根据和形式，是整理经验材料的工具，其功能已发生了转换。第三，对"理"性质的更新。如上所言，宋明理学中的"理"，基本内涵是道德原则、道德规范，而到了贺麟手中，转换为经验中事物的必然秩序或法则，成为了知识之所以可能的根据，成为自然知识升华为科学知识的工具和标准，因而"理"的性质发生了根本性变化。诚如贺麟所说："时空的概念不是有形体的实物，而

[①] 贺麟：《时空与超时空》，《贺麟选集》，吉林人民出版社2005年版，第48页。

是主体所建立的公共标准,用以整理排列,衡量感觉中的对象或材料有条理成为自然知识或现象所以可能的原则或标准。"① 即,"理"是知识论意义上的"理",而非道德意义上的"理"。无疑,通过这三种改造,实现了"理"从道德到知识、从事物之理到心中之理的转换,从而开辟了新的认识宇宙万物的方向;而对于贺麟而言,则是将"时空"问题变成了中国哲学自己的问题。他说:"若要中国哲学界不仅是西洋哲学的殖民地,若要时空问题成为中国哲学自己的问题,而不仅是中国人研究外国哲学中与自己不相干的问题,或西洋哲学问题在中国,我们必须将中国哲学家对于时空问题的伟大识度,提出来加以发挥,使人感觉到这原来是我们心坎中、本性内、思想上或行为上的切身问题。"②

(2)"理"之人文内涵改变。贺麟对于"理"的解释,虽然如其所愿,使"时空"问题成为了中国哲学自己的问题,并因此从中国传统哲学内部找到了开出知识论的方向,但以此换来的却是另一种流失,那就是"理"的人文内涵的改变。这种改变主要表现为:第一,"理"的本体意义被消解。在宋明理学中,"理"是本体,是万事万物的根据,代表意义和价值。但在贺麟的解释中,"理"成了整理材料的工具,为自然知识、科学知识成为可能的根据和标准,从而使"理"由本体下落为工具,"理"之本体意义被消解。所谓"时空是自然知识所以可能的心中之理或先天标准……时空只是自然知识可能之理,而不是别的知识,譬如价值知识可能之理"。③ 因此,贺麟所谓"时空是心中之理",是对宋明理学"理"的性质的重大改变,是工具化表现。第二,"理"的生命内涵被消解。在宋明理学中,"理"是具有生命意义的,"理"是创生的精神实体,"理"发用流行而为万事万物,万事万物因"理"而产生而存活而发展。但在贺麟的解释中,尽管他继承了"理"是根本原则、事物的根据和准则等特性,但他所强调的是知识可能的根据和准则,"是心组织材料的工具",虽然不是空洞无物,但只是形式,这就将"理"之创生、养生、护生、贵生的内容统统消解掉,从生命之"理"转换成逻辑之"理",是科

---

① 贺麟:《时空与超时空》,《贺麟选集》,吉林人民出版社2005年版,第46页。
② 同上书,第31页。
③ 同上书,第40页。

学化表现。第三,"理"的道德内涵被消解。如上所述,宋明理学中的"理",其基本内涵是道德意义上的,是道德观念和道德行为的根据,是道德的最高原则,是诸般道德(仁、义、礼、智、信等)的浓缩,是道德品性、道德关怀、道德责任、道德境界等。但在贺麟这里,"理"被解释为"时空",具有时空特性,从而成为知识可能的根据与形式,成为"心"整理材料的工具。可见,贺麟对于"理"之"时空"特性的解释和规定,意味着以知识内容取代了道德内涵,道德之"理"转换为知识之"理",是知识化表现。概言之,贺麟对"理"的诠释,的确对宋明理学中"理"的内涵进行了很大改造,"理"的本体意义、生命意义、道德意义被置换,在贺麟那里表现为工具化、科学化、知识化,从而使"理"的人文内涵由道德转向科学,这自然是一种转折,但也是一种丰富发展,是顺应时代潮流对儒学所做出的积极性调整。

(3) 释"理"之方法论启示。贺麟对于"理"的诠释,虽然只是贺麟个人的实践,但他的解释所显示的某些问题仍然具有普遍意义,这里选其两点讨论。第一,寻找合适的发挥的对象。在宋明理学中,属于哲学的范畴不少,诸如心、性、诚、道、气、理等,但哪个范畴更接近"时空"呢?贺麟选定为"理"。他的这个选择应该是独具智慧的。为什么?因为"理"具有两个基本特性:其一,"理"是事物的精神、原则、标准,是事物的规定者,没有"理"就没有事物;其二,"理"决定事物的性状,是事物之所以然,及其当然的本质,是一物得以实现的理想范型。这些特性使"理"与"时空"连接起来,为贺麟将"主观的时空观"轻而易举地移植到中国哲学,并因此为从中国传统哲学开出知识路向提供了契机,而且显得从容、自然。因此,选择合适的哲学范畴或观念加以开掘、发挥和诠释,是贺麟诠释"理"的实践所贡献给我们的一个重要启示。对此,张东荪有一段话说得非常精彩:"两个文化的接轨必由于其中相类似处乃是因为人们习惯称为第二天性。新的样子太违反旧日习惯,遂不能接受,于是必先由与向来习惯不太相反的地方进来。尤其是在观念与思想方面,更是必须如此。"① 第二,把握诠释主体价值释放的限度。贺麟之于"理"的解释过程,即是主体价值释放的过程,但要使这种解释表现得更为完

---

① 张东荪:《人性与人格》,《理性与良知》,上海远东出版社1995年版,第446页。

美，主体价值的释放是需要关注的。比如，贺麟认为程朱所讲"天理"之"天"是哲学观认的对象，这个解释并不一定符合程朱的本意。因为"天理"之"天"，有自然（自然而然）之意，有永恒之意，有绝对之意，只是修饰"理"的形容词，而没有作为"理"的认知对象——宇宙、时空之意，所以贺麟解"天理"为"哲学时空的扩大"，的确有些牵强；即便"天理"解释为"宇宙万物之理"，也不能将这种主谓结构（宇宙万物之理）解释为动宾结构（理解宇宙万物）。又如，贺麟认为，心学家所讲的"宇宙"便是他讲的"时空"，他说："中国哲学家中陆象山、陈白沙可以说是持主观时空论的人。陆有'宇宙即是吾心，吾心即是宇宙'的名言（宇即空，宙即时）。陈有'天地我立，万物我出，宇宙在我'的话。"① 虽然"宇宙"与"时空"完全可以对应，但用意上可能与贺麟想的完全不同，因为陆九渊讲"宇宙乃吾心，吾心乃宇宙"，着眼点是儒学的主体精神、担当情怀，因而"宇宙"是"人文宇宙"或"人文世界"，而不是客观的自然世界，自然不能进一步判断此"宇宙"是"使自然知识所以可能的先天之理或法则"，是"心整理材料的工具"，也就是说，"宇宙乃吾心、吾心乃宇宙"之知识论含义完全是贺麟赋予的。这种现象说明，在诠释实践中，主体的价值指导或可决定其诠释方向，因而我们对任何文本进行诠释时，在展现思想自由的同时，应该注意其限制，即解释内容与文本的对应性，而且应将与原始文本不一致的解释告知读者，尽管过度诠释并不构成对诠释学理论的颠覆。

（4）由"理"开出科学知识的困惑。贺麟诠释"理"的目的是从中国传统哲学中开出科学知识，但这种诠释似乎仍存在某些困惑。比如，道德之"理"能否开出知识之"理"？按照贺麟对"理"的解释，"理"不仅是自然知识可能的根据、形式和准则，也是自然行为可能的根据、形式和准则，前者是开出科学知识，后者是演绎道德行为，可谓"一心开二门"。演绎道德行为是"理"之内在规定，无须讨论。需要检讨的是，"理"作为自然知识根据的问题。在贺麟观念中，"理"即时空，如此才能成为自然知识可能的根据，具体为原则、形式和标准等。可是，宋明理学之"理"虽然具有原则、形式、标准等内涵，但毕竟是道德意义上的，

---

① 贺麟：《时空与超时空》，《贺麟选集》，吉林人民出版社 2005 年版，第 38 页。

这就意味着，对作为道德意义的"理"如何开出科学知识在理论上应该有更缜密更充分的论证和说明。再如，贺麟认为"宇宙乃吾心，吾心乃宇宙"是中国哲学方向的重大转变，之所以是重大转变，是因为开启了"从心认知外物"的路向，先认识内心之"理"，再认识心外之"理"。可见，贺麟所坚持的是先理性后感觉的唯心认识路线。这就提出一个问题：科学知识的获得，应该是从感觉到理性、从物到理？还是从理性到感觉、从理到物？从感觉到理性、从物到理，是知识获得的一般程序，也是科学认识从而获得真理的一般程序，这样说来，贺麟对"理"的诠释为中国传统哲学开辟科学知识方向的同时，立即被他关闭了。如此，我们或可从另一个角度理解贺麟诠释"宇宙乃吾心，吾心乃宇宙"的认识论意义，即强调对主体认知器官的清扫，如老子的"涤除玄览"，亦如孔子的"毋意、毋必、毋固、毋我"，就是将主体认识事物的主观条件准备好，使认识活动能够客观地进行，也就是说，贺麟释"理"之意义只是为科学知识的获得准备了基础。

(载《学术研究》2011年第5期)

四 张岱年释"理"之路径及其省察

"理"乃中国哲学中内涵丰富而复杂的范畴,近世以来,关注、解释者不乏其人,张岱年是其中代表性人物之一。那么,张岱年解释"理"的具体情形怎样?又表现了什么样的特点?其对"理"的解释有哪些借鉴意义?本文拟对这些问题展开讨论。

1. "理"之分类

张岱年晚年说过这样的话:"二程之理有三重意义,理是自然规律、最高本体、道德的最高规范。"[①] 事实上,张岱年对中国哲学史中的"理"之意涵的基本理解,就是"宇宙之理、伦理之理、本体之理"三类。

(1)宇宙之理。宇宙之理,也叫自然之理,或物理,就是自然界、事物之中存在的"理"。张岱年所讲的自然之理,按他的理解包括五种意谓,即"形式"、"规律"、"秩序"、"所以"、"至当"。所谓"形式"之理,就是指"方圆、长短、白黑"等形式,是"成物之文",比如,韩非子的"凡理者,方圆、短长、粗靡、坚脆之分也"(《韩非子·解老》)。所谓"规律"之理,就是指"事物变化所遵循的不变的规则",比如,张载的"天地之气,虽聚散攻取百涂,然其为理也,顺而不妄"(《正蒙·太和》)。所谓"秩序"之理,就是指"许多不同的、具有相对关系的事物,虽然错综变化但并不紊乱",比如,戴震的"得其分,则有条而不紊,谓之条理"(《孟子字义疏证》)。所谓"所以"之理,就是指"事

[①]《略论中国哲学范畴的演变》,《张岱年全集》(全八卷)第五卷,河北人民出版社1996年版,第586页。

物发生的缘故或根据"，比如，朱熹的"穷理者，欲知事物之所以然，与其所当然者而已"（《朱文公文集·答或人》）。所谓"至当"之理，就是指"任何事物自身存在的当然标准或准则"，比如，程颐的"百理俱在，平铺放著。几时尧尽君道，添得些君道多；舜尽子道，添得些孝道多。元来依旧"（《语录》）。① 这就是张岱年著名的"理之五种意谓"说。不过，"理"虽然有五种意谓，却有一共同特点，即都是自然之理，都是宇宙之理，都是"物理"。比如，张岱年将"理"分为"实理"（不因人之知与不知而有损益，对于人之心是独立的，可谓之实理）、"名理"（名与名之关系以及名所联成的辞之关系，谓之名理）、"义理"（人的行为之制裁），但也都是自然之理。② 正如张岱年所说："凡理莫不表现于事物，然理之表现有其界域，凡理不必表现于一切事物，而常仅表现于一些事物。"③ 值得注意的是，相比于"形式"、"秩序"、"规律"，"所以"之理有"根据"义，即本体之理，而"至当"之理，则是伦理或人伦之理。

（2）伦理之理。如上所说，"理"的五种意谓中，有一种意谓叫"至当"之理，而根据张岱年所举的例子，应该是"人伦之理"。张岱年认为，"理"之作为人伦之理，主要表现在宋明时期。比如，程朱所讲的"理"不仅指事物之理，更是指行为的准绳、道德的标准。他说："事实上，二程的理即君臣、父子的关系，就是仁义礼智。这是唯心主义的理一元论，这种理一元论是为封建制度辩护的，肯定君臣、父子关系是永恒的关系，绝对不能违背。朱熹的理与二程一样。"④ 为什么说朱熹与二程一样呢？张岱年说："朱熹曾讲所谓理之内容道：'气则为金木水火，理则为仁义礼智'（《语类》卷一），'性是太极浑然之体，本不可以名字言，但其中含具万理，而纲领之大者有四，故命之曰仁义礼智'（《答陈器之》）。仁义礼智等封建道德标准是理的主要内容。"⑤ 概言之，道德伦理

---

① 《谭"理"》，《张岱年全集》第一卷，第 94—96 页。
② 《认识·实在·理想》，《张岱年全集》第一卷，第 448—449 页。
③ 《天人五论》，《张岱年全集》第三卷，第 195 页。
④ 《略论中国哲学范畴的演变》，《张岱年全集》（全八卷）第五卷，河北人民出版社 1996 年版，第 587 页。
⑤ 《中国古代哲学中若干基本概念的起源与演变》，《张岱年全集》第五卷，第 93 页。

是程朱之"理"的主要内容，而且是占统治地位的道德标准。在张岱年看来，王夫之所言"健顺五常天以命人而人受为性之至理"，既是自然的根本规律，也是道德标准的基础，亦有"人伦之理"的内涵。他说："健顺即阴阳之'正'，五常即五行之'均'，即阴阳五行的当然准则。王船山有时又认为阴阳五行之气所有的理是元亨利贞，元亨利贞表现于人性则为仁义礼智。他说：'天以阴阳、五行为生人之撰，而以元、亨、利、贞为生人之资。元、亨、利、贞之理，人得之以为仁义礼智'。"① 就是说，阴阳五行之气所有的"理"是元亨利贞，而元亨利贞表现为人性即是仁义礼智，换言之，自然之理的人性表现就是道德性，就是人伦之理，只不过，"人伦之理"源于"自然之理"。值得关注的是，张岱年对"性即理"、"心即理"、"理在事"等命题所做的"人伦之理"的解释。他说："就人伦之理言，性即理说即谓道德源于人性；心即理说即谓道德出于人心；理在事说则谓人伦当然之理，乃在于事情之本身，人必就事情分析考验方能发见之。"② 他认为，在人伦之理的意谓下，"心即理"是虚诞而远于真实；"性即理"则有一定的根据；"性即理"与"理在事"有相通之处，不过在"性即理"可以说"理"具于心，"理在事"则不能承认"理"具于心。③ 不难看出，张岱年对"心即理"、"性即理"、"理在事"三个命题所做的解释、分析和评论，都是从"伦理"角度展开的，换言之，此三个命题之"理"都寓有"伦理"含义。

（3）本体之理。同样，张岱年所列"理"的五种意谓中，有一种"所以"之理，它的含义是事物的根据或根源，也可谓"本体"。张岱年认为，"理"成为"本体"义，乃是宋明时期发生的事情——"宋明时期经二程提倡，理成为最高范畴"。④ 具体而言，"理"在二程思想中即是本体概念。张岱年说："二程子所谓理，则以总一言，认为万物惟有一理，此理乃究竟本根。二程子以理为宇宙本根，认为理是事物之根本。明道以为事物之最根本的常则是宇宙本根。伊川认为凡事物皆有其所以，一

---

① 《王船山的唯物论思想》，《张岱年全集》第五卷，第 12 页。
② 《中国哲学大纲·人生论》，《张岱年全集》第二卷，第 278 页。
③ 同上。
④ 《略论中国哲学范畴的演变》，《张岱年全集》（全八卷）第五卷，河北人民出版社 1996 年版，第 586 页。

切事物之究竟所以，是宇宙本根。"① 可见，无论是程颢还是程颐，都认为万物总归为"一"，这个"一"就是宇宙的本根，也就是"理"。因此，二程是以"理"为世界万物的最初根源的。这种"理"为本体的思想，在朱熹那里得到了继承。张岱年说："程颐认为'理'是本体。朱熹发展了程颐的思想，提出了'天理自然之本体'的观念。如说：'天道者，天理自然之本体，其实一理也。'"② 而朱熹的"理"最本质的意义就在于其是"本体"。张岱年说："在朱子，对于宇宙发生历程的研讨颇为注意，关于天地未生之前，何者先有不容忽视，于是认为在理论上应说理在气先，太极在一切未有之先已独立固存。朱子本根论之实在意义，即是认为最究竟的原则乃自然之究竟根本，一切事物皆由此原则而有；而此原则又为事物之最高标准，为人类行为之最高准衡。人类道德之最高准衡在未有人类以前即已存在，乃宇宙之自然主宰。"③ 不过，与程朱客观"理"本论相对应的，还有陆王的主观"理"本论。张岱年说："象山之宇宙论，尚不是说宇宙惟一心，或心为万物之本根。象山之本根论，其实可谓是一种极端的唯理论，言理而不言气，认为宇宙惟一理，而此理即具于吾心之中。"④ 这在王阳明那里更为彻底："王守仁也讲本体。他说：'知是心之本体。'（《传习录》）又说：'夫心之本体即天理也。'（《答周道通》）这里所谓'本体'，也就是本然的内容之意。王守仁宣扬'心外无理'，认为理即在心中，这是主观唯心主义。"⑤ 可见，中国哲学中的"理"确有"本体"之义，不过，它主要表现在宋明理学中。

2. "理"之关系

我们看到，张岱年对中国哲学中的"理"有比较细致而系统的分类，尤为难得的是，张岱年对各种意谓的"理"的关系还进行了深入的讨论，

---

① 《中国哲学大纲·宇宙论》，《张岱年全集》第二卷，第86页。
② 《中国古代哲学中的本体观念》，《张岱年全集》第五卷，第491页。
③ 《中国哲学大纲·宇宙论》，《张岱年全集》第二卷，第97页。
④ 同上书，第99页。
⑤ 《中国古代哲学中的本体观念》，《张岱年全集》第五卷，第492页。

而这种讨论与他对"理"的分类是密不可分的。

（1）相通而统一。在张岱年看来，"理"虽然可以分出许多种意谓，但这些意谓不同的"理"并不是对立的，而是相通的、统一的。第一，就"理"之五种意谓看。张岱年说："这五种意谓，虽不相同，却亦相通，其间有很密切的联系。即就形式与规律而言，形式实也可说是一种规律，而规律也可说是一种形式。我们可以说，形式以静体言，规律以动事言；形式以空间言，规律以时间言。空时既不宜分，则形式规律似不必判。规律实即事物变迁或历程之形式，而形式即事物结构之规律，或物的成分的相对位置之规律。至于秩序，则也可以说即多类事物在一起存在所依照的形式。'所以'，也实是一种规律；一物之所以，也可以说即是一物所根据的规律"。"形式规律等与当然的准则亦很有联系，'应当''本须'与'所以然'相应。中国哲学家常不分自然与当然，而以为自然即是当然，违背自然即不当。此在道家的哲学表现最甚，不过他们所谓自然，实非只自然，而是原始的自然。把自然与当然的关系说得最精切的人是戴东原。戴氏以为当然是自然的倾向之完成。"① 在张岱年看来，这五种意谓的"理"都是规律，只因视角不同而有"形式"、"秩序"、"所以"、"当然"而已；从"形式"、"秩序"、"规律"到"所以"，虽然深浅不同，"形式"最为表层，"所以"最为深层，但根本内容是贯通的；"应当"是"所以"的另一表述，"所以"蕴含了"应当"的可能性，"应当"是"所以"的方向；因此，从根本上讲，"应当"是"自然"倾向之完成，是"自然"性去除后的状态，或是"自然"进化到的最高境界。概言之，"理"之五种意谓是相通的，是有内在联系的——"理"是五种意谓之总名。第二，就"宇宙、人伦、本体"三理看。事实上，"宇宙之理、人伦之理、本体之理"包含在五种意谓之中，如果五种意谓之"理"是相通的，那些"三理"没有理由不相通。可是，此"三理"又是怎样相通的呢？张岱年以朱熹为例做了生动的说明。他说："'以天道言之，为元亨利贞；以四时言之，为春夏秋冬。以人道言之，为仁义礼智。'（《语类》六八）……自人道言，为仁义礼智；自天道言，则为元亨

---

① 《谭"理"》，《张岱年全集》第一卷，第97页。

利贞，此即太极之理之主要内容。"① 就是说，宇宙之"理"与人伦之"理"都包含在本体之"理"中，因此，虽然自然之理（反映自然世界的秩序）和人伦之理（反映人伦世界的秩序）反映的内容不同，但它们是统一的。不过，张岱年对于将人伦之理提升为本体之理的做法是持否定态度的。他说："程朱的学说，在其理论的逻辑上认为，作为世界万物的最初根源的理也是人类行为的最高标准；但从其思想的本质来看，其实是把当时占统治地位的道德标准抬高了而说成是世界的最初根源。"② 在这里，"理"既是世界万物的最初根源，也是人类行为的最高标准，二者是统一的，但张岱年认为是不恰当的。第三，就"理"之为"恒常"义看。张岱年认为，"理"可分出诸种意谓，但根本说来都是"恒常"。他说："理虽有此三谊（形式、规律、所以），然此三谊实一以贯之。要而言之，理实即常之别名。形式、规律、所以，实皆恒常。何谓形式？目之所见谓之'形'，诸形相互异同之'相'谓之'式'。凡形皆屡见而非仅一见，凡式皆普遍于多形而不仅具于一形。故形为恒常。何谓规律？规律既变化不能逾越之限制。既不能逾越，即是变化中之不变者。故规律为恒常。何谓所以？事有其所以然，其所以然实即事所归属之规律。设'子'为事为'甲'律之一例证，而'甲'律为'子'事之所归属。自一般言语说之，即谓'甲'律'子'事所以然。一事所归属之规律即其所显示之规律，即其所不能逾越之规律。此律为多事之所归属而不能逾越者，即为此多事之恒常。"③ 在这里，张岱年对"形式"、"规律"、"所以"何以为"恒常"进行了较系统、较深入的分析，"三理"均有"恒常"义，所以是相通而统一的。

（2）相异而独立。"理"的诸种意谓虽然是相通的，但也是有差别，而各有其用的。张岱年说："在中国哲学，认为物理与伦理有其统一，实则虽有其统一，然亦必须加以分别。宇宙之理，乃自然的理；人伦之理，则是当然的理。"④ 那么，怎样理解"理"诸种意谓的差别呢？

第一，就"理"之五种意谓看。张岱年指出，"理"的五种意谓虽有

---

① 《中国哲学大纲·宇宙论》，《张岱年全集》第二卷，第96—97页。
② 《中国古代哲学中若干基本概念的起源与演变》，《张岱年全集》第五卷，第199页。
③ 《天人五论》，《张岱年全集》第三卷，第160页。
④ 《中国哲学大纲·人生论》，《张岱年全集》第二卷，第277页。

联系，但还是应该分开，注意其不同。就"形式"与规律看，张岱年说："形式，可以说是理之较原始的意谓。常则或规律，可以说是理之主要哲学意谓。形式与规律，实亦相通，形式也可以说是一种规律，规律也可以说是一种形式。形式以静物言，规律以动态言。形式即一物结构上之规律；规律即一物运动变化之形式。形式与规律虽亦相通，究竟所注重之点不同，所以实应析别为二。"① 就是说，形式是从静态、结构上说的，规律则是从动态、运动变化上说的，因此，二者虽然相通，但它们的着重点还是不同。就"秩序"与规律看，张岱年说："条理即谓秩序的意思。条理与规律的意义不同，规律以一物言，或以一类事物言；条理则以多物言，或以多类事物言。条理即谓许多不同事物在一起，错综变化，而有一定的相对关系，并不紊乱。"② 也就是说，"条理"所反映的是不同事物之间的有秩序的关系，而规律是一个事物或一类事物内部的稳定的关系。就"所以"与规律应该有所区分，他说："'所以'与'规律'须加以区别。'所以'乃是一物所根据之规律，而不得谓之即某物之规律。然所根据之规律必不可违，而应遵循之；不然，则失其根据而消灭，故所根据的规律亦即所遵循的规律之一种。"③ 就是说，"所以"与"规律"的差别在：前者乃事物所根据之规律，后者乃事物所遵循之规律。就"至当"与规律看，张岱年认为，"至当"之理与自然之"理"，所以之"理"差别非常明显。他说："应当的准则，在讨论时尤应与自然的'规律'、'所以'等分别：事实上，应当的准则不能离开自然的规律，而自然的规律则可离开应当的准则。讨论当然时必及自然，讨论自然时却可不论当然。"④ 可见，"理"的诸种意谓虽有贯通的一面，但也有相异的一面。第二，就"实理、名理、义理"看。张岱年认为，"理"之相异而独立，也可从"实理、名理、义理"获得或说明。他说："实理，名理，义理：事物之理，不因人之知与不知而有损益，对于人之心是独立的，可谓为实理。实理即是实际事物之理，是客观的。于实理之外，又有所谓名理。名与名之关系以及名所联成的辞之关系，谓之名理。名学（逻辑）之所研究者，

---

① 《中国哲学大纲·宇宙论》，《张岱年全集》第二卷，第85页。
② 《谭"理"》，《张岱年全集》第一卷，第95页。
③ 同上书，第97页。
④ 《谭"理"》，《张岱年全集》第一卷，第98页。

为正名立辞之道。凡思维皆不离乎名实。有实与之相应之名，可谓之实名。名乃人之所命，亦即心之所命，故名理之有有待于人心之有。甲名与乙名之关系须与甲名所指之甲实与乙名所指之乙实之关系相应。甲辞与乙辞之关系须与甲辞所指之事实与乙辞所指之事实之关系相应。故名理必与实理相应。实理、名理之外，尚有所谓义理。所谓义理者亦可谓之当然之理，即人的行为之准则。人生之理有二：一自然之理，亦属于实理范围之内；二当然之理，乃对于行为之制裁。当然之理实乃就一类自然之理中加以选择。设如甲则乙，如甲则丙，如甲则丁，皆人类生活的自然规律，即人所常有之行为，以甲为刺激，则可有乙丙丁等反应。就中如甲则乙是适当的，则云如甲则当乙，是谓当然的准则。凡当然之理皆自然之理之选择，故义理亦以实理为依据。"① 虽然都是"理"，但在内容和性质上都是有差别的。就内容而言，实理即是实际事物之理，名理即名与名之关系以及名所联成的辞之关系，义理即人的行为之准则；就性质而言，实理是客观的，名理是待人心而有的，义理是理想的；可见，它们的差异是非常明显的，但它们无不以事实为前提。第三，就规律之"理"看。张岱年认为狭义的规律之"理"可分为三个层次："一、一物所遵循之规律；二、众物所遵循之规律；三、一物所根据之规律。一物所根据之规律，必亦为一物所遵循之规律，而一物所遵循之规律，未必是一物所根据之规律。一物所遵循之规律，可专谓之常则。众物所遵循或一物之众分子所遵循之规律，可谓之秩序或条理。一物所根据之规律，可谓之所以，所以即一物之所以然或所根据以生成之规律。"② 就是说，规律之"理"可分为"一物所遵循之规律、众物所遵循之规律、一物所根据之规律"三个层次。其中，一物所根据之规律必然是一物所遵循之规律，而一物所遵循之规律，不一定是一物所根据之规律。一物所遵循与众物所遵循之规律的差别则是："条理与规律的意义不同，规律以一物言，或以一类事物言；条理则以多物言，或以多类事物言。条理即谓许多不同事物在一起，错综变化，而有一定的相对关系，并不紊乱。"③ 众物所遵循或一物之众分子所遵循

---

① 《认识·实在·理想》，《张岱年全集》第一卷，第448—449页。
② 《中国哲学大纲·宇宙论》，《张岱年全集》第二卷，第86页。
③ 《谭"理"》，《张岱年全集》第一卷，第95页。

之规律,即是秩序或条理;而一物所遵循之规律则为常则,"所以"就是一物所根据形成的规律。张岱年说:"所以乃一物所根据之规律,而不得谓之即某物之规律。然所根据之规律必不可违,而应遵循之;不然,则失其根据而消灭,故所根据的规律亦即所遵循的规律之一种。"① 他举例说:"二程子所谓理,主要是规律的意思。而伊川所谓理,在规律的意谓中,更主要是所以的意思。"② 可以看出,就算都属规律之"理",在张岱年的观念中也是有差别的、各自独立的。

3. "理"之特性

对于"理"的特性,张岱年主张要具体分析和研究。他说:"'理'是离个体的还是存在于个体之中的呢?'理'是超时空而独立永存的还是存在于时空之中的呢?换言之,就是在事物世界之外是不是还有一个'理'世界?我觉得如果要决定'理'是不是独立自存,最好先看'理'是不是随一类个体之生灭而生灭。说'在甲物之前已有甲物之理',则应考究这在'理'的何种意谓下方可能。"③ 从这段话可以看出,张岱年讨论"理"的目的,就是要搞清楚"理"是否独立于宇宙万物而存在及其原因。因此,他对"理"进行分类和对"理"的诸种意谓之关系进行梳理之后,完整而鲜明地阐述了他关于"理"特性的认识。

(1) 没有先在于内心的"理"。在中国哲学史上,陆九渊、王阳明是主张"理"在心中,心外无"理"的,外界之所以有"理"乃是心内在格式的投射。但张岱年对这种观点是持批评态度的。他认为,"理"是外界事物之理,不是什么内心格式。张岱年说:"第一,此说不过是把问题由外界移到内界来,试问,人心怎么会有格式呢?这恐怕很难解说。而且承认内心有格式,有什么生理学的根据?现在已知道知识的基础可由制约反应来说明,因而用不着所谓内在格式了。第二,有时条理的发现乃是精细考察外界现象的结果,正如戴东原所谓'事物之理必就事物剖析至微

---

① 《谭"理"》,《张岱年全集》第一卷,第 97 页。
② 《中国哲学大纲·宇宙论》,《张岱年全集》第二卷,第 86 页。
③ 《谭"理"》,《张岱年全集》第一卷,第 99 页。

而后理得'。如果认为条理乃是内心格式投射在外物上，何以在先此种格式不发生作用，必就事物剖析至微之时才发生作用呢？总之，如果以为承认外界有条理是迹近独断，那么，承认内心有先验格式更是独断，更无根据。"① 在这里，张岱年从生理学、唯物主义反映论等方面说明"理"不可能是先在于内心的。张岱年还从"心"、"理"关系角度对"心外无理"命题进行了深入、系统的分析和批判。他说："陆王学派讲'心即理'，实为大谬。今试言心与理的关系：①事物之理不在于人之心，如无人，如无心，而事物之理依然自有；②有人而有人之理，人之理非先有人而有。人必有心始成为人，故人之理，人之心，与人，乃同时并有。③人之理可析别为二：一、人之自然之理，二、人之当然之理。故人之理与事物之理不同，事物之理是自然的，而人之理则是当然的。当然之理乃是选择的，其选择在于心。如无心之选择，则无此当然之理。故人之理中，有有待于人心者。④人之心能知事物之理，然必考察事物而后知之；如不考察事物，则无从知之。故事物之理不在人心中。⑤人之心与人之自然之理同时而有。然人之心亦必考察人生之实际而后知人之自然之理，如不考察人生实事，亦无从知人之自然之理。⑥人之当然之理可谓有待于人心，然人之心不能自用，有待于感官之供给印象；人心所作之选择亦有待于人之实际之考察。⑦事物之理乃一切事物所共，人亦与有之；而人之理乃人之独，乃有人而后有，乃一特别等级之物之所独有。此是事物之理与人之理之关系。⑧要之，自然之理不在于心，而心能知；当然之理之有固有待于心之有，而心之知当然之理亦有待于实际的考察。谓心即是理，或谓理在于心，或谓心中有理，皆属虚妄。"② 在张岱年看来，第一，人心不在，事物之理还在；第二，有人才有人之理，人必有心才成为人，所以人、人心、理是同时并有的；第三，人有自然之理和当然之理，当然之理是选择的，选择决定于心，所以人之理有待于人心；第四，人心可以认识事物之理、自然之理，但都是以考察事物、人生实际为前提的；第五，人之当然之理，有待于人心，但有待于感官考察；第六，事物之理与人之理的差别是，人之理为人所独有，事物之理为一切事物所共有；第七，自然之理、

---

① 《谭"理"》，《张岱年全集》第一卷，第99页。
② 《认识·实在·理想》，《张岱年全集》第一卷，第445—446页。

当然之理都在心外，因此，"心即是理"、"理在于心"、"心中有理"等说法都是虚妄。

（2）没有先于事物而存在的"理"。"理"先于物、先于气而存在，是程、朱理学的基本主张。张岱年说："唯理论者以为理可离事而独立，先于事而本有；未有其事，先有其理；既有其理，然后有其事：其所说之事理关系可谓理在事上。"① 但他对这种主张给予了批评。首先，从理、事孰为根本看。张岱年指出，"理"相对于事物而言，从来就不能成为根本，最多只能是同时并在。原因何在？他认为，所谓"根本"可以从是否永恒、是否先在、是否统赅等要素看，如果一物是永恒的、先在的、统赅的，那它就是根本的。张岱年认为，事物相对于"理"而言，虽然不能说是永恒的、先在的，但却是统赅的。他指出，就一事而言，时有生灭，所以不是永恒的；就一切事而言，相续无绝，所以是永恒的；就一理而言，时有显隐，不是永恒的；就一切理而言，理相迭无限，所以是永恒的。他指出，就事与其所表现之理言，没有事其理无有现，但从事而言，事理俱有，没有先后；就一切事一切理言之，宇宙无无事之时，亦无无理之时，事理并无先后。他指出，从统赅的角度讲，事可统理，而理不可统事，可说理是事中之理，而不可说事是理中之事。② 也就是说，虽然在久暂、先后方面不能说事先于"理"，但至少说明，"理"是离不开事的。而从统赅角度讲，"理"完全被事所包含所统赅，因此，如果坚持一本论并希望通过"事"认识"理"，那就只有选择"以事为本"。其次，从"理"之三种意谓看，张岱年认为没有先于物而存在的"理"。他说："在'理'的形式、规律、秩序三意谓下，说'未有甲物之先已有甲物之理'是不可能的。然则'未有甲物之前已有甲物之理'这句话就根本不可能吗？是亦不然。在'理'的另一意谓，即把理当'所以'解时，则可以这样说。在未有甲物之前已有甲物之所以，即已有甲物所根据之规律；更精确点说，已有甲物所根据并将来亦遵循之规律，而无甲物所只遵循之规律。"③ 这就是说，从形式、规律、秩序三种意谓言，"理"是不可能在没

---

① 《天人五论》，《张岱年全集》第三卷，第 200 页。
② 同上书，第 199 页。
③ 《谭"理"》，《张岱年全集》第一卷，第 100 页。

有相应事物之先便存在的。不过,张岱年认为本体之"理"即作为万事万物根据的"理"是可以先于物而存在的,而且是必然先于物而存在的,比如程颐讲的"所以"之理、朱熹讲的"所以"之理。换言之,在一般的意义下,张岱年主张"没有先于物而存在的理",但又承认特殊性。不过,张岱年对这种观点进行了修正。他说:"事实上并没有离开事物而独立的理。程朱所讲的作为阴阳之所以然、在事物之先的理,是实际不存在的,而只是人的观念而已。程朱以这种意义的理为世界的根源,也就是以观念为世界的根源,应该说是一种客观唯心主义的学说。"① 又说:"朱熹区别了'所以然之理'与'所当然之理'。我们今天常讲'合理'或'不合理',所谓合理有时指合乎自然规律,有时指合乎当然之理。当然之理又称为准则,准则一词也是宋明哲学中常用的概念。理字仍不可废。至于程朱学派讲'理在物先'、'理在事先',以理指先于天地万物的最高本原,这是一个思维的虚构,久已没有存在的价值了。"② 就是说,对于他先前认同的"'所以'之理先于物存在"的观点也否定了。因此他的结论便是"理"是会随物而灭的,他说:"多数的'理'既随一类事物之生灭而生灭,则似乎不能不说它是依附于个体的,存在于个体之中的。即使是那根本的永存的'理',也是不能独立自存,其所以永存也不过缘于其所在之个体是永远有的。"③ 质言之,"理"无论如何也是无法离开事物而独自游荡的。

(3)没有不存在于时空的"理"。新实在论者认为,"理"是超时空的潜在。儒家所讲的"道",宋明新儒家所讲的"理",都属于超时空的潜在。但张岱年不同意这种观点。他说:"唯理论者认为事物之有为存在,理之有为潜在,潜在即超越空时之实在。此实有蔽之论。在事实上,吾人仅可云理超越某一特殊的空时位置,而不可言理超越整个空间时间。整个空间时间之域,即整个实有之域,是不可超越的。"④ 就是说,"理"被认为超越时空之实在也是不对的。因为"理"虽然可以超越某一特殊时空位置,但不能说"理"可以超越整个时空。首

---

① 《中国古代哲学中若干基本概念的起源与演变》,《张岱年全集》第五卷,第93页。
② 《中国古代哲学概念范畴要论》,《张岱年全集》第四卷,第468页。
③ 《谭"理"》,《张岱年全集》第一卷,第101页。
④ 《天人五论》,《张岱年全集》第三卷,第197页。

先，从"理"、"物"与时空关系比较看，"理"不能超越时空。张岱年说："'理'并不是不在时空之中，而是不限于在特定的时空之中。'理'可以说有时是不随时空而俱易者，时空转易而仍可以常住不变者。可以说，理的在时空与物的在时空有异：物是限于在某特定的时空之中，理则可以不限于在某特定的时空之中。似乎可以说，理并不是潜在，而只是相当的泛在。我们似不可把不限于在特定时空中认为超越时空，认为在时空之外。"① 这种"泛在"即意味着"理"可超越于任何事物，但不能超越所有事物，不能超越所有时空。张岱年说："所谓泛在者，表示其不仅在于一事一物，而乃在于多事多物。然其在于多事多物，亦有其范围，此其范围即其界域。理之存在可谓超越于任何表现之的事物，然非超越于所有表现之的事物，即非超越其表现界域。凡理莫不在于表现界域，故理之存在非超乎时空，而在空时之中。其与个别事物相异之点在于不仅在某一特点的空时位置。"② 其次，从"普遍之理"和"特殊之理"看，它们与时空的关系虽然不同，但都是不能超越时空的。张岱年说："理所在之界域不同，有普遍的理，有特殊的理。不同现象自有不同规律，事异则理异。普遍的理有两类：一是无所不在之理，如变化、两一等。二是大化历程先后秩序之理，物质演化，由物质而有生命，由生命而有心知。特殊的理有始终生灭。未有人即无人伦，未有社会即无社会规律。众理，由所在之界域不同，而可谓有层次之别。存在、关系，实乃先于一般所谓理者，可谓理之本。一般所谓规律乃有存在、有关系之后方可说。"③ 就是说，普遍的"理"与特殊的"理"，虽然界域不同，但它们都是离不开时空的。就普遍的"理"而言，无论是无所不在的"理"，还是大化历程秩序之"理"，都有相关的界域即时空；就特殊的"理"而言，无论是人伦之"理"，还是社会之"理"，都同样属于一定的界域，即离不开时空。虽然"理"的存在具有这样或样的特殊性，但"理"的存在总是要指向一定的界域，总是存在于一

---

① 《谭"理"》，《张岱年全集》第一卷，第102页。
② 《天人五论》，《张岱年全集》第三卷，第197页。
③ 《认识·实在·理想》，《张岱年全集》第一卷，第438页。

定的界域之中，因此不能说"理"超越整个时空而存在。张岱年说："我对所谓超时空而有，不知是怎么一回事。我觉得有即在时空之中，超时空的有是不存在的。说不在时空而有，我觉得不仅不可能，而且毫无意义。我又觉得，宇宙即时空物之域。说在时空之外，就是说在宇宙之外，而在宇宙之外是不可说的。"①

如上就"理"与"心"、"物"、"时空"三者的关系考察了张岱年对于中国哲学史上关于"理"的主要观点的解释和评论，由此进一步了解到"理"的内容丰富性、深刻性，也由此了解到张岱年关于中国哲学中"理"之基本观点："理是实有的，外界有理，共相是外界本来有的，不因我们的认识而始存在。且外界本有之理，我们可以知之；外界虽有理，但无独立自存之理，理依附于个别的事物，并没有理的世界，理只在事物的世界中；理有生灭，大多数的理非永存的，也许有一二最根本的理是永存的。"②"理"可以有各种表现形式，但始终是物之理，没有离开事物的理，这是一种彻底的唯物论主张。

4. 几点思考

如上即是对张岱年关于"理"的梳理、诠释、研究和评论的呈现，现在想进一步知道的是，张岱年对"理"究竟"说了些什么"、"说的怎样"、"还应说什么"。如下即对这些疑问展开分析和解释。

（1）"理"之多种意蕴被发掘。近世以来，尽管释"理"者不计其数，但张岱年的贡献肯定是独特的，这种独特性主要表现在如下几个方面：第一，揭示了"理"的诸种内涵。"理"究竟有哪些内涵？张岱年给予了回答："理"有形式、秩序、规律、所以、当然五种意谓，在此基础上又可分为"自然之理、人伦之理、本体之理"，还可分为"实理、名理、义理"。在"自然之理"范畴，有形式、规律、秩序之分；在"规律之理"范畴，则分为"一物所遵循之规律、众物所遵循之规律、一物所根据之规律"；在此基础上，对不同意谓的"理"之特性进

---

① 《谭"理"》，《张岱年全集》第一卷，第100页。
② 同上书，第98页。

行了分析。显然，张岱年的这种揭示和呈现，可使人们对"理"的认识更全面、更深入。第二，探讨了以"理"为中心的诸种关系。我们发现，张岱年不仅对诸种意谓之"理"的关系展开了讨论，也对"理"与心、物、时空的关系展开了讨论。在"理"之诸种意谓关系的讨论上，他既探讨了"形式"与规律的关系，也探讨了"秩序"与规律的关系；既探讨了"所以之理"与"至当之理"的关系，也探讨了"至当之理"与"自然之理"关系；等等。这些讨论对于人们进一步把握"理"的内涵是有帮助的。在"理"与心、事物、时空关系的讨论上，他认为不同意谓的"理"与时空、事物关系是有差别的，"理"的超越性可部分地，但不能完全地超越所有境域；"理"不可能在"心"中，"理"永远不能离开事物，所以，"理"不可以先于物存在；等等。这些讨论对于把握"理"的特性是很有帮助的。第三，发掘出"理"的诸种特性。"理"的特性究竟有哪些？张岱年的研究也有所回答。其一是多样性。所谓多样性，就是指"理"的特性多种多样。"理"既有根本性，也有非根本性；既有自然性，也有人伦性；既有本体性，也有逻辑性；既是遵循之理，也是根据之理；等等。其二是实有性。所谓实有性，就是强调"理"是事物之理。"理"既不是空洞的，也不是先天的；既离不开事物，也离不开时空；虽然不在"心"中，却是可以感知、可以认识的。其三是变化性。所谓变化性，就是指"理"内容的动态性。"理"的内容既是可以增加的，也是可以减损的，如张岱年说："二程子所谓理，与先秦哲学中所谓理，有一大不同之点。即：在先秦哲学，所谓理，皆以分殊言。故《庄子·杂篇》谓'万物殊理'，《韩非子·解老》谓'万物各异理'。"① 既是可灭的，也是可变的，如张岱年说："固有形式即内在结构；表现形式即表显于外之姿态。内在形式随物始终，如内在形式改易，即是此物毁灭；表现形式可改易而物不毁灭。"② 如上即是张岱年诠释"理"所做出的贡献，这种贡献也可用他自己的话来表达："把所根据的规律与所只遵循的规律分开，以见只有以'理'指谓所根据的规律之时才可以说在未有甲物之前已有甲物之理；把

---

① 《中国哲学大纲·宇宙论》，《张岱年全集》第二卷，第86页。
② 《认识·实在·理想》，《张岱年全集》第一卷，第439页。

根本的理与非根本的理分开，以见只有最根本的理才可言永存不易。再则指出共相只是不限于在特定时空之中，而非不在时空中，以明不得有超时空之有。"① 这就是张岱年对"理"所作的解释。

(2) 诠释"理"实践中的唯物论主线。考之张岱年诠释"理"的实践，一种现象是非常清晰的，那就是唯物论精神和思想贯彻了张岱年诠释"理"实践的始终。第一，"理"之分类中唯物论立场。前文已述，张岱年将"理"分成五种意谓之理，即"形式、秩序、规律、所以、至当"，这五种意谓之外，又有实理、名理、义理之分，但不管哪种"理"，都是寄于某事某物之中的，没有离开事物的"理"。比如，"形式"之理，指事物的"方圆、长短、白黑"等，"所以"之理，指"事物发生的缘故或根据"，"至当"之理，指事物"自身存在的当然标准或准则"，即便是"义理"，也是以实理为依据。就是说，不管哪种意谓的"理"，它的"根"都是事物。可见，张岱年对"理"的分类及意涵的解释，是以唯物论为根本立场的。第二，"理"诸种意谓关系解释中的唯物论立场。张岱年认为"理"的五种意谓既是贯通又是独立的，而贯通的前提是它们都附在"物"上，独立、差异的原因则是因为它附在不同的"物"上。比如，自然之理与人伦之理不同，但它们都因自然之物，人伦之物而有。可见，张岱年对"理"各种意谓关系的解释和处理，也是以唯物论为根据的。第三，"理"之隐显生灭说明中唯物论立场。张岱年认为，"理"的生灭隐显是由"理"所依附的"物"决定的。他说："大多数的'理'是随一类个体之生灭而生灭的。但是不是也有永存的'理'呢？我觉得似须承认是有的，如对立统一、矛盾发展等，也许就是永存的规律。我们可以说'理'有二类，一是根本的，一是非根本的。根本的'理'是永存的，非根本的'理'是有生灭的……即使是那根本永存的'理'，也不能独立自存，其所以永存也不过缘于其所存在之个体是永远的。"② 即便存在永恒不灭的"理"，也还是以"物"为根据的。第四，"理"相关命题解释中的唯物论立场。张岱年认为，"心即理说，在两意谓下，都可谓虚诞而远于真实的。性即理说，在宇宙之理的意谓下，亦失之玄秘；在人

---

① 《谭"理"》，《张岱年全集》第一卷，第103页。
② 同上书，第101页。

伦之理的意谓下，认为道德乃原于人之所以为人之性，有一定的根据。在人伦之理的意谓下，性即理说与理在事说有相通之处。不过在性即理说可以说理具于心，理在事说则不能承认理具于心。要之，三说中以理在事说最为得实，惜未有充分的发展。兼两项意谓而言，心即理说是主观唯心论的，性即理说是实在论的，亦可谓客观唯心论的；理在事说是唯物论的"。① 所谓两种意谓，人伦之理和宇宙之理，但显然，判断"心即理"是荒诞，肯定不是这两种意谓所能做到的，而是"心即理"把"理"看成是先验的，不符合唯物主义认识论；判断"性即理"一方面显得神秘，另一方面有一定根据，也在于这个命题作为宇宙论命题有违唯物论，而作为伦理学命题则符合唯物论；而"理在事"则完全符合唯物论了。可见，张岱年对"理"相关命题的解释，其方法立场是唯物论。第五，唯心"理"观批评中的唯物论立场。张岱年认为，陆九渊、王阳明关于"理"的观点是一种彻底的唯心论。他说："主观唯心论的宇宙论，到阳明可谓达到了成熟……在阳明，颇有承认人人各有其各自的宇宙之倾向，他常是从知识的能所关系立论。他的学说，可以说接近于西方的主观唯心论。他所提出的论证，都是十分荒谬的。"② 而王夫之唯物论思想体系中也隐藏着唯心论因素："这种将天的五行或元亨利贞与人的五常或仁义礼智相互联系起来的学说，颇带神秘主义的色彩，应该说是王船山唯物论中尚未克服的唯心论成分。"③ 概言之，无论是对"理"的分类，还是对"理"之关系的梳理；无论是对"理"生灭原因的说明，还是对"理"相关命题的解释，张岱年都表现为对唯物论立场的坚持，而对唯心"理"观的批评，则是这种基本观点的自然延伸。这就是张岱年对"理"说的方式。

（3）诠释"理"时似可改进之处。如果说张岱年对"理""还应说什么"，那么如下几点或许是可以考虑的。第一，"理"的分类、释义仍存在完善空间。张岱年对"理"的分类无疑是最全面的，但还是存在混乱不明确之处。比如，"所以"之理究竟是根据、原因，还是名理、本体？如果都是，那么它们之间的关系怎样？在张岱年的文本中，并没有明

---

① 《中国哲学大纲·人生论》，《张岱年全集》第二卷，第278页。
② 《中国哲学大纲·宇宙论》，《张岱年全集》第二卷，第104页。
③ 《王船山的唯物论思想》，《张岱年全集》第五卷，第12页。

确的说明。再如，张岱年认为"形式"、"秩序"也是"规律"，可是，如果"规律"是指事物内在的、稳定的、本质的联系的话，那"形式"和"秩序"都不能与"规律"画等号。还有，对于"至当之理"，张岱年有时指"人伦之理"，有时指"合理"，那么究竟是"人伦之理"，还是"合理"呢？如果都是，它们的关系怎样？张岱年也没有给予解释。另外，张岱年将"义理"解释为"当然之理"（人的行为之准则），也只是"义理"在中国哲学思想史中含义之一。所以说，张岱年诠释"理"的意义不仅仅是表现在已完成的工作上，更表现在对那些没完成工作的启示上。第二，诠释"理"不宜"唯物"化。如上讨论看到，唯物论是张岱年释"理"最根本的武器，但这种武器的应用是不是存在检讨的地方？回答应该是肯定的。所谓唯物化，就是指在解释"理"过程中，自始至终都以唯物论作为方法和标准，对"理"的含义进行解释和评判。张岱年对"理"的诠释，唯物化极为鲜明。在张岱年看来，"理"如果离开了事物和时空，就成为神秘不可测的东西，所以"理"无论如何超越，总是离不开事物，总是要活在一定的时空，从而否定了"理"的超越性。但显然，"理"的超越性是客观存在，尽管它离不开事物、离不开时空。所以唯物化容易导致肤浅化。张岱年承认"本体之理"的存在，但对这种"理"持否定态度。因为在他看来，"理"是观念的东西，而"观念"作为宇宙万物之本原是难以想象的，从而否定"理"之为精神本体的价值。如果说哲学意义上的本体，都应该具有"物质"属性，那世界上的哲学体系就寥寥无几了。所以唯物化容易导致简单化。张岱年指出，"理"是事物之规律，因而不在"心"中；"心"是认知能力，"理"之为心所掌握，需要通过接触事物；因此，"心即理"与唯物论是不相符的。可见，张岱年将"心即理"完全当成了知识论命题。"心即理"之道德意义、哲学意义极为丰富，如是因为它违背了唯物主义认识论就否定它存在的价值，那是对这个命题的极大污辱。所以唯物化容易导致片面化。概言之，唯物化方式释"理"，虽然有其独特意义，但显然无助于全面、准确把握中国哲学中"理"的内涵。第三，"理"的意义世界应予肯定和保护。在中国哲学史上，"理"最为重要的意义，就是它的理想性、超越性和本体性，而这些意义正是宋明新儒家所赋予的。"理"之成为宋明理学的"理"，不仅体现了中国哲学的进步，更体现了中国思想的进步，体现了中国人在精神世界的成熟。因而对于宋明理学的"理",应该有非常认真、热情、深入的理解,它是儒家真正建立起的意义世界。然而,张岱年却看低了"理"价值。他虽然发掘出"理"的五种意谓,但对"所以"(本体)之理、"至当"(人伦)之理(这两种含义到宋明理学才有)持批评态度,而对形式之理、秩序之理、规律之理加以肯定和赞扬,这意味着"理"本体义、人伦义被张岱年所忽略。如他说:"程朱的学说,在其理论的逻辑上认为,作为世界万物的最初根源的理也是人类行为的最高标准;但从其思想的本质来看,其实是把当时占统治地位的道德标准抬高了而说成是世界的最初根源。这也就是把封建统治阶级的道德绝对化永恒化,给以宇宙观的根据。这种学说在理论上为封建制度辩护。"[1] 其结果是,因为"理"的根据性而否定"理"的超越性,因为"具体世界"而否认"理想世界"——"我觉得于'具体世界'之外还承认有个'共相世界',似乎是不必需的,且以何根据来确定共相世界之存在?从来讲两世界的人,似乎都没有拿出充分的证据来证明所谓理世界确实是有,而只是承认其有"。[2] 之所以如此,乃是因为张岱年将"理"只放在唯物论、知识论的界域加以考察和评判。"理"当然是事物之理,当然是时空之理,但"理"不能因为这种出身而不能自由翱翔。"理"的意义并不在于它的事实性,因为这是无法否认的客观存在,而在于它对事物的观念化、具体的抽象化、现实的理想化,概言之,"理"是经由对现实批判而建构起的超越性,因而"共相世界"不仅是存在的,而且是需要肯定的。

(载《社会科学研究》2012 年第 1 期;《中国社会科学文摘》2012 年第 5 期转摘)

---

[1] 《中国古代哲学中若干基本概念的起源与演变》,《张岱年全集》第五卷,第 93 页。
[2] 《谭"理"》,《张岱年全集》第一卷,第 101 页。

五 牟宗三视域中的中国哲学特质
——从生命性问题展开

中国哲学的特质是什么？自从西方哲学出现在中国学者面前之后，便成了中国学者日夜思索的课题，并提出了各式各样的答案。牟宗三是对这个课题回应最有代表性的学者之一。那么，牟宗三先生眼中的中国传统哲学特质是什么呢？他的回应给我们一些什么样的启示呢？本文即对这些问题展开初步讨论，并提出几点相关的意见。

1. "生命"是中国哲学的中心与开端

中国哲学的中心究竟是什么？牟宗三对此问题展开了自己的独特思考。在他看来，中国哲学是以生命为中心、为开端的。他说："它（中国）没有西方式的以知识为中心，以理智游戏为一特征的独立哲学，也没有西方式的以神为中心的启示宗教。它是以'生命'为中心，由此展开他们的教训、智慧、学问与修行。这是独立的一套，很难吞没消解于西方式的独立哲学中，亦很难吞没消解于西方式的独立宗教中。但是它有一种智慧，它可以消融西方式的宗教而不见其有碍，它亦可以消融西方式的哲学而不见其有碍。"[①] 就是说，中国哲学是以"生命"为中心，并由此展开它的教训、智慧、学问与修行。而且，西方宗教、哲学不能消融它，但它可以消融西方哲学与宗教。由于中国哲学的开端就是生命，基本课题是生命，因而中国哲学的工作主要是运转我们的生命、安顿我们的生命。

---

① 牟宗三：《中国哲学的特质》，上海古籍出版社2007年版，第5页。

牟宗三说："中国哲学，从它那个通孔所发展出来的主要课题是生命，就是我们所说的生命的学问。它是以生命为它的对象，主要的用心在于如何来调节我们的生命，来运转我们的生命、安顿我们的生命。这就不同于希腊那些自然哲学家，他们的对象是自然，是以自然界作为主要课题。"①西方哲学则完全相反，以自然为对象，以自然界作为主要课题。由于中国哲学的心灵之光表现在生命上，西方哲学的心灵之光表现在自然上，因而中国哲学是内向的，西方哲学是外向的，并形成"智的系统"。牟宗三说："中国首先把握生命，西方文化生命的源泉之一的希腊，则首先把握'自然'。他们之运用其心灵，表现其心灵之光，是在观解'自然'上。自然是外在的客体，其为'对象'义甚显，而生命则是内在的，其为'对象'义甚细微，并不如自然之显明。所以中国人之运用其心灵是内向的，由内而向上翻；而西方则是外向的，由外而向上翻。即就观解自然说，其由外而向上翻，即在把握自然宇宙所以形成之理。其所观解的是自然，而能观解方面的'心灵之光'就是'智'。因为智是表现观解的最恰当的机能。所以西方文化，我们可以叫它是'智的系统'，智一面特别突出。"② 对中国哲学而言，由于没有以自然哲学开端的传统，所以也就没有开出科学来。牟宗三说："中国没有西方式的哲学传统，西方希腊哲学传统开头是自然哲学，开哲学传统同时也开科学传统。中国没有西方式的哲学传统，后来也没有发展出科学，尽管中国也有一些科技性的知识。"③中国哲学的传统与西方不同，那就是西方哲学传统开端的是自然科学，因而中西哲学差异就有如下表现："有普遍性也不能以此而言中西哲学不能有差别、有限制性，故中西哲学永远可保持其特殊性。由普遍性与特殊性两方面综合起来，我们就可把握中西哲学发展之主要纲领的差异在何处。如刚说过，对中西哲学传统的长期发展加以反省就可看出其不同，我们可以用两个名词来表示。我们可说两个哲学传统的领导观念，一个是生命，另一个是自然。中国文化之开端，哲学观念之呈现，着眼点在生命，故中国文化所关心的是'生命'，而西方文化的重点，其所关心的是'自然'

---

① 牟宗三：《中国哲学十九讲》，上海古籍出版社2007年版，第14页。
② 《中国哲学的特质》，第152—153页。
③ 牟宗三：《中国哲学十九讲》，第14页。

或'外在的对象'(nature or external object),这是领导线索。"① 在这里,牟宗三通过与西方哲学的比较,将中国哲学的"生命"特质做了总体性判断,事实上,这种特质也表现中国哲学的主要范畴或概念上。

"天"(天命、天道)是中国哲学中的核心范畴之一,而这个范畴所展示的理念就是以"生命"为中心、为开端的。虽然中国哲学中的"天"与西方的上帝一致,但它们发生作用的途径完全不同。牟宗三说:"天的降命则由人的道德决定,此与西方宗教意识中的上帝大异。在中国思想中,天命、天道乃通过忧患意识所生的'敬'而步步下贯,贯注到人的身上,便作为人的主体。因此,在'敬'之中,我们的主体并未投注到上帝那里去,我们所作的不是自我否定,而是自我肯定(Self affirmation)。仿佛在敬的过程中,天命、天道愈往下贯,我们的主体愈得肯定,所以天命、天道愈往下贯,愈显得自我肯定之有价值。表面说来,是通过敬的作用肯定自己;本质地说,实是在天道、天命的层层下贯而为自己的真正主体中肯定自己。"② 即是说,作为宇宙最高主宰的"天",它的"降命"是由人的道德决定的,具体而言,就是通过"敬"而步步下贯,贯注到人的身上,便作为人的主体,所以在中国的"天"(天道、天命)观念中,主体没有投注到天身上,而是自我的、独立的,因此,"天"的意志不仅逐步得到了贯彻,而且是对主体的肯定。比如,儒家的基本德性观念都是从"天"(天道、天命)中引导出来。他说:"天命与天道既下降而为人之本体,则人的'真实的主体性'(Real subjectivity)立即形成。当然,这主体不是生物学或心理学上所谓的主体,即是说,它不是形而下的,不是'有身之患'的身,不是苦罪根源的臭皮囊,而是形而上的、体现价值的、真实无妄的主体。孔子所说的'仁',孟子所说的'性善',都由此真实主体而导出。中国人性论中之主流,便是这样形成的。在宗教则无真实主体之可言,这是道德与宗教大异其趣之所在。西方人性论的主流中,人性(Human nature)直截地是人之自然,没有从超越的上天降下而成的人之主体。西方的上帝与人类的距离极远。极端地高高在上的上

---

① 牟宗三:《中西哲学之会通十四讲》,上海古籍出版社2007年版,第10页。
② 《中国哲学的特质》,第15页。

帝，又岂能下降于人间呢？"① 就是说，"天命"、"天道"既下降而为人之本体，则人的"真实的主体性"（Real subjectivity）立即形成，而且，这种主体是形而上的、体现价值的、真实无妄的主体，因而儒家的"仁"、"性善"都是可以直接从中导出的。

"仁"是中国哲学中另一基本范畴，这个范畴所展示的理念也是以"生命"为中心、为开端的。在牟宗三看来，"仁"既不是物质的，也不是知识的，而是一真实生命、真实本体。他说："仁以感通为性，以润物为用。感通是生命（精神方面）的层层扩大，而且扩大的过程没有止境，所以感通必以与宇宙万物为一体为终极，也就是说，以'与天地合德、与日月合明、与四时合序、与鬼神合吉凶'为极点。润物是在感通的过程中予人以温暖，并且甚至能够引发他人的生命。这样的润泽作用，正好比甘霖对于草木的润泽。仁的作用既然如此深远广大，我们不妨说仁代表真实的生命（Real life）；既是真实的生命，必是我们真实的本体（Real substance）；真实的本体当然又是真正的主体（Real subject），而真正的主体就是真我（Real self）。至此，仁的意义与价值已是昭然若揭。孔子建立'仁'这个内在的根以遥契天道，从此性与天道不致挂空或悬空地讲论了。如果挂空地讲，没有内在的根，天道只有高高在上，永远不可亲切近人。因此，孔子的'仁'，实为天命、天道的一个'印证'（Verification）。"② 牟宗三认为，"仁"是通过"感通"和"润物"两个途径来实现自我价值或释放自我的能量。"感通"是精神生命的扩大，这种扩大没有止境，所以最后与宇宙万物为一体；"润物"则是在感通过程中给人以温暖，甚至引发他人的生命。既然，"仁"的作用实际上是为成就生命、养育生命，因此可以讲"仁"就是真实的生命，而这个真实的生命与天道是遥遥相契的，这样，天道便有了落脚点，便成为含有生命内容的范畴，也就是说，"仁"是天道的内在化、具体化，所以"仁"也就是真实本体。在牟宗三看来，"诚"和"仁"一样，是人了解天道的途径，通过感通遍及万物而无穷去尽，通过润物而化育生命，因此，"仁"与天道为一。牟宗三说："《中庸》视'诚'为天之道，即自然而然之道，自然是

---

① 《中国哲学的特质》，第17页。

② 同上书，第30页。

诚体流行。而'诚之'的修养功夫，则是'人之道'，即由'诚之'之工夫以求恢复天所赋予自己的'诚'的本体或本性。由此可见：《中庸》的'诚'实与孔子的'仁'相合（Identical）。'诚'可被视为天道。'仁'有'肫肫'、'渊渊'、'浩浩'的特性，它的感通与扩充当然无穷无尽，它的参赞化育的作用亦无穷无尽，故此孔子的'仁'亦可被视为天道。人可从诚或仁去了解天道。至此，传统思想中高高在上的天道，经过《中庸》的发展，而致完全可被人通过仁与诚去体会、去领悟。如是，天、天道、天命的'内容的意义'可以完全由仁与诚的意义去证实它为一'生化原则'，因此可以说为'天命流行之体'。这种印证的了解，我们叫它是'内容的了解'（Intensional understanding）。不作内容的了解，天命、天道对人只有如雾里的香花，人只知其为香，而永远看它不清楚。"① 即是说，"诚"同样是体现天道的范畴，天道、天命通过"诚"而表现为人的现实生活中，而人可以通过"诚"去体悟、接契天道。换言之，天道、天命与诚、仁是相通的，它们之间是生命的流行、生命的本体。既然"仁"具有感通、润物的作用，并以此成就生命、引发生命，那么，"仁"自然就是创生的力量，是创造性本身。牟宗三说："以我这几年来的体悟，孔子的仁，就是'创造性本身'。孔子在《论语》中讲来讲去，对于仁有种种表示。假若我们能综括起来，善于体会其意义，则他那些话头只在透露这'创造性本身'。谁能代表这创造性本身？在西方依基督教来说，只有上帝。孔子看仁为宇宙万物之最后的本体，它不是附着于某一物上的活动力。这'创造性本身'，后来又说为'生命之真几'。"② 可见，"仁"范畴所展示出来的理念也是以生命为中心、为开端的。

2. "生命"是中国哲学的表现形式

对于中国哲学而言，其表现形式当然有逻辑的、语言的、艺术的等不同形式，但在牟宗三看来，最根本的形式还是"生命"。首先，中国哲学

---

① 《中国哲学的特质》，第36页。
② 同上书，第88页。

注重学问与实践的统一。牟宗三认为,与西方哲学比较,中国哲学注重学问与实践的统一。他说:"孔子自不像耶稣式的那种宗教家,亦不类西方哲学中的那种哲学家。你如果说他是苏格拉底,那当然不对。印度哲学中亦必须把释迦牟尼佛列为一章。释迦亦不类耶稣那种宗教家,亦不像西方哲学中那种哲学家。但是孔子与释迦,甚至再加上老子,却都又有高度的人生智慧,给人类决定了一个终极的人生方向,而且将永远决定着,他们都取得了耶稣在西方世界中的地位之地位。但他们都不像耶教那样的宗教,亦都不只是宗教。学问亦从他们的教训,他们所开的人生方向那里开出。观念的说明,理智的活动,高度的清明圆融的玄思,亦从他们那里开出。如果这种观念的说明,理智的活动,所展开的系统,我们也叫它是哲学,那么,这种哲学是与孔子、释迦所开的'教'合一的:成圣成佛的实践与成圣成佛的学问是合一的。这就是中国式或东方式的哲学。"① 就是说,尽管孔子、老子、释迦牟尼佛与基督耶稣不同,但他们的智慧却是很高的;而他们与耶稣宗教的不同、与西方哲学的不同,就在于孔子、老子、释迦牟尼佛等所开出的人生方向,所开出的哲学思考,注重成圣成佛的实践与成圣成佛的学问之统一。因此之故,中国哲学重视实践而轻视思辨。他说:"中国的哲人多不着意于理智的思辨,更无对观念或概念下定义的兴趣。希腊哲学是重知解的,中国哲学则是重实践的。"② 而"中国哲学重实践"这一特点,还具体表现在"中国哲学讲本体也讲工夫"上。牟宗三说:"现代人根本不讲工夫,但宋明儒学问,讲本体必讲工夫,本体、工夫一定两面讲。这在西方哲学中就差了。西方哲学只是当哲学看,重视理论的分解,而不重视工夫。工夫就是所谓的'实践'。因此,他们在这里不谈实践。但在这个地方,东方的学问就不同了。我们为什么讲心体、性体、道体这些东西呢?这些都是理论呀!我们之所以如此讲,是因为我们有工夫,而在工夫中了解了这些道理。所以,讲道体就涵着工夫,讲工夫就印证道体,这两面一定是相应的。不光儒家如此,道家和佛家都是如此。西方人讲道德哲学,很少人讲工夫。譬如康德的《实践理性批判》,也照着《纯粹理性批判》的方式来讲,分为'元素论'和'方法

---

① 《中国哲学的特质》,第5页。

② 同上书,第10页。

论'。这是类比于逻辑中的元素论和方法论（旧的逻辑是如此讲法）。《实践理性批判》中的'方法论'其实就是讲工夫。他讲工夫讲得很简单，但也很中肯。然而这只是初步，分量很少，和元素论不相称。"① 就是说，中国哲学讲"道体"就在讲学问，道体涵着功夫，功夫印证道体，而西方哲学中没有此特点。

其次，中国哲学注重"主体性"和"内在道德性"。牟宗三认为，与西方哲学比照，中国哲学重视"主体性"和"内在道德性"。他说："中国既然确有哲学，那么它的形态与特质怎样？用一句最具概括性的话来说，就是中国哲学特重'主体性'（Subjectivity）与'内在道德性'（Inner-morality）。中国思想的三大主流，即儒释道三教，都重主体性，然而只有儒家思想这主流中的主流，把主体性复加以特殊的规定，而成为'内在道德性'，即成为道德的主体性。西方哲学刚刚相反，不重主体性，而重客体性，它大体是以'知识'为中心而展开的。它有很好的逻辑，有反省知识的知识论，有客观的、分解的本体论与宇宙论：它有很好的逻辑思辨与工巧的架构。但是它没有好的人生哲学。"② 就是说，中国的儒、释、道三教，都重视主体性，而其中的儒学还对主体性加以特殊的规定，这种特殊的规定就是使"主体性"成为"内在道德性"，从而孕育出精彩的人生哲学。西方哲学则相反，不注重主体性，而重视逻辑和知识论，从而孕育了发达的本体论与宇宙论。

最后，中国哲学在思维上以非分解说为主。牟宗三认为西方哲学为分解说，中国哲学为非分解说。他说："'分解说与非分解说'。要分析中国哲学，也要先了解这个问题。一般言之，西方哲学都在分析方面表现，不论何种分析——批判的分析、逻辑分析、抑或语言分析。西方哲学自柏拉图起即重分解（analytic），很少有甚至几乎没有我这里所说的'非分解'这一面。正式暗示分解说与非分解说之问题的，在中国是道家的庄子。老子大体仍属于分解的方式。在佛教中，释迦牟尼佛开始说法大多用分解的方式，称为分别说或差别说；但到相当时候，亦须用非分别的方式来说法，因此佛教正式地提出分别说与非分别说的问题来，这是佛教的贡献。

---

① 《中国哲学十九讲》，第373—374页。
② 《中国哲学的特质》，第4页。

西方哲学中根本没有像庄子、佛教这种非分解的表达方式,因此中国哲学对这方面的贡献大,而西方哲学是在分解方面的贡献大。黑格尔虽用辩证的方式而不采分解的方式,但他展示辩证的历程仍是用分解的方式表达,这和庄子或般若所表示的非分解仍大不相同。黑格尔的辩证法也需要正视,也很有意义。但要将'分解说与非分解说'当作正式的客观问题以充分研究时,就必须通过中国哲学,如此才能彻底了解这一个大理境。"[1] 牟宗三认为,哲学的叙述和体系的建构可分为分解说与非分解说两种,在中国,老子哲学属于分解说,但庄子及后来的佛教都属于非分解说,而西方哲学基本属于分解说。何谓分解说与非分解说?牟宗三的这个概念是从佛教借来的。分解说亦即分别说,就是铺陈法相,成立概念,用概念、命题和逻辑的形式建立思想系统;而非分解说即非分别说,是指将法相、概念予以融通、淘汰,将以概念、逻辑的方式建立的思想系统给予"开决",开权显实,由此成立思想系统的方式。中国哲学中的庄子及佛教都属于非分解说,而老子属于分解说;西方哲学基本上属于分解说。因此,要对分解说与非分解说进行了解和研究,就必须通过中国哲学,才能有更完整的理解。概言之,与西方哲学比较,中国哲学的运思方式、建构思想体系的方法是非分解的,就是它不重视概念的表述明白、逻辑思维的清晰。显然,牟宗三的这个理解也是符合中国哲学实际情形的,因为这正是以"生命"为特质的中国哲学在思维方法的表现。

3. 几点思考

如上即是对牟宗三先生关于中国哲学生命特质主张的简要梳理与讨论,根据上述梳理和讨论,我们似可再做如下几点思考。

第一,从中西比较中获得中国哲学特质的认识。牟宗三先生揭示了中国哲学的对象是人不是神、是社会不是自然、是生命不是知识,并进一步指出"天"范畴的内涵是人的自我肯定,而中国哲学的功能或目标就是运转、升华生命。他何以获得这种结论?最为显见的理由就是通过与西方哲学比较分析而来,西方哲学是检视中国哲学的坐标。因此,本文给我们

---

[1] 《中国哲学十九讲》,第 224—225 页。

最基本的启示就是，中国哲学的特质、优点、缺陷的揭示，西方哲学是最难得而又十分有效的坐标，这也是近世以来中国学者的共约性最高的识见。比如，严复说："即吾圣人之精意微言，亦必既通西学之后，以归求反观，而后有以窥其精微，而服其为不可易也。"① 王国维说："今即不论西洋哲学自己之价值，而欲完全知此土之哲学，势不可不研究彼土之哲学。异日发明光大我国之学术者，必有兼通世界学术之人，而不在一孔之陋儒，固可决也。"② 熊十力说："西洋哲学，其发源即富于科学精神。故能基实测以游玄，庶无空幻之患。由解析而会通，方免粗疏之失。西学之长不可掩，吾人尽量吸收，犹恐不及，孰谓可一切拒之以自安固陋哉！"③ 严复、王国维、熊十力等这样的国学大家，都认定西方哲学对理解、判断中国古代哲学的坐标意义，那种因为西方哲学的应用导致对中国哲学误读从而拒西方哲学于千里之外的盲从观念与行为，显然是幼稚可笑的。

第二，理解中国哲学需要拥有相契的观念与方法。牟宗三对中国哲学特质的揭示，之所以那样入木三分，之所以那么精准无爽，原因之一就是拥有相契的理念与方法。中国哲学的认识对象是人，中国哲学的思维方式是非分解式，中国哲学注重工夫与实践，中国哲学的目标是运转生命，因此，中国哲学的根本特质就是生命。如上所述，这些判断与结论是在与西方哲学进行比较研究的情境下得出的，但要注意的是，在牟宗三先生理解、研判中国哲学的实践中，人文精神、人文思想从来就是基本的根据，其对"仁"真理特性的分析与判断即是典型案例。他说："仁就是这样性质的普遍真理，此与'$2+2=4$'显然是不一样的。'$2+2=4$'这种数学真理是普遍而无国界的，无中西之分，而仁义这种普遍真理是要通过生命来表现，就有各种分际的不同，此是普遍性要在特殊性的限制中呈现，而且一定得呈现，否则讲空话是无用的，而且表现要在生命的限制中表现，这样特殊性就出来了。"④ 牟先生认为，"仁"虽有普遍性，虽是真理，但

---

① 《救亡决论》，《严复集》（第一册），中华书局1986年版，第49页。
② 王国维：《奏定经学科大学文学科大学章程书后》，《王国维学术经典集》（上），江西人民出版社1997年版，第157页。
③ 熊十力：《读经示要》，《熊十力全集》（第三卷），湖北教育出版社2001年版，第725页。
④ 《中西哲学之会通十四讲》，第5页。

这种真理是通过生命来落实、来表现的，而因人而异，不像自然科学上的真理，对所有人是一样的。因此，他对用自然科学方法理解中国哲学的行为是持批评态度的。他说："《坤·文言》里面讲'直其正也，方其义也。君子敬以直内，义以方外，敬义立而德不孤。直方大。不习，无不利。'有人就把'直方大'的直说成是几何学上的直线，方是 square，大是无限的空间（infinite space），他就是不从道德方面讲。但是在'直方大'上面明明说的是'敬以直内，义以方外'，这明明是道德，你怎么可以把它讲成几何学呢？"[1] 在牟宗三看来，如果不从道德的角度理解"直方大"，而是用自然科学方法理解，就是望文生义，就会闹笑话。应该说，牟宗三用"内容的真理"来定义"仁"是很切合"仁"本身内涵的，而之所以如此，乃是因为牟先生不是科学地理解"仁"，而是人文地理解"仁"。因此，如欲准确把握中国哲学内涵、理解中国传统哲学特性，相契的观念与方法是基本前提。

第三，中国哲学的任务之一是开出科学。牟宗三先生的分析与判断，告诉我们中国哲学的特质是生命，即它的核心是生命，它的开端是生命，它的目标也是生命，正因为如此，它没有生发起对知识与科学的兴趣，从而搁置了对知识与科学的求索，这是它的缺陷。而中国哲学之所以存在这种缺陷，是因为它的"真理特性"决定的。他说："在西方比较偏重外延真理，可是你一旦注意到内容真理的时候，你就可以用内容真理来调节、来重新调整你的文化，调整你的生命态度。这调整并不是调整你的外延真理本身。外延真理只要一成真理，那就是如此，这是不能改变的。调整是调整你整个文化，调整你的生命的态度。要让你了解外延真理只是我们生命的一部分，还有一部分是内容真理。中国文化也是一样，中国文化以前两三千年在内容真理这方面表现得多，大家都在这个范围内讲话，它全部精神都在这个地方转，儒家道家佛家都是在这个范围转，所以外延真理出不来，科学出不来。"[2] 就是说，中国文化主要表现为"内容真理"，并且表现得很好，可以调整文化，可以调整生命的态度，但缺乏"外延真理"，所以没有产生出科学来。而作为一种完整的文化体系，知识与科学是不应该或缺的。所以，牟宗三倡导开出"科学"。他说："在知识方面，

---

[1] 《中国哲学十九讲》，第79页。

[2] 同上书，第40页。

中国哲学传统虽言闻见之知，但究竟没有开出科学，也没有正式的知识论，故中国对此方面是消极的。消极的就要看西方能给我们多少贡献，使我们在这方面更充实，而积极地开出科学知识与对这方面的发展。这样中西哲学的会通，才能使两方更充实，更向前发展。"[①] 尽管中国哲学有其独立性，尽管中国哲学可以融释西方哲学，但中国哲学的使命还是要想办法开出科学，从而使中国哲学臻于完整。因此，如果说中国哲学需要"返本开新"，这个"本"就是"生命"之本，而"新"就是"科学"之新。

第四，中国哲学的价值在于生命智慧。牟宗三先生对于中国哲学"生命"特质的揭示，最深刻、重要的意义就是告诉人们，中国哲学属于生命的智慧，它的独特性、它的价值，就在这里。何以如此定言？其一，它是关注、研究生命的学问。牟宗三先生的研究告诉人们，中国哲学的核心是生命，开端是生命，终点也是生命，这样就开出了多姿多彩的生命智慧之花。比如，中国哲学关注的是人而不是神、是生命而不是自然、是社会而不是宇宙；在关注过程中，中国哲学提出了创造生命、养育生命、成就生命、圆融生命的方法与途径。其二，它是理解生命的独特智慧。牟宗三先生认为，中国哲学对生命的理解有其独到的视角，简单地讲就是将生命生态的、生机的本性释放出来，因而它在思维上反对分解式，在行为上反对玄谈式，在体用上是合一的，在主客上是不分的，强调体验、直觉把握生命的奇妙性与可靠性。其三，它是肯定、升华生命的思想。既然中国哲学的中心是生命，开端是生命，目标也还是生命，也就是说中国哲学自始至终都是牵挂着生命、思索着生命的。那么，它是怎样肯定生命、升华生命的呢？中国哲学的心灵之光不在自然而在人身，中国哲学的核心范畴如"天"、"仁"、"诚"等，其落实处都是主体及主体的内在德性，换言之，这些范畴与其说是逻辑的，毋宁说是生命的，因为它们都必须通过主体生命形式表现自己，而这也就说明，中国哲学的构造、叙说是以肯定人的生命、升华人的生命为指归的。因此，中国哲学之为生命智慧，就在于落实在对个体生命的良性运转、文化生命的积极调整、宇宙生命的向上提升上。

（载《哲学动态》2013 年第 7 期）

---

① 《中西哲学之会通十四讲》，第 67 页。

六 贺麟对"知行合一"的诠释及其启示

"知行合一"是中国传统哲学中关于"知"、"行"关系的一个重要命题,以明代哲学家王阳明为代表。贺麟先生写有《知行合一新论》,专门对"知行合一"展开了解释,正如他自己所说:"知行合一说虽然因表面上与常识抵触,而易招致误解,但若加正当理解,实为有事实根据,有理论基础,且于学术上求知,道德上履践,均可应用有效的学说。而知行问题,无论在中国新理学或新心学中,在西洋的心理学或知识论中,均有重新提出讨论,重新加以批评研究的必要。"① 那么,贺麟先生对"知行合一"是怎样讨论、怎样加以批评的呢?

1. 科学语境下的"知行合一"

贺麟先生通过学习、吸收西方哲学、自然科学中与知行问题相关的知识与观念,并将这些知识构成了一套解读中国传统哲学中"知行合一"的理论。首先,关于知、行的定义。在贺麟先生看来,所谓"知"是一切意识活动,所谓"行"是一切生理活动,而知、行都是有等级的,即有显、隐之别,所谓"显知隐行"、"显行隐知",而"隐行"不是不行,"隐知"也不是不知,因而无知之知也是"知"、无行之行也是"行"。其次,关于"知行合一"的含义,贺麟先生提出了四点:"知行合一"不是混一,而是要弄清知、行关系;"知行合一"即是意识活动与生理活动同时发生;"知行合一"为同一生理心理活动的两面;"知行合一"即

---

① 贺麟:《知行合一新论》,《贺麟选集》(张学智编),吉林人民出版社2005年版,第373页。

"知行平行",包括知和行的次序相同,不能相互影响,以"知"释"知",以"行"释"行",知行各不相管,不能互释,并且,以"知"释"知"产生精神科学,以"行"释"行"产生自然科学,如果二者混淆,一物不生。其三,"知行合一"的分类。贺麟先生认为,任何行为都有意识,任何知识都有生理,那种只要有意识活动身体即跟随的"知行合一"观,可称为"自然的知行合一论",它有两层意思,一是凡是有意识之论,莫不有知行合一;二是不假人为,自然而然即是知行合一之事实。它的特点是纯意识活动和纯生理活动,而且知行不能互为因果、互相解释。又有"价值的知行合一论",其中的"知"为理想的"知",其中的"行"为理想的"行","知行合一"被作为一种理想追求,因而需要通过人的主观努力方可达到。其特点是"显行隐知"或"显知隐行",其目的是将不同空间或不同时间的知行促成合一,而且知行可以彼此决定、互相解释。如此,在价值的"知行合一"中,又可分为向上的途径和向下的途径,所谓向上的途径就是由"行"求"知"以成知行合一,可以看成是求知、打下知识基础的作为;向下的途径就是由"知"求"行"以成知行合一,可以看成避免空疏、玄虚,力求知识实用化的作为。关于知行的主从关系,贺麟先生认为应由"知"与"行"的本质决定,向上的途径中,"知"为主,向下的途径中,"行"为主,但从根本上讲,都是"知"为主。因为:"知"是"行"的本质,"知"决定"行"的意义,使"行"由"物理行为"升华到"意义行为";"知"永远决定行为,人不能做他不知之事,"行"的质量,也由"知"决定;"知"是目的,"行"是工具。① 如上即是贺麟先生关于"知行合一"的"原理",他这套原理既有对西方某些哲学思想及某些自然科学知识的吸收和消化,也有对西方某些哲学思想及某些自然科学知识的否定和排斥,换言之,贺麟先生所提出的这套理解中国传统哲学中的"知行合一"的"原理",主要来自西方哲学和科学知识的启发。往下需要讨论的是,贺麟先生是怎样用这套"原理"理解中国传统哲学中"知行合一"论的。正如贺麟先生所说:"以上系说明我们对于知行合一的看法,现在且让我以王阳明的知行合一说来印证我们的说法,并且以我们的说法来解释、发挥、批评王阳

---

① 贺麟:《知行合一新论》,《贺麟选集》,第 373—391 页。

明的学说。"①

为了更为直接地体验贺麟先生对于王阳明"知行合一论"的理解，我们逐条考察。首先，王阳明"知行合一论"既有自然的"知行合一"之意，也有价值的"知行合一"之意。王阳明曾说："行之明觉精察处，便是知；知之真切笃实处，便是行。若行而不能明觉精察，便是冥行，便是'学而不思则罔'，所以必须说个知。知而不能真切笃实，便是妄想，便是'思而不学则殆'，所以必须说个行。原来只是一个工夫。凡古人说行知，皆是就一个功夫上补偏救弊说，不似今人截然分作两件事做。如今说知行合一，虽亦是就今时补偏救弊说，然知行体段亦本来如是。"② 贺麟先生对这段话的解释是："阳明的知行合一说，本有两个含意，亦可说是有两个说法：一是补偏救弊说的知行合一。一是本来如是的知行合一，或知行本来的体段。所谓补偏救弊的说法，即是勉强将知行先分为二事，有人偏于冥行，便教之知以救其弊；有人偏于妄想，便教之行以救其弊。必使他达到明觉精察之行，真切笃实之知，或知行合一而后已。这样一来，知行合一便成了理想，便须努力方可达到或实现的任务（aufgabe）。"③ 就是说，王阳明所谈"知行合一"包括两种表述方法，一是本来如是的"知行合一"，二是补偏救弊的"知行合一"。补偏救弊的"知行合一"即是理想的"知行合一"、价值的"知行合一"，这种"知行合一"是需要努力才能达到的。所以贺麟先生继续指出，"阳明所谓对冥行教以真知，略相等于我们前面所谓向上的途径，即由行以求与知合一的途径；阳明所谓对空想教以笃行，略相当于我们前面所谓向下的途径，即由知以求与行合一的途径"。④ 如此，贺麟先生就用他的知行原理疏解了阳明"知行合一"论中"分知行为二于先、求合一于后"观点。这是一种价值的知行合一论。而"本来的知行合一"即是"自然的知行合一"，贺麟先生认为王阳明有多处讲说。比如，"学之不能无疑，则有问，问即学也，即行也；又不能无疑，则有思，思即学也，即行也"。⑤ 贺麟先生指

---

① 贺麟：《知行合一新论》，《贺麟选集》，第385页。
② 《文录三·答友人》，《王阳明全集》卷六，上海古籍出版社1995年版，第208页。
③ 贺麟：《知行合一新论》，《贺麟选集》，第385页。
④ 同上。
⑤ 《传习录》中，《王阳明全集》卷二，第46页。

出，这与他所谓认学问思辨皆为知行合一体，皆为"显知隐行"的看法是相同的。又如，"我今说个知行合一，正要人晓得一念发动处，便即是行了"。① 既然讲不论善念恶念，只要一念发动处便即是行，那"当然与我们所谓自然合一论完全契合"。② 但需注意的是："不过我们更分辨清楚，一念发动应属于显知隐行，并指出一念发动之所以是行，因有生理动作伴随此一念之故。"③ 至于王阳明所谓"未有知而不行者，知而不行，只是不知。圣贤教人知行，正是安复那本体，不是着你只恁的便罢。故《大学》指个真知行与人看，说'如好好色，如恶恶臭'。见好色属知，好好色属行。只见那好色时已自好了，不是见后又立个心去好。闻恶臭属知，恶恶臭属行，只闻恶臭时已自恶了，不是闻了后别立个心去恶"。④ 贺麟先生也视其为"自然的知行合一"："照现代话讲来，见好色、闻恶臭是受刺激；好好色、恶恶臭是反应。刺激与反应间究有相当距离——时间上和动作上的距离，亦可分为两事。阳明之意，以为此种见与好、知与行是如此的率真，如此的自然流出，如此直接、当下、迅速，因而指出此种事实，来表示知行合一的本来体段。"⑤

其次，贺麟先生认为，王阳明的"知行合一"也是符合他所提出的同一活动的两面、知行平行、知行有等级差别等几个属性。比如，对于王阳明所说："知行原是两个字说一个功夫。这一个功夫须著此两个字，方说得完全无弊病。"⑥ 又说："若会得时，只说一个知，已自有行在，只说一个行，已自有知在。"⑦ 贺麟先生认为，这正是他所谓"认知行为同一活动的两面说法"。对于王阳明所说："知不行之不可以为学，则知不行之不可以穷理矣。知不行之不可以穷理，则知知行合一并进，而不可分为两节事矣。"⑧ 贺麟先生认为这正与他"认知行合一为知行平行论"是一致的。而对于王阳明所说："行之明觉精察处，便是

---

① 《传习录》下，《王阳明全集》卷三，第96页。
② 贺麟：《知行合一新论》，《贺麟选集》，第386页。
③ 同上。
④ 《传习录》上，《王阳明全集》卷一，第4页。
⑤ 贺麟：《知行合一新论》，《贺麟选集》，第387页。
⑥ 同上书，第209页。
⑦ 《传习录》上，《王阳明全集》卷一，第4页。
⑧ 贺麟：《知行合一新论》，《贺麟选集》，第46页。

知;知之真切笃实处,便是行。若行而不能明觉精察,便是冥行,便是学而不思则罔,所以必须说个知;知而不能真切笃实,便是妄想,便是思而不学则殆,所以必须说个行。元来只是一个功夫。"① 贺麟则认为正印证了他关于知行可分等级的观点:"自然的知行合一论,认知行是有等级的差别,阳明之意似亦认有等级的差别,至少可分为至低与至高两级:最低级为空想之知与冥行之行合一或平行,最高级真切笃实之知与明觉精察之行合一或平行。"② 贺麟先生认为此正反映了王阳明"知行合一"论有等级的意思。

最后,贺麟先生还分析了王阳明"知行合一"中"知"与"行"的主从关系。他所根据的文献是:"知是行的主意,行是知的功夫。知是行之始,行是知之成。"③ 贺麟先生所给予的解释是:"'知是行的主意'一语,尤其是讨论'知识'问题的不朽名言。知既是行的主意,则知不是死概念,更不是被动接受外界印象的一张白纸。反之,阳明认为知是主动的,是发出行为或支配行为的主意。这个学说与鲁一士'观念是行动的计划'(Idea is a plan of action),或'观念是行动的指针'(Idea is a guide to action)的说法如合符契,一扫死观念、空观念、抽象的观念之说。至阳明所谓'行是知的功夫',即系认行为是实现所知的手续或行为是补足我们求真知的功夫之意,意思亦甚深切,且亦确认知主行从的关系。只可惜阳明所谓知行,几纯属于德行和涵养心性方面的知行。同样的意思,只消应用在自然的知识和理论的知识方面,便可以作科学思想,以及道德以外的其他一切行为的理论根据。"④ 由此清楚地看出贺麟先生的科学精神,以及将中国传统哲学的兴趣扩大到自然科学领域的倾向,但贺麟先生的工作是低调的。

2. 自然的"知行合一"与价值的"知行合一"

通过如上讨论我们看到,王阳明的"知行合一"说基本上符合了贺

---

① 《文录三·答友人》,《王阳明全集》卷六,上海古籍出版社 1995 年版,第 208 页。
② 贺麟:《知行合一新论》,《贺麟选集》,第 386 页。
③ 《传习录》上,《王阳明全集》卷一,第 4 页。
④ 贺麟:《知行合一新论》,《贺麟选集》,第 388 页。

麟先生关于"知行合一"的"原理"，但是，王阳明的"知行合一"是同时的"知行合一"？还是异时的"知行合一"呢？是需要修养才可达的"知行合一"？还是即时即地可达的"知行合一"呢？贺麟先生对此有精彩的分析。贺麟先生说："阳明的知行合一说，只有时间观念一点没有说清楚，就是，究竟阳明所谓知行合一系指知行同时合一呢？抑或指异时合一呢？若指同时合一，则人与禽兽同为知行合一，不论智愚贤不肖亦同为知行合一，此种不加修养即可达到之纯自然的知行合一，似非阳明之本意。至于在长时间距离，须积年累月，苦辛努力方可达到之知行合一或知行兼有，如先作博学审问、慎思明辨之知的努力，然后实施笃行。似此种之笃行合一，当亦非阳明之所倡导，且此种朱晦庵式的知行合一观，正是阳明之所反对者。我们试仔细理会阳明的意思，则知他所谓知行合一的本体，既非理想的、高速的，亦非自然的、毫无价值意味的，而乃持一种率真的或自动的（spontaneous）知行合一观。所谓率真的或自动的知行合一观，就工夫言，目的即手段，理想即行为，无须悬高理想设远目的于前，而勉强作积年累月之努力以求达到。就时间言，知与行紧接发动，即知即行，几不能分先后，但又非完全同时。换言之，可以说，就时间言，知与行间只有极短而难于区分之距离。如见父自知孝，见兄自知悌，见孺子入井自知往救等，便是阳明所谓知行合一的真体段。所谓'自知'亦即'自行'，即是自动的、率真的、不假造作的自会如此的知行合一。此种见父自知孝，见兄自知悌，见死自知救的知行合一，既非高远的理想，亦非自然的冲动，更非盲目的本能。阳明叫做心与理一的本心，他又叫做即知即行的良知。所以他说：'本心之明即知，不欺本心之明即行。'本心或良知，就是知行合一的本体或本来体段。"① 就是说，王阳明的"知行合一"不是"同时合一"，也不是经过长时间修为而达到的"知行合一"，而是一种率真的或自动的"知行合一"，在这种"知行合一"中，目的与手段、理想与行为是一体的。应该讲，贺麟先生的解释很有创造性的，因为这种解释将"价值的知行合一"作了更细致的区分："第一，我们要知道，王阳明所最著重的知行合一说，虽近于自然的知行合一，而实非自然的知行合一；第二，他虽反对高远的理想的分而后合的知行合一，但他所

---

① 贺麟：《知行合一新论》，《贺麟选集》，第386—387页。

持的学说，仍是有理想性的，有价值意味的，有极短的时间距离的知行合一说。所以，价值的知行合一说可分两派，一派为理想的价值的知行合一观，一派为直觉的或率真的价值的知行合一观。前一派以朱子为代表，后一派则是阳明所创立所倡导的。"① 既然牵涉了朱熹的"知行合一"，贺麟先生又有怎样的解读呢？

贺麟先生认为，朱熹是主张"知先行后、知主行从"的，其意思可分三个层面：第一是强调不知、不穷理，人即如盲人然。朱熹说："万事皆在穷理后。经不正，理不明，看如何地持守，也只是空！"② 第二是认为知之真切方能行善事，而且是不得不行。朱熹说："若讲得道理明时，自是事父不得不孝，事兄不得不悌，交朋友不得不信。……只争个知与不知，争个知得切与不切。且如人要做好事，到得见不好事，也似乎可做。方要做好事，又似乎有个做不好事的心从后面牵转去，这只是知不切。"③ 第三是指出不知而行则少成就且有流弊。朱熹说："而今人只管说治心、修身，若不见这个理，心是如何地治？身是如何地修？若如此说，资质好底，便养得成，只是个无能的人；资质不好，便都执缚不住了……见不可谓之虚见。见无虚实，行有虚实。见只是见，见了后却有行、有不行。若不见后，只要硬作，便所成者狭窄。"④ 贺麟先生认为，这些观点足以说明朱熹的知行合一是"价值的知行合一"。而常遭人误解的《白鹿洞书院学规》学规，也正体现了"价值的知行合一"，他说："《白鹿洞书院学规》所列：'博学之，审问之，慎思之，明辨之，笃行之'五条。批评他的人都说他这样呆板的排列，将知行分为二截，陷于支离。其实，他这种看法，可以说是正代表我们所说的典型的价值的或理想的知行合一观。任何的持知行合一观的人，他不能不为方便计，根据常识，将知行分作二事，有时间先后的距离，然后再努力使知行合一或兼备于一身。朱子生平所坚苦用力的'穷理以致其知，反躬以践其实'的工夫，就是实现价值的知行合一的最大努力。所以朱子对于知行问题的根本见解，可包括在下

---

① 贺麟：《知行合一新论》，《贺麟选集》，第387页。
② 《学三·论知行》，《朱子语类》卷九，《朱子全书》（拾肆），上海古籍出版社、安徽教育出版社2002年版，第303页。
③ 同上书，第304—305页。
④ 同上书，第304页。

列二命题：1. 从理论讲来，知先行后，知主行从。2. 从价值讲来，知行应合一，穷理与履践应兼备。"① 基于此，贺麟先生对朱熹"知行合一"的特点进行了肯定。贺麟先生说："苏格拉底提出'道德即是知识'之说，使知与行统一，使道德与学术携手并进。程朱关于知行的见解，其深切著明，实不亚于苏格拉底。只是后人不能把握程朱的真精神，只知从风俗习惯的义节，从制度礼教的权威，从独断冷酷的命令中去求束缚个性的道德，从知识学问中去求学养开明的道德。于此愈足以见得程朱见解的高明，和对于知行问题的透彻识见。"② 如此看来，贺麟先生对于朱熹从知识学问中养育道德、提升道德的"知行合一"论是持积极态度的。但贺麟先生也指出了朱子"知行合一"的不足："朱子的问题只限于'知行可以应合一'，及'如何使知行合一'方面。他全没有涉及自然的知行合一方面，也没有王阳明即知即行的说法。他认为学问思辨为知，笃行为行，不容混淆。虽则知行可以相发相辅，知可促进行，行可促进知，但知自知，行自行，界限分明。"③ 就是说，朱熹的"知行合一"没有把"知"当作"纯意识活动"，没有把"行"当作"纯生理活动"，它不是直接、当下、迅速的，不是即行即知的，其目的与手段、理想与行为是分离为二的，简言之，朱子"知行合一"没有"自然而然"的安排，从来缺失了表达"知行合一"的本来体段。

不过，贺麟先生并不认为自然的知行合一观与任何一种价值知行合一观是不可调和的。他说："自然的知行合一观与任何一种价值合一观都不冲突。（在学理上持自然知行合一观的人，于修养方面，可任意选择朱子的路线或直觉的阳明的路线。）不惟不冲突，而且可以解释朱、王两种不同的学说，为他们的知行合一观奠立学理的基础。其实朱子虽注重坚苦着力的理想的知行合一，但当他深讲涵养用敬，讲中和讲寂感时，已为王阳明的直觉的知行合一观，预备步骤。王阳明虽讲直觉的率真的知行合一，但当他讲知行之本来体段时，已具有浓厚的自然知行合一观的意味。故自然的知行合一论，实由程朱到阳明讨论知行问题的发展所必有的产物。"④

---

① 贺麟：《知行合一新论》，《贺麟选集》，第 390 页。
② 同上。
③ 同上书，第 391 页。
④ 同上书，第 391—392 页。

而且在贺麟先生看来，从朱熹的价值的知行合一论到阳明的直觉的知行合一论是"知行合一"内在逻辑演变之果，故虽说可以调和，但还是看得出贺麟先生解释"知行合一"的科学倾向，因为直觉的知行合一的目标是其创立的"自然的知行合一论"。

3. 值得肯定的"知行合一"方向

阅读贺麟先生的《知行合一新论》，不仅深深地感悟到他那精湛的哲学智慧，更深切地感受到他那炽热的淑世情怀，这在他对为什么重新解释、检讨"知行合一"所做的说明中有深情告白："由于对知行合一问题的重新讨论，希望第一，认识了知行的真关系，对道德生活可得一较正确的理解。理解离开知外无行，离开学问外无涵养，离开真理的指导外无道德。由于指出行为的理智基础，可以帮助我们打破那不探究道德的知识基础的武断的道德学，打破那使由不使知的武断的道德命令，并打破那只就表面指责人、不追溯行为的知识背景的武断的道德判断。第二，希望可以指出一些研究的新途径。如由意识及行为之有等级种类而提出意识类型学、行为类型学之研究。又由知行平行，以知释知，以行释行之说，而提出研究纯行为的心理学，与研究纯意识活动的精神科学。兹于结束本文之时，原更根据知主行从，知是行的本质，行是知的表现之说，而提出行为现象学的研究。行为现象学与行为学不同。行为学是以行为释行为的、客观的、实验的纯科学。行为现象学乃系从行为的现象中去认识行为的本质——知或意识。进而由意识现象学或知识现象学之研究，而发现意识的本质，而认识借意识或知识而表现的理念。最后由理念释理念，由理念推理念，而产生逻辑学。如是则行为现象学及意识现象学均可作逻辑学之引导科学或预备科学，而逻辑学因之亦不致陷于抽象与形式。此三种学问之所以可能，由于行为所以表现意识，意识所以表现理念，而理念自明自释，故可形成纯逻辑学。"[①] 对于第一个说明，希望通过他的解释，把握知行的真关系，以建立起没有知识就不会有道德的观念，从而否定那种"使由不使知"的武断的道德命令。这反映了贺麟先生对于知识与道德关

---

① 贺麟：《知行合一新论》，《贺麟选集》，第392页。

系的一种态度，即知识对于道德具有决定性影响，从而为科学知识成为儒家伦理思想的一个有机部分提供了依据。对于第二个说明，贺麟先生希望根据他对知、行及其关系、特点的理解，建立起一些新的研究学科，如行为类型学、意识类型学、纯行为心理学、行为现象学、意识现象学、逻辑学等，这反映了贺麟先生对于纯科学知识的追求，从中国传统文化中生长出科学对于贺麟先生而言也是一种梦想。

可见，贺麟先生基于西方哲学与自然科学背景对"知行合一"进行了创造性诠释，其对我们的启示是多重的：第一，开阔了理解"知行合一"内涵的视域。贺麟先生所提出的"自然的知行合一观"不仅成为解释、疏通阳明"知行合一"论的新的视角，诸如对"知"、"行"内涵的分类，对"知行合一"关系的分类，"知"是"知行合一"本体的论说，"知"对于道德的基础意义，"好知好行"与"坏知坏行"的界定等，使阳明"知行合一"论所具有的丰富哲学内涵得以豁显。第二，赋予了"知行合一"科学知识内涵。贺麟先生关于阳明"知行合一"论与朱子"知行关系"论的讨论，表现出鲜明的自然科学色彩：轻"价值的知行合一"，重"自然的知行合一"；由对"知"、"行"关系的解释中推出多种自然科学学科的产生；对"知"在知行关系中主体地位的强调；批评阳明"知行合一"只局限在道德领域；肯定朱熹"价值的知行合一论"等，都清楚地显示了贺麟先生解释"知行合一"论的科学知识倾向，从而推动中国传统哲学中"知"、"行"内涵、"知行关系"内涵的转换。第三，推动了学科建设与发展。贺麟先生提出"自然的知行合一论"，希望由意识及行为之有等级种类而提出意识类型学、行为类型学之研究，由知行平行、以知释知、以行释行之说而提出研究纯行为的心理学和研究纯意识活动的精神科学，希望由知主行从、知是行的本质、行是知的表现之说而提出行为现象学的研究，由意识现象学或知识现象学之研究，而发现意识的本质，借意识表现的理念而产生逻辑学等，可见，贺麟通过对"知行合一"的解释为一些新学科产生开辟了路径，从而促进学科的产生与建设。第四，关于"从理想的价值的知行合一观到直觉的价值的知行合一观，再到自然的知行合一观"的性质。贺麟先生认为这种从朱熹到阳明，再到他本人的过度或演变是必然的，而且是进步的。但根据贺麟先生关于"自然的知行合一观"的定义，只能说在时间逻辑上是由朱熹到阳明，再到他本人，而不能说"自然的知行合一观"比"价值的知行合一观"进步或高级，因为"自然的知行合一观"只是"价值知行合一观"的基础。因此，贺麟先生对"自然的知行合一观"高于"价值的知行合一观"的评价是值得商榷的。第五，对阳明"知行合一"本义的偏离。贺麟先生的解释虽然开辟了新路径，但却是以偏离阳明"知行合一"本义为代价的。首先，就"知"、"行"含义言，贺麟先生解释为纯意识活动和生理活动，而在阳明这里是道德动机和道德行为，因而贺麟的解释会淡化了"知"、"行"的道德含义；其次，贺麟先生解"一念发动处"为生理动作，这当然符合科学知识原理，但阳明的本意显然不在这里，阳明所要强调的是作为道德动机的"一念发动处"，必须将其等同于现实的善或恶（行），如果是善，就付诸行动，如果是"恶"，就克于未萌之先，阳明是从效果上界定"一念发动处"，从而为人们的行为进行安全保障，避恶趋善。最后，强调道德不能停留在口头上、书本中，而要付诸实践，见父即孝，见君即忠，见兄即悌。因此，贺麟的解释对于阳明"知行合一"而言属于借题发挥，从而与阳明"知行合一"的本义存在一定距离。第六，知识对于道德的意义永远是有限的。贺麟先生虽然通过对"知行合一"的诠释申诉了知识对于道德的意义，认为知识的基础可以避免道德方面的偏颇，可以克服道德上的专制主义，但同样重要的是，知识从来对道德不具有绝对的基础意义与约束意义，从而不能将道德的培育与提升完全建立在对知识的崇信上。从这个意义上讲，贺麟先生不是严格意义上的心学家，最多是试图修改心学路线的现代新儒家。第七，"知行合一论"的多重价值仍需得到发掘与申扬。王阳明的"知行合一论"无论就知识论意义上定位，还是就道德意义上定位，其多重价值仍然是值得珍惜和发扬的。就知识论意义上说，"知行合一"即强调实行与言论一致，即说了必须做，言行一致，显示"诚"的价值；强调理论落实到实践，不尚空谈，反对向壁虚构，显示"实"的价值。就伦理道德意义上说，"知行合一"强调走出"知"的辖区，反对空谈心性，要求道德理念下落为道德实践；"知行合一"强调"知"即"行"，从而用"行"的标准来处理"知"的问题，做到时刻关注"知"的动向，将所有可能的恶消灭在"知"的状态，从而引出思想教育的必要性。因此说，贺麟先生的诠释并没有将"知行合一"所具有的丰富内涵与价值加以充分开掘，特别是对"知行合一"在道德伦理上的特殊价值缺乏关照,但实践了"知行合一"从道德意义到知识意义的伟大转换。

（载《中共宁波市委党校学报》2014年第1期；《新华文摘》2014年第14期、第16期转载）

七 无本体哲学及其效应

——张东荪对中国传统哲学特质的认知及其启示

张东荪（1886—1973），浙江杭县（今杭州市）人，中国现代思想家、哲学家、政治活动家。与20世纪其他中国哲学家一样，张东荪关注中西哲学的异同，致力于中西哲学的沟通，谋划中国哲学的开展，尤为特别者是，张东荪对同样的问题提出了不同的答案，对同样的病痛开出了不同的药方。本文拟对张东荪"中国传统哲学为无本体哲学"的主张展开讨论，以期获得一些积极性启示。

1. 中国哲学无本体表现及原因

一般而论，本体论是哲学大厦的根基，没有本体，就无所谓哲学。在张东荪看来，中国传统哲学就是一种没有本体的哲学。张东荪对于他这个主张不仅罗列了诸多表现，而且对其原因进行了分析。

中国传统哲学无本体表现之一，就是在思想上不重视本体。张东荪说："中国言语上不重视主体以致中国思想上对于本体的概念极不发达。中国最古的哲学是《周易》。所谓八卦，虽是为卜筮用的，然亦是文字之始。乃是由观相而成。故说：'圣人设卦观象。'其实乃是观相造卦，用以象征若干变化的式样。所以《周易》在哲学思想上只是用'象征主义'（symbolism）来讲宇宙万物的变化即所谓'消息'是也。故说：'生生之谓易。'其中并无'本体'的观念（即无所谓伏在背后的实体 underlying substance）。虽曾有'易有太极，是生两仪'一语，然所谓'太极'只是元始的意思。察中国文字对于元始很有许多字。例如'一'字许慎的《说文》云：'惟初太始，道立于一；造分天地，化成万物。'可见'一'字和'元'都和希腊文的 arche 相同。并不含有 Being 的意思……总之，中国哲学思想始终没有像亚里士多德那样讲 Being as Being (τοονηον) 的。老子一派讲到'无'字，但须知这是一个消极名词，等于'非甲''非人'一样，不能指一件东西。所以《周易》也罢，《老子》也罢，都是注重于讲 Becoming 而不注重于 Being。"① 这一大段话无非在说明，中国哲学只是象征主义，象征事物变化，在语言上是描述性的，没有主体，在思想上是状态性的，讲述变化，不讲述变化的根据，即不求事象背后的本体；中国哲学中所讲的一、元，都是指事物发生秩序上的开端，也没有本体的含义；而老子所讲的"无"是否定意义的，非甲非人，不能正面表示一件东西，是对主体的否定，自不可成为本体。因此张东荪认为，中国哲学在语言上轻视主体，悬置主体，从而使本体在哲学思想上得不到重视。

中国传统哲学无本体的第二个表现是在问题来源上。在张东荪看来，由于中国传统哲学的问题都来自政治、社会，而非来自宗教，致使中国哲学成为由宇宙论、道德论、社会论、政治论等构成的具有密切关系的"理论整体"，从而使"本质"概念无法插入。张东荪说："中国文化大部分属于历史。但中国的历史并不是仅仅记载往事而已，乃实以往事而视为垂训于将来。故中国的历史同时就是讲道德。于是中国可以说只有四部门，一曰宇宙现，二曰道德论，三曰社会论，四曰政治论。这四门完全不分开，且没有分界，乃是浑然连在一起而成一个实际的系统的。中国是以一个宇宙观而紧接着就是一个社会论，这个社会论中包含公的方面是政治，私的方面是修养的道德。显然是以宇宙秩序比拟社会组织，以社会组织决定个人地位。故中国人的修养论依然是具有政治性质的。"② 由于中国哲学关注的是社会政治问题，而由这种关注所形成的宇宙论、道德论、社会论、政治论是一种严密的有机整体，从而使中国哲学的问题不会有本质性、终极性的追问，致使本体观念无法进入。张东荪说："我们明白了此点便知中国哲学上的问题和西方哲学不同。我以为西方哲学是由宗教而蜕化出来，故其所要研究的问题亦必是从宗教中引申出来的。中国哲学是

---

① 张东荪：《知识与文化》，岳麓书社 2011 年版，第 189 页。
② 同上书，第 117 页。

从政治论而推衍出来，故其问题亦是由社会与人生而提出的。因此'本质'概念是插不进去的。所以中国便缺少这一方面。西方哲学最高的目的是求得'最后的实在'。而中国哲学不然，乃只是想解决下列的问题：即人类为甚么要有文化？与文化以那一个样子为最好？"① 因此，中国只有关注和研究社会、政治的"实践哲学"，而没有纯粹哲学，质言之，中国没有形而上学。

中国传统哲学无本体的第三个表现是在实在与现象关系上。张东荪认为，在中国哲学中，实在与现象是没有分别的，并且不去追问现象背后的实在。张东荪说："西洋哲学的始祖泰勒斯（Thales）把一切都认为由水而出，复归于水。这显然是以水为实在，视万物为现象。所以他的态度根本上把西方哲学决定了，二千数百年都不能跳出此方向。中国人因为没有这个分别……中国哲学根本上就不是追求'最后的实在'。这一点和西方可谓大不相同。我们只须看中国文化在那几个方面便可知之：以《易》《书》《诗》《礼》《乐》《春秋》而言，《书》是文告，《春秋》是纪事，二者皆属于历史范围，而《诗》是歌谣，一半属于乐，一半仍是史。《礼》是风俗仪式。独有《易》是有些关于宇宙的组织的。可见中国自古就不像西方分为论理、物理、伦理与超物理等等的。"② 也就是说，从中国古代经典思想内容看，基本上都属历史、文化、艺术、礼制等范围，即便如《易》这种自然知识涉及较多的作品，也与形而上学没有关系。而具体到某个范畴也是如此。比如"五行"，即非本体。张东荪说："五行之说，其中所谓金木水火土，决不是恩陪都克莱斯（Empedokles）之所谓四根。因为他所谓'根'至少有'元素'（$\sigma\gamma o\iota\chi\epsilon\iota\alpha$）的意思。而中国人的五行则和八卦的命意差不多。决没有'原质'的意思在内。虽则近人齐思和考证五行之起源以为最初不过是五种实物而已，然不论是实物，抑是象征，总都没有元素的意思。"③ 张东荪在这里举了两个例子：一是从中国古代经典思想内容看，所讨论的问题都是社会、历史、文化、政治、艺术等"现象"，而非"最后的实在"；二是从"五行"这个范畴看，只

---

① 张东荪：《知识与文化》，第118页。
② 同上书，第117页。
③ 同上书，第191页。

具象征意义，而无元素意义，因而没有"原质"的意涵。概言之，中国传统哲学经典所讨论都是"现象"问题，而所谓哲学范畴也主要是象征功能，仍然停留在"现象界"，因而，中国传统哲学从未进入"本质"，从未讨论过实在。

中国传统哲学无本体的第四个表现是在注重秩序上。张东荪认为，中国传统哲学虽然有"本"这个范畴，但这个范畴所表示的是秩序意涵，而且主要是指社会秩序与道德修养。张东荪说："中国思想上的'本'不仅在宇宙观上是一个重要范畴，并且在人生方面关于道德与社会都是很注重于它。例如《大学》上：'一是皆以修身为本。'乃是显然提出这个范畴以说明治国，齐家的顺序。所以本末的思想在其背后是预伏有秩序的概念。中国人对于秩序不仅是取平面的意思，并且是必含有上下的意思。换言之，即不仅是英文的'order'，而且必是英文的'heirarchy'，故本末的范畴是与这样的秩序思想有密切关系。"① 因此，"本字与 substance 根本不相同。后者是注重于'质'与'体'，并不限于在秩序上，故由质与体的思想可发展成形而上学与物理学化学。于此所谓形而上学是指本体论而言。由本的范畴则不能发展到这个方向，而只能向与秩序有关连的学问去推行。例如宇宙观与社会组织论等等。所以我尝说中国哲学上没有本体论而只有宇宙观。并且中国思想是以宇宙组织来影射社会秩序。只在社会秩序中人生乃有相当的职能。这个职能即是道德"。② 就是说，"本"范畴在中国传统哲学中，其内涵是上下左右秩序，是组织结构。这个秩序，这个组织结构便是："中国人的'君''臣''父''子''夫''妻'完全是各为一个'函数'或'职司'，由其互相关系，以实现社会的全体。故君必仁，臣必忠，父必慈，子必孝。如君不仁，则君不君；臣不忠，则臣不臣；父不慈，则父不父；子不孝，则子不子。等于目不能视便是盲，目盲便不能再成为目；耳不能听便是聋，耳聋便不能再成为耳。此种君臣父子的职司是等于乾，坤，巽，离，坎，兑，震，艮，在宇宙上各有定位一样，这便是以宇宙观直接应用于社会与政治"。③ 由于中国传统哲学中的

---

① 张东荪：《知识与文化》，第157页。
② 同上。
③ 同上书，第116页。

"本"只是一种秩序概念，由于中国传统哲学的宇宙观只是用来影射现实的社会政治秩序，而现实的社会政治秩序又是由道德伦理作为纽带维护的整体，因而"本体"不会成为中国传统哲学的需求。

这样，中国传统哲学就被判定为无本体哲学。可是，中国传统哲学为什么悬置本体呢？拥有丰厚的自然科学与逻辑学素养的张东荪对此当然会有诚实的交代。张东荪所分析的原因有三：第一，文字语言。他说："我尝推其原故，以为中国人所以偏于现象论是与中国人的造字有关系。中国的字是象形文字。因此中国人注重于现象。因象而取名。所以须知儒家一流之正名论与辩者一流之形名学都是主张定名必须合乎象。"① 在张东荪看来，中国文字是象形文字，只重现象，象是第一位的，所以不重现象背后的实在，即不关心现象背后的本体，而满足于现象的认知。由于中国哲学在语言结构上不注重主体，直接导致哲学思想上本体的缺位。他说："因为中国言语构造上不注重主体，以致谓语的存在亦不十分分明，其影响于思想上则必致不但没有本体论，并且还是偏于现象论（phenomenalism 亦可称为泛象论 pan-phenomenalism）。试举《周易》来说，即最为显明。所以八卦以及六十四卦都是用象征来表示变化的式样。不但对于变化的背后有否本体不去深究，并且以为如能推知其互相关系则整个儿的宇宙秘密已经在掌握中了。又何必追问有无本体为其'托底'（substratum）呢？"② 虽然"无本体"是中国哲学的特性，但却是由于中国言语构造上不注重"主体"使然。第二，"象先于物"的思维方式。在张东荪看来，中国传统哲学之所以是无本体的哲学，也因为其思维方式是现象在先、事物在后。他说："中国古代思想是以为象先于物。大抵当时以为'物'偏于人事，而象则是天行。一切人事必须模拟天行。这个象字和希腊文的 idea 正相同。因为希腊文此字亦正是'形'的意思。古代人大概总是把'形'和'理'混为一谈。在英文所谓 form 就与 principle 有时很相混。我们应当知道所谓正名都不是如亚里士多德那样下定义。乃只是英文所谓 naming 而已。亦就只是因象定名，和西方名学上的'定义'（definition）绝不相同。因为定义是以意思来限定之，乃是固定或确定一个意义。而与

---

① 张东荪：《知识与文化》，第 191 页。
② 同上书，第 190 页。

象无涉。须知定义必须'以所属而加差德'（per genus et differentiam），这亦是亚里士多德的产物。既必定有'所属'又有'差德'，则显然是'被定义者'（definiendum）与'定义之者'（definiens）为二。于是便为二辞的关系，而不是名实的关系。所以定义是以一辞说明他辞。并不和'正名'一样，因为正名是求名与实相符。"① 中国传统思维方式是"象先于物"，一切人事必效法天行，而所谓"正名"也只是因象定名，与西方哲学"定义"完全不同。这种"象先于物"的思维方式，自然导致思维滞留于现象而不能深入本体。第三，以职能为服务对象。张东荪指出，中国传统哲学之所以没有本体，与中国传统哲学服务的内容也有关联，即中国传统哲学是为"职能"服务的。他说："'本'这个范畴所以与西方的 substance 不同，在于中国思想上的哲学背景始终不脱离'职能'（function）观念。在《易经》上便建立一个职能的宇宙观。宇宙的各部分，以及其中的一切东西那表现对于宇宙总体执行其相当的一种职能。每一个职能且彼此互相轮替些。从职能的施展上有顺逆，故有本末。所以本并不是'体'，末亦不是'用'。这是由于背后的哲学系统不同。"② 由于中国传统哲学总是要服务于"职能"，这是它的神圣使命，从而形成一种特殊的职能宇宙观，而正因为中国传统哲学热衷于职能，注重整体与秩序，从而疏于本体的思考与追问。概言之，由于中国传统哲学不能脱离职能观念，从而决定其有本末、无体用。

2. 中国哲学无本体所导致的后果

张东荪在揭示中国传统哲学"无本体"特征的同时，对这种无本体哲学所导致的后果也进行了深入而独到的分析。张东荪认为，没有本体的哲学不仅属于非典型性哲学，而且丧失了哲学的许多功能，中国传统哲学因为属无本体哲学，因而必然导致如下灾难性后果。

不能催生出空间、时间观念。张东荪认为，中国传统哲学因为属无本体哲学，因而不会有科学的时间、空间观念。他说："中国人却始终有

---

① 张东荪：《知识与文化》，第191页。
② 同上书，第156—157页。

'整体'（integral whole）的思想，即主张万物一体。我们却不可把整体即认为是'本体'。须知西方人所谓本体（即本质）即是指宇宙的原本材料（ultimate stuff or substratum），而我们中国却不注重于这个材料本身与材料所造者之分别。因此我们中国人所追求者不是万物的根底，而是部分如何对于整体的适应。这就是所谓天与人的关系。所谓适应即是天人通。中国思想自始至终可以'天人关系'四字概括其问题。中国人即承认整体，故对于空间不会认为是普泛的，所谓空间乃只是'相对的位置'（relative positions）而已。时间亦决不会认为是永远直流下去的，而只是周期性的变化罢了。我在上文已说过，空间成为'中外等级的秩序'（heirarchical order），时间成为周期轮转的秩序（pereodical order）。这些都与社会政治有直接关系。前者足以助社会之有阶级与身份，后者足以解释政权之有代替（即革命）。故严格讲来，中国思想上只有'转换'（alternation）而没有'变化'（change）。"① 按照张东荪的分析，中国传统哲学所关心和解决的是部分适应整体的问题，具体而言，就是人与天的关系问题，由于中国哲学只承认、接受整体观念，因而只会将"空间"视为一个"相对的位置"，而将"时间"视为周期性变化。之所以如此，乃是因为将空间理解为"相对的位置"，就有助于肯定社会阶级与身份；将时间理解为"周期性变化"，就有助于解释政权之代替。如此看来，中国传统哲学重整体而不重本体的特质，的确阻碍了时空观念的生长。

不能发展出认识论。张东荪认为，由于中国传统哲学是无本体哲学，从而不能发展出认识论。他说："中国人因不重视实在与现象之分别，所以不会发展为认识论。因为认识论无论如何总须先承认主观的所见与客观的原样不一致为起点，方能引起疑问。倘使所见即为客观，则问题不起了。中国人虽注重'名'之淆乱，主张有以正之，但名只是符号，尚非现象。故只有辩学，而无认识论。"② 就是说，认识发生的前提条件是承认主观所见与客观原样不一致，而中国传统哲学忽视实在与现象的分别，因而没有疑问发生，自然也就无认识论了。因为无本体观念，导致提问方式也不同。张东荪说："拿发问的态度来说，我以为西方思想对于一个东

---

① 张东荪：《知识与文化》，第119页。
② 同上书，第118—119页。

西或一件事情总是先问'是甚么',然后方讲如何对付。中国思想却并不注重于是甚么而反注重于如何对付。所以我名前者为'是何在先的态度'(what priority attitude);后者为'如何在先的态度'(how priority attitude)。就是说,凡一问题起来,在西方人总先注意于'是何',而中国人却总先注意于'如何'。换言之,即西方人是以'是何'而包括与摄吸'如何'。其'如何'须视'是何'而定。在中国人却总是以'如何'而影响'是何'。所以注重'是何'的思想能由宗教而发展到科学。亦可以说这是科学思想之一特色。而注重'如何'的思想只能发达到政治与社会,尤其是道德问题。所以东方思想始终偏于人事,而忽略自然,想其故即由于此。有人以为中国哲学有名实之争与天人问题,以为这亦与西方哲学上的问题性质相类。其实不然。中国人的名实问题与天人问题依然是关乎政治与道德的社会思想与人生哲学。不特此也,不注重'是何'的态度可以在哲学上不发生认识论。即中国人因不注重这一点,所以认识论不发达。"① 由于没有"本体",所以中国哲学不问"是何",而好问"如何",而"如何"之问产生不了所认识与能认识是否一致的问题。之所以如此,与中国哲学兴趣在人事的特点有关,因为关注人事,又不问"是何",因为"是何"即是本体论问题,当你问"是何"就必然产生所问与被问的关系问题,正是在这种关系中,认识论才能发生。

不能发生自然科学。张东荪认为,中国没有产生自然科学的原因在其哲学思维,因为中国哲学没有发展出"方式"或"原理",只是象征,用于指示变化;柏拉图则发展为模型、原理,并潜藏于现象之后,正是这种宇宙观促使了西方科学产生。张东荪说:"中国古代思想是以象在先而物在后,这一点和希腊的柏拉图相同。不过柏拉图把他的所谓 eidos, idea 发展为'方式',为'法则',为'原理',为'模型';乃成为固定的,静止的,永恒的了。而在中国则'象'本身却不会像柏拉图那样变为条理。只能成为一种'征候'用以指示变化(即消息盈虚)。其结果中国遂只有一个相涵关系的宇宙观,这个宇宙如万花镜一样,一点一转其余皆随之而变;而柏拉图的思想却产生一个固定的原理与法则的世界潜存于现象的世界之背后。西方人的心思为亚里士多德的名学所支配。西方人的科学

---

① 张东荪:《知识与文化》,第 220—221 页。

却为柏拉图的理型说所支配。中国人科学思想不发达并不是由于中国人缺少对自然现象的研究热心,乃是平素没有一种启发或助长科学研究的宇宙观潜伏于人心中。须知西方的科学完全是西方哲学所唆示的。所以我以为介绍西方哲学于中国只有助长中国人于研究科学时所可有的想象力。"①产生自然科学的条件是什么?张东荪认为是"启发或助长科学研究的宇宙观",即哲学本体。而中国哲学没有本体观念,由于"象"只是象征万物变化,而不能成为条理,不能成为规则,属于相互包含关系的宇宙观,没有对现象背后本体神秘性的想象;由于没有本体观念,没有本质意识,因而中国哲学的思考必然只停留在现象层面,而不能进入本质。概言之,没有"启发或助长科学研究的宇宙观",这就是中国不能产生自然科学的哲学思维上的原因。因此,中国哲学不问"什么"是生,而问"如何生",就因为不重本体的缘由。中国人不注重"本质"(即本体)的缘故,中国哲学只是关于文化的一种解释,对发掘宇宙奥秘不感兴趣。张东荪说:"中国人对于生却不问'甚么'是生,而只研究'如何以生'。因此遂发为文化如何方起,怎样为宜之问题。故我以为中国在某种意义下亦可说有'文化哲学'或'生命哲学'。至于何以中国人不想到问甚么是生命。乃是由于中国人不注重'本质'(即本体)的缘故。换言之,即不注重'主体'已成为一种心理上的习惯了"。②

概念与范畴混淆,没有定义意识。张东荪认为,由于中国传统哲学无本体,因而也不能形成范畴意识,只有概念意识。张东荪说:"中国思想上所用的范畴与西方不大相同,这句话包含三个意思。第一是在程度上与种类上确有些多寡上不尽相同。第二是在使用上又有些不同。第三是中国思想对于范畴不重视。即中国人决不会觉得有所谓范畴而与一般所谓概念有不同处。详言之,即中国人对于思想不了解其中必须有预立的布格(预先布置一个格局为衡量一切对象之用)。故在中国人的心思上概念与范畴的分别根本上不能成立。"③ 不过按照张氏的分析,中国哲学中还是存在范畴的。张东荪说:"我们须知任何言语上必有这样预设的格局。亦

---

① 张东荪:《知识与文化》,第194—195页。
② 同上书,第118页。
③ 同上书,第145页。

就是思想上的范畴。如云'孝悌者其为仁之本与'？(《论语》)。在此句中，凡有三个概念：曰孝悌；曰仁；曰本。孝悌与仁是所谓代表结果的概念；而'本'则是代表预设格局的概念。即所谓范畴是也。乃是先设立有本末，用以调整或规定仁与孝悌间之关系。"① 但中国哲学中概念与范畴是混同的，并没有意识到其中的范畴。张东荪认为，由于无本体，中国传统哲学也不注重定义。张东荪以如下两段话为例：(1)"颜渊问仁，子曰克己复礼为仁。一日克己复礼天下归仁焉，为仁由己，而由人乎哉？"(《论语·颜渊》)(2)"夫仁者己欲立而立人，己欲达而达人。能近取譬可谓仁之方也已。"(《论语·雍也》)他分析说："他们重视的缘故似以为其言已涉及仁的内容了，其实我以为不然。所谓'为仁'乃是'从事于仁'。所以说'为仁由己'而不由人，克己复礼只是从事于仁的一种方法或途径。至于己欲立而立人的能近取譬亦同样只是从事于仁的一种方法或途径。故说是人之方，此'方'字即方向之义乃是从事于仁之开始。总之这两段话中绝不含有对于仁字之定义或类似定义。于是我们可以说纵使孔子说仁甚多，但并未有一语真说到仁的内容或本质；所说的大概全是为仁（即从事于仁）的途径……如果我们认为中国人在他的特有的思想历程上以为无下定义的必要，则可说在中国思想上没有定义便不算一件奇怪的事。并且亦不能因此便谓中国思想幼稚不如西方进步。因为定义本是西方逻辑上的事，与其全部逻辑原理以及思想格局相关，而不可单独提了出来……则孔子对于仁不下定义与不解释仁之本质乃正是表示孔子代表中国思想的地方。"② 因此，要了解、把握"仁"的含义，就不能从"定义"下手："我们要了解孔子，要了解他说的仁，亦决不当以定义之方式去求之。如不明此理而强去替孔子下一个仁字的定义这便是把中国思想的格局打破了。"③ 张东荪一方面分析、批评了中国思想"不作定义"的原因及其消极性；另一方面又强调"不作定义"正是中国哲学特色，并进一步指出理解中国思想不能违背"不作定义"的基型，因为这样不仅无法理解中国思想，甚至会错误地理解中国思想。

---

① 张东荪：《知识与文化》，第 143 页。
② 张东荪：《思想与社会》，岳麓书社 2010 年版，第 140—141 页。
③ 张东荪：《思想与社会》，第 141 页。

不能产生个体意识、民主思想。中国传统哲学虽然没有本体，但有极强的整体观念，并因注重整体而忽视了个体。张东荪说："因主观所见并无客观原物有别，遂致个体由总体内而分出的思想亦无由发达。故我说中国没有'个体哲学'（individuality philosophy）。这一点却又影响及于政治社会。就是中国人自始至终注眼于职司相配，上下有别的秩序，而不侧重于个人的'人格'。所以中国人没有个体的思想，即不认宇宙是一个大群，其中分子都是一个独立的精神。因此中国人在学理上不了解甚么是'自由'。须知西方人的'个体'，'人格'，'自由'等概念不是单纯的政治思想，乃是一套哲学。倘没有哲学上的根底，决不会那样深入西方人的心中。"① 个体思想与本体有怎样的关系？主观所见与客观原物完全一致，没有任何差别，即显现不出主体与本体，因此，"个体由总体内而分出的思想"无由发达。与此同时，中国哲学专注于职司相配，秩序森严，个体思想难以产生。没有个体思想，自然也就没有民主思想。张东荪说："根据中国思想上不重个体之故，所以中国政治上没有民主。且中国始终承认有轮替的变化，故不怕人民受压迫。民主的要求（须知立宪政体在其初乃是君民共治）自不会起来。"② 相反，"中国人却始终有'整体'（integral whole）的思想，即主张万物一体。我们却不可把整体即认为'本体'。须知西方人所谓本体（即本质）即是指宇宙的原本材料（ultimate of stuff or substratum），而我们中国却不注重于这个材料本身与材料所造者之分别。因此我们中国人所追求者不是万物的根底，而是部分如何对于整体的适应。这就是所谓天与人的关系"。③ 中国哲学中产生不出政治上的民主，因而必须对中国产生不出民主的原因进行分析，这个原因就是中国哲学只重整体。当今有些学者一方面希望中国在政治上有所进步，另一方面反对学习西方哲学，而且，还从中国传统中寻找资源以证明其主张的可信性。按照张东荪的主张，中国如要发展出民主政治，其哲学必须改造更新，比如，对整体观念进行调整。现在我们许多人仍将不能孕育民主政治的哲学、文化当作瑰宝，进行捍卫与保护，这是非常诡异的现象。

---

① 张东荪：《知识与文化》，第 119 页。
② 同上。
③ 同上。

不能产生自由观念。张东荪认为，中国传统哲学因为无本体，也不能生出自由观念，中国哲学中有自得而无自由。张东荪说："我敢说中国自古即无像西方那样的自由观念，其有与之相似的只是所谓'自得'。孟子说：'君子深造之以道，欲其自得之也，自得之则居之安；居之安则资之深；资之深则取之左右逢其源；故君子欲其自得之也。'其他如云：'无人而不自得'，又云：'万物静观皆自得'。这个'自得'却是中国思想，尤其是儒家思想之长处。'自得'二字的确解必须与'理'字之解释同时说明，方能成立。"① 为什么"自得"意义的把握需要与"理"字解释同时进行呢？张东荪说："中国的'理'字是作'分际'来解。所谓分际是起于总体上，必先有一个有机体的整体。因总体上有分际，遂形成各部分。前者就其本身而言，后者则从总体来决定而言。一切物之性皆由总体来决定，正犹目耳之性由于整个儿的人身来决定一样……中国人的宇宙观，是把世界即认为是一个浑然的整体在其中，因有各种不同的条瓣分界，遂形成各种不同的事物。这些事物，对于总体各尽其不同的机能或职司。所以，理是总体的，宇宙上自己现出的条瓣分界，使事物有不同的性质，各本此种理由所赋予的性质而以全成宇宙整体的性质……个物依理而实现，在中国名之曰'尽性'，尽性者，即尽其天赋的职司以完成其性之谓也。其性不是自己的，乃是由全体宇宙而决定……于此可见，所谓自得即正是尽性后的自觉，亦就是自己觉得合理。除'合理'外，又有所谓'当理'，即于理恰当之义。一个个体而尽了全体所赋予的天职，一分不多，一分不少，正恰当于其分际。这样乃会完成其本性，自会有自得之感。所谓'无人而不自得'，就是凡事当下无不合理。无论空间上有移动，时间上有变化，而总是合乎分际，不会多一分，少一分，恰恰尽其所应尽的本性。这便是'无人而不自得'。所以'自得'二字与'尽性'二字必然相联，同时又与'合理'（或当理）二字亦必然相连。理既是作分际来解，性又是作天赋来解，则与合理尽性相联的自得，决不会有恶或弊的意思或可能性。因为自得绝对不会含有'逾分'的意思。"② 这个解释很深刻、很精彩。"自得"就是"尽性"，而"尽性"不过是"尽其天

---

① 张东荪：《理性与民主》，岳麓书社 2010 年版，第 174—175 页。
② 同上书，第 175—176 页。

从的职司以完成其性"，如此便合"理"，因而"自得"永远不会有"逾分"的意思，而这正是"自得"所具有的"自由"内涵。张东荪说："所以，照斯氏（斯披诺刹）的说法，在一方面可以说是否认自由，是定命论；而在他方面却因为个体与总体得以谐和，就在这个谐和上，个体得有了自由。这样的自由即是'自得'。中国人说的'无入而不自得'显然就是自由。质言之，即出处动静之间无不恰到好处，亦就是无不当下合理。这样的恰到好处，与当下合理乃正是自由。因此，我说中国思想上不是没有'自由'这个概念，更不是忽视这个概念，只是中国思想始终以总体为出发点，故对于个体之自由只能解作'自得'。而以为'自得'乃是真正的自由。我们亦未尝不可说，如果要把自由不与放纵有丝毫相似处，则自由确就是自得。亦唯有'无入而不自得'乃始成为真自由。不过我的意思却以为，中国人的此种思想总不免太偏于个人修养方面，至于关乎公共的制度则付之缺如。这便是中国思想的一大缺点了。"[1] 张东荪分析了没有本体只有整体的宇宙观而形成的"自得"观，认为"自得"即同于西方的"自由"，但在整体宇宙观下形成的"自得"之自由内涵仍然与西方的"自由"存在本质的差别，所以"自得与自由类似又有不统"。之所以有这样的差别，乃是因为中国传统哲学没有本体。

3. "无本体哲学判断"引发的思考

张东荪对于中国传统哲学无本体的判断，对无本体哲学所导致后果的分析，不仅揭示了中国传统哲学存在的问题，而且也引发了多方面的、深层的思考。

（1）中国传统哲学问题的多面暴露

也许"无本体"并不是中国传统哲学的基本特点，甚至不能算做中国传统哲学的特点，但不能不说，张东荪"无本体"的分析与判断却多面地暴露了中国传统哲学的问题。如上所述，张东荪关于中国传统哲学无本体的分析与判断，是从中国传统哲学的自身结构着眼，即就中国传统哲学作为一种系统的哲学学说而言，属于无本体哲学。而哲学无本

---

[1] 张东荪：《理性与民主》，第181—182页。

体的直接表现就是逻辑规定性的缺乏、语言主体的悬置、主客关系的模糊，由此便使中国传统哲学在思维上缺乏逻辑的规定性、在语言上缺乏主体性、在一多关系上重整体而疏个体、在主客关系上现象与实在不分、在宇宙观上职能化等问题被暴露。进而通过对无本体哲学所导致后果的分析，使中国传统哲学之于知识论、自然科学、民主、自由、个人主义、范畴、定义等方面毫无建树的情形显露出来。这样，由于对中国传统哲学无本体的分析，使中国传统哲学自身的问题、中国传统哲学及其所导致的后果，都引起了学者的关注和思考，因而从这方面说，张东荪关于"中国传统哲学无本体的分析与判断"是蕴含着一定的方法论价值与学术价值的。

(2)"无本体哲学"与中西哲学差异的凸显

人所共知，本体论哲学在西方哲学史上早已不是主流，但张东荪关于中国传统哲学无本体的判断仍然是有助于深化对中西哲学差异的认识的。根据张东荪的分析与判断，中国传统哲学无本体的原因在于：一是语言上、逻辑上的无意识。的确，西方哲学属印欧语系，其在语言上有利于本体论产生，正如葛瑞汉所说："西方本体论对于印欧语言中动词'to be'的诸特性的依赖，这一点对于任何一个能站在印欧语系之外考察问题的人来说都是十分明显的。"[①] 而逻辑的规定性正是本体论哲学最基本特点与要求，因而一种语言不符合逻辑的规定性，就必须进行改造。按照张东荪的观点，中国哲学要成为本体论哲学，就需在语言上表现出逻辑的规定性。然而，要在中国语言中引进动词"to be"似乎是不可能的，因此张东荪关于中国哲学无本体之语言、逻辑上原因分析，其价值更多体现为帮助人们认识中西哲学的差异。二是问题来源为政治与社会，而非宗教。张东荪认为中国传统哲学无本体另一原因是哲学问题的来源不是宗教，这就意味着中国传统哲学必须改变它的思考对象，从人转向神，这或许也是很难做到的，因为中国传统哲学正是以无神为特征的，而这个特征并没有抑制中国传统哲学的成长。因而张东荪这个原因的揭示之主要意义还是在于让人们认识中西哲学的差异。三是认识论上现象与本质不分。张东荪认为中国传统哲学无本体的第三个原因是认识论上对现象与本质的混淆，在中

[①] 转引自俞宣孟《本体论研究》，上海人民出版社1999年版，第45页。

国传统哲学中，本质即现象，现象即本质，从而使认识局限于现象，不能进入本质，因而中国传统哲学对事物的认识与把握必须深入"实在"，这似乎是可以努力的方向。四是服务目标为秩序、整体或职能。张东荪认为，中国传统哲学关心、讨论的问题是秩序、整体和职能，即如何使社会秩序化，并维护等级性、差异性的整体。因此，中国传统哲学必须对所关心的、讨论的问题进行调整。这一点也许是值得中国哲学尝试的。所以从总体上看，张东荪对中国传统哲学无本体的判断，拓宽了思考中国传统哲学的空间，深化了对中国传统哲学特点的认识，并在此基础上，尝试着中国传统哲学某些方面的调整与改造。

（3）"无本体哲学判断"之思考

张东荪认为中国传统哲学是无本体的哲学，但并不没有得到学界同行的认肯，甚至包括熊十力、张岱年这样的哲学大家都不认同。熊十力认为中国传统哲学是有本体的哲学，他的本体定义是："万理交融交摄，而为一全体，是名为本体。"① 由此认为中国哲学中的"仁"是本体："无不包含，无不流通者，遍与万物为其体故。万物之本体，即仁也。"② "性"是本体："性者，即吾人与万物所同具之本体。"③ "理"是本体："宋、明儒所说理字，有时亦用为本体之名。夫本体可名之为理者，正以本体涵备万理，故得为万化之源耳。"④ 而张岱年认为老子的"道"就是本体，因为"道"是天地万物的内在永恒的依据，他说："本体指天地万物的内在基础，在天地形成之后，作为天地基础的本体，并不消失，而继续作为天地万物的内在依据永恒存在着。这就是本体。在老子哲学中，道在生成天地万物之后依然是天地万物深藏的内在依据。"⑤ 张岱年分析了中国传统哲学本体的特点："中国哲人决不认为本根实而不现，事物现而不实，而以为事物亦实，本根亦现；于现象即见本根，于本根即含现象。所以怀特海（Whitehead）所反对的，西洋哲学中很普遍的'自然之两分'，在

---

① 《熊十力全集》第三卷，湖北教育出版社2001年版，第561页。
② 同上书，第407页。
③ 同上书，第429页。
④ 《熊十力全集》第六卷，第342—346页。
⑤ 《张岱年全集》第七卷，河北人民出版社1996年版，第283页。

中国哲学中是没有的。"① 尤其可贵的是，张岱年还揭示了中西哲学本体的差异，并提醒人们不要用西方哲学本体去剪裁中国哲学的本体。他说："本体是西方哲学的一个重要范畴。在西方哲学史中，不同的学派对于本体有不同的理解。在近代西方唯心主义学派中，有一个比较流行的观点，认为本体与现象是相对的，现象是现而不实，本体是实而不现。中国古代哲学著作中也有'本体'二字。但是如果用西方哲学中关于本体的流行观点来解释中国哲学中所谓本体，就大错特错了。"② 这样来说，张东荪判断中国传统哲学为无本体哲学只是一家之言而已。其次要说到的是，西方本体论哲学在黑格尔之后便遭到持续性批判与解构，20世纪西方诸多哲学流派都是在批判本体论哲学基础上发展起来的。比如存在主义哲学，它的创始人海德格尔对本体论哲学的批判是极为深刻的，海德格尔1889年出生，1975年去世；张东荪1886年出生，1973年去世，二人生存在世间完全同时，这就是说，当海德格尔批判并告别本体论哲学的时候，张东荪仍在中国大张旗鼓地宣扬、推销本体论哲学的价值，足见张东荪对西方哲学发展的了解与研究是滞后的。

(4)"无本体哲学"与自然科学之关系

我们看到，张东荪将中国传统哲学无本体视为中国未能产生近代科学的原因，这个问题换一种表达就是本体论哲学有助于自然科学的产生。无疑，本体论哲学是先验的而非经验的，因而本体论哲学与经验世界是分离的，即分成经验世界与理性世界，本体论只是理性世界纯粹的理念，这种两分的特点与中国传统哲学统一的特点完全异趣。在本体论哲学中，本质、逻辑是一方，现象、事实为一方。其次，逻辑是在本体论中发展起来的，而科学是需要逻辑思维的，因而本体论对科学的产生有直接的影响，就是说，本体论为科学的产生提供了爱因斯坦所讲的两个伟大的基础："西方科学的发展是以两个伟大的成就为基础，那就是：希腊哲学家发明形式逻辑体系（在欧几里得几何学中），以及通过系统的实验发现有可能找出因果关系（在文艺复兴时期）。"③ 此外，根据俞宣孟的分析："科学

---

① 《张岱年全集》第二册，第49页。
② 《张岱年全集》第四卷，第219页。
③ 爱因斯坦：《爱因斯坦文集》第1卷，商务印书馆1976年版，第574页。

在西方近代以来有一个很大的发展,从思想方法方面说,恰恰是因为西方人在本体论哲学中有过让思想在脱离经验的领域里进行推理的训练,他们是借了这种方法去整理经验材料,得出了自然科学的理论。这是就假设性的科学理论的提出而言的。还有另一个方面,因为本体论脱离经验的特点,促成了相反倾向的经验主义哲学的形成,他们推崇实验的方法。这两个方面互为补充,正好造成了使西方近代以来科学得以迅速发展的两个基础。"① 从上述讨论看,本体论哲学对自然科学的产生确有推动作用。可是,在本体论哲学基础上发展出来的科学为什么在自己羽翼丰满后即否定本体论哲学?并且,当西方哲学行进到19世纪末20世纪初,本体论哲学也遭到了否定,但本体论哲学被否定之后,西方自然科学并没有停止其发展的脚步。由此可以说,本体论哲学应该不是科学产生的必要条件。而中国没能产生近代自然科学,或许也不能归于中国传统哲学没有本体。

(5)"无本体哲学判断"思维方式之特点

没有疑问,张东荪"中国哲学无本体"判断是非常个性化的,而且揭示出了一些深层的问题,从而引发许多思考,但同时也存在争议。这就不能不让我们追问:张东荪这个与众不同的判断在思维方式上有什么特点?第一,本体论哲学唯一性思维。我们在阅读张东荪关于"中国传统哲学无本体"之相关文字的时候,感觉张东荪对本体论哲学充满敬意与赞美,将本体论哲学视为最好的哲学。但他只从本体论角度思考、把握中国传统哲学的问题,并将中国传统哲学自身问题及其所引发的所有问题都归于本体论,这肯定是不全面的。其次,19世纪末20世纪初,西方本体论哲学已结束了它的黄金时期,随之而来的是西方哲学史上新一轮的"百家争鸣、百花齐放"时代,存在主义、分析哲学、结构主义、现象学、实用主义等哲学思潮纷纷兴起、争说斗唱,张东荪却全然不加理睬,仍然停留在本体论哲学的美梦中。第二,自然科学优先的思维。张东荪判断中国传统哲学无本体,更多的是站在自然科学立场言说,它所罗列的中国哲学无本体的原因,基本上都有"科学性质",比如语言词汇应用上、现象本质关系上、整体与秩序协调上、范畴的建造上、定义的规范上等,

---

① 俞宣孟:《本体论研究》,上海人民出版社1999年版,第130页。

这些元素都具有自然科学性质。而且，张东荪判断中国传统哲学无本体，主要是指中国传统哲学缺乏逻辑的规定性，缺乏对现象背后本质的求索，这也是典型的科学特征。质言之，张东荪关于"中国传统哲学无本体的判断"，无论是分析的角度，还是引用的根据，都具有自然科学特色。由此或许可以提出一个相关的问题：人文世界的本体是否可与自然世界的本体有异？如果是的话，那么张东荪关于中国传统哲学无本体的判断，其意义就非常有限。第三，文化共生思维。就是说，张东荪关于中国传统哲学无本体原因的分析，比较注重社会、历史、文化的影响，从历史的、文化的、社会的角度分析中国传统哲学无本体的原因，从而将哲学视为社会、历史、文化共生的成果，而不是一种孤立的现象。就是说，张东荪分析与判断中国传统哲学无本体的同时，对与之相关的社会、历史、文化等因素也做了充分的估计，并进行了深入的分析与客观的评论，将无本体哲学视为一种与诸种社会的、历史的、文化的因素共生的结果，从而将认识与分析中国传统哲学的实践引向深入。应该说，这种思考问题的方式是颇有启示性的。

（载《社会科学》2015 年第 6 期）

八　冯友兰"新理学"若干问题刍议

作为一种全新的哲学形态的"新理学"于1938年问世之后，即引来诸多关注与评论，赞誉者有之，批评者有之。而在批评的部分受诟病最多者是解释方法问题。那么，"新理学"解释方法究竟出了什么问题？应该怎样评价在方法上广受批评的"新理学"？本文拟对这些问题展开讨论，以期求得合理的答案。

1. 质疑"新理学"方法的若干论说

事实上，对于冯友兰先生的"新理学"，熊十力先生适时给予了关注。他说："理者是实法，实法者，谓其有实自体也。虽其自体不是具有形质的，要是实有，而非空洞的形式之谓。非假法。假法者，谓其只是空洞的形式，而无有实自体也。或以为理字具有条理与法式、轨范等义，故是共相。此等共相，乃离开现实界之特殊物事而自存于真际界云云。此说本之西洋谈逻辑者。如其说，则真际界与现实界显划鸿沟，不可融会。此已难通。而其所谓理，又只是空洞的形式，例如方等。彼计方的桌子等之方，是一切方的桌子等之共相，亦说为理。夫方的桌子等，在俗谛说为实有的物事，而方的共相，则只是空洞的形式而已。今若仅在逻辑上，以共相为特殊物事的型范，而不与形而上学中所谓理者相混，似犹可说。兹乃以共相，应用到形而上学里来，以为是现实界中特殊物事之所依据以成者。而此共相既是空洞的形式，又谓其离开现实界而独存于真际界。则二界如何发生关系，既难说明，且此空洞的形式，无实自体，又如何说为真际，且得为特殊物事所依据以成者乎？果尔，则是无能生有，殊不应理。详彼所说，与本论所谓理的意义，极端相悖，不容相滥。本论乃直指本体而名之以理，本体是实有，不可视同假法。说共相为理者，只以理为空洞的形式，如方等，则理便属假法，何得为一切物之实体。"① 这段话所表达意思是："理"是实有的，非空洞的，不是假法。如果将"理"理解为条理、法式之类的"共相"，并将"共相"用到形而上学中，作为现实界中特殊事物的根据，那么就会遇到这样的困难：第一，"共相"与现实界分离而独存于真际界，那么它们怎样发生关系？第二，"共相"是空洞的形式，没有自体，怎么会发生"无能生有"的事情？也就是说，熊十力所理解的"理"，首先是实有的，不能是空洞的形式；其次是与现实界贯通的，"理"不能脱离现实界的特殊事物而孤立于真际界，它虽是本体，但并不与物隔绝。方东美则认为，以新实在论解释宋明理学，难以把握其精神，他说："像冯友兰的'新原道'由英国人翻译成 Spirit of Chinese Philosophy，其中的中国哲学完全是由宋明理学出发到新理学的观念，只占中国哲学四分之一的分量，再加上他之了解宋明理学乃是通过西方新实在论的解释，因此剩下的中国哲学精神便小之又小。"② 为什么通过新实在论的解释就会导致远离中国哲学精神呢？方东美说："近代西洋哲学中，哲学的发展是依循逻辑科学方法所指点的路径，再去认识主观世界或客观世界，重点在知识论上面。但是由于这种途径想了解中国哲学，只能了解战国时代的刑名家（惠施、公孙龙）或墨家（别墨一派）而已，但是这些思想在以后就已经不行了。所以我在此就不采取逻辑与知识论的途径了。"③ 就是说，由于新实在论属于逻辑科学方法，这种逻辑科学方法适合先秦时期的刑名家与后期墨家，而对于中国古代哲学的绝大部分是不相契的。徐复观也认同新实在论对名家的解释，但对儒家、道家思想而言，新实在论则属外行。他说："冯友兰的《中国哲学史》，以正统派自居，但其中除了对名家（辩者）稍有贡献外，对孔、老、孟、庄的了解，尤其是对孔与孟的了解，连皮毛都没有沾上；这倒不是来自他的不诚实，而是因为他不曾通过这一关。"④ 牟宗三也表示新实在论与宋明理学存在隔阂，他说："冯氏以新实在论的思想解析朱子，当然是错的。以此成见

---

① 熊十力：《熊十力全集》第三卷，湖北人民出版社 2001 年版，第 364—365 页。
② 方东美：《原始儒家道家哲》，台湾黎民文化事业有限公司 2006 年版，第 38 页。
③ 同上书，第 48 页。
④ 徐复观：《徐复观文集》第三卷，湖北人民出版社 2002 年版，第 12—13 页。

为准，于述及别的思想，如陆、王，字里行间当然完全不相干，而且时露贬辞。这即表示其对于宋明儒者的问题根本不能入，对于佛学尤其外行。"① 在牟宗三看来，新实在论方法虽然可在先秦名学研究上有所贡献，但由于中国哲学的重点不在名学，而在道德性命之学，因而以新实在论解释程朱理学、陆王心学，必将导致对这些学说的误读与伤害。不难看出，方东美、徐复观、牟宗三等都沿袭了熊十力的观点，即不能接受新实在论对除名家、后期墨家之外的中国哲学学说的解释。

不过，关注、批评冯友兰新理学的不限于这些典型的新儒家，像思想家张东荪、哲学家劳思光也对《新理学》方法提出了批评。张东荪说："宋儒只有形而上学而不置重于知识问题，所以他们所说'形而上'一语决不可当作'抽象的'来解释。在此有一个很重要的分别，就是理之所以为形而上乃由于理即是体，而并不由于理是抽象的，以抽象的来解释理，便是以西洋哲学上新实在论派的所谓'共相'（universal）来解释理。这是冯友兰先生于其近著《新理学》上所尝试的企图。我则认为和宋儒原理相差太远。须知我未尝不承认宋儒的理与西哲的共相有相似的地方。我以为其相似却限于一、二点，就中以'自己潜存'（self-subsistent）为最相同，但其他方面却甚有不同。例如西方的新实在论主张于实际的三角以外，有三角之共相；于各种红色以外，有抽象的红，如从心理学来解释，似乎可以说这只是一个'概念'（general idea）。这样的'概括观念'（generic idea）其实只有一个'类名'（class name）。其单一性（unity）只在于其符号上（即名字上）。并不是实际上有那样的存在，所以关于这一方面我是采取唯名论（nominalism）的观念而加以修正，以为新实在论的主张毫无可取。亦许我和冯友兰先生不同的地方，就在于此。不过我仍以为宋儒亦是不走这条路子的，因为'抽象'（abstraction）一词，无论按照 Baldwin, Dictionary Of Philosophy 或按照 Hastings, Encyclopaedia Of Religion and Ethics 总是属于心理方面的。是从全体中抽出若干点或若干方面。这样'抽出'（to abstract）乃是一种心理作用。正和'总括作用'（generalization）一样同是心理上的。换言之，即决不能离心而自存的。我当然承认抽出必有所据，总括必有所依，这乃只是所谓

---

① 牟宗三：《中国哲学的特质》，上海古籍出版社2007年版，第3页。

'根据'（ground）而已。须知根据确是客观的，而抽象与总括却决不能是纯客观的。至少亦得是主观与客观连合产生的'混血儿'（hybrid），这是借用怀特海的创语。因此我不但以为宋儒的思想是与西洋近代哲学的新实在论不相侔，并且以为新实在论者主张共相是纯客观的亦复不合于真理。"[1] 张东荪认为，宋明理学的"理"之所以为形而上乃由于是"体"，而不是"共相"，由于新实在论所主张"于实际的三角以外有三角之共相"，而这个共相的"三角"只是一个类名，并非实际的存在，因为抽出的"概念"不能离"心"而存在。虽然抽出必有所根据，但"根据"是客观的，而"抽象"与"概括"是主观的，因此，新实在论之"共相"与宋明理学之"理"完全不相应。不难看出，张东荪的论述揭示了新实在论的一个核心问题，就是抽象出来的"共相"有没有资格成为形上学的本体，因为它是主观的，不是客观的，而作为本体或根据的东西必须是客观的。因而冯友兰将"理"解释为"共相"，就不自觉地将"理"之本体资格取消了。可见，与方东美等人不同的是，张东荪更为深入地分析了以新实在论解释宋明理学存在问题的原因，这个原因就是：新实在论的"共相"在内涵上和来源路径上与宋明理学的"理"完全不同。质言之，冯友兰将"理"理解为逻辑的、知识的形式，这与宋明理学"理"之道德的、人文的特质完全异趣。劳思光在其代表作《新编中国哲学史》的所涉及方法论章节，专门讨论了《新理学》存在的问题。劳思光说："冯友兰自己在哲学理论上造诣不算太深；他解释中国哲学时，所能应用的观念及理论，也限于早期柏拉图理论与近代新实在论。他对西方哲学理论所能把握的本已不多，对中国哲学特性更是茫无所知。因此，当他在中国哲学史中解释某些较简单的理论时，虽然可以应付，但一旦接触宋明理学，立刻显出大破绽。他从来不能掌握道德主体的概念，甚至连主体性本身也悟不透。结果，他只能勉强将中国儒学中的成德之学，当成一个形而上学来看，自是不得要领。我们倘若对冯氏的《新理学》一书稍加注意，则我们不难看出他的理论与中国宋明儒理论的根本距离。"[2] 劳思光认为冯友兰的解释不符合宋明理学的特性，即所谓道德主体性。由于冯友兰不能

---

[1] 张东荪：《思想与社会》，岳麓书社2010年版，第170—171页。
[2] 劳思光：《新编中国哲学史》一卷，广西师范大学出版社2005年版，第2—3页。

理解宋明理学的特性,所以将其当作一个形而上学处理。劳思光说:"柏拉图的思路并非全不可用。可是当某一学派或个人,所面对的哲学问题并非属于这一范围,如果解释者也要用这个思路来解释,便不能揭示所关问题的真面目及真意义了。冯书显然正是这种毛病。柏拉图的这种思路,为冯氏所特别重视。他不仅在解释先秦道家、名家学说时,一直以这种思路为立说的背景,而且论及佛教及宋明理学时,也只凭依这种思路。客观地说,这种形上学思路,只能用于有关形上学问题的研究上。用它来说明名家理论,较为适宜;用它来解释老子,便只有一半可用;而对于佛教与宋明理学,则大半都不适用。尤其是论禅宗与陆王之学时,一切关于'客体性'的理论设准,都成为题外。因为这些学说都集中于一组关涉'主体性'的问题上。冯先生在这种紧要界限上,看不明白,原因自然是他本身对这两面的哲学问题把握不住。但我们抛开个人学历问题不谈,专就中国哲学史的工作来讲,我们不能不说,冯书虽有'哲学',但并不与中国哲学的主流相应。"① 在劳思光看来,冯友兰的错误在于所用的新实在论方法与宋明理学不相应,由于宋明理学的基本特点是道德主体性,而不是逻辑学,不是讨论普遍与特殊、抽象与具体关系的哲学。综合上述质疑与批评,似可归纳为这样几点:一是冯友兰学术造诣不深,既不能把握中国哲学或宋明理学的特质,也不能把握新实在论方法精神;二是新实在论方法与中国哲学的主体性、道德性命等基本特质不相应,所以"新理学"是歧出;三是"理"本体应该是实有且与具体事物贯通的,如若是"共相",则脱离具体事物且不能生物,所以"新理学"并非"最哲学的哲学"。

2. 冯友兰解释宋明理学举要

那么,该怎样评估上述质疑与批评呢?由于这些质疑批评多属"原则性讲说",并没有列出具体的案例以证明其批评的正当性。因而我们必须考察冯友兰对于中国哲学或宋明理学理解的具体情形,以求证这些质疑与批评的是与非。冯友兰关于宋明理学的理解涉及内容极为广泛,这里选

---

① 劳思光:《新编中国哲学史》一卷,第307页。

择部分个案加以考察。

（1）关于"无极而太极"的解释。"无极而太极"是周敦颐提出来的命题，在朱熹与陆九渊之间便展开过辩论。朱熹认为这个命题是"下语精微"，陆九渊认为是"叠床上之床"。冯友兰对这个争论的评判是：陆是朱非。他说："就此争辩说，象山是而朱子非。盖周濂溪之系统，本与朱子不同。"① 那么，冯友兰是怎样理解这个命题的呢？冯友兰说："不过我们所谓太极，与道家之太一，及濂溪之太极，完全不同。在我们的系统中，太极与无极，正是两个相对底观念。我们的系统所讲之宇宙，有两个相反的极，一个是太极，一个是无极。一个是极端地清晰，一个是极端地混沌。一个是有名，一个是无名。每一普通底的名词皆代表一类，代表一理。太极是所有之理，所以所有之名，无论事实上已有或未有，皆为太极所涵蕴。所以太极是有名而无极是无名。由无极至太极中间之过程，即我们的事实底实际底世界。此过程我们名之曰：'无极而太极'。"② 这段话的主要含义是：第一，"无极"非实词化。就是说，冯友兰不认为"无极"有实际的意义，而只是一个修饰词。而且，"无极"即"无名"，不能成为"所有之理"。冯友兰说："'无极而太极'，在这句话里，'无极'是个形容词，'太极'是一个名词。用这个形容词形容名词，就是说，太极在空间上没有边际，在时间上没有始终。具体的事物总是有边际有始终的，这就是西方哲学中所说的'有限'。太极没有这些限制，这就是西方哲学中所说的'无限'。'无极'就是形容'太极'的无限。如果说'自无极而为太极'，在这句话里'无极'就不是一个形容词，而是一个名词。那就是说，'太极'并不是最高的范畴，它还是从'无极'来的，'无极'就成为最高范畴了。这显然和《系辞》不合，所以可以断定，周敦颐原来不是这样说的。"③ 冯友兰对于"无极"的理解与其肯定陆九渊的立场是一致的。"无极"只是描述"太极"的一个形容词。第二，"太极"即"所有之理"，是万物之总名，从而确立"太极"的本体地位。冯友兰说："太极即是众理之全，所以其中是万理具备。从万理具备之观点

---

① 冯友兰：《三松堂全集》第四卷，第48页。
② 同上书，第49页。
③ 同上书，第57页。

以观太极，则太极是'冲漠无朕，万象森然'。'冲漠无朕'，以言其非实际底；'万象森然'，以言其万理具备。"① 因此，"太极"是本有的，它不因为具体事物的存在而受影响："一切底理，本来即有，本来如此，因某种实际底事物之有，我们可知某理之有，但某种实际底事物之无，我们不能因此即说某理之无。"② "理"的存在是绝对的，有事物必有"理"，有"理"不一定有事物，所以"理"是本有的，没有事物照样有"理"，但没有"理"，决无事物。这样，"太极"是绝对的存在，因而不能说"人人有一太极，物物有一太极"，因为"说事物'具''有'理或太极，'具''有'最易引起误会，以为理或太极，'如一物焉'，可以在于事物之中，或在其上。照我们的说法，一类事物，皆依照一理。事物对于理，可依照之，而不能有之。理对于事物，可规定之而不能在之，用如此看法，我们只能说，一某事物依照某理，而不能说一事物依照一切理"。③ 进一步说，"太极"或"理"与事物的关系，不是你中有我、我中有你的关系，"太极"或"理"是独立的、绝对的存在，可离事物而存在，但事物不能离"理"而存在。第三，既然"无极"是虚词，"太极"是真正的本体，那为什么要说"无极而太极"呢？冯友兰认为，因为"无极"是混沌的，是无名，那个"而"就是从"无极"到"太极"的"门"，是半清楚半混沌的，所以从"无极"到"太极"的过程，就是"实际底世界"，这个"实际底世界"当然就是"无极而太极"了。而且，"无极"自身无任何标准，也无极限，必须以"理"或"太极"为极限。这样，冯友兰关于从"无极"到"太极"的解释，进一步明确了"太极"的本体性质，而虚化了"无极"的身份。综合言之，冯友兰关于"无极而太极"的解释，一方面确定了"无极"的虚词性质，即不能成为本体，从而与佛教、老学区别开来；另一方面将"太极"完全逻辑化而与程朱理学区别开来，"太极"是本体，但又不在具体事物之中，具体事物各有其理，但永远不能"拥有""太极"（理）。这样，冯友兰建构新理学本体的路径与性质便清晰地呈现出来。

---

① 冯友兰：《三松堂全集》，第四卷，第37页。
② 同上。
③ 同上书，第39页。

（2）关于"未有无气之理"的解释。朱熹曾说："天下未有无理之气，亦未有无气之理。"（《朱子语类》卷一）冯友兰对其中的"未有无气之理"解释说："'未有无气之理'，此语不能解释为凡理皆有气。如此则凡理皆有实际底例，即无只有真而无实之理。此语只是说'必有些理有气'或'未有所有底理皆无气'。此上文已证明。因至少'存在'之理，是常为气所依照者。"① 那么，冯友兰的解释表现了怎样的意旨与倾向呢？也许需要先回到朱熹论说"理气关系"的语境中去。实际上，朱熹关于"理气"关系的基本格局是：不存在没有"理"的"气"，也不存在没有"气"的"理"，它们是你中有我、我中有你的关系："有是理，则有是气；有是气，则有是理。"（《朱子语类》卷三十九）但它们对于事物所扮演的角色、所起的作用并不一样："天地之间有理有气，理也者，形而上之道也，生物之本也；气也者，形而下之器也，生物之具也。"（《答黄道夫》，《朱文公文集》卷五十八）就是说，对于某物产生而言，"理"是根本，"气"是末用，"理"决定某物的"性"，"气"决定某物的"形"。就"理"、"气"彼此关系言，"理"并非独立于"气"而存在的怪物，它以"气"为挂搭处，它存在于"气"之中。朱熹说："然必欲推其所从来，则须说先有是理。然理又非别为一物，即存乎是气之中，无是气，则是理亦无挂搭处。"（《朱子语类》卷一）但从究竟意义上说，"理"在先，"气"在后："若论本原，即有理然后有气。"（《答赵致道》，《朱文公文集》卷五十九）而且，先于"气"的"理"具有绝对性，它可以离开"气"而存在，朱熹说："未有天地之先，毕竟是先有此理。"（《朱子语类》卷一）这样，朱熹对于"理"、"气"关系的基本主张即清晰可见：就一事物产生言，"理"、"气"各有其职，但它们的"职"是有差异的；就"理"、"气"彼此关系言，"理"中有"气"，"气"中有"理"，它们相互规定；就终极的意义言，"理"是绝对的、自由的、主宰的，它可以无视"气"的存在。因此，所谓"未有无气之理"，本义是讲"理"对"气"的依赖，没有"气"的"理"是不存在的，因为"理"在"气"中，因为

---

① 冯友兰：《三松堂全集》，第四卷，第49—50页。

"理"要有挂搭处。但"未有无气之理"前面是"未有无理之气",可以看出"理"对于"气"的优势与笼罩。冯友兰应该清楚朱熹"理"、"气"关系的基本格局,他认为这个命题不能解释为"凡理皆有气",原因在于这样解释的话,"理"便都有"实际的例",就没有"只有真而无实"之"理",即没有真际,因而这个命题只能理解为"必有些理有气"或"未有所有底理皆无气"。就是说,"理"分两种,二是相对于事实的"气"而言,是"常为气所依照者";一是相对于逻辑的"气"而言,则是"只有真而无实"者。因而"未有无气之理"命题所表达的意涵当然不能说是"所有理皆有气"。可见,冯友兰通过对朱熹关于"理"、"气"关系观念的解释,有意略去了朱熹强调"理在气中"的部分,而强化了"理优先于气"的部分,所以冯先生的理解是朝"未有天地之先,毕竟是先有此理"方向走的,即强调"理"的绝对性、超越性、独立性,从而将"真际"之理与"具体事物"之理区别开来,以确立"新理学"的"理"、"气"关系模式。从解释学角度看,冯友兰的解释表现出鲜明的"选择倾向",他同情命题本意而又进行了有利于自己的选择和解释,即新实在论或逻辑化的解释,他以自己欲建构的哲学为中心,对被解释的命题之意涵进行了目标明确的损益。这也说明,冯先生对程朱理学的特性是有准确理解的,只不过,他认为"最好底的哲学"不是那样的,所以他要进行改造,创建"新理学"。

(3) 关于"性即理"的解释。"性即理"是程朱理学的重要命题,这个命题隐含了"性"与"理"的关系。那么,冯友兰是怎样理解这个命题的呢?冯友兰说:"程朱说,'性即理也',正是就义理之性说。我们说某理时,我们是就其本身说。我们说义理之性时,我们是依照某理之事物说。所以义理之性虽即是理,但因说法不同而可有二名。义理之性即是理,是形上底,某一类事物必依照某理,方可成为某一类事物,即必依照某义理之性,方可成为某一类之事物。某一类之事物,于依照其理,即其义理之性,而成为某一类之事物时,在实际上必有某种结构,能实现某理者。"[①] 为了更清楚、客观地讨论冯友兰的这个解释,我们先回到程朱关

---

① 冯友兰:《三松堂全集》,第四卷,第82页。

于"性即理"的相关叙述中。程颐说:"受于天之谓性。"(《心性篇》,《河南程氏粹语》卷二)即言"性"是从"天"禀受而得。又说:"天者理也。"(《河南程氏遗书》卷十一)就是说,"理"等同于"天",所以亦可谓"性"从"理"禀受而来。既然,"性"从"理"禀受而来,自然可以说"性即理",程颐说:"性即理也。所谓理,性是也。"(《河南程氏遗书》卷二十二上)朱熹曾对"性即理"命题赞不绝口,他说:"程先生论性,只云'性即理也',岂不是见得明?是真有功于圣门!"(《程子之书一》,《朱子语类》卷九十五)那么,朱熹对"性即理"有怎样的规定和期许呢?他说:"性只是理,万理之总名。此理亦只是天地间公共之理,禀得来便为我所有。"(《朱子语类》卷一一七)在这段话里,"性"不仅与"理"并起并座,而且是"万理的总名",成了最高范畴。如此便使"性"从禀受"理"而来转变为万物的本原,朱熹说:"性者万物之原,而气禀则有清浊,是以有圣愚之异。"(《朱子语类》卷四)作为万物之一的人当然是因为有了"性"而生,朱熹说:"性者,理之全体而人之所得以生者也。"(《尽心说》,《朱文公文集》卷六十七)人之所以得生乃是因为有了"性"。"性"是万理之总名,自然包括仁、义、礼、智、信,仁、义、礼、智的客观性和必然性均由此得到说明:"性是理之总名,仁义礼智,皆性中一理之名。"(《性理二》,《朱子语类》卷五)由上述分析可以判断,程、朱"性即理"命题的内涵主要有:第一,"性"与"理"是一,它们是同级的范畴,即皆为"本体";第二,"性"或"理"是万物得以化生的根据,万物因"性"或"理"而成为它自己;第三,"性"是万理之总名,因而是诸般道德的总名,是善的根据;第四,"理"与"性"相互规定,践履德行、为善去恶取决于主体自觉。由此看来,"性即理"蕴含着两种解释的路向:事物所以是它的根据;道德内在于人性。前一条路向可引向逻辑方向;后一路向可以引向道德方向,此是程朱理学"性理"关系的本有格局。正如冯友兰先生所说:"朱子之哲学,非普通所谓之唯心论,而近于现代之新实在论。惜在中国哲学中,逻辑不发达,朱子在此方面,亦未著力。故其所谓理,有本只应为逻辑的者,而亦与伦理的相混。如视之理,如指视之形式而言,则为逻辑的;如指视应该明而言,则为伦理的。朱子将此两方面合而为一,以为一物之所以然之理,亦即为其所应该。盖朱子之兴趣,为伦理的,而非逻辑的。柏拉图亦有此倾向,特不如朱子为甚耳。中国哲学,皆多注重此方面也。"① 冯友兰认为朱熹的"理"既有逻辑的内涵,也有伦理的内涵,朱熹混淆了逻辑的"理"与伦理的"理",而朱熹的兴趣在伦理不在逻辑。这个评论再次表明,冯友兰对程朱理学的内容与特质有清楚的认识,而不是如某些学者所言不识其特点。冯友兰之所以用新实在论理解程朱理学,正在于他认为理学缺乏现代逻辑方法,即所谓"正的方法",而他自己所欲建构的哲学正是逻辑哲学,因而其对程朱理学的解释自然是朝逻辑方向走。基于这样的原则,冯友兰解释"性即理"的路径便是:从"义理之性"层面来说,实际上就是"义理之性即是理",它是形上的;任何事物都必须依其"理"而存在,亦即依"义理之性"而成为它自己;既然"义理之性"就是"理",也就是某一类事物的根据,那么,有某类事物必有其"理"。这样,冯友兰通过将"性即理"转换为"义理之性",而"义理之性"就是"理",是某一类事物的根据,而任何一类事物都有它的"理",因而"理"即"共相",这就成功地将"性即理"这个伦理学命题改造为逻辑学命题。但必须指出,在"新理学"体系中,此"义理之性"之理,虽是"共相",具有逻辑性质,即"事物依照之理",但非本体之理,非"真际"之理,即不是"只有真而无实"者。

(4) 关于"格物致知"的解释。"格物致知"出自《大学》,是儒学的重要命题。宋儒对这个命题多有解释和发挥,特别是二程、朱熹。冯友兰的解释正是在程朱理学基础上进行的。他说:"格物致知是哲学底活动。哲学底活动与哲学不同。哲学乃说出或写出之道理,乃一种学问。有哲学必有哲学底活动,但有哲学底活动,不必有哲学。"② 此言"格物致知"不是哲学,而是哲学的活动。那么,它是怎样的哲学活动呢?冯友兰说:"对于实际底事物之分析是'格物',由分析实际底事物而知实际,而知真际,是'致知'。"③ 而"格物"就是"穷理",冯友兰说:"我们对于事物作分析后,我们见其有许多性,由其有许多性,可见有许多理。所以格物即是穷理。"④ 比如,"我们分析方底物是格物,因格物而知有方

---

① 冯友兰:《三松堂全集》第三卷,第347页。
② 冯友兰:《三松堂全集》第四卷,第184页。
③ 同上书,第183—184页。
④ 同上书,第184页。

之理，就知说是致知，就理说是穷理"。① 这样，"格物致知"就是"穷理"，但由于冯友兰新理学之"理"与朱子系统的"理"不尽相同，所以"穷理"自也有异。冯友兰认为，在朱熹系统中，穷理，可穷"理之内容之知识"，在他的系统中，穷理则穷"理之有知识"。冯友兰说："朱熹所谓穷理，系就对于理之内容之知识说，我们此所谓穷理，则只就对于理之有之知识说。照我们的说法，理之内容，不是哲学底活动所能知，至少亦非哲学底活动所能尽知。例如我们分析方底物，我们可知有方之理。但方之理之内容如何，方之定义如何，方之定义为何，则我们必须研究几何学，才能知之。朱子以为'人人有一太极'，我们的心，'具众理而应万事'，一切理皆在我们心中，故一切理之内容，皆可知之，而所谓穷理者，即求知一切理之内容……照我们的看法，事物之理，完全不在我们心中。我们依逻辑可知每一类之事物必有其理，但其内容若何，须另有学问以研究之，并不是专靠'思'所能知者。"② 这是第一个不同。第二个不同是，朱熹的"格物致知"由知一理可以豁然贯通，可知一切事物的"表里精粗"，故有所谓"心之全体大用"境界发生，而在冯友兰系统中，因为"只能知众理而并非有众理"。冯友兰说："照朱子的系统，一切事物之理，既皆在我们的心中，所以虽只知一部分事物之理，而于其余之理，亦可'豁然贯通'……照朱子的系统，因为我们心中，既已具一切事物之理，所以豁然贯通之后，我们可知一切事物之'表理精粗'。所以我们于此时亦无所不知，无所不能，此即心之'全体大用'。但照我们的系统，我们的心只能知众理而并非有众理，所以所谓心之全体大用，亦是没有底。"③ 由于朱子"穷理"是穷"理之内容与知识"，因而当其完成"穷理"时，便会发生"豁然贯通"之效果，并成就"心之全体大用"之境界。但在冯友兰系统中，"穷理"只能是"知众理而非有众理"，所以不会成就"心之全体大用"之境界。之所以如此，乃是因为冯友兰的"理"与朱熹的"理"不同。冯友兰的"理"是共相，共相之"理"必有在性质与能力上相应的认识方法，即只有"知其有理"之"穷理"，而

---

① 冯友兰：《三松堂全集》第四卷，第184页。
② 同上书，第184—185页。
③ 同上书，第185页。

非"知理之内容与知识"之"穷理"。因而朱熹的"穷理"是具体的，冯友兰的"穷理"是抽象的。不难看出，冯友兰对于"格物致知"的解释，是新实在论方法的典型实践。他先将"格物致知"规定为"哲学底活动"，再将"格物致知"转换成"穷理"，这样就与"理"联系起来。然后对朱熹系统中"穷理"与新理学系统中"穷理"进行区分，从而实现了程朱之"穷理"（格物致知）向冯友兰之"穷理"（格物致知）的转换。他认为，在朱熹系统中，"穷理"可知"理之一切知识"，而在冯友兰系统中，"穷理"只能穷"理之有知识"，从而对二者做出哲学与科学区分；在朱熹系统中，穷一理可知众理，且"理"在心中，所以会发生"心之全体大用"之境界，而在新理学系统中，不会因为"穷理"而"有众理"。而之所以有这种差别，主要不在"穷理"本身，而在所穷之"理"不同。虽然冯友兰的"穷理"不会有"心之全体大用"境界出现，但它有自己的境界，冯友兰说："但我们的心虽不具众理，虽不能尽知理之内容，但于其完全了解一切事物皆有其理，而一切事物之理，又皆系其最完全底典型时，亦可谓豁然贯通。于此时我们的注意，完全集中于形上。我们的身体虽然是形下底，而我们的心之所见则是形上底。我们由此所见所得之超脱，亦是极大底。至此我们可以说是已'知天'。"[①] 这个境界就是"知天"。因此说："格物致知，能使我们超乎经验，而又不离乎经验对于实际有所肯定。超乎经验，则即不为经验所囿；但又不离乎经验而对于实际有所肯定，则即不妄有所立，如立宗教然。"[②] 在这个论述中，新理学"格物致知"的特性与本体的"理"是相应的，超乎经验又不离经验，从而脱离了"圣学"的窠臼而成为"最好底哲学"的一部分。概言之，冯友兰关于"格物致知"的解释，不仅使之与认识论、科学区别开来，而且剥去了其伦理道德内容。"穷理"是穷"真际之理"，"真际之理"是形上本体，是"真但无实"的，因而"格物致知"作为穷此"理"的方式，就只能是"知其有理"，而不能是"知其理之内容"，也无须知"理"之内容，这样的"格物致知"当然不是科学的"格物致知"，也不是关乎道德的"格物致知"，而是逻辑学的"格物致知"。所以

---

① 冯友兰：《三松堂全集》第四卷，第185页。
② 同上书，第185—186页。

说,"格物致知"经由冯友兰解释之后,即成为逻辑学命题,或"新理学"体系中的认识方法。

3. 或可厘清的几个紧要问题

基于上述讨论,我们大体上明了冯友兰先生创构"新理学"的良苦用心及学术创造力,现在将其与批评的观点进行综合比较,或可有助于厘清如下问题。

(1) 冯友兰究竟能否把握中国哲学或宋明理学的特性?

在本文所罗列的诸位思想家关于冯友兰先生新理学的评论中,其中有些言论涉及冯友兰先生的学术造诣,比如,冯友兰对孔孟只知皮毛(徐复观),冯友兰不理解中国哲学特性(张东荪、方东美),冯友兰不能把握宋明理学之主体性、道德性命之特质(牟宗三、劳思光),等等。那么,这样的评论是否中肯呢?我们说极不中肯。因为第一,这些评论都是建立在冯友兰以新实在论解释中国哲学、宋明理学基础上。冯友兰的确是以新实在论理解中国哲学、宋明理学,但应用新实在论解释中国哲学或宋明理学并不意味着冯友兰对中国哲学或宋明理学茫然无知,因为一位解释者应用何种方法与解释者对被解释对象的了解、把握之情形不存在必然的逻辑关联。第二,冯友兰正是因为对中国哲学或宋明理学的特质有深刻而准确地把握,才自觉地以新实在论进行解释与改造,因为他正是要建构不同于宋明理学的"新理学",正如冯友兰自己说朱子思想轻逻辑重伦理、中国哲学偏重负的方法轻视正的方法等,都表明冯友兰对中国哲学或宋明理学的特质是有精准把握的。第三,冯友兰从事长期中国哲学的思考与研究,硕果累累,成就巨大,有目共睹。比如,冯友兰对中国哲学缺乏知识论与逻辑学的洞察及其原因的分析,对儒家境界论的解释与体贴,对孟子哲学的概括与阐发,对程朱理学与陆王心学异同的把握等,无不显示冯先生对于中国哲学的精湛造诣。因此,简单地以新实在论方法为由斥冯友兰先生只知中国哲学皮毛,或因意气用事所致,或因没有完整、深入理解冯友兰的哲学所致。

(2) 照着讲?接着讲?还是自己讲?

冯友兰将其"新理学"定性为"接着讲",他说:"新理学又是'接着'宋明道学中底的理学讲底,所以于它的应用方面,它同于儒家的'道中庸'。它说理有同于名家所谓的'指'。它为中国哲学中所谓有名,找到了适当底地位。它说气有似于道家所谓道。它为中国哲学中所谓无名,找到了适当底地位。它说了些虽说而没有积极地说什么底'废话',有似道家,玄学以及禅宗。所以它于'极高明'方面,超过先秦儒家及宋明道学……它虽是'接着'宋明理学中底理学讲底,但它是一个全新底形上学。"① 照着这段话,结合上面的案例,其所谓"接着讲"或不是那么简单:第一,"新理学"以程朱理学为解释展开的文本。在新理学体系中,触目即是无极而太极、性即理、天地之性、格物致知、理、气、心等命题和范畴,"新理学"展开的方式即是通过对这些范畴和命题的解释,加以引申和改造,以建造新的哲学概念、命题和理论。此自是"接着讲"。第二,"新理学"通过对程朱理学的解释,选择有利于"最好底形而上学"的部分进行。比如,对理气关系的解释,事实上,在程朱体系中,理气关系相对比较平衡,但程朱确有"重理轻气"的倾向,而冯友兰强化了这种倾向。这种解释当然不能简单地定性为"歧出",也应是道地的"接着讲"。第三,冯友兰通过对程朱理学的解释,将程朱理学中的概念、命题与观念等转换成"新理学"的概念、命题与观念。冯友兰认为,程朱理学中的许多概念和命题达不到"新理学"的要求,必须通过解释和改造注入新的元素以促其提升,使之适合"新理学"体系。比如对"无极而太极"命题的解释与改造,在朱子系统中,"无极而太极"是作为本体的极好的表述,但冯友兰却对之进行了分解,使"无极"虚词化,使"太极"本体化,而"太极"又不是朱子系统中的"太极","太极"是抽象出来的"共相",从而将"无极而太极"改造成了逻辑学范畴。不难看出,冯友兰在将"无极而太极"进行解释和改造时,其转换的路径与定性完全是依照新实在论构架进行的。再如对"心具众理而应万事"的解释,冯友兰认为这个命题仍然是"如有物焉",必须进行调整,他说:"宋儒对于理之为非实际底亦有看不清楚,或说不清楚者,例如宋儒常说:'理之在物者为性','心具众理而应万事'。此等话是可以

---

① 冯友兰:《三松堂全集》第五卷,第127页。

解释为以理为'如有物焉'。此错误有时即朱子亦不能免。"① 就是说，"理之在物者为性"与"心具众理而应万事"两个命题都会让人误认为"理中有物"，因而需要改造以去除"物"对"理"的纠缠，从而使"新理学"系统中的"理"具有绝对性、独立性，是"真而非实有者"。可见，在这种情境下，冯友兰"新理学"更多是"自己讲"。诚如冯先生自己所说："我们现在所讲之系统，大体上是承接宋明道学中之理学一派。我们说'大体上'，因为在许多点，我们亦有与宋明以来底理学，大不相同之处。"② 而这正是"新理学"研究者们所应再三致意的。

（3）"新理学"之于中国哲学究竟是传承还是断裂？

若按照熊十力、方东美、徐复观等先生的看法，"新理学"对于中国传统哲学不仅难说贡献，反而是伤害极大。对于这种评判，或许可以根据"新理学"对于中国哲学或宋明理学中诸概念、范畴的解释，以探求一种更合乎情理的答案。"新理学"使中国传统哲学实现了三大调整：引入正的方法以使方法得以完善，引入"无用哲学"以使品质得以完善，引入逻辑原理以使内容得以完善。先说"正的方法"的引入。冯先生认为，中国哲学的方法主要是负的方法，他说："佛家和道家都用负的方法……负的方法，试图消除区别，告诉我们它的对象不是什么。"③ 但中国哲学必须做出调整，将正的方法引入中国哲学，他说："逻辑分析方法正和这种负的方法相反，所以可以叫做正的方法……正的方法，则试图作出区别，告诉我们它的对象是什么。对于中国人来说，传入佛家的负的方法，并无关紧要，因为道家早已有负的方法，当然佛家的确加强了它。可是，正的方法的传入，就真正是极其重要的大事了。它给予中国人一个新的思想方法，使其整个思想为之一变。"④ 而"新理学"方法就是道地的逻辑方法。冯友兰说："正底方法，以逻辑分析讲形上学，就是对于经验作逻辑底释义。"⑤ 因此，如果说"负的方法"是中国传统哲学基本方法的话，那么"新理学"方法当然是对于中国哲学方法的补充。再

---

① 冯友兰：《三松堂全集》第四卷，第35页。
② 同上书，第4页。
③ 冯友兰：《三松堂全集》第六卷，第277页。
④ 同上书，第277页。
⑤ 《三松堂全集》第五卷，第150页。

说"无用哲学"的引入。中国哲学最大特质就是经世致用,道家、佛教都不能例外,但"新理学"明确宣称自己是"无用之学",所谓"最哲学底哲学中之命题,则不能有此用(统治自然、统治实际),因其对于实际并无主张、并无肯定"。① 所谓"哲学本来是空虚之学。哲学是可以使人得到最高境界底学问,不是使人增加对于实际知识及其才能底学问"。② 因此,如果说"实用"是中国哲学基本特质的话,那么"新理学"试图超越这个特质,创造一种"境界形上学",这当然也是对中国传统哲学的重大发展。最后说"逻辑原理"的引入。中国哲学的另一重要特质是道德伦理性,这早已是学界"共识",冯友兰当然不会不知道,他说:"惜在中国哲学中,逻辑不发达,朱子在此方面,亦未著力。故其所谓理,有本只应为逻辑的者,而亦与伦理的相混……盖朱子之兴趣,为伦理的,而非逻辑的。柏拉图亦有此倾向,特不如朱子为甚耳。中国哲学,皆多注重此方面也。"③ 因此他认为中国哲学应该走逻辑的方向,因为逻辑方向的哲学才是真正的哲学,才是最好的哲学,他说:"新理学……经过现代的新逻辑学对于形上学的批评,以成立底形上学。"④ 又说:"今人之新经验之尚未经哲学分析解释者,一时代之新哲学家,可分析解释之,其结果或有对于真际之新见。即或无新见,而经此分析解释,新经验可与原有底哲学连接起来。一时代新经验之分析解释,亦即可成为一时代之新哲学。"⑤ 所谓"分析解释",即是逻辑学方法。对中国传统哲学而言,"新理学"就是对中国哲学方法的"反动",用现代逻辑方法进行批判,以成立"不著实际底"形上学。牟宗三曾说:"朱子固伟大,能开一新传统,其取得正宗之地位,实只是别子为宗也。"⑥ 冯友兰"新理学"乃是接着程朱理学讲的,但在知识论、逻辑学上比程朱有过之而无不及,牟宗三对朱子的评论似可成为我们对于冯先生"新理学"评论的一种比较值得信赖的参考。不过,这个"别子为宗"乃是对中国传统哲学的极大转进。

---

① 冯友兰:《三松堂全集》第四卷,第12页。
② 冯友兰:《三松堂全集》第五卷,第134—135页。
③ 冯友兰:《三松堂全集》第三卷,第347页。
④ 冯友兰:《三松堂全集》第五卷,第127页。
⑤ 冯友兰:《三松堂全集》第四卷,第17页。
⑥ 牟宗三:《心体与性体》(上),上海古籍出版社1999年版,第16页。

（4）"新理学"究是怎样的哲学形态？

按照熊十力、张东荪的说法，新实在论之为方法并非完全不合理，如熊十力说："今若仅在逻辑上，以共相为特殊物事的型范，而不与形而上学中所谓理者相混，似犹可说。"① 因此，若"共相"仅在逻辑范围内使用是可以接受的，但若以"共相"等同于形上学中的"理"，或者以"共相"作为本体，则此形上学必不是"最哲学底哲学"。这样，理解和评估作为哲学形态的"新理学"便成为一问题。根据上述讨论，这个问题拟由如下两方面去思考：第一，"新理学"是以"抽象与具体关系"为轴心的架构。由于"新理学"方法是新实在论方法，因而"新理学"体系结构即是新实在论的模式，也即逻辑学模式。具体表现在：首先，狭义的"新理学"由理、气、道体、大全四个主要观念构建，而这四个观念由四个命题推演出来，但其推演方式无一不是由"抽象与具体关系"展开而加以确立。② 其次，"新理学"讨论的所有哲学问题，无一不是抽象与具体关系问题，如"新理学"自然观——"'新理学'的自然观的主要内容，是共相和殊相的关系的问题。共相就是一般，殊相就是特殊或个别。……在中国哲学中，这个问题，一直到宋朝程颐，才有了详细的讨论。朱熹又继续这个讨论，使之更加深入。他们虽然没有用共相和殊相、一般和特殊这一类名词，但是他们所讨论的是这个问题。这个问题的讨论，是程朱理学的主要内容。'新理学'所要'接着讲'的，也就是关于这个问题的讨论。"③ 再次，就"新理学"结构言，前四章属于形上部分，讨论理、太极、大全、气、道、性等核心范畴；后六章为形下部分，讨论道德、势、义理、艺术、鬼神、圣人等具体问题。冯友兰说："这些诸德，本可以不讲，不过为说明上述之理论，我们于下文亦略讲诸德。我们并不是为讲诸德而讲诸德，我们是为说明我们上述之理论而讲诸德。我们讲诸德，只是一种举例之意。"④ 最后，冯友兰将宋明理学中的范畴或概念统统做了逻辑学解释与转换。比如"理一分殊"："此理一分殊之说，

---

① 熊十力：《熊十力全集》第三卷，第364页。
② 冯友兰：《三松堂全集》第五卷，第127—132页。
③ 冯友兰：《三松堂全集》第一卷，第211页。
④ 冯友兰：《三松堂全集》第四卷，第113页。

是就逻辑方面说，只对于真际有所肯定。"① 比如"阴阳"："我们所谓阴阳，……完全是两个逻辑底概念。所以说此观念是逻辑底者，因此观念并不确指任何实际底事物，而却可指任何实际底事物。"② 比如"四象"："在我们的系统中，两仪是两个逻辑底观念，以指一事物所有之两种成分；四象是四个逻辑底观念，以指此两种成分之四种变化。"③ 等等。因此说，"新理学"是以"抽象与具体关系"为轴心的哲学形态。第二，"新理学"并非"假法"，也非"空洞的形式"。熊十力先生批评"新理学"以"共相"释"理"为"假法"，属"空洞的形式"。事实上，冯友兰先生也自称新理学为"空"的，他说："新理学……它不着边际，可以说是'空'底。但其空只是其形上学的内容空，并不是其形上学以为人生或世界是空底。所以其'空'又与道家、玄学、禅宗的'空'不同。"④ 显然，冯友兰所谓"空"与熊十力所谓"空"完全不在一个意思上，甚至可以说，冯友兰所谓"空"正是对熊十力等言"新理学"为"空"的回应。因此"新理学"不能以一"空"字勾销。这是因为，"共相"既是抽象而得，则必有被抽象的物事，既然有被抽象的物事，说明"共相"无论如何都不能脱离物事，此就形式上言，"共相"终不能与"空"等论；"新理学"对于真际虽然不是事实地肯定，但也是形式地肯定，这正是"新理学"肯定世界人生的方式，换言之，"新理学"对于实际的肯定是通过真际的肯定实现的，因而不能因为"新理学"强调其本体的绝对性而判其为"空"；就"新理学"结构言，其形上部分由境界建构而表示关怀，其形下部分由生命养护而表示关怀，正如冯友兰说："新理学是最玄虚底哲学，但它所讲底，还是'内圣外王之道'，而且是'内圣外王之道'的最精纯底要素。"⑤ 因此，绝不能草率地、轻浮地判"新理学"为"空"的哲学。综合言之，"新理学"是一种在结构上和关怀方式上都不同于中国传统哲学的全新的哲学形态。这或许就是劳思光所说的"'新理学'有哲学"。也正所谓："它虽是'接着'宋

---

① 冯友兰：《三松堂全集》第四卷，第41页。
② 同上书，第60页。
③ 同上书，第62页。
④ 冯友兰：《三松堂全集》第五卷，第127页。
⑤ 同上书，第138页。

明道学中底理学讲底，但它是一个全新底形上学。至少说，它为讲形上学底人，开了一个全新底路。"① 可以说，"新理学"正是中国传统哲学遭遇西方哲学挑战而勇敢且智慧地走出的一条并非错误的道路。当然，"新理学"之为全新哲学形态的另一向度的成果或许也不能为我们所忽略，那就是在"新理学"解释方法系统中"中国传统哲学义理、价值的安置问题"，此或是当今中国哲学研究者所应深入思考且着力研究的又一课题。

（载《哲学研究》2016 年第 8 期，人大复印资料《中国哲学》2017 年第 1 期转摘）

---

① 冯友兰：《三松堂全集》第五卷，第 127 页。

第四章　中国传统哲学的现代身份

本章主要是讨论中国传统哲学如何现代化的问题，其中包括中国传统哲学的现代话语、中国传统哲学的现代开展、中国传统哲学怎样完善自身、从事中国传统哲学研究者的资质、老子对人类文明的反省、中国传统哲学的现代转型、王国维对中国哲学的重构等问题，这些论文从不同角度探讨了中国传统哲学的现代身份。

一　中国哲学研究中的"中国话语"情结

中国究竟有没有哲学？中国哲学的研究与发展，究竟如何处理与西方哲学的关系？这些问题仍然是沸沸扬扬，莫衷一是。本文拟对这些问题展开思考，提出一些个人的看法。

1. "中国话语"的可能旨趣

虽然"中国话语"四个字在当今中国人文社会科学界已被广泛地使用，但的确尚无一个比较明确的统一的内涵。要对某一问题想"有所说"，就应该对此问题的一般性含义有所界定。那么，"中国话语"究竟是个什么意思呢？显然，对"中国话语"提出的背景做一简要考察和检讨是很有必要的。

"中国话语"问题的提出不是"空穴来风"，而是有它的来路的。首先，从"西方话语"用于中国哲学研究所产生的效应看，无论是冯友兰先生的《中国哲学史》，还是任继愈先生主编的《中国哲学史》，或者后来肖萐父、李锦全先生主编的《中国哲学史》，都表明"西方话语"对"中国哲学"学科建设，乃至使中国古代思想"哲学化"都产生了根本性影响，也使中国传统思想中具有哲学意义的思想得以发掘出来。但毋庸讳言的是，由于中国学者在应用西方哲学（包括马克思主义哲学）解读、研究、规范中国古代思想的工作处于初始阶段，由于还没有更多精力用于考虑中国传统思想与西方哲学的差别，还由于哲学史研究在相当长的时期内被意识形态化，从而导致了对中国传统思想的误读和肢解。这种误读和肢解到今天愈来愈多地显现出来，作为"中国哲学"的研究者，对中国传统思想意义的被肢解、被误读自然是既痛心又愤怒，并进一步将此现象视为"中国话语"的丧失。其次，近20年来，随着中国经济、社会改革的深入，中国与西方之间的学术交流日益频繁，中国学者拥有了比以前更多的在国际学术舞台上亮相的机会；但令人尴尬的是，中国哲学及中国学者在哲学方面的研究成果很难得到外国同行的认同和重视，这就使从事中国哲学研究的中国学者感到孤独和郁闷，意识到自己的声音原来是那么的弱小无力。最后，虽然中国仍然是发展中国家，但近10年的经济发展使国家实力得到了壮大，中国传统思想亦愈来愈多地受到世界上其他国家学者的重视，每年有成批的外国留学生涌入中国学习中国传统文化、传统思想，而随着人类现代困境的愈演愈烈，许多西方著名学者开始注意、重视中国传统哲学和智慧，这又使中国学者看到了"中国话语"复苏的希望，感到"中国话语"的时代已经到来。可见，"西方话语"在中国传统思想研究中所带来的负面效应、中国学者在国际哲学舞台上的边缘化处境和当今人类面对的困境对中国传统思想的渴望，构成了"中国话语"问题的结构性背景。

这种多向重合的背景虽然为我们解读"中国话语"提供了广阔的空间，然而我们需要进一步知道的是，人们对"中国话语"是"如何说"的。文艺、文学界大概是这样说的，中国文学的写作，应该用中国古典文学叙事方法，或将古典文学作为自己写作的母题，以区别于西方逻辑的、层递思辨的、本质的"悟的学术模式"。哲学界大概的说法是，中国哲学研究，应该用传统的哲学范畴来诠解中国哲学，或从传统哲学自身提炼哲学方法和哲学理论（如范畴解释方法和理论、经典解释方法和理论）并用之于中国哲学研究。据此可以逻辑推演出的另一层意思是：既然文学研究的"中国性"要求旨在反对"西方话语"在中国文学研究中的霸权，既然哲学研究的"中国性"要求旨在反对"西方话语"在中国哲学研究中的霸权，那么所谓"中国话语"更为深层的动机，应该是对"话语权力"的渴望。所以，当今中国人文社会科学界所谈"中国话语"大概包括这样几方面的含义：中国的"语言习惯"；中国的思维方式；中国传统叙事方法或研究方法；中国传统范畴、命题和概念；中国的价值观念以及由这些方面的渴求所表现出来的对话语权力的欲望。笔者并不否认这些项目作为"中国话语"意旨的正当性，甚至也不否认其所反映的问题的严重性和迫切性，但"中国话语"问题在中国哲学研究上所表现出来的一些主张却是需要加以认真检讨的。

2. "中国话语"情状之诊断

之所以有人提出"中国话语"问题，主要原因之一在于他们看不到当代中国哲学研究中"中国话语"的存在，他们看到的是"西方话语"的满天飞舞，是"西方话语"的全方位的渗透，是"西方话语"对中国传统思想资源的任意裁剪，是"西方话语"对中国传统思想的强行误读。那么，应该怎样认识当代中国哲学研究中的"中国话语"情状呢？

当代中国哲学研究大体可以分为中国哲学研究、西方哲学研究、马克思主义哲学研究三大"学域"。可以说，无论在哪一"学域"，"西方话语"触目即是。就概念、范畴方面看，所谓"异化"、所谓"本体"、所谓"现象"、所谓"主体"、所谓"客体"、所谓"存在"、所谓"文本"、所谓"语境"、所谓"前理解"等，无一不"活跃"在当今中国哲学研究中；就学术思潮看，所谓"人道主义"、所谓"人类中心主义"、所谓"人本主义"、所谓"人文主义"、所谓"存在主义"、所谓"功利主义"等，也无一不"忙碌"于当代中国哲学研究中；就研究方法看，系统论、信息论、控制论、耗散结构论、接受学、精神分析理论、现象学、解释学等，又无一不在当代中国哲学研究中扮演着重要角色；就学术问题看，诸如生态问题、生命哲学问题、全球化问题、现代化问题、后现代问题等，也都具有浓厚的"西方话语"色彩。但令人生畏的是，"西方话语"的强势并未就此止步，它还要慷慨大方地在所有学科中播下自己的"种子"。比如，对中国传统哲学思想资源的解读，就充满了"西方哲学话语"的色彩。早在大学时代，笔者曾写过一篇"哲学史教材四弊"的短文[①]，内容是将哲学史教材的写法归为"四大块论"、"为进步而进步论"、"中庸调和论"和"最后唯心论"四种弊端。所谓"四大块论"，是说不管哲学家有无符合物质论、矛盾论、认识论、唯物史观的内容，硬是将哲学家的哲学思想分为"四大块"；所谓"为进步而进步论"，是说为了体现"否定之否定"哲学原理，将哲学史描绘成每后一个历史阶段都要比前一个

---

① 李承贵：《哲学史教材四弊》，《社会科学报》1990年6月28日。

历史阶段进步的历史;所谓"中庸调和论",就是对哲学史中的命题或观点,采取"亦此亦彼"的分析方法,将哲学史中的思想或观点描述为"可此可彼"的结构模式;所谓"最后唯心论",是说在评价任何一位哲学家时,都一律将其归为唯心主义(主观唯心主义、客观唯心主义或别的什么唯心主义)。在后来的《20世纪中国人文社会科学方法问题》一书第8章中,笔者再次提到了用"西方哲学话语"克隆中国传统思想的危害性。[①] 此外,在"西方话语"的普遍而深情的"关照"下,陆象山的"宇宙乃吾心,吾心乃宇宙"被解读成"主观唯心主义",孟子的"民为贵,社稷次之,君为轻"被解释为"民主思想",孔子的"仁爱"则被赋予"可持续发展意义",老子的"有生于无"被等同于"粒子生于真空"的物理学原理,等等。可见,在"西方话语"张牙舞爪的情境下,"中国话语"确实被挤兑、被遗忘、被边缘化,中国学者确有"自己的老婆被人借去生孩子"的尴尬,这种状况不仅令曾经为介绍西学到中国而自豪的人们感到耻辱和失望,也是我们在一定程度上肯定"中国话语"问题提出的理由。

然而或许我们没有必要那么悲观,因为"西方话语"对于中国哲学的研究、对于中国哲学的发展,并非一无是处,甚至应该说是利大于弊、功大于过。冯友兰先生的中国传统哲学思想研究,被公认为20世纪中国哲学研究的最高成就之一,冯先生成体系的中国哲学思想,如"新理学",冯先生所提出的重大哲学问题,如"抽象继承问题",没有不受西方"哲学话语"影响的,如果我们没有能力否定冯先生的哲学贡献,也就没有能力否定"西方话语"的价值。另一位西化更为鲜明的哲学家牟宗三先生,其被称为20世纪最富原创性的哲学家,而所谓"原创性",也是具体表现在他对中国传统哲学独到的研究和独到的成就上的。牟先生对宋明儒学的分疏,对儒学发展方向的规划,对中国传统思想的创造性解读,恐怕在当今中国哲学界还没有第二人。而我们所知道的是,牟先生的中国哲学研究,处处有"西方话语"的身影。牟先生说他之所以写《智的直觉与中国哲学》,是因为读到海德格尔的《康德的形而上学问题》和《形上学引论》两书受启发而为之。《智的直觉与中国哲学》本身即是一

[①] 李承贵:《20世纪中国人文社会科学方法问题》,湖南教育出版社2002年版,第8章。

部中西会通的作品，其中的术语如"先验综合判断"、"物自身"等，都是"西方话语"。《圆善论》一书有三章（总共才六章）是以康德的相关思想为内容的（第一章，康德论人性中之基本恶；第三章，康德论善与圆满的善；第五章，康德论圆满的善所以可能之条件）。在牟先生用力最久、耗费心血最多的著作——《心体与性体》中，实体、自律、存有、本体等"西方话语"贯穿全书，而且还有"宋明儒近于康德而超越了康德"的结论。难道我们会因为牟先生的中国哲学研究如此"西方化"而否认其成就吗？显然不能，因为不管是冯友兰先生的中国哲学史研究，还是牟宗三先生的儒家哲学研究，他们所关注的问题主要是中国的问题（如中国文化方向问题、中国国民性建设问题、中华民族命运问题），它们叙述思想的方式是中国的（汉语），他们处理问题的特征也是中国式的（如"和"的精神、"中庸"的方法）。也就是说，尽管如冯友兰、牟宗三先生的中国哲学研究中充满着"西方话语"，但它的底色是中国的，它仍不失为具有中国文化精神和中国民族气质的哲学。这就是笔者对当代中国哲学研究中"中国话语"情状的一个把握。所以，中国学者要做的显然不是拒绝"西方话语"问题，而是如何使用"西方话语"的问题。

3. 中国哲学研究应如何面对"话语"？

既然中国哲学的"中国身份"并不主要决定于"话语"方式，既然"西方话语"的应用对中国哲学研究具有双重效应，那么摆在中国哲学研究者面前的问题是：怎样在自己的哲学研究中恰当而富有成效地使用话语。也许，如下几个方面可以提供参考。

——恢复传统的"中国话语"以展开当代中国哲学研究是天真烂漫的幻想。被某些学者所寄予厚望的"中国话语"，既包括玄学、理学、经学等"学科"形式，也包括道、理、气等范畴，还包括经典诠释理论与方法等。那么，这些"中国话语"用于当代中国研究中会产生什么样的反应呢？首先就"中国话语"本身看，正如严复曾经批评过的，中国传统哲学范畴和概念有着模糊不清、无从界说的局限（《〈群学肄言〉按语》，《严复集》第四册），用"气"、"道"、"天"等范畴讨论当代中国哲学，怕是难有什么成效，因为当所用理论方法与所讨论对象重叠时，获得新的认识几乎是不可能的。就当代中国的西方哲学研究看，能用"玄学"或"理学"去引领其研究方向吗？又能用"道"或"气"去解释西方哲学的范畴吗？好像不易做到。就当代的中国马克思主义哲学研究而言，传统的"中国话语"似乎更难有所作为，因为传统的"中国话语"，难以表述清楚当代马克思主义哲学所讨论的问题。那么"传统话语"用于中国传统哲学研究又如何呢？我看也不能乐观。我们知道，中国哲学史，一般被划分为先秦子学、两汉经学、隋唐佛学、宋明理学、清代实学、近代西学等阶段，这种划分尽管还嫌笼统，但基本上反映了不同时代的主流话语，都是"势"之所致，任何人都没有改变这种"势"的能力。当今时代的主流话语也是"势"之所致，我们没有必要与"势"作对。所以，对于历经了一个世纪才形成的研究中国传统哲学的话语，尽管存在这样或那样的问题，我们的态度应该甚至只能是：承继这套话语、完善这套话语和正确使用这套话语。

——"西方话语"在相当长的时期仍然要与中国哲学研究相厮守。面对无孔不入的"西方话语"，面对中国思想的被强行误读，作为一名中国学者，不心存忧虑怕是做不到的。但如果将这种担忧升级为恐惧并最终走向对"西方话语"的排斥，那就是矫枉过正，那就是因噎废食，因为我们不仅主观上无法与"西方话语"告别，而且客观上需要"西方话语"的助威。从学科范式看，中国现代学科范式即是西方学科范式的移植，我们不应该否认西方学科范式的移植给中国传统思想带来的伤害，但我们似乎也拿不出充足理由否认西学范式在中国现代学科建设中的重大意义。而且，近百年的中国人文社会科学的学科建设与发展，在很大程度上要归功于"西方话语"的介入；没有"西方话语"，用严复的话讲，中国学术就"如散钱、如委积"。[①] 从比较研究角度看，中国传统思想从来就不拒绝与其他思想传统的比较和互动，在中国传统思想自身内部就拥有比较研究的传统，如墨子对儒、墨思想的比较，如庄子对儒、道思想的比较，如荀子对儒、道、墨、法的比较等。比较研究意味着作为媒介的"他者"的存在，当今中国哲学研究无疑应继承这一优良传统，而"西方话语"就是最合适的"他者"。从实际效果看，我们不仅拥有了多种类型的中国哲学

[①]《救亡决论》，《严复集》第一册，中华书局1986年版，第52页。

史教材，而且的确从中国传统哲学中获得了"新知"，我们知道了中国传统思想中有叫作"哲学"的东西；我们知道了中国传统思想中有人文主义思想，有非人文主义思想，有反人文主义思想，也有超人文主义思想[①]；我们知道了中国传统思想所具有的"主静"、"中庸"、"和合"等观念的特殊意义。如果我们不能否认这些成就，"西方话语"就不应该被"妖魔化"而遭到莫须有的诅咒，而应予以恰当的评价。从综合实力看，"中国话语"问题本质上是"话语载体"的实力问题，为什么西方话语如此强势？为什么中国学者对"西方话语"趋之若鹜？说到底是"西方话语"拥有坚强的经济、政治、科学实力做后盾。没有强势的经济，没有强势的政治，没有强势的科学，就是想拥有话语权也是极为困难的，因为你的声音根本就没有被他人接受的通道，"失语"对于在物质实力上弱小落后的文化圈而言是极为正常的现象。就今天的情势看，西方的强势仍然看不到消沉的迹象，因而未来的中国哲学研究恐怕还只能是"与狼共舞"了。

——坚持不同"话语"之间的对话，是保证中国哲学研究"中国性"的必要条件。中国哲学或中国哲学研究如要真正确定自己的"中国性"身份，就必须在思想内容和价值观念方面不断获得更新和提升，而要做到这一点，与其他思想系统的交流和互动是一个重要途径。在中国儒学发展史上，儒学的每一次开新都与"非儒学话语"的互动、交往有着密切关系。宋明新儒学的产生，在很大程度上就是因为有了道教、佛教的"话语"的挑战；现代新儒学的产生，则在很大程度上是因为有了"西方话语"（近代西方的思想、文化、价值）的启示和挑战。儒学每一次与"非儒学话语"的交往与互动，并没有使儒学丧失"自我"，反而使内容愈加丰厚、使解释能力越发增强。可以说，儒学发展史在一定程度上是不同话语之争的历史。对于这样的历史经验，当代中国哲学研究自然没有弃之不顾的理由。就"西方话语"本身而言，它并不是学术上的"杀手"，而是一套兼备了概念、思想、价值的完整学术体系，因此，作为不同于"中国话语"的"他者"，"西方话语"对于中国哲学研究有着不可替代的作用。正是在大量引进和消化西方哲学的过程中，中国传统思想中的哲学资源才得以为世人所知晓；正是在西方哲学术语的应用中，中国哲学研究才

[①] 唐君毅：《唐君毅集》，群言出版社1993年版，第401页。

得以有条不紊地展开。所以，如果因为"西方话语"的应用所导致的某些问题而拒绝"西方话语"，显然是不明智的。况且，"西方话语"所给予中国的显然不仅仅是学术符号，还有它的价值观念、思维方法。也就是说，"西方话语"在中国哲学研究中的应用，等于为考察中国传统思想资源配置了一面"免费"的显微镜，所谓"自他之耀，回照故林"，可以让我们更好地了解自己的东西，从而为我们更新中国传统思想提供参照。所以，在一定程度上可以说，正是"西方话语"的应用，我们才更能看清中国哲学的独特性，才知道如何保护中国哲学的特殊性。需要特别指出的是，中国哲学研究的"中国性"还必须在动态中坚持与把握，就是说，中国哲学研究的"中国性"，不是也不应该是以传统的符号（诸如范畴、命题）的沿用作为标准和前提，而应是以"中国内容"、"中国精神"的存在为标准和前提。中国学者在中国进行的哲学研究，不管是西方哲学研究、马克思主义哲学研究，还是中国传统哲学研究，其所要沉思、所要批判、所要建构的东西，都是离不开"中国背景"的，而解决问题的方式和态度也无不表现为"中国精神"、"中国气质"，如此"中国背景"、"中国气质"只有在不断地与"非中国话语"的对话中，才得以凸显和坚固。

——正确认识中国哲学研究中的"话语失误"。"西方话语"之所以遭到学者们的质疑，根本原因还是在于："西方话语"的应用，导致了对中国传统思想资源的误读、肢解。那么，我们究竟应怎样看待中国哲学研究中的"话语失误"现象呢？首先，"话语失误"与研究主体有着密切关系。我们知道，话语的使用是通过研究主体来实现的，也就是说，话语使用的效果与研究主体有着直接关系。笔者发现，同是在使用"西方话语"的情况下，有的研究者用得恰到好处并获得很大成就，有的研究者却因使用不当而闹出许多笑话，并伤害了中国传统思想。因此，将在"西方话语"背景下所产生的对中国传统思想的误读、肢解，完全归罪于"西方话语"，既是不公平的，也是不符合事实的。要解决"西方话语"对中国传统思想可能的误读、肢解问题，急需我们做的事之一，就是提高研究主体的素质，而不是对"西方话语"的拒绝。其次，应全面客观认识话语使用所产生的结果。提出捍卫"中国话语"的学者，大都将在"西方话语"指导下研究的成果视为错误的。问题显然不是那么简单。自从人类有了解释能力之后，对事象的解释也就因人而异，有人质疑一种解释的正确性，是因为他把"关怀"只给了客体对象，从而要求尊重被解释对象的"原来性"、"完整性"，这当然无可厚非；但从解释主体方面看，其解释的方式、解释的成果也应得到尊重，也应给解释主体一点"关怀"、一点"同情"。所以，虽然我们应该反对用"西方话语"做有损中国传统思想价值的"研究"；但问题的另一面是，当研究对象进入解释者视野后，我们就没有办法要求解释者"循规蹈矩"，反而应鼓励解释主体在解释过程中彰显"自我性"和"创造性"。从这个意义上讲，任何话语的解释都应得到认可和尊重。"西方话语"应用在中国哲学研究中所产生的成果，也就不应该都被视为消极的，因为思想的发展或创新往往表现在对传统思想的背离上。

（载《河北学刊》2005年第2期）

二　中国传统哲学自我完善的道路

——以建构"善"的生活为轴心

这里所谓"善"的生活，是指在物质、精神、制度上都能让人感到愉悦的生活。具体而言，是使人在物质上有所养、在精神上有所安、在制度上有所循的生活，而最为根本的是使人在追求"善"的生活实践中，能够将自己的权利、价值和自由最大限度地变成现实。因此，我们所说的"善"的生活，不唯是具体的果实，而且是一种过程，并以过程为核心。我们以为，中国传统哲学一直是以"善"的生活为追求目标的，而且亦部分地达到了这个目标，因而它为我们留下了宝贵的经验；但在另一方面，中国传统哲学并没有让人真正完全地获得"善"的生活，从而亦为我们留下不少值得反省的教训。

1. 中国传统哲学建构"善"的生活之资源

如果我们承认中国哲学自古以来是存在的，而哲学的根本任务就是为人类建构"善"的生活，或者为人类指明获得"善"的生活的智慧。正如阿德勒说："哲学是提供一种含有智慧的清晰的知识。它提供关于人类、世界、上帝以及善良生活与社会的智慧。它处理关于事物本质以及人生的基本问题。"① 那么我们就有理由问：中国传统哲学究竟做得怎么样呢？没有人怀疑，中国传统哲学在建构"善"的生活方面一直在努力着，并积累了一些足以传承和光大的经验。

第一，中国传统哲学内涵着生生、自强、容异、关怀等属于人类文明优秀果实的思想元素。这种思想元素是中国传统哲学构建"善"的生活

---

① [美]阿德勒：《西方的智慧》，(台)周勋男译，吉林文史出版社1990年版，第6页。

根源性力量。不过，我们今天并没有很好地将这些根源性力量释放出来，具体表现是，我们的哲学并没有完整地将自己的理念表现于那些服务于人类的政治制度和公共政策之中。因而在当代社会，我们有责任将这些思想元素最大限度地释放出来。

第二，中国传统哲学为人类预设了诸多善品性，以鼓励、培养个人对道德的敬畏和容受。比如，孟子提出人性本善论，并进一步诱导说：路途之人皆可以为尧舜。这种先天性承诺的确有助于人们确立自己可以成为圣人的信念，从而成为一种建构"善"的生活之内在力量。

第三，中国传统哲学精于伦理规范的设计，以培养、提升个人对秩序的自觉。中国传统哲学所提出的伦理规范、道德范畴、礼仪秩序，可能是世界历史上最为系统、最为完备的，几乎涉及人人关系的所有空间。它以外在规范性力量对人的行为施加影响，使人生活在"合理"的秩序之中。

第四，中国传统哲学注重构建超越性力量，以警示帝王、百姓对权力的尊重，以监督拥有权力者对权力的滥用。中国传统哲学认为，君权天（神）授，孔子的"天命"、墨子的"天志"、董仲舒的"天"，都具有同样的功能。比如，董仲舒认为，如果君主不能用好手中的权力，反而导致社会灾害的发生，那么将会遭到天的警告或惩罚："凡灾异之本，尽生于国家之失，国家之失乃始萌芽，而天出灾异以谴告之。谴告之而不知变，乃见怪异以惊骇之，惊骇之尚不知畏恐，其殃咎乃至。"（《春秋繁露·必仁且智》）没有疑问，这种具有双重意义的、神秘性的、超越性的力量（天）的设计，对于减少因为权力的争夺和滥用所导致的灾难具有积极意义。

第五，中国传统哲学敢于对社会丑恶现象进行检讨和批判，成为社会健康发展的精神力量。儒家哲学、道家哲学、墨家哲学，无一不对社会批判倾注着热情。比如，孔子对社会中不通过正当手段获得财富和显贵的批判，所谓"不义而富且贵，于我如浮云"（《论语·述而》）。老子对社会不平等也提出过尖锐批判，认为天道是损有余以补不足，而人间则是损不足以奉有余，提出人道应该学习天道。所谓"天之道，损有余而补不足；人之道，则不然，损不足以奉有余。孰能有余以奉天下，唯有道者"（《道德经·七十七章》）。墨子认为，人人之间之所以出现互不信任、互不相爱、强暴弱、富侮贫、贵敖贱、诈欺愚之现象，就在于"天下之人皆不相爱",所以提出"兼相爱"。因此,如果说批判性是哲学的重要品质之一,那么中国传统哲学显然是不缺乏的。而这些批判对于社会健康而文明地发展无疑是有积极作用的,也就是说,是有助于"善"的生活建构的。

第六,中国传统哲学具有自我反省的精神和能力。中国传统哲学具有惊人的自我反思、自我检讨的精神和能力。所谓"我不敢知曰:有殷受天命,惟有历年。我不敢知曰:不其延,惟不敬厥德,乃早坠厥命"(《尚书·召诰》)。所谓"惟吉凶不僭在人,惟天降灾祥在德"(《尚书·咸有一德》)。这就叫"皇天无亲,唯德是辅"。人民是否遭受灾害,国家能否发展强大,君主权力是否得到巩固,中国传统哲学习惯于从自身找原因,习惯于检讨自身的"德"是否出了问题。孔子说:"不患人之不己知,患其不能也。"(《论语·宪问》)也是自我检讨、自我反省精神的一种体现。可见,中国传统哲学是具有强烈的自我反思、自我检讨的能力。所以我们说,中国传统哲学在追求"善"的生活道路上一直努力着,并积累了一些独具参考价值的思想元素。而这些思想元素是中国哲学自我完善过程中需要继承和发扬的。只不过,我们也看到,中国传统哲学并没有将"善"的生活完全建构起来。当然这里没有全归因于中国传统哲学的意思,只是就中国传统哲学的角度而言,我们认为还有可以改善的空间,还有需要努力的方向。那么,中国传统哲学应改善的空间、应努力的方向在哪里呢?

2. 中国传统哲学需要改善的空间

我们试着提出这样几个设想:第一,改变中国传统哲学过多地将假设的或"潜在"的善看成现实的善之思维习性。不可否认,"仁"在我身,人性本善,对于增强人的道德自信、行善自觉具有内在肯定意义。但是,这种方式是以对人充分信任为前提的,可是现实的情形却往往对这种信任给予颠覆和讽刺。所以,我们或许也应该对"性恶"予以重视,对人要半信半疑,甚至预先把人都看成潜在的流氓和无赖,所谓"先小人后君子",将此作为另一思考起点,来进行哲学的思索和规划。第二,改变中国传统哲学过度注重等级秩序的特性。中国传统哲学对等级的重视,一方面表现在对等级秩序不遗余力的建构上，另一方面表现在对等级秩序的忠诚守护上，对在人与人之间进行地位、权力、财富上的更替或重组，较少表现出热情的欢迎，即便这种重组是"善"的。而作为真正的哲学而言，对具有积极的、正义价值的地位、权力、财富上的变更，应表现出欢迎和支持的态度。第三，改变中国传统哲学对权力的依附习气。中国传统哲学大多情况下表现为对权力的屈从和依附，使中国哲学的独立品质难以充分地彰显。中国传统哲学不能说没有独立精神，而且从根源上说是充满独立精神的，但中国传统哲学自从朝意识形态转向后，其对权力的依附胜于对权力的独立，从而消解了哲学理性与政治理性之间应有的张力。而哲学对权力的依附在很大程度上是哲学自我品格的丧失，即便是哲学欢迎的权力，哲学也应该保持清醒的意识，以促使权力在公正的轨道上行走。因此，当哲学将坚持并张扬它的独立性视为生命的时候，其对"善"的生活之建构作用将会是创造性的。第四，中国传统哲学没有能建立起使公正、正义等价值或理念顺利实现的途径和措施，中国传统哲学在这方面严重缺乏创造性。中国传统哲学自然是把"善"的生活作为追求目标的，因而公正、正义自然是中国传统哲学的价值理念。然而，中国传统哲学在为实现公正、正义的价值理念而努力时，似乎没有创造出一套可供操作的方法来。正如牟宗三先生说，先儒并没有想出一套办法来解决政权与政道问题。所以，我们根本就没有躺在我们所认为的中国哲学的优越性上自足自豪的资本，而应该认真检讨我们在更新中国传统哲学方面还有哪些重要的、艰难的工作需要去做，而西方哲学可能是最值得我们参考的智慧。第五，改变中国传统哲学过分追求实用的品性，增强中国传统哲学的超越性。中国传统哲学以利用、厚生为根基，以齐家、治国、平天下为目标，经世致用是中国传统哲学的主导性价值。然而，对于人的精神世界，对于人的心灵领域，与西方哲学比较，中国传统哲学的关切相对薄弱。而一个只知道吃饱穿暖而不知道欣赏诗歌艺术、文学作品、哲学格言、宗教经文的人，或者说一个不能在精神世界有所享受的人，很难说他过的是一种"善"的生活。所以，中国传统哲学必须实现由以关心物质为重走向以关心精神为重、由以关心肉体为重转向以关心心灵为重、由以关心实用为重转向以关心价值为重的转型，从而使世俗、经验、实用等特性在中国传统哲学中有所弱化。如果我们不能改变中国传统哲学与物质主义为伍、与经济主义为伍、与实用主义为伍的偏颇，中国传统哲学在建构"善"的生活方面就很难会有创造性贡献。

我们认为，中国传统哲学若能对人性做全面的关注和检讨，不仅在乎从人性本善的意义上开出德性的世界，而且在乎从人性本恶的意义上开出法制世界；中国传统哲学若能在静态地处理秩序的基础上，更能动态和发展地看待秩序和价值转换，并尽自己所能赋予新的意义；中国传统哲学若能改变依附权力的陋习，坚持自我价值诉求，尽显自己的独立性；中国传统哲学若能寻找并开辟出一条实现其价值理念的科学的路径；中国传统哲学若能改变以经世致用为主导性价值的偏颇，努力增强超越性……那么，我们就有理由对中国传统哲学在建构"善"的生活方面做更多的期待。

法国哲学家狄德罗说："要使哲学在俗人眼里成为真正可尊重的，只有一个唯一的方法，这就是为他指出哲学伴随效用。俗人永远总是问：'这有什么用？'决不要使自己处于不得不回答他说'毫无用处'的境况；他不知道那使哲学家明白的和那对俗人有用的是两种极不相同的东西，因为哲学家的理智是常常为有害的东西所明白，而为那些有用的东西所弄糊涂的。"[①] 我们将此称为"狄德罗式困境"，其实我们常常遭遇这种困境。而消解这种困境的办法正如狄德罗所说，"要指出哲学的效用"。本文即是以中国传统哲学为例指出它的已有效用和应有效用。不过，我们的目的当然不只是为了让俗人闭嘴，而是为了让哲学更好地实现它的神圣使命，并在实现其神圣使命的同时完善自身。

（载《福建论坛》2008 年第 1 期）

---

① ［法］狄德罗：《对自然的解释》，上海师范大学等编选《欧洲哲学史原著选读》，福建人民出版社 1985 年版，第 520 页。

三 浅议中国哲学从业者的资质

从事任何一门行业的工作都有它的资质要求。这里所谓资质要求，不是说不具备某些资质的人就没有资格研究中国哲学。而是说，具备了某些资质，可以促进中国哲学研究水平的提高；而且，这种要求对所有从事中国哲学的研究人员而言同样是有效的。因而这里所提出的诸种资质并不意味着笔者已然具备。仅仅是根据笔者的有限经验和感悟，提出相关建议而已。

1. 包容心理

所谓包容心理，主要是指中国哲学从业者对待哲学资源的态度。在中国哲学史上，哲学资源极为丰富，就学派而言，在先秦有儒、道、墨、法、名等学派，隋唐以后，有儒、道、佛三大家，在宋明，小而言之，有濂、洛、关、闽，大而言之，有程朱理学、陆王心学……而研究者对于不同学派或不同学说的兴趣、理解、认知、判断有非常大的差异，有时甚至敌视自己不喜欢的学派、学说或哲学家。在这种情境下，有的哲学资源就可能被完全否定而弃置一旁，有的哲学资源则可能得到比较完善的保护。可是，由于哲学资源及其价值的丰富多彩性、复杂性，研究主体并不能对传统哲学中某个哲学学派、哲学学说或哲学家做简单、终极的裁决。如果研究主体对哲学资源的多样性、复杂性不能给予包容，而是将自己的价值标准作为判定，从而选择、继承、应用哲学资源的终极根据，那么，中国传统哲学资源就可能被抽空、被贫乏化。然而，现代中国哲学的创造和发展，不可能植立于贫瘠的土壤上、不可能建立在干枯的沙漠上，它需要哲学的丰厚土壤，它需要哲学的宽阔海洋，它需要哲学的风云变幻，它需要哲学的奇思异想，而中国传统哲学资源足以满足这些要求。换言之，中国传统哲学资源及价值，是中国哲学生长的源泉之一，是中国哲学发展的动力之一。只有让所有哲学学派、哲学学说、哲学家"完整而安全"地存在，即对中国传统哲学资源秉持一种包容心理，中国哲学研究者才能拥有更宽阔的视域和更丰厚的养料，哲学诠释才能持续性地加以展开，哲学思想才能不断地被丰富和发展。

从历史经验看，包容心理本是中国哲学提倡的品质之一。《中庸》说："万物并育而不相害，道并行而不相悖"，就是主张一种包容万有的心理，只有让万物并育才会有多彩的世界，才会有多样的种子；只有允许多种学说并行，才可能有百家争鸣，才可能选择最好的"道"。王安石认为，要丰富发展儒学，就应该放眼所有的学说，在所有学说中进行选择和综合。他说："某但言读经，则何以别于中国圣人之经，子固读吾书每如此，亦某所以疑子固于读经有所不暇也。然世之不见全经久矣，读经而已，则不足以知经。故某自百家诸子书，至于《难经》、《素问》、《本草》诸小说，无所不读；农夫女工，无所不问。然后于经为能知其大体而无疑。盖后世学者，与先王之时异矣，不如是，不足以尽圣人之故也。扬雄虽为不好非圣人之书，然于墨、晏、邹、庄、申、韩亦何所不读？彼致其知而后读，以有所去取，故异学不能乱也。惟其不能乱，故能有所去取者，所以明吾道而已。子固视吾所知为尚可以异学乱之者乎？非知我也。方今乱俗，不在于佛，乃在于学士大夫沉没利欲，以言相尚，不知自治而已。子固以为如何？"[①] 在王安石看来，以往的一切经书，不管是佛经，还是"六经"，甚至《难经》、《素问》、《本草》等书，应该无所不读，也就是应该有个包容心理。为什么？因为第一，人们所面对的经书不系统、不全面，因而如果不全面地阅读，就不足以知道"经"之本貌；第二，经书从先王时代传至后世，时代更替，经书杂乱，如果不做到无经不读，根本无法知道"经"之大体；第三，大儒都是无经不读才有成就，比如扬雄，就是什么经书都读，才知道取舍，有所取舍，便意味着识别真伪、同异能力的提高。可以说，王安石对于经书的包容心理是他哲学思想宽广、精深、博厚的原因之一。严复曾提出"统新故而视其通，包中外

[①] 《答曾子固书》，《临川先生文集》，中华书局（上海），1959年版，第778—779页。

而计其全"的主张,认为作为学术研究的主体,对待古今中外的学术思想,首先要有的是"统"、"包"的心理,在"统"、"包"基础上,才能找到古今中外哲学思想、学术文化中的"通"者、"全"者。因此,作为中国哲学的现代研究者而言,包容心理只是继承中国传统哲学的优良传统而已。

2. 忠诚品质

所谓忠诚的品质,就是要求中国哲学从业者同情、客观地对待中国传统哲学资源,同情、客观地看待中国传统哲学功能,同情、客观地理解中国传统哲学义理,同情、客观地判断中国传统哲学价值。这个问题之所以提出来,是因为在当下中国传统哲学研究中,存在如下让人担忧的倾向:其一是在对中国传统哲学资源缺乏基本的理解情境下,随意而大胆地提出丰富发展的主张;其二是在对中国传统哲学资源缺乏基本的理解情境下,随意而大胆地宣讲自己对中国传统哲学的解释;其三是在对中国传统哲学资源缺乏基本的理解情境下,对中国传统哲学特征进行肆无忌惮的攻击和批判;其四是在对中国传统哲学资源缺乏基本理解的情境下,对中国传统哲学功能和价值进行非理性的辱骂和否定。

可以理解和宽容的是,我们任何从事中国传统哲学研究的人员,都不敢说自己对中国传统哲学资源的理解是百分之百的准确,但是我们任何人都有责任尽最大努力去接近中国传统哲学的本义。也就是说,在我们发挥或者彰显自己的哲学主体性——哲学研究者在展开哲学研究中所表现出来的创造欲望和价值诉求的时候,我们务必力行忠诚的品质。首先是应该忠诚地阅读。所谓忠诚地阅读,就是读全、读透。作为中国传统哲学研究者,我们首先面对的就是承载中国传统哲学资源的经典或文本,对于这份文本,我们应该怀着感恩而忠诚的心去阅读。"读全"就是应该全面地阅读,因为如果只部分地阅读,甚至只阅读某几句话,就不可能整全、系统地思考、理解被阅读文本的思想或观点,从而很难有客观的判断和评论。"读透"就是要领会被阅读文本的真正含义,如果不求甚解,望文生义,自然也不可能准确地理解被阅读文本所传递的思想或观点。其次是应该忠诚地理解。所谓忠诚地理解,就是全面、准确地理解。中国传统哲学资源是一庞大而复杂的文本系统，在这个系统中，结构上肯定有基本义理与逻辑演绎、根本价值与表现形式的差别，内容上肯定有根源义与再生义、基本主张与一般主张的差别。而对中国哲学从业者而言，如果不能正确理解中国传统哲学资源的这种结构特点，就不能抓住被阅读文本的精神所在，就会把表面的、枝叶的东西当作本质的、主干的内容，自然不能说忠诚地理解了中国传统哲学。再次是应该忠诚地评判。所谓忠诚地评判，就是全面、准确地评判。中国传统哲学的功能、价值，蕴藏在中国传统哲学经典文本中，而蕴藏在经典文本中的中国传统哲学的功能和价值，与不同时代的人民群众实践是密切联系着的，这就意味着，中国传统哲学的功能、价值不仅需要发掘、理解上的悟性，还需要有真实而巨大的历史感。对于中国传统哲学功能、价值的评判，只有忠诚于中国传统哲学生长环境、历史境遇、普世需求，才能做到既准确地是其所是、非其所非，又能让其满足人民的需求。最后是应该忠诚地创造。一般而言，所有中国哲学从业者都有责任对中国哲学进行创造性工作，不过让我们害怕的是，某些中国哲学从业者，创造欲太过旺盛，很少考虑创造的始基和路径。另一种情况是，从业者主观上的确是努力地创造、创新，但他的创造或创新完全否定中国传统哲学源头、完全否定中国传统哲学的身份、完全否定创造灵感来自中国传统哲学，就是说，他的创造或创新就是在中国哲学义理、价值环境中开展的，但他似乎羞于认祖归宗；另外，某些中国哲学从业者的所谓"创造"不是创造，而是编造，但他又强行与中国传统哲学拉上关系，将自己的"创造"贴上中国哲学的身份，害怕没有家的孤寂感，害怕没有博大精深的中国哲学的荣誉感。第一种创造将"是"看成"非"，他的创造、创新就是中国传统哲学所提供的资源和灵感，却对这种事实加以否认；这当然是不忠诚。第二种创造将"非"看成"是"，他的创造、创新与中国传统哲学性格没有任何关系，却对这种事实加以否认，这仍然是对中国传统哲学的不忠诚。

概言之，忠诚地阅读，才能全面而不是片面地阅读中国传统哲学文本；忠诚地理解，才能准确而不是偏颇地把握中国传统哲学义理；忠诚地评判，才能客观而不是主观地评价中国传统哲学的价值；忠诚地创造，才能有故地而不是无缘地展开中国哲学的创造；也就是说，"忠诚"是中国哲学从业者不可或缺的品质。

3. 怀疑态度

我在前面主张，研究中国传统哲学要有忠诚的态度，但忠诚的态度不是没有原则的迁就，不是放弃研究者的自我判断，相反，真正的忠诚也包括对于中国传统哲学是非真伪的理性判断、义理的客观认知和价值的持续追问，这就是怀疑的态度。为什么需要怀疑的态度？提出这个问题的直接原因，就是在当下中国哲学研究中，某些从业者面对中国传统哲学资源缺乏任何判断、证伪、辨正工作。拿到文本就解释，读到文本就评论，不管所读文本是真是假。可以想见，这样做出来的"成果"是没有什么学术价值的。另外一个原因是，当下某些中国哲学从业者在展开思考和研究时，对传统哲学文本所蕴含的问题不能去怀疑、不能去思考、不能去想象，他们是在现有的文本上做些肤浅的注释，这对于中国哲学研究而言显然是不够的。因此，对于中国哲学从业者而言，不仅要"疑其所有"，还要"疑其所无"。所谓"疑其所有"，就是对于现有的中国传统哲学文本应持有疑心。人所共知，中国传统哲学的文本，从版本到年代，从结构到内容，从作者到语言等，都存在非常大的"疑点"，都需要进行考辨。比如，《易传》中有许多孔子的话，究竟能不能归于孔子本人说的，只有通过科学的考辨才能下结论。再如《列子》的作者、年代及内容，也是需要进行考证的，如果没有任何质疑从而弄清《列子》的"身世"，就把《列子》完全当作"列子思想"来研究，肯定是要闹笑话的。因此，中国传统哲学的存在状态要求研究者必须持有怀疑的态度。所谓"疑其所无"，就是对于中国传统哲学文本所蕴含的意义或价值进行追问，任何哲学文本都存在"想说而没有说"或者"应该说却没有说"的"意义"，这就需要从业者具有怀疑的能力，将传统哲学文本没有说出来的"意义"说出来，从而实现对中国传统哲学的丰富和发展。

从历史经验看，"怀疑"也是中国传统哲学的优良品质。中国传统哲学的延承和发展得益于怀疑。孟子曾说，"尽信《书》则不如无《书》"。在孟子看来，书是可以信的，但不能全信，因为书不仅版本存在问题，书中的义理和意义也是需要辨别和领悟的。这大概是孟子能够发展孔子

"仁"的思想动力之一吧。庄子哲学在人生论、修养论、知识论等方面都有独到贡献。根本原因之一也是庄子的怀疑品格。在庄子看来，世间任何事物都是不可靠的，都是值得怀疑的，正是在怀疑中提出他的思想和主张。陆九渊之所以能独创心学，开辟儒学新气象，与他的怀疑精神也是密切关联的。他说，"为学患无疑，疑则有进"，又说，"小疑则小进，大疑则大进"，陆九渊完全将怀疑视为学术思想创造的动力了。胡适在中国哲学研究上的成就虽然存在这样或那样的争论，但谁也不能否定他的成就；而且，胡适的学术成就并不仅仅体现在中国哲学研究上，在史学、禅学、文学等领域也多有创新之论。而胡适所主张的存疑方法、怀疑精神自然是他取得成就的原因之一。胡适认为，对于任何学说、观点、主张，让他相信的办法只有一个：拿证据来，否则只能持怀疑态度。而要证实被怀疑的对象只有去寻找根据，在寻找根据过程中就可能发现新的问题，就可能提出新的学术观点，所以，胡适的许多学术思想和学术观点是被怀疑逼出来的。可见，以往的中国哲学家之所以能够对中国哲学有独到贡献，之所以能够推动中国哲学的进步和发展，就在于他们面对中国传统哲学文本时既能"疑其所有"又能"疑其所无"。"疑其所有"，才能在中国传统哲学中找到不足，才能形成对传统哲学文本的完整认知，才能提出表述和解决哲学问题的方法；"疑其所无"，才能提出新的哲学问题，才能描绘新的哲学蓝图，才能建构新的意义世界。

概言之，对于中国哲学从业者而言，如果希望在中国哲学研究中有所作为、希望为中国哲学的发展贡献智慧、希望在中国哲学研究中有所创新、希望在中国哲学研究中留下自己的印记，那么，他必须具备并且力行怀疑的品质。当然，提倡怀疑并不是要求中国哲学从业者不信任传统哲学文本，并不是否定一切传统哲学资源，而是有意指出"怀疑"对于从事中国哲学研究者的特殊意义，对于认知、理解和创新中国哲学的特别意义。

4. 独立人格

所谓独立人格就是要求中国哲学从业人员在展开中国哲学研究时，能够保持自身的独立性；这种自身独立性主要是指，在展开哲学思考、哲学研究、哲学批判、哲学建构时，完全以自我价值立场为根据；这种自我价值立场不是个人主义、主观主义、唯我主义的，而是说不为时事附仰、不为名利牵累、不为政治移易。不为时事附仰，不是不关注时事，而是面对时事时有自己的价值判断，这个判断也不一定与时事相悖；不为名利牵累，不是完全舍去名利，而是面对名利时不会影响自己的理念；不为政治移易，也不是完全远离政治、憎恨政治，对政治不闻不问，而是你的哲学思考和研究不能被政治所左右，你的哲学研究支持某种政治或者批判某种政治，都是出自你的哲学理念。因此，我们所谓"独立人格"，就是要求在中国传统哲学研究中，必须坚持自己的言说方式，必须坚持自己的价值立场，既不能为了学术之外的目的而编造观点，也不能将中国哲学资源当作证明某种说教的工具。中国哲学研究必须独立地寻找自己的真理与精神，必须彰显研究者的自我思想、自我价值、自我性情、自我人格，从而使中国哲学研究充盈着生机和生命，从而使中国哲学的超拔气象和空灵境界得以充分显示，从而使中国哲学的批判品格得以彻底的释放。

从历史经验看，大凡有创造性的哲学家、思想家，没有一个不是具有鲜明的独立品质的。庄子的独立孤傲让世世代代人仰慕。当楚威王用千金聘用庄子做宰相的时候，庄子竟然说如果接受聘任，自己就会变成用于祭祀的牛，将永远不会得到自由。在庄子眼里，自由独立的价值远远高于千金重利，远远高于宰相尊位，此谓不为名利所累也。设想如果庄子接受了宰相尊位，他还可能创造出精彩纷呈、深邃灵妙、穿透人生的哲学吗？王安石创立"新学"，与他信奉的独立品质是分不开的。他曾说："善学者读其书，惟理之求。有合吾心者，则樵牧之言犹不废；言而无理，周、孔所不敢从。"就是说，对于经书的研读和评判，根据是"吾心"，是哲学思考者的内在性主张，而不是他者。心学家陆九渊在哲学思考上的独立人格十分鲜明。他认为，从事任何活动、判断任何事情，应该以"理"为根据。他说："凡事只看其理如何，不要看其人是谁。"而"理"即研究主体的内在规定性，或内在价值，不管什么文风、不管有无对皇帝不恭、不管说话的人是谁，"理"是其最终的审判根据。因此，"六经"既不是千古不变的真理，也不是放之四海的标尺，思考、研究"六经"还得以"我"为中心："学苟知本，六经皆我注脚。"王阳明的哲学思考也视"独立"为生命。他认为,"六经"不过是反映人心、抒写人心的经籍:"六经者,吾心之记籍也。而六经之实则具于吾心",而研究、解释、评判的标准不是多数人——"夫君子之论学,要在得之于心。众皆以为是,苟求之心而未会焉,未敢以为是也;众皆以为非,苟求之心而有契焉,未敢以为非也";也不是圣人、不是权威——"求之于心而非也。虽其言出于孔子。不敢以为是也,而况其未及孔子者乎!求之于心而是也,虽其言出于庸常,不敢以为非也,而况其出于孔子者乎!"而是我的"心"。王阳明的心学标新立异,独具创造性,正得益于他这种论学上的独立精神!在王国维看来,哲学之所以能有独特的价值,就在于它独立超越的品质。他说:"以功用论哲学,则哲学之价值失。哲学之所以有价值者,正以其超出乎利用之范围故也。且夫人类岂徒为利用而生活者哉。人于生活之欲外,有知识焉,有感情焉。感情之最高之满足,必求之文学、美术;知识之最高之满足,必求诸哲学。"[①] 这句话换作对中国哲学从业者的要求便是:应把哲学当作目的而不能当作手段;如果哲学被当作求得功用的手段,那哲学永远不能发达。梁漱溟也视"独立"为生命。他说:"我是自己有一套思想,再来看孔家诸经的;看了孔经,先有自己意见,再视看宋明人书;始终拿自己的思想作主。"所谓"自己有一套思想",就是说在看儒家经书时,以我为主,坚持自己哲学思考、哲学研究的独立性。可以想象,如果梁漱溟缺乏这种特立独行的精神,他在中国哲学研究上肯定不会有那么大的建树。概言之,坚持中国哲学研究中的独立人格,就是要使中国哲学研究挺立个性、坚守中立、彰显不阿,使中国哲学时刻体现它的"哲学"品质、灵魂和魅力。

(载《福建论坛》2010年第2期)

[①] 《奏定经学科大学文学科大学章程书后》,《王国维学术经典集》上,江西人民出版社1997年版,第156页。

四 中国传统哲学当代开展的四个向度

哲学的开展应该根据哲学的自身特点而进行，中国传统哲学的开展除了应遵循哲学开展的一般规律之外，还应照顾到其自身的特点。根据这一理念，我认为中国传统哲学的当代开展，应该坚持或遵循如下四个向度。

1. 问题的向度

哲学向来是以问题为中心的，可以说，没有问题就没有哲学。翻开中外哲学史，这点一目了然。就中国哲学史而言，比如名实关系问题，正是围绕名实关系之争，才有孔子的"正名"说、老子的"无名"论、公孙龙的"白马非马"论、墨子的"取实予名"论、荀子的"制名指实"论等哲学学说。再如人性善恶问题，正是围绕人性善恶的争论，先后产生了孟子的性善论、告子的性无善恶论、荀子的性恶论、扬雄的性善恶相混论、董仲舒性三品说、张载的"天地之性、气质之性"说、朱熹的"心统性情"论。可见，中国哲学史就是哲学问题史。就西方哲学史而言，比如普遍与个别关系问题。古希腊哲学关于万物本原是水是气还是火的讨论，实际上就是要在个别的、多样性的、变动不居的东西中寻找一个普遍的、统一性的、不变的东西。柏拉图的"理念说"中的感性事物就是个别的、多样性的、变动不居的东西，而"理念"是普遍的、统一的、不变的东西。亚里士多德认为，"理念"不在感性事物之外，而在感性事物之中；普遍不在个别之外，而在个别之中。中世纪哲学"实在论"与"唯名论"之争，便是普遍、个别孰重孰轻之争。近代"唯理论"与"经验论"之争也包含普遍与个别的关系问题。经验论者重个别，如洛克以个别为实在；唯理论者重普遍，如斯宾诺莎把多样性的东西看成是唯一实体的变形，从根本上否认多样性、个别性。康德的"理念"是理性所追求的无限统一体，是"本体"，但由于割裂了现象与本体，最高统一体脱离了多样性的事物。黑格尔在唯心论基础上系统地阐发了普遍与个别的辩证关系，他的"具体普遍"就是强调普遍下个别的结合，但他的"绝对理念"最终还是脱离了时间中个别的具体事物，成了超验的普遍。可见，西方哲学史也是围绕哲学问题而展开的。因此我们可以说，没有哲学问题，既没有中国哲学史，也不会有西方哲学史。

还可以从哲学的质量看。这里讲的哲学质量，就是所谓好的哲学或坏的哲学，而哲学的好坏与哲学问题的有无、好坏有密切的关联。所谓好的哲学问题，我们认为至少要具备三个条件或特性：一是关怀性。就是说，哲学问题应该具有关怀性，即它一定是对问题的关怀，不管是本体论问题、知识论问题，还是逻辑问题、语言问题，首先是对这种问题的关怀。因为哲学关怀这些问题，就是要解释它们、解决它们，这就是一种关怀。哲学的关怀并不一定是直接关怀人生、人类的命运，对人类所遭遇的各种问题的解释和解决，也是一种关怀。哲学问题的关怀性决定哲学的性质。二是可展性。就是说，这个问题是可解释的，而且这种解释是无限度的。具体来讲，即它是蕴涵了诸多问题而升华到一个哲学问题，继而通过这个问题的探讨以发现或推演出其他问题。因此，这个哲学问题不是单一的而是复合的，不是一维的而是多维的，它可以有无限解释的空间，它好比母体，具有繁衍的能力，不断繁衍出新的哲学问题。哲学问题的可展性决定哲学的生命力。三是游戏性。就是说，这个问题是好玩的、有趣的，可以让哲学家痴情于它而流连忘返。如果哲学问题只是冷峻严酷，没有可爱的一面，也是玩不下去的。不管是语言问题、逻辑问题，还是本体论问题、知识论问题，都必须是充满着游戏性质的。哲学问题的游戏性决定哲学的艺术品质。我们可以举例来说。肉体和灵魂关系问题是宗教的一个基本问题，它之所以会成为西方哲学长期讨论的问题，原因就在于它具有关怀性、可展性和游戏性。人死后有没有灵魂？人的灵魂与肉体是什么关系？它们谁决定谁？没有人不关注自己的生命，不关注自己的灵魂，所以肉体与灵魂问题肯定是有关怀性的。那么，肉体和灵魂问题有没有可展性呢？回答自然是肯定的。肉体和灵魂问题可以引申出诸如精神与物质关系问题、精神灭不灭的问题、肉体和灵魂关系问题、人生价值问题、人生幸福是什么的问题等，可见，肉体和灵魂关系问题自然是有可展性的。至于游戏性，思考和研究肉体与灵魂关系问题肯定具有乐趣。没有人不会对自己的精神或灵魂感兴趣，特别是精神与肉体的关系具有无穷的诱惑力：肉体消亡了，灵魂会怎么样？灵魂如何指挥肉体？在什么情况下对肉体的作用最明显？因此，灵魂和肉体关系问题无疑也是充满游戏魅力的。

可见，哲学问题不仅是哲学开展的主轴，也是哲学得以深入的前提。有了哲学问题，哲学讨论才可能展开，哲学思索才可能深入，哲学才可找到新的生长点，哲学才会充满活力和生机。在哲学展开它的思考过程中，还可以因为对哲学问题主张的差异而形成不同的哲学学说、不同的哲学学派，从而推动哲学发展。所以，问题的向度是哲学的基本向度。

2. 诠释的向度

诠释是主体对文本进行的理解、解释和评价性活动，它的特性是综合的、开放的、贯通的、批判的，诠释既是哲学丰富、发展的一种途径，也是哲学存在的一种方式。一部中国哲学史在很大程度上就是一部诠释史。《易传》是对《易经》的诠释，韩非子《解老》、《喻老》是对《老子》的诠释，王弼《老子注》是对《老子》的诠释，郭象《庄子注》是对《庄子》的诠释，朱熹《四书集注》是对《论语》、《孟子》、《大学》、《中庸》的诠释，戴震的《孟子字义疏证》是对《孟子》的诠释，冯友兰的"新理学"是对程朱理学的诠释，贺麟的"新心学"是对陆王心学的诠释……可见，正是通过诠释，中国哲学才得以敞开、得以伸展。如果说这只是从经验的角度说明诠释之为中国传统哲学开展方式的必要性，那么，我们还可以从实行和理论的角度进一步说明之。

其一，通过诠释，可以将传统哲学的意义或价值发掘出来。要让中国传统哲学焕发青春，只有使传统哲学与现代生活发生联系，而要使传统哲学与现代生活发生联系，首先要做的工作就是在传统哲学中寻找那些可以为现代生活所接受、所消费的资源。也就是我们通常所讲的意义或价值。诠释的基本任务之一是对思想文本进行阅读、理解和解释，使被诠释的文本的意义或价值显露出来。比如，要说明"仁"这个范畴对现代社会的价值，我们就得对"仁"所蕴含的意义或价值进行诠释。通过诠释，我们会知道，"仁"具有"爱人"、"良心在我"、"自我主宰"、"通达"、"万物一体"等含义，而这些含义对于现代社会而言，都是有积极价值的。

其二，通过诠释，可以使传统哲学与当代社会生活发生连接和互动。中国传统哲学的价值被发掘出来之后，要使其意义或价值得到落实，就需要与现实社会生活发生连接。而使传统哲学价值或意义与现实生活发生连接，还得依靠诠释。我们知道，诠释是主体对思想文本（传统哲学）的理解、解释和评价，可是，任何诠释主体都是具体的、历史的，就是说，诠释主体所面对的实际上是两种文本，一是思想观念文本，二是社会实践文本。如此，诠释活动便通过主体将传统哲学与现实社会生活打通，传统哲学思想内容之调整，传统哲学思想内容之丰富，传统哲学意义或价值之落实，都需要通过诠释得以解决。

其三，通过诠释，可以使传统哲学实现自我调整和丰富发展自己。传统哲学的当代开展，并不完全表现为价值或意义的现代性诉求，同时也是表现为自我思想、自我意义的丰富和完善。传统哲学的自我丰富和发展也可通过诠释来达到目的。比如，宋明就是中国传统哲学自我调整的一个时期，对先秦哲学进行了深刻的检讨和批判，在否定中肯定，在继承先秦哲学基础上，对哲学进行了调整，对先秦哲学文本进行了丰富，对先秦哲学学派进行综合，对先秦哲学思想进行改造提升，从而使宋明哲学在整体上超越先秦哲学。

3. 实践的向度

在我看来，作为意识形态（非指政治意义上的意识形态）的哲学，它最根本的、最后的根据就是人类实践。哲学从实践中升华而来，哲学也因服务于实践而去。中国传统哲学的当代开展，似乎不能例外。首先，通过实践，中国传统哲学可以寻找到哲学问题。前文已言，哲学问题对中国传统哲学的当代开展至关重要，但哲学问题不是从头脑中产生的，而是来自人类的生活实践。因此，中国传统哲学如要自我开展，就应该在当代人类实践中寻找哲学问题，这个寻找哲学问题的过程也就是中国传统哲学开展的过程。就眼下而言，中国传统哲学应该关注当代中国社会改革实践中所出现的问题，应该关注当代世界经济、政治关系中所出现的问题，应该关注当代全球化、商业化、技术化、物质化所带来的人类性课题，进而对这些问题或课题展开反思，并进行哲学的解释和处理。显然，这一系列"关注"意味着中国传统哲学的当代开展，这种开展不能游离于实践之外。

其次，通过实践，中国传统哲学的意义可以得到检测和落实。中国传统哲学的当代开展之所以离不开实践，还在于中国传统哲学的意义或价值需要实践来检测和落实。我们知道，中国传统哲学的当代开展，意味着中国传统哲学的意义或价值必须落实于实践。或者说，中国传统哲学只有在意义或价值方面对实践有所影响，才可以说中国传统哲学在当代的开展。所以，中国传统哲学的意义或价值通过实践而客观化，自然是中国传统哲学当代开展的表现形式。中国传统哲学意义或价值的客观化过程，同时也是对中国传统哲学意义或价值的检测过程，尽管这种检测并不是科学意义上的检测，但它在很大程度上可以提示我们，中国传统哲学中某个哲学范畴或观念所含的意义或价值与实践相适应的程度。

最后，通过实践，中国传统哲学可以完善、发展自我。中国传统哲学通过实践寻找哲学问题，通过实践使自己的价值得到落实，这都规定了中国传统哲学的当代开展必须依靠实践。事实上，中国传统哲学的完善和发展，也必须通过实践。实践是中国传统哲学表演的舞台，是中国传统哲学证明自己的方式。与此同时，中国传统哲学之特点、优点和缺点都被暴露出来。这种暴露，对于中国传统哲学而言并不是坏事，因为中国传统哲学可以根据这种暴露，对自身的特点进行评估，对自身的缺点进行修正，对自身的优点进行发扬，质言之，中国传统哲学完全可以在与实践连接和互动中完善自我、发展自我。

概言之，中国传统哲学的当代开展，如果漠视当代中国人民的实践，就难以对中国人民的实践进行检讨，就难以为中国当代社会实践提供切实的智慧支援；漠视当代人类的实践，就难以将人类的实践经验进行反省，就难以提出更高的哲学智慧；所以，实践既是中国传统哲学当代开展的基本途径，也是中国传统哲学实现现代转换的基本途径。

4. 自我的向度

如果上面所谈到的中国传统哲学当代开展的向度都具有一般意义的话，那么，这里所讲的"自我向度"只是就中国传统哲学而言了。中国传统哲学的当代开展要有一个"自我的向度"，此话从何说起？笼统地说，中国传统哲学具有不同于其他哲学的特点，这些特点提醒我们，中国传统哲学的当代开展，有必要坚持自己的特点、维护自己的特色，不能在现代化过程中消解了自我。同时，我所谓"自我的向度"还有另一层意思，就是中国传统哲学应该与政治保持适当距离。具体而言，则如下。

其一，坚持中国传统哲学的特殊性。中国传统哲学的现代开展，就是要将中国传统哲学的意义和价值落实，这个过程在很大程度上也是中国传统哲学的现代化过程。如此，便需要注意在中国传统哲学现代化过程中，中国传统哲学的特殊性是否应该保持。应该讲，这是毫无疑问的。因为在某种程度上，中国传统哲学的当代开展，其意义或价值的特殊性正是一个根本的因素。就是说，中国传统哲学的意义或价值可能是其他地区或民族的哲学所没有的。比如，中国传统哲学中的"反己之学"，就是西方哲学所欠缺的，孟子所谓"万物皆备于我"，张载所谓"善反，则天地之性存焉"，二程所谓"学要鞭辟入里切着己"，都可以"尽性至命"，而西方哲学努力于向外追求，并以逻辑精严制胜，与中国传统哲学"穷理尽性至命"的宗旨相去甚远。换言之，中国传统哲学的开展应该本着自己的特殊性而作为。如果放弃自身特点而效仿别的哲学，那已不是中国传统哲学的自我开展了。因此，坚持中国传统哲学的自身特殊性是其当代开展的基本要求。

其二，中国传统哲学从自身的义理系统中寻找开展的路子。任何一种成体系的哲学都拥有自己的义理系统，中国传统哲学的义理系统很是庞大复杂。尽管中国传统哲学缺乏逻辑上的严密性、清晰性，甚至在义理的价值上也存在某些局限，但中国传统哲学的开展还是应该根据自己的义理系统而行。比如，解释、解决天人关系问题，根据中国传统哲学的义理，人是大自然的延伸，是以"气"为基础的统一体，而"气"是运动的、有生机的，"气"也就是"仁"，"仁"是"气"的人文化，在"仁"这个层面，有人的自觉性，所谓"仁者以万物为一体"。因此，在中国传统哲学的义理系统内，解释、解决天人关系就是"天人合一"。"气"是物质性基础，"仁"是精神性基础，"仁"所表达的是人与天合一的自觉意识，这就是中国传统哲学义理系统对天人关系所作出的解释。再如，对于生死的解释，中国传统哲学的义理是，人的生命是自然的过程，这是因为生命是"气"构成的，"气"的化生是一个自然过程，如此便有生死自然的观念，便有了庄子"鼓盆而歌"的典故，便有了陆象山批佛教执着生死的思想。无疑，如果不以中国传统哲学的义理系统为根据，所谓"天人合一"，所谓"生死自然"，都是没有办法解释清楚的。

其三，坚持中国哲学的独立性，与政治保持距离。人所共知，中国传统哲学向来是与政治合二为一，哲学家也是政治家。先秦之孔子、墨子、孟子、荀子，两汉之贾谊、董仲舒，宋明之张载、程颢、朱熹、陆九渊、罗钦顺、王阳明等，哪个不是兼哲学家与政治家于一身呢？而且，这种合一还表现在哲学愿意做政治的奴仆、心甘情愿地为政治服务上。比如，近代的康有为、谭嗣同都是为了政治目的而讲哲学、研究哲学，也就是把哲学作为他们宣传、论证政治主张的工具，所以在哲学上根本就不会有什么成就，而这种借助哲学进行政治教育的行为，非但不能帮助哲学发展，反而是对哲学的亵渎。正如王国维《奏定经学科大学文学科大学章程书后》所说："夫就哲学家言之，固无待于国家之保护。哲学家而仰国家之保护，哲学家之大辱也。又国家即不保护此学，亦无碍于此学之发达。然就国家言之，则提倡最高之学术，国家最大之名誉也。"因此，中国传统哲学的当代开展必须抛弃与政治合二为一的传统，与政治保持应有的距离，用自己的声音与政治对话，显示中国传统哲学的独立价值，促进政治向健康的方面的发展。因此，中国传统哲学的当代开展虽然关注社会、关注人民生活，也应关心政治，但对于政治却是批判性与建设性的关注，即用哲学的目光来审视政治，用哲学的活水来漂洗政治，用哲学的灵魂来支配政治，而不是盲目地为政治的合理性作论证，不是帮助政治愚弄、欺骗人民，更不是与政治同流合污。也就是说，中国传统哲学的当代开展，必须与政治互动，但又需坚持自己的独立立场。因为只有坚持自身的独立立场，彰显自身的价值，中国传统哲学的当代开展才会有积极的意义。

（载《宁夏社会科学》2010年第1期）

五　老子反省人类文明的路径及其启示

文明是人类的杰作，足以令人类自豪的就是经由他们灵巧的双手和智慧的大脑创造出来的辉煌灿烂的文明。然而，文明好比双刃剑，其对人类的意义并不一定表现为与人类创造文明的初衷一致，也可能表现为与人类创造文明的初衷背离。事实上，这种吊诡的现象早就被那些具有洞察力的思想家们所关切，老子就是这样一位思想家。老子对人类文明的反省主要表现在《道德经》中，这里就以《道德经》为根据，对老子反省人类文明的内容及其意义展开初步讨论。

1. 对物质文明的反省

这里所谓"物质文明"，是指人类创造的物质文明成果，包括物质生活条件、再生产的物质生活消费品等，具体言之，衣、食、住、行、声、色等领域，都包括在内。人所共知，人类因为物质文明的创造、增宏而使生活得到改善、使生活富足精彩，因而物质文明即是人类"欲望"的外化。也就是说，物质文明自身内在地寓有人类欲望，因而对人类具有"先天"的诱惑力，此正是物质文明的基本特性。而且，物质文明一旦创造出来之后，便有其独立性，即其并不必然属于某个个体。因此，对人类而言，如何处理自身与物质文明的关系就变得微妙且重要起来。比如，当个体追逐物质文明时，便可能发生被物质文明伤害的事件。老子对物质文明的伤害性有深刻的认知和反省，在他看来，物质文明对人类至少存在两种危险：

第一是对感官的伤害。感官是人接触事物的直接通道，也是人感性快乐的直接来源，感官与被感觉对象的接触和互动，是感官日益完善的有效途径。然而，老子对作为感觉对象的物质文明展开了独特的反思。老子说："五色令人目盲；五音令人耳聋；五味令人口爽；驰骋畋猎，令人心发狂；难得之货，令人行妨。"① "五色"一般是指青、黄、赤、白、黑，这里泛指各种色彩，泛指各种与色彩有关的物质享受；"五音"一般是指宫、商、角、徵、羽五种音阶，这里泛指各种音乐，泛指各种与音乐有关的物质享受；"五味"一般是指酸、苦、甘、辛、咸五种滋味，这里泛指各种美味，泛指各种与味道有关的物质享受。很显然，在人生活的世界，不可能没有"五色"、"五音"、"五味"，甚至可以说，去掉了"五色"、"五音"、"五味"的生活，就不叫生活，或者只是枯燥、贫乏的生活，换言之，"五色"、"五音"、"五味"才能让人感受到生活的美好与意义。然而，老子不这样认为。在老子看来，"五色"、"五音"、"五味"对人的感官是有害的——眼睛会因为接触"五色"而受伤害致丧失视觉；耳朵会因为接触"五音"而受伤害致丧失听觉；嘴巴会因为接触"五味"而受伤害致丧失味觉。也就是说，"五色"、"五音"、"五味"等人所接触的对象（物质文明），都会呈现它的负面效应，这种负面效应就表现在其对感觉器官的损害。

第二是对生命的伤害。物质文明之衣、食、住、行，是每个人须臾不离的生存物件。衣物不仅可以温暖身体，还可以美化身体；食物不仅可以营养身体，还可以强壮身体；住房不仅可以保护身体，还可以让身体得到舒适；车船飞机等运行之物，不仅可以减少身体的劳累之苦，还可以方便身体从事任何工作。因而从一般意义上讲，物质文明对人的生命意义主要是积极的而非消极的。但老子有他看问题的逻辑。老子说："名与身孰亲？身与货孰多？得与亡孰病？甚爱必大费，多藏必厚亡。"② 在老子看来，名利与财富并不一定是供人享用和消费的，也并一定是给人带来快乐、幸福和荣誉的，而是完全可能带来消极的、让人难以承受的后果的。因此，当人面对名利、财富的时候，他们的选择就显得尤为重要。是选择生命，还是名利财富？老子认为，如果你选择名利与财富，并且听其本能无度地追求名利、积敛财富，证明你不能觉悟到物质文明诱发"恶"的

---

① 《道德经》（第12章），徐澍、刘浩注释，安徽人民出版社1990年版，第31页。
② 《道德经》（第44章），第123页。

一面，你的生命也就会在不知不觉中遭致严重损伤。可见，对老子而言，名利财富与其说是丰满、提升人之生命的，不如说是贫瘠、降抑人之生命的，甚至是促使生命丧失的。因此，老子视域中的物质文明，并非是亮丽的、奇妙的、美好的，而是阴暗的、平庸的、丑陋的。

既然物质文明对人的感官、生命存在潜在的危害，那么，有没有解决此问题的对策呢？老子对此也有独到的思考：第一，回到原始简朴生活状态。在老子看来，人类之所以遭受物质文明的伤害，就在于不满足于原始简朴的生活，如果人类能够安于原始简朴的生活，就不会被美色、美声、美味所俘虏，就不会因为追求"物质文明"而遭受伤害。第二，将对物质文明的欲求调适到最佳状态。尽管老子主张回到原始简朴的生活，但他深知物质文明的追求是无法阻止的，因而提示人类应该适可而止："祸莫大于不知足；咎莫大于欲得。故知足之足，常足矣。"① 因为得大失大，名利欲望越强、占有财富越厚，其受伤害越大，所以，对于名利财富的追求应该理性克制，从而将自己对物质文明的需求限定在合理的范围之内。第三，隐藏可欲稀有之物。人类创造的物质文明，犹如奇珍异宝，深得人类的喜爱，因而会不知疲倦地去追求，而追求必然会遭受伤害。为了避免这种伤害，老子提出应该将那些"奇异物质文明"隐藏起来。老子说："不贵难得之货，使民不为盗；不见可欲，使民心不乱。"② 这或许是一种治本的办法，因为你连观赏某种花的机会都没有，怎么可能有追求这种花的行为呢？自然也就不会有因为追求这种花所带来的伤害了。老子的对策不能说不高明，但严复对此表示悲观："文明之进，民物熙熙，而文物声明，皆大盛，此欲作之宜防也。老子之意，以为亦镇之以朴而已。"③

2. 对知识文明的反省

科学技术是知识的一部分，因而这里所谓"知识文明"，包括知识文明与科技文明。知识文明主要是指人类基于实践而产生并不断丰富的知识

---

① 《道德经》（第46章），第127页。
② 《道德经》（第3章），第6页。
③ 《严复集》第四册，中华书局1986年版，第1091页。

及其成果,而科技文明主要是指人类创造的科学技术方面的成果。知识与科技是人类认识世界、把握世界的手段与能力,没有知识与科技,人类就如没了灯塔、没了翅膀。知识与科技可以无限地改善、提升人类的生活,丰富人类的生活。可是在老子看来,知识与科技并不是尽善尽美的,也是可能给人类带来消极影响的。那么,有些怎样的消极影响呢?

第一,科技与知识会使社会昏乱。知识与科技对人类而言,是人类能力的增强,是人类力量的延伸,它可以帮助人类处理人类身体极限所无法处理的某些问题,可以帮助人类做他想做的善事。比如飞机、火车、轮船等科技文明,都可以让人类如虎添翼。但在老子看来,知识与科技并不总是表现其积极的一面,也可能表现其消极的一面,表现其对人类不利的一面。老子说:"人多利器,国家滋昏;人多伎巧,奇物滋起。"① "利器",简单地解释为锐利的武器,不过,这里应该是泛指人所掌握的各种科技发明工具;"伎巧"可以认为是科学技术发明,这里应该是泛指科学技术发明及其产品。老子认为,科学技术发明一旦被人掌握,人人都可能利用手中的科技发明胡作非为,国家就会更加昏乱;科学技术多了,人人可以利用掌握的技巧去发明制造许多奇异的物品。就是说,科技与知识的发达,必给社会造成更多的混乱。第二,科技与知识会诱发更大更多的错误。如上所言,科技与知识是人类认识、把握世界的方法,在相当程度上,科学发展程度与知识积累程度反映出人类对世界的认识水平、把握能力,因而具有了一定科技与知识能力的人类,应该是很少犯错误的。但老子认为,有了知识与科技,人类犯错误的能力与机会反而增大增多。老子说:"智慧出,有大伪。"② 一般而言,知识的增多会使人本领增强,而本领增强使人更加聪明,但老子认为,人一旦聪明了就难于管理,因而必须使人的知识越来越少。老子说:"古之善为道者,非以明民,将以愚之。民之难治,以其智多。故以智治国,国之贼;不以智治国,国之福。"③ 就是说,如果以"道"治理社会,就不应该让人掌握知识与科学,因为人一旦掌握了科学与知识,他们就可以利用掌握的知识与你讲道理、与你讨价还

---

① 《道德经》(第57章),第157页。
② 《道德经》(第18章),第49页。
③ 《道德经》(第65章),第181页。

价，这就可能诱使人们率性而为，从而发生更大更多的错误。第三，遮蔽"道"。一般而言，知识掌握越多，对"道"的把握、体悟也就会越多越深越准，因为世界上的"道"都是知识中的核心理念，通过对知识的"剥落"，最后就可以找到那个"道"，正如《大学》讲"格物致知"，通过不断地"格物"，最后达到对真理（道）的认识（"致知"）。因此，知识的获得与"道"的体认把握，应该是成正比的。但老子不这样看。老子认为，一个人所获得知识越多，其对"道"的把握可能就越少。老子说："为学日益，为道日损。"① 为"学"所以求知，所以天天增加，为"道"所以去妄，所以天天减少。如果不将"为学"与"为道"看成因果关系，也可清晰地发现，"为学"是无助于"为道"的，因为老子要求默守"道"而不求知识："不出户，知天下；不窥牖，见天道。其出弥远，其知弥少。是以圣人不行而知，不见而名，不为而成。"② 这就是说，一般的知识对于"道"的认知与把握不仅没有积极意义，反而有障碍作用。

既然科学与知识会导致社会混乱、引发错误、遮蔽"道"，那么又应该怎样防止这些现象的发生呢？老子同样提出了他独特的思考。他认为，要避免科技文明与知识文明所带来的消极影响，就必须关闭人的感官，与外界绝缘。老子说："塞其兑，闭其门，终身不勤。开其兑，济其事，终身不救。"③ 关闭感官之门，不与外物接触，不受科学文明、知识文明的诱惑，就可以免去其害。这意味着必须放弃科学技术的研究与知识的学习："绝巧弃利，绝学无忧。"④ 不过，严复认为这种想法不仅是天真烂漫的，也是自欺欺人的。"绝学固无忧，顾其忧非真无也；处忧不知，则其心等于无耳。非洲鸵鸟之被逐而无复之也，则埋其头目于沙，以不见害己者为无害。老氏绝学之道，岂异此乎？"⑤

---

① 《道德经》（第48章），第130页。
② 《道德经》（第47章），第129页。
③ 《道德经》（第52章），第144页。
④ 《道德经》（第19章），第51页。
⑤ 《严复集》第四册，第1082页。

3. 对道德文明的反省

道德文明是人类进步的标志，道德文明的创造与进步，反映了人类精神世界的充实与提升。与老子同时代的孔子，对道德文明建设不遗余力。他不仅建构起中国古代基本的道德体系，也确立了中华民族的基本道德观念；不仅展开了道德理论建设，而且致力于人们道德水平的教化与培养。然而，老子对道德文明有着另一番思考。

第一，道德文明可分为不同的层次，而最高层次是无欲无为的"道"。老子说："上德不德，是以有德；下德不失德，是以无德。上德无为而无以为；上仁为之而无以为；上义为之而有以为；上礼为之而莫之应，则攘臂而扔之。故失道而后德，失德而后仁，失仁而后义，失义而后礼。"① 在老子看来，"德"可分为无为之德、有为之德，"不能无为而为之"者都是"下德"，而"道"是自然而然的，是无为的，是最高的"德"。"德"是盛业大富而有万物，但需以无为本，既然不能舍无为体，"德"便是其次，所以说"失道而后德"。而"仁"、"义"、"礼"等都不是以"无"为本，都不能无为，所以都是"有为之德"。不过，"仁"、"义"、"礼"三者又有差别："仁爱"无偏私，所以是"无以为"；"义"即"事得其宜"，所以是"有以为"；礼仪制度，繁华文饰，所以是"攘臂而扔之"。既然"仁"而后"义"，"义"而后"礼"，因为"仁"相对"义"而言，是"无以为"，而"礼"相对"义"而言，不仅是"有以为"，而且是烦琐文饰，约束人的言行，侵蚀人的本性。正如王弼所说："以无为用，德其母，故能己不劳焉，而物无不理。下此以往，则失用之母。不能无为，而贵博施，不能博施，而贵正直，不能正直，而贵饰敬。"② 由此看来，"仁"、"义"、"礼"等诸般"有为"之德，实在是不得已而为之。第二，"仁义忠孝慈"的提出，从根本上说都是"大道"丧失的结果。老子说："大道废，有仁义；……六亲不和，有孝慈；国家昏

---

① 《道德经》（第38章），第106页。
② 高定彝：《老子道德经研究》，北京广播学院出版社2000年版，第221页。

乱，有忠臣。"① 这就是说，"仁"、"义"是"大道"废弃之后才出现的，所以"仁"、"义"本是不该有的。为什么会有孝慈之德？因为亲情关系被破坏，对上无尊敬之心，对下无慈爱之情，因而才相应地提出孝慈之德，以帮助恢复古老的德性。忠诚之德是对人的诚信，当然是美德，但老子认为，国家如果稳定和谐而不混乱，哪需要什么忠诚？而亲情的破坏、国家的混乱，其根本原因又在于违背了"大道"。这样，根据老子的逻辑，如果"大道"没有废弃，根本用不着仁义，根本用不着孝慈，根本用不着忠信。质言之，如果"大道"盛行，仁义、孝慈、忠信等都是可以"缺席"的，质言之，"有为"的道德文明都是多余的。第三，礼仪制度是道德沦丧的标志，是对人性的抑制。一般而言，礼仪制度的出现，是人类文明的标识，因为人类创造礼仪，是使生活更加有秩序、更加和谐，更显其道德品位，正如唐君毅先生所说："吾意中国人之道德智慧、或智之德，当即是由此具体的礼尚往来之人间生活中之评论所逐渐养成。"② 也就是说，礼仪制度的创建，就是规范人们的行为，完善人们的德性，使社会族群的人文化程度得到提升。但老子却不是这样的看法——"夫礼者，忠信之薄，而乱之首。"③ 在这里，"礼"的出现标志着忠信的丧失，象征着社会祸乱。这就是说，如果"大道"不丧失，根本无须礼仪制度，因而礼仪制度实在是不得已而为之。因此，礼仪制度的出现，正说明人们道德的丧失，而不是相反。由此推论，礼仪制度本是多余。

概言之，被老子视为"不能无为而为之"的"仁"、"义"、"礼"等虽有差别，但都是"有为"之德，都是对具体德性的追求，都是对人性的限制，因而都不属于"道"的境界。其次，老子将人类道德文明的形成过程理解为道、德、仁、义、礼的依次轮替，且指其为令人失望的道德沦丧过程，这表明老子洞察到"仁、义、礼"产生的本质，洞察到道德文明与人性的内在关联。只不过，道德文明的建设绝不是"丧道而德、丧德而仁、丧仁而义、丧义而礼"之过程，而是人性中"恶"使然。也就是说，"仁"、"义"、"礼"的建构，是基于人性的偏差提出来的。从

---

① 《道德经》（第18章），第49页。
② 唐君毅：《中国文化之精神价值》，广西师范大学出版社2005年版，第35页。
③ 《道德经》（第38章），第106页。

这个意义上讲，老子对"仁"、"义"、"礼"的反省过于消极，因为"道"既然丧失了，"仁"、"义"、"礼"适时而来，也应该是人类灵性的象征，是人类主体性的体现。

由于老子深刻地洞察到物质文明、知识文明、道德文明的本质，因而在他的理想社会里，既没有繁华的物质文明，也没有奇异的科技文明，更没有儒雅的道德文明："小国寡民。使有什伯之器而不用；使民重死而不远徙。虽有舟舆，无所乘之，虽有甲兵，无所陈之。使民复结绳而用之。甘其食，美其服，安其居，乐其俗。邻国相望，鸡犬之声相闻，民至老死，不相往来。"① 这里没有残酷的战争、没有丑陋的心斗、没有莫名的紧张，以食为甘、以服为美、以俗为乐，邻国之间，即便狗叫之声清晰可闻，也从不来往。这的确是令人神往的"世外桃源"！但严复曾经评论说："此古小国民主之治也，而非所论于今矣。"② 老子因为对人类文明的恐惧而主张告别之，以回到其所想象的"君不甚尊、民不甚贱"的远古社会，虽然浪漫而悲壮，但显然不是积极的、合乎人类运势的选择。

4、当代启示

被人类引以为自豪的文明，老子却能以独特的眼光对其进行创造性反省，足以说明老子作为哲学家的深邃；而老子反省人类文明的代价是"绝去学问、减少物欲、回归质朴"——"绝圣弃智，民利百倍；绝仁弃义，民复孝慈；绝巧弃利，盗贼无有。此三者以为文，不足。故令有所属：见素抱朴，少思寡欲，绝学无忧。"③ 而这并不合乎人类文明的大势。这就意味着，"老子的反省"或许也值得反省。

（1）理论成果。人所共知，文明是人类生命的延续，人类通过创造文明，不仅显示了她的伟大和灵性，而且使其生命得到增弘，人类的生命因此丰实而多彩，因此，文明的创造是人类本性使然。但在老子看来，作为人类生命表现形式的物质文明、知识文明与道德文明，并不能按照人的

---

① 《道德经》（第80章），第220页。
② 《严复集》第四册，第1099页。
③ 《道德经》（第19章），第51页。

意志"温驯而忠诚"地服务人类、满足人类，而且，人类还会顺着其创造文明的冲动，进一步去表现其占有文明的强烈欲望。可是，文明一旦形成，便有了它的相对独立性，并继而成为"社会化产品"。这样，物质文明、知识文明、道德文明虽是人类的创造，是人性光辉的结晶，但它并不必然为每个人所有，于是，人类便与其创造的文明产生了"隔阂"或"矛盾"。不过，既然文明是人类的作品，是人性的表现形式，就意味着这种"隔阂"或"矛盾"是内在于人性的，因而老子要求人"见素抱朴，少思寡欲，绝学无忧"，就是要求文明创造者做出让步，所谓"生而不有，为而不恃"，从而将文明与人类的矛盾置于人性内部加以消化与处理。因而老子的贡献在于告诉人们：文明与个体的矛盾是人性内在紧张的表现——文明作为人的创造，反映的是人性趋利趋善品质；人对文明的追求，反映的则是人性趋利趋善品质的延伸；因而这两者都是人性的表现，其冲突固然属于人性的内在冲突。如此可以说，老子反省文明的理论成果就是：揭示了文明与人类的对峙是人性的内在冲突，并由此提供了通过主体自身修养以消解文明与人类对峙的方法。

（2）方法特色。如上所言，文明是人类的杰出作品，人类创造文明就是为了享用文明，人类正是在享用、消费文明的过程中存在而生活。但老子看到的或关切的却不是这个，他所关切的是文明与人类的对峙，是文明对人类的可能伤害。那么，老子是怎样展开这种关切的呢？老子认为，"道"是最美的境界、最高的原则、最好的理念，所谓"道者，万物之奥，善人之宝，不善人之所保"。[①] 而这个"道"的内涵就是"自然、无为、本真、质朴、柔弱"等，其根本精神则是"物之本有状态"或"自己如此"。而且，"道"是老子心中的一杆秤，是衡量所有物事的坐标。既然"道"的核心观念是以"物之本有状态"为尚，而物质文明的创造、科技文明的发展、道德礼仪的建设与"道"所崇尚的"物之本有状态"是相悖的，因而"道"所表现出来的态度自然是否定性的、批判性的。这也就是说，老子崇尚的"道"就是老子所崇尚的一种价值，这种价值就是"自然无为"、"本来如此"。但这种价值与人类文明顺向走势不是完全一致的。由于老子判定物质文明、知识文明、道德文明对人类具有负面

[①]《道德经》（第62章），第172页。

影响，因而他必须提出解救的办法。前文已述，"道"是老子的核心观念、核心价值，而"道"的具体内涵是"自然无为"、"本来如此"，换言之，绝弃"格物问学"、绝弃"物质利欲"，绝弃"仁义礼制"，才能回到"自然"状态，才能进到"道"的境界，而这也就是消解"文明与人类对峙"的策略。因而可以说，老子反省文明的方法特点是，在思维上是逆向的，在价值上具有消极性。因此，老子对文明的反省虽是一种关怀，而且是深切的关怀，因为这种关怀是建立在对文明的本质认识基础上的；但同时也是一种消极的关怀，因为按照老子的逻辑，为了回到"道"的境界，所有文明都应该放弃，这与人类生存、发展的基本方向似乎不相符。正如严复所说："今夫质之趋文，纯之入杂。由乾坤而训至于未既济，亦自然之势也。老氏还淳返朴之义犹驱江河之水而使之在山，必不逮矣。夫物质而强之以文，老氏訾之是也，而物文而返之使质，老氏之术非也。何则，虽前后二者之为术不同，而其违自然、拂道纪，则一而已矣。"[①]

（3）现实意义。在一个物欲横流的社会，在一个底线缺失的年代，在一个道德沦丧的时期，"老子对文明的反省"有无其特殊的意义呢？至少我的回答是肯定的。首先是让人们真切感受、认识到了文明的负面性。在老子反省文明的思维世界，物质文明、知识文明、道德文明的"恶"被无限放大，将文明与人类的严峻对峙呈现在人们面前，并用非此即彼的叙述方式，让人们感受到生命与文明的紧张，用你死我活的情境描写，让人们感受到生命保护的重要。也就是说，老子对文明的反省，从人性的深层提醒人们全面、客观、冷静地面对他们创造的文明。文明可以让你精彩纷呈，但也可以让你万劫不复。其次是引导人们建立正确文明消费观。现在的人对文明的占有欲非常强，吃要吃最好的，穿要穿最贵的，住要住最豪华的，对于高科技产品更是趋之若鹜。用严复的话说就是："今之所谓文明，自老子观之，其不为盗夸者，亦少矣。"[②] 不过，许多人因为不识得文明的异化特性，又无法控制自己欲望，好比掉进泥沙，越陷越深。也就是说，由于文明是人类的创造，从而意味着文明的诱惑原自人性，因而

[①] 《严复集》第四册，第1082页。
[②] 同上书，第1097页。

作为人而言，你必须有这种认知：当在你面前展示千姿百态、风情万种的文明时，你必须明白，如果你不遵守规则地占有它的话，你可能就被扎伤，严重时会丧失性命。根本来说，这是人性的自我分裂，因而必须建立健康的文明消费观，在人性范畴内将这个问题加以解决。最后是人性的保全是对主体的考验。在当今社会，我们身边某些人，都不约而同地、前仆后继地被"双规"、被送进监狱，为什么？因为他们都被物质文明、科学文明所迷惑、所击倒，实际上都是被自己所击败。因为文明是人所创造的，也是为人所享用的，但某些人既然因为文明的获得而丧失性命，说明他根本就没有能力与智慧处理好二者的关系。因此，老子所谓"五色"怎么样、"五音"怎么样、"五味"怎么样，又说什么"见素抱朴，少思寡欲，绝学无忧"，不要以为他只是痛恨物质文明、科技文明、道德文明，事实上那都是说给人听的。也就是说，老子虽然对物质文明、科技文明、道德文明的负面性有深入的检讨，但这种检讨所触及的是人性的问题，而人性的问题只有由人自己去解决，因此，能否解决老子所揭示的文明与人类的纠缠和矛盾，并消除老子反省中的负面因素，才是对当今人们的才情与品性的真正考验。

（载《江淮论坛》2012年第6期）

六 中国传统哲学的特质及现代转型

对于20世纪的中国哲学而言,"转型"是它的主题之一;然而,这种"转型"是怎样实现的?它采用了几种独特的模式?它反映了中国传统哲学怎样的走向?它留下了哪些需要反思的问题?等等,本文拟以中国传统哲学特质为中心对这些问题展开讨论。

1. 中国传统哲学的特质

所谓"特质",就是指事物特有的性质,中国传统哲学作为一种"事物"自然也有它的特质。中国传统哲学的特质众多,这里根据中国传统哲学转型话题的需要,只列述其中的部分"特质"。

(1) 研究对象:生命。中国传统哲学的对象是"生命",这是哲学文献所呈现的事实。比如,老子认为,大道流行的目标就是化生万物、成就万物,所谓"大道泛兮,其可左右。万物恃之以生而不辞,功成而不有"(《道德经》第三十四章)。《中庸》认为,天地大道就是创造无数的生命,所谓"天地之道,可一言而尽也:其生物不贰,则其生物不测"(《中庸》第二十六章)。《易》认为,天的特性是大生万物,地的特性是广生万物——"夫乾,其静也专,其动也直,是以大生焉。夫坤,其静也翕,其动也辟,是以广生焉"(《易传·系辞上》)。可见,中国传统哲学的确是以"生命"作为对象的。事实上,这一特质在哲学家中已是一种共识。熊十力认为,儒家哲学所追问的是人之所以为人的究竟。他说:"今之儒学要究明真际,穷神知化,尽性至命,使人有以实现天德、立人极、富有日新，而完成天地万物一体之发展。"① 也就是说，儒家哲学的任务是穷究"生命"之神妙，探寻"生命"之变化，求索"生命"之本性。对方东美而言，"生命"就是中国哲学的中心，任何哲学体系都是生命精神的浓缩与释放。他说："中国哲学的中心是集中在生命，任何思想体系都是生命精神的发泄。这一个生命精神一定根据这位思想家的性情品格，才能把他的真相全盘揭露出来！……他们的立言都要把他们的生命精神忠实地表达出来，把那个支配生命精神方面的人格显现出来。"② 就是说，中国哲学是充分表现生命精神的哲学。在牟宗三看来，中国哲学就是以"生命"为中心、为开端的。他说："中国哲学，从它那个通孔所发展出来的主要课题是生命，就是我们所说的生命的学问。它是以生命为它的对象，主要的用心在于如何来调节我们的生命，来运转我们的生命、安顿我们的生命。这就不同于希腊那些自然哲学家，他们的对象是自然，是以自然界作为主要课题。"③ 如此说来，"生命"的确是中国传统哲学的对象，中国传统哲学所有思索都围绕"生命"而展开的。

(2) 理解原则：生机。既然"生命"是中国传统哲学的对象，而"生命"意味着有机性、生态性、机体性，那么，中国传统哲学理解世界的原则是不是具有生机性、机体性呢？老子说："圣人抱一为天下式。"(《道德经》第二十二章) 这是提倡用机体的观点认识事物。孟子说："尽其心者，知其性也，知其性者，则知天矣。"(《孟子·尽心上》) 这是把心、性、天视为一体，否则怎么能知性、知天呢？二程说："仁者以天地万物为一体，莫非己也。认得为己，何所不至？若不有诸己，自不与己相干。"(《二程遗书》二) 这不是说天地万物是息息相通的有机统一体吗？杨简说："吾之血气形骸乃清浊阴阳之气合而正之者也，吾未见夫天与地与人之有三也。"(《家记·己易》) 这是说天地万物是以"气"为基础的生命统一体。可见，生机性、生态性、机体性的确是中国传统哲学理解宇宙万物的原则。这一特质也为哲学家们所认同。梁漱溟认为，儒家理解宇宙的原则就是"生态"、"生机"，把

---

① 《熊十力全集》第八卷，第602页。
② 《方东美先生演讲集》，第127页。
③ 《中国哲学十九讲》，第14页。

宇宙万物看成有机整体。他说："孔家没有别的，就是要顺着自然道理，顶活泼顶流畅的去生发。他以为宇宙总是向前生发的，万物欲生，即任其生，不加造作，必能与宇宙契合，使全宇宙充满了生意春气。"① 方东美指出，中国哲学既然以"生命"为主题，便自然生发出"机体主义"原则。他说："中国向来是从人的生命来体验物的生命，再体验整个宇宙的生命。则中国的本体论是一个以生命为中心的本体论，把一切集中在生命上，而生命的活动依据道德的理想，艺术的理想，价值的理想，持以完成在生命的创造活动中。"② 就是说，中国哲学是用"生机"的观点去理解人和物，因而它否定二分法，否定宇宙是停滞的，否定文化是封闭的。张岱年也认为有机性、统一性是中国哲学的基本特征，他说："中国人则不认宇宙为外在的，而认为宇宙本根与心性相通，研究宇宙亦即是研究自己。中国哲人的宇宙论实乃以不分内外物我天人为其根本见地。"③ 因此，对于现代哲学家而言，中国传统哲学视域中没有死的、僵化的、支离的物，只有活的、有机的、机体的物，只有充满生命气象的物。

（3）认知方法：直觉。既然"生命"是中国传统哲学的对象，而"生命"具有动态性、空灵性、断续性，与此相应的认知方法便是直觉。老子说："涤除玄览，能无疵乎？"（《道德经》第十章）清除心中的尘垢，以览知万物，这是理性直觉方法。《易》说："仰则观象于天，俯则观法与地，观鸟兽之文，与地之宜。近取诸身，远取诸物，于是始作八卦，以通神明之德，以类万物之情。"（《易传·系辞下》）《易》"道"源自先贤对大自然"行"与"事"的感悟，这是感性直觉方法。这一特质也被哲学家们所关注。熊十力认为，中国哲学的方法就是反身向内。他说："中土哲人，其操术皆善反，孔子言反求与默识，孟子言'万物皆备于我'，则以反身而诚得之。张子曰：'善反，则天地之性存焉。'庄子云自明自见，亦此旨也。"④ 就是说，孔子的"反求默识"，孟子的"万物皆备于我"，张载的"善反"，庄子的"自明自见"，都是一种神契的经

---

① 《东西文化及其哲学》，第121页。
② 《原始儒家道家哲学》，第208页。
③ 《张岱年全集》第二卷，第7页。
④ 《熊十力全集》第二卷，第296页。

验、当下的顿悟,也就是直觉方法。冯友兰说:"真正形上学的方法有两种:一种是正底方法,一种是负底方法。正底方法是以逻辑分析法讲形上学。负底方法是讲形上学不能讲,讲形上学不能讲,也是一种讲形上学的方法。"① "负的方法"就是直觉方法,这种方法正是中国哲学的基本方法。他又说:"负的方法很自然地在中国哲学中占统治地位。道家尤其如此,它的起点和终点都是浑沌的全体。在《老子》、《庄子》里,并没有说'道'实际上是什么,却只说了它不是什么。"② 在贺麟看来,无论朱熹的"格物穷理",还是陆九渊的"致知",都不是科学方法,而是直觉方法:"直觉方法可以向外观认,亦可以向内省察。直觉方法的一面,注重用理智的同情以观察外物,如自然、历史、书籍等。直觉方法的另一面,则注重向内反省体察,约略相当于伯格森所谓同情理解自我。一方面是向内反省,另一方面是向外透视。认识自己的本心或本性,则有资于反省式的直觉,认识外界的物理或物性,则有资于透视式的直觉。朱子与陆象山的直觉方法,恰好每人代表一面。陆象山的直觉法注重向内反省以回复自己的本心,发现自己的真我。朱子的直觉法则注重向外体认物性,读书穷理。"③ 直觉方法有"向外观认"和"向内省察"两种,朱熹的方法代表前者,而陆九渊的方法代表后者,所以它们都属直觉方法。概言之,"直觉方法"是中国传统哲学认知方法的基本特质。

(4) 语言述义:模糊。既然"生命"是中国传统哲学的对象,而"生命"具有精神性、意志自由性、捉摸不定性,因而中国传统哲学在语言、概念、思维上便有了模糊性特质。老子的"道"是无味、无形、无声的,是感官难以把握的,所谓"道之为物,惟恍惟惚。惚兮恍兮,其中有象。恍兮惚兮,其中有物"(《老子》第二十一章)。《易》中各"卦"含义的变化,可以说"唯变所适"、"气象万千",确是"神无方而《易》无体",表现出模糊性特点。儒家表述思想时往往超出逻辑之外,如孔子说:"其身正,不令而行;其身不正,虽令不从。"(《论语·子路》)然而,一个人身正与他人身正并没有逻辑上的关联性,即此人身正并不是他人身正的"充

---

① 《三松堂全集》第五卷,第149页。
② 《中国哲学简史》,第294页。
③ 《贺麟选集》,第67页。

足理由"，儒家之所以有这种推论，是因为儒家哲学是用伦理信念代替知识论规则，所以这种表述在逻辑上是模糊的。可见，"模糊性"的确是中国传统哲学在"语言述义"上的特质。这一特质也为哲学家们所批评。严复指出，中国传统哲学中的"天"，就是一个歧义交错的范畴。他说："中国所谓天字，乃名学所谓歧义之名，最病思理，而起争端。以神理言之上帝，以形下言之苍昊，至于无所作而有因果之形气，虽有因果而不可得言之适偶，西文各有异字，而中国常语，皆谓之天。"① 金岳霖认为，中国古代哲学虽然明洁，但不分明，暗示性较重。他说："中国哲学非常明洁，很不分明，观念彼此联结，因此它的暗示性几乎无边无涯。结果是千百年来人们不断地加以注解，加以诠释。"② 金岳霖所说的"不明晰"，就是指中国传统哲学在表达上偏于"模糊"。张岱年认为，中国传统哲学的模糊性主要表现在两点："第一，用词多歧义，没有明确界说；第二，立辞多独断，缺乏详细的论证。在古代哲学著作中，一个名词，一个概念，在同一个章节中，往往用来表示不同的含义，而不加以适当的解释。例如'体'字，本指身体、形体；后来用以表示实体，又用以表示永恒的本性。本来是表示最具体的，后又用来表示最抽象的。也用来表示深切的认识，如体会、体认。"③ 综上，"模糊"、"不合逻辑"即是中国传统哲学在"语言述义"上的基本特质。

（5）立学旨趣：日用。既然"生命"是中国传统哲学的对象，而"生命"具有实体性、实有性、实在性的特点，因而中国传统哲学在立学旨趣上便表现为人伦日用。孔子说："道不远人，人为之道而远人，不可以为道。"（《中庸》第十三章）即言儒家哲学与人伦日用是水乳交融的。老子说："有之以为利，无之以为用。"（《道德经》第三十七章）可见，老子哲学也是以日用价值为取向的。《易》追求开物成务、盛德大业——"夫《易》，圣人崇德而广业也。"（《易传·系辞上》）可见，中国传统哲学的立学旨趣正是日用、实行、实际，这一特质也为哲学家们所揭示。王国维说："夫中国一切学问中，实以伦理学为最重，而其伦理学又倾于实

---

① 《严复集》第四册，第921页。
② 《金岳霖选集》，第69页。
③ 《张岱年全集》第六卷，第418页。

践，故理论之一面不免索莫。"① 就是说，中国哲学以伦理为重，而伦理又以实行为重，所以疏于思辨、疏于理论。熊十力认为，中国哲学主张在实践中体现真理。他说："中国哲学于实践中体现真理，故不尚思辨。"② 这个特点在儒学中表现得尤为明显："世之从事于哲学者，大抵曰：探求真理而已。儒学，则非仅事探求，而必归趣实现。"③ 就是说，儒学当然也探求追求"真理"，但更重实践意义上的体证，更重身体力行和实用效果。牟宗三指出，与西方哲学注重理智思辨不同，中国哲学注重实践，对定义、概念、理论缺乏兴趣。他说："中国的哲人多不着意于理智的思辨，更无对观念或概念下定义的兴趣。希腊哲学是重知解的，中国哲学则是重实践的。"④ 而在张岱年看来，中国哲学注重的是经验上的贯通和生活实践上的效用，并不在意理论的说明、逻辑的论证。他说："中国哲学不注重形式上的细密论证，亦无形式上的条理系统。中国思想家认为经验上的贯通与实践上的契合，就是真的证明。能解释生活经验，并在实践上使人得到一种受用，便已足够；而不必更作文字上细微的推敲。可以说中国哲学只重生活上的实证，或内心之神秘的冥证，而不注重逻辑的论证。"⑤ 概言之，中国传统哲学的立学旨趣是日用、实行、实际，此即其基本特质。

2. 中国传统哲学的转型

不难看出，上述中国传统哲学特质是以西方哲学为参照揭示出来的，并且为哲学家们所肯定；不过，西方哲学在照察出中国传统哲学特质的同时，也使这些特质的局限暴露无遗，而西方哲学所表现出来的迥异特质迫使哲学家们思考怎样改造、完善中国传统哲学特质问题。那么，这种以哲学特质为内容的"转型"又是怎样的一番景观呢？

（1）表现在研究对象上的转型。中国传统哲学是以"生命"为对象

---

① 《王国维哲学美学论文辑佚》，第24页。
② 《熊十力全集》第三卷，第798页。
③ 同上书，第752页。
④ 《中国哲学的特质》，第10页。
⑤ 《张岱年全集》第二卷，第8页。

的，这是不是意味着就画地为牢、永远在"生命"上消耗热情和心智呢？这似乎是哲学家们不愿看到的。胡适说："它把哲学限制于人的'事务'和关系的领域。王阳明主张'格物'只能在身心上做。即使宋学探求事事物物之理，也只是研究'诚意'以'正心'。他们对自然客体的研究提不出科学的方法，也把自己局限于伦理与政治哲学的问题之中。"① 对胡适而言，中国没有对科学的发展做出任何贡献，就是因为只把"人"作为研究对象，而要发展出自然科学，就必须把哲学对象从"生命"扩展到"自然"。熊十力认为，虽然"生命"作为研究对象不能改变，但研究"自然"也是应该的、必需的。他说："中土圣哲反己之学，足以尽性至命，斯道如日月经天，何容轻议？至于物理世界，则格物之学，西人所发皇者，正吾人今日所当挹取，又何可忽乎？今日文化上最大问题，即在中西之辨。能观异以会其通，庶几内外交养而人道亨、治道具矣。"② 就是说，"反己之学"虽可"尽性至命"，但仍需与西方"向外之学"形成互补，使内外交养，不使偏失。贺麟通过对"心即理"的解释，描述了中国哲学由内向外、由"心性"转向"自然"的必然性。他说："无论中国或西洋哲学史的发展，由达到心者理也的思想，进而发挥为时空者心中之理也的思想，哲学的研究因而建筑在一个新的知识论的基础上，对于宇宙万物的理解，因而另辟一新的由内以知外的途径。若果我们要领取哲学史的教训，我们必须承认时空是心中之理的说法是有深厚基础的真理。这就是我所谓从哲学史的发展以证时空是理——心中之理的论据。"③ "心者理也"，本属道德命题，将"心者理也"解释为时空之理，从而将中国哲学的对象从"心性"扩大到"自然"。无疑，贺麟的诠释在相当程度上将"理"知识化了。牟宗三认为，"生命"和"自然"分别是中西哲学传统的领导观念。他说："中国文化之开端，哲学观念之呈现，着眼点在生命，故中国文化所关心的是'生命'，而西方文化的重点，其所关心的是'自然'或'外在的对象'，这是领导线索。"④ 正因为这种差异，导致中国哲学没有形成"智的系统"，他说："中国没有西方式的哲学传统，西

---

① 《胡适学术文集》（下册），第772—773页。
② 《熊十力全集》第四卷，第439页。
③ 《贺麟选集》，第44页。
④ 《中西哲学之会通十四讲》，第10页。

方希腊哲学传统开头是自然哲学,开哲学传统同时也开科学传统。中国没有西方式的哲学传统,后来也没有发展出科学,尽管中国也有一些科技性的知识。"① 而科学是牟宗三梦寐以求的"新外王"内容之一,因此,依照牟氏逻辑,中国哲学调整研究对象,让自己的心灵之光照射到"自然"上,应该是顺理成章的。

(2) 表现在认知方法上的转型。中国传统哲学的对象从"生命"扩增到"自然",那么在认知方法上必须有所调整和改变,这种改变就是在"直觉方法"基础上扩增"理智方法"。熊十力认为,理智方法的长处在于注重实证、遵循逻辑、不逞妄想,正好可以弥补直觉方法之不足,中国哲学应敞开胸怀接纳之。他说:"西洋哲学,其发源即富于科学精神。故能基实测以游玄,庶无空幻之患。由解析而会通,方免粗疏之失。西学之长不可掩,吾人尽量吸收,犹恐不及,孰谓可一切拒之以自安固陋哉!"② 冯友兰指出,"直觉"与"理智"是功用不同的方法:"负的方法,试图消除区别,告诉我们它的对象不是什么;正的方法,则试图作出区别,告诉我们它的对象是什么。"③ 因而完全应该由"直觉"方法扩增"理智"方法。他说:"一个完全的形上学系统,应当始于正的方法,而终于负的方法。如果它不终于负的法,它就不能达到哲学的最后顶点。但是如果它不始于正的方法,它就缺少作为哲学实质的清晰思想。"④ 而理智方法的引入对于中国哲学而言意义重大,冯友兰说:"正的方法的传入,就真正是极其重大的事了。它给予中国人一个新的思想方法,使其整个思想为之一变。"⑤ 贺麟也认为,"直觉"与"理智"各有其用而不相悖的,他说:"直觉与理智乃代表同一思想历程之不同阶段或不同方面,并无根本的冲突,而且近代哲学以及现代哲学的趋势,乃在于直觉方法与理智方法的综贯。"⑥ 因而,"无一用直觉方法的哲学家而不兼采形式逻辑

---

① 《中国哲学十九讲》,第 14 页。
② 《熊十力全集》第三卷,第 725 页。
③ 《中国哲学简史》,第 282 页。
④ 同上书,第 295 页。
⑤ 同上书,第 283 页。
⑥ 《贺麟选集》,第 65 页。

及矛盾思辨的,同时亦无一理智的哲学家而不兼用直觉方法及矛盾思辨的"。① 张岱年则认为,理性思维才是人类思维的基本模式,"直觉"的作用是相对次要的。他说:"直觉在人的认识过程中的作用如何?……我认为,人类认识的基础还是感觉经验与理性思维,在理性思维的发展过程中,有时需要与旧的思维模式完全不同的新观点,这时就需要直觉。直觉可以成为新的思维模式的起点。对于直觉的作用不应过分夸大。"② 概言之,中国哲学家对在直觉方法基础上吸收、发展理智方法的要求是共同的。

(3)表现在语言述义上的转型。既然中国传统哲学的对象从"生命"扩增到"自然",而对自然的叙述和研究必须是分析的、精确的、实证的,因而中国传统哲学在"语言述义"上的"模糊"特质也应该有所改变和调整。严复认为,中国哲学若要范畴、概念含义清晰明确,必须遵循逻辑规则。他说:"盖西学自希腊亚理斯大德勒以来,常教学人先为界说,故其人非甚不学,尚不至偭规畔矩而为破坏文字之事也。独中国不然。其训诂非界说也,同名互训,以见古今之异言而已。且科学弗治,则不能尽物之性,用名虽误,无由自知。"③ 也就是说,中国传统哲学如不想再"模糊"下去,就要做到:一是与逻辑规则相符,二是建立在科学基础之上。胡适写有《中国哲学里的科学精神与方法》,认为没有一个民族或文化只容纳由直觉得来的概念,也没有一个人只容纳由直觉得来的概念,就是说,中国哲学中必然有推理、综合、假设、归纳和演绎方法,如王充以理智反对虚妄、以创造性的怀疑和建设性批评反对迷信,大胆怀疑,没有恐惧和偏私,正是科学的精神,而"效验"正是科学的手段,中国哲学应该将这种优秀的传统加以弘扬。冯友兰写有《泛论中国哲学》、《为什么中国没有科学》等文,指出中国没有科学知识论、逻辑不发达,并探讨了原因;而在《对于哲学及哲学史之一见》中,认为逻辑、科学是非常必要的:"一个道理,是一个判断;判断必合逻辑。各种学说之目的,皆不在叙述经验,而在成立道理,故其方法,必为逻辑的、科学的。"④ 可见,对于科学知识、逻辑规

---

① 《贺麟选集》,第64页。
② 《张岱年全集》第六卷,第417页。
③ 《严复集》第四册,第1031页。
④ 《三松堂全集》第十一卷,第67页。

则，冯友兰是羡慕的、追求的。张岱年指出，概念混乱、表述模糊是中国哲学一种坏的特质，必须给予更新。他说："模糊思维是中国传统哲学思维方式的主要缺点。我们现在要改造传统的思维方式，首先要变革模糊思维。"① 而变革的路子就是引进西方思维方法："西方古希腊哲学中，形式逻辑体系非常完整，哲学著作论证详密，在这些方面表现了突出的优点。到了近代，分析的研究方法导致实验科学的突飞猛进，……我们应该大力学习西方的分析方法，致力于分析思维的精密化。"② 这样，中国传统哲学在"语言述义"上的转型，其路也是清晰可见了。

（4）表现在立学旨趣上的转型。中国传统哲学立学旨趣是日用、实行、实际，不好理论思辨，没有系统、精巧的理论，但在哲学家们看来，哲学缺乏思辨和理论便不成其为哲学，中国哲学应努力于理论的建构、思辨的提升。王国维指出，一方面，中国传统哲学散乱、无系统，应向西学看齐："吾国古书大率繁散而无纪，残缺而不完，虽有真理，不易寻绎，以视西洋哲学之系统灿然，步伐严整者，其形式上之孰优孰劣，固自不可掩也。"③ 另一方面，中国传统哲学思辨水平不高："乏抽象之力者，概则用其实而不知其名，其实亦遂漠然无所依，而不能为吾人研究之对象。何则？在自然之世界中，名生于实，而在吾人概念之世界中，实反依名而存故也。事物之无名者，实不便于吾人之思索。"④ 所以应把学习西方哲学以建造理论系统、提高思辨水平当作根本的事业——"苟通西洋之哲学以治吾中国之哲学，则其所得当不止此；异日昌大吾国固有之哲学者，必在深通西洋哲学之人。"⑤ 在冯友兰看来，如要将中国哲学整理、提升为一个理论系统，除了效法西方哲学之外，别无他途。他说："中国哲学，没有形式上的系统，若不研究西洋哲学，则我们整理中国哲学，便无所取法；中国过去没有成文的哲学史，若不研究西洋哲学史（写的西洋哲学史），则我们著述中国哲学史，便无所矜式。"⑥ 牟宗三亦持同样看法：

---

① 《张岱年全集》第六卷，第419页。
② 同上书，第421页。
③ 《王国维哲学美学论文辑佚》，第5页。
④ 《王国维学术经典集》（上），第102页。
⑤ 《王国维哲学美学论文辑佚》，第6页。
⑥ 《三松堂全集》第十一卷，第403页。

"了解系统，西方哲学最好，中国人，东方人这方面差，中国人不会造系统，佛教还可以有系统，中国本土的思想多是零零碎碎的，这里一句话，那里一句话，所以要了解系统，先读逻辑，然后读数学，然后读科学，然后读哲学系统。读哲学系统的时候，像康德的系统最圆满、最好，四平八稳，面面都照顾到。"[1] 张岱年则表达了建造理论系统的强烈愿望："中国哲学既本无形式上的条理系统，我们是不是应该以条理系统的形式来表述之呢？有许多人反对给中国哲学加上系统的形式，认为有伤于中国哲学之本来面目，或者以为至多应以天、道、理、气、性、命、仁、义等题目顺次论述，而不必组为系统。其实，在现在来讲中国哲学，最要紧的工作却正在表出其系统。给中国哲学穿上系统的外衣，实际并无伤于其内容，至多不过如太史公作《史记》'分散数家之事'，然也无碍于其为信史。我们对于中国哲学加以分析，实乃是'因其固然'，依其原来隐含的分理，而加以解析，并非强加割裂。"[2] 对于张岱年而言，中国传统哲学建造自己的理论系统既是必要的，也是可能的，更是紧迫的。可见，追求严谨的体系、清楚的条理、抽象的思辨，乃是20世纪中国哲学着力追求的一种新旨趣。

3. 转型之意蕴

可见，哲学家们对于中国传统哲学特质的保护与对于中国传统哲学转型的推动具有同样的渴望，而且实际地展开了这方面的工作；我们想进一步知道的是，这种工作对于中国哲学的未来开展究竟承载了哪些有价值的信息？

（1）对转型模式的认识。对于中国哲学家而言，推动中国传统哲学的转型是心之所往、势之所然，但中国传统哲学特质的多样化又要求他们诉诸理智，对这种转型进行周全的安排和选择，如是，中国传统哲学的转型便表现为多种模式。其一是"依然故我"模式。就是指某种特质无须转型，不仅不需要转型，反而应在面对新的社会际遇时，努力继承和发

---

[1] 《中国哲学的特质》，第119页。
[2] 《张岱年全集》第二卷，第4页。

扬。比如，"生机、生态、有机整体"之特质，就被中国哲学家认定为无须转型；而以"生命"为研究对象、以"直觉"为认知方法、以"实行"为立学旨趣诸特质，就它们自身而言，也无须转型，因为这些特质是中国哲学的"家底"所在、精神所在，正如牟宗三所说："中国需要科学与民主，但是不可以它们来取代生命学问的地位，正如西方在科学与人权运动之外，还有宗教，这是西方文化最重要的灵感源泉。"① 换言之，生命学问是中国哲学"最重要的灵感源泉"。这种在新的时代背景下，不需要做出改变和调整、以固有形象和品质进入新的时代并发挥作用的转型，即所谓"依然故我"模式。其二是"彻底更新"模式。就是指通过与西方哲学比较，某种特质显得落后，不仅积极作用有限，而且存在诸多消极作用，严重影响中国哲学的发展，因而需要进行彻底的改变。比如，中国哲学在"语言述义"上的模糊性特质，虽然有"可以无限想象和解释之空间"之优点，但毕竟给哲学意义的表达、传递、解释等方面造成许多困难，因而要使中国哲学在语言上符合逻辑规范、概念上界定明确，就必须引入西方逻辑学理论、科学定律和知识，以推动中国传统哲学在"语言述义"上的转型。严复所批评的"天"字、"气"字，牟宗三所批评的"道"字、张岱年所批评的"体"字等，都是对中国传统哲学在概念定义、语言表达上的逻辑要求，即消除模糊性亲近精确性之要求，此即所谓"彻底更新"模式。其三是"扩增完善"模式。就是指在原来特质的基础上进行扩增，使特质趋于完善。中国传统哲学的有些特质并不需要做出改变，但若作为整个哲学的特质而言，就显得不完满，比如研究对象之"生命"、认知方法之"直觉"、立学旨趣之"日用"等，都是代表中国哲学精神的特质，可就哲学特质的完整性而言，光有这些特质似乎还不够，就需要在这个基础上扩增，使"无"变为"有"，使欠缺变为完整，这样，中国哲学研究对象就从人的世界扩增到物的世界、认知方法就从直觉方法扩增到理智方法、立学旨趣就从日用实行扩增到理论思辨，使中国哲学的特质趋于完善。这种通过增补某种特质而使中国哲学在特质上趋于完善的模式，即所谓"扩增完善"模式。

（2）转型的价值取向。这里所说的"价值取向"，实际上就是探讨哲

---

① 《中国哲学的特质》，第82页。

学家们在处理中国传统哲学的特质与转型关系时所表现出来的精神追求。根据如上所展示的三种转型模式，我们或许可做如下推论：其一，精神上的自我主体性。就是在推动中国传统哲学转型过程中，以中国哲学特质为本体，转型与否、转型的程度与时机都以此为考量。概言之则是：中国哲学理解世界的生机、生态这一原则不能改变；所有被吸纳的新的哲学特质，都必须以完善中国哲学特质为前提。具体言之则是：熊十力主张科学知识只能从中国哲学内部开出来；唐君毅认为立足中国仁教的科学，才是有价值的科学："我们之主张发展中国之科学，便完全是从中国文化中之仁教自身立根，决非出自流俗之向外欣羡之情，或追赶世界潮流之意。"[①]牟宗三自信中国哲学可以消化西方哲学："它（中国哲学）是以'生命'为中心，由此展开他们的教训、智慧、学问与修行。这是独立的一套，很难吞没消解于西方式的独立哲学中，亦很难吞没消解于西方式的独立宗教中。但是它有一种智慧，它可以消融西方式的宗教而不见其有碍，它亦可以消融西方式的哲学而不见其有碍。"[②] 冯友兰说中国虽然没有科学，但人类最终还是要回到中国哲学："如果人类将来日益聪明，想到他们需要内心的和平和幸福，他们都转过来注意中国的智慧，而且必有所得。"[③]总之，无论是熊十力主张从中国哲学中开出科学，还是冯友兰断言人类最终要回到中国哲学；无论是唐君毅要求"以仁教规范科学而成大仁"，还是牟宗三自信中国哲学的消化能力，所展示的都是强烈的自我意识和主体意识。其二，内容上的科学知识性。如果我们稍加留心，便不难发现，科学知识、逻辑理性是这次转型所追求的主要目标。笼统言之，在研究对象上，扩增"自然"内容，在认知方法上，扩增理智内容；在立学旨趣上，扩增理论思辨，这些改变都具有鲜明的科学知识特点。另外，对于哲学范畴模糊性检讨，是对哲学语言、哲学范畴逻辑规范的要求，主张引入数理、逻辑、科学知识等，都是对中国传统哲学欠缺这些元素的补救。个别言之，熊十力虽然无数次强调中国哲学与科学的差异，但对于科学知识、逻辑理论仍然抱以巨大热情；胡适则恨不得将科学精神、科学方法直接移

[①] 《中国人文精神之发展》，第131页。
[②] 《中国哲学的特质》，第5页。
[③] 《三松堂全集》第十一卷，第53页。

植到中国哲学中来；冯友兰努力探讨中国缺乏自然科学的哲学原因；唐君毅认为科学可以使儒家的"仁"更加伟大；牟宗三则希望中国哲学中也能哺育出"智的系统"；等等，无不表示对科学知识、逻辑理论的渴望。所以说，20世纪哲学家所推动的中国传统哲学转型，在内容上的特点无疑是须加强科学知识性。其三，秩序上的渐变温和性。如上所述，以哲学特质为案例的中国传统哲学转型，表现为"依然故我"、"彻底更新"、"扩增完善"三种模式，而这三种模式都表现出承前启后、反本开新的性质。这是因为：首先，对那些被确定为中国传统哲学的积极性特质，必须持守，不能有任何改变，这就意味着如果要推动中国传统哲学转型，必须以保护、弘扬这一特质为中心任务，如此便需要仔细考虑、理顺中国传统哲学的转型与特质之关系；其次，对那些被确定为中国传统哲学中不完善的特质，则需在现有特质的基础上，吸纳消化新的特质，使其逐渐成为中国哲学中的血液，以实现中国哲学特质的再造；最后，即便是那些被确定为必须舍去的消极性特质，也不是采用野蛮手段将其毁灭，而是在生命尊重、科学分析的基础上，对其进行消除。因此，20世纪哲学家所推动的中国传统哲学的转型，在秩序上表现为渐变温和性。

（3）转型的意义。如果说20世纪中国哲学家推动中国传统哲学转型之实践有什么意义的话，那么如下几点或许是可以部分地满足我的求功心理：其一，使中国传统哲学演进为一种新形态。这样说的原因在于，通过这种转型，中国传统哲学的对象从"生命"扩增到"自然"，认知方法从"直觉"扩增到"理智"，立学旨趣从"实行"扩增到"理论"，也就是说，中国哲学研究对象被扩大，中国哲学认知方法被扩充，中国哲学理论水平被提高，而在"语言述义"上实现了从模糊到清晰的转换，更重要的是，随着这些特质的改变和完善，中国哲学的精神也将随之而增宏。所以说，中国传统哲学已经演进为一种新的形态，这个新形态为中国哲学的未来发展开辟了广阔空间、注入了新的活力。其二，探寻了中国哲学努力的方向。稍加注意便可发现，在保护中国传统哲学特质与推动中国传统哲学转型之间，哲学家们对道德性命之学虽然非常自信，认为是世界上最好的，并不需要做出调整或改变，但仍然致力于哲学研究对象的扩大、认知方法的扩增、立学旨趣的延伸，而在"语言述义"上，强调逻辑规范、科学界定的不可或缺性，所有这些，都昭示了一个明确的信息，即20世纪中国传统哲学的转型，所表现的基本诉求是对科学精神、逻辑思维的渴望，即建造中国自己的知识论哲学的渴望。其三，积累了处理中国哲学特质的保护与转型关系的智慧。这种智慧可概括为"立足自我、迎接新知、新旧相用"十二个字。所谓"立足自我"，就是要深刻认识中国哲学特质的特殊地位与价值，中国传统哲学转型与否，哪方面转型，转型的程度等，都要以全面、深入研究哲学特质的特殊性、优缺点为前提，这样才不会无的放矢；所谓"迎接新知"，就是要客观、深入地了解西方哲学的长处，积极地将西方哲学作为推动转型的参照，从而确定中国传统哲学转型的目标，这样才会有积极效果；所谓"新旧相用"就是要求在中国传统哲学的特质与转型之间，坚持"特质为体、转型为用"的基本架构，吸收新的哲学特质，以完善、优化固有哲学特质为目的，化干戈为玉帛，使敌对变为友善，化腐朽为神奇，让相斥变为相契，从而使中国传统哲学的转型成为"生态的转型"、"生机的转型"。这样，中国传统哲学的特质不仅在转型过程中得到了改造，而且获得了新生。中国传统哲学转型之路已经延伸至21世纪，20世纪中国哲学家所积累的经验应该会历久弥新。

（载《哲学研究》2011年第6期）

七　论王国维对"中国哲学"的建构

王国维身处"中国哲学"胎生之际,他以西方哲学为摹本对中国本土哲学资源的深入发掘,为"中国哲学"的呱呱落地及其成长做出了重要贡献;王国维对"中国哲学"的建构工作,也为当今学术界仍然争论不休的"中国有无哲学"等问题提供了一个新的思考视角。

1. 初创"中国哲学"的系统

王国维在批评张之洞"取消哲学"的观点时指出:"今之欲废哲学者,实坐不知哲学为中国固有之学故……周子'太极'之说,张子'正蒙'之论,邵子之《皇极经世》,皆深入哲学之问题。"[①]也就是说,"哲学"乃中国固有之学问,根本就不需要讨论它的"有"与"无"的问题。但是,真拿"中国哲学"与西方哲学相比照,王国维感到"中国哲学"的确存在问题,而最根本的一点就是:"中国有辩论而无名学,有文学而无文法。"[②]就"哲学"而言,则是有"哲学思想"而没有"哲学学说"。一门现代意义学科的基本特征是,它具有一套基本的术语、范畴,一套特别的思维范式,以及一套完整的理论结构系统。因此,要在"中国哲学思想"基础上建立"哲学",就需要构建自己的哲学理论系统。

王国维建构"中国哲学系统"的工作,大体可分为三个方面:第一,将中国古代主要学派的"哲学思想"整理成一个系统。人所共知,中国古代学术思潮中,虽然没有"哲学"的身影,但有不同的学派,比如先

[①]《王国维哲学美学论文辑佚》,华东师范大学出版社1993年版,第5页。
[②]《王国维学术经典集(上)》,江西人民出版社1997年版,第101页。

秦时期有儒家、墨家、道家、法家、名家等，而不同学派的"哲学思想"是有差别的。所以，将它们的"哲学思想"分别整理出来，便成为构建"中国哲学"的要务之一。王国维先后写有《孔子之学说》、《子思之学说》、《孟子之学说》、《荀子之学说》、《老子之学说》、《墨子之学说》、《列子之学说》、《周秦诸子之学说》、《周濂溪之学说》等。而且，王国维还对上述中国历代思想家的"哲学思想"分别作了具体的叙述和评论。比如，《孔子之学说》分三篇，第一篇为"形而上学"，讨论孔子的"天道及天命"；第二篇为"伦理学"，讨论孔子的伦理道德思想、道德修养方法、道德教育、道德与政治之关系；第三篇为"结论"，对孔子哲学进行概括总结。第二，抉取中国古代思想中的"哲学"范畴，将其整合成一个"中国哲学"范畴系统。在中国古代思想史中，概念、范畴可谓是丰富多彩、寓意万千，至于哪些属于"哲学"的范畴或概念，却需要做梳理思考。在王国维的著述中，涉及了诸如"性"、"理"、"命"、"天"、"诚"、"道"、"理"、"气""仁"、"义"、"天道"、"天命"、"中庸"、"太极"、"阴阳"、"生生"、"忠恕"、"五行"等范畴。他说："儒家之有哲学，自《易》之《系辞》、《说卦》二传及《中庸》始……至于宋代，此书遂为诸儒哲学之根柢……亦古今儒家哲学之渊源也。"[①] 借助西方哲学范畴或概念，王国维对上述范畴、概念的"哲学"身份程度不同地作了分析和规定，并在一定程度上对它们的"哲学"含义作了论证和解释，从而使这些范畴或概念"变成"了"哲学"的范畴和概念，"中国哲学"范畴系统亦由此开端。第三，按照西方哲学理论，将"中国古代思想"编成类似近现代西方哲学特征的"哲学学说"系统。王国维虽然未著有一部专门的"中国哲学史"，但他以西方哲学学说的模式将中国古代诸家诸派的思想进行了分类，搭建起了中国自己的"哲学学说系统"。比如，按照西方哲学学说，哲学可分为"本体论"、"人生论"、"道德哲学"、"政治哲学"、"教育哲学"等，王国维也将"中国哲学"分为这几大块。再如，在西方哲学中，本体论可分为一元论、二元论、多元论、超一元论等，而王国维把"中国哲学"中的人性论划分为一元论的人性论（如周敦颐）、二元论的人性论（如孟子、朱熹）、多元论的人性论（韩愈）、超

[①] 《王国维学术经典集（上）》，江西人民出版社1997年版，第29页。

一元论的人性论（孔子）等不同的人性学说。又如，西方哲学中有所谓"宿命论"、"任命论"、"意志自由论"、"定业论"等关于"天命论"的理论界定，王国维又以此将中国古代哲学中的"天命论"分为不同类型，如孟子是"定命论"与"意志自由论"合而为一，孔子是"任命论"。这样，"中国哲学"由此具有了特点各异的"哲学学说"。

2. 厘定"中国哲学"的性质

王国维对"中国哲学"的性质做了多向度的讨论。

（1）关于"理"的性质

"理"是"中国哲学"中的重要范畴，特别是到了两宋时期，"天理"成为宋明理学中的核心范畴之一。王国维著有《释理》，对"理"的性质做了专门讨论。他认为，"理"可分"理由"和"理性"两方面内涵，而"中国哲学"中的"理"有"理由"之"理"："陈北溪（惇）曰：'理有确然不易的意。'临川吴氏（澄）曰：'凡物必有所以然之故，亦必有所当然之则。所以然者理也，所当然者义也。'……皆指理由而言也。"① 亦有"理性"之"理"："《孟子》曰：'心之所同然者，何也？谓理也，义也。'程子曰：'性即理也。'其对理之概念，虽于名学的价值外更赋以伦理学的价值，然就其视理为心之作用时观之，固指理性而言者也。"② 所以，"理"是"观念"的，王国维说："夫孟子既以'理'为心之所同然，至王文成则明说之曰：'示物理不外于吾心，外吾心而求物理，无物理矣。遗物理而求吾心，吾心又何物？'我国人之说'理'者，未有深切著明如此者也。"③ 但也有客观之"理"。他指出：

> 返而观吾中国之哲学，则"理"之有客观的意义，实自宋人始。《易·说卦》传曰："将以顺性命之理。"固以"理"为性中之物。《孟子》亦既明言"理"为心之所同然矣。而程子则曰："在

---

① 《王国维学术经典集（上）》，江西人民出版社1997年版，第22页。
② 同上书，第24页。
③ 同上书，第26页。

物为理。"又曰:"万物各具一理,而万理同出一原。"此"原"之为心为物,程子不言,至朱子直言之曰:"盖人心之灵,莫不有知,而天下之物,莫不有理。惟于理有未穷,故其知有不尽。"至万物之有理,存于人心之有知,此种思想,固朱子所未尝梦见也。于是理之渊源,不得求诸外物,于是谓"天地之间,有理有气。理也者,形而上之道也,生物之本也。"……故朱子之所谓"理",与希腊斯多葛派之所谓"理",皆预想一客观的理,存于生天、生地、生人之前,而吾心之理,不过其一部分而已。于是理之概念,自物理学上之意义出,至宋以后,而遂得形而上学之意义。①

不过,王国维认为,赋"理"以形而上学意义是极为荒谬的。他说:"'理'之概念……其在中国语中,初不过自物之可分析而有系统者,抽象而得此概念,辗转相借,而遂成朱子之理,即太极说……所谓'太极',所谓'宇宙大理',所谓'超感的理性',不能别作一字,而必借'理'字以表之者,则又足以证此等观念之不存于直观之世界,而惟寄生于广漠暗昧之概念中。"因此,"由上文观之,则'理'之意义,以理由而言,为吾人知识之普遍之形式;以理性而言,则为吾人构造概念及定概念间之关系之作用,而知力之一种也。故'理'之为物,但有主观的意义,而无客观的意义"。②此外,还有伦理学意义上的"理"。王国维说:"'理'之有伦理学上之意义,自《乐记》始。《记》曰:'人生而静,天之性也。感于物而动,性之欲也……人化物也者,灭天理而穷人欲者也。'此天理对人欲而言,确有伦理上之意义……至宋以降,而理欲二者,遂为伦理学上反对之二大概念。程子曰:'人心莫不有知,蔽于人欲,则亡天理矣。'上蔡谢氏曰:'天理与人欲相对,有一分人欲,即灭却一分天理,存一分天理,即胜得一分人欲。'于是'理'之一字,于形而上学之价值(实在)外,兼有伦理学上之价值(善)。"③概言之,王国维对"中国哲学"中的"理"有如下判断:第一,"理"的含义具有

---

① 《王国维学术经典集(上)》,江西人民出版社1997年版,第25页。
② 同上书,第28—29页。
③ 同上书,第29—30页。

多样性，既有"理由"之"理"，也有"理性"之"理"；既有客观之"理"，也有"伦理学"之"理"。第二，"理"由主观转变到客观、由"理性"、"理由"转变到形而上学，是荒谬的。

（2）关于"天命观"的性质

"命"是中国古代哲学中的核心范畴之一，几乎所有学派都会讨论"命"的问题，然而，"命"究竟有哪些含义，"命"的性质是什么，却是比较难以回答的问题。王国维知难而进，对孔子"天命观"的特性作了独特探讨。他给"命"的定义是："自然之理之实现，而分配于人之运命也。"① 而且，"命"可分为"知的"和"情的"两种，"知的""命"专门讲自然之理的，所谓"不知命，无以为君子"（《论语·尧曰》）。"情的"的"命"则兼理法与主宰而言之，所谓"畏王命"（《论语·季氏》）。王国维认为，孔子的"命论"是在"自由意志说"与"宿命论"之间选择"有命说"："盖孔子明知道德为善，遵之行之，人人必受幸福。然世有盛衰，社会有污隆，行道德者不必获福，故依道德以立命安心。此孔子所以执'自由意志说'与'宿命论'之中庸，即所谓'有命说'是也。"② 因此，孔子的"有命说"并非"宿命说"。王国维指出："子夏谕司马牛曰：'商闻之：死生有命，富贵在天'（《论语·颜渊》），往往有解为极端之宿命说者，然是决非孔子之意。顺当生之道而生，顺当死之道而死，是自然也。顺道而得富贵则善，不得则从吾所好而安命，是亦自然也。孔子之有命说，当如此解。然若从宿命说，死生既于先天中定之，富贵亦从先天中定之，毕竟后天之人力归于无用，不得不陷于委靡也。"③ 也就是说，孔子的"宿命说"既不是"非极端宿命说"，亦不是"极端之自由说"，而是一种"任天主义"——"孔子于研究'易'哲学时，因阴阳二气之于时间上变化继起，遂知左右现象界之自然的理法，于是遂悟天道为生生的，为宇宙之根本原理，而说其理想上之天。故天自'理'之一面观之，乃无意识的理法之活动；自'情'之一面观之，则有意志而管辖一切万有者也。夫子实混此两方面而言之。故于知识上言之，则现

---

① 《王国维哲学美学论文辑佚》，华东师范大学出版社1993年版，第32页。
② 同上书，第35页。
③ 同上书，第35—36页。

象界有因果律以规定一切,是为自然之理法。又宇宙之根原虽为天道,然人间之意志亦不能完全自由。故自感情上言之,则所谓王[天]者不过一种之命法。是以知孔子非自由意志论者,又非执极端之宿命说者,而为执其中庸之有命说,所谓任天主义是也。"① 概言之,王国维对"孔子的天命观"有如下判断:第一,孔子学说中的"命"可分为"知的""命"和"情的""命"两种。第二,孔子的"天命观"属于"有命说"。第三,孔子之"有命说"乃是一种"任天主义"。

(3) 关于"中国哲学"的总体特性

王国维认为,"中国哲学"的总体特性是:不重"思辨"而重"实际"。他说:"我国人之特质,实际的也、通俗的也;西洋人之特质,思辨的也、科学的也,长于抽象而精于分类,对世界一切有形无形之事物,无往而不用综括(Generalization)及分析(Specification)之二法,故言语之多,自然之理也。吾国人之所长,宁在于实践之方面,而于理论之方面则以具体的知识为满足,至分类之事,则除迫于实际之需要外,殆不欲穷究之也。"② 王国维还指出,"中国哲学"重"实际"的特点,在不同地区的表现是不同的。他说:"盖吾中国之哲学,皆有实际的性质,而此性质于北方之学派中为尤著。古代北方之学派中,非无深邃统一之哲学,然皆以实用为宗旨。《易》之旨在于前民用,《洪范》之志在于叙彝伦。故生生主义者,北方哲学之唯一大宗旨也。苟无当于生生之事者,北方学者之所不道。故孔、墨之徒,皆汲汲以用世为事,惟老、庄之徒生于南方,遁世而不悔,其所说虽不出实用之宗旨,然其言性与道,颇有出于北方学者之外者。盖北方土地硗瘠,人民图生事之不暇,奚暇谈空理?其偏于实际,亦自然之势也……理论哲学之起于南方,岂不以此也乎?此外古代幽深玄远之哲学,所以起于印度、希腊者,其原因亦存于此。至魏、晋以后,南方之哲学,与印度哲学之一部,代兴于中国。然以不合于我国人实际之性质,故我国北方之学者,亦自觉其理论之不如彼也。三者混合而成宋、元、明三朝之学术,至国朝而三者之说俱微矣。自汉学盛行,而学者以其考证之眼,转而攻究古代之性命道德之说,于是古代北方之哲学复

---

① 《王国维哲学美学论文辑佚》,华东师范大学出版社1993年版,第68页。
② 《王国维学术经典集(上)》,江西人民出版社1997年版,第101页。

明，而有复活之态。度戴、阮二氏之说，实代表国朝汉学派一般之思想，亦代表吾国人一般之思想者也。此足以见理论哲学之不适于吾国人之性质，而我国人之性质，其彻头彻尾实际的有如是也。"① 这种"重实际"的习尚，还进一步规定着"中国哲学"的内涵特质，即"中国哲学"都属于"实践特征"的哲学，如"政治哲学"、"道德哲学"等。王国维说："故我国无纯粹之哲学，其最完备者，唯道德哲学与政治哲学耳。"② 然而，由于"中国哲学"太过于注重实际，从而为"实际"所左右、所胁迫，哲学家亦因此忘记其职责及独立之价值，哲学亦因此发达不起来。王国维说："披我中国之哲学史，凡哲学家无不欲兼为政治家者，斯可异已！孔子大政治家也，墨子大政治家也，孟、荀二子皆抱政治上之大志者也。汉之贾、董，宋之张、程、朱、陆，明之罗、王无不然。"③ 概言之，王国维所揭示的"中国哲学"的总体特性是"重实际"，所以，"中国哲学"之形式就是讲实用的"道德哲学"或"政治哲学"，因而缺乏纯粹的"形而上学"。因此，他认为，"中国哲学"是丧失了自我价值，从而缺乏自我独立性的哲学，故"中国哲学"难以发达起来。

3. 开掘"中国哲学"的价值

王国维在建构"中国哲学"系统、厘定"中国哲学"性质的同时，还对"中国哲学"中的某些思想和范畴的价值做了一定程度的发掘。

可以说，在以往绝大多数场合，孔子的"天命论"是很难得到肯定性介绍和评价的，不过，王国维认为，孔子的"天命论"既非极端宿命论，亦非极端自由论，而是顺自然理法的"任天主义"，所以在道德实践上颇有价值。他指出："孔子之命，即任天主义。深信自然之理，养绝对之观念，遵一切道理之动静，不问死生、穷达、荣枯、盛衰等，纯反于愦愦之功利快乐主义，故于道德实践上大有价值也。"④

孔子有"克己复礼"说，王国维对其价值也作了比较新颖的解释，

---

① 《王国维学术经典集（上）》，江西人民出版社 1997 年版，第 94—95 页。
② 同上书，第 106 页。
③ 同上。
④ 《王国维哲学美学论文辑佚》，华东师范大学出版社 1993 年版，第 36 页。

并认为孔子的"克己说"与斯多葛派或康德的学说相符合,是一种"合乎情、入乎理"的学说,所以具有伦理实践价值。他说:"今若必欲论孔子,则孔子为唱理性之直觉论者,自其克己严肃处观之,实与希腊斯特亚学派(斯多葛派)及德之康德之说有所符合。盖孔子之说合乎情、入乎理之圆满说也,其伦理之价值即在于此。"① 但这种"伦理实践之价值",之所以不像犬儒学派那样"无情"(极端克己),就是因为能够以"中庸"处之。王国维说:"要之,此说在励精苦学,修吾之行,经练习刚健不屈之意志而实践之。至其归著,则仍在复中庸之礼,以达于仁。夫一切克己说,皆在严肃端正,锻炼个人,虽于道德实行之点,迥非俗所能比拟,然于情之一面,弃而不顾,故往往不免失之过甚,如西尼克则此弊尤甚,独孔子能以中庸防此弊耳。"②

王国维认为,《列子》亦提出过颇有启发意义的思想。比如,《说符》曰:"齐田氏祖于庭,食客千人。中座有献鱼雁者,田氏视之,乃叹曰:'天之于民厚矣!殖五谷,生鱼鸟,以为之用。'众客和之如响。鲍氏之子,年十二,预于次,进曰:'不如君言。天地万物与我并生,类也。类无贵贱。徒以小大智力而相制,迭相食,非相为而生之。人取可食者而食之,岂天本为人生?且蚊蚋嘬肤,虎狼食肉,非天本为蚊蚋生人、虎狼生肉者哉!'"而这段话所显示出来的思想与近世进化论具有同样的价值。他说:"此与近世所谓弱肉强食,生存竞争,优胜劣败,即生物进化论之思想,隐隐相通。在当时观之,不可谓非一卓见也。此种思想以较儒教之以人为中心,而观天地万物者,又基督教之一派或西洋哲学之一派之目的观、意匠观,即谓为适人类之要求而造成天地万物者,固不失为别开生面之见地矣。"③

对于墨子的"名学"和荀子的"名学",王国维认为虽然都程度不同地存在不足,但它们的特殊价值是不能被否定的。他说:"墨子之定义论、推理论,虽不遍不赅,不精不详,毛举事实而不能发见抽象之法则,然可谓我国名学之祖,而其在名学上之位置,略近于西洋之芝诺者也。然

---

① 《王国维哲学美学论文辑佚》,华东师范大学出版社1993年版,第43页。
② 同上书,第53页。
③ 同上书,第122页。

名学之发达，不在墨家，而在儒家之荀子。荀子之《正名》篇虽于推理论一方面不能发展墨子之说，然由常识经验上立脚地，以建设其概念论，其说之稳健精确，实我国名学上空前绝后之作也。岂唯我国，即在西洋古代，除雅里大德勒之奥尔额诺恩（理则学）外，孰与之比肩者乎？"① 也就是说，墨子定义论、推理论虽然存在不全面、不精微、不能发现抽象法则之不足，但其地位相当于芝诺在西方逻辑史上的地位，为在中国逻辑学史上开山之祖；而荀子的贡献是，由经验常识出发建设概念论，其工作是空前绝后、可与西方亚里士多德比肩的。王国维还特别对荀子"天官薄类，心有征知"的思想给予了极高的评价。他认为，荀子"天官薄类、心有征知"的思想，实际上是强调，只有将感性（"天官"）与理性（"心"）结合起来才能产生真正的认识。而这种思想在西方古代哲学中没有出现过，因为西方哲学家都认为，认识是"皆以直观（Perception）但为感性（Sensibility）之作用而无悟性（Understanding）之作用存乎其间"的。因此，当王国维发现叔本华在论著中的论证"直观中之有睿知的性质"时②，一方面叹服荀子思想的价值；另一方面认为，叔本华的论证不过是荀子命题的注脚而已："然要之，其充足理由论文第二十一章之全文，不过荀子此节之注脚而已。"③

4. 谋划"中国哲学"的规范

王国维对于建构"中国哲学"的方法和规范，提出了一系列具有建设性的观点或主张。

借鉴"文法"，以使"中国哲学""合法"。"中国哲学"的存在固然是肯定的，但与王国维所熟悉的西方哲学相比，"中国哲学"既无严密的构造，也无完整的理论，更无系统且贯通的哲学范畴。概言之，"中国哲学"缺乏作为一种现代学科应该有的"章法"。王国维说："夫战国议论之盛，不下于印度六哲学派及希腊诡辩学派之时代。然在印度，则足目

---

① 《王国维哲学美学论文辑佚》，华东师范大学出版社1993年版，第142页。
② 同上书，第145页。
③ 同上。

出，而从数论声论之辩论中抽象之而作因明学，陈那继之，其学遂定。希腊则有雅里大德勒自哀利派诡辩学派之辩论中抽象之而作名学。而在中国则惠施、公孙龙等所谓名学者流，徒骋诡辩耳，其于辩论思想之法则，固彼等之所不论，而亦其所不欲论者也。故我中国有辩论而无名学，有文学而无文法，足以见抽象与分类二者，皆我国人之所不长，而我国学术尚未达自觉（Selfconsciousness）之地位也。"① 也就是说，以抽象思维构筑哲学理论，虽然不是"中国哲学"之所长，但"中国哲学"要想顺应世界学术文化发展潮流，则不能不在学理、范畴、概念上有所创造。王国维说："乏抽象之力者，概则用其实而不知其名，其实亦遂漠然无所依，而不能为吾人研究之对象。何则？在自然之世界中，名生于实，而在吾人概念之世界中，实反依名而存故也。事物之无名者，实不便于吾人之思索，故我国学术而欲进步乎，则虽在闭关独立之时代犹不得不造新名，况西洋之学术骎骎而入中国，则言语之不足用固自然之势也。"② 因此，只有给"中国哲学"配置相应的现代学科理论、概念范畴、运思方法，"中国哲学"的"哲学"身份才能得以确立和被承认。

忠于"史事"，以显"中国哲学"之"真实"。"中国哲学"以怎样的面目呈现？当然不是选择最好的面目，而是选择最真实的面目。王国维认为，介绍"中国哲学"给读者时，一是在译述上要尽可能地将"中国哲学"范畴的本来含义说清楚，既不能过度扩张它的含义，亦不能随意减少它的含义。王国维说：

> 然"中庸"虽为一种之哲学，虽视"诚"为宇宙人生之根本，然与西洋近世之哲学，固不相同。子思所谓"诚"，固非如裴希脱（Fichtc）之"Ego"、解林（Scgelling）之"Absolut"、海格尔（Hegel）之"Idea"、叔本华（Schopenhaue）之"Will"、哈德曼（Hartmann）之"Unconscious"也。其于思索，未必悉皆精密，而其议论，亦未必尽有界限。如执近世之哲学，以述古人之说，谓之弥缝古人之说则可，谓之忠于古人则恐未也。夫古人之说，固未必悉有条理也。

---

① 《王国维学术经典集（上）》，江西人民出版社1997年版，第102页。
② 同上书，第108页。

往往一篇之中，时而说天道，时而说人事。岂独一篇中而已，一章之中，亦复如此。幸而其所用之语，意义甚为广漠，无论说天说人时，皆可用此语，故不觉其不贯串耳。若译之为他国语，则他国语之与此语相当者，其意义不必若是之广，即令其意义等于此语，或广于此语，然其所得应用之处，不必尽同，故不贯串不统一之病，自不能免。而欲求其贯串统一，势不能不用意义更广之语，然语意愈广者，其语愈虚。于是古人之说之特质渐不可见，所存者其肤廓耳。①

这里，王国维指出，"诚"与西方哲学家所提出的命题诸如"自我"、"绝对"、"观念"、"意志"、"无意识"等并不是完全一样的，它们寓意的多寡、深浅、厚薄并不相同，如果随意地用西方哲学概念去比附、解释"中国哲学"的概念、范畴，就可能与那些范畴所含意蕴有所出入。因此，在对中国古代哲学思想、范畴、概念进行解释时，应适用于解释的范畴、语词（西方哲学）与被解释的范畴和词汇（中国哲学）实现贯通，不能用含义太广者，因为意义太广，不能显示出古代哲学范畴的特质。

二是要忠于历史。王国维说："吾人更有所不慊者，则辜氏之译此书，并不述此书之位置如何，及其与《论语》诸书相异之处，如余于此文首页之所论。其是否如何，尚待大雅之是正，然此等问题，为译述及注释此书者所不可不研究明矣。其尤可异者，则通此书无一语及于著书者之姓名，而但冠之曰孔氏书……又译者苟不信《中庸》为子思所作，亦当明言之，乃全书中无一语及此，何耶？要之，辜氏之译此书，谓之全无历史上之见地可也。"②而这种"无历史见地"的翻译，其后果是严重的："唯无历史上之见地，遂误视子思与孔子之思想全不相异；唯无历史上之见地，故在在期古人之说之统一；唯无历史上之见地，故译子思之语以西洋哲学上不相干涉之语。幸而译者所读者，西洋文学上之书为多，其于哲学所入不深耳。使译者而深于哲学，则此书之直变为柏拉图之《语录》、康德之《实践理性批评》，或变为裴希脱、解林之书，

---

① 《王国维学术经典集（上）》，江西人民出版社 1997 年版，第 124 页。
② 同上书，第 126 页。

亦意中事。"① 正是因为缺乏"历史的见地"，所以盲目地将古代不同学者的学说视为"一"，以及随意用与被译文本毫不相干的名词、概念或术语去译述、去解释，是十分不可取的。由此可见，拥有"历史的见地"，对于"真实"地呈现"中国哲学"是多么关键，又是多么重要！

坚守"独立"，以促"中国哲学"之"发达"。王国维虽然揭示出"中国哲学"的实用特性，但他对这种特性却是持批评态度的。因为在他看来，哲学应该是纯粹的、独立的，如此才能凸显中国哲学的自我价值，才能走向发达。他说："学术之所争，只有是非真伪之别耳。于是非真伪之别外，而以国家、人种、宗教之见杂之，则以学术为一手段，而非以为一目的也。未有不视学术为一目的而能发达者，学术之发达，存于其独立而已。然则吾国今日之学术界，一面当破中外之见，而一面毋以为政论之手段，则庶可有发达之日欤？"② 作为人类学术的哲学，它所讨论的是"是非真伪"问题，如果夹杂于国家利益、种族习惯、宗教信仰，哲学的"是非真伪"就有可能被颠倒，从而取消哲学的独立性，损害哲学的科学精神，哲学也就成了手段而不是目的，哲学的发达自然也就不可能。据此，王国维对他生活的同时代"中国哲学"提出了检讨。他说："（康）氏以元统天之说，大有泛神论之臭味，其崇拜孔子也颇模仿基督教，其以预言者自居，又居然抱穆罕默德之野心者也。其震人耳目之处，在脱数千年思想之束缚，而易之以西洋已失势力之迷信，此其学问上之事业不得不与政治上之企图同归于失败者也。然（康）氏之于学术非有固有之兴味，不过以之为政治上之手段，《荀子》所谓'今之学者以为禽犊者也'。（谭）氏之说，则出于上海教会中所译之治心免病法，其形而上学之以太说，半唯物论、半神秘论也。人之读此书者，其兴味不在此等幼稚之形而上学，而在其政治上之意见。（谭）氏此书之目的，亦在此而不在彼，固与南海氏同也……又观近数年之文学，亦不重文学自己之价值，而唯视为政治教育之手段，与哲学无异。如此者，其亵渎哲学与文学之神圣之罪，固不可逭，欲求其学说之有价值，安可得也！故欲学术之发达，必视学术

---

① 《王国维学术经典集（上）》，江西人民出版社1997年版，第135页。
② 同上书，第99—100页。

为目的，而不视为手段而后可。"① 在王国维看来，康有为、谭嗣同都是为了政治目的而讲哲学、研究哲学，所以根本就不可能有什么成就，而且那种借助哲学进行政治教育的行为，非但不能帮助哲学发展，反而是对哲学的亵渎。

积极"对话"，以明"中国哲学"之"价值"。在西方哲学的映照下，"中国哲学"不能以"哲学"自居，这是不是说"中国哲学"应该为了自尊就远离西方哲学呢？对此，王国维的回答是否定的。因为，第一，中国和西方拥有共同的宇宙人生问题，但所提供的解决智慧的方法不同，所以彼此应进行交流、借鉴，而不是彼此孤立。王国维说："然由上文之说，而遂疑思想上之事，中国自中国，西洋自西洋者，此又不然。何则？知力人人之所同有，宇宙人生之问题，人人之所不得解也。具有能解释此问题之一部分者，无论其出于本国或出于外国，其偿我知识上之要求而慰我怀疑之苦痛者，同一也。同此宇宙，同此人生，而其观宇宙人生也，则各不同。以其不同之故，而遂生彼此之见，此大不然者也。"② 第二，中国和西方在各个领域的交流日渐频繁，中学、西学之间的依赖关系日益增强。他在《国学丛刊序》中倡言："中西二学，盛则俱盛，衰则俱衰，风气既开，互相推动。且居今日之世，讲今日之学，未有西学不兴，而中学能兴者；亦未有中学不兴，而西学能兴者……故一学既兴，他学自从之，此由学问之事，本无中西。"③ 也就是说，在中西方交流日益频繁、关系日益密切的大势下，中国学术与西方学术已经是"盛则俱盛，衰则俱衰"的关系，怎么可能避开西方哲学而去独立发展"中国哲学"呢？何况西方哲学在很多方面先进于"中国哲学"。第三，欲通中国哲学，必须借助于西方哲学。王国维说："余非谓西洋哲学之必胜于中国，然吾国古书大率繁散而无纪，残缺而不完，虽有真理，不易寻绎，以视西洋哲学之系统灿然，步伐严整者，其形式上之孰优孰劣，固自不可掩也。……且欲通中国哲学，又非通西洋之哲学不易明也。近世中国哲学之不振，其原因虽繁，然古书之难解，未始非其一端也。苟通西洋之哲学以治吾中国之

---

① 《王国维学术经典集（上）》，江西人民出版社 1997 年版，第 97—98 页。
② 同上书，第 105 页。
③ 胡道静：《国学大师论国学（上）》，东方出版中心 1998 年版，第 43 页。

哲学，则其所得当不止此。异日昌大吾国固有之哲学者，必在深通西洋哲学之人，无疑也。"① 也就是说，王国维较早提出，因为中国古书的庞杂、散乱、残缺、无系统，使其哲学真理幽而不显；而西方哲学有理论、有系统，同时是异于"中国哲学"的一个坐标，所以，如果要使"中国哲学"获得一个"哲学的系统"并使中国古书中的"哲学道理"为人所明了，乃至使"中国哲学"固有的价值凸显出来，除了与西方哲学交流、"切磋"之外，没有别的途径可选择。

5. 几点检讨

近年来，中国哲学界就"中国有无哲学"、"中国哲学的研究与西方哲学的关系"、"中国哲学如何走向发达"等问题展开了很热烈的争论，但似乎仍未取得一个妥当的解决办法。因此，我们想知道的是，王国维建构"中国哲学"的工作及其所表现出来的一些主张和思想，是否对回答这些问题有所助益呢？

"有、无哲学之争"的结案。在"中国有无哲学"的争论中，曾存在两种鲜明对立的观点，即一派认为中国有哲学，另一派认为中国没有哲学。到目前为止，似乎谁也说服不了谁。那么，按照王国维的主张，我们应该怎样合理地理解这个问题呢？王国维曾郑重声明，中国是有哲学的，认为"六经"、宋儒所言皆是哲学。但王国维同时指出，中国哲学是"有论无学，有文无法"，所以，他的建构"中国哲学"的工作基本上是借助西方哲学学说展开的。由此看出，在王国维的观念中，"中国有哲学"是指有"哲学思想"，"中国没有哲学"是指没有"哲学学说"或"哲学理论"。所以，就哲学的讨论内容（思想）而言，中国当之无愧是有哲学的；而就哲学的结构形式（学说）而言，则又不能说有中国哲学。概言之，既不能简单地断言中国无哲学，也不能轻易地断言中国有哲学。因此，第一，不要因为中国有"哲学思想"就趾高气扬，并误认"哲学思想"为"哲学学说"，由此拒斥西方哲学学说。第二，也不要因为中国没有"哲学学说"而低三下四，说话没有底气，并自我矮化，进而全盘否

---

① 《王国维哲学美学论文辑佚》，华东师范大学出版社1993年版，第5—6页。

定中国哲学。第三，既然中国哲学主要属于"哲学思想"，因而尚有使之"哲学化"的任务，也就是要以他人之"长"补己之"短"。而要补己之"短"，使中国哲学思想"哲学化"，就不能绕开西方哲学，就需要借助西方哲学学说来认知、判断、建构"中国哲学"。

由此进入第二个问题：谁是推进中国哲学不可缺席者？因为对百年来中国古代哲学被误读、误解的痛心疾首，一些学者对西方哲学产生了不应有的排斥情绪，主张在与西方哲学绝缘的情境中独立发展中国哲学，即所谓"中国哲学自己讲自己"的主张。具体而言，就是用中国古代哲学范畴、思维方法以及话语来发展中国哲学。然而，这在我们看来不过是一相情愿而已。因为，第一，王国维初建中国哲学的系统、厘定中国哲学的性质、开掘中国哲学的价值等工作，无一不是在西方哲学帮助下实现的，如果我们不能否认它是中国哲学发展史上伟大成就的话，那就说明西方哲学对中国哲学的发展而言并非魔兽。第二，人类思想文化的发展史，与人类实践交往史基本上是一体的、同步的，也就是说，思想文化的发展不能游离于人类实践之外，人类实践交往范围的扩大，思想文化交往范围相应扩大，并因此获得丰富、发展，所以，作为一种思想文化的中国古代哲学，它的存在和发展，是不能拒绝与西方哲学交往的。第三，中国哲学与西方哲学所关心、所探讨的问题具有一致性，宇宙人生、人类知识等是中国哲学与西方哲学共同关心、共同探索的课题，而且，西方哲学与中国哲学在解释、回答这些课题时各具智慧。所以，中国哲学如要完善自己的解释能力，应该主动接纳和消化西方哲学，而不是走向相反。第四，正如王国维所说，中国虽不乏哲学思想，但中国哲学思想深埋在浩如烟海的典籍中，且散乱、残缺、无系统，而要将中国哲学思想整理成系统、分类定性、发微明义，西方哲学既是开掘机，又是显微镜，有此良具，中国哲学研究者何乐而不用呢？可是，以西方哲学学说认知、判断、建构"中国哲学"是一项错综复杂的思想文化诠释活动。就百余年的中国哲学成长史看，留下了不少沉重的经验教训需要检讨。

由此进入第三个问题：如何引用、借鉴西方哲学？近年来，在反思、检讨百余年"中国哲学成长史"过程中，有相当多的学者认为，百余年的中国哲学发展史是"中国古代哲学"被误读、被肢解的历史，而且将被误解、误读的责任归于西方哲学学说。然而，我们究竟应该怎样理解和评判这种误读、误解呢？王国维建构"中国哲学"的工作及其相关观点，或许能给我们以有益启示。首先，王国维初建中国哲学的系统、厘定中国哲学的特性、开掘中国哲学的价值等工作，无一不是在西方哲学背景下展开的，但我们又的确看不出王国维在理解、判断中国哲学时，有什么很大的毛病，反而觉得他做得挺成功。比如，对孔子"天命论"性质类型的分析，王国维认为，孔子的天命论既非宿命论，亦非自由主义，而是一种"任天主义"，具有伦理学价值。这种对孔子"天命论"做如此深入分析、精辟判断，恐怕是前无古人的。这就告诉我们，只要是真正从哲学的立场、学术的态度来展开以西方哲学诠释"中国哲学"的工作，就能获得一定的积极成果。其次，在以西方哲学为模式诠释、建构"中国哲学"的具体工作中，王国维的某些观点是很值得我们注意和效法的。他认为，中国古代哲学范畴与西方近世哲学范畴是有差别的，这个差别就是中国哲学范畴不精密、无界限，含义广漠而混乱，而西方哲学范畴则完全相反。所以，以西方哲学范畴翻译、解释中国哲学范畴，不仅不可能真实地呈现中国古代哲学，而且由于引用含义广漠、语言空虚的西方哲学范畴，还会导致中国古代哲学的特质被淹没。不幸的是，在王国维之后，以西方哲学诠释中国古代哲学的实践中，"中国哲学"意义的丰厚性、"中国哲学"的灵性、"中国哲学"的特质确实被有意无意地消解了，人们所看到的"中国哲学"不过是西方哲学学说的注脚而已。因此，如果要想在以西方哲学诠释"中国哲学"时不至于歪曲、误读中国哲学，至少要做到：第一，不要乱用误用与中国哲学（范畴、概念、命题等）不相应的西方学术之语（即非哲学之语）。第二，不能为了与中国哲学（范畴、概念、命题等）贯穿而勉强用意义广漠无边的西方哲学之语。认识到引用西方哲学时应注意的问题，虽然对"中国哲学"的建构、研究都有非常积极的意义，但"中国哲学"的发达，可能还是要以凸显自我的品质为根本。

由此进入第四个问题：哲学独立品格的维护是哲学发达的根本保证。在近年反思、检讨"中国哲学问题"的思潮中，学者们对"中国哲学"的边缘化地位表现出非常大的不满和担忧，甚至指责哲学成了"小媳妇哲学"或"厨房哲学"。学者们的批评和担忧隐含着对哲学服务于当代中国社会现代化建设实践的真诚企盼，也体现了传统儒家式的担当天下己任的胸怀。不过，究竟怎样让哲学在现代化建设实践中发挥它的应有作用呢？难道骂街式的批评就是哲学价值的体现？难道远离政治才算哲学功能的发挥？难道让哲学天天在媒体上露面就是哲学的"出场"？试想，哲学怎样"有功"于社会并使之获得积极的成果，还真是需要认真考量的。在这方面，王国维的相关观点或许是有些启发的。王国维认为，作为学术的哲学，应该具有它的独立性品质，哲学不应该夹杂于政治、宗教、种族之见，即哲学不能成为政治、宗教、种族的附庸，以政治、宗教或种族的立场取代自己的立场；哲学的价值目标是对是非、真伪的审视和判断。可是，哲学如何审判是非真伪呢？哲学应以独立品质、自我价值进行审视和判断。可见，王国维批评哲学夹杂于政治、种族、宗教，就是批评有的哲学家或哲学研究者把哲学当作工具，只图论证政治的合理性，只为某个利益群体说话，这种哲学自然缺失了哲学应有的品质以及哲学的真正价值，自然也就谈不上对社会积极的作用，当然也就谈不上哲学的发达。哲学的发达与它自我价值和品质的伸展与彰显是成正比的。所以，当今"中国哲学"研究者，应该检讨的是，你所作的哲学是否是真正的哲学，还是伪哲学？如果你做的哲学是按照哲学的方式、哲学的立场说话，那么，就没有必要担心哲学变成了"厨房哲学"或"小媳妇哲学"，也没有必要担心哲学"出场"与否，因为哲学用自己的"心"说话了，那就是最精彩的"出场"。王国维之所以批评"中国哲学"缺乏独立性，不是否定哲学的功能，而是强调哲学应该按照自我价值和品质来表现或发挥它的功能。因此，如果在"中国哲学"的研究或创作中，能够真正贯穿哲学精神、哲学品质和哲学价值，那么，"中国哲学"的发达即指日可待。

（载《河北学刊》2007年第5期；人大复印资料《中国哲学》2007年第12期）

第五章　中国传统哲学的研究现状

本章主要是关于中国传统哲学研究现状的综述与评论，其中对郭齐勇教授《中国哲学史》进行了分享与评价，对当下中国传统哲学研究的热点问题表达了关切与评判，对朱熹思想研究的现状进行了较客观的梳理与较系统的分析，对1978年至2008年30年的中国传统哲学研究做了精要的概括与客观的评论，这些文字对中国传统哲学研究者而言，或有承前启后之参考价值。

一 开启"中国哲学史"写作的新范式
——评郭齐勇教授新著《中国哲学史》

在大学为本科生讲授"中国哲学史"有十多年了，坦率地说，我还从来没有用过专门的教材，不是我不信任那些哲学史教材，而是感到讲哲学思想史，总是要自己理解了原著才好讲给学生听。因此之故，我也一直想写本"中国哲学史"，但因种种原因未能付诸行动，我也常常为此感到遗憾。近日拜读了郭齐勇教授编著的《中国哲学史》（高等教育出版社2006年版，如下所注页码无特别注明者，皆出自此书），让我惊喜不已！因为这部著作不仅克服了诸多《中国哲学史》教材共有的弊端，而且开启了"中国哲史学"写作的新范式。读罢此书，深感有使其在学界流布之责任，故罗致如下文字，冀能生引介之效。

1. "哲学问题"与"作者理论"的有机结合

所谓"哲学问题"，就是作者对所写哲学史能够提出问题，因为有"问题"才能将那些蕴含着哲学思想的文献资料"串成"哲学史。但是，这个问题必须是正确的问题，即应该是哲学史中固有的、基本的问题。所谓"作者理论"，就是作者关于哲学史写作的基本看法和对哲学史已经形成的基本观点。"哲学问题"的提出，与"作者理论"的宽度和厚度是分不开的。"作者理论"是作者经过对"哲学文献"的长期浸润、体悟、研读而形成的基本看法，有了这样的看法，才能提出"哲学问题"，并且继续展开对"哲学问题"的解释，通过这种解释丰富和发展"作者理论"。因此，从某种意义上讲，"哲学问题"与"作者理论"的良性互动和有机结合是一部哲学史写作获得成功的关键。本书可谓这方面的一个范例。就

"哲学问题"而言，作者认为，"天人性命"是中国哲学的核心问题，与这个核心问题相关联，尚有"天道与人道"、"人性与天命"、"自我修养与礼制架构"、"精神超越与现世生存"、"名教与自然"、"理与气"、"精神和身体"、"天地之性与气质之性"、"格物致知与发明本心"、"普遍与特殊"、"传统与现代"、"体与用"、"科学与玄学"等，这些问题是"天人性命"问题的具体展开。就"作者理论"而言，有"中国哲学的宇宙论是生成论"、"中国哲学的主流是自然生机主义"、"中国哲学是'气'的哲学"、"中国哲学把宇宙看成是创进不息、常生常化的"；"中国哲学有天、地、人、物、我之间的相互感通、整体和谐、动态圆融的观念和智慧"；"中国哲学重视存在的体验、生命的意义、人生的价值"；"中国哲学实践性强"；"中国哲学有自身独特的概念、逻辑、理性"；"中国哲学中，道、诚、仁、性、理等本体既是外在的又是内在的，因而在中国哲学中，天人之间、形上形下之间、价值理想和现实人生之间是没有鸿沟的"等，这些都是作者所具有的"理论"。本书正是上述"作者理论"与"哲学问题"的互动和结合之成果。比如，"性与天理"是二程哲学的主要问题之一，作者对此问题研究的结论是："理"在天为天道、在物为物理、在人为人性，具有生生创造之动力，具有恒常性、普遍性、绝对性；"性"指"仁、义、礼、智"；如此便将"天道"与"人道"打通，使"人道"（仁、义、礼、智）直接与"天理"同一，从而获得了神圣性、绝对性、永恒性。而这种论述完全与"中国哲学中，道、诚、仁、性、理等本体既是外在的又是内在的，因而在中国哲学中，天人之间、形上形下之间、价值理想和现实人生之间是没有鸿沟的"之"作者理论"一致。可见，"作者理论"是从对"哲学问题"的阐述中获得的；而"哲学问题"是在"作者理论"的丰富发展中得以阐述清楚的。因此之故，本书在内在逻辑上显得非常圆融、丰满，其较高的学术品位得以凸显。

2. "中国意味"与"西方方法"的有机结合

所谓"中国意味"，就是要求所写的哲学史是"中国"哲学史，所谓"中国"主要表现为哲学史的语言表达、思维方式、解释习惯、价值指向等方面都具有鲜明的"中国性"，而不是让人感到是用中国哲学资料去注解西方哲学的理论。所谓"西方方法",就是指西方哲学的范畴、思维、方法等元素,作者强调西方哲学在中国哲学史写作中的重要参鉴价值。近年来,学界对于中国哲学史写作中应体现出"中国意味"的呼声很高。本书可谓对此呼声作出了及时而出色的回应。因为第一,本书基本上以中国哲学原著中固有范畴、命题作为章节标题。如写张载哲学思想,节目所用为"太虚即气"、"一物两体"、"天地之性"、"大其心"、"变化气质"等,全部是张载原著中的概念或范畴。其他如孙子、荀子、韩非子、《易传》、二程、朱熹、陆九渊、王守仁、方以智、王夫之等的写作,亦一概如是。第二,本书对中国哲学范畴或命题的解释紧扣中国特性。比如,关于孟子的"万物皆备于我矣。反身而成,乐莫大焉",作者做了这样的解释:"这里……是说道德的根据在自己……在道德的精神的层面上,探求的对象存在于我本身之内。道德的自由是最高的自由,不受外在力量的左右,因为道德的行为总是自我命令的结果。反躬自问,切己自反,自己觉识到自己的行为无愧于天人,就是最大的快乐。"(第75页)这与那种"主观吞并客观的主观唯心主义"的解释相比,显然是更符合中国哲学特色、更贴近孟子思想实际的。这也就是作者所主张的:"中国哲学范畴、术语不缺乏抽象性,但需要放在自身的语言、文化、思想系统中加以解读。"(第7页)从而也接近了陈寅恪先生所期望的境界:"所谓真了解者,必神游冥想,与立说之古人,处于同一境界,而对于其所持论所以不得不如是之苦心孤诣,表一种同情,始能批评其学说之是非得失,而无隔阂肤郭之论。"[①] 不过,正如作者所说:"中国哲学学科的建立,是不能排斥西方哲学的。"(第5页)因而在本书中,作者仍然自觉而谨慎地将西方哲学作为一种特殊坐标,帮助整理中国哲学的资料、发掘中国哲学的价值,仍然容许经验论、唯理论、直觉论、客体、主体、唯物主义、唯心主义、不可知论等西方哲学中的概念、范畴穿梭于各章节之中,以使中国哲学史更具理论性。然而,如此作为,也只是为了确立中国哲学的自主性:"我们在与西方哲学的比照、对话中超越西方哲学的体系、框架、范畴的束缚,确立起我们中华民族的哲学传统、哲学智慧与哲学思维的自主性或

[①] 陈寅恪:《冯友兰〈中国哲学史〉审查报告》,胡道静主编《国学大师论国学》(上册),东方出版中心1998年版,第201页。

主体性。"（第5页）因此之故，本书不仅实践了中西哲学之融合，而且凸显了中国哲学的主体性。

3. "因事设论"与"学术创新"的有机结合

所谓"因事设论"，就是不强物就我，不迁就"先天"原则，不杜撰、夸大、歪曲文献，而是按照文献的本来样子写哲学史。所谓"学术创新"就是在实事求是的基础上，勇于提出自己的新的观点和主张，不缩手缩脚或故步自封。近年来对中国哲学史写作的反思中，学者们批评较多的弊端之一，就是中国哲学史被写成某种哲学观点的注释史，哲学史被教条化、模式化。而出现这种弊端的原因就在于以外在的、与中国哲学思想没有多大关联的原则去建构中国哲学史，结果把哲学家的思想写得面目全非，全不相应。让人兴奋的是，本书克服了这些弊病，平实地按照中国哲学文献所蕴含的思想实际来展开，不是师心自用，也不夸大其词。比如，作者写董仲舒哲学思想，就写董氏的"人副天数"说、天人感应论、人性论等方面，这显然比以往将董氏哲学写成"天人感应"神学目的论、"深察名号"的唯心主义认识论、"天道不变"的形而上学更切合实际。值得称道的是，作者不仅努力于实事求是地陈述中国哲学的历史，而且常有个性化的独见，使本书光彩夺目。比如，关于陈亮、叶适事功学的评价："事功学派虽然表现在诸多与理学不和谐之处，但它还是属于传统儒学在宋代的发展，而且表现出一种扩大理学范围的倾向，所以它仍应被包含在广义的理学范围之内，而不是与理学绝对对立的思潮。"（第291页）这在我看来是非常重要的见解，因为它不仅符合事功学派理学的本旨，也显示了作者的学术胸怀和胆识。这与某些学者把事功学拒之理学甚至儒学之外的褊狭的处理方式是完全不同的。再如关于"心外无物"的解释："王守仁所谓的'物'，不是指物质结构而是指与'吾心'相关联着的'事'，即是相对于主体而言无价值或意义上而说'心外无物'的。所以，王守仁在声称'心外无物'时，不是针对外界事物有无客实在性，是否独立吾心而存在这类问题而发的，而是与他对'物'的特殊规定以及他的整个思想系统密切相关的。"（第312页）这种解释在以往的哲学史教材中是不可能看到的，它给人以清新之感。再看对冯友兰哲学史写作实践的评价:"冯友兰以逻辑分析处理中国哲学的范畴体系,虽然是中国哲学现代化的一种可贵尝试,但彻底洗汰了中国哲学、特别是儒家哲学范畴体系中的生活内容和价值成分,使之成为与道德实践完全无关的纯智观念,从而与中国哲学特别是儒家哲学的特点形成隔膜。"(第438页)这个论段不仅揭示了冯友兰研究、写作中国哲学史的基本特点,而且可以成为考察百余年来中国哲学家构建哲学体系的普遍性方法。诸如此类的新观点、新认识、新解释,在本书中可谓屡见不鲜。既能做到"因事设论",不主观推测,又能做到"学术创新",彰显己见,其不仅凸显了作者严谨的学术风格,也体现了作者敢于创新的学术勇气。

4. "旧经验"与"新成果"的有机结合

所谓"旧经验"就是百余年来中国哲学史研究者、写作者们的实践经验。作者非常珍惜这份经验,作者说:"我们尊重并珍视前辈的经验,他们为中国哲学学科奠定了基础。"(第2页)所谓"新成果",是指近年来学界推出的最新研究成果、研究理论。作者对此也是十分在意,作者说:"我们适当吸取和融会了海内外学者新的研究成果和新出土的简帛资料。"(第492页)我们知道,百余年来的"中国哲学史"代表性著作,先后有胡适的《中国哲学史》(卷上)、冯友兰的《中国哲学史》、任继愈主编的《中国哲学史》、肖萐父主编的《中国哲学史》等,这些著作现在看来都存在这样或那样的不足,但不可否认的是,这些著作对于"中国哲学史"写作方式的探讨、对于"中国哲学史"发展阶段的划分、对于"中国哲学"基本特征的追问、对于"中国哲学"根本问题的厘定、对于"中国哲学"主要范畴的整理、对于"中国哲学"价值的评估等方面,都积累了丰富且宝贵的经验,并(大多)已成为学界共有知识资源,从而亦自然而然地、程度不同地被保留在本书中。另外,作者又及时且适当地吸收了新近研究成果,使本书极具时代感。比如,在解释通行本《老子》十九章"绝圣弃智"、"绝仁弃义"等命题时,作者就将郭店简本《老子》中明显不同的表述("绝智弃辩"、"绝伪弃诈")列出来,并对郭店本与通行本的差别作了分析。这就为读者理解《老子》关于文明、智识、道德的态度,提供了新的思考角度,亦从而弥补、丰富甚或改正以往关于这两个命题的解释。在讨论墨子学说被冷落的原因时，作者就将韦政通先生相关的研究成果吸收进来（第62页）。在讨论《中庸》"天命之谓性、率性之谓道、修道之谓教"意蕴时，作者又引用了杨祖汉的研究心得（第69页）。而在叙述公孙龙"坚白石"思想时，作者引用了罗嘉昌的研究成果（第95页）等。这些"新成果"的吸纳，不仅使本书对相关哲学范畴或命题的解释更加完善，从而提升了本书的学术价值；而且使学术成果消化于教材之中、从而实现着学术成果与教材教学的互动；对于作者而言，则凸显了其宽阔的学术胸襟和开放的学术视界。

在现时代，我们对"中国哲学史"写作的期望是：不仅有明晰的"哲学问题"，而且有正确的"作者理论"，而哲学史的叙述正是通过它们的互动而展开；不仅要充分体现"中国特色"，而且要积极接纳西方哲学的方法，并在中西哲学的比照、融会中凸显"中国哲学的自主性"；不仅要忠实中国哲学文献，"因事设论"，而且要超越文献，独创新论，从而使哲学史体现"事实性"与"价值性"统一；不仅要虚心地继承以往哲学史写作的经验，而且要积极地吸纳新的哲学史研究成果，从而使哲学史做到"新旧相资而新其故"，成为传播和弘扬中国哲学智慧的途辙。无疑，按照这些要求写出的"中国哲学史"，应该是一部比较科学、比较全面、比较新型的哲学史。因此之故，谓此书开启中国哲学史的写作新范式，殆不为过也。郭齐勇先生在"导言"中说：本书目的是"为初学者进入中国哲学的堂奥指出门径"（第12页），而我们认为，其亦将成为吾人写哲学史之一门径也。

（载《哲学研究》2007年第5期）

二 面向21世纪的中国哲学研究

——当代中国哲学研究热点问题述要

20—21世纪之交的数年时间，对中国哲学研究而言，无疑是极不平凡的岁月，这不仅因为中国哲学研究热点纷呈、亮点闪烁、难点深幽，而且因为学者们为应答和解决这些热点、亮点和难点问题贡献了不凡智慧。学术之脉需要薪火相传、与行俱新，而实现此目标的主要途径之一，就是适时而总结，适时而昭示。笔者不揣浅陋，勉力将个人以为的热点、亮点、重点问题及讨论之观点略述于此，兴之所至，亦将"添油加醋"，予以评论，期与学界同人共享。

1. 关于"郭店楚简"问题

1993年10月，湖北省荆门市沙洋区的郭店村出土了一批楚文字竹简，由于该竹简中文献涉及先秦儒、道两家思想，一时间成为中国哲学界热门话题，至今出版了好几部著作，论文更是多得难以数计。那么，郭店楚简的出土对中国先秦乃至整个中国哲学思想究竟产生怎样的影响呢？这里择其主要者予以介绍。

郭店楚简文献所及主要是先秦儒家和道家两派的思想，因而郭店楚简与先秦学术思想乃至与中国整个哲学思想史的关系，成为学者首要关心的问题。杜维明先生认为："郭店楚简有两方面意义：一是为孔子之后的第二、三代学生的研究，即为早期儒家的谱系研究，提供了资料，从而把从孔子到孟子之间的空缺添补起来；二是为儒家以外的其他横向的学派的研究，例如道家，提供了资料。因此，郭店楚简的出土，整个中国哲学史、中国学术史都需要重写。"① 郭沂先生的大作即以《郭店楚简与先秦学术思想》命名。郭沂认为，郭店楚简的出土，可使古史获得重建、孔子及其思想获得重新认识和评价、先秦儒家的线索得以重新认识、老子其人其书可获得较完满的解释，而儒家与道家的关系、道家与法家的关系、道家与兵家的关系都有可能获得更完整的认识。② 另外，郭店楚简对理解、把握先秦儒学的意义也为学者们所讨论。杜维明先生认为："郭店楚简的材料告诉我们，孟子时代的儒家文化有三种资源值得重视：第一，在孔子时代已经有非常深厚的、多元多样的文化传承的资源。第二，儒家传统中具有独立人格的主体精神，而且这种主体性与社会地位和政治地位没有关系。第三，儒家思想具有高层次的根源性。"③ 而庞朴先生指出："郭店楚简中的十四篇儒学经典，正是由孔子向孟子过渡时期的学术史料，儒家早期心性说的轮廓，便隐约显现其中。与《易传》所代表的孔子以后的儒家向外探寻的路向比较，郭店楚简所代表的是孔子以后儒学的另一路向，即内向进路。"④

郭店楚简《老子》与流传版本《老子》的关系是围绕"郭店楚简"争论的核心话题之一。郭沂先生认为："竹简《老子》属于一个早已失传的传本系统，它出自春秋末期与孔子同时代的老聃。帛书本和各种传世本属于另一个传本系统，它出自战国中期和秦献公同时的太史儋。后者曾将前者全部纳入并加以改造。在今本系统中，帛书本比通行的王弼本更接近于简本。也就是说，《老子》一书，有一个从简本到帛本再到通行本的演化的过程。"⑤ 但孙以楷先生不同意郭沂的观点，他说："简本《老子》不但是《老子》的节选本，而且对原本《老子》的重要命题做了改动；今本《老子》所据之《老子》版本与简本不同。有些地方简本《老子》更近于原本《老子》，有些地方则是今本《老子》更近于原本《老子》。

---

① 杜维明：《郭店楚简与先秦儒道思想的定位》，《中国哲学》（第二十辑），辽宁教育出版社1999年版，第2页。
② 郭沂：《郭店楚简与先秦学术思想·绪论》，上海教育出版社2001年版，第19—31页。
③ 杜维明：《郭店楚简与先秦儒道思想的定位》，第4页。
④ 庞朴《孔孟之间——郭店楚简中的儒家心性说》，《中国哲学》（第二十辑），辽宁教育出版社1999年版，第26页。
⑤ 郭沂：《郭店楚简与先秦学术思想·绪论》，第19—31页。

由于没有原本《老子》可供参照，我们很难说今本《老子》对原本《老子》做了哪些改动，但可以肯定的是作这些改动的决不是太史儋，今本《老子》比简本《老子》多出的文字，也决不是太史儋所写，太史儋与《老子》完全无关。"① 吴根友先生则通过对"道论"在不同版本《老子》中的含义之考察，认为简本《老子》的出土，并不足以解决老子其人其书的问题，而且，"道"和"德"两概念在简本《老子》、帛书《老子》和王本《老子》含义的变化，说明郭沂关于简本老子是最完整的本子的观点是值得商榷的，《老子》一书可能无定本，而只是一个不断被注释的开放文本。② 许抗生先生补充认为："简本《老子》很可能是当时社会上流传的多种老子语录或著述中的三组文字，是春秋末年流传下来的，至战国晚年才由后人合编增补成较完整的帛书本《老子》和今本《老子》。"③

学者们对郭店楚简中的具体内容也展开了较深入的讨论，有些讨论是很值得我们注意的。李学勤先生认为，由郭店楚简《老子》看出，道家与儒家有共同性。如《老子》中有"绝知弃辩，民利百倍；绝巧弃利，盗贼无有；绝为弃作，民复孝慈"之说，而弃"辩"、"为"、"作"，也是儒家的主张。又如郭店楚简儒家著作中有"为孝，此非孝也；为弟，此非弟也"之说，从而认为当时儒道的界线所在是儒家当时没有提倡"无为"。④ 郭沂先生进一步指出："由简本《老子》可以看出，在阐述伦理价值和行文风格（古雅、朴实）两方面，《老子》和《论语》是相合的。"⑤ 但许抗生先生不同意他们的观点，他说："简本《老子》中不仅有贬抑仁义的思想，而且有与孔子儒家对立的思想，老孔两人的思想体系是有着根本差别的。"⑥ 姜广辉先生根据《荀子·非十二子》、《中庸》、子思"求己"的宗旨、子思的思想性格等方面的考察，认为《唐虞之

---

① 孙以楷：《太史儋与〈老子〉完全无关》，《安徽大学学报》2003 年第 4 期。
② 吴根友：《道论在简本〈老子〉中的地位及道、德等概念在简、帛、王本中含义初探》，《江汉论坛》1999 年第 10 期。
③ 许抗生：《再读郭店楚简〈老子〉》，《中州学刊》2000 年第 5 期。
④ 李学勤：《古墓新知》，《中国哲学》（第二十辑），辽宁教育出版社 1999 年版，第 10 页。
⑤ 郭沂：《楚简〈老子〉与老子公案》，《中国哲学》（第二十辑），辽宁教育出版社 1999 年版，第 145 页。
⑥ 许抗生：《再读郭店楚简〈老子〉》，《中州学刊》2000 年第 5 期。

道》、《缁衣》、《五行》、《性自命出》、《穷以达时》、《求己》、《六德》、《鲁穆公问子思》等皆为子思所作。① 而陈来先生提出了一个极富挑战性的问题：郭店楚简中有《老子》、有许多儒家（七十子及其后学）的材料，而独独没有最具权威的孔子本人的著作，这是很难让人想象的或极不正常的，由此陈来认为，《缁衣》、《穷以达时》、《忠信之道》、《语丛三》、《尊德义》等文献中的许多孔子言论，是值得注意的。②

毫无疑问，郭店楚简的出土为研究中国传统哲学特别是先秦哲学思想的人们带来了惊喜，但似乎也带来了不少困惑。如关于出土《老子》与现今流行的各种版本《老子》的关系，如陈来先生对郭店楚简中缺乏最权威的儒家孔子言论的质疑，如道家与儒家思想的关系状况等，都是需要做进一步深入研究的。

2. 关于"中国哲学合法性"问题

当研究中国哲学的学者们正潜心于"圣人之学"的时候，有一个令他们尴尬不已的问题突然砸向了他们：你们研究的"中国哲学"不具有"哲学"的身份！百年来，研究中国哲学的学者，大到冯友兰、熊十力、贺麟等大师，小到普通的大学讲师、哲学教员，都曾经或正生活在"中国哲学"这棵大树下。经他们之手，中国哲学的体系建构了起来，中国哲学的智慧被发掘出来，中国哲学也基本上为世界哲学大家庭所接纳，中国哲学的薪火相传也基本上得以实现。如今却被认为"不合法"，这是不是意味着中国学者白费了百年的功夫？兹事体大，我们的学者们对此问题是个怎样的态度呢？又提出了哪些有建设性的答案呢？

"中国哲学合法性"究竟是一个什么性质的问题？为什么会提出这样的问题？有学者认为主要是一个向西方哲学看齐及对本民族元叙事非主体状态觉醒的问题。景海峰先生说："中国哲学合法性焦虑，表面上看起来好像只是一场危机，而实质上它更是象征了一种觉醒，是当代中国知识分

---

① 姜广辉：《郭店楚简与子思子》，《中国哲学》（第二十辑），辽宁教育出版社1999年版，第82—88页。

② 陈来：《荆门竹简之〈性自命出〉篇初探》，《中国哲学》（第二十辑），辽宁教育出版社1999年版，第309—310页。

子对自己民族思想之元叙事的非主体状态的觉醒,也是对强大的欧洲中心主义之无所不在的隐形影响和支配权力的觉醒。"① 郑家栋先生说:"中国哲学'合法性'问题真实含义是,中国历史上存在着某种独立于欧洲传统之外的中国哲学。所以,中国哲学合法性问题的出现,是以'哲学'观念的引进和'西方哲学'作为某种参照和尺度的存在为前提的……它不仅关涉到西方学者的某种偏见,而且关涉到我们理解和诠释中国哲学的方式,关涉到'中国哲学'以怎样的姿态切入现当代国际学坛的学术脉络和话语系统,关涉到如何处理普遍与特殊、哲学与文化、哲学与传统之间的复杂关系,也关涉到在后现代思想家福柯等人重新发现了'历史性'之后,我们又如何面对和重建普遍性价值和思想性尊严。"②

有学者则认为,中国哲学"合法性"危机反映的是中国学者对现有哲学史学科模式的非主体性和这种学科模式对中国传统思想资源随意宰割的不满。如魏常宝先生认为:"中国哲学合法性问题,反映了当代,中国哲学界希望破除西方哲学话语霸权的钳制,改变以往简单地以西方的哲学概念范式来剪裁中国哲学文献资料的那种依附局面,摆脱因一味套用西方叙事模式来写中国哲学的历史所导致的自我特性丧失的困境的愿望,是当代中国哲学研究自我反思进一步走向自觉和深入的理论表征。"③ 而彭永捷先生认为,中国哲学史学科范式并没有导致"中国哲学"历史的存在,他说:"中国哲学史学科的合法性危机,是指中国哲学史学科范式所导致的中国哲学史学科存在意义的危机……经过学者们的辛勤耕耘,中国哲学史被诠释为新实在论、实用主义、生命哲学、意志主义、唯物史观、现象学、直至后现代主义,唯独成不了'中国哲学'的历史。"④ 所以李存山指出:"中国哲学史的合法性问题,归根到底是中国哲学史著作如何更恰切地表达出中国传统哲学的'特色'问题。"⑤

---

① 景海峰:《中国哲学面临的挑战和身份重建》,《深圳大学学报》2003 年第 5 期。
② 郑家栋:《中国哲学的"合法性"问题》,《中国哲学年鉴(2001)》,《哲学研究》杂志社 2001 年版,第 10 页。
③ 魏常宝:《中国哲学的"合法性"叙事及其超越》,《哲学动态》2004 年第 6 期。
④ 彭永捷:《关于中国哲学"合法性"问题的思考》,《中国思想史研究通讯》2004 年第 1 期。
⑤ 李存山:《知人则哲:中国哲学的特色》,《哲学动态》2004 年第 5 期。

也有学者从另一角度对中国哲学"合法性"问题的性质进行了分析，认为中国哲学"合法性"问题的提出，在一定程度上反映了中国学者对中国哲学的民族化诉求。如方克立先生认为："中国哲学的'合法性'问题是在中国哲学近现代化和世界化的过程中产生的，它以批判中国哲学'合法性危机'的极端形式提出来，其实代表的是一种民族化的诉求。"① 郭齐勇先生更为细致地指出，中国哲学"合法性"问题主要来自两方面的原因：首先是一些西方学者和认同这些西方学者的中国学人，以古希腊以来至近代西欧大陆哲学的范型为主要参照，以近四百年的科学理性作为唯一尺度，否认中国有"哲学"，认为中国顶多只有"思想"。其次是一些研究中国哲学的中青年专家，认为我们所受的全部是西方哲学的训练，近百年来，"中国哲学"学科的诸位专家只不过是用西方哲学的不同话语来宰割中国本土哲学，那至多只是比较哲理研究，并没有发掘出中国哲学的精髓，需要反思这种"汉话胡说"的处境，而要建构一种真正纯粹的即用本民族的话语叙说的"中国哲学"学科。②

与中国哲学"合法性"密切关联的问题是"中国有无哲学"的问题。应该说，绝大多数学者是不赞成"中国哲学'不合法'"观点的。郭齐勇先生就明确表态不赞成中国哲学存在"合法性危机"的观点。他提出的理由是：第一，西方的哲学形态也是五花八门的，并没有一个普遍的西方的或世界哲学，所有形态、体系都是特殊的、个别自我的。第二，"中国哲学"学科建构的历史，就是用不同的西方范式来"格义"的历史，其间经历了不少坎坷，但所有经验都值得重视。第三，"中国哲学"学科的完善与发展仍然离不开中西哲学的多方面的更加广泛深入的交流、对话和沟通。第四，我们对于中国传统哲学自身的特性及其研究哲学史的方法，仍在摸索之中。中国哲学的主体性和学科范式，需要在与西方哲学相比照、相对话过程中建构。③ 李承贵则认为："如果我们并不否认所谓理论、所谓学科都是以相应的经验实践为基础的，而作为体系的学科的哲学也并非在经验世界之外，那么，我们可以说，'中国哲学'的存在是没有任何

---

① 方克立：《回应中国哲学"合法性"质疑的三个问难》，《人文杂志》2005 年第 4 期。
② 郭齐勇：《中国哲学：保持世界性和本土化的必要张力》，《中国思想史研究通讯》2004 年第 1 期。
③ 同上。

疑问的。因为正是有了百余年来对中国传统哲学的认知实践，中国哲学的内容和特征才逐步显露出来，学科体系才得以建立起来，中国哲学的身份才在学术生态中普遍建立起来。如果按照某些学者的意见，哲学是纯粹的'形上学'，那么百年来对中国哲学认知的实践告诉我们，中国哲学并不缺乏这一特征。所以，对'中国哲学的合法性'的'质疑'才是值得质疑的。"[1] 何中华先生认为："'中国有哲学'至少可需进行三个彼此相关方面的辨析：第一，至少从形式上看，中国'有没有哲学'这个问题是一个假问题，因为在最一般意义上，无论人们对其做肯定的回答还是做否定的回答，都是不确切的。第二，关于哲学一词及其内涵的定位问题。此问题有两个层面：哲学所内涵的形而上学追求对特定传统来说是个案的东西，还是普遍的东西？'哲学'能指与所指的关系，哲学能指带有民族印记，哲学所指可以超越民族性限域。第三，历史地看，今天中国的学问都是在'西学东渐'大背景下被重新梳理和定位的，其中不可避免地隐含着或明或暗的西方文化的标准和参照系。"[2] 张兆明则认为："'中国哲学'存在的'合法性'可从三个方面得到论证：第一，从哲学定义看，哲学是关于世界观的理论体系，它从最普遍、最本质意义上表达人们对世界的看法。哲学理论体系是由一系列概念、范畴构成的，中国古代哲学有道、气、阴阳、有无、体用、知行等基本范畴，这些范畴所讨论的皆是普遍性、本质性问题；第二，从中国思想发展史的实际看，中国哲学在探讨问题对象上，虽与西方哲学不同，但仍然属于哲学问题，如人性善恶等；第三，从中西哲学思维比较看，中国古代哲学与古代希腊哲学提出问题和解决问题的方式都极为相似，甚至相同。"[3]

也许，"中国哲学"并不存在某些学者所认为的"危机"；但"中国哲学"无论是作为学科叙述还是作为思想陈述，的的确确存在一些问题，有的问题还很严重。所以，对中国哲学研究者而言，应答中国哲学"合法性危机"所凸显出来的问题，是义不容辞的。有学者认为最吃紧的是中国哲学的主体性恢复，如景海峰先生说："中国思想主体性的复位和身

---

[1] 李承贵：《认知中国传统哲学的三个维度》，《天津社会科学》2004年第5期。
[2] 何中华：《中国有没有哲学?》，《山东社会科学》2002年第4期。
[3] 张兆明：《中国没有"哲学"吗?》，《山东社会科学》2002年第4期。

份重构面临着许多困难。一方面需要反思近百年来'中国哲学'建构和发展的历程,从中总结出有益的经验和教训来,是其所是,非其所非,并从根本上打破它的局限性,走出目前的困境。另一方面又要面对全球化的挑战,寻求适宜的自我身份和新的表达方式,以化解地方性知识的限制,从而把中华民族的声音带入到世界性场域中去。"① 又如魏常宝先生说:"不能短视地纠缠于中国哲学是否'合法'的证明或者中国有无'哲学'的求解,而应当自觉超越'合法性'危机和'合法性'叙事,以更加富有建设性的姿态和视角,探讨中国哲学性的学科范式和'合理化'重建之路。中国哲学只有自信地建立了自己的主体性,才能最终消解所谓'合法性'之类质疑。"②

彭永捷则强调与中国哲学亲密接触,用中国固有的术语、方法来展开中国哲学的研究,是解决中国哲学"合法性危机"的主要途径。他说:"给予中国传统哲学更多同情理解,追求最大限度地接近传统哲学思维;关注中国哲学自身的问题意识,就中国哲学自身问题意识来理解中国哲学问题的展开;复活传统哲学术语,用传统哲学自己的哲学范畴来诠释传统哲学;从传统哲学自身提炼哲学方法和理论,如范畴解释方法和理论、经典解释方法和理论,再用之于中国哲学史研究。"③

方克立先生认为,所谓中国哲学"合法性问题"包含"中国有无哲学"、"中国哲学史学科的合法性"和"要不要坚持马克思主义在中国哲学史学科中的指导地位"三个问题。对于第一个问题,方先生说,如果把哲学界定为对宇宙、人生的大本大源问题作形而上之思的学问,那么中国古代关于"性与天道"的学问,关于"究天人之际、通古今之变"的学问,中国古代的"道学"、"玄学"、"义理之学"或"天人之学",把它们归于哲学这门学问应该是没有问题的。关于第二个问题,方先生说,综观中国哲学史百年的发展历程,近(现)代化与民族化相结合的方向和道路始终是主流,是中国哲学史学科在二者的张力中不断取得新进展的动力,也是这个学科能构成立的合法性根据,所以不能说中国哲学史学科

---

① 景海峰:《中国哲学面临的挑战和身份重建》,《深圳大学学报》2003 年第 5 期。
② 魏常宝:《中国哲学的"合法性"叙事及其超越》,《哲学动态》2004 年第 6 期。
③ 彭永捷:《关于中国哲学"合法性"问题的思考》,《中国思想史研究通讯》2004 年第 1 期。

始终没有摆脱"以西释中"的模式。关于第三点，方先生指出，中国大陆，中国哲学史学科今后的发展，还是坚持以马克思主义哲学史观和方法论为指导，坚持现代化与民族化、世界化与本土化、普遍性与特殊性相结合的方向和道路，以把握中国哲学特殊性、丰富性为切入点，并进而揭示其中所蕴含的普遍意义和价值。[①]

所谓"中国哲学合法性危机"问题，涉及的关键词有"学科范式"、"民族文化主体性"、"西方话语的霸权"、"中国传统思想资源的误读和肢解"等。笔者想，这些问题无论多么"深刻"，"中国哲学"仍然是要"活"下去的；而且，我们的祖先靠这种没有"身份"的哲学活得也挺好。所以，对于从事"中国哲学"的学者而言，或许应该更多地从"内容"上下功夫，以使"中国哲学"在永不停息的人类实践（所谓现代化）中释放自己的智能并不断丰富自身，才是我们应该脚踏实地地去做的事情。

3. 关于"重写中国哲学史"问题

杜维明先生提出，郭店楚简的出土，中国哲学史要重写；而上节的讨论告诉我们，对百年来逐步建立起来的"中国哲学史"学科范式的不满，便蕴含着"重写中国哲学史"的冲动和愿望。如此来说，重写中国哲学史，不仅有了文献的根据，而且有了范式的要求。那么，学者们对重写"中国哲学史"又支了哪些高招呢？

有学者认为，要重写"中国哲学史"，必须对传统的撰写"哲学史"的观点及所碰到的难题予以批判和超越。如俞吾金先生认为："对中国哲学史的有效'重写'蕴含着一个前提，那就是对传统的中国哲学史著作所蕴含的哲学观的批判性反思。没有这样的前提，'重写'根本是不可能的。而传统的哲学观点主要是：把哲学理解为唯物主义和唯心主义的斗争；把哲学理解为对自然知识、社会知识和思维知识的概括和总结；把哲学理解为关于世界观的学问。而如果在中国哲学史研究中，贯彻这三个观点，中国哲学史研究就会走进死胡同，中国哲学史的全部命题就只能在偶

[①] 方克立：《回应中国哲学"合法性"质疑的三个问难》，《人文杂志》2005年第4期。

然真理的框架中挣扎，中国哲学史的研究就不可能对中国哲学作出原创性说明。"① 郑家栋则认为，重写哲学史必须突破两个瓶颈："一是'中西之间'的问题。胡适、冯友兰的'哲学史'模式既体现出国人在理解西方哲学方面知识水平的限制，也体现了那个特定时代西方哲学发展的历史视野和局限性——科学与启蒙理性实为主导胡适、冯友兰'中国哲学史'写作的基本预设，而半个多世纪以来西方哲学不间断的自我反省、发展及其成果，基本上没有反映到'中国哲学史'写作上来。二是如何处理中国哲学与经学的关系。与上一点联系，胡、冯等人的'哲学史'写作，是以否弃经学脉络及其意义系统为前提的。冯友兰基本上是在负面含义上使用经学时代一语的，这也有助于帮助我们了解冯氏早年的两卷本《中国哲学史》为什么对于两汉以后中国思想的发展处理的过于简约。胡适则在反正统和推崇乾嘉的意义上否弃经学的。而与'经学'传统相隔绝的中国哲学本质上是外在于中国文化的。"②

有学者对于那种欲绕开"西方话语"去写"中国哲学史"的观点，明确表示反对，认为这既无必要，也不可能。如赵敦华先生认为："20世纪20年代，冯友兰、胡适等人借鉴西学，创立了中国哲学史这一独立学科，是中国现代学术的重要开端。中国哲学史并不是不需要任何与西方有关的模式。用现代哲学术语解释历史材料，是中国哲学史的基本要求。现代哲学学术话语来自西方，没有离开现代人思维和语言的'原意'。中国哲学史的理论建构不能把特殊性作为追求目标，而甘愿放弃中国哲学理论的普遍适用性。"③ 李承贵则认为："当代中国哲学史的写作或研究应注意四点：第一，中国哲学史写作或研究中完全恢复传统的中国话语是天真烂漫的幻想，应该做的是承继这套话语、完善这套话语和正确使用这套话语；第二，'西方话语'在相当长的历史时期仍然是中国哲学研究无法绕开的门槛；第三，坚持不同话语之间持续性对话是中国哲学'本土性'凸显和发扬的前提；第四，应该正确认识西方话语导致中国哲学研究走向

---

① 俞吾金：《走出传统哲学观的藩篱》，《文史哲》2005年第3期。
② 郑家栋：《"中国哲学史"写作与中国思想传统的现代困境》，《中国人民大学学报》2004年第3期。
③ 赵敦华：《哲学史的现代建构及其解释模式》，《中国社会科学》2004年第4期。

负面效应的原因。"①

有学者提出要重写中国哲学史，必须对哲学的一些基本特点把握到位。如张汝伦先生认为，要重写中国哲学史，应努力做到："第一，必须对哲学的普遍性特征有真切的把握，中国哲学与西方哲学具有共性；第二，中国哲学史应该反映中国哲学特有的问题、思想传统和概念体系；第三，只有对西方哲学有透彻的了解，我们才能真正知道中国哲学特质何在，才不至于将西方哲学某些特殊概念作为普遍的哲学概念来改造中国哲学；第四，没有思想批判的哲学史，决不是一部合格的哲学史，中国哲学史的写作必须体现出批判的精神；第五，哲学史的写作是释义学的解释和阐述，即从自己的问题出发，从哲学史中阐发出能够充实和激发他自己和同时代人应对面临的困境和问题，创造今天和未来的智慧。"②

有学者则主张应按中国哲学本身的特点写中国哲学史。如商戈令认为："发展中国哲学的有效途径之一，是回到中国哲学的源头，确立人类性与时代性眼界，重新解读与诠释传统经典。回到源头去，就是与他们直接进行对话，从其开放的、原创的哲学精神的源头重新出发；也是在新的基础上对原典进行解读，在比较中加深对它的理解；还应该基于人类的眼光和时代的问题，努力发掘其中具有人类性和时代性的宝贵资源。"③ 而彭永捷将所谓"回到中国哲学的源头"具体化了："在撰写中国哲学史的工作中，撰写者应当是自觉地置身于中国哲学话语之中，以中国哲学自身特点相应的哲学方法来揭示本土思维之特点、内涵和意蕴。方法应该是多元的。而范畴研究法即字义研究方法（如陈淳《北溪字义》）或许是一条可以借鉴的有效方法。"④

有些学者强调中国哲学史写作的自我性，但又提倡各种哲学之间的比照、互动。郭齐勇先生说："强调'中国哲学'学科成立的正当性，强调'中国哲学'自身特色，并不把'中国哲学'作静态的处理；而且，中国哲学的'自己写'，绝不是排他的，不考虑事实上已存在与发展着的创造

---

① 李承贵：《中国哲学研究中的"中国话语"情结》，《河北学刊》2005年第2期。
② 张汝伦：《中国哲学的自主与自觉》，《中国社会科学》2004年第5期。
③ 商戈令：《回到源头：发展中国哲学的一条有效途径》，《学术月刊》2004年第7期。
④ 彭永捷：《试论中国哲学史学科范式创新的几个问题》，《中国哲学年鉴（2004—2005）》，《哲学研究》杂志社2005年版，第130—310页。

性融合的。但总的来看，中华文明中的哲学智慧绝不亚于西方，需要我们在与西方哲学的比照、对话中，超越西方哲学的体系、框架、范畴的束缚，确立起我们这个族群的哲学智慧和哲学思维的自主性或主体性。"[1]张立文先生明确提出中国哲学要"自己讲"、"讲自己"。他认为："在当今中国，哲学面临中、西、马的互动和对话，我们应该持开放的、平等的、自由的、真诚的、理解的心态，接纳各种文化、哲学，大可不必以强势文化、哲学的普适性来压抑弱势文化、哲学的特殊性，也不可以弱势文化、哲学的地域性来拒斥强势文化、哲学的普适性，使古今中外文化、哲学，特别是中、西、马文化、哲学在融合和合中各展风姿，竞放异彩，而后获得中国化新转生。"[2] 王中江先生则提倡在多元的哲学观和哲学史观背景下重写中国哲学史。他说："建立多元的哲学观和哲学史观，通过对历史时空的移动及广泛的对话参与寻求中国哲学的普遍性和差异性，在视域和范式的引导下获得观察中国哲学的深度视点，在领悟整体意义与深化部分研究之间形成中国哲学的良性诠释循环，追求中国哲学的充分描述、复杂关联的说明及意义关怀等，对于造就中国哲学的原创性叙事来说，都是非常基本的。"[3]

不难看出，围绕"重写中国哲学史"问题，学者们既提出了一些应坚持的原则性的主张，如"坚持中国文化的自主性"、"与其他哲学文化交流互动"、"超越传统哲学观和建构新的哲学观"等，也提出了一些具体的写作路径或方式，如哲学史写作应处理好与时代的关系、哲学史写作应贯注批判意识、哲学史写作中应能提出问题并创造智慧等。可以说，虽然在重写中国哲学史问题上仍然存在原则、方向的争论，但我们相信，这些争论会随着"重写中国哲学史"实践的展开而逐步得到解决。

4. 关于"中国哲学诠释学"问题

近年来，由于西方解释学在中国学术界的"热销"，国内学界几乎是

---

[1] 郭齐勇：《"中国哲学"及其自主性》，《文史哲》2005年第3期。
[2] 张立文：《中国哲学"讲自己"的中国方式》，《文史哲》2005年第3期。
[3] 王中江：《中国哲学的"原创叙事"如何可能？》，《中国社会科学》2004年第4期。

忘乎所以地投身其中。出版"中国诠释学"专辑、撰写中国诠释学著作、发表研究中国传统诠释思想的论文等,一时间,解释、解读、诠释等词汇充斥着中国的杂志、报纸。那些痛恨"西方话语"的人们,目睹如此情形,又应做何感想呢?不管怎么说,由"诠释学"所带来的关于"中国传统诠释思想"的大讨论,对中国传统哲学研究来说是个"新论域",我们没有理由不重视。那么,学者们围绕"诠释学"提出了什么样的课题呢?讨论的情况又怎样呢?

受西方解释学的启示,有学者第一时间就提出"创建中国诠释学"问题。在这方面,汤一介先生是旗手。汤先生认为,应该而且可以创建中国的解释学,不过要做如下努力:"第一,要很好地研究西方解释经典的历史以及施莱尔马赫和狄尔泰的解释学理论和这种理论在西方的发展;第二,对中国注释经典的历史进行梳理,对经典注释的各种形式如传、记、说、疏、注等有清楚全面的理解;第三,要运用西方解释理论来研究一番中国解释问题。"[①] 但这一主张也有学者表示不能认同。如余敦康先生认为,"中国有中国的诠释学,西方有西方的诠释学,印度有印度的诠释学,所以,中国诠释学是不需要谁去建立的。而且中国的诠释学不是哲学之争,'六经注我,我注六经',没有牵涉到哲学问题,但诠释经典的思想都在他的作品中"[②]。又如严春友认为,"汤一介先生所理解的解释学实际上是中国古代解释学,这种解释学不仅不需要创建,而且也没有发扬光大的必要,原因是由于古代解释学的过度发展,使中国哲学具有了强解释学特征"[③]。

那么,比照西方解释学模式,中国传统解释学模式又是怎样的呢?汤一介先认为,"在中国先秦,至少有三种不同的注释方法,第一种可称为历史事件的解释,如《左传》对《春秋》的解释;第二种可称为整体性的哲学解释,如《系辞》对《易经》的解释;第三种可称为实际运作型解释,如《韩非子》的《解老》、《喻老》对《老子》的解释"[④]。蒙培元则认为中国解释学方法或模式有四种:"一是转向式解释,依据'仁'某

---

① 汤一介:《论创建中国解释学》,《社会科学战线》2001 年第 1 期。
② 余敦康:《诠释学是哲学和哲学史的唯一进路》,《北京青年政治学院学报》2005 年第 2 期。
③ 严春友:《中国哲学的强解释学特征》,《北京师范大学学报》2004 年第 6 期。
④ 汤一介:《论中国先秦解释经典的三种模式》,《北京行政学院学报》2002 年第 1 期。

个方面的意义，将其转向一个独立的方向；二是延伸式解释，将'仁'的内涵与外延从不同程度上进行延伸和拓展，使其增加新的内容而不失其基本意义；三是消解式解释，将'仁'的形而上意义不断加以消解，只从感性情感和物质化的层面进行解释；四是建构式的解释，即重新建立新的形而上的仁学体系，并用一些新的概念和范畴加以说明。"[1]

有学者还探讨了中国诠释学的历史演变问题。景海峰认为，"中国诠释学历经了三个时代：先秦儒家和两汉、六朝经学皆是围绕着对《六经》的整理、编撰、传述、疏解来展开思考的，《六经》是各种观念和学说'视域交融'的主轴，是诠释的中心，所以是以经为本的时代；魏晋南北朝时期的道玄，特别是外来的佛教，对儒家文明所代表的价值系统提出了严重的挑战，经的本根性权威遭到空前危机。从中唐开始，儒家经典诠释重心逐渐从经向传记转移，以《四书》为中心的系统至南宋最终形成。这一时段的诠释学重心是'轴心时代'的原创性著作《论语》、《孟子》、《易传》等，也就是说是以传记为核心。入元之后，随着理学体系的稳固化和思想统治地位的确立，儒家诠释学的重心又随之改变。一方面，经典系统被彻底地经院化和严重格式化了，诠释空间极度萎缩；另一方面，经典诠释逐渐由文本训诂走向意义理解，由书写式转向了体证式，呈现出古典文明形态行将破解之前的复杂性和多向性"[2]。刘笑敢则以著名哲学家为代表，将中国诠释思想分为三个时期："中国古代哲学的发展与哲学诠释的传统有密切关系，王弼和郭象代表了中国古代哲学诠释传统的成熟期，朱熹、王夫之是古代哲学诠释学传统的高峰，牟宗三则是这一传统的现代代表。中国哲学诠释学传统的典型形式是以经典诠释的方式进行哲学体系的建构或重构，这一方式包含着'客观'地诠释经典的'原意'和建立诠释者自身的哲学体系的内在矛盾和紧张。西方诠释学从原则上为中国哲学史上的体系重构提供了很好的解释和论证，但其理论概念，如'前理解'、'诠释学循环'、'重构'在解释中国哲学传统时遇到了困难和挑战。回答这种挑战可以丰富和发展诠释学理论，并有可能创造出一个

---

[1] 蒙培元：《中国哲学的诠释问题》，《人文杂志》2005年第4期。
[2] 景海峰：《中国哲学的现代诠释》，人民出版社2004年版，第35页。

新的适合于理解和说明中国哲学传统的诠释学。"①

讨论中国诠释学问题，不能不讨论中国诠释学的特征。事实上，有不少学者对此问题给出了自己的答案。郭齐勇先生指出："与西方比较，中国经典的经——传、经——说、经——解的诠释系统是开放性；中国经典诠释的特征是以人为本位和以道德为中心。"② 景海峰则认为："如果可以将西方的诠释学划分为'前诠释学'、'古典诠释学'和'当代诠释学'三个时段，那么很明显，中国的'诠释'观念和系统，以及有关'诠释'问题的传统资源，大半只能划归到'前诠释学'的型态当中。"③ 严春友认为中国诠释思想的特征是"强解释"，他说："由于古代解释学的过度发展，使中国哲学具有了强解释学特征，即解释过度，这种过度解释的传统妨碍了中国哲学的发展，使其解释有余，创造不足，并形成了学派线性发展和思想寄生式发展的特点。"④ 有些学者还以某个思想家为例具体地讨论其诠释思想的特征。如周光庆认为："朱熹解释《四书》所表现出来的特点有三：一是解释方法的系统性；二是以逐层推捱为关键的语言解释；三是以唤醒体验为契机的心理解释。"⑤ 而蔡方鹿从另一角度对朱熹诠释思想的特征进行了探索："朱熹的经典诠释学融合了经学诠释和哲学诠释，形成了较为完整的本体论诠释学体系。朱熹提出了'经典诠释应以经典原文和原义作为经典诠释的依据，以义理为经典诠释的标准'之主张；也提出了'训诂与义理相结合、历史还原法、因时结合法、古为今用法，直阐本义法'等经典诠释的方法论原则。"⑥

可见，关于"中国诠释学"的讨论，主要涉及"能否建立中国诠释学"、"中国诠释学的模式或类型"、"中国诠释学的历史分期"和"中国诠释学的特征"等问题。毫无疑问的是，这些讨论对于帮助人们更全面、更深入地认识和理解中国传统解释思想，乃至中国传统哲学思想，对于自觉地发展"中国诠释学"都是极有意义的。因此，在中国传统诠释学研

---

① 刘笑敢：《经典诠释学与体系建构》，《中国哲学史》2002年第1期。
② 郭齐勇：《出土简帛与经学诠释的范式问题》，《福建论坛》2001年第5期。
③ 景海峰：《中国哲学的诠释学境遇及其维度》，《天津社会科学》2001年第6期。
④ 严春友：《中国哲学的强解释学特征》，《北京师范大学学报》2004年第6期。
⑤ 周光庆：《朱熹〈四书〉解释方法论》，《孔子研究》2000年第6期。
⑥ 蔡方鹿：《朱熹经典诠释学之我见》，《文史哲》2003年第2期。

究方面，我们要做的工作应该是，在现有的研究基础上，将这项讨论持久地进行下去。

5. 关于"中国传统哲学的现代价值"问题

中国传统哲学对于现代社会究竟有什么样的意义？究竟能帮助我们解决什么样的难题？这也是百年来一直困扰着中国哲学研究者们的难题。近年来关于此问题的讨论有增无减，那么，关于这个问题讨论的现状如何呢？还有哪些问题需要做进一步的讨论呢？

就发掘、阐发中国传统哲学的现代价值而言，学者们的论域极为宽广，这里我只列举几种代表性的观点。张立文先生认为："'万物并育而不相害'、'君子和而不同'、'中和'、'乐道'、'己所不欲、勿施于人'、'泛爱众'、'兼相爱'等中华民族哲学资源，有助于化解当今世界的自然病态和生态危机、社会病态和社会危机、心理病态和心理危机、人际病态和道德危机、文明病态和价值危机。"① 许士密先生指出："道家人学的现代意义表现在三个方面：对仁义道德学说的否定深刻揭示了其虚伪及其为统治者服务的本质，不仅成为人们否定宗法制度和宗法观念的有力武器，而且带有鲜明的提倡个性解放的色彩；对人类文化的否定深刻揭示了文化的双重性，成为启发人们改造文化、发展文化的强大思想动力；对人的否定深刻揭示了人生的悲剧本质，开辟了对人的更高层次的肯定的思路。"② 白溪先生考察了"仁"所蕴含的生态意义，他说："在儒家古老的'仁'概念中，蕴含着与现代生态伦理相契合的因素。儒家的'仁民而爱物'和'万物一体'的思想，是将人类所特有的道德情感贯注于自然万物，要求人把万物当成自己的同类甚至血肉相连的一部分来爱护，强调人对自然负有不可推卸的道德责任，这是一种极有理论价值和现实意义的生态哲学资源。"③

不过，也有学者对中国传统哲学资源现代意义过度发挥表示异议，杨

---

① 张立文：《中国哲学的现代价值》，《中国人民大学学报》2005 年第 2 期。
② 许士密：《道家人学的现代意义》，《佛山科学技术学院学报》2000 年第 2 期。
③ 白奚：《仁爱观念与生态伦理》，《首都师范大学学报》2002 年第 1 期。

庆中先生关于"天人合一"的理解就很有代表性。他认为:"天人问题,本产生于夏、商、周三代宗教和政治的反思,它主要围绕人和社会存在的合理性及人和社会存在的可能性问题而展开。由于这一问题自身的特点,古人对它的探讨,常常采取天人合一的思维模式。所以,传统的天人合一思想主要不是用来解决人与自然的矛盾的,而是解决伦常名教的形上基础、人之为人的根据以及终极关怀等安身立命问题的。那种认为中国古代的天人合一思想可以解决目前较为严重的人与自然的矛盾等人类面临的诸多危机的观点,应该是一种理想化的误解。因此,立足于发生学的立场追本溯源,从中国古代思想的发展历程看天人问题如何产生、中国古代哲学中的此对范畴要解决的实质问题时就会发现,中国古代天人之论是不能解决当今人类面临的危机的。"①

另外,有些学者并不忙于论证中国传统哲学的现代价值,而是对传统哲学现代价值的可能性、方式等问题进行了颇有价值的探讨。如向世陵先生认为:"中国传统哲学、主要是儒学实现现代化的内在可能,集中表现在作为它自身构成要素的开放性和可塑性上。既包括儒学作为整体对其他学派、学术的开放,也包括儒家个体对社会国家活动的开放。但有两点很重要,第一,传统哲学的现代价值最突出一点,就是它大张旗鼓地宣扬通过变革以求发展的精神;第二,中国哲学要在 21 世纪做出自己的贡献,最根本的问题是要形而'上'、'下'打通。"② 李承贵通过对百年来中国学者发掘、解读中国传统哲学价值的实践,认为百年来出现了四种发掘、解读中国传统哲学价值的范式:"第一是公例主义解读方式,即将不同类型的文化或不同地域的文化放在一起进行比较,寻找其中具有'共同新性'或'普遍意义'的文化因素,并将那些具有'共同性'或'普遍意义'的文化因素视为有价值的;第二种方式是科学主义的解读方式,即用自然科学的精神、定律、原理或成果作为坐标或手段,对传统文化或哲学进行分析和判断,符合自然科学精神、定律、原理或成果的文化或文化因素就是有价值的;第三种是唯物主义解读方式,即以唯物主义的基本观

---

① 杨庆中:《中国古代天人之论真能解决当今人类面临的危机吗?》,《河北学刊》2004 年第 5 期。
② 向世陵:《传统、现代、后现代与中国哲学的价值》,《首都师范大学学报》2001 年第 6 期。

点对传统文化或哲学进行分析研究,以确定哪种文化或哪种文化因素有价值;第四种是实用主义解读方式,即以特定时期的人类实践需要为参照,去研究分析传统文化或哲学中有无对人类实践中所遇困境的解决具有积极意义的文化因素,有,即是有价值的文化或哲学。而且,此四种解读方式各有所偏,也各有所长,应该互为补充。"①

可以说,关于"中国传统哲学现代价值"的讨论,就学派而言,有儒学的现代价值、道家的现代价值、墨学的现代价值、佛学的现代价值等;就思想观念而言,有《周易》的现代价值、"天人合一"的现代价值、心性论的现代价值、儒家人格思想的现代价值、庄子相对思想的现代价值等;就传统哲学所具有的现代价值而言,有生存论价值、修养论价值、管理学价值、社会和谐价值、世界和平价值、自然科学价值、生态学价值、人文主义价值;等等。中国传统哲学的价值还从来没有像今天这样多向度地展示出来,但有些问题是不能不特别提及的:中国传统哲学价值果真如此丰富吗?中国传统哲学价值对于现代社会之弊端果真有如此奇效吗?中国传统哲学价值的现代落实是不是有个途径、方式和限度问题等,应该成为来日中国传统哲学现代价值研究的重点课题。

6. 关于"儒学的当代开展"与"儒教"问题

近年来,现代新儒家那种瓜果飘零的酸楚和寂寞的心境,仍然持续地震撼着当代儒学研究者的心灵;而百余年来儒学生存土壤的逐渐蚀解,极大地增强了当今儒学研究者对儒学未来命运的恐惧。于是一幅极富幽默感的画面呈现在我们面前:一边是对儒学现代价值的肯定性阐发和呼吁,另一边则是对儒学当代命运的担忧和对儒学新途的积极拓展。

吴光先生认为:"儒学基本思想模式可归纳为三种理论形态:一为'传统型的古代儒学';二为'应对型的近代儒学';三为'变革型的后现代儒学'。这种(后现代)儒学从民主化、多元化、知识化、全球化的时代背景出发寻求儒学定位,它既非'中体西用',亦非'西体中用',而是'新体新用'的革新儒学,其思想模式,可以概括为'民主仁爱为体,

---

① 李承贵:《传统文化价值的四类解读方式》,《现代哲学》2002年第3期。

科技法制为用'的民主儒学。'民主儒学'亦即是新世纪中国儒学发展之方向。"① 成中英先生则提出了一个"新新儒学"的概念,他认为:"中国儒学历经了原初发展、古典儒学到汉代儒学、宋明新儒家、清代儒家和当代新儒家五个阶段,而第五阶段中兴起的'新新儒学'为儒学发展开辟新的方向。'新新儒学'的实质内容和发展方向是:在古典儒学与宋明儒学的基础上建立一个创造性的、含括天人互动的本体宇宙观和人类生命发展观;在古典儒学与现代理性哲学与科学基础上建立一个主客分合自如的知识论与动态的知识系统,包括科学研究、工业技术开发、社会经济发展的网连与互动;在古典与宋明儒学及当代科学的基础上建立一个理性与人互动、个人与群体互动的价值观点与价值体系;在古典儒学及东西方文化的比较基础上,发展及持续地开展一个体用相需、持体致用、利用明体的方法论;综合宋明理学与心学,把理气心性的作用与关联形成一个知行合一的决策论;在古典儒学与现代伦理学的基础上建立一个整体性的人类伦理学;综合历史上四阶段的儒学发展经验及现代化的要求与西方现代化的得失,建立一个伦理与管理互动的管理机制与体系,同时用之于公共行政与经济企业管理;综合资本主义与社会主义的发展经验,在第四阶段儒学公羊学的精神与上述新新儒学的价值关于方法论的基础上建立开物成务、兼及创造财富与均平财富的经世利民经济架构并培育发展;掌握理性的资源、历史的经验、文化的精神、社会的需要,在古典儒家的人文关怀的基础上开展及优化现代民主与法治,创造社会进步与文化发展的大环境、大气候;面对人类未来与人类政经文发展的需要,基于儒学天下为公、世界大同的理想,积极推动理性与人文的教育,使儒学的价值观、伦理学与方法思考能够做出创造人类万世太平与可持续繁荣的贡献。"②

蒋国保先生对于那种将儒学的危机归为制度解体的观点不以为然,他认为:"儒学之所以遭遇极大的生存困境,不是因为它失去了制度保护和缺乏正确的理解,而是因为它遭遇到了现代民众的冷漠、淡漠和疏离。既然现代民众如此从情感上拒斥儒学,则儒学要发挥现代作用、实现现代意义,应首先考虑如何使自己化为现代民众的观念,变成现代民众的情感认

---

① 吴光:《从孔孟仁学到民主仁学》,《杭州师范学院学报》2001 年第 6 期。
② 成中英:《第五阶段儒学的发展与新新儒学的定位》,《文史哲》2002 年第 5 期。

同。为此，儒学必须由世俗化的途径以实现普世化。儒学欲实现普世化，就必须彻底抛弃轻视民众世俗价值的精神贵族化倾向，重新发扬原始儒家人文主义精神传统，尊重普通民众的生命欲望和精神追求，同情地理解他们的世俗情感、愿望、要求和行动，将儒学彻底化为与现代民众情感认同合拍的意识形态，使儒学真正成为现代民众的潜意识。"① 李承贵则明确提出了"生活儒学"的概念，认为当今儒学的开展走生活儒学的路子可能是一个不错的选择。他说："当今儒学的开展应走生活儒学的路子，根据在于：第一，内生性要求，即古典儒学自身思想基因所决定；第二，经验性要求，即儒学兴替史的教训和经验所规定；第三，生存性要求，即当今儒学研究现状和儒学生存状态令人堪忧；第四，意义性要求，即儒学价值落实及自身丰富、发展之要求。"② 景海峰先生以刘述先、杜维明等学者为例，说明展开文明对话对儒学开拓新路的意义。他说："通过开展文明对话，不但能让更多的国际人士了解中国文化、了解儒学；而且也获得了本身自我反观、自我调整的机会，可以从对话中调整姿态、找准自己的位置。通过对话，也让儒家的资源有了重新被排比和筛选的可能性，并为进一步的发展拓展出空间。"③ 李承贵还对儒学的当代开展应注意的问题进行了讨论，认为开拓儒学新的发展方向，必须处理好三种关系："第一是儒学和西学的关系。要解决'西学在儒学开展方向上究竟应扮演怎样的角色？西学在什么样的情况下才能有助于儒学的健康发展'等问题。第二是儒学多极化走向与儒学基本走向的关系。在儒学的发展方向已是多极、多元的背景下，应如何保持儒学发展目标的健康性。第三是学术儒学立场与意识形态助力之间的关系。儒学价值的落实当然欢迎政治政策的帮忙，但决不以牺牲自身的独立性为代价，因为儒学只有坚持话语的自我性、只有关怀民众的利益、只有彰显其批判的品质，才能成为广大民众欢迎的学说，才能成为对人类有意义的学说。"④

与儒学开展方向密切关联的是"儒教"的问题。那么，近年来学界关于"儒教"争论的情况怎样呢？有没有较大的推进呢？首先，关于

---

① 蒋国保：《儒学普世化的基本路向》，《中国哲学史》2003 年第 3 期。
② 李承贵：《生活儒学：当代儒学开展的基本方向》，《福建论坛》2004 年第 8 期。
③ 景海峰：《文明对话与当代儒学的发展》，《深圳大学学报》2005 年第 2 期。
④ 李承贵：《现代背景下的儒学开展方向》，《江西社会科学》2005 年第 1 期。

"儒教是否宗教"的争论之火仍然在燃烧着。李申先生认为,儒教就是宗教,因为"第一,孔子虔诚地相信天命鬼神;第二,儒教有上帝和神灵崇拜;第三,儒家也有建有自己的彼岸世界(上帝和神灵);第四,儒教也有严密的组织和系统的祭祀仪式"①。王文元几乎综合了近年来"否定儒教是宗教"的所有观点,旗帜鲜明地宣称"儒学不是宗教",因为儒教在以下方面不符合宗教的条件:"宗教是对终极的认知,儒学不是对终极的认知;宗教是求真之学,儒教是求善之学;儒教既不能像宗教那样普度众生,也不能像宗教那样团结凝集信众;儒学经典中缺乏宗教叙事;世界上没有一个宗教会随着社会制度的解体而烟消云散,儒教则在社会制度解体之后不复存在等。"②

有学者认为"儒学是否宗教"的争论并无多大意义。如蔡德贵先生认为:"儒学既是一种宗教,又是一种学说,儒学儒教是一体的。有关儒学儒教的争论实际上并无多大意义。从学方面看,儒学丰富和锻炼了中华民族的抽象思维,形成了中国的主流哲学。从教方面看,儒教对普通中国百姓的衣食住行产生了很大影响,在道德上也起到一定程度的指导作用。"③ 而葛兆光先生干脆说"儒教是不是宗教"是一个伪问题。他指出:"儒教定义的争论是伪问题。第一,肯定或否定儒教的人有一个共同特征,那就是以西方的'宗教'之为'宗教';第二,二十世纪以来,中国学术界、知识界有一股类似经济领域'入世'的风尚,西方有宗教,我也有宗教。所以,关于'宗教'定义的争论,也许在某种意义上,就是一个充满了历史真实和真实心情的伪问题。"④

有些学者则不纠缠于"儒教是否宗教"的争论,而是对儒学、儒教的宗教性做深入的探讨。比如蒙培元先生认为:"判断儒学是否宗教,就看如何理解儒学的根本问题:'究天人之际'。如此便可以说,儒学自身就其特殊性而言,具有宗教性与世俗性这样一种二重性,二者之间既有某种张力,又有统一性一面。"⑤ 又如郭齐勇先生认为:"儒学是入世的,人

---

① 李申:《关于儒教的几个问题》,《世界宗教研究》1995 年第 2 期。
② 王文元:《儒教非宗教》,《南昌大学学报》2004 年第 1 期。
③ 蔡德贵:《儒学儒教一体论》,《中山大学学报》2001 年第 5 期。
④ 葛兆光:《穿一件尺寸不合的衣衫》,《开放时代》2001 年第 11 期。
⑤ 蒙培元:《儒学是宗教吗?》,《孔子研究》2002 年第 2 期。

文的，又具有宗教的性格。你可以说它是'人文教'，此'教'含有'教化'和'宗教'两义。它虽有终极关怀，但又是世俗伦理。它毕竟不是宗教，无需宗教化。了解其具有宗教性意蕴，可以帮助我们深化对儒学的认识，但不能归结为宗教。"[1] 再如陈晓龙研究结论是："中国宗教是一种以儒家学说为代表的哲人型宗教，这种宗教认为信仰与理性的对立最终会走向和谐状态。"[2] 也有学者对"儒学宗教性"问题的实质做了较深入的分析。如段德智先生认为："儒学的宗教性问题，归根到底是个存有论的问题，是儒学存有的终极性和层次性问题。它同儒家主体性思想的关联不是外在的，而是内在的，属于本体论层面的，主要表现在自我转化的终极性和存有的终极性、自我转化的无尽性与存有的层次性、自我超越的内在性与存有的终极性的内在关联上，这些关联一方面使儒家的主体性思想呈现出超越于西方主体性思想的面貌，从而对西方近代主体性学说的某些弊端有某种对治功能；另一方面，又使传统儒家的主体性思想总具有某些严重的局限。"[3]

没有疑问，我们对于儒学价值的阐释和发掘将进行下去，这不仅因为儒学的"矿藏"特性，更因为经典的存在和延承，在很大程度上正是凭借代代相续的知识主体的诠释得以实现的。不过，儒学应开出什么样的方向，以使儒学得以丰富自己的思想和智慧，以使儒学在应对未来的学术、理论和实践等方面的困境而表现得自信和从容，则是需要当今的儒学研究者们煞费苦心的。也许，正如某些学者所言，"儒学是否宗教"的确是个"伪问题"，然而我们或许不能因此而放弃对这个问题的思考和追问，为什么提出"儒学是宗教"的问题？难道真的是"西方人有了中国也该有"那么简单？而且，早年提"儒学是宗教"跟近年提"儒学是宗教"具有完全同样的含义？愚以为，"儒学是否宗教"问题至少涉及两个根本性问题：一是认识、评价儒学的基本态度问题（而不同时期所蕴含意义又不同）；二是儒学能否作为中华民族精神之根的问题。我们高兴地看到，李申先生最近又推出《儒学与儒教》、《中国儒教论》等大作，而"反对

---

[1] 郭齐勇：《入世的人文的又具有宗教性品格的精神形态》，《文史哲》1998年第3期。
[2] 陈晓龙：《论宗教及儒学的超越性》，《西北师范大学学报》2000年第3期。
[3] 段德智：《从儒学的宗教性看儒家的主体性思想及其时代意义》，《华中科技大学学报》2003年第3期。

方"韩星也编了一本《儒教问题》。可以预见,"儒学是否宗教"争论的好戏还在后头。当然,我们希望通过这种争论对儒学当代困境的缓解有所贡献,对这种争论背后所隐含的根本性课题有所认识、有所解决,而不是各执一词地"儒学是宗教"或"儒学不是宗教"。

21世纪的帷幕已经拉开,21世纪的学术舞台亦已呈现在我们面前。20—21世纪之交关于中国哲学热点问题的主要论争大体如是,其对我们下一步中国哲学研究的意义之大是难以估量的。它在广度上涉及中国哲学文献问题、中国哲学(史)的范式问题、中国传统哲学思想智慧问题、认知中国传统哲学价值问题、中国传统诠释思想问题、中国传统思想的现代性问题、儒学开展方向问题、儒学是否是宗教问题等;它在深度上触及分析、判断出土文献与现存学术思想的关系问题,中国哲学(史)写作原则方法问题、中国哲学本有特色问题、中国传统哲学现代价值落实的路径问题、中国传统诠释学的类型和特征问题、儒学宗教性问题等。因此可以说,20—21世纪之交的中国哲学研究,为人们在21世纪学术舞台上的表演准备了内容丰富、剧情曲折的"剧本",我们希望未来的中国哲学舞台上不断涌现出天才性"表演家",将21世纪中国哲学研究之"戏"演绎得流畅而完美、生动而深刻!

(载《安徽大学学报》2006年第2期;人大复印资料《中国哲学》2006年第5期)

三 义理研究的推进与时代课题的关切

——近年中国哲学研究述评

近年来的中国哲学研究，呈纵深多极化走向，从出土文献的考证辨析到固有义理的分析研究，从儒学性质的探索到老庄哲学的追问，从心灵哲学的开掘到政治哲学的探求，从研究方法的反思到哲学创作的期待，可谓百花齐放、精彩纷呈。本文无力将所有精彩的讨论、卓越的观点尽收其中，只就"易学研究"、"政治哲学"、"中国哲学创作"三个方面略加展示，兴之所至，予以评说，希望能发生"见微知著"的效应。

1. 易学研究的多向展开

易学从来就是中国哲学研究的主要内容，并且，任何时期的易学研究都表现出新的气象。近年的易学研究仍然表现出很大进展，这里从三个方面加以展示：一是关于文献的研究，二是关于易学史的研究，三是关于易理的研究。

易学文献的研究。人所共知，《易》是诸经之首，但作为诸经之首的《易》，成书时间、作者归属、作品结构、内容性质、《传》中卦序排列等，从来都是讨论、争议的话题。比如，关于《杂卦传》是否存在"错简"现象，一直让许多学者兴趣盎然。比如，李尚信通过对历史上观点的辨析、对《杂卦传》内在象数结构与规律及其体现的深层思想研究后指出，《杂卦传》卦序效法的是昼夜变化之道，依其内在的象数结构，可分为上、下、杂三篇，因而《杂卦传》不存在"错简"的现象。[1] 也就

---

[1] 李尚信：《〈杂卦传〉真的存在错简吗？》，《周易研究》2009年第5期。

是说，要确定《杂卦传》存不存在"错简"问题，必须做好两点：一是对历史上的观点要有自己的研究和判断，二是要对《杂卦传》内在象数结构与规律及其体现的深层思想进行深入研究。再如，关于"王家台秦简《易》卦是否是'殷易'或《归藏》"的讨论。某些易学者认为，秦简《易》就是《归藏》，因而是新出土文献的重大发现，对于《归藏》本身乃至整个易学具有重要的意义，为揭开易学千古之悬案提供了全新的证据。但史善刚不认同这些观点。他通过对王家台秦简《易》卦的格式、卦画、卦名、卜辞内容的综合考察，指出"王家台秦简《易》卦"是一部道地的杂占类史书，而不是什么《归藏》。① 作者之所以有这样的结论，得益于他对殷墟出土的占卜《易》卦及其特点的详细分析，以及对不同时代（先秦两汉、晋唐、清代及近代）"归藏"的具体考察和研究。由这两篇成果我们似可获得如下几点启发：第一，对于出土文献不能迷信。近十年来，由于诸如郭店楚墓竹简、上博竹简、清华简等的出土或问世，竹简文献研究成为中国哲学研究中的一道亮丽的风景线，也的确取得一些新成果，获得了一些新认识。但对于出土文献不能过分迷信，尤其是在还没有全面深入研究之前，对出土文献的价值做出耸人听闻的判断和评价，是有悖学术精神的。况且，到目前为止，出土文献所提供的思想资源信息并没有对现有中国哲学思想史谱系构成实质性颠覆，主要还是补充完善作用。第二，对文献客观准确地把握在于深入全面的研究。无论是出土文献，还是现有文献，它们之间存在的问题，它们的思想和义理，只有依靠扎实深入的研究，才能客观准确地把握。比如，《杂卦传》是否存在"错简"现象，不是凭空说说就行的，而是要对《杂卦传》内在象数结构与规律及其体现的深层思想进行深入研究。因此，想对文献进行客观而正确的判断和评价，的确需要深入系统的研究，尽管这只是老生常谈。

易学史的研究。易学史研究是易学研究的重要组成部分，近年来关于易学史研究主要从三个方面展开：探讨澄清儒家与易学的关系；对不同儒

---

① 史善刚：《王家台秦简〈易〉卦非"殷易"亦非〈归藏〉》，《哲学研究》2010年第3期。

者的易学思想进行比较研究；探讨易学史研究中存在的问题。先秦以降，少有儒家不涉《易》的，因而儒者与"易"关系便成为讨论的问题。比如，郝明朝对荀子与易学关系的讨论。他提出了这样的看法：第一，荀子推崇子弓是一回事，而其易学来源是另一回事，不能简单地判荀子是子弓的传人；第二，荀子虽然"善为《易》"，但他并不看重《易》，说明荀子时《易》还未被列入儒家经典，《易传》此时远未完善；第三，《易传》与荀学的关系极为密切，二者有许多互融的地方，但不是《荀子》因袭了《易传》，而是《易传》吸纳了荀学，把荀学写入《易传》者，即荀子的弟子、后学。[①] 对于不同儒者的易学思想进行比较研究也有新的看点。比如，姜海军认为，苏轼、程颐的共同点在于都将《周易》视为圣人之道的体现，明确反对将《周易》作卜筮之用。但差别也很明显：第一，在解《易》原则和方法上，程颐除了使用苏轼所言"卦合爻别说"方法之外，还综合引用了王弼、胡瑗等诸多学者的治《易》方法，因而程颐较苏轼更为多样化，且能将多种方法融会贯通；第二，苏轼易学经世致用，注重以顺应自然、顺应性情的通达心态对待自己和现实，而程颐易学强调以诚敬的心态涤除内心的不善，强调修身养性、积极有为；第三，程颐将"易理"提升为具有普遍性和永恒性的天理，并兼有宇宙本原性和人文道德的属性，从而为理学体系的展开提供了本体性的依据，这在易学史上具有里程碑的地位和划时代的意义。[②] 有学者还注意到易学史研究中的方法过失。比如，郑朝晖认为易学史研究中存在语言符号遮蔽现象，这种遮蔽现象必然导致三种研究误区的发生：其一是宗旨简化。就是说有学者将惠栋的学术宗旨归纳为尊"古"，但"古"在价值上并不具有否定的意思，因而将惠栋思想中的"古"理解为现代意义上的"古"，便可能遮蔽惠栋"古"字的真实内涵。其二是标准简化。就是说中国学者将西方概念符号视作纯理性的构造物，并用它对惠栋易学进行分析，所得结论是惠栋易学缺少思想性，如此，惠栋富有生命的思维活动就被遮蔽了。其三是历史简化。历史简化就是指将历史逻辑化。历史往往是多样的，但我

[①] 郝明朝：《论荀子与〈周易〉的关系兼及"六经并称"的时代问题》，《周易研究》2009年第5期。

[②] 姜海军：《苏轼与程颐易学比较研究》，《周易研究》2009年第5期。

们在对它进行逻辑修正的时候，往往将历史简化为逻辑的产物，而不是将历史沉淀为逻辑。比如，惠栋所说的汉学兼综古文与今文经学，实为富含时代精神的新汉学，既重考据又重义理，但如果将其逻辑化，不但会遮蔽符号的历史性，也会遮蔽符号的时代性。① 由这三篇成果似可做这样的评论：第一，探其所无，补其所缺。这几年的易学研究，开拓了一些新的研究对象或领域，或人物的推出，或问题的开掘，探讨原来没有探讨过的内容，补充已有研究中的空缺。这是值得肯定和鼓励的。第二，探求异同，寻找真实。对于易学史上不同思想家易学思想的研究，无论是对思想家本身，还是对整个易学史而言，都是非常有意义的，因为它不仅可以深化易学的研究，更可以看到易学发展的丰富多彩性。第三，乐于创新，勇于检讨。对易学研究而言，方法是非常重要的，但有些方法看似新鲜，实际上对易学研究不仅没有实际的帮助，反而有害，这就需要易学研究者多个心眼，多份耐心，对于那些貌似新潮而实际上有害的研究方法，坚决给予批判和摒弃。

易理的研究。对《周易》义理、意义的诠释无疑是易学研究的重要内容，虽然以往的研究已取得很大成就，但近年的研究仍然有它的特色和惊喜。主要表现在三个方面：其一是对《易》符号系统特质的探讨；其二是对《易》本经中字的用法与含义的探讨；其三是对《易》哲学结构的探讨。张再林认为，《周易》"易象"中身体符号系统有三个相互关联的基本特征：第一，符号的亲身性而非祛身性。即谓在《周易》身体符号系统中，身体本身就是符号的形式，身体行为本身就是符号的表达，身体行为的刺激—反应图式本身就是符号运行图式，因而该符号系统旨在治疗人自身的生命，旨在解决该生命所面对的问题和困境，并更好地把握生命的命脉和命运。第二，符号的感情性而非思知性。即谓《周易》的符号体现为一种深入生命的"身体的语言"，这种"身体的语言"不仅意味着其把身体行为的互动形式视为一种语言，而且意味着性行为是我们体验与他人的关系的肉体方式，这就是说，《周易》的易象所表达的内容是唯情论的。第三，符号的家族性而非个体或整体性。即谓《周易》的易象系统既不是立足于符号的个体，也不是立足于符号的整体，而是取道于基

---

① 郑朝晖：《易学史研究与符号遮蔽》，《周易研究》2010年第3期。

于生命对话所产生的符号的家族。① 应该说,张再林的探讨无论在路径上,还是在内容上,都是很贴近易学精神和中国哲学精神的。吴国源对《周易》中"小"字的讨论引人关注。他认为,《周易》本经卦辞中的"小"字在《旅》、《巽》、《遯》、《既济》、《贲》五卦卦辞中起到语义逻辑的枢纽作用,具有丰富的思想内涵。通过对《周易》本经五条卦辞中"小"义的归纳综合分析,可以得到这样一些认识:第一,卦辞中"小"或"少"在"亨"前或后,其语义内涵基本相同;第二,从训诂角度看,"少"、"小"没有本质的区别;第三,探讨"小"字语义独立性的同时,也辨别出卦辞中"利贞"、"利有攸往"这些成词的语义独立性和自明性;第四,卦辞中的"小"义,从卦辞语义结构和卦爻辞相对应的关系中,直接显示了《周易》本经具有深刻的适中观念。② "小"中见"大",研究易学或者中国哲学,从文字着手或从小问题着手,应该是值得提倡的途径。关于《易传》形上体系的建构及其在哲学史上的地位,刘玉建的探讨颇有启发性。他认为,《易传》的太极论与元气论,从气的本体意义上说明了世界的物质统一性,易道论是从气的本质属性上说明了世界存在的依据的规律统一性,形上形下之道器论则是从宇宙本体的哲学高度,揭举了太极与其属性、功能(道)、事物(器)与规律(道)亦即主体与客体、思维与存在的辩证统一关系。《易传》的太极论、元气论、易道论以及道器论等诸要素有机、内在、辩证的统一,标识着中国传统本体论哲学体系的基本构架得以创建。这既完成了先秦儒家道德形上学的建构,同时也为后世儒家哲学提供了基本的理论架构与思想源泉。③ 深入《易传》内部,找出关键性范畴,对它们及其彼此之间的关系进行分析和梳理,将其置于现代哲学语境,呈现其哲学体系,是这篇文章的贡献。总之,这几篇研究易理的文章不仅开拓了新的思路,而且探寻了易理的特质。刘再林对"易象"身体符号的揭示,从而对易文化符号的特质进行了新的解读,而吴国源让我们对易经中"小"字的意涵有了全面深入的理解,刘玉建从哲学角度探讨易理的体系和价值,从而彰显了易在中国哲学史上的特殊作

---

① 张再林:《作为身体符号系统的〈周易〉》,《世界哲学》2010 年第 4 期。
② 吴国源:《〈周易〉本经卦辞"小"义新论》,《周易研究》2010 年第 2 期。
③ 刘玉建:《〈易传〉的宇宙本体论哲学》,《周易研究》2010 年第 3 期。

用和意义。换言之，这三篇关于易理探讨的文章，角度各异，但意义深远。从最基本的角度来说，这些探讨使易理的特质多角度地呈现出来，更为重要的是，它提示我们，开拓思路、运用新方法是深化丰富易学研究的重要途径。

2. 政治哲学的深度开掘

近年来，中国传统政治哲学成为学界关注的热点，新的成果不断涌现。这里选择"传统政治哲学特色"、"儒家民本思想"两个方面的研究成果加以考察。

传统政治哲学特色的探讨。近年关于传统政治哲学的研究涌现了不少颇有见地的成果，这里选择三篇成果加以考察。方军对王符"政权合法性"思想进行了深入研究。他认为，与董仲舒天命论式政权合法性不同，王符提出了"民心论式政权合法性"的主张。这个"民心论式政权合法性"的哲学基础是元气一元论，从而建立起把人的行为与天地之气看成一连续性同质系统的理论架构，根据这一构架，由"天心"、"民心"诸概念入手进一步论述政权合法性的思想。在思想传承上，"民心论式政权合法性"是对"天视自我民视，天听自我民听"等"基源性母题"的创造性衍释，从而较彻底地挣脱出了神权政治的思想禁锢，成为具有异端平民色彩的治道思想体系。王符用"民心"对"天心"概念的改造和为官僚帝国的统治秩序及其政权的合法性论证，属于"民心论式政权合法性"表述形态，凸显了"民众"在政治领域中的主体性地位。[①] 王博围绕节制权力的问题对老子政治哲学进行了解读。他指出，老子的哲学是关于权力的哲学，其中包括权力的根源、使用、节制等方面的思考；《老子》中一系列重要的概念都可以也必须在与权力的关系中获得理解，如无为、自然、柔弱、刚强、道、德等；而通过对"王的道与德"、"无为与自然"、"自知与自胜"、"爱与宽容"等范畴与命题的分析，可以把握老子"节制权力"的思想及其特色；与先秦诸家提出的节制权力的思想比较，老子

---

① 方军：《中国古典政治哲学中天人关系与政权合法性的论述——以〈潜夫论〉和〈春秋繁露〉为分析对象》，《人文杂志》2010年第1期。

的特点在于：把权力问题作为关注的中心，在权力的节制方面具有深刻的认识和智慧；而且，在古代中国哲学传统中，从来没有一个哲学家像老子那样突出百姓的权利和自主性，以及从此出发的对君主权力的节制。① 因为事功特色，叶适的政治思想向来褒贬不一，任锋倒是提出了一些新的看法。他认为，叶适的统纪之学提出了以皇极为中心的政治秩序论，强调政治实践的自身特质，以建立一种具有高度包容性并且彰显正义理念的综合秩序架构；这种政治秩序论进一步转化为"势"所蕴含的政治客观意识形态，形成以"法"为重心的体制论。其中的国家观、政体观和社会意识由反对君权专制发展出开明共治与限权限政的思维方向。叶适的政治观念把北宋以来的政治儒学推进到了一个重建体制秩序的层面。② 中国古代政治哲学内容丰富，将这些内容客观地呈现，并揭示其特质，是中国哲学研究者的责任。如上三篇成果都体现了这种责任。第一，认真、深入地对中国传统政治哲学展开了研讨。方军对王符的分析、王博对老子政治哲学的研判、任锋对叶适政治思想的辨析，都表现出了认真的态度，求索的精神。第二，独到视角，不依旁人。方军指出王符不同于董仲舒、王博指出老子不同儒、墨、法，任锋指出叶适政治思想并非牟宗三所批判的"皇权一元论"等，都表现出了独立思考、不事旁人的可贵精神。第三，要有淑世情怀，有时代意识。无论是王符"民心论式政权合法性"的揭示，还是老子"节制权力"思想的探究，抑或叶适"政治秩序论"的辨析，作者对于时代的关切贯注于文字中间，表现出一种对政治开明的期望。

儒家民本思想的探讨。由于黄宗羲政治思想的特殊性，他的民本思想一直是学界研究的重心。程志华指出，黄宗羲政治思想中的"天下"并非指公民社会，"天下之法"不可以被理解为体现"公意"的法律，因为"天下之法"建基于君主个人的道德品质，最终要绝对地服从于君主的权力，所以黄宗羲并未赋予人民以立法权；黄宗羲是以对现实政治的批判为切入点展开理论推演的，而对现实政治的批判和对理想政治的期冀都是围绕道德展开的，因而政治伦理是黄宗羲政治学说的实质；黄宗羲的政治学

---

① 王博：《权力的自我节制：对老子哲学的一种解读》，《哲学研究》2010 年第 6 期。
② 任锋：《近世儒学思想中的政治维度——以南宋叶适为视角》，《国学丛刊》2010 年第 2 期。

说与传统的体制化儒学是"万殊归一",其理论之"一本"仍然为君主政治服务;黄宗羲对君主的批判已由个体上升到群体,并提出了儒学史上绝无仅有的民权主张,表明他的政治思想并非儒家民本思想的简单重复,而是对民本思想的深层次开发。[1] 相对于程志华有层级、有分别的分析,张分田则显得专深。他认为儒家"民本思想"是中华帝制的根本法则,其理由有六条:第一,儒家经典具有"国家宪章"属性,集中体现为它是帝制的法理之源,规定了君主制度最基本、最重要的社会关系及相关的一系列基本政治原则;第二,君主制度与君权以"天立君为民"作为本原性依据,而"立君为民"是民本思想的基本思路和理论基础;第三,"与民更始"是一种涉及政治调整的程式化的政治惯例,它的理论依据就是民本思想命题;第四,礼乐制度通常用"以民为本"作为饰词,礼乐制度的政治功能及其与民本思想的密切相关性再次证明,民本思想即是帝制的制度原理;第五,"设官为民"是官僚制度的基本原理,通晓民本思想是取士选官的标准之一;第六,帝王、储君教育制度以民本思想为重要内容。因此,现代学术界所说的"民本思想",包括"民贵君轻"之类的命题,实际上是一种与君主制度相匹配的精神现象,它具有规范君权、调整政治的功能,却并不具有反专制的属性。[2]

不过,对于儒家民本思想的性质,多数学者更愿意从积极的方向去理解。比如吴光就从两个方面对儒家民本思想进行解释,其一是认为儒家虽有"尊君"传统,但孔孟时代封邦建国式的宗法制君主制度与秦汉以后的大一统君主专制制度并不一样,孔孟的互动式尊君与秦汉以后的"三纲"式尊君也大不相同。其二是认为儒家民本思想有一个发展过程,不同的时代又有不同的民本思想类型,无论宗法制时代还是君主专制时代的民本思想,都具有"尊君爱民"的性质,都还没有提升到君权来源于民权的思想高度,但到黄宗羲提出"天下为主,君为客"命题时,儒家民本思想的性质发生了重要的变化,即认识到权力来源是民而非君,君无非是民推举出来为主体之民服务的客体。所以,如果说此前儒家民本思想是

---

[1] 程志华:《儒学民本思想的终极视域——卢梭与黄宗羲的"对话"》,《哲学研究》2004年第2期。

[2] 张分田:《儒家民本思想与帝制的根本法则》,《文史哲》2008年第6期。

与宗法制、君主制相匹配的主张，那么明清之际启蒙思想家的新民本思想即已超越了传统"君以民为本"思想的藩篱而具有了近代民主思想的因素，从而开拓了儒家政治思想从民本思想到民主思想的道路。① 颜炳罡不同意"儒学是封建专制主义意识形态"的观点。首先，以"三纲六纪"来定义中国文化只是从社会构造的角度对中国文化作功能主义的解读，并不能反映儒家思想的实质。从中国社会的构造上说，秦汉以下中国君主专制的社会结构是法家理论的产物，而不是儒家的发明。另外，"六纪"即诸父、兄弟、族人、诸舅、师长、朋友六种基本的人际关系确实为儒家所重视，却是无时无处不在的，所以不能单单说与君主专制相配套。其次，儒家的理论是为人设计的，不是为迎合君主专制的需要设计的。孔子的学说，儒家的理论归根结底是仁学，仁学即人学。人学就是以人为中心，内彻心性，外透天道，合内外，天人合一的一套哲学说明。儒家理论系统网罗天地，贯穿古今，君主专制没有出现之前，儒家就已经存在，君主专制退出历史舞台久矣，儒学依然存在。最后，儒家的修齐治平是一套政治理论，自然也有天下国家如何管理的理论系统，但儒家追求的是"公天下"，不是"私天下"；因此，在儒家理论中，虽然没有西方的民主、科学、自由、平等、人权等，但站在孔子的立场，站在儒家的立场绝不会反对这些东西。总之，儒家是中华民族根源意识，它的历史比封建社会悠久，它的命运比封建专制长远，专制君主选定它作为官方意识形态，并不在于它与君主专制相配套，而是借用民意，打儒家的旗号而已，因而不能将儒学等同于封建主义，更不能简单地将儒学简约为封建意识形态。② 没有疑问，上述关于儒家民本思想的讨论不仅提供了新的文献，而且进行了不同角度的分析，对民本思想历史阶段的划分，对民本思想与封建专制关系的论证，对民本思想内容的开掘，对民本思想性质的辨析等，使儒家民本思想的研究得到了极大推进。与此同时，如下几点或许是可以加强的：第一，对儒家民本思想要有历史的眼光。儒家民本思想的确存在发生、发展、成形的过程，不能将不同时代的民本思想完全等同起来，应该是既有联系又有区别地对待。第二，不能主观地判定儒家民本思想的性质。儒家

---

① 吴光：《历史的误读与历史观的偏颇》，《光明日报》2010年1月18日。
② 颜炳罡：《儒学与封建专制并不配套》，《北京日报》2010年5月17日。

民本思想的性质虽然是个讨论的话题，但绝不能根据论者自己的主观价值需要作出绝对的判断，而应该多角度地展开分析，应该放在更宽阔的视域里研判。比如，那种认为儒家民本思想完全与封建专制相匹配的结论，显然是不能正确理解思想观念的超越性、普适性特点。第三，不能有视一切儒家思想观念为"邪恶"的消极心态。儒家是一套思想体系，先秦儒学的仁爱思想，宋明儒学的天理观念，以及这两种思想观念的诸多具体的表现，其主体方面是积极的、健康的，不能因为这些思想观念存在于封建社会就认为是与封建专制同流合污的，更不能将儒家任何思想观念看成是为了达到某种不可告人的目的才提出来的，这种思维方法是片面的、狭隘的，这种理解问题的心态是阴暗的。

3. 哲学创作的殷切期待

近年来，关于中国哲学研究方法的反思仍在继续，关于传统哲学现代化的路径仍有探讨，关于中国哲学正当性的争议仍在持续，关于中国哲学自我创作的呼声越来越高。本节即对此四个方面的情状略作评述。

中国传统哲学研究方法问题。对中国传统哲学范畴的含义进行分类，归纳出不同含义，是中国哲学研究中常见的行为。但张汝伦认为这种行为属于"范畴错误"。这是因为人们把范畴性概念当作了一般概念，只分析它们的不同含义，而不把这些不同含义看成同一个意义域中不同的意义阐释。为了避免这种"范畴错误"，他认为在区分范畴性概念的不同含义时，必须坚持这些不同的含义只有相对的独立意义，因为基本概念或范畴都是一个有机的意义场，离开这个由种种不同含义组成的意义场，单独理解某个含义是毫无价值的。他举例说，如果不考虑从先秦以来"道"的种种复杂含义，就断言"道是事物的规律"，那就会将认真艰苦的哲学思考变成了简单的语词定义。因此，纯粹的知性分析在具体的哲学研究中，尤其是在理解范畴性概念时是有局限的。在范畴性概念的意义理解上，既要分（析），也要（综）合，因为它们涉及的是事物的普遍方面。[①] 李承贵通过对 20 世纪认知、理解中国传统哲学实践的宏观考察和深入研究，

---

① 张汝伦：《中国哲学研究中的"范畴错误"》，《哲学研究》2010 年第 7 期。

指出唯物认知范式、人文认知范式、科学认知范式、自我认知范式、逻辑认知范式等是认知和理解中国传统哲学的基本范式。所谓"唯物认知范式",就是从物质的、社会存在的、阶级的角度认知、理解中国传统哲学;所谓"人文认知范式",就是从人文精神、思想、方法的角度认知、理解中国传统哲学;所谓"科学认知范式",就是运用科学精神、科学原理、科学成果和科学方法等作为参照,对中国传统哲学展开认知和解释;所谓"逻辑认知范式",就是将中国传统哲学放在"逻辑学理论与方法系统"中进行认知和理解;所谓"自我认知范式",就是将中国传统哲学放在中国自身思想文化系统中进行认知和理解。这五大认知范式的应用,不仅使中国传统哲学价值的多元性得以呈现,而且推动了中国传统哲学的现代化进程。① 的确,哲学范畴与一般范畴的含义是有差别的,对哲学范畴的知性分析对我们理解哲学范畴含义的帮助的确是有限的,尤其不能将语词含义误认为哲学范畴含义;而认知、理解中国传统哲学五大范式的提出,不仅使我们认识到研究中国传统哲学方法的多样性,而且凸显了认知、理解中国传统哲学实践中存在的问题。

中国传统哲学现代化问题。中国传统哲学现代化的路径在哪里?过去有过许多的讨论和主张。这里介绍的几种主张或许是有些启发的。林安梧认为,用现代话语,不论是用现代生活话语还是学术话语,尝试着去将原先的"古典话语"的意思说出来,就是一种理解、诠释、表述和重构的过程,这个过程有着创造的作用。中国哲学要有话语权,要有主体性,首先必须视自己的话语为能承载思想的话语,我们的文化是一具有主体的文化,文化不能只是作为别人文化的陪衬。中国哲学已经到了跨过"格义"、"逆格义"的阶段,而应有适度的对比、厘清、融通、转化与创造。② 在林安梧看来,现代话语的应用与话语的主体性凸显,是中国传统哲学现代化的基本前提。陈嘉明从"语言现象学"(依据某种哲学话语、概念的流行与否判断这种哲学的现有影响力及其生命力的状况)的角度,对中国传统哲学现代化问题提出了看法。他认为,如果对中国哲学进行语

---

① 李承贵:《中国传统哲学的五大认知范式》,《学术研究》2010 年第 6 期。
② 林安梧:《关于经典诠释及中国哲学研究方法的一些省察》,《求是学刊》2009 年第 6 期。

言现象学的考察，便会发现，中国传统哲学目前仍在流行的语言（概念）非常之少。如属于存在论的概念——阴阳、太极、气等，属于认识论的概念——道、势、能、所等，都已基本消失殆尽。因此，想通过明晰概念的含义以使中国传统哲学现代化，显然是不可行的。而从西方哲学的经验看，其发展主要是通过新领域的开拓与新方法的运用而实现的，比如知识论、语言哲学、存在哲学等领域的开拓，逻辑分析、日常语言分析、现象学等方法的运用，等等。① 陈来则强调中国哲学的现代化离不开西方哲学。他认为，百年来已形成的新的中文学术语系，吸收了大量来自西方学术的概念语词，不仅丰富了中文学术语言，成为当代中国人思考、论述的基本工具，同时也促进了中国哲学学科的发展和民族理论思维能力的提高；因此，新哲学话语与其说阻碍了我们对古典哲学的继承，不如说是对中国哲学研究者在古今语言的对应、连接、把握功力的考验，是对如何把中国哲学自身问题意识和思考方式转化为现代中文学术语言能力的考验，是对把中国哲学思维用语言呈现出来去与西方与世界交流能力的考验。因此，那种拒绝西方哲学概念，准备完全回到固有传统哲学话语的主张，很难有文化的普遍现实性。② 对于中国传统哲学现代化而言，话语的更新不仅是形式的标志，更是内容的规定，新领域的开拓与新方法的运用则是得以实现的基本路径，当然，西方哲学对于中国传统哲学现代化的特殊作用是无可替代的。

中国哲学正当性问题。林安梧认为，中国哲学当然有其正当性与合法性，这是因为中国哲学参与世界哲学将有助于世界哲学的发展，而中国哲学有助于世界哲学的发展，是因为它能贡献给世界哲学特殊智慧，因而对于中国哲学研究者而言，应该通过与西方哲学比较，审视中国哲学的特性，探寻其相关联的哲学范畴，诸如本体论、认识论、实践论与西方哲学有何异同，其学问的构成又有何独特处，这时就可以看出中国哲学之为哲学的正当性与合法性何在。③ 杨国荣也对中国哲学正当性给予了肯定的回答。他指出，哲学表现为一种智慧的追求，在智慧之思这一层面，哲学体现了其

---

① 陈嘉明：《从语言现象学看中国传统哲学现代化问题》，《哲学动态》2010 年第 1 期。
② 陈来：《中国哲学话语的近代转变》，《文史哲》2010 年第 1 期。
③ 林安梧：《关于经典诠释及中国哲学研究方法的一些省察》，《求是学刊》2009 年第 6 期。

共性的、共同的品格：不管什么样的哲学形态，都可以看到它不同于经验学科、经验知识的特征。哲学既具有共通的、一般的品格，同时也呈现多样的、多元的特点，具有个性化的形态。即使西方哲学，在其发展与演化的过程中，也有多样的形态。中国哲学区分了为学与为道，为学涉及经验领域的对象，为道则以性与天道为指向，后者属于广义的智慧之域。作为关于性与天道的智慧之思，中国哲学无疑也应理解为哲学的一种独特形态。中国哲学之中包含着具有普遍意义的哲学内容，从而既无必要也不应该将其完全隔绝于"哲学"的形态之外。而且，片面地用某种本土意识把中国哲学与"哲学"这一形态分离开来，既显得过于狭隘，也无法真切地把握中国哲学的内涵。① 从中国哲学对世界哲学的特殊贡献看其正当性，从哲学作为一种普遍智慧看中国哲学的合理性，这种回应应该是实际有效的。

中国哲学自我创作的问题。近年来，研究者越来越不满足于哲学史的耙梳与整理，要求中国哲学自我创作的呼声愈来愈高。可是，中国哲学究竟怎样进行自己的创作呢？林安梧指出，要改变当代中国哲学研究与生命无关、与历史社会总体无涉、与当下生活世界漠然之现状，就必须要有创造性。而要实现创造，又必须做到这几点：第一，对中国哲学史有总体而适当的理解，否则容易陷入自己所提的虚问题；第二，中国哲学研究的话语不能自限于陈言旧论，尤不能仅仅古话重说；第三，中国哲学研究当立基于典籍（包括古代和现代），经由现代生活话语的觉知，提高到概念性的反思，进而诠释、对比、厘清、融通、转化与创造。总之，如果忽略中国哲学的创作，满足于作古代学术史的概括，则难成就中国哲学之新坐标。② 陈嘉明指出，在新儒家的哲学中，预设的前提是中西哲学的相互对立，出发点是传统的儒家哲学，目的是以弘扬中国传统哲学为己任。然而，一种面对时代现实的、创新的哲学是不应当以这种方式来思考问题的。试想，当维特根斯坦解释语言问题时，提出"语言游戏"、"家族相似性"等概念时，他是否把自己摆在英国哲学或西方哲学的位置上，认为自己是在继承、发扬什么西方哲学的"道统"，是在进行什么"继往

---

① 杨国荣：《认同与承认——中国哲学的个性品格与普遍意义》，《文史哲》2010 年第 1 期。
② 林安梧：《关于经典诠释及中国哲学研究方法的一些省察》，《求是学刊》2009 年第 6 期。

圣，开未来"之类的事业？不是，他是一种完全不同的思维方式，眼光注视的是某个问题域（语言），考虑的是对问题如何做出恰当的解释。这样的思考使得他在对语言的理解与思想的表述（概念）上都是前无古人的。但人们又不能不把它归为西方哲学，因为它是西方人所写，是用西方文字所写，是来自西方人的思想。可见，西方哲学家的思维方式，就是要求排除一切先有之见，然后进入自己的哲学思考。① 中国哲学必须展开自己的创作是学者们的共识，不过，前者较重视哲学创作的传统基础，后者则更强调哲学创造对传统的超越。这样，在进行中国哲学自我创作的时候，正确处理与传统的关系是必须面对的课题。

如上即是本文选择性对近年中国哲学研究状况所做的简要梳理，应该说我对中国哲学的信心因为这种梳理而增强；而下面提出的几个问题，希望与中国哲学研究者们共同思考：

其一是"义理"系统的全面性探索的重要。中国传统哲学的意义蕴藏在各种晦涩难懂的经书典籍中，蕴藏在知识、科学、历史、社会、制度组合的文化系统中，蕴藏在文字、语句、概念、范畴、命题及其它们的关系中，只有对上述综合的"义理"系统有全面、准确地把握、理解，才能对中国传统哲学中某个范畴或命题的含义有切实的理解。如果不能从语义、训诂等角度进行考察，如果不能从卦辞语义结构和卦爻辞相对应的关系进行分析，吴国源是不可能将卦辞中"小"字之丰富内涵揭示出来的；如果不是对哲学基础"元气一元论"有深入的理解、不是对相应的思想观念有熟悉的把握，不是对古代神权政治秩序思想有清楚的认识，方军也是不可能将王符政权观念定性为"民心论式政权合法性"的。可见，全面性"义理"系统的探索对于深化、完善中国哲学研究的结论是至关重要的。过去我们对中国传统哲学有许多不确切的评判、错误的结论，与没有把所研究的中国传统哲学问题置于相关的"义理"系统中思考是有关的。

其二是建立起正确的价值观和思维方式。如果说"义理"的全面性探讨是深化、完善中国哲学研究的前提，那么正确的价值观和正确的思维方式则是获得正确结论的保证。考之近年中国哲学研究成果，为什么对于

---

① 陈嘉明：《从语言现象学看中国传统哲学现代化问题》，《哲学动态》2010 年第 1 期。

同样的资料出现完全相反的解释？这说明价值立场与思想方式存在差异。比如，为了论证儒家民本思想与封建专制配不配套的问题，学者们都列有丰富的材料。可是，对这些材料的解释却完全不同。具体言之，对儒家礼乐制度的解释，有学者认为礼乐制度是"以民为本"作为修饰词，其政治功能是为帝制服务；而另有学者则认为礼乐制度是人文精神的表现，与封建专制制度既有相配套的地方，也有相冲突的地方。有的学者为什么执着认为礼乐制度完全是为封建专制制度服务的呢？为什么执着认为"设官为民"是官僚制度的基本原理呢？为什么一定要将儒家所有的理念解释成都深藏着不可告人的目的呢？为什么不能从另一个角度思考这一问题呢？之所以如此，就是偏颇的价值立场主导了论者的头脑、偏颇的思想方式主宰了论者的思维。换言之，在中国哲学研究中，正确的价值立场与思维方式现在看来仍然是十分重要的。

其三是正确处理符号与思想内容的关系。哲学意义的表达需要通过一定的方式，其中的方式之一就是符号。就中国哲学言，符号无非是语言、概念、范畴、图形等。从易经来讲，"易"的构造就是符号的构造，怎样通过易的符号找到其所要表达的真意，是需要智慧的。就中国哲学现代化、中国哲学创作言，语言、术语的作用究竟多大，也是必须认真思考的问题。就中国哲学生命力言，范畴、概念是不是可以完全反映乃至决定中国哲学生命状况？如果不完全是这样，那又应该怎样理解中国哲学的生命与它的基本概念、范畴之间的关系？另外，哲学概念、范畴本身与一般语文上的概念、词语如何区分？如果将二者混为一谈，是不是影响到我们哲学研究的"哲学性"？等等。所以这些"符号与内容的纠缠"，或许是未来中国哲学研究中需要深入思考的课题。

总之，近年的中国哲学研究的成就是巨大的，在全方位推进义理探讨的同时，也充分显示了对时代课题的深沉关切，这也正是中国哲学千年相续的优秀品质。

（载《江苏社会科学》2011年第3期；人大复印资料《哲学文摘》2011年第3期）

四 朱子学研究的新境际

朱熹（1130—1200），是孔子以后中国哲学思想史上最具影响力的儒家学者，因而朱熹思想从来就是中国哲学思想史研究领域的重点、焦点与难点，从而引得学者全心求索、憔悴不悔，并取得了辉煌的学术成果。21世纪十余年，朱熹思想研究继往开来，视域开阔、方法多样、新论迭出，引人注目。本文拟对21世纪十余年朱熹思想研究展开全面考察，显其不足，彰其优长，以作未来朱熹思想研究可资参照的一面镜子。

1. 哲学理论之探讨

宋明儒学与先秦儒学基本差别之一，就是宋明儒学更具哲学性质，而宋明儒家思想最具哲学性的代表莫过于朱熹。研究者敏锐地注意到朱熹思想的这一特点，在继承以往研究成果的基础上，对朱熹哲学思想展开了更为深入的研究。这里的"哲学理论"，包括朱熹哲学思想研究方法的更新、朱熹哲学思想的结构、朱熹哲学思想的性质等内容的研究。

1. 研究范式与方法。丁为祥回顾以往朱熹哲学思想研究的进路时指出，自朱熹哲学形成以来，大体经历了三种不同的解读：从时空的维度出发，往往会以理与气之不可分割关系来说明其先后关系，这就使其哲学表现出一种宇宙生化论的规模，但对其理先气后关系却无法做出恰切的说明；从形式逻辑的视角出发，无疑会以其理先气后关系对二者的不可分割关系作出说明，这种解读虽然也可以使其哲学呈现为一种本体论建构，但又存在无法落实的偏弊；从道德理性之超越性视角出发，虽然可以准确地把握其理先气后关系以及其本体论立场，但又会对其本体之遍在性形成一定的偏取。截至目前，这三种不同的解读视角代表着人们研究朱子哲学的三种不同进路。① 由于不满足于"两军对战、命题范畴、本体论、认识论、修养论"之"板块结构式"研究，丁为祥既而强调朱熹哲学研究方式转型的必要性：理所当然地走向其始源性的形成，走向对朱子哲学的发生学研究，即朱子的哲学视野、思想体系包括其绵长而又深远的历史影响究竟是如何发生、如何形成的？在这一背景下，朱子的学术性格、其所继承的思想谱系以及其一生的理论切磋和论战、其对经典的诠释与阐发等，也都面临着重新解读的需要。所有这些，构成了重新进入朱子世界的基本前提。② 而乔清举主张用冯友兰境界论研究朱熹思想。他指出，以往学界关于朱子哲学研究的范式采用的主要是西方近代以来主客二分的思维方式，比较重视朱熹的格物说，且把它作为主客体的认识关系问题，忽视了朱子哲学的中国特点。而要打破主客分离的思维模式，必须运用冯友兰的境界论思想来研究朱子哲学。朱熹关于道体流行、仁、孔颜乐处的论述，以及人在功夫纯熟后达到的心纯是理、发即中节的超自律道德思想，都是天地境界的内容。天地境界在朱子哲学中是人与自然的审美性统一，显示了朱子哲学高超的一面。③

2. 哲学思想结构。有了思维方式、研究视角上的追求，自然影响到对朱熹思想结构的重新思考。由体用关系去把握朱熹哲学思想结构就是较为普遍的思考方式。李振纲指出，朱子学的第一原理是确立"理"的本体地位，以为现实世界的存在依据和价值真原，朱子对形上之理的设定旨在为道德人本主义奠定一不证自明的人学公理，所以本体论须通过主体论（心性之辨）贯彻落实。所谓"主体论"牵涉心统性情、未发已发、天理气质、人心道心诸问题，而功夫论是朱子实现道德理想主义的具体途径。④ 蒙培元着眼于"理"、"气"内涵及其关系的分析，以呈现朱熹哲学思想的结构。他认为朱熹从两个层面论述了"理"、"气"关系：一是从观念论上论述其"不杂"，只具有逻辑认识的意义；二是从存在论上论

---

① 丁为祥：《朱子理气关系的三种不同解读》，《江南大学学报》2012年第1期。
② 丁为祥：《如何进入朱子的思想世界——朱子哲学视野的发生学解读》，《陕西师范大学学报》2010年第4期。
③ 乔清举：《朱子的境界论思想简论》，《湖南大学学报》2012年第6期。
④ 李振纲：《理性与道德理想主义——论朱子学的精神》，《河北大学学报》2001年第1期。

述其"不离",是一种"本质即存在,存在即本质"的思考模式,两者在物中得到了统一。理气先后之说,则是运用逻辑推理的方式得出的"本体论承诺",通过观念上的区分,建立宇宙本体论的先天预设,即以理为"生物之本"。"生"是气之生,而理是其所以然之本。但逻辑上的在先不是存在上的在先。体用关系是世界存在的基本形式,但不是西方式的本体与现象的关系,而是存在本体与其功能、作用的关系,本体以功能为其存在方式,无功能则无本体。这一学说的重要性在于,承认人类生活在一个真实的世界,而不是两个分裂的世界。①

通过朱熹对《太极图》的态度和解释把握朱熹哲学思想结构是另一种讨论方式。杨立华指出,朱子在《太极图说解》中确立的本体论架构是其中岁定法,自四十四岁撰成以后,始终没有改变。因此,如何理解《太极图说解》中涉及的体用、阴阳概念,对于把握朱子思想中的理气关系等问题,有着至关重要的意义。② 而张克宾认为,朱熹之所以极力表彰周敦颐《太极图》,视《太极图》为周氏学说之纲领,除了朱熹所说明的客观理由外,欲为其心性学说探索宇宙形上学的根据,实现天道性命的贯通,则是其推重《太极图》的主观动因。朱熹通过对《太极图》意蕴的阐释,精妙地表达了他的太极阴阳学说,从"天命流行"和"神妙万物"的角度阐发了太极阴阳不离不杂的关系,建构起一体二分的理气观。这样便形成了以太极之妙为主旨、以伏羲为起始的大易道统论,并将《尚书》"十六字心传"涵摄其中的思想体系。③ 通过范畴或命题去窥视、演绎朱熹哲学思想结构也是一种新的研究思路,向世陵通过对"继善成性"的分析以推论朱熹哲学思想结构就是一个案例。他指出,朱熹解释"继善成性"总体上不是为字义的通顺,而在为他的理学本体论作论证。理上气下的基本原则通过易学的语言进一步得到贯彻。善与性、天与人、未发与已发、天理流行与人物成性等,虽也体现了天人之间的密切关联,但又不能将一般天理与已具形质的人性混淆起来。"继善成性"说的优长,就在于它将由天至人的生成序列,解释为一个以天道为本而构筑本性的思辨

---

① 蒙培元:《朱熹哲学是两个世界还是一个世界?》,《学术月刊》2008 年第 3 期。
② 杨立华:《体用与阴阳:朱子"太极图说解"的本体论建构》,《哲学研究》2012 年第 10 期。
③ 张克宾:《朱熹与〈太极图〉及道统》,《周易研究》2012 年第 5 期。

逻辑，同时兼顾个体形质生成带来的特殊性，而本性只是"存"而非"成"，以卫护本然之性纯善无恶的假定。①

3. 哲学思想性质。在20世纪下半叶，对朱熹哲学性质的判断，一般是以马克思主义哲学为根据，或为唯心主义哲学，或为唯物主义哲学，或为剥削阶级哲学，或为被剥削阶级哲学，不过，这种判断在21世纪以来的朱熹哲学研究中，已是踪影依稀。朱熹哲学是一元论，还是二元论？抑或既非一元论，亦非二元论？周方海认为朱熹理气论与心性论中存在明显的二元论倾向，但它的实质是事物之形式因与质料因之间的矛盾；朱熹反对道家"有生于无"、佛家"作用即性"的命题，为现实世界以及儒家伦理规范寻求本体论的支持，是导致其理论矛盾的社会现实原因。②唐琳则认为是"太极"一元论，她指出，朱熹从象数和义理两个方面所展开的对"太极"的诠释，贯穿着一个基本的理念：太极为本体之理，因而在理论上，朱熹的太极观超越了汉代以元气为宇宙之初的生成论视域，将太极看成是与卦爻象数不可分割、与阴阳五行万物不可分割的本体之理。③但周炽成不同意一元、二元的划分，他认为朱熹把涵养（用敬）和进学（致知）这两个方面比喻为一辆车之两个轮子，二者要齐头并进，协调发展，缺一不可。陈荣捷以此而总结出两轮哲学。两轮哲学把两种东西的关系看作兼容、配合的关系，与西方的二元论把两种东西（如共相与殊相、心与物、现象与物自体等）的关系看作不相容、抗衡的关系形成了鲜明的对照。两轮哲学是一种实践哲学，而二元论是一种理论哲学。周炽成进一步认为，在我国学界早已普遍熟知外来的二元论而对本土的两轮哲学比较陌生的情形下讨论两轮哲学，有利于人们从言说方式和思想内容等方面叙述具有本土特色的中国哲学。④

但随着学术话题重心的转移，关于朱熹哲学思想性质出现了一些新的论说。蒙培元认为朱熹哲学是以"乐"为中心的境界哲学。他分析说，"乐"是儒家哲学所提倡的最高的人生体验，也是朱子所追求的理想境界；"乐"具有审美体验的形式，实则以真善美合一为人生的最大乐趣。

---

① 向世陵：《论朱熹对"继善成性"说的规范》，《周易研究》2011年第1期。
② 周方海：《朱熹之二元论矛盾及其原因》，《求索》2006年第6期。
③ 唐琳：《朱熹易学太极观的哲学内涵》，《中国哲学史》2010年第2期。
④ 周炽成：《论朱熹与儒家的两轮哲学》，《学术研究》2013年第2期。

在朱子哲学中,"乐"的体验有人格美、人与自然和谐之美和艺术美的美学意义。而追求艺术人生、诗性化的人生,达到真善美合一的境界,是中国哲学包括朱子哲学的一个重要特征。① 林玮参照当下讨论甚热的"身体"哲学,认为朱熹哲学是诉诸身体的心性哲学。他分析道,朱熹理学的"体"兼具主、客体属性,既指被认识的"天体"和"心体",也指作为认识活动知觉主体的"心体",还包括这种认识活动据以呈现自我的"身体"。天体与心体是同构的,主体在完成外向"格物"后,"体认"功夫就转入"身体"内部,通过"持敬"而实现。因而朱熹理学的价值取向是在"身体"中上完成的,朱熹"体用"思维也是比附"身体"而产生的认识论。因此,朱熹理学是一种诉诸身体的心性哲学。②

姜真硕通过对"与道为体"命题的分析,认为朱熹哲学思想属于"无体之体"的"与道为体"。他指出,在朱子哲学中,万物"与道为体"指道体之发见流行处,在此意义上"与道为体"可谓道体之"用"。但是,"与道为体"之"体"指形体,道之本然之体无形体,有形体之万物不能成为道体,万物只能成为道体通过此形体体现自己的一种场所。朱子为解决以上两种论点之冲突,不采取如"太极为体,阴阳五行为用"的说法,而采取"无体之体"与"与道为体"。这对待关系更胜于单纯的体用模式,更具体体现于"道底骨子"思想。③ 金春峰则认为,对朱熹哲学思想性质判断应将本体论与心性论分开,在本体论或理气观上,朱熹哲学是柏拉图式的两个世界思想,但在心性论和道德修养领域,朱熹的"心学"思想却是系统、深思熟虑的。因此,他批评冯友兰、牟宗三用柏拉图式共相思想解释、化解朱熹哲学矛盾的错误:朱熹的心性和"格物致知"思想,认为"格物致知"是向外求理的认识论,把它用之于道德修养是思想糊涂、"不通",朱熹所讲的"性善"、"性即理"及"心之德",也被认为是告子和荀子一类思想。④ 陈来从朱熹对"四德"的论述分析其哲学倾向。他指出朱子对"四德"的讨论包含了三种分析的论述,

---

① 蒙培元:《乐的体验与审美境界——朱熹哲学的一个重要问题》,《陕西师范大学学报》2010年第3期。
② 林玮:《朱子学的身体哲学再诠释》,《江西社会科学》2012年第2期。
③ 姜真硕:《朱熹"与道为体"思想的哲学意义》,《孔子研究》2001年第3期。
④ 金春峰:《对朱熹哲学思想的重新认识》,《学术月刊》2011年第6期。

即"从理看"、"从气看"、"从物看"。但总体来说,朱子的思想不断发展出一种论述的倾向,即不再把元亨利贞仅仅理解为"理",而注重将其看作兼赅体用的流行之统体的不同阶段,如将其看作元气流行的不同阶段。由于天人对应,于是对仁义礼智的理解也依照元亨利贞的模式发生变化,即仁义礼智不仅仅是性理,也被看作生气流行的不同发作形态。这导致朱子的"四德"论在其后期更多地趋向"从气看"、"从物看"、从"流行之统体"看,使得朱子的哲学世界观不仅有理气分析的一面,也有"流行统体"的一面,而后者更可显现出朱子思想的总体方向。①

不难看出,学界对朱熹哲学思想研究的方式、朱熹哲学思想的结构、朱熹哲学思想的性质等问题都展开了广泛、深入的讨论,产生了许多有价值的观点。在朱熹哲学研究的方式上,学界主张弃旧迎新,倡导研究方式的多样化。在朱熹哲学思想结构的把握上,学界提出了从形上形下、体用关系、太极图、继善成性(命题)等不同角度,认为朱熹哲学结构可以从体用一体、上下贯通、不离不杂来描述。在朱熹哲学性质的判断上,则有"二元"说、"两轮"说、"乐"之境界说、"身体心性"说、"与道为体"说、"流行统体"说等,可谓"百花齐放、百家争鸣"。可以肯定的是,上述讨论与观点对未来朱熹哲学思想的研究将产生积极影响。

2. 哲学分支领域研究

朱熹哲学思想丰富多彩,根据现代学科体系的划分,除了作为一级学科的哲学理论外,还有作为二级学科的科学哲学、宗教哲学、生命哲学等。在朱熹哲学思想中,也活跃着属于哲学"二级学科"领域的思想与灵魂。

1. 生命哲学。生命哲学是朱熹哲学思想的重要组成部分,20 世纪八九十年的朱熹研究,朱熹生命哲学还没怎么引起学者的足够关注,21 世纪以来,朱熹生命哲学成为朱熹哲学思想研究上的重要内容。朱熹哲学为什么可以称为生命哲学?徐刚认为这可以从朱熹哲学对生命问题的关心和讨论判断。他指出,生命问题(生、命、死、魂、魄、形、神、鬼、仙

---

① 陈来:《朱子四德说续论》,《中华文史论丛》2011 年第 4 期。

等）是中国古代哲学史上的重大课题。朱熹通过对历史典籍的分析研究，从其理学本体论出发，重新改造与阐释了这些古老的范畴，从中可以看到作为理学家的朱熹对生命本质、生命内涵、生命价值、生命权力、生命责任、生命尊严、生命义务、生命死亡等重大问题所采取的基本态度及思想倾向。① 王锟通过对朱熹理学思想的深入分析，认为朱熹哲学是"生本论"。他指出，朱熹"生"本体论是以"天地以生物为心"这个命题来体现的，朱熹理学通过心、理综论人生界和宇宙界，形成一个圆融的整体，按照其"一体两分、两体合一"的论说方式，心是人生界最重要的概念，理是宇宙界最重要的概念，并通过使心与理、人生界与宇宙界的两体合一，完成了对天人的贯通。② 张克宾认为朱熹生命哲学思想是通过对"复卦"阐发出来的。他说，复卦是理解大易生生之德的切入点和关键。朱熹在继承前贤的基础上，深化了复卦所蕴示的阴阳消息之道，将天地生物之心普遍化，并揭示了阳善阴恶观念下的心性修养之道，将天地之生理落实于心性功夫之中。尤有进者，朱熹又将仁与天地生物之心相结合，构建起"生—仁—理"三者的一体互融，仁既是天地生生之理，又是人之本心，实现了天人之间存在与价值的统一。③

蒙培元通过对"格物致知"的分析，揭示出朱子哲学的生命特质。他指出，朱子"格物"之学，其物理层面的意义从属于生命之理，而生命之理是贯通物理的。把人放到生命的共同体的关照下去体认事物之理，是朱子"格物"之学的独特之处。由此生发的具有深层生态学意义的"格物说"，要求人们视万物（包括人类）为自然界生命有机的组成部分，通过求知物之"至理"即"仁理"，由客体回归主体，以达到主客内外之至善，从而实现仁者爱物"无一物不被其泽"的普遍的生命关怀。④ 而朱熹哲学中的"天人合一"命题蕴含着独特的生命智慧。蒙培元指出，天人合一在朱熹哲学中以"心与理一"的形式出现，具有"形而上学"的性质。人不仅是理性的存在，而且是情感的存在；不是情感与理性的分

---

① 徐刚：《试论朱熹生命哲学思想》，《哲学研究》2002年第10期。
② 王锟：《"天地以生物为心"——朱熹哲学的"生本论"》，《哲学研究》2006年第2期。
③ 张克宾：《论朱熹易哲学中的"生生"与仁》，《中州学刊》2012年第1期。
④ 蒙培元：《何为"格物"？为何"格物"？——从"格物说"看朱熹哲学生态观》，《泉州师范学院学报》2010年第1期。

离，而是情感与理性的统一，即"合情合理"地生活。就人与自然的关系而言，这是一种"生"的哲学。自然界有"生理"、"生意"而人得之以为性情，情与理是合一的，天人内外是合一的。人既是价值的创造者，又是自然界"内在价值"的实现者，这种互为主体的关系是维持人与自然生态和谐的根本保证，因而是人类永续发展的根本保证。[1] 郭学信对朱熹人生哲学的展开方式进行了分析，他认为是以"涵养德性本原"为核心而从"心与理"的境界观、"内圣"而开"外王"的价值观、"道心"主宰"人心"的处世观三个层面展开，其主旨在于通过内之心性和外在效用两个方面来拓展人之生命价值意识，显现出一种高扬人的主体价值道义价值和社会价值的道德理性精神。[2]

2. 知识哲学。作为中国古代百科全书式的哲学家，朱熹涉猎非常广泛，其对人与自然、主体与客体关系的思考，形成了他关于知识的独特看法，即知识哲学。对于朱子自然哲学、知识哲学的研究，已取得不错的成果。不过 21 世纪以来，这方面的研究有了很大起色。袁名泽认为，朱子自然哲学既包含"理为本，理为主，理一分殊"、"理气不离不散"的理本论这样一个客观唯心主义哲学体系，也包含"敬"与"静"的结合，不断的格物，力求"铢分毫析"，不断积累以至中和的认识论。这种本体论和认识论以及与此相关的科学精神对朱子本人的思维活动和中国古代哲学的发展产生了深刻的影响。[3] 王丽霞通过与王阳明比较，分析了朱熹认识论的特点。她指出，无论是朱子对"理"的认识，还是王阳明对"良知"的推崇，都是为了达到对道德、对德性的认识。在朱子的认识论中，"理"是"天理"，是人的道德境界的最高标准；而王阳明的"致良知"，其目的是正心之不正、正理之不实，使人的行为符合良知之善的本体，所以，其认识仍是对道德的认识。由此，朱、王二人由认识论导致的实践论也是对道德的实践。无论是朱熹的"知先行后"，还是王阳明的"知行合一"，都是对道德的践履，而这种道德认识和实践的目的又都是为当时的统治阶级服务的。与之相应，中国哲学中无论是"敬德爱民"的治国

---

[1] 蒙培元：《论朱熹"生"的学说》，《鄱阳湖学刊》2011 年第 1 期。
[2] 郭学信：《朱熹人生哲学通论》，《聊城大学学报》2002 年第 2 期。
[3] 袁名泽：《朱子自然哲学的审视与纠偏》，《重庆大学学报》2011 年第 2 期。

论，还是"践仁成圣"的修养论，都是一种道德实践，并由此决定其认识论也是道德的认识论。①

徐强认为朱熹的认识论属于体会、体悟。他分析说，朱熹一般通过"主宾（客）之辨"表达他的认识思想以及他对认识主体和认识对象之间关系的看法。基于"主宾"观念最基本的"主人"、"宾客"的含义以及由此基本义引申出的另外一些意蕴，朱熹的"主宾之辨"所表达的认识主体和认识对象间的关系并不是客观的理性认知关系，而是更近于一种人与人之间的关系，或者说类似于主人、客人在交往过程中彼此互动互成的关系；认识主体对认识对象的把握也更多地借助于诸如"体会"、"体悟"等应用于人与人之间的理解方式来进行。这些都使得朱熹的认识思想表现出独特的倾向，并不能简单借西方哲学认识论中"subject"、"object"的模式来理解。② 乐爱国则认为，朱熹主要是继承并发挥了二程的格致论，并把格致论当作其理学的出发点。朱熹格致论是知识论的表述，也是一种融合了知识论并以其为基础的伦理学。他发挥了早期儒家尊德性而道问学的思想，把伦理学与知识论统一起来，因而是对儒家知识论的建构。③ 郭淑新、余亚斐认为，朱熹以其理学思想为旧本《大学》补"格物致知"传，延展与活化了自孔子开创、荀子接续，却又为后世儒家所忽视了的知识论传统，使得宋代理学作为"新儒学"在内容和形式（方法）上都区别于传统儒学，从而成为中国哲学发展史上的一座里程碑。因此，对朱熹格物补传意义进行再诠释，无疑有助于中国传统哲学价值的再发掘以及中国哲学研究在方法论上的革新与完善。④

3. 鬼神观。朱熹哲学思想中涉及对鬼神的看法，朱熹对鬼神的看法不仅别有特色，而且非常深刻，为学界关注和讨论是情理之中的事情。那么，学界关于朱熹鬼神观研究提出了哪些有价值的观点呢？冯兵认为，朱

---

① 王丽霞：《朱熹〈大学章句〉与王阳明〈大学问〉认识论之比较》，《学术论坛》2000年第5期。

② 徐强：《"主宾之辨"与朱熹的认识思想》，《安徽大学学报》2009年第2期。

③ 乐爱国：《从朱熹的格致论出发——论儒家知识论传统的建构》，《黑龙江社会科学》2010年第5期。

④ 郭淑新、余亚斐：《儒家知识论传统的延展与活化——朱熹格物补传意义的再诠释》，《北京师范大学学报》2007年第3期。

熹的鬼神观主要是在有关礼乐的讨论中形成的，它既与传统礼学一脉相承，又有着较为浓厚的理学背景，是儒家鬼神论在新的历史时期的集大成者。朱熹认为：鬼神"实有"，源于理气的共同作用；出于"正理"的鬼神"无形与声"，而"非理之常"的鬼怪却有可见之"形质"；鬼神思想是构成礼学的重要部分，鬼神与礼乐有着内在相通性。朱熹对鬼神的讨论，主体上是一种哲学化的鬼神观，但十分复杂，它既有较强的理性主义精神，又受到了世俗的鬼神迷信及佛道二教的影响，从而染上了一定的非理性色彩，可视为传统儒家鬼神观念的一个代表，具有历史的普遍意义。[①] 通过对朱熹"以气释鬼神"、"鬼神以祭祀而言"的诠释方式以及"鬼神之理即是此心之理"等观点的深入探讨，吴震认为朱熹鬼神论述的基本立场是将鬼神看作"第二著"，因为对朱熹而言，鬼神问题主要是祭祀的问题而不是言说的问题、是宗教的问题而不是气学的问题。朱熹在鬼神问题上强调祭祀实践的重要性，这是朱熹宗教思想的一大特色，也是朱熹对儒学鬼神论的一大理论贡献。[②] 殷慧指出，朱熹从义理层面论述了祭祀与鬼神的关系：强调鬼神的本体论意义，重视其天地转化的功能；认为鬼神既是阴阳二气物质，也是二气相互作用、转化的功用与性质。朱熹的祭祀思想与实践引人注目，强调义理与礼制并举。[③] 桑靖宇强调，朱熹哲学中人格神成分是不应该被忽略和否定的，因为他的"天"的三种含义中的"主宰天"即是对周初宗教的"上帝"的继承。朱熹的"主宰天"具有鲜明的内在性，这使其常被义理天和自然天所掩盖。然而，朱熹仍承认神人间的人格性的交流和沟通，但由于"绝地天通"的神权垄断，这主要是通过孔子信仰的中介来实现。利玛窦虽然看到了主宰天、义理天和自然天的不同，但他将儒家的主宰天、上帝等同于基督教的上帝，无疑犯了简单化的错误。[④]

[①] 冯兵：《理性与非理性之间：朱熹的鬼神观辨析》，《学术研究》2013 年第 2 期。

[②] 吴震：《鬼神以祭祀而言——关于朱子鬼神观的若干问题》，《哲学分析》2012 年第 10 期。

[③] 殷慧：《祭之理的追索——朱熹的鬼神观与祭祀思想》，《湖南大学学报》2012 年第 2 期。

[④] 桑靖宇：《朱熹哲学中的天与上帝——兼评利玛窦的以耶解儒》，《武汉大学学报》2012 年第 2 期。

如上综述了关于朱熹生命哲学、知识哲学、宗教哲学（鬼神观）讨论的情形，不难发现，在这几个方面的研究同样是有成就的。在生命哲学方面，学界发掘了朱熹生命哲学内容，探讨了朱熹生命哲学的理论根据，分析了朱熹生命哲学的结构，通过命题（格物致知）的研究彰显朱熹生命哲学的关怀，揭示了朱熹生命哲学的生态意义，解析了朱熹生命哲学的层次等。在知识哲学方面，对朱熹知识论哲学类型进行了讨论，有"中和认识论"、"道德认识论"、"体悟体会认识论"等，揭示了朱熹知识哲学与伦理的密切关系，并指出朱熹《大学》补传，是对儒家知识论的重大发展和贡献。在鬼神观方面，肯定朱熹哲学思想中存在鬼神观念，分析了朱熹鬼神观与"礼"的密切关系，揭示了鬼神的体为阴阳、用为动静之特点。应该说，学界关于朱熹生命哲学、知识哲学、鬼神观的研究，是广泛的、深入的，而且提出了诸多富有启发的观点，对未来朱熹生命哲学、知识哲学、鬼神观的研究都将产生积极影响。

3. 政治与伦理思想研究

在朱熹思想体系中，政治思想与道德伦理思想是重要组成部分，长期以来，人们对其关注与研讨的兴趣未见减弱。那么，在过去十余年中，朱熹的政治思想、道德伦理思想研究有哪些新的进展呢？

1. 政治思想研究。作为两宋思想的集大成者，朱熹的政治思想与结构不能不为学者所关注。谢晓东认为朱熹以《大学》的"新民"观念为中心重构了儒家政治哲学。他分析说，在朱熹新民学说中，明明德是新民的基础，而新民是明明德的目的。从内在依据、主体、方法、心理基础与落实等方面可以看出，朱熹的新民理念具有明确的内在逻辑结构，对该结构的分析同时就是对"新民何以可能"这一问题的回答。朱熹的新民理念为儒家政治哲学勘定了逻辑边界，相对于中国古代的其他学派具有理论优势。不过，从现代政治哲学的视域来看，其新民学说在政治与道德之间缺乏一种分界观念，解决之道在于平衡君子的责任与个人自主。[①] 徐恩

[①] 谢晓东：《朱熹的"新民"理念——基于政治哲学视角的考察》，《厦门大学学报》2011年第4期。

火、余龙生则认为，朱熹所理解并着力构建的理想政治，是包括表现为"君权至上"秩序的天理根源之善、以德治方式体现的政治本质之善、在主体德性保障下的形式之善以及"经世致用"的功能（结果）之善等多个方面的"善"的体系。这个体系既涉及理学义理的精微阐释，也有对"合意的"现实政治事务的逐一铺排。建立在此基础上的朱熹伦理政治使得传统儒家政治思想体系更加完备，内涵更加丰富，思辨更显精致，得以有效应对内外双重挑战，巩固儒家思想作为皇权专制制度理论基础的"一尊"地位。①

王心竹通过朱熹与陈亮的王霸之辩，分析了朱熹政治思想的特点。她指出，朱熹以天理论王道，认为王霸之别就是天理人欲之异，为王道政治寻找到理本论的依据，强调仁义原则的优先性，体现出强烈的现实批判立场。而陈亮则在对王道所体现的道义原则有所肯认的基础上，认为霸道亦有体现仁政处，霸者的伟业也是仁心之发现，霸固本于王。但朱熹的王霸论在具体理论的阐述上，偏离其原始初衷，转向空谈性命义理，部分地抹杀了其真正价值所在，而陈亮对汉唐君主事功的赞美，从思想逻辑的推衍来看，则会导致道义维度的缺失。② 张维新认为，在政治思想领域，朱熹通过对"明刑弼教"法制原则的进一步阐发，添加了诸多新的内涵，从而丰富和发展了儒家政治法律思想。他分析说，由于朱熹深知"明刑弼教"学说远不如"德主刑辅"粉饰统治阶级"仁政"的效果，为了强化封建国家的政治职能，朱熹密切关注古代法制体系的具体结构，并着手对儒家传统的"德主刑辅"观念进行了新的解释。③ 陶有浩则认为，朱熹政治思想具有浓重的"三代"情结与色彩，朱熹以重现三代之治作为社会治理的最终目标，为实现这个理想，提出了教育教化、礼法相济、提供基本物质保障和进行财富调节等措施。在这些治理手段中，朱熹对教育教化作用尤为看重，把它看作社会治理的根本方式，从而使其治理思想体现了官方系统与民间资源相结合的特点，并从正反两方面为我们分析现实问题

---

① 徐恩火、余龙：《得理至善：朱熹政治伦理思想的内在理路》，《江西社会科学》2012年第11期。

② 王心竹：《从朱陈之辩看朱熹陈亮的王霸思想》，《社会科学》2011年第11期。

③ 张维新：《论朱熹对儒家法制原则的改造》，《北方论丛》2012年第2期。

提供了新视角。①

2. 道德伦理思想研究。作为中国历史上杰出儒学代表，朱熹伦理道德思想向来是朱子学研究中的重要内容，颇为学界重视。温克勤对朱熹道德本体论特点表示了关切，他指出，朱熹本体论思想凸显了儒家道德本体论的即内在即超越，即本体即功夫的鲜明特征。但朱熹道德本体论的客观唯心论性质和为封建伦理纲常的绝对性、永恒性辩解应予以批判，而其中一些合理的有价值的思想在历史上对伦理学研究和道德教化产生了一定的积极作用。②萧仕平通过对"诚"、"信"两个范畴的分析，对朱熹道德伦理思想特点及其现代意义展开了讨论。他分析说，朱熹的"诚"意味着人从肉体的欲望中超拔出来，获得了合于天道的超越境界，而"信"主要指人际交往关系中的表里如一，言行相顾。朱熹的"诚"、"信"大体上可以归为法理学家富勒所说的"愿望的道德"和"义务的道德"两种道德类型。分别立足于"义务的道德"和"愿望的道德"的研究范式，审视朱熹对"诚"、"信"的观点，有助于思考当前诚信建设的问题：第一，"义务的道德"提示我们应以公共法规进行诚信制度的建设，确保人们达到朱熹所谓"凡事都著信"之境；第二，"愿望的道德"提示我们回味朱熹"'诚之者，人之道也'便是信"，借助信仰力量夯实个体的诚信道德的基础。③

沈顺福通过对"道心"的阐发，探讨了意志在朱熹道德思想上的作用。他分析说，朱熹哲学中的人心是对人的感觉和知觉的统称，它是心灵对事物的直接反映，道心则是人心的主宰，这个主宰，从道德的角度来看，它便是某种意志。朱熹认为只有儒家的意志才是善良的，因此道心指儒家的意志。通过学习，将善良的儒家价值观转换为自己的意志，然后持之以恒而得以实现，具体的方法便是居敬。人心离不开道心，感觉和知觉离不开人类理性的主导，缺少了儒家性质的意志来主宰的感觉和知觉是危险的。④谢晓东、杨妍也对朱熹思想中的"道心"、"人心"的功能进行了分析研究。

---

① 陶有浩：《论朱熹的社会治理思想》，《求索》2010年第1期。
② 温克勤：《略论朱熹的道德本体论思想及借鉴启示意义》，《天津社会科学》2009年第6期。
③ 萧仕平：《两种道德要求的分疏和转换——朱熹的"诚"、"信"之别及其对当代诚信道德建设的启示》，《道德与文明》2010年第6期。
④ 沈顺福：《朱熹心灵哲学初探》，《江西社会科学》2009年第4期。

他认为，在朱子哲学中，"人心"指人的感觉与需求，"人心"之合乎性理的状态即为"道心"。"人欲"的真实含义是"私欲"，"人心"不是"人欲"。"人心"是"通孔"，"道心"或"天理"乃"人心"向上提升一层的结果，"人欲"乃"人心"向下坠落的结果。"天理"、"人欲"就宽泛的意义而言是在"人心"的基础上分化的。① 黄富峰对朱熹道德思想层级进行了区分，他认为，理与欲的纠缠是人的生存状况，理与欲的冲突构成道德认识的内容，格物正心、情德相彰、重意践行、循序渐进是道德认识的方法，"天人合一"则是道德认识的目的。②

通过对"理"在朱熹伦理道德思想中内涵的分析，进而展示朱熹伦理道德思想的特性，这是朱熹伦理道德思想研究中的一种新的进路。赵妙法认为，朱熹受程颐的启发，把理分为"所当然之则"与"所以然之故"两个不同的层面，并认为后者比前者"更上面一层"。朱熹以此诠释《论语》"四十而不惑，五十而知天命"和"民可使由之，不可使知之"，从而认为"所以然之故"就是"天命"。从现代的观点来看，"所当然之则"相当于具体的特殊的自然法则、道德准则和行为规范，属于伦理学的研究对象；"所以然之故"相当于抽象的普遍的最高原理原则，属于后伦理学的研究对象。③ 杨国荣指出，由强调"理"、"欲"之间的对峙及确立"理"的优先性，朱熹使当然之则的普遍性及其超越感性经验的一面得到了空前的强化，后者相应地亦意味着道德领域中形式规定的突出。然而，通过"仁"与"理"的沟通、"情"的引入，通过肯定礼仪的节文与人格的统摄之间的统一，以及对"权"与境遇分析的关注，朱熹又确认了道德原则与人在生活世界中的具体存在之间的联系，并注意到了道德实践中实质的方面，从而不同于形式主义的伦理学。朱熹伦理思想中的多重趋向无疑表现了其体系的复杂性，而它更深刻的意义则在于为我们重新思考伦理学中形式与实质的关系并对二者作合理的定位，提供了某种理论的资源。④

---

① 谢晓东、杨妍：《朱子哲学中道心人心论与天理人欲论之内在逻辑关系探析》，《江苏社会科学》2007 年第 2 期。
② 黄富峰：《朱熹的道德认识论》，《齐鲁学刊》2009 年第 6 期。
③ 赵妙法：《朱熹的伦理学与后伦理学之别》，《安徽大学学报》2008 年第 2 期。
④ 杨国荣：《理念与境遇——论朱熹的伦理思想》，《孔子研究》2001 年第 3 期。

冯宾分析说，朱熹认为"敬"与"和"为礼、乐的价值主体，并在先秦哲学的基础上作了理学式的丰富与发展，将理学与礼学作了有效的融通，"敬"主要体现为一种工具价值，"和"则为目标价值，二者不仅具有礼乐的情感伦理特性，同时还凸显了礼乐实践主"敬"的价值导向。因此，礼乐是朱熹沟通天理与人欲、贯通上学与下达的桥梁，其情感伦理的本质属性为朱熹的思想体系增添了温润的气质。① 董卫国指出，朱子在吸收前人思想的基础上，对忠恕思想作出了创造性的诠释。他从天地的忠恕、圣人的忠恕和学者的忠恕三个层面理解忠恕之道，分别开显了忠恕之道的本体论、境界论和功夫论内涵。认为本于仁德发用的恻隐同情之心是忠恕之道的基础，阐述了忠恕之道的心性论依据，认为在具体的道德实践中，忠恕之道与格物致知是相同的为学功夫，但两者表述思路存在很大差别。② 王敬华认为朱熹建立了十分完整的道德教育理论体系，其道德修养论尤有独特创获。"存天理，灭人欲"是其道德修养论的核心，"人欲"亦即人之"私欲"。为了达到"存理灭欲"的目的，朱熹提出了一系列自我修身的重要方法。朱熹的道德修养论给当代的道德教育尤其是大学的德育教育以许多有益的借鉴和启迪。③

我们欣喜地看到，在朱熹政治思想和伦理道德思想研究方面，不仅内容广泛，而且研讨深入。就政治思想研究看，探讨了由"内在依据、主体、方法、心理"四要素围绕"新民"而形成的朱熹政治思想结构，揭示了由"君权至上秩序的天理、以德治方式体现的政治本质、在主体德性保障下的形式、经世致用功能"等方面体现的朱熹政治思想的"善"性质，分析了朱熹政治思想仁义优先与空谈性理的矛盾，肯定了朱熹修改、完善"明刑弼法"对发展儒家政治思想的意义。就伦理道德思想研究看，指出了朱熹伦理道德本体论"即体即用"的结构，但批评了朱熹伦理道德思想的唯心论、为封建纲常服务的性质；通过"诚"、"信"两范畴的分析，将朱熹道德思想分为"义务的道德"和"愿望的道德"两个类型；分析了"道心"在朱熹伦理道德思想中的根本作用，认为是

---

① 冯宾：《予"敬"予"和"：朱熹的礼乐价值论》，《江汉论坛》2012年第5期。
② 董卫国：《朱子对儒家忠恕之道的创造性诠释》，《广西社会科学》2013年第2期。
③ 王敬华：《朱熹的道德修养论及其德育启示》，《湖北社会科学》2009年第7期。

"道德意志"，主宰人欲、提升人心；通过对"理"内涵的分析，指出"当然之则"和"所以然之故"分别代表不同类型伦理学的研究内容；探讨了"理"之为当然之则下落到生活的途径与形式，认为朱熹关于"理"内涵的不同规定，具有在处理形式与实质关系上的意义；断言朱熹伦理思想属于礼乐情感伦理，正是通过"敬"、"和"范畴，将理学与礼学结合起来，使朱熹伦理思想有了温和性；分析了天地忠恕、圣人忠恕、学者忠恕与朱熹道德伦理思想本体、境界、功夫三层次的关系；肯定了朱熹建有完整的道德教育教化体系；等等。可见，在朱熹政治思想与伦理道德思想研究中，的确展开了非常有启示意义的探讨，的确提出了许多有学术价值的观点。

4. 经学思想研究

朱熹思想在很大程度上是通过对经典解释而展开的，朱熹在解释经典过程中，不仅常常表达对"经"的态度，而且展开了具体的"治经"实践，提出了诸多关于"经"的思想和观念。在过去十余年朱熹思想研究中，朱熹经学思想也受到了广泛关注和深入研究。

1. 疑经与治经。朱熹在解经过程中，对经典并不是盲从的，而是持理性的态度，在他认为不能确定的情况下，他都予以存疑。王春林认为，朱熹不仅疑《古文尚书》，而且怀疑《今文尚书》，虽然他看到了古文和今文两者的差距，但并不认为古文和今文有优劣之分，更从来没有从文本的真实性角度怀疑过古文或者今文，朱熹虽然提出了"《书》有两体"之说，但不是为了维护《古文尚书》，而是为了要求读（或解）《书》时有疑则阙，重在意达而不是字字有解。[①] 关于《尔雅》，周春健认为朱熹对《尔雅》所持的是一种较为明确的怀疑和否定态度。不过，尽管朱熹对《尔雅》的基本态度是否定的，但在著作中对《尔雅》解说进行正面驳正的例子却极少，更多的则是对《尔雅》解说的撷取。朱熹对《尔雅》的态度，首先与《尔雅》一书的词典性质有关，词典的形式使它无法像其他经书那样可以更直接地表现其义理思想，因而难以引起主要作为理学家

[①] 王春林：《"朱熹疑伪〈古文尚书〉"一说考辨》，《福建论坛》2009 年第 8 期。

的朱熹的更大关注；其次，朱熹对《尔雅》的怀疑态度，是宋代以来疑古辨伪思潮的必然结果，朱熹怀疑《尔雅》也是其辨伪学的重要成果。朱熹对于《尔雅》的言说应当成为朱熹经学的重要组成部分。① 关于《诗序》，雷炳锋通过《诗序辨说》考察了朱熹的观点，认为在《诗序》作者问题上的判断是矛盾的：一方面肯定汉代毛公之前已有很久的流传，另一方面又说《诗序》起初出于汉儒之手，乃后人所为。而之所以如此，在于朱熹既要破除《诗序》的权威，论证其不可信，又认为《序》亦不可全废。朱熹虽不一概否定《诗序》，但其疑《序》反《序》的倾向却是十分明显。《诗序辨说》分别从妄生美刺、望文生义、《诗经》的使用场合、《诗序》本身逻辑矛盾以及一些训诂和文字方面的错误等几个方面辩驳了《诗序》之失，同时朱熹的《诗序辨说》又体现出了有破有立的特点，对男女之地位、君臣之关系以及《诗经》中涉及情爱之诗都有很好的论述。② 关于《春秋》，赵伯雄指出，朱熹不敢否定《春秋》的经典地位，但反对"一字褒贬"说，反对以"例"说《春秋》，对"三传"以及历代经师的解经表示出了强烈的怀疑，而对在当时有着重要影响的程颐与胡安国的《春秋传》也提出了批评。朱熹客观求实的态度，在当时的儒者中独树一帜，而对《春秋》经传的看法，在学术史上有着重要的地位。③

从朱熹疑经的态度可以看出，朱熹对"经"有着自己独立的理解，因而在解经上也表现得与众不同。陈良中指出，朱子在《尚书》训诂上矫正了传统注疏的一些错误，他对《尚书》脱简的判断和语序的调整，突破了对经典的迷信，开拓了《尚书》研究的新方向。他以理学思想阐释《尚书》词、句，赋予了这部古老经典以时代思想的新鲜血液，为实现经典的现代化转化提供了可资借鉴的方法论基础和思想资源。④ 罗军凤指出，朱熹视《春秋》为史，是因为反对经学家"一字褒贬"的解经法，主张从具体史实中体会《春秋》义理。同时，他将义理贯穿于《春秋》史事之中，并将义理作为史书写作的指导原则。然而，《春秋》义理本身

---

① 周春健：《朱熹与〈尔雅〉》，《湖北大学学报》2008 年第 5 期。
② 雷炳锋：《朱熹〈诗序辨说〉试论》，《宁夏大学学报》2011 年第 2 期。
③ 赵伯雄：《朱熹〈春秋〉学考述》，《孔子研究》2003 年第 1 期。
④ 陈良中：《论朱子〈尚书〉学章句义理之得失》，《重庆师范大学学报》2009 年第 3 期。

却是不融通的,所以视《春秋》为史,出于朱熹对《春秋》义理不能融通之后无奈的选择。① 孙显军研究了朱熹对《大戴礼记》的态度与理解,他认为朱熹对《大戴礼记》的态度是有保留的,而对《大戴礼记》的认识应是基于学术的直觉,具体成果体现在《仪礼经传通解》中,这是将《大戴礼记》融入儒学经典体系之中,特别是礼学经典体系之中进行会通式研究的一次尝试。② 关于《孝经》,刘增光分析说,朱熹作有《孝经刊误》与《孝经考异》,二书皆存,后者存于朱申《孝经句解》中,二书针对不同主题而作,正好互补,因而将其视为朱熹两次考订《古文孝经》的依据是不正确的。朱熹本不打算为《孝经》作注,非如"四库"馆臣所谓"未及为之训释"。但随着朱熹理学思想影响之扩大,这又吊诡式地促使着后来学者以理学来注解和诠释《孝经》。③ 李清良对朱熹治经方式做了特别的思考,他认为朱熹反思的依据乃是人之常情,即"缘情察闻"。"缘情察闻"之所以既可能又必要,乃是因为自天地以观之则必然存在人之常情,人之常情与常识不同,它的存在并不否定认识的必要。作为反思依据,中国所谓常情与西方所谓理性并非完全不同。④

2. 易学观。《周易》是儒家基本经典之一,从而也是朱熹理学思想来源之一。那么,朱熹对《周易》究竟持什么样的主张,又做了哪些有意义的工作呢?王新春认为,朱熹站在易学史发展的高度,通过重新审视体认天人宇宙之理,研判古今《易》说,推出了极具见地的《周易》观。他虽视《周易》为卜筮之书,但绝不同于一般术士的理解,而是将其视为有画前之《易》与画后之《易》深刻内蕴的卜筮之书;他也不是为了教人单纯用《易》占筮,而是着眼于引领人们体认《易》所蕴含的人所置身其中的作为生命共同体而存在的宇宙之理,学会针对不同情势通权达变,用生命去了悟并践行基于太极之理的人生应然之道,化《易》之道为自身之道:须是以身体之。经过朱熹的辩证拨乱,《易》之学问最终落实为了一种生命之学、实践之学,

---

① 罗军凤:《朱熹说〈春秋〉》,《史学史研究》2005 年第 3 期。
② 孙显军:《朱熹的〈大戴礼记〉研究》,《苏州大学学报》2009 年第 1 期。
③ 刘增光:《朱熹〈孝经〉学探微三题——从元明学者的理解看》,《杭州师范大学学报》2013 年第 1 期。
④ 李清良:《缘情:朱熹治经之依据》,《湖南师范大学社会科学学报》2002 年第 5 期。

还《易》以本来面目。① 郑万耕认为朱熹以追求《周易》的本来面貌为目标，提出了"易本卜筮之书"的命题，突破了经学的传统观念，并以阴阳对待和阴阳流行概括易学中的阴阳变易学说，进一步发展了中国古代的辩证思维，以程颐体用——源说解释周敦颐的《太极图说》，将汉唐以来易学哲学中的宇宙生成论体系，转变为本体论体系，对儒家哲学的发展做出了重要贡献。② 赵中国则认为朱熹易学观是对易学总体的反思，包括易学史观、对易之结构的认识，以及对象数易学和义理易学及其关系的整体反思。易学史观包括一对核心概念：本意和言说，它们描述了易学原初状况和后世易学发展的关系；易由"理"、"象数"和"辞"三重层面构成；以易学史观和对易之存在结构的认识为前提，朱熹进一步思考并融合了象数易学和义理易学。朱熹易学观为易学史做出了巨大的贡献。③ 张克宾指出，朱熹通过对历史文献和《周易》经传的考察，主张"《易》本是卜筮之书"，虽然是古调重弹，但其中又别具新思，因为朱熹此举并非止于揭示一个历史事实，而是一方面认为圣人作《易》教民卜筮，乃是传授给民众一个开物成务、为善去恶的实践方法；另一方面则由卜筮之特点而进入《易》文本的意义表达方式之中，提出"《易》是个空底物事"的精妙论断，深入发掘《易》的"象语言"之特质，并在卜筮的语境中昭示出象数与义理的原发性关系。更为深刻的是，朱熹指出作为卜筮之书《易》的终极意义来源和价值根基乃是作为宇宙本体的自然之理。④

3. 四书学。"四书"即《论语》、《孟子》、《大学》、《中庸》，这四本书在朱熹那里被合在一起，成为《四书集注》。不过，"四书"形成及其各自在朱熹思想中的地位与价值并不同。这些都是需要分析研究的。许家星详细考证了"四书学"的形成，他认为朱子四书学的形成大致可分为启蒙期、准备期、形成期、成熟期和完善期五个阶段，其间朱子对四书的注释刊刻既齐头并进又分合有度，或各书单刻，或《学庸章句》合刻，或《论孟集注》合刻，应特别注意的是

---

① 王新春：《朱熹的〈周易观〉》，《哲学研究》2011年第10期。
② 郑万耕：《朱熹易学简论》，《江西社会科学》2002年第2期。
③ 赵中国：《朱熹易学观述论》，《社会科学》2008年第5期。
④ 张克宾：《朱熹"〈易〉本是卜筮之书"》，《中国哲学史》2011年第2期。

朱子并未合刻《四书集注》。至于《四书或问》，虽编为一帙，而实包含丁酉1177年《论孟或问》与晚年《学庸或问》两个不同时期、层次的著作，不可视而为一。《论孟精义》为系列著作，先后有癸未1163年《论语要义》（庚辰1160年《孟子集解》）、壬辰1172年《论孟精义》（《论孟集义》）、庚子1180年《语孟要义》三个不同版本，壬辰《精义》、《集义》仅是名称之别，但与庚子《要义》存在内容差别，不可混淆前后《要义》，亦不可视壬辰《集义》在庚子《要义》后。今流传通行本《论孟精义》似为壬辰前后之盗本。他认为准确把握朱子四书学的形成，对朱子四书学的理解具有基础性意义。① 郭齐则认为，朱熹晚年曾对《四书》（《大学》、《中庸》、《论语》、《孟子》）内部的先后次序作过两种不同性质的规定，充分反映了他的治学观点和道统思想。② 唐明贵则对《论语集注》注释特点进行了讨论，认为此书在注释上有三个特点：第一，以程氏之学为主，兼采时人之说；第二，承袭、增损改易汉唐古注；第三，通经以求理。《论语集注》既注重探求经文之本义，又注重义理阐发，从而将训诂学与义理学熔为一炉，避免了对经文的穿凿附会，使其阐发之义理建立在对经义的解释之上，因此成为《论语》学史上最有影响的一部著作。③

对于"四书"的形成在儒学史、道德信仰与社会教化等方面的意义，学者们也进行了深入探讨。朱汉民对"四书"在儒家人文信仰建立中的意义给予了肯定。他分析说，朱熹的代表著作"四书集注"，完成了儒家的人文信仰的建构。在这部里程碑式的文化巨著中，朱熹表达出了更加强烈的人文意识与浓厚的理性精神。然而，几乎在朱熹进一步强化儒学的理性化、人文化的同时，他的"四书集注"也同时强化了儒学的信仰，从而强化了儒学的宗教功能。可以说，在朱熹的"四书学"与宋儒的思想体系中，人文观念的强化与宗教功能的强化几乎是一体的。④ 翟广顺则分析了"四书"形成的思想意义与社会意义。他指出，朱熹纂辑《四书》，旨在将儒家经典的诠释与学校教科书建设熔为一炉。作为中国儒家经典

---

① 许家星：《朱子四书学形成新考》，《中国哲学史》2013年第1期。
② 郭齐：《朱熹"四书"次序考论》，《四川大学学报》2000年第6期。
③ 唐明贵：《朱熹〈论语集注〉探研》，《中华文化论坛》2006年第3期。
④ 朱汉民：《朱熹〈四书〉学的人文信仰特征》，《求索》2004年第10期。

《四书》的集大成者，朱熹注重义理阐发而不废章句训诂，力辟佛说而注意吸收、利用其理论思维成果，形成了以《四书章句集注》为代表的一系列四书著作。朱熹治《四书》，实现了文化传播与教育的有机结合，为南宋以降元明清三代的士人学子开启了为学进德的基础路径，确立了中国封建社会后期的信仰体系和政治伦理秩序的合法性。[①] 李方泽对朱熹阐释《大学》在其理学中的意义进行了深入的探讨，他指出，从文本考察和经典诠释的角度出发，朱熹经过移其文、补其传的工作，重新诠释《大学》主旨，把它从《礼记》中一篇通论"礼"意的文字改造为"为学次第之书、即物穷理之学"，从而离经独立，自成一书，并使之获得了"四书"之首的地位。朱熹以"致知在格物"为主题改造和重新诠释《大学》，目的在明了吾心之全体大用，这有一定的学理依据，同时更是一个学术创新的过程，是出于其建构理学体系的需要。朱熹这一学术创新有得有失，对后世产生重大影响。[②]

4. 经与思想关系。朱熹解释经典与汉儒不同，必须表达自己的思想、诉求自己的价值，这样就涉及朱熹本人的思想与其所解释经典的关系。这个问题并没有被学界忽视。霍炬认为，朱熹的诗学思想有着表面上的矛盾性，且又与同时代人的观点大异其趣。朱熹把对诗学的思考放进了他的理学框架之内，使"文"、"道"范畴具有了"理气不二"的性质，既否定了文道相妨论的局限，又避免了互用论可能带来的理论误区，并且赋予文学以坚实的道德理性基础。[③] 方笑一通过对朱熹所写奏疏的研究，指出朱熹在奏疏的写作中时常引用《尚书》经文，除了利用《尚书》的劝谕功能影响帝王，还通过对经文的阐释，引导帝王接受自己的理学体系。而且，朱熹十分注重阅读经书的主观感受与趣味，并在文章中传达、显现这种趣味，或阐发经义以提升立意，或反思学习经书的方式，或重绘经典传承的学术谱系，使其文章具备了深刻的学术内涵。这就是值得关注的朱熹经学与文章之关系。[④] 殷慧则对朱熹注经的社会、政治、学术原因给予了

[①] 翟广顺：《典籍与教科书同构：朱熹纂辑〈四书〉的理路》，《齐鲁学刊》2012 年第 2 期。
[②] 李方泽：《朱熹对〈大学〉主旨的改造和诠释》，《安徽大学学报》2006 年第 3 期。
[③] 霍炬：《论朱熹诗学的理论统一性》，《陕西师范大学学报》2001 年第 1 期。
[④] 方笑一：《论朱熹经学与文章之学的关系》，《华东师范大学学报》2012 年第 2 期。

关注,她认为朱熹《仪礼》学思想的产生与宋代的社会、学术、政治之间有着紧密的联系。一方面,基于复兴儒学的伟大使命,朱熹针对王安石新学的学术影响,决心重振社会秩序,积极推行礼下庶人的礼仪运动;另一方面,反思宋代礼学研究,朱熹试图通过编撰《仪礼经传通解》振兴《仪礼》学研究,消除《礼记》学研究中出现的种种弊端,为士人学子学习《仪礼》提供指导。[1] 蔡方鹿则对朱熹经学进行了总体性分析与判断,他指出,朱熹在吸取先前经学思想资料的基础上,对传统经学加以总结,对汉学流弊提出批评,并结合时代的发展,确立"四书"义理之学,对中国经学进行改造和创新,使之发展到一个新的阶段,又修正宋学盛行后出现的流弊,重训诂辨伪,反对脱离经文本义而空谈义理,启发了后世的训诂辨伪之学。在一定意义上可以说,朱熹不仅集宋学之大成,而且兼采汉宋,把训诂与义理相结合,从而发展了宋学和中国经学。[2] 从学者们的研究可以发现,朱熹经学思想是极为丰富的,也是极为复杂的。朱熹对经典持有怀疑的态度,这是理性精神的表现;朱熹对经典都进行实事求是的考证,这是客观精神的表现;即便是朱熹怀疑的经典,他也要认真研究,并选择性吸收,这是自信、开放精神的表现。朱熹强调据事实以正误、置于史实中分析判断,是历史主义精神的表现。朱熹提出的治经方法和态度都是有积极意义的。就朱熹的易学观言,有认为朱熹解易学为生命之学、实践之学;有认为朱熹将易生成论发展为本体论,是对儒家哲学的发展和贡献;有对朱熹易学结构的分析,认为朱熹易学观包括易史、结构、象数易学、义理易学四个方面;也有认为朱熹易学观,一方面凸显易之开物成务、为善去恶之实践,另一方面关照易之"象语言"——象数与义理二者关系,从而将《易》视为价值之源、宇宙本体。就朱熹的四书学言,有对四书学形成过程所作的具体细致的耙梳,也有对四书学熔义理与训诂特点的揭示;有关于"四书"思想资源对人文信仰建立积极作用的考察,也有对"四书"思想意义和社会意义的揭示;有关于朱熹对《大学》的解释对朱熹理学体系建构积极作用的分析,也有对朱熹为文立说时引用经典资源的关注;有对朱熹选择、解释某部经典的社会、学术、政治原因的

---

[1] 殷慧:《宋代儒学重建视野中的朱熹〈仪礼〉学》,《湖南大学学报》2012年第6期。
[2] 蔡方鹿:《朱熹经学与宋学》,《社会科学研究》2003年第5期。

分析，也有对朱熹经学兼采汉宋、并取训诂与义理的肯定。无疑，上述关于朱熹经学思想研究的实践与成果，将成为朱熹经学研究史上的重要里程碑。

5. 诠释思想研究

朱熹的思想几乎是在诠释经典中形成的，而朱熹在诠释经典过程中，必然会表达其对经典的态度、提出诠释经典的原则与方法，从而形成其丰富的诠释思想。这方面内容当然也是学者们感兴趣的课题。

1. 诠释学原则。曹海东对朱熹经典诠释思想进行了系统研究，将朱熹经典诠释的原则概括为求真性、创发性、渐进性、融通性、深透性、崇理性六个方面。[①] 蔡方鹿认为，朱熹的经典诠释学融合了经学诠释与哲学诠释，形成了较为完整的本体论诠释学体系，提出了以原著、原义为经典诠释的依据和以义理为坐标的经典诠释标准。[②] 谢晓东指出学界对朱子之诠释学方法多有研究，但忽视了对其诠释原则的讨论，朱子经学诠释的原则可分四类：本义至上原则、以传注解经原则、忠实原意原则与名义界分原则；朱熹理学诠释的原则也有四类：儒家立场制约原则、怀疑原则、以义理定训诂原则、先本义后推说义原则；因而朱子的理学诠释学实际上融经学诠释与理学诠释为一途。[③] 周光庆认为朱熹诠释《四书》过程中，形成了系统的诠释原则，即诠释方法与诠释目的统一、文本诠释与社会实践统一、语言诠释与心理诠释统一、诠释效应上的个人"兴起感法"与建立理学体系统一。[④] 金春峰对《中庸章句集注》的诠释思想及其方法论问题进行具体考察，认为朱熹《四书章句集注》的指导思想是《中庸章句序》"十六字心传"之"道统说"，并论析了朱熹《中庸章句》的诠释方法论有如下几点：一是"随不同文本与文句的原意而作相应诠释的原则，也即力求忠实于原著的原则"；二是"字面的解释与赋予的实质内涵的区分"；三是"一般的解释与特殊场境或论域的区分"；四是"引用的解释

[①] 曹海东：《朱熹经典解释学研究》，湖北人民出版社 2007 年版，第 208—309 页。
[②] 蔡方鹿：《朱熹经典诠释学之我见》，《文史哲》2003 年第 2 期。
[③] 谢晓东：《朱熹之理学诠释学原则探析》，《福建论坛》2005 年第 11 期。
[④] 周光庆：《中国古典诠释学导论》，中华书局 2002 年版，第 420—422 页。

与朱熹自己思想的区分";五是"朱熹的诠释确亦是相互贯通的"。①

2. 诠释学方法。张汝伦指出:"朱熹释义学的基本路径是先解字义,再解文义,最后贯通阐发得出所解之义理。"② 刘笑敢认为,朱熹对经典的诠释,实践了"跨文本诠释"与"融贯性诠释"两种方法,正是借助这两种方法,建立自己的哲学体系,并且,朱熹的经典诠释时刻徘徊在两种定向之间。③ 曹海东将朱熹经典解读方法概括为"以潜心玩索为主的解读法"、"以小学考释为主的解读法"、"以义理辨释为主的解读法"三个方面。④ 李兰芝通过对朱熹诠释《周易》的考察,认为朱熹实践了四种方法:一是把经历事变、掌握义理等方面知识视为诠释《周易》的必备条件;二是要以圣人的意识形态为认识对象,从《周易》观察圣人作《周易》的用心;三是"理与象又须辞上理会";四是人人各以其意去诠释。⑤ 周光庆认为朱熹分别创建了心理学诠释方法论和语言诠释方法论:心理学诠释方法论包括四个方面:唤醒、体验、浃洽、兴起,此四点构成了朱熹心理诠释方法论的基本内容与基本精神;语言诠释方法论包括三个方面:一是立足具体环境,打通相关语境,"剖析名义";二是自下面做上去,自上面做下来,"逐层推捱";三是略释文义名物,引导学者自求。⑥

3. 诠释思想特点。张汝伦指出朱熹的诠释思想不仅是系统的诠释学,也是一种积极的诠释学,因为他不仅主张批判的诠释,也主张诠释是一个实践过程,在这点上与哲学释义学的精神是颇为相近的,因此,"摆在我们面前的任务并不是创建中国的释义学,而是恢复和发展中国的释义学。"⑦ 曹海东将朱熹经典诠释学的特点概括为"与理学密切相关,具有

---

① 金春峰:《〈中庸章句〉的诠释思想及方法论》,《中国哲学与文化》(第3辑),广西师范大学出版社2008年版,第203—206页。
② 张汝伦:《朱子的释义学》,《中国诠释学》(第3辑),山东人民出版社2006年版,第234页。
③ 刘笑敢:《诠释与定向——中国哲学研究方法之探究》,商务印书馆2009年版,第209—236页。
④ 曹海东:《朱熹经典解释学研究》,湖北人民出版社2007年版,第117—174页。
⑤ 李兰芝:《朱熹的易学诠释学》,《本体与诠释》,生活·读书·新知三联书店2000年版,第238—250页。
⑥ 周光庆:《中国古典诠释学导论》,中华书局2002年版,第367—369、423—427页。
⑦ 张汝伦:《朱子的释义学》,《中国诠释学》第3辑,山东人民出版社2006年版,第226页。

浓烈的时代气息"、"继承传统而开新,具有极强的创造精神"、"关注修身及治平,具有鲜明的实践倾向"三个方面。① 郑宗义试图从一个宏观综合的角度追问朱熹对经典诠释本身及其所牵涉的各种理论问题的看法,认为朱子解经的基本立场是格物穷理的功夫,在诠释过程中主张追求"本意",注重文本意义、圣人用心与天理性命的体会,其经典诠释中又具有经世致用的面向,不可谓非大有功于儒家经解传统。② 朱汉民指出朱熹将"实践—体验"作为其《四书》学诠释方法,与"语言—文献"的诠释方法相比较,"实践—体验"的诠释方法具有强调诠释者的实践主体性、表达诠释者精神活动的完整性、体现主客统一的现实性等特征,故而能够更有效地化解经典文本的历史性与诠释主体的时代性、经典文本的理念性与生活实践的现实性之间的矛盾。③ 冯达文认为《大学》诠释存在两个路向:朱熹的诠释以形式化与知识化为入路,阳明的诠释取信仰性与践行性路向,并由此说明诠释的有效性不应局限在这种诠释之于原文是否有所根据,应该考虑到这种诠释被接受的程度。④ 李清良、郭瑞芳则以"理解之蔽"为进路,认为朱子诠释思想与西方现代诠释学同样强调"理解之蔽"的存在是必然而非偶然,但中国古典诠释学理论认为"理解之蔽"不只是成见,朱熹坚持用"本心"来化解理解之蔽,因此强调心性修养的功夫论,是朱熹以及中国古典阐释理论与西方阐释学的本质区别。⑤ 彭启福将朱熹与陆九渊诠释思想加以比较,认为朱熹理解理论的视野属于知识论诠释学,而陆九渊理解理论的视野是实践论诠释学。⑥ 蒙培元认为朱子的哲学体系与《四书》是相互诠释的关系,并从方法的角度归纳出朱熹诠释《四书》的"重视文字诠释,揭示本来意义"、"拓展诠释空间、确立

---

① 曹海东:《朱熹经典解释学研究》,湖北人民出版社2007年版,第363—367页。
② 郑宗义:《论朱子对经典诠释的看法》,《经典与诠释:色诺芬的品味》(第13期),华夏出版社2006年版,第207—240页。
③ 朱汉民:《实践—体验:朱熹的〈四书〉诠释方法》,《中国哲学史》2004年第4期。
④ 冯达文:《从朱子与阳明之〈大学〉疏解看中国的诠释学》,《中日〈四书〉诠释传统初探》,华东师范大学出版社2007年版,第231—245页。
⑤ 李清良、郭瑞芳:《论朱熹对理解之蔽的认识——兼论中西阐释学理论的一项本质区别》,《湖南师范大学社会科学学报》2003年第2期。
⑥ 彭启福:《朱熹的知识论诠释学和陆九渊的实践诠释学》,《安徽师范大学学报》2008年第3期。

普遍原理"、"运用分析方法,建立分层理论"、"转换诠释向度,赋予新的意义"、"形上学的重建及限制"、"回到直觉体验、追求圣人境解"六个特点。①

可见,朱熹在诠释经典过程中,不仅收获了自己的思想,而且形成了较为系统、较为独特的诠释理论与方法。朱熹提出的经典诠释的理论与方法,是中国哲学思想史上的重要财富,学界给予了极大关注与研究,对朱熹提出或实践过的诠释原则、诠释方法,以及诠释实践所表现出来的特点等,都进行了较深入的分析和较准确的归纳,并对朱熹诠释原则的独特性、诠释方法的多样性、诠释思想特点的复杂性等,都展开了精彩的讨论、作出了精辟的结论,所有这些,对朱熹诠释思想研究的拓展与深化,都将产生深远而积极的影响。

6. 朱熹思想与佛老关系

作为宋明新儒家中杰出代表的朱熹,其思想的形成自然与佛教、老学关系密切,这方面的讨论事实上由来已久,但21世纪以来的十余年,讨论的视角与内容有较大推进,值得关注。

1. **朱熹思想与佛教**。关于朱熹思想与佛教关系的研究,主要论题自然还是排佛、容佛,但讨论的内容与角度有很大变化。

A. 朱熹佛教观研究。在朱熹佛教观方面的研究,李承贵具有代表性,他的著作《宋代儒士佛教观研究》中用了十余万字的篇幅讨论朱熹的佛教观。李承贵关于朱熹佛教观的讨论主要涉及朱熹对佛教常识的认识、对佛教教义的理解、对佛教性质的判断、对佛教功能的评价等方面。在讨论朱熹对佛教常识认识方面,李承贵指出,朱熹对佛教常识的认识包括佛教在中国的传播状况、佛教基本概念和命题、佛教建筑与制度、佛教与中国本土思想关系等内容。② 在讨论朱熹对佛教教义认识方面,李承贵由本体论、心性论、伦理观、义理结构等方面展示了朱熹的认识情形。在本体论

---

① 蒙培元:《朱熹是怎样诠释四书的?——从方法的角度看》,《湖南社会科学》2007年第5期。

② 李承贵:《朱熹佛教常识论——朱熹对佛教常识的认知及其检讨》,《江西师范大学学报》2004年第1期。

认识方面，朱熹所理解的佛教本体论是"世界为幻、为空"。[①] 在"心性论"认识方面，朱熹所理解的佛教"心论"是"以心观心"，实际上是"裂心为二"；所理解的佛教"性论"是"作用是性"，实际上是"以气质为性"；并因为这样的"心性论"，佛教不分是非、不事存养。[②] 在伦理认识方面，朱熹对佛教伦理审查的结论是：在认知上是"不识天理"、在实践上是"不守伦理"、在目标上是"自私其身"、在特点上是"无缘之慈"、在后果上是"绝类止善"。[③] 在义理结构认识方面，朱熹观念中的佛教"道体的特性"是"二"、佛教"伦理关怀"以绝灭为事、佛教"工夫的路径"是栖心淡泊，因而佛教与儒学不仅存在末用之异，也存在本体之别。[④] 李承贵对朱熹佛教观的总体评论是，朱熹对佛教的认知、理解和评价涉及面极为广泛，有些方面不乏深刻，但他对佛教的理解具有肤浅性、对佛教的评价具有片面性，即朱熹对佛教的认知和理解存在大面积的、严重的误读。而之所以存在误读现象，主要原因就是以儒学作为唯一评判佛教的标准。[⑤]

B. 朱熹反佛思想。不难看出，朱熹佛教观中具有强烈的反佛教倾向，对于朱熹反佛情形、内容及其原因，也受到学界普遍关注。杨永胜认为，朱子论佛的思想主要集中在《朱子语类·释氏》篇中，朱子早年虽然有学佛的经历，佛学对其思想有很大的影响，但是从总体上看，朱子是反佛的，其反佛的要点主要集中在：一是认为佛教之说多是世人附会老庄之学而成的，新意甚少；二是认为佛教入华以后脱离了它的本旨；三是释氏的"空"把一切都空掉了，变成了纯粹的虚无，佛言空，儒言实；四是佛教败坏了人伦纲常。[⑥] 刘立夫指出，朱熹往往是从否定佛教的角度来阐明儒学的价值，儒佛之辨是朱熹排佛的一大特色，但要从朱熹对佛教"内在批判"的层面去看，即对朱熹关于儒佛二家的本体论、心性论、境界论、功夫论和修养论等方面的言论进行梳理，从多元性的价值立场对朱熹的儒

---

① 李承贵：《朱熹视域中的佛教本体论》，《福建论坛》2007 年第 1 期。
② 李承贵：《朱熹视域中的佛教心性论》，《福建论坛》2007 年第 3 期。
③ 李承贵：《佛教伦理：朱熹的认知、偏失及其教训》，《学术研究》2008 年第 11 期。
④ 李承贵：《朱熹误读佛教之表现及其原因》，《合肥学院学报》2007 年第 3 期。
⑤ 同上。
⑥ 杨永胜：《概论〈朱子语类·释氏〉中的反佛思想》，《学理论》2012 年第 29 期。

佛之辨作出合理的评价。[1] 施保国、李霞则认为，朱熹"外斥"佛教的原因，可从目的角度、本体论角度、伦理纲常角度、认识论角度、社会生产角度等方面去分析；而"内援"佛法的原因，可以从社会文化背景、本体与现象关系、心性论、伦理等角度去探讨。朱熹对佛教"阳违之而阴奉之"的原因有三个方面：学术上建构新儒学的需要；政治上维护儒学正统地位的需要；朱熹"斥佛"源于对佛教理解的片面性。[2] 吴冠章、朱更生认为，宋明理学的形成标志着儒、释、道"三教合流"的最终完成，在这一融合的过程中，朱熹对佛教的态度很具有代表性：一方面，政治上以儒家为正统，排斥佛教；但另一方面，从学术发展的需要出发"援佛入儒"发展新儒学，并将它最终落实到封建伦理道德上，为封建统治服务。[3]

C. 朱熹对佛教的吸收消化。朱熹思想的形成，无疑吸收、消化了佛教元素。那么，朱熹究竟吸收了佛教哪些内容？吸收的方式怎样？学界对此也有很好的讨论。孙利认为，朱熹的心性哲学是在儒释道三家融合的基础上形成的，佛老思想对朱熹的影响主要体现在两个方面：其一，佛老形上本体的运思方式；其二，佛老"克己"、"主静"的心性修养方法。朱熹在吸收佛老思想的同时，又站在儒家的立场上批判了佛老"出世"、"无为"的态度，这使得朱熹理学又超越了佛老，成为中国社会后期文化发展的主流。[4] 张俊指出，朱熹广泛吸收了佛教，尤其是佛教的理论模式，在利用佛教理路的架构上，承载了儒家道德价值体系。朱熹思想的本体论、心性论以及修养方法三个层面与佛教既有差别，又吸收消化了相关内容。[5] 高建立认为，朱熹尽管对佛教展开了批判，但由于他认识到了佛学心性思想的可取之处，在批佛过程中，灵活地采取了明排佛学、暗窃佛学的方式，对佛教的佛性论进行了吸收改造，从而发展完善了自己的心性思想。朱熹的心性思想使儒家心性论达到了完备的程度，对后世产生了广

---

[1] 刘立夫：《朱熹的儒佛之辨》，《哲学研究》2008 年第 11 期。
[2] 施保国、李霞：《"外斥内援"：朱熹佛教观探析》，《江西社会科学》2010 年第 7 期。
[3] 吴冠章、朱更生：《朱熹的佛教观》，《天府新论》2007 年第 3 期。
[4] 孙利：《朱熹对佛老心性思想的借鉴与批判》，《廊坊师范学院学报》2008 年第 2 期。
[5] 张俊：《朱熹思想与佛教关系》，《船山学刊》2007 年第 4 期。

泛而深远的影响。① 而且，朱熹不仅吸取了佛教心性论思想，还吸取了佛教的思辨理论、思维方法，援佛入儒以改造儒学，以佛学作为改造儒学的工具，光大新儒学，使其理学思想有用于当时且传之于后世，这是朱熹明排佛、暗窃佛学、援佛入儒以发展理学的真正意图。② 张慧远则通过朱熹与禅的关系，揭示了朱熹在三个方面吸取了佛教元素，即"理"的本体论与华严禅，格物致知的认识论与禅宗"渐修顿悟"的修习方式，"随事"、"日用"的境界论与禅宗的"不离日用"的解脱观。"理禅交融"导致了儒的禅化与禅的儒化。③

2. 朱熹思想与道家道教。21世纪以来，关于朱熹思想与道家道教的关系的研究，在广度与深度上都有所增强，此即概述其具体讨论情形。

A. 朱子的道教经典研究。朱熹虽然是大儒，但对文化的态度是开放的，因而道家道教尽管那时被列为邪学，但他还是很关注的。钦伟刚认为，在宋代易学史和《参同契》文献演变史中，实际上是朱熹第一个提出了先天学起源于《参同契》丹学思想的论说，朱熹为了把与《参同契》旧本（如《道藏》所收无名氏注本、阴注本和郑焕校正本所见彭注本等）不合的先天学理论导入《参同契》思想解释中去，删除和更改了《参同契》旧本的经文，作成了所谓的《参同契》定本（《参同契考异》本）。从南宋后期的《参同契》文献的基本情况来看，是《参同契考异》的刊行，才结束了持续到南宋初期和中期的《参同契》文献的不安定状态，朱熹《参同契考异》，对宋末元初的《参同契》注本、刊本产生很大的影响。可是到现在为止的道教研究，一直没有充分认识和探讨过朱熹《参同契考异》对南宋以来道教内修思想演变史和《参同契》文献演变史所产生的影响，今后有必要对这个问题作更深入的研究。④ 但田智忠不同意这种观点，他对"朱子删改《参同契》文本说"做出回应：《参同契》文本在唐代已经基本稳定，而唐宋之际阐发《参同契》的文献大量出现，导致了《参同契》与之相混同的现象；在朱子之前已有先例以"乾坤坎离"释《参同契》的"牝牡四卦"的说法，而《参同契》本身也是陈

---

① 高建立：《从心性论看朱熹对佛学思想的吸收与融会》，《齐鲁学刊》2007年第3期。
② 高建立：《援佛入儒：朱熹理学的新特色》，《河南大学学报》2005年第2期。
③ 张慧远：《朱子语类"理禅交融"思想探微》，《学术界》2007年第2期。
④ 钦伟刚：《朱熹删改〈参同契〉经文考》，《宗教学研究》2004年第3期。

传、邵雍"先天方位"说的思想来源之一;通过"朱子删改《参同契》文本说"的具体条目做出了分析,指出其判断多有失误;因此,不存在"朱子删改《参同契》文本"问题。① 杨燕试图从朱熹自己的说法出发,对朱熹所认为的道教所指、道教人物关系,以及他对宋代道教的评价等问题做一简单梳理。认为朱熹所指的道教包括道家,同时涉及方士方术、黄老道以及后来的张陵五斗米道等,老、庄、列、杨等先秦人物都被朱熹明确纳入道教体系,在时间上以老、杨、列、庄为序,并对老、庄思想进行了明确区分。对庄子师承问题,朱熹有保留地继承了韩愈的说法,比较含蓄地认为庄子出自儒家。对先秦道家,朱熹评价颇高,但对宋代道教状况的评价却颇不乐观,而是持同情和批判的态度。②

B. 朱子思想的道家道教影响。朱熹对道家道教有所批评,但并不妨碍他"为我所用"。郭齐认为,朱熹学说形成过程中,道教曾产生过不可忽视的深刻影响。这主要表现在:朱熹广泛结交道人,直接参与道教活动;对导引之术也有所研究;潜心钻研过道家典籍,对老庄列子以来及诸经律法术撰著烂熟于胸;整理道教典籍。比如,朱熹关于道教的起源和流变、老子思想的精髓、道家修炼方法等的研究,都形成了自己的心得。再如,理气论是朱熹整个思想体系的基石,而朱熹早期理气论的形成,是以他对《周敦颐太极图》和《太极图说》的阐释——《太极解义》为主要标志的。在《太极解义》中,朱熹从本体论角度阐发理气关系,对理气先后,理气动静,理与气之同异诸问题作了深刻论述,对源于道家的宇宙生成模式作了更为广阔的修正和重建,其对道教思想的吸收是明显的。③王利民对朱熹青年时期以《黄庭内景经》为核心文本建构起道教信仰进行了分析。他指出,朱熹的修持方式主要是斋戒、诵经、存思、服气,显示了高级文士的修道实践与宫廷和民间宗教行为的雅俗分野。朱熹与道教的因缘对他的诗歌产生了两方面的影响。慕道山栖、离绝尘累的道门宗风使其早期诗歌表现出雅尚隐逸的世外高情,热烈的道教情感给他的诗歌染上了浪漫的色彩。总之,从《牧斋净稿》中,可以清楚地看出道教是此

---

① 田智忠:《也论朱子对〈周易参同契〉的整理》,《周易研究》2012 年第 1 期。
② 杨燕:《论朱熹的道教史观》,《泉州师范学院学报》2008 年第 1 期。
③ 郭齐:《道教对朱熹思想的深刻影响》,《中国道教》2000 年第 1 期。

集中的主要宗教祈向，而佛教影响在其中只处于附庸的地位。① 苏敏、徐炳兴探讨了朱熹哲学思想的形成与道家、道教的关系，他们的结论是：第一，朱熹的哲学思想是继承和发挥周敦颐、邵雍等理学家的自然哲学思想的精华，并且吸取道教、道家思想而形成。可以说，朱熹由对《周易》的研究，进而联系到周敦颐的《太极图》和《太极图说》及邵雍的《先天图》和《先天图说》等思想，建立自己的宇宙观和阴阳五行理论，这些思想的形成都与道家、道教思想有直接或间接的渊源关系。第二，《考异》一文中反映了朱熹关注道教、道家思想的研究，其主要目的不在于修道成仙，追求长寿，而主要在于汲取道教、道家思想，构建自己的理学思想体系，达到个人修养乃至关注社会治乱的境界，意在借道兴儒。②

丁原明则主要从哲学层面考察了朱熹对道家道教思想的吸收。他分析说，在理本论上，朱熹借助于老子的"道"将先秦表征法则或规律的"理"提升到宇宙本体的高度；在宇宙生成论上，他的"理—气—物"，与老子和《淮南子》的生成模式相似；在动静观上援用了老子"归根曰静"思想；在修养论上，他将"收敛身心"、"以静养动"、"惩忿窒欲"等作为"持敬"的涵养功夫，表现了对道家的"主静"说和道教的"守静去欲"说的认同。朱熹援用道家、道教思想的价值，不仅使他完成了宋代理学体系的建构，并且揭示了儒学创新必须根植于文化思想的积累、震荡、融合及巧妙运用基础上，方可获得成功的发展规律。③ 赵静分析说，道家哲学本质上是一种生命哲学，其理论的核心是生命观念，综观朱熹的一生，早年是企慕成就仙道，中年时则孜孜矻矻地研究道家、道教典籍，又以研究邵雍、周敦颐和《易》学的思想为契机，将道家哲学中有关生命意识内容融合进自己的生命观体系中，晚年时对《阴符经》和《周易参同契》的研究，修正和论定了自己的生命观，尤其是生命的本质和生命的境界等内容，足见朱熹生命哲学受道家道教影响之深。④

然而，朱熹对道家道教元素的吸收都是不打折扣地"照单全收"吗？田智忠、胡东东的回答是否定的。他们以《阴符经考异》为例，对朱熹

---

① 王利民：《从〈牧斋净稿〉看朱熹的道教信仰》，《宗教学研究》2002年第4期。
② 苏敏、徐炳兴：《朱熹与〈周易参同契考异〉》，《江西社会科学》2005年第10期。
③ 丁原明：《朱熹理学对道家、道教思想的援用》，《孔子研究》2002年第2期。
④ 赵静：《朱熹生命观中的道家思想》，《绥化学院学报》2011年第5期。

吸收道家道教元素的程度进行了分析，认为把朱子之作《阴符经考异》看作其"儒表道里"或者"援道入儒"的重要证据之一，是需要作具体分析的。他通过对《阴符经考异》与朱子其他著作的比较，指出至少是在《阴符经考异》中，发现朱子对《阴符经》的诠释具有较为明显的儒学特色，这一努力与朱子对《太极图》的儒家化诠释有着惊人的一致性。① 而孔令宏认为朱熹思想对道教产生了很大影响。他分析说，道教与中医药有密切的内在联系，在道教产生之前，儒学的发展已经受到中医药的影响，这为儒学在道教产生之后接受道教的影响铺平了道路。朱熹对中医药和道教均有研究，其思想受二者影响，尤其是受道教影响比较大。正因为朱熹思想与道教思想有相通相同之处，所以，他的人格和学识得到了道教人士的推崇，其思想得到了道教学者们的高度评价，并广泛而深刻地影响了宋末之后道教思想的各个方面。朱熹哲学吸收了道教思想而又超越于其上并在宋末之后逐步成为官方意识形态，是后期道教逐步趋于衰落的原因之一。②

　　佛教、道家道教与朱熹思想的关系究竟如何，上述研究为我们呈现了一幅清晰的图画。关于朱熹的佛教观定义、朱熹佛教观所涉范围、朱熹佛教观特点等，都进行了说明、分析与概括，同是指出了朱熹佛教观的不足；对朱熹反对佛教的过程、内容及原因，也有较深入全面的分析；而对朱熹吸收佛教的元素、范围，以及在吸收过程中对佛教的改造等情况，也展开了讨论与研究，并提出了一些可供思考的答案。在朱熹与道家道教关系方面，学界对朱熹的道教经典研究给予的关注，有对朱熹是否删改道教经典展开了争辩，有对朱熹观念中的道教内容的寻找，有关于道家道教在本体论、心性论、功夫论影响朱熹思想的分析，有从理本论、动静观、涵养功夫等角度影响朱熹哲学形成的考察，有认为朱熹生命哲学的资源与灵感，来自道家道教。不过，也有论者对朱熹思想所受道家道教影响持谨慎态度。比如，认为朱熹吸收道家道教资源是有限的，而且朱熹思想的本色始终是儒家。再如，认为朱熹虽然吸收了道家道教元素，从而完善了自己的理学体系，但反过来又影响了道教，并加速了道教的衰落。

---

　　① 田智忠、胡东东：《简论朱子〈阴符经考异〉的儒学特色》，《河北师范大学学报》2008年第2期。
　　② 孔令宏：《朱熹思想对道教的影响》，《孔子研究》2000年第5期。

进入21世纪以来，与中国学术其他领域一样，朱熹思想研究展开得如火如荼，其论域之广阔、论题之深入是前所未见的。在哲学思想、政治思想、伦理道德思想、经学思想、诠释思想、与佛老思想关系等领域，都展开了具体的、创造性的探索与研究，不仅展示了朱熹思想的博大精深，呈现了学术成果的丰硕精美，演绎了学术创见的绝伦精彩，而且渗透着深切的人文关怀。因而我们可以满怀信心地说，有了这广阔的、辛勤的、专业的、创造的、关怀的朱熹思想研究实践，朱子学研究更为美好的未来一定值得期待。

(载《福建论坛》2013年第9期)

五 三十年来中国哲学研究的四大成就

1978年至2008年，中国的改革开放已经走过了30年的历程。这在人类历史长河中只能算是短暂一瞬的时间里，中国却取得了前所未有的成就。其经济发展之神速、制度变革之多方、文化更新之深巨、生活改变之快捷，无不为世界人士所咋舌。哲学是时代的反思，哲学的发展与创新完全是建立在与人类生活创造性互动基础之上的。那么，在这样一个经济繁荣、政治稳定、生活富足的时代，中国哲学研究是怎样与这个时代互动的呢？中国哲学研究收获了怎样的精神成果呢？据吾观之，在过去的30年里，中国哲学研究所取得的最为值得骄傲的成就主要表现在四个方面：方法的自觉、主体性增强、论域的开拓、内容的创新。

1. 方法的自觉

所谓方法的自觉，就是指中国哲学研究在方法上自觉意识的建立。具体表现在方法数量的多样化、方法关系的合理化、方法应用的科学化三个方面。笔者曾经指出，20世纪的50—70年代，中国哲学研究方法是"一法独行"的年代，除了马克思主义方法外，所有研究方法都被排斥甚或遭到批判。[1] 比如关于中国哲学史上的哲学遗产的判断问题，所采用的方法就是马克思主义哲学的方法，即中国哲学史上的思想、命题、概念，如果具有物质属性或社会存在属性，那么就属于唯物主义哲学；反之，就属于唯心主义哲学。并且进一步断言，

---

[1] 李承贵：《20世纪中国人文社会科学方法问题》，湖南教育出版社2001年版，第6章。

属于唯物主义性质的哲学思想、命题、概念是有价值的、可以继承的；反之，是没价值的、不可以继承的。但在改革开放的 30 年中，讨论、研究中国哲学遗产问题的方法就不再是单一的了。比如有学者指出，对于一位哲学家的哲学思想不能简单地用唯物、唯心来判断，因为如果一个哲学家赞同了佛教出世主张，就宣布他的哲学思想是僧侣主义、唯心主义（如柳宗元），显然是过于简单化了，显然不符合哲学家哲学思想的本来面貌。[①] 也就是说，对于哲学家哲学思想性质和价值的判断应该可以多角度地去分析和判断。由此伸展开去，学者们大都主张应多视角地分析、评价哲学遗产，首先应尽可能实事求是地对哲学遗产进行整理，然后可用考据学、统计学、唯物史观等方法进行分析研究，再用人文学方法、科学方法等进行评论，如此才可能较全面、较准确地获得对哲学家哲学思想的正确认识。这样，中国哲学研究的方法逐渐丰富多彩起来，但丰富多彩的方法却又给研究者们增添了幸福的烦恼。因为，不同研究方法之间的关系的正确处理是中国哲学研究获得成功的前提之一。在 20 世纪五六十年代的中国哲学研究中，显然没有处理好不同研究方法之间的关系，常常将马克思主义方法与其他方法对立起来，认为它们是你死我活的关系，是不能同时应用于同一研究对象的。具体言之，马克思主义方法是唯一正确的、万能的，其他方法则是落后、反动的。但在近 30 年中，学界逐渐意识到不同研究方法之间的关系处理的状况如何，对于中国哲学研究取得积极成果是非常重要的，并在实践上除了继续坚持马克思主义方法之外，其他方法也都在中国哲学研究中大显身手了。比如，关于老子"道"范畴的研究，过去基本上是用唯物主义、唯心主义两个对子去贴标签，但在这 30 年中，既有自然科学的"道"，也有从人文关怀的"道"；既有政治艺术的"道"，也有管理方法的"道"，而这都是因为应用了不同的研究方法才获得的认识。就是说，同一个研究对象，完全可以使用不同的研究方法，而不同研究方法的使用，也完全可以丰富和深化对某个哲学范畴或某种哲学思想的理解。虽然同一研究对象可用不同的研究方法，但并不是所有研究方法可用于所有研究对象，

[①] 石峻：《有关中国哲学史研究方法论的几个问题》，《中国哲学史方法论讨论集》，中国社会科学出版社 1980 年版，第 57 页。

就是说，研究方法与研究对象的关系也是中国哲学研究中需要处理好的关系。在以往的中国哲学研究中，不管研究方法与研究对象适合不适合，学界用的都是同一种方法。但在这30年中，学界对此问题有了非常清晰的认识，非常注意研究方法与研究对象的"适应性"。比如，对于儒学中的"万物皆备于我"、"宇宙即是吾心，吾心即是宇宙"等命题，就认为不能用主观唯心主义去分析，而应该从人文主义、精神科学等角度进行解释，如此才能使这种命题的真实含义与价值得以显露出来。总之，在这30年中，中国哲学研究在方法上发生了翻天覆地的变化，研究方法的多样化、诸种研究方法关系处理的科学化、研究方法应用的合理化，表明中国哲学研究中的方法自觉意识已经建立起来。

2. 主体性增强

哲学是需要人思考、研究的，哲学行为就是主体性行为，何以言中国哲学研究的主体性？这里所谓哲学的主体性，包括哲学表达的主体性、哲学研究的主体性和哲学价值的主体性三个方面。哲学表达的主体性是指中国哲学研究所进行的思考、所展开的叙述、所发表的学术观点是自主的，不是依傍他人的。在很长一段时间里，中国哲学研究者们不能进行独立的思考，更不能发表自己的观点，所做的一切就是为某本经书、某段语录做论证、做注释，是"我注六经"。但30年来，中国哲学研究界不仅将中国传统哲学中强调学术独立、思想自由的派别（如陆王心学、庄子自由思想）给予宣传和肯定，也将近代著名哲学家、思想家如王国维、梁漱溟等人表现在学术上的独立人格及自由精神予以表彰，更是在中国哲学研究中持续性地呼吁、强调自由、独立精神的重要。正如郭齐勇先生所说："目前我们特别要强调'中国哲学'学科的自立性或自主性。时至今日，中国哲学依傍、移植、临摹西方哲学或以西方哲学的某家某派的理论与方法对中国哲学的史料任意地'梳妆打扮'、'削足适履'的状况已不能再继续下去了。"[①] 哲学研究的主体性是指中国哲学研究中所进行的诠释应注重中国的语言、文化、思维习惯和价值观念等元素。同样，在很长一段时间里，中国哲学研究完全被放在西方哲学框架中进

---

① 郭齐勇：《中国哲学及其自主性》，《文史哲》2005年第3期。

行，从语言到范畴，从思维到价值，都是西方的，中国哲学的有机骨络遭到无情的肢解、中国哲学的意义则遭到无端的削解。但 30 年来，中国哲学研究界逐渐觉醒，对用马克思哲学克隆出来的中国哲学教材进行反思，对用西方哲学框架模仿出来的中国哲学研究成果展开检讨，重新寻找中国哲学研究的自我道路。他们提倡在中国哲学研究中，坚持从中国本有的语言、文化、思维习惯和价值观念来理解、诠释中国哲学。如郭齐勇先生说："中国哲学有关'天道'、'地道'、'人道'的秩序中，含有自身内在的逻辑性、理性，乃至道德的、美学的、生态学的含义。其宇宙论及人道、人性、人格的论说无比丰富。中国哲学范畴、术语不缺乏抽象性，中国哲学中也不缺乏今天所谓科学、逻辑和认识论的探索，但这些都需要在自身的语言、文化、思想系统和具体的语境中加以解读。"① 实现着从"汉话胡说"到"汉话汉说"的转换。而郭氏在他的近著《中国哲学史》中，较充分地实践了独立自由精神，从"我注六经"转入"六经注我"。哲学价值的主体性是指中国哲学研究在价值上坚持中国民族性。所谓"中国哲学民族性"，就是强调在中国哲学研究中坚持中国民族特色，包括保护中国民族哲学、发展民族哲学、传播民族哲学等方面。可以说，在 20 世纪五六十年代，虽然不乏中国哲学研究实践，但很难说具有中国民族性，其原因在于用阶级性取代民族性，中国古代哲学学派、思想内容被归属于不同阶级，用阶级给哲学思想进行标签，进而根据其阶级归属来对哲学的价值进行判断，这样，哲学就只有阶级性，没有民族性，民族性从此丧失。而在 20 世纪八九十年代，西方哲学被视为"世界哲学"的情形仍然存在，西方哲学是哲学的象征和标志，只有在形式、内容和价值上都与西方哲学一致的哲学，才能配称哲学。如此，中国哲学"自觉地"褪去或掩盖其独具特色的元素，将自己改变得和西方哲学一模一样。试问，中国哲学连自己的形式、内容、价值都丧失了，还谈什么中国民族性呢？庆幸的是，在这 30 年中，学界对中国哲学的民族性渐渐有了自觉，他们开始强调中国哲学研究中的民族意识，注意发掘中国哲学中最具民族特色的思想元素，尤为重视中西哲学交流中中国哲学的中国民族身份，从而达到"以化解地方性知识的限制，从而把中华民族的声音带入世界性场域中去"之目的。② 综观 30

---

① 郭齐勇：《中国哲学及其自主性》，《文史哲》2005 年第 3 期。
② 景海峰：《中国哲学面临的挑战和身份重建》，《深圳大学学报》2003 年第 5 期。

年来中国哲学研究的历史，其在表达、研究和价值三个方面的主体性的确都得到了明显增强。

3. 论域的开拓

有了方法上的自觉和主体性增强，中国哲学研究领域的开拓是水到渠成的事。所谓论域的开拓，就是指中国哲学研究的课题不断更新、论域被不断拓宽。可以讲，在过去的30年中，中国哲学界所探讨的问题可谓层出不穷，如果将所探讨过的问题做简要的划分，则可分为文献问题、理论问题、学术问题、实践问题四大类。属于第一类的问题有《马王堆帛书》、《上博竹简》、《郭店竹简》、《文子》、《黄老帛书》等，这些文献的出土，不仅为探讨古代哲学思想提供了新的文本资料，而且为完整地了解古代哲学思想本来面貌、再现古代哲学脉络提供了事实依据。由于这些出土文献中有些是第一次为世人所知，有些出土文献所记载内容与流行本不同，有些出土文献关于同样的概念、范畴叙述、表达有异，这就给古代中国哲学研究带来了许多新的课题。属于第二类的问题有中国哲学史研究方法、中国传统哲学遗产的继承、中国哲学的合法性、中国哲学的特征、中国哲学的发展轨迹、中国哲学的主干、中国哲学史教材写作等。这些问题显示了中国哲学研究理论水平的深度和高度。属于第三类的问题有中国哲学中的范畴及其结构、中国哲学中的天人关系、中国哲学中的人文主义、中国哲学中的"情感与法的关系"、中国哲学本体论、中国哲学认识论、中国哲学真理观、中国哲学历史观、中国哲学境界论、中国哲学价值论、儒学是否是宗教、少数民族哲学及其与汉民族哲学的关系、老庄哲学与海德格尔哲学异同比较、佛教中国化、佛教哲学对儒学的影响、儒佛道三教关系、新儒家哲学研究等。这些问题显示了中国哲学研究的学术特质和学术厚度。第四类的问题有中国哲学中的生态智慧、中国哲学中的管理智慧、中国哲学的人生智慧、中国哲学与市场经济关系、中国哲学与现实社会关系、中国哲学的现代价值等。这些问题显示了中国哲学研究的实践特质和关怀意识。值得我们注意的是，中国哲学研究之所以话题层出不穷、论域不断扩张，与中国哲学研究者们的时代意识、社会责任感以及发现问题的能力是分不开的。比如，因与西方哲学的比较互动而引起"中国哲学合法性问题"，进而提出"中国有无哲学问题"，进而提出"中国哲学特殊性问题",进而提出"中国哲学优缺点问题",进而提出"中国哲学形成原因问题",进而提出"中国哲学发展方向问题",等等。再如,因回应当代人类的困境,"天人合一"观念成了中国哲学研究者们讨论的重要话题,由此进一步引出"天人合一"的类型、"天人合一"的内涵、"天人合一"思想形成的原因、"天人合一"思想的限度等问题。还有如因西方诠释学的引入而引起的"中国诠释学建构"、"中国有无诠释学"、"中国诠释学的类型"、"中国诠释学内容和特点"、"中国诠释方法的长处和缺点"、"道家的诠释方法"、"儒家的诠释方法"、"中国诠释学方法的发展方向"等问题。可见,中国哲学研究者们既会寻找根源问题,更能从这些根源性问题中开掘出新的课题,从而使中国哲学研究的内容得以充实,使中国哲学研究的品质得以提升,使中国哲学研究的实践洋溢着生命气息。因此我们有理由相信,有了过去30年论域开拓的实践和经验,未来中国哲学研究的成就是完全值得期待的。

4. 内容的创新

在我看来,试图在人文社会科学领域谋求创新是件困难的事情,而在哲学研究领域图谋创新尤其不易;然而我们还是高兴地看到,在过去的30年里,因为有了方法的自觉,也因为有了主体性增强,在论域不断被拓宽的背景下,中国哲学研究领域实现了诸多的创新。主要表现在:其一,揭示出中国传统哲学的特点、优点、缺点。中国传统哲学特点是什么?与西方哲学的异同在哪里?中国传统哲学有哪些优点?中国传统哲学有哪些不足?等等,可以说,在过去的30年里都得到了广泛而深入的探讨。比如,关于中国传统哲学的特征的观点,就有思维方式上是直觉还是理智、价值取向上是人文主义还是科学主义、核心任务上是求索自然还是探求人生、社会理想上是追求和谐还是谋求斗争、存在形式上是唯心论还是唯物论等。这种探讨对于深化、完善人们对中国传统哲学的认识,对于人们正确选择或摒弃中国传统哲学的元素,对于确立继承和发扬中国哲学的方向,从而对于丰富和发展中国传统哲学都是具有重要意义的。其二,丰富和发展了传统哲学范畴、概念的内涵。中国传统哲学中的范畴丰富多彩,每一个哲学范畴都有其特殊的含义,但哲学范畴的含义也是随着社会际遇的改变而不断得到丰富和发展的。比如,"仁"在孔子那里主要是一种强调主体性的道德范畴，而有的学者将"仁"解释为一种具有可持续性关怀的爱。这显然是根据当今人类所面对的生态问题对"仁"内涵的丰富和发展。"情"在中国哲学传统中主要用于表达心理、情感的范畴，特别是与"性"对应时，常常被视为"欲"，而有的学者指出，中国哲学传统中的"情"实际上具有本体义、价值义和境界义三个方面的内涵。我们不能不承认这种诠释的高超奇妙。通常情况下，"道"或者被看成万物的本原，或者被视为一种自然无为的方法。不过，将"道"解释成为一种境界，或者将"道"解释成为一种自觉、自己之主体性内涵，自然也是让"道"的内涵更加丰满起来。其三，对传统哲学思想或观念进行新的诠释。比如，将"天人合一"所内涵的生态智慧解释、呈现出来；将"民为贵，社稷次之，君为轻"所具有的民主思想元素解释、呈现出来；将孔子儒家的"仁"所内具的人文主义思想解释并呈现出来；等等，这些诠释都极大地丰富了中国传统哲学思想内容。其四，在传统哲学基础上提出新的哲学学说。基于传统哲学资源与现代人类实践，特别是当代中国人民的伟大实践，学者们对传统哲学进行创造性诠释，并提出新的哲学学说。比如，张岱年先生将其20世纪30年代提出的"综合创新论"结合新的中国社会实践、结合对中国传统哲学的新理解，做了更为完善的表述，使其成为当代独具代表性的为中国哲学孕育的新型学说。李泽厚先生先后提出的"西体中用说"、"文化积淀说"、"乐感文化说"，也都是继承、消化、体悟中国哲学史上的智慧（如老子哲学思想、王国维的哲学思想等）而又有自我创造性的哲学学说。蒙培元先生通过对中国传统哲学，特别是儒、道、释三家哲学思想的长期研习和透悟，提出中国哲学是"心灵哲学"的学说主张，也颇具创见。张立文先生提出的"和合学"，不仅是张立文先生长期研习、体认、感悟中国传统哲学智慧的自然之果，更是应对现代人类所面对的自然环境、社会环境、心灵环境之困境的哲学沉思，在此学说中，张立文先生将中国传统哲学中的和谐观念与智慧做了深入而系统的整理和论说，并将这些智慧与现代人类社会中的问题相结合，从而构造起一种新的中国哲学学说——和合学。由此可见，改革开放30年来，在中国哲学研究领域，不唯在传统哲学研究上屡有创获，使人们对中国哲学的理解更准确、更全面、更深入；不唯在哲学范畴上屡有新的解读，使哲学范畴的含义得到丰富和发展，从而增强它们的生命活力；

不唯在哲学思想或观念屡有新的诠释，使传统哲学思想或观念与时俱新；最为值得庆贺的是，产生了许多新的、独具个性、富有生命的哲学学说。

九层之台，起于累土；千里之行，始于足下。中国哲学无疑将成"九层之台"，因为已历经"30年的累土"；中国哲学无疑将可"行走世界"，因为已练习"30年的步伐"。

（载《福建论坛》2008年第10期；《新华文摘》2009年第2期全文转摘）